"十四五"职业教育国家规划教材

城市轨道交通联锁系统维护
（第2版）
（项目式教材）

主　编　喻喜平　雷锡绒
副主编　李　伟　杨　进　李　波　高嵘华
主　审　朱东飞

电子工业出版社
Publishing House of Electronics Industry
北京·BEIJING

内 容 简 介

本书分为两册，一册为教材，一册为实施与评价手册。教材系统地介绍了城市轨道交通车辆段或停车场/正线联锁系统的工作原理及设备维护，主要内容包括城市轨道交通车辆段或停车场/正线联锁的基本知识、城市轨道交通车辆段或停车场所用的 6502 电气集中系统或计算机联锁系统的工作原理及设备维护、城市轨道交通正线 CBTC 系统下的计算机联锁设备的工作原理及维护；实施与评价手册为学材，供开展实践项目教学时使用。

本书主要作为高等职业院校城市轨道交通通信信号技术专业教材，也可作为铁道信号自动控制专业教材，还可作为成人继续教育、现场工程技术人员、轨道交通信号设备维护及施工人员的培训教材或参考资料。

未经许可，不得以任何方式复制或抄袭本书之部分或全部内容。
版权所有，侵权必究。

图书在版编目（CIP）数据

城市轨道交通联锁系统维护. 项目式教材 / 喻喜平，雷锡绒主编. —2 版. —北京：电子工业出版社，2024.1

ISBN 978-7-121-46857-5

Ⅰ. ①城… Ⅱ. ①喻… ②雷… Ⅲ. ①城市铁路—轨道交通—联锁设备—维修 Ⅳ. ①U239.5

中国国家版本馆 CIP 数据核字（2023）第 239525 号

责任编辑：郭乃明　　特约编辑：田学清
印　　　刷：三河市良远印务有限公司
装　　　订：三河市良远印务有限公司
出版发行：电子工业出版社
　　　　　北京市海淀区万寿路 173 信箱　邮编　100036
开　　本：787×1 092　1/16　印张：34　字数：870.4 千字　插页：2
版　　次：2017 年 8 月第 1 版
　　　　　2024 年 1 月第 2 版
印　　次：2024 年 12 月第 3 次印刷
定　　价：65.00 元（共 2 册）

凡所购买电子工业出版社图书有缺损问题，请向购买书店调换。若书店售缺，请与本社发行部联系，联系及邮购电话：(010) 88254888，88258888。
质量投诉请发邮件至 zlts@phei.com.cn，盗版侵权举报请发邮件至 dbqq@phei.com.cn。
本书咨询联系方式：(010) 88254561，guonm@phei.com.cn。

前　言

　　城市轨道交通（包括地下铁道和轻轨交通）具有安全可靠、快捷、正点、运量大、污染轻等特点，是现代都市的重要基础设施。尤其是进入21世纪后，城市轨道交通迎来了发展的高潮，呈现十分广阔的发展前景。

　　城市轨道交通信号系统是指挥列车运行，保证行车安全，提高运输效率的关键设备。国内的城市轨道交通信号系统，在正线采用的基本上是由国外供货商提供的列车自动控制系统（ATC），在车辆段或停车场采用的是国内供货商提供的继电集中联锁系统或计算机联锁系统。城市轨道交通正线使用的ATC系统的最大特点是把信号联锁关系纳入其中，也就是说，计算机联锁设备是保证行车安全的核心设备之一。由于正线大多数车站不设道岔、没有配线，甚至不设地面信号机，仅在少数有岔联锁站设置道岔和地面信号机，故联锁设备的监控对象远少于铁路车站的监控对象，联锁关系远没有铁路复杂；但ATC系统也有一些特殊的联锁功能，如自动折返、自动进路、紧急关闭、扣车和跳停、防淹门、屏蔽门/安全门联控等。城市轨道交通车辆段或停车场类似于铁路区段站的功能，包括列车编解、接发列车和频繁的调车作业，线路较多，道岔较多。因此，车辆段或停车场基本上沿袭铁路信号制式设备，联锁关系也与铁路的相同。

　　本书系统地介绍了城市轨道交通车辆段或停车场/正线联锁系统的工作原理及设备维护，主要内容包括城市轨道交通车辆段或停车场/正线联锁的基本知识、城市轨道交通车辆段或停车场所用的6502电气集中系统或计算机联锁系统的工作原理及设备维护、城市轨道交通正线CBTC系统下的计算机联锁设备的工作原理及维护。

　　为响应国家对职业教育教材的最新指示，编者对本书的内容进行了优化和更新，体现在以下几个方面：

　　（1）为了紧跟城市轨道交通发展的脉搏，及时将行业内出现的新技术引入教材，对项目四原任务三进行重新编写，新增了任务四。

　　（2）坚持以就业为导向、以能力培养为本位的原则，通过校企合作，在原项目式教材的基础上，开发了活页工单，形成了"项目式教材+活页工单"的新型活页式教材。

　　（3）为了落实立德树人的根本任务，在教材融入"课程思政"改革中的教学新理念和新思路；每个项目在原教学目标的基础上，补充了素质目标，并整体布局课程思政内容。

　　（4）为了适应教育信息化需求，着力开发了与教材配套的系列微课、动画、PPT课件、实物图片、在线测试题等丰富的数字化资源，并在智慧职教MOOC平台开设了在线精品开放课程，可通过手机扫码直接登录：

　　本书由武汉铁路职业技术学院喻喜平任第一主编，西安铁路职业技术学院雷锡绒任第二主编，武汉地铁集团有限公司朱东飞任主审。本书分为两册，一册为教材，另一册为实施与评价手册。喻喜平策划并进行了全书统稿，且编写了教材的项目一、项目三；雷锡绒编写了教材的项目二；武汉铁路职业技术学院李伟编写了教材的项目四的任务一与项目五的任务一，李波编写了教材的项目四的任务三与任务四；西安铁路职业技术学院马小玲编写了教材的项目四的任务二；武汉地铁集团有限公司刘庆华编写了教材的项目五的任务二；西安铁路职业技术学院高嵘华编写了教材的项目五的任务四，孔青宁编写了教材的项目五的任务三；南京铁道职业技术学院杨进编写了教材的项目五的任务五；喻喜平、李波、文豪、李伟和刘庆华联合编写了实施与评价手册。

  本书在编写过程中，得到了武汉地铁集团有限公司、西安地铁集团有限公司、南京地铁集团有限公司等单位和同仁的大力支持和热情帮助，在此表示衷心的感谢。

  由于我国城市轨道交通信号系统制式纷杂，资料难以搜集齐全，再加上编者水平有限，时间仓促，书中难免有疏漏之处，恳请读者批评指正。

编 者

目　录

项目一　城市轨道交通联锁系统基本认知 ……………………………………… 001

　任务一　联锁的基本认知 ……………………………………………………… 002
　　一、典型的铁路车站联锁图表 ………………………………………………… 002
　　二、城市轨道交通列车运行进路控制 ………………………………………… 022
　　三、城市轨道交通进路的特殊要求 …………………………………………… 022
　　四、城市轨道交通折返站联锁图表 …………………………………………… 025
　任务二　联锁系统的认知 ……………………………………………………… 026

项目二　继电集中联锁系统维护 ………………………………………………… 029

　任务一　6502电气集中联锁系统的认知 …………………………………… 030
　任务二　控制台认知及操作 …………………………………………………… 032
　　一、控制台盘面布局 …………………………………………………………… 032
　　二、进路按钮的配置和办理方法 ……………………………………………… 035
　任务三　继电器组合及组合架的认知 ………………………………………… 038
　　一、定型组合的类型 …………………………………………………………… 038
　　二、继电器组合的选用 ………………………………………………………… 040
　　三、组合连接图 ………………………………………………………………… 042
　　四、继电器组合架 ……………………………………………………………… 045
　　五、6502电气集中联锁电路概述 …………………………………………… 045
　任务四　1～6线电路识读 ……………………………………………………… 046
　　一、方向继电器电路 …………………………………………………………… 046
　　二、按钮继电器电路 …………………………………………………………… 050
　　三、1、2线 ……………………………………………………………………… 055
　　四、3、4线 ……………………………………………………………………… 058
　　五、5、6线 ……………………………………………………………………… 059
　　六、辅助开始继电器、列车开始继电器和终端继电器电路 ………………… 061
　　七、选择组表示灯电路 ………………………………………………………… 064
　任务五　道岔控制电路识读 …………………………………………………… 066
　　一、直流电动转辙机控制电路 ………………………………………………… 066
　　二、交流电动转辙机控制电路 ………………………………………………… 074
　任务六　7线开始继电器KJ电路识读 ………………………………………… 078
　　一、KJ的设置与作用 ………………………………………………………… 078
　　二、7线网路结构和检查的联锁条件 ………………………………………… 078

  三、KJ 电路原理 ·· 080
  四、长调车进路中由远至近开放信号 ····················· 080
 任务七 进路锁闭的概念和取消继电器 QJ 电路识读 ········· 081
  一、进路锁闭的概念 ·· 081
  二、取消继电器电路 ·· 082
 任务八 8 线信号检查继电器 XJJ 电路识读 ····················· 084
  一、XJJ 的设置与作用 ··· 084
  二、8 线网路结构和检查的联锁条件 ······················ 084
  三、信号检查继电器 XJJ 局部电路 ························ 087
 任务九 9、10 线区段检查继电器 QJJ 和股道检查继电器 GJJ 电路识读 ········· 088
  一、设置与作用 ·· 088
  二、9 线网路结构和 QJJ 与 GJJ 的励磁电路 ············ 089
  三、10 线网路结构和 QJJ 的自闭电路 ···················· 091
 任务十 接近预告和照查继电器电路识读 ······················· 093
  一、接近预告继电器 JYJ 电路 ······························· 093
  二、照查继电器电路 ·· 095
 任务十一 11 线信号继电器 XJ 电路识读 ························· 096
  一、XJ 的设置与作用 ·· 096
  二、开放信号的联锁条件 ······································ 096
  三、11 线网路结构和检查的联锁条件 ···················· 096
  四、列车信号继电器 LXJ 电路 ······························ 098
  五、调车信号继电器 DXJ 电路 ····························· 100
  六、进站信号机用信号辅助继电器电路 ·················· 101
 任务十二 信号机点灯电路识读 ······································ 103
  一、进站信号机点灯电路 ····································· 104
  二、出站兼调车信号机点灯电路 ··························· 106
  三、调车信号机点灯电路 ····································· 109
  四、列车信号主灯丝断丝报警电路 ························ 109
 任务十三 进路锁闭与解锁用的继电器及故障解锁电路识读 ··· 110
  一、锁闭继电器 SJ 电路 ······································· 110
  二、轨道反复式继电器 FDGJ 电路 ························ 111
  三、传递继电器 CJ 电路 ······································ 112
  四、进路继电器局部电路 ····································· 113
  五、故障解锁电路 ·· 113
  六、条件电源 KZ-GDJ ·· 114
 任务十四 12、13 线解锁电路识读 ································· 115
  一、正常解锁电路 ·· 115
  二、取消解锁和人工解锁 ····································· 120
  三、调车中途返回解锁 ·· 124
  四、引导信号电路 ·· 126
 任务十五 执行组表示灯电路 ··· 130

一、信号复示器电路 130
　　二、轨道光带表示灯电路 132
　　三、解锁表示灯电路 136
　　四、电源表示灯电路 136
　任务十六　6502 电气集中联锁系统维护 138
　　一、日常养护与集中检修 138
　　二、系统故障分析与处理 140

项目三　计算机联锁系统原理基本认知 164
　任务一　计算机联锁系统的技术基础 165
　　一、工业控制计算机系统 165
　　二、总线技术 166
　　三、避错技术 168
　　四、容错技术 169
　　五、故障-安全技术 170
　　六、局域网技术 170
　任务二　计算机联锁系统硬件 171
　　一、计算机联锁系统的层次结构 171
　　二、计算机联锁系统的冗余结构 173
　任务三　计算机联锁系统软件 175
　　一、计算机联锁系统软件的总体结构 175
　　二、联锁数据与数据结构 176
　　三、联锁软件及其管理 179
　任务四　计算机联锁系统的过程 I/O 通道 183
　　一、过程输入通道 184
　　二、过程输出通道 186
　任务五　继电结合电路 188
　　一、采集电路 188
　　二、驱动电路 189
　任务六　计算机联锁系统的操作与显示 189
　　一、计算机联锁系统的操作 189
　　二、计算机联锁系统的显示 191

项目四　城市轨道交通车辆段计算机联锁系统维护 194
　任务一　TYJL-Ⅱ型计算机联锁系统维护 194
　　一、TYJL-Ⅱ型计算机联锁系统基本认知 195
　　二、TYJL-Ⅱ型计算机联锁系统工作原理 199
　　三、TYJL-Ⅱ型计算机联锁系统维护 208
　任务二　DS6-K5B 型计算机联锁系统维护 216
　　一、DS6-K5B 型计算机联锁系统基本认知 216
　　二、DS6-K5B 型计算机联锁系统工作原理 227

  三、DS6-K5B 型计算机联锁系统维护 ……………………………………………… 231
 任务三 EI32-JD 型计算机联锁系统维护 …………………………………………… 237
  一、EI32-JD 型计算机联锁系统基本认知 …………………………………………… 237
  二、EI32-JD 型计算机联锁系统工作原理 …………………………………………… 245
  三、EI32-JD 型计算机联锁系统与其他系统的接口 ………………………………… 254
  四、EI32-JD 型计算机联锁系统维护 ………………………………………………… 258
 任务四 TYJL-ADX 型计算机联锁系统维护 ………………………………………… 264
  一、TYJL-ADX 型计算机联锁系统基本认知 ………………………………………… 264
  二、TYJL-ADX 系统工作原理 ………………………………………………………… 265
  三、TYJL-ADX 系统与其他系统的接口 ……………………………………………… 283
  四、TYJL-ADX 系统维护 ……………………………………………………………… 285

项目五 城市轨道交通正线 ATC 系统中的联锁设备维护 ……………………… 295

 任务一 SelTrac MB S40 型 CBTC 系统中的 STC 设备维护 ………………………… 295
  一、SelTrac MB S40 型 CBTC 系统中的 STC 设备基本认知 ……………………… 295
  二、车站控制器 STC 设备工作原理 ………………………………………………… 305
  三、车站控制器 STC 设备维护 ……………………………………………………… 309
 任务二 Urbalis 888 信号系统中计算机的联锁设备维护 …………………………… 311
  一、Urbalis 888 信号系统中计算机联锁设备认知 ………………………………… 311
  二、计算机联锁设备的工作原理 ……………………………………………………… 324
  三、计算机联锁子系统维护 …………………………………………………………… 329
 任务三 西门子 CBTC 系统中的 SICAS+DSTT 型计算机联锁设备维护 ………… 332
  一、CBTC 系统中的 SICAS+DSTT 型计算机联锁设备基本认知 ………………… 332
  二、SICAS+DSTT 型计算机联锁设备维护 ………………………………………… 343
  三、知识拓展 …………………………………………………………………………… 350
 任务四 CBTC 系统中的 DS6-60 型计算机联锁设备维护 …………………………… 351
  一、DS6-60 型计算机联锁设备基本认知 …………………………………………… 351
  二、DS6-60 型计算机联锁设备接口 ………………………………………………… 385
  三、DS6-60 型计算机联锁设备维护 ………………………………………………… 393
 任务五 西门子 CBTC 系统中的 SICAS IC/ECC 联锁设备维护 …………………… 400
  一、西门子 CBTC 系统中的 SICAS IC/ECC 联锁设备基本认知 ………………… 400
  二、SICAS IC/ECC 硬件 ……………………………………………………………… 408
  三、SICAS/ECC 计算机联锁设备维护 ……………………………………………… 419

参考文献 …………………………………………………………………………………… 425

项目一　城市轨道交通联锁系统基本认知

项目描述

联锁是保证行车安全的重要技术措施，是指车站范围内进路、信号、道岔之间的制约关系。联锁系统是实现联锁、具有较高故障-安全性要求的设备。城市轨道交通联锁系统包括正线车站和车辆段/停车场的继电联锁系统或计算机联锁系统。本项目围绕车站联锁图表逐步展开，为后续联锁系统工作原理的学习打下坚实的基础。

教学目标

一、素质目标

（1）树立职业意识，勇于奋斗、乐观向上，具备工匠精神、劳模精神；
（2）具有自觉学法、懂法、守法意识；
（3）具备"安全高于一切，责任重于泰山，服从统一指挥"职业操守。

二、知识目标

（1）掌握车站信号设备平面布置图中的各项内容；
（2）掌握联锁的基本概念及联锁的基本内容；
（3）了解城市轨道交通联锁系统的发展状况。

三、能力目标

（1）正确识读车站信号设备平面布置图；
（2）正确识读联锁表；
（3）能够根据给定的车站信号设备平面布置图，编制联锁表。

教学安排

项目总学时（12）=理论学时（8）+实践学时（4）

思政主题：感受岗位魅力，强化责任担当

案例要点：

1. 纽约地铁的一名信号维护人员现身说法

信号主要是告诉列车司机什么时候走、什么时候停，以保证列车之间的安全距离。这样就不会有列车相撞，不会有人员受伤，从而确保公众安全。我们作为信号维护人员的日常工作包括信号控制室、地下铁道的道岔和信号机等设备的巡视、检修及突发故障的处理，以确保信号设备的工作状态正常。平时我们的工作是进行预防性维护，使设备不会出现故障，不会在列车运行过程中出现任何类型的延迟。

在地铁线路上工作，我们面临着许多不同的危险，包括在列车运行过程中的和在带电的电力设备周围的。由于地铁信号系统是由多家公司建造的，因此有许多不同类型的信号系统，这些信号系统是组成地铁系统的关键部件。以上这些使得这项工作更具挑战性，但这是一个我非常享受并乐在其中的挑战。

1 感受岗位魅力，强化责任担当

2. 广州地铁戴杨波事迹

戴杨波，全国五一劳动奖章获得者，广州地铁首席信号检修专家。他始终秉持"干一行爱一行，专一行精一行"的精神，在平凡的岗位做出了不平凡的事迹。

17年来，他怀着高度责任感，一直默默坚守在地铁信号工岗位。在检修工作中，他注重每一个细节，确保设备始终运行在良好状态。他将自己的维修经验编进维修规程、培训教材，提高了岗位人员的专业维修技术水平。他带着问题进行创新，攻克了一项项技术难关。他创设的"戴杨波创新工作室"，培养出了6名广东省技术能手、3名广州市技术创新能手。

任务一　联锁的基本认知

一、典型的铁路车站联锁图表

城市轨道交通车辆段或停车场的功能类似于铁路区段站的功能，包括列车编解、接发列车和频繁的调车作业，线路较多，道岔较多。因此，车辆段或停车场基本上沿袭铁路信号制式设备，联锁关系也与铁路相同。因此，这里选取典型的铁路车站联锁图表进行介绍。

（一）车站信号设备平面布置图

车站信号设备平面布置图是根据站场线路图绘制的，如图1-1所示。图1-1反映了站场线路的布置和接发车方向，确定了信号楼的位置和集中联锁区的范围，标明了信号机、道岔的名称编号和设置位置，划分了轨道电路区段。车站信号设备平面布置图是设计车站联锁电路的基础，是进行车站信号工程设计与施工的重要依据。

1. 信号机

1）信号机编号

（1）进站信号机。

上行进站信号机用"S"表示，下行进站信号机用"X"表示。若在车站的一端有多个方向的线路引入，则在"S"或"X"的右下角缀上该信号机所属区间线路名称的汉语拼音字头。

2 牢固树立安全第一的意识，养成遵章守纪的好习惯

（2）出站信号机。

上行出站信号机用"S"表示，下行出站信号机用"X"表示，并在右下角缀上所属的股道号。

（3）调车信号机。

调车信号机用"D"表示，上行咽喉编为双号，下行咽喉编为单号，且由列车到达方向顺序编号。上行咽喉、下行咽喉以进站信号机的方向为准。

（4）预告信号机。

预告信号机用"Y"表示，并在右下角写上主体信号机的代号。

2）列车信号机

列车信号机包括进站信号机和出站信号机。信号机设在进路的始端。对于同一种性质的进路，若其始端在一起，则可用同一架信号机防护。

图1-1所示的站场是一个双线、双向、自动闭塞区段的车站，并有单线区段在下行咽喉与车站接轨。Ⅰ股道和Ⅱ股道分别为双线区段下行和上行的正线，Ⅲ股道为单线区段的正线，其余股道为站线。根据运输作业的需要，每股道均可办理上行、下行接车和发车。接、发车口和股道上均用箭头表示接车和发车的方向。其中，实心箭头表示正方向，空心箭头表示反方向。

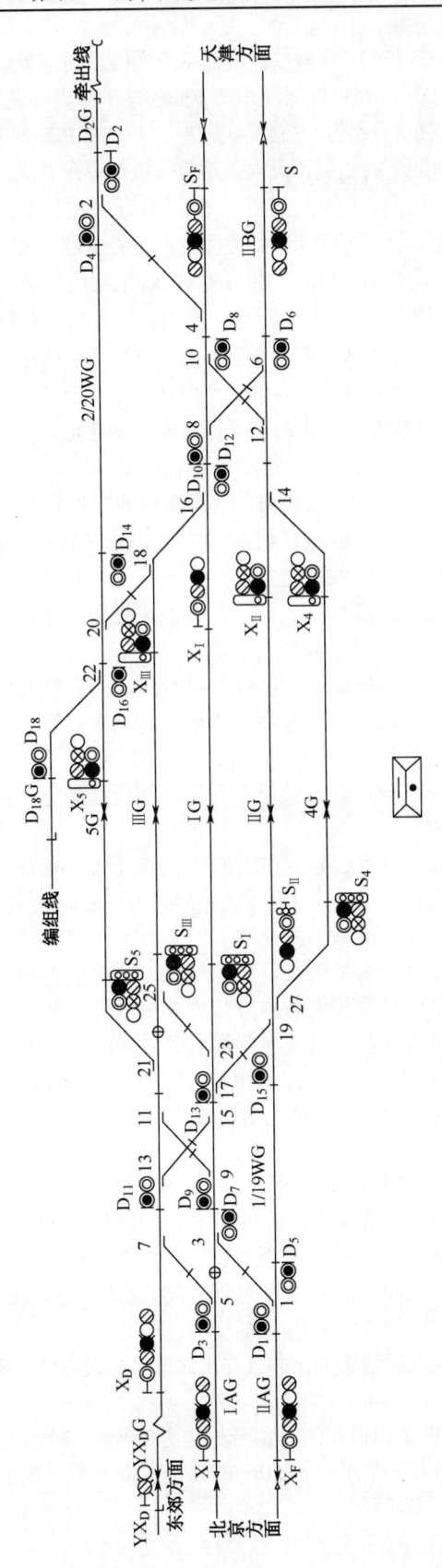

图 1-1 车站信号设备平面布置图

车站的下行咽喉有三个接车口,在双线区段北京方面的正向接车口处设有进站信号机"X",反向接车口设有进站信号机"X_F"。在单线区段东郊方面的接车口设有进站信号机"X_D"。车站的上行咽喉有两个接车口,正向接车口设有进站信号机"S",反向接车口设有进站信号机"S_F"。正向进站信号机设在列车运行方向线路的左侧,反向进站信号机可设在右侧。

凡是具有发车作业的股道均设出站信号机。图1-1所示的站场中,每个股道均能向北京方面、东郊方面和天津方面发车,向北京方面和东郊方面发车的股道设有 S_I、S_{II}、S_{III}、S_4 和 S_5 出站信号机,向天津方面发车的股道设有 X_1、X_{II}、X_{III}、X_4 和 X_5 出站信号机。当有两个或两个以上发车方向时,出站信号机应配置进路表示器,用以区分发车方向。向北京方面和东郊方面发车的上行出站信号机用进路表示器的三个白灯来区分三个发车方向。出站信号机开放,对应方向的白灯亮。向天津方面发车的下行出站信号机用进路表示器的一个白灯区分两个发车方向。当正向发车时,出站信号机开放,白灯不亮;当反向发车时,出站信号机开放,白灯亮。

3)调车信号机

调车信号机是根据调车作业的需要设置的。调车作业包括车辆的摘挂、转线、机车出入库、平面非溜放的整编作业等。调车作业是在机车连挂的情况下牵出或推送的,一般是利用牵出线与到发线或咽喉区与到发线之间的线路进行的。由于各个车站的站场线路情况和调车作业复杂程度不同,设置调车信号机的灵活性很大。一般来说,设置调车信号机应依据其在调车作业中所起的作用考虑,可按照下面的顺序进行。

(1)首先布置由牵出线、专用线、编组线、机待线、到发线等向咽喉区调车时作为起始信号的调车信号机,如 D_2、D_{18} 等。当到发线一端既设有调车信号机又设有出站信号机时,可合并在一起,称为出站兼调车信号机,如 S_{II}、S_4、X_1、X_5 等。

(2)为了满足转线调车作业,在有关道岔岔尖前布置起折返作用的调车信号机,如 D_{11}、D_{13} 等。

(3)为了增加平行作业,布置起阻挡作用的调车信号机。例如,当ⅡG与4G之间利用 D_{15} 进行转线调车信号机时,设置起阻挡作用的调车信号机 D_5 后,可同时建立经由1/3道岔反位的进路,这样就增加了平行作业,提高了作业效率。

按设置位置把调车信号机分为尽头式调车信号机、单置调车信号机、并置调车信号机、差置调车信号机、出站兼调车信号机和进站内方带调车信号机。其中,单置调车信号机、并置调车信号机、差置调车信号机均设在咽喉区,统称咽喉区调车信号机。

尽头式调车信号机是指设在牵出线、专用线、编组线、机务段等向咽喉区入口处的信号机。其特点是信号机内方为道岔区段,外方是无岔区段(接近区段),且同一坐标位置只有一架信号机,如 D_2、D_{18} 等。

咽喉区调车信号机包括单置调车信号机、并置调车信号机和差置调车信号机。其相邻内方和外方均为道岔区段。其中,单置调车信号机同一坐标位置仅设置一架信号机,如 D_{11}、D_{13}、D_8 等。并置调车信号机的同一坐标位置设置两架背向的调车信号机,如 D_7、D_9 等。差置调车信号机是设在咽喉区中间不在同一坐标位置的两架背向的调车信号机,这两架信号机之间有一个无岔区段,而信号机内方则是道岔区段,如 D_5 和 D_{15} 等。

出站兼调车信号机是设在股道头部,并且与出站信号机设在同一坐标位置的调车信号机,如 S_{II}、S_4、S_5 等。

进站内方带调车信号机是指设在进站信号机内方的调车信号机。此调车信号机与进站信号机不在同一坐标位置,其间有一个不小于50m的无岔区段。不设在同一坐标位置,是为了避免占用区间调车,如 D_3、D_1、D_6 等。

2. 轨道电路

1）轨道电路命名

（1）道岔区段：道岔区段轨道电路是根据道岔编号来命名的。如图 1-1 所示，只包含一组道岔的用其所包含的道岔编号来命名，如 1DG、3DG、2DG 等；包含两组道岔的用两组道岔编号连缀来命名，如 9-15DG、6-12DG 等；包含三组道岔的用两端的道岔编号连缀来命名，如 11-27DG，包含了 11、23、27 号三组道岔。

（2）无岔区段：无岔区段有以下几种情况。对于股道，以股道号命名，如 IIG、5G 等。进站信号机内方及双线单方向运行的发车口的无岔区段，根据所衔接的股道编号加 A（下行咽喉）或 B（上行咽喉）来表示。下行接车口处的无岔区段衔接股道 IG，该无岔区段称为 IAG。上行发车口处的无岔区段衔接股道 IIG，该无岔区段称为 IIAG。半自动闭塞区间进站信号机外方的接近区段，用进站信号机名称后加 JG 来表示，如图 1-1 中的 X_DJG，或者用预告信号机名称来命名，如 YX_DG。

（3）差置调车信号机之间的无岔区段：以两端相邻的道岔编号写成分数形式来表示，如图 1-1 中 D_5、D_{15} 间的 1/19WG。

（4）牵出线、机待线、机车出入库线、专用线等调车信号机外方的接近区段，用调车信号机编号后加 G 来表示，如图 1-1 中的 D_2G。

2）轨道电路区段划分原则

在电气集中联锁的车站，所有列车进路、调车进路及信号机的接近区段均装设轨道电路，用来反映进路和接近区段是否空闲。为了较确切地反映机车车辆所在位置，并满足提高站内作业效率的要求，轨道电路要划分为许多区段。在车站信号设备平面布置图中要用钢轨绝缘将划分的轨道电路表示出来。轨道电路划分的一般原则如下。

（1）信号机的前后应划分成不同的区段。例如，图 1-1 中，凡有信号机处，均设有钢轨绝缘，并将其前后划分为不同的轨道区段。

（2）凡是能平行运行的进路，其间应设钢轨绝缘把它们隔开，划为不同的两个轨道电路区段。例如，图 1-1 中，道岔 3 与道岔 5 之间的绝缘、道岔 21 与道岔 25 之间的绝缘，都是按此原则装设的。

当岔后的钢轨绝缘距离警冲标小于 3.5m 时称为"超限绝缘"，在图纸上用圆圈标明，以便设计电路时采取安全措施。

（3）在同一轨道电路区段内，道岔数目最多不得超过三组，复式交分道岔不得超过两组。这是因为数目多了，轨道电路受分支道床电阻的影响较大，轨道电路工作状态不易调整。

（4）在大站上，由于作业繁忙，为了在列车通过道岔后，及时使道岔解锁，为立即办理新的进路准备好条件，要将轨道电路区段适当划短，以提高咽喉区的通过能力。

（5）在集中区与非集中区分界处所设信号机的外方应划分一段轨道电路，作为该信号机的接近区段。该处钢轨绝缘与集中联锁区内钢轨绝缘在图纸上的画法不同，如图 1-1 中的 D_2G 右端所画钢轨绝缘。这种画法的钢轨绝缘表明靠近信号机侧的接近区段装设轨道电路，而另一侧未装设轨道电路。

在车站信号设备平面布置图中，必须标出无岔区段轨道电路的名称，而道岔区段轨道电路的名称不必出。

3. 道岔和转辙机

1）道岔编号

（1）下行咽喉区由站外到站内依次由小到大用奇数编号。

（2）上行咽喉区由站外到站内依次由小到大用偶数编号。

（3）同一渡线或梯线上的道岔应编为连续单号或双号。

2）道岔的定反位

每组道岔都有两个位置：定位和反位。道岔的定位是指道岔经常开通的位置，而反位则是排列进路时临时改变的位置。

确定道岔定位的原则如下。

（1）单线车站上正线的进站道岔，以由车站两端向不同线路开通的位置为定位，由左侧行车制决定。如图1-2所示，以1号道岔开通IG，2、4号道岔开通IIG为定位。

（2）双线车站正线上的进站道岔，以向该正线开通的位置为定位。

（3）所有区间及站内正线上的其他道岔，除引向安全线及避难线的外，均以向该正线开通的位置为定位。

（4）引向安全线、避难线的道岔，以该安全线及避难线开通的位置为定位。

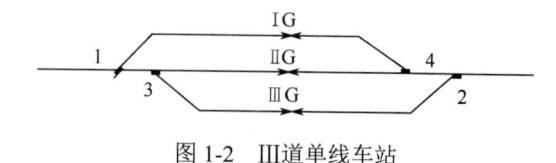

图1-2　III道单线车站

（5）侧线上的道岔（引向安全线和避难线的除外）以向列车进路开通的位置或靠近站舍的进路开通的位置为定位。

站内其他道岔，由车站依据具体情况决定。

3）联动道岔

排列进路时，几组道岔要定位则都要在定位，要反位则都要在反位，这些道岔称为联动道岔。渡线两端的道岔，如图1-1中的1号和3号道岔，当1号在定位时，3号必须在定位，当1号在反位时，3号也必须在反位，即1号道岔和3号道岔是联动道岔，记为1/3号，它们必须同时转换，否则不能保证安全。

复式交分道岔包括两组尖轨和两组可动心轨，需要4台转辙机牵引，其中前一组尖轨和前一组可动心轨联动，后一组尖轨和后一组可动心轨联动，如图1-3所示。根据不同的站场布置，可能有三动、四动和假双动（假双动是指室外由两台转辙机牵引，室内道岔电路按单动道岔处理的双动道岔）的情况。如图1-4（a）所示，2、4、6号道岔为三动道岔，记为2/4/6号，简记为2/6号；8、10号为假双动，记为8/(10)号。如图1-4（b）所示，2、4、6、8号为四动道岔，记为2/4/6/8号，简记为2/8号；10、12和14、16为假双动，分别记为10/(12)号、14/(16)号。

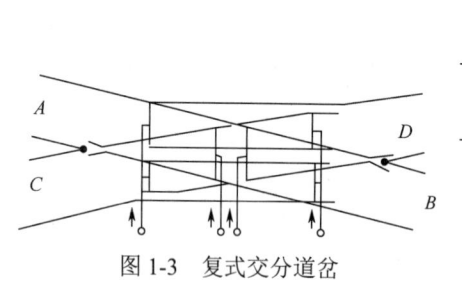

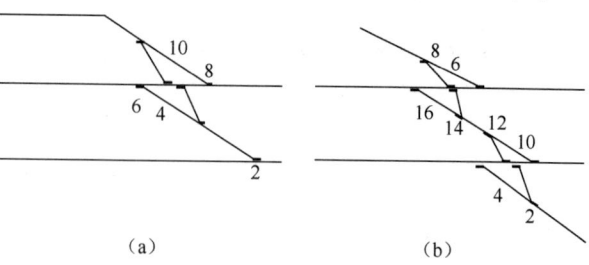

图1-3　复式交分道岔

图1-4　三动、四动和假双动道岔

4）转辙机

在车站信号设备平面布置图中，每组道岔均应设置转辙机，侧线上的道岔为普通单开型道岔，一般选用ZD6型直流电动转辙机，单动道岔设置一台转辙机，双动道岔设两台转辙机。正线上的道岔为提速道岔，提速道岔分为固定辙叉和可动心轨两种类型。为了区分，在车站信号设备平面布置图中道岔符号的画法不同，以便对应道岔选用转辙机的类型和数量，设计道岔控制电路。

图1-1所示的正线上的道岔均为12号提速道岔，采用钩锁型外锁闭装置。12号提速道岔的尖轨必须有两个牵引点，可动心轨也应有两个牵引点。这样，一组12号固定辙叉的提速道岔有两个牵引点，而一组可动心轨的提速道岔共有4个牵引点。当提速道岔选用S700K型交流电动

转辙机时，每个牵引点需要设置一台转辙机。当提速道岔为固定辙叉时，每组道岔应设置两台转辙机；当提速道岔为可动心轨时，每组道岔应设置 4 台转辙机。当提速道岔选用 ZYJ7 型电液转辙机时，因为 ZYJ7 型（主机）带有转换锁闭器 SH6 型（副机），一套主机和副机可牵引两点。当提速道岔为固定辙叉时，每组道岔可设置一台转辙机；当提速道岔为可动心轨时，每组道岔应设置两台转辙机。当 ZYJ7 型不带副机时，设置转辙机的数量和 S700K 型的一样。当选用 ZD9 型转辙机时，每组道岔设置转辙机的数量和 S700K 型的相同。

在图 1-1 所示的正线提速道岔中，1、3、5、17、19、23、27、14 和 16 号道岔均为可动心轨型 12 号提速道岔，当选用 S700K 型交流电动转辙机时，每组道岔均需要 4 台转辙机，道岔尖轨和心轨各用两台转辙机牵引。9、15、6、8、10、12 和 4 号道岔采用固定辙叉型 12 号提速道岔，当选用 S700K 型交流电动转辙机时，每组道岔需要两台转辙机，用以牵引道岔尖轨。当选用 ZYJ7 型带有转换锁闭器的电液转辙机时，上述各道岔选用转辙机的数量分别减少一半。

对于 5/7 号双动道岔，其一端为提速道岔，另一端为普通单开道岔。5 号道岔应选用 4 台 S700K 型交流电动转辙机（或两台 ZYJ7 型带有转换锁闭器的电液转辙机），7 号道岔选用一台 ZD6 型直流电动转辙机。

4．进路

1）列车进路和调车进路

列车进路分为接车进路、发车进路和通过进路。接车进路是指列车进入车站所经过的进路，始于进站信号机，终于另一端咽喉的出站信号机。图 1-1 所示的下行Ⅰ道接车进路，由下行进站信号机 X 至下行Ⅰ道出站信号机 X_1。

发车进路是指列车由车站驶出所经过的进路，起于出站信号机，止于发车口。图 1-1 所示的下行Ⅰ道发车进路，由下行Ⅰ道出站信号机 X_1 至下行发车口站界标处。

通过进路是指列车经正线不停车通过车站的进路。例如，下行通过进路，由下行进站信号机 X 至下行发车口，包括下行Ⅰ道接车进路和下行Ⅰ道发车进路。

调车进路包括单元（短）调车进路和组合（长）调车进路。单元调车进路是指从起始调车信号机开始，到次架阻挡信号机为止的一个调车进路，如图 1-1 中的 D_3 至 D_9。而长调车进路则是由两个以上的单元调车进路组成的进路。例如，D_3 至 IG 的调车进路，是由 D_{13} 至 IG、D_9 至 D_{13}、D_3 至 D_9 三个单元调车进路构成的组合调车进路。调车进路的"长"与"短"，不是指进路长度的长与短，而是指调车进路中，阻挡信号机是一架还是几架。例如，D_{13} 至 IG 调车进路只包括 17-23DG 一个道岔区段，而 S_1 至 D_7 的调车进路却包括 9-15DG 和 17-23DG 两个道岔区段（此时 D_{13} 不能作为阻挡信号用，只有 D_7 才是以 S_1 为始端的调车进路的阻挡信号），但以上两条调车进路均属于短调车进路，不能认为 S_1 至 D_7 是长调车进路。

2）基本进路和变通进路

当站内由一点向另一点运行有几条进路时，规定常用的一条进路为基本进路。基本进路一般是两点间最近的、对其他进路作业影响最小的进路。此时，除基本进路以外的其余进路叫作变通进路（又称为迂回进路）。例如，图 1-1 中的下行Ⅲ道接车进路有三条。23/25 号道岔在反位、其他各道岔定位的进路定为基本进路，其余两条进路（5/7 号道岔反位，其他定位；9/11 号道岔反位，其他定位）为变通进路。又如，上行Ⅱ道发车进路有两条，其中 17/19、1/3 号道岔反位的进路为变通进路。

设计变通进路的目的是有效地利用车站线路，提高作业效率，增加列车或调车运行的灵活性。当由于正常行车线路上的道岔发生故障，轨道电路被占用或故障等不能开通基本进路时，可以开通变通进路，使列车或调车迂回前进而不致受阻。

5．联锁

1）联锁的定义

建立一条进路，需要把进路上的道岔扳到规定位置，该进路的防护信号机在满足相应的条件时才开放信号。若道岔位置不对,则不准信号机开放。一旦信号机开放,就不允许进路上的道岔再变换位置,直至信号机关闭,列车或机车车辆越过道岔。

一条进路既可以走下行列车又可以走上行列车,它们分别由上行信号机、下行信号机防护。在开放上行信号机以前,下行信号机必须处于关闭状态。一旦上行信号机开放,就要防止下行信号机再开放,直至上行列车驶入进路且上行信号机关闭以后,机车车辆本身将这条进路控制住,才能解除对下行信号机的控制。

由以上不难看出,为了保证车站范围内行车安全,进路、道岔和信号机之间存在某种互相制约的关系,这种关系称为联锁。对于城市轨道交通,"车站"包括正线车站和车辆段/车场。

2)道岔、进路间的联锁

道岔有定位和反位两个工作位置,进路则有锁闭和解锁两个状态。道岔位置正确,进路才能锁闭。进路解锁后,道岔才能改变其工作位置。这就是存在于道岔和进路之间的基本联锁关系。这种关系用图表表达出来,如图1-5所示。

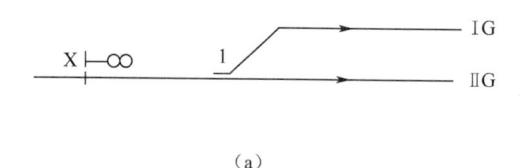

进路号	进路名称	道岔
1	下行Ⅰ道接车进路	(1)
2	下行Ⅱ道接车进路	1

(a)　　　　　　　　　　　　(b)

图1-5　道岔、进路间的联锁

在图1-5(a)中,进路1是下行Ⅰ道接车进路,进路2为下行Ⅱ道接车进路。从图1-5(b)中可以看出,带括号的代表道岔在反位,不带括号的表示道岔在定位。图1-5(b)的意义是,进路1与道岔1之间有反位联锁关系,即道岔1不在反位,进路1就不能锁闭。反之,进路1锁闭后,把道岔1锁在反位,不允许道岔1再变位。进路2与道岔1存在定位锁闭关系,即道岔1不在定位,进路2就不能锁闭。反之,当进路2锁闭以后,把道岔1锁在定位,不允许道岔再变位。

有时,在进路范围以外的道岔也与该进路有联锁关系,把这样的道岔叫作防护道岔,如图1-6所示。在下行Ⅰ道接车进路的延续进路中有一条安全线。它是为接下行Ⅰ道接车进路而设置的。因为X进站信号机前方制动距离内有较大的下坡道(6‰以上),列车进站后可能停不住车,为了避免与上行Ⅱ道接车进路上的列车发生侧撞而设置该安全线。因此,道岔4/6虽不在下行Ⅰ道接车进路上,但如果允许在道岔4/6反位的情况下建立上行Ⅲ道接车进路,当列车进站、行驶在2号道岔期间有可能与下行Ⅰ道的列车相撞,这是很危险的。因此,道岔4/6即使属于上行Ⅲ道接车进路以外的道岔,也要求道岔4/6与上行Ⅲ道接车进路发生联锁关系,即道岔4/6不在定位,禁止进路3锁闭(禁止防护进路3的信号机开放),一旦进路3锁闭后,禁止道岔4/6变位,即把道岔4/6锁在定位。很显然,把道岔4/6锁在定位后,进路1与进路3就隔离开,从而消除了上述危险性。

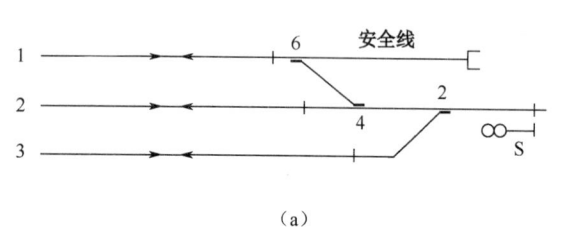

进路号	进路名称	道岔
1	上行Ⅰ道接车进路	2, (4/6)
2	上行Ⅱ道接车进路	2, 4/6
3	上行Ⅲ道接车进路	(2), [4/6]

(a)　　　　　　　　　　　　(b)

图1-6　防护道岔

防护道岔与进路的联锁关系，在图 1-6（b）中用中括号表示。[4/6]表示道岔与进路 3 为定位锁闭关系。若道岔与进路 3 是反位锁闭关系，则用[(4/6)]表示。

当经由交叉渡线的一组双动道岔反位排列进路时，应使与其交叉的另一组双动道岔防护在定位。例如，当图 1-1 中的上行 5 道发车时，1/3、9/11、21 号道岔必须锁在反位。13/15 号道岔不在该进路上，但为了防止侧面冲突，应使其防护在定位。

在实现进路锁闭时，把同一道岔区段内的所有道岔都锁闭，但为了满足平行作业的需要，在排列进路时需要把某些不在进路上的道岔带动至规定的位置，并对其进行锁闭。这种道岔称为带动道岔。

例如，当图 1-1 中的下行 4 道接车时，要求 5/7、1/3、9/11、13/15 号道岔在定位，17/19、27 号道岔在反位。23/25 号道岔不在该进路内，但考虑平行作业，需要将其带动至定位。23/25 的 23 号道岔与 17/19 的 17 号道岔同属于 17-23DG 区段，如果 23/25 号道岔没带动到定位，如东郊方面至Ⅲ道接车进路必须等 17-23DG 解锁后才能建立，这就影响了平行作业的进行，降低了效率。如果在建立下行 4 道接车进路时，将 23/25 号道岔带动至定位（记作{23/25}）并锁闭，就能满足平行作业的要求。

对防护道岔必须进行联锁条件的检查，若防护道岔不在防护位置，则进路不能建立。对带动道岔无须进行联锁条件检查，能带动到规定的位置就带动，带动不到（若它还被锁闭）也不能影响进路的建立，它不涉及安全，只是影响效率。

3）道岔与信号机之间的联锁

因为进路是由信号机防护的，故道岔与进路之间的联锁也可以用道岔与信号机之间的联锁来描述。

如图 1-7 所示，信号机 X 防护着两条进路：一条是下行Ⅰ道接车进路，要求 1 号道岔在反位；另一条是下行Ⅱ道接车进路，要求 1 号道岔在定位。因此，信号机 X 与道岔 1 之间的联锁关系，既有定位锁闭关系，又有反位锁闭关系，叫作定反位锁闭，应记作"1,(1)"。

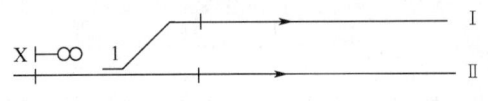

信号机	信号机名称	道岔
X	下行进站信号机	1,(1)

图 1-7　道岔与信号机之间的联锁

定反位锁闭意味着道岔 1 在定位时，允许信号机 X 开放；在反位时，也允许信号机 X 开放，那么可否不采取锁闭措施呢？不可以，因为道岔除定位和反位以外，还有一种非工作状态，即既不在定位又不在反位的状态，如道岔不密贴或被挤等。也就是说，道岔处于不正常状态，是不允许信号机开放的。

4）进路与进路间的联锁

进路与进路之间存在着两种不同性质的联锁关系：一是抵触进路，二是敌对进路。

（1）抵触进路。

抵触进路如图 1-8 所示。下行接车进路有三条，即进路 1、进路 2 和进路 3。这三条进路因为要求道岔位置各不相同，在同一时间只能建立一条进路。任何一条进路锁闭以后，在其未解锁以前，由于把有关的道岔锁住了，因此不可能再建立其他两条进路。把这种互相抵触的进路叫作抵触进路。

一般来说，抵触进路没有必要列在联锁表内。在特殊情况下，抵触进路之间要实施联锁，这时必须在联锁表内把抵触进路列出来，如图 1-8 所示。

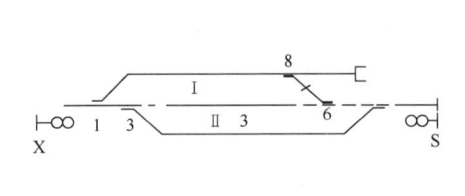

进路号	进路名称	敌对进路	抵触进路
1	下行I道接车进路	6	2, 3
2	下行II道接车进路	4, 5, 6	1, 3
3	下行III道接车进路	4, 5, 6	1, 2
4	上行III道接车进路	2, 3	5, 6
5	上行II道接车进路	2, 3	4, 6
6	上行I道接车进路	1, 2, 3	4, 5

图 1-8 进路与进路间的联锁

（2）敌对进路。

同时行车会危及行车安全的任意两条进路是敌对进路。下列进路规定为敌对进路。

① 同一到发线上对向的列车进路与列车进路，如图 1-1 所示的下行东郊方面III道接车进路和上行天津方面III道接车进路。

② 同一到发线上对向的列车进路与调车进路，如图 1-1 所示的下行II道接车进路和 D_6 至 II G 调车进路。

③ 同一咽喉区内对向重叠的列车进路或调车进路，如图 1-1 所示的下行东郊方面I道接车进路和上行东郊方面I道发车进路，D_{11} 至 4G 调车进路与 S_4 至 X_D 调车进路。

④ 同一咽喉区内对向重叠或顺向重叠的列车进路与调车进路。重叠进路是指相互间有部分或全部重合的两条进路，如图 1-1 所示的下行I道接车进路和 S_1 至 D_3 调车进路。

⑤ 防护进路的信号机设在侵限绝缘处禁止同时开通的进路，如图 1-9 所示。由于 D_{10} 处轨道绝缘侵入限界，所以 S_{III} 至 D_8 调车进路与 D_2 至 D_{10}、D_4 至 D_{10} 调车进路为敌对进路。因为车辆停留在 D_{10} 信号机前方时，如果建立 S_{III} 至 D_8 或 D_6 至 III 道调车进路，均会发生侧面冲突事故。

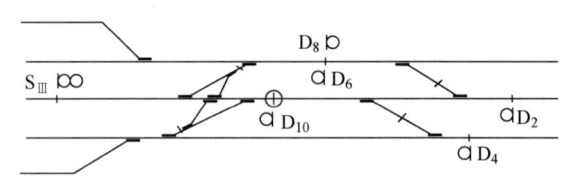

图 1-9 某个车站上行咽喉区

同一到发线上对向的调车进路允许同时建立，如图 1-1 所示的 D_{11} 至 5G 调车进路与 D_{16} 至 5G 调车进路。这对于调车作业较多的车站可提高作业效率。但对于调车作业较少的中间站，当同一道发线上对向的调车进路不需要同时开通时，也可作为敌对进路。股道、无岔区段有车占用时，允许向其排列调车进路，便于取车，但不允许两端同时向无岔区段办理调车进路。

敌对进路必须互相照查，不得同时建立。

5）进路与信号机之间的联锁

进路与进路之间的联锁关系如图 1-10 所示，可用进路与信号机之间的联锁关系来描述。当进路较多时，这样描述较明显，不需要从进路号码中查找进路名称。

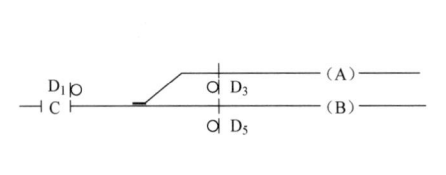

进路号	进路名称	敌对进路
1	由 D_1 至 A	3
2	由 D_1 至 B	4
3	由 D_3 至 C	1
4	由 D_5 至 C	2

图 1-10 进路与信号机之间的联锁 1

如图 1-11 所示，进路 1 是从 D_{21} 信号机至无岔区段 W 的调车进路，D_{23} 信号机所防护的进路与上述进路为敌对进路，所以把 D_{23} 作为进路 1 的敌对信号，在图 1-11（b）所示的进路 1 的敌对信号栏内记作"D_{23}"。

进路号	进路名称	敌对信号
1	D_{21}至W	D_{23}, <19>D_{33}
2	D_{33}至W	D_{31}, <11/13>D_{21}

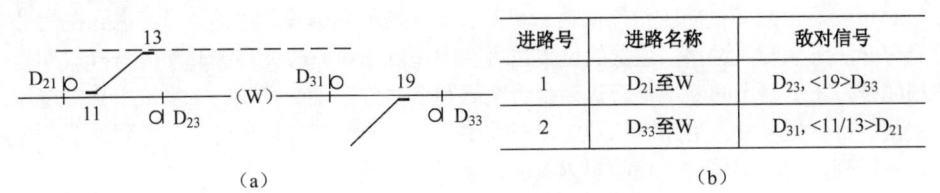

(a)　　　　　　　　　　　　(b)

图 1-11　进路与信号机之间的联锁 2

D_{33}信号机防护着两条进路：一条经由道岔 19 反位，另一条经由道岔 19 定位至无岔区段 W。由于无岔区段一般较短，故禁止同时由两个方向向该无岔区段内调车，即 D_{21} 至 W 调车进路与 D_{33} 至 W 调车进路是敌对进路。但这两条敌对进路只有道岔 19 在定位时才能构成，反之，不能构成。这种有条件的敌对进路在进路 1 的敌对信号栏内记作"<19>D_{33}"，如图 1-11（b）所示。如果记作"<(19)>D_{33}"，则说明是反位条件。

同理，进路 2 与调车信号机 D_{21} 也存在着条件敌对关系，故在进路 2 的敌对信号栏内记作"<11/13>D_{21}"，如图 1-11（b）所示。凡是两个对象之间存在着一个或几个条件才构成锁闭关系的，就是条件锁闭，而这里的条件一般是指道岔位置。

6. 进路控制

列车进路和调车进路的控制过程基本上是一样的。一条进路的控制过程可以分解为进路建立和进路解锁两个阶段。进路建立阶段是从车站值班员开始办理进路到防护该进路信号开放的阶段。进路解锁阶段是指列车驶入进路到越过进路中全部道岔区段的阶段，或者是指操作人员解除已建立进路的阶段。

1）进路建立与锁闭

进路建立阶段还可以进一步分解成若干个小的阶段或进程。这些进程的划分并不是唯一的，但它们的执行顺序是符合进路控制过程要求的。这里把进路建立分解为进路选择、道岔控制、进路锁闭和信号控制 4 个阶段。

（1）进路选择。

进路选择的基本任务如下。

① 检查操作人员的操作手续是否符合操作规范。若符合操作规范，则可以从众多的进路中选取一条符合操作意图的进路。

② 检查所选进路是否处于空闲状态，其敌对进路是否已事先建立。若进路空闲且敌对进路没有建立，则所选进路可以使用。

③ 对于选出的进路所涉及的信号、道岔和轨道电路（通称监控对象）分别设置征用标志，以防止其他进路使用（初步实现了进路联锁）。

④ 将选出进路中涉及的监控对象及对监控对象的状态要求等记录下来，供以后联锁使用。

（2）道岔控制。

检查进路中各个道岔的实际位置与进路中所需的位置是否相符。若不符，而且道岔未处于锁闭状态，则生成道岔控制命令，将道岔转换到所需位置。

（3）进路锁闭。

当与进路有关的道岔位置符合进路需求、进路处于空闲状态（与进路有关的轨道电路在空闲状态）及没有建立敌对进路等时，实现进路锁闭。在这种情况下，进路中各个轨道电路区段就处于进路锁闭状态。于是，对轨道区段内的道岔实现了进路锁闭，使其不能再被操纵。凡经由处于进路锁闭状态的区段的其他进路也不能建立，即实现了敌对进路锁闭。由此也可以推断，当轨道区段解除进路锁闭后，相应的道岔和敌对进路解除了进路锁闭。

（4）信号控制。

在进路锁闭后可立即使防护进路的信号机开放，以指示列车驶入进路。但考虑到在信号开放期间，可能有非法车辆闯入进路，道岔的位置也可能因违章作业而改变，因此在信号开放期间，除检查进路锁闭外，还需要不间断地检查进路是否空闲和道岔位置是否正确，一旦发生异常现象，信号应立即关闭；一旦列车驶入进路，信号应立即关闭。而对调车信号机来说，考虑到调车机车推送车辆前进，所以规定列车整体进入信号机内方后，信号才会关闭。

2）进路解锁

进路解锁就是解除已经建立的进路、道岔和敌对进路的进路锁闭。根据进路解锁的条件和时机不同，分为5种进路解锁方式：取消进路、人工延时解锁、正常解锁、调车中途折返解锁及故障解锁。

（1）取消进路。

建立进路后，由于某种原因而需要解除时，只要进路确实在预先锁闭状态且进路空闲，就可以在操作人员的规范操作下立即解锁。

（2）人工延时解锁（人工解锁）。

进路在接近锁闭的状态下，当由于某种原因而需要解锁时，在操作人员的人工解锁规范操作后，首先关闭信号机，从信号机关闭时算起，延迟一定的时间且进路处于空闲状态才能解锁。延时的目的在于使司机看到禁止信号后能够在延时期间内将车停下来，停车后再使进路解锁，这是十分安全的。延迟的时间应大于或等于制动时间。目前对接车进路和正线发车进路规定的延迟时间为3min，对侧线发车进路和调车进路规定的延迟时间为30s。

（3）正常解锁。

正常解锁是指列车每通过一段轨道电路区段，该区段就自动解锁，也就是该区段内的道岔及与该区段有关的敌对进路被解锁了。目前广泛采用三点检查法构成区段解锁条件。所谓三点检查法是指待解锁的接近区段已经解锁，本区段曾被占用又出清了，本区段的离去区段被占用。

（4）调车中途折返解锁。

这是调车进路的一种解锁方式。在进行转线调车作业时，整个作业过程按运行方向可分为牵出和折返两个过程。为牵出作业而办理的进路称为牵出进路。为折返作业而办理的进路称为折返进路。牵出进路既可能是一条基本进路，又可能是一条复合进路。在转线作业过程中，列车总是在牵出的中途而折返。因此，牵出进路中的一条或几条基本进路虽然被车辆占用过，但只要列车没有沿牵出方向通过该进路，就不能按正常解锁方式使牵出进路中所有的区段解锁，而需要采取特殊的方式使牵出进路的各个未解锁区段自动解锁。这种特殊的解锁方式称作调车中途折返解锁。中途折返解锁的关键在于提出充要条件以证明列车确实已经折返而离开了牵出进路中的待解锁区段。

（5）故障解锁。

以上4种进路解锁方式均需要借助轨道电路的有序动作情况来判断列车所处的位置，避免区段错误解锁而危及行车安全。如果由于某种故障或其他原因而导致轨道电路出现异常动作状态，就不能使用上述解锁方式。在这种情况下，需要采取特殊的故障解锁方式解锁。

在采取故障解锁时，仍然需要借助轨道电路和其他设备的变化状态来判断故障解锁是否会危及行车安全。实际上，判断条件往往并不充分，而需要操作人员参与判断，所以在故障解锁时，需要对故障解锁的操作加以限制，避免发生行车事故。

以上仅就进路控制过程做了扼要阐述，若将过程中的每个阶段所需要完成的任务及为完成该任务必须满足的条件加以细化和条理化，就成为车站信号系统的技术条件或联锁条件。当然，联锁条件不仅局限于一般进路控制，还包括其他与引导信号有关的内容及单锁道岔等。

（二）联锁图表

联锁图表是车站联锁设备间联锁关系的说明，采用图和表的形式表示。它由车站信号设备平面布置图和联锁表两部分组成。联锁图表说明车站信号设备之间的联锁关系，显示了进路、道岔、信号机及轨道电路区段之间的基本联锁内容。电路设计是根据联锁图表的要求严密进行的，联锁实验和竣工验收时也以联锁图表作为检查工程质量的重要依据。因此，联锁图表必须认真编制，避免任何差错和遗漏。上文已对车站信号设备平面布置图进行了介绍，这里介绍与之配套的联锁表。

联锁表是根据车站信号设备平面布置图所展示的线路、道岔、信号机、轨道电路区段等情况，按规定的原则和格式编制的。联锁表以进路为主体，逐条地把排列进路需要顺序按压的按钮、防护该进路的信号机名称和显示、进路要求检查并锁闭的道岔编号和位置、进路应检查的轨道电路区段名称，以及所排进路敌对的信号填写清楚。

联锁表有以下各栏。

1．方向栏

方向栏可填写进路性质（通过、接车、发车、调车或延续进路）和运行方向。

2．进路号码栏

进路号码栏可按全站列车进路和调车进路顺序编号，也可按咽喉区分别编号。通过进路由正线接、发车进路组成，不另外编号，仅将接、发车进路号码以分数形式填写。例如，接车进路号码为2，发车进路为8，通过进路就写作"2/8"。

3．进路栏

进路栏可逐条列出列车及调车的基本进路。在较大的车站，列车进路同时存在两种以上方式时，除列出基本进路外，还需要推荐一条变通进路作为第二种进路方式。

1）列车进路

例如，将列车接至某股道时记作"至×股道"，列车由某股道发车时记作"由×股道"，发车时记作"由×信号机"，通过进路时记作"经×股道向××方向通过"。

2）调车进路

由 $D_{××}$ 信号机调车时记作"由 $D_{××}$"。调车至另一顺向调车信号机时记作"至 $D_{××}$"。调车至某股道时记作"至×股道"。向尽头线、专用线、机务段、双线单方向运行区段出站口等处调车时分别填记由该线向集中区调车信号机的名称，记作"向 $D_{××}$"。当某进站信号机仅能作为调车终端时，应记作"至×进站信号机"。

3）延续进路

当区间接近车站一端接车方向有超过 6‰ 的下坡道而接车线末端又无隔开设备时，由下坡道的一端向某股道接车进路的延续进路应列出，并按接车进路方式检查延续进路上的全部道岔位置、轨道电路区段和敌对信号。

当向某股道接车进路末端有多条延续进路时，应列出其推荐的进路。

延续进路的编号由接车进路号码和接车进路第×条延续进路号码组成。

4．排列进路按下按钮栏

排列进路按下按钮栏填写排列该进路时需要按下的按钮名称。

5．确定运行方向道岔栏

当有两种以上方式运行时，为了区别开通的进路，可在确定运行方向道岔栏填写关键对向道岔的位置。

6．信号栏

信号栏填写排列该进路时开放的信号机名称及其显示。色灯信号机按显示颜色表示，进路表示器一般以左、中、右区分，如超过3个方向以两组进路表示器组合后的灯位分别表示。

7．道岔栏

道岔栏顺序填写进路中所包括的全部道岔及防护和带动道岔的编号与位置。其填写方式如下：1/3，表示将 1/3 号道岔锁在定位；（5/7），表示将 5/7 号道岔锁在反位；[9/11]，表示将 9/11

号道岔防护在定位；[(9/11)]，表示将 9/11 号道岔防护在反位；{23/25}，表示将 23/25 号道岔带动到定位；{(27)}，表示将 27 号道岔带动到反位。

8．敌对信号栏

敌对信号栏填写排列该进路的全部敌对信号。

其填写方式举例如下。

列车兼调车信号机的填写方式：S_5，表示 S_5 信号机的列车和调车信号均为所排进路的敌对信号；S_5L，表示 S_5 信号机的列车信号为所排进路的敌对信号；S_5D，表示 S_5 信号机的调车信号为所排进路的敌对信号。

调车信号机的填写方式：D_1，表示 D_1 信号机为所排进路的敌对信号。

当有条件敌对时的填写方式：<1>D_1，表示经 1 号道岔定位的 D_1 信号机为所排进路的敌对信号；<(3)>S_5L，表示经 3 号道岔反位的 S_5 信号机的列车信号为所排进路的敌对信号。

9．轨道电路区段栏

轨道电路区段栏按顺序填写排列进路时需要检查空闲的轨道电路区段名称。

其填写方式如下：5DG，表示排列进路时需要检查 5DG 区段的空闲；<21>21DG，表示当 21 号道岔在定位时排列进路需要检查侵限绝缘区段 21DG 空闲；<(25)>25DG，表示当 25 号道岔在反位时排列进路必须检查侵限绝缘区段 25DG 空闲。

10．迎面进路栏

迎面进路栏填写同一到发线上对向列车、调车进路的敌对关系，以线路区段名称表示。

11．其他联锁栏

1）非进路调车

非进路调车的代号为 F，表示所排进路与非进路调车为敌对。当有多处非进路调车时，以 $F_1,F_2,\cdots$表示。

2）得到同意

得到同意的代号为 T，表示由本联锁区向其他区域排列进路需要取得对方同意。

3）延续进路

延续进路的代号为 Y，表示所排接车进路延续至另一咽喉线路末端。

4）闭塞

闭塞的代号为 BS，表示所排发车进路与邻站间的闭塞关系（含各种闭塞）。

表 1-1 所示为图 1-1 所示站场的联锁表。表 1-1 中只列出了下行咽喉的各列车进路和调车进路。

思政主题：敬畏生命，遵守规章，人人有责

案例要点：

事故概况：1997 年 4 月 29 日 10 时 48 分，昆明开往郑州的 324 次旅客列车行至京广线荣家湾站 1453 千米 914 米处，与停在站内 4 道的 818 次旅客列车尾部冲撞，造成 324 次旅客列车机后 1 至 9 位颠覆，10 至 11 位脱轨；818 次旅客列车机后 15 至 17 位（尾部 3 辆）颠覆。这次事故共造成人员死亡 126 人，另有重伤 48 人，轻伤 182 人；机车报废 1 台，客车报废 11 辆、中破 1 辆、小破 1 辆；直接经济损失 415 万元；中断上行正线 29 小时 12 分；构成行车特别重大事故。

事故原因：违反《铁路信号维护规则》（业务管理）中"七严禁"规定，严禁人为沟通道岔假表示，进行更换转辙、转换设备；违反"三不动"规定，未联系登记好不动。

表 1-1 联锁表

方向	进路	进路方式	排列进路按下按钮	确定运行方向道岔	信号机名称	信号机显示	表示器	道岔	敌对信号	轨道区段	迎面进路列车	迎面进路调车	其他联锁	进路号码
东郊方面 列车进路 接车	至5股道		X_DLA、S_5LA		X_D	UU		5/7、9/11、13/15、(21)	D_{11}、S_5	7DG、11-13DG、21DG、<23/25>25DG、5G	5G	5G		1
	至Ⅲ股道		X_DLA、$S_{Ⅲ}LA$	13	X_D	U		5/7、9/11、13/15、21、23/25	D_{11}、$S_{Ⅲ}$	7DG、11-13DG、21DG、25DG、ⅢG	ⅢG	ⅢG		2
	至Ⅲ股道		X_DLA、$D_{13}LA$、$S_{Ⅲ}LA$	(13)	X_D	U		5/7、(13/15)、[9/11]、17/19、(23/25)	D_{11}、$S_{Ⅲ}$	7DG、11-13DG、9-15DG、17-23DG、25DG、<21>21DG、ⅢG	ⅢG	ⅢG		3
	至Ⅰ股道		X_DLA、S_1LA		X_D	UU		5/7、(13/15)、[9/11]、17/19、23/25	D_{11}、S_1	7DG、11-13DG、9-15DG、17-23DG、ⅠG	ⅠG	ⅠG		4
	至Ⅱ股道		X_DLA、$S_{Ⅱ}LA$		X_D	UU		5/7、(13/15)、{17/19}、{23/25}、27	D_{11}、$S_{Ⅱ}$	7DG、11-13DG、9-15DG、19-27DG、ⅡG	ⅡG	ⅡG		5
	至4股道		S_4LA、X_DLA		X_D	UU		5/7、(13/15)、[9/11]、{23/25}、(27)	D_{11}、S_4	7DG、11-13DG、9-15DG、19-27DG、4G	4G			6
发车	由5股道		S_5LA、X_DLA		S_5	L	B-C	(21)、13/15、9/11、5/7	X_D、S_5D	21DG、<23/25>25DG、11-13DG、7DG			BS	7
	由Ⅲ股道		$S_{Ⅲ}LA$、X_DLA	25	$S_{Ⅲ}$	L	B-C	23/25、21、13/15、9/11、5/7	D_{13}、D_{11}、$S_{Ⅲ}D$	25DG、21DG、<21>21DG、11-13DG、7DG			BS	8
	由Ⅲ股道		$S_{Ⅲ}LA$、$D_{13}LA$、X_DLA	(25)	$S_{Ⅲ}$	L	B-C	(23/25)、17/19、(13/15)、[9/11]、5/7	D_{13}、D_{11}、$S_{Ⅲ}D$	25DG、<23/25>25DG、9-15DG、17-23DG、11-13DG、7DG			BS	9
	由Ⅰ股道		S_1LA、X_DLA		S_1	L	B-C	23/25、17/19、(13/15)、[9/11]、5/7	D_{13}、D_{11}、S_1D	17-23DG、9-15DG、11-13DG、7DG			BS	10
	由Ⅱ股道		$S_{Ⅱ}LA$、X_DLA		$S_{Ⅱ}$	L	B-C	27、(17/19)、{23/25}、(13/15)、[9/11]、5/7	D_{13}、D_{11}、$S_{Ⅱ}D$	19-27DG、17-23DG、9-15DG、11-13DG、7DG			BS	11
	由4股道		S_4LA、X_DLA		S_4	L	B-C	(27)、(17/19)、{23/25}、(13/15)、5/7	D_{13}、D_{11}、S_4D	19-27DG、17-23DG、9-15DG、11-13DG、7DG			BS	12
北京方面 正方向接车	至5股道	1	XLA、D_3A、S_5LA		X	UU		(5/7)、9/11、13/15、(21)	D_3、D_{11}、S_5	1AG、5DG、21DG、<1/3>3DG、7DG、11-13DG、<23/25>25DG、5G	5G	5G		13
	至5股道	2	XLA、D_3A 或 D_3A、S_5LA	5	X	UU		5/7、1/3、(9/11)、[13/15]、(21)	D_3、D_7、D_9、S_5	1AG、5DG、3DG、9-15DG、11-13DG、21DG、<23/25>25DG、5G	5G	5G		14

续表

方向	进路		进路方式	排列进路按下按钮	确定运行方向道岔	信号机名称	信号机显示	表示器	道岔	敌对信号	轨道区段	迎面进路列车	迎面进路调车	其他联锁	进路号码
北京方面列车进路	正方向接车	至Ⅲ股道	1	XLA、S$_{III}$LA	5	X	UU		5/7、1/3、9/11、13/15、17/19、(23/25)	D$_3$、D$_7$、D$_9$、D$_{13}$、S$_{III}$	IAG、5DG、3DG、9-15DG、17-23DG、25DG、<21>21DG、IIIG	IIIG	IIIG		15
		至Ⅲ股道	2	XLA、D$_{11}$A 或 BA、S$_{III}$LA	(5)	X	UU		(5/7)、9/11、13/15、21、23/25	D$_3$、D$_{11}$、D$_9$、D$_{13}$、S$_{III}$	IAG、5DG、<1/3>3DG、7DG、11-13DG、21DG、25DG、IIIG	IIIG			16
		至Ⅰ股道		XLA、S$_1$LA		X	U		5/7、1/3、9/11、13/15、17/19、23/25	D$_3$、D$_7$、D$_9$、D$_{13}$、S$_1$	IAG、5DG、3DG、9-15DG、17-23DG、IG	IG	IG		17
		至Ⅱ股道		XLA、S$_{II}$LA		X	UU		5/7、1/3、9/11、13/15、(17/19)、{23/25}、27	D$_3$、D$_7$、D$_9$、D$_{13}$、S$_{II}$	IAG、5DG、3DG、9-15DG、17-23DG、19-27DG、IIG	IIG	IIG		18
		至 4 股道		XLA、S$_4$LA		X	UU		5/7、1/3、9/11、13/15、{17/19}、{23/25}、(27)	D$_3$、D$_7$、D$_9$、D$_{13}$、S$_4$	IAG、5DG、3DG、9-15DG、17-23DG、19-27DG、4G	4G	4G		19
	正方向发车	由 5 股道		S$_5$LA		S$_5$	L 或 LU 或 U	B-A	21、[13/15]、(9/11)、(1/3)	D$_9$、D$_7$、D$_1$、X$_F$、S$_5$D	21DG、<23/25>25DG、11-13DG、9-15DG、3DG、<5/7>5DG、IAG			BS	20
		由Ⅲ股道	1	S$_{III}$LA、X$_F$LA	(25)	S$_{III}$	L 或 LU 或 U	B-A	(23/25)、17/19、13/15、9/11、(1/3)	D$_{13}$、D$_9$、D$_7$、D$_1$、X$_F$、S$_{III}$D	25DG、<21>21DG、17-23DG、9-15DG、3DG、<5/7>5DG、IIAG			BS	21
		由Ⅲ股道	2	S$_{III}$LA、BA、X$_F$LA	25	S$_{III}$	L 或 LU 或 U	B-A	23/25、21、(9/11)、[13/15]、(1/3)	D$_{13}$、D$_9$、D$_7$、D$_1$、X$_F$、S$_{III}$D	25DG、21DG、11-13DG、9-15DG、3DG、IDG、<5/7>5DG、IIAG			BS	22
		由Ⅰ股道		S$_1$LA、X$_F$LA	19	S$_1$	L 或 LU 或 U	B-A	23/25、17/19、13/15、9/11、(1/3)	D$_{13}$、D$_9$、D$_7$、D$_1$、X$_F$、S$_1$D	17-23DG、9-15DG、3DG、IDG、<5/7>5DG、IIAG			BS	23
		由Ⅱ股道	1	S$_{II}$LA、X$_F$LA		S$_{II}$	L 或 LU 或 U	B-A	19-27DG、1/19WG、IDG、IIAG	D$_{15}$、D$_9$、D$_7$、D$_1$、X$_F$、S$_{II}$D	19-27DG、1/19WG、IDG、IIAG			BS	24
		由Ⅲ股道	2	S$_{II}$LA、D$_7$A 或 D$_9$A 或 D$_{13}$A、X$_F$LA	(19)	S$_{II}$	L 或 LU 或 U	B-A	27、(17/19)、{23/25}、13/15、9/11、(1/3)	D$_{15}$、D$_9$、D$_7$、D$_1$、X$_F$、S$_{II}$D	19-27DG、17-23DG、9-15DG、3DG、<5/7>5DG、1DG、IIAG			BS	25

续表

方向		进路	进路方式	排列进路按下按钮	确定运行方向道岔	信号机 名称	信号机 显示	表示器	道岔	敌对信号	轨道区段	迎面进路 列车	迎面进路 调车	其他联锁	进路号码
北京方面列车进路	正方向发车	由4股道	1	S₄LA、X_FLA	19	S₄	L或LU或U	B-A	(27)、17/19、1/3	D₁₅、D₅、D₁、X_F、S₁D	19-27DG、1/19WG、1DG、IIAG			BS	26
		由4股道	2	S₄LA、D₇A或D₉A或D₁₃A、X_FLA	(19)	S₄	L或LU或U	B-A	(27)、(17/19)、{23/25}、13/15、9/11、(1/3)	D₁₃、D₉、D₇、D₁、X_F、S₁D	19-27DG、17-23DG、9-15DG、3DG、<5/7>5DG、1DG、IIAG			BS	27
		至5股道		X_FLA、S₅LA		X_F	UU			D₁、D₇	IIAG、1DG、3DG、9-15DG、11-13DG、<23/25>25DG、5G	5G	5G		28
	反方向接车	至III股道	1	X_FLA、S_{III}LA	9	X_F	UU		(1/3)、(9/11)、[13/15]、17/19	D₁、D₇、D₉、D₁₃、S_{III}	IIAG、1DG、3DG、<5/7>5DG、9-15DG、17-23DG、<21>21DG、25DG、IIIG	IIIG	IIIG		29
		至III股道	2	X_FLA、BA、S_{III}LA	(9)	X_F	UU		(1/3)、(9/11)、[13/15]、21、(23/25)	D₁、D₇、D₉、D₁₃、S_{III}	IIAG、1DG、3DG、<5/7>5DG、9-15DG、21DG、IIIG	IIIG	IIIG		30
		至II股道	1	X_FLA、S₁LA	1	X_F	UU		(1/3)、9/11、13/15、17/19、23/25	D₁、D₇、D₉、D₁₃、S₁	IIAG、1DG、3DG、<5/7>5DG、9-15DG、17-23DG、IG	IG	IG		31
		至II股道	2	X_FLA、D₇A或D₉A或D₁₃A、S_{II}LA	(1)	X_F	U		(1/3)、9/11、13/15、17/19、27	D₁、D₅、D₉、D₁₃、S_{II}	IIAG、1DG、1/19WG、19-27DG、IIG	IIG	IIG		32
		至II股道	2	X_FLA、D₇A或D₉A或D₁₃A、S_{II}LA	(1)	X_F	UU		(1/3)、9/11、13/15、(17/19)、{23/25}、27	D₁、D₇、D₉、D₁₃、S_{II}	IIAG、1DG、3DG、<5/7>5DG、9-15DG、17-23DG、19-27DG、IIG	IIG	IIG		33
		至4股道	1	X_FLA、S₄LA	1	X_F	UU		1/3、17/19、(27)	D₁、D₅、D₁₅、S₄	IIAG、1DG、1/19WG、19-27DG、4G	4G	4G		34
		至4股道	2	X_FLA、D₇A或D₉A或D₁₃A、S₄LA	(1)	X_F	UU		(1/3)、9/11、13/15、(17/19)、{23/25}、(27)	D₁、D₇、D₉、D₁₅、S₄	IIAG、1DG、<23/25>25DG、<5/7>5DG、9-15DG、17-23DG、19-27DG、4G	4G	4G		35
		由5股道	1	S₅LA、XLA	11	S₅	L	B-B	(21)、9/11、13/15、(5/7)	D₁₁、D₅、X、S₁D	21DG、<23/25>25DG、7DG、5DG、<1/3>3DG、1AG			BS	36

续表

方向	进路	进路方式	排列进路按下按钮	确定运行方向道岔	信号机名称	信号机显示	表示器	道岔	敌对信号	轨道区段	迎面进路列车	迎面进路调车	其他联锁	进路号码
反方向发车 北京方面 列车进路	由5股道	2	S₅LA、D₇A 或 D₉A、XLA	(11)	S₅	L	B-B	(21)、(9/11)、[13/15]、1/3、5/7	D₉、D₇、D₃、X、S₁D	21DG、<23/25>25DG、11-13DG、9-15DG、3DG、5DG、IAG			BS	37
	由Ⅲ股道	1	SⅢLA、XLA	(25)	SⅢ	L	B-B	(23/25)、17/19、13/15、9/11、1/3、5/7	D₁₃、D₇、D₃、X、SⅢD	25DG、<21>21DG、17-23DG、9-15DG、3DG、5DG、IAG			BS	38
	由Ⅲ股道	2	SⅢLA、BA、XLA	25	SⅢ	L	B-B	23/25、21、13/15、9/11、(5/7)	D₁₁、D₃、X、SⅢD	25DG、21DG、11-13DG、7DG、5DG、<1/3>3DG、IAG			BS	39
	由Ⅰ股道		S₁LA、XLA		S₁	L	B-B	23/25、17/19、13/15、9/11、1/3、5/7	D₁₃、D₉、D₇、D₃、S₁D	17-23DG、9-15DG、3DG、5DG、IAG			BS	40
	由Ⅱ股道		SⅡLA、XLA		SⅡ	L	B-B	27、(17/19)、(23/25)、13/15、9/11、1/3、5/7	D₁₃、D₉、D₇、X、SⅡD	19-27DG、17-23DG、9-15DG、3DG、5DG、IAG			BS	41
	由4股道		S₄LA、XLA		S4	L	B-B	(27)、(17/19)、{23/25}、13/15、9/11、1/3、5/7	D₅、D₇、D₁₃、X、S₄D	19-27DG、17-23DG、9-15DG、3DG、5DG、4G			BS	42
	经Ⅰ股道向天津方面通过		XTA、S₁LA		X/X₁	L/L L/LU 或 LU/U		5/7、1/3、9/11、13/15、17/19、23/25、16、10/12、2/4	D₃、D₇、D₉、D₁₃、S₁、X₁D、D₁₂、D₈、S_F	IAG、5DG、3DG、9-15DG、17-23DG、IG、16-18DG、8-10DG、4DG	IG	IG	BS	17/87
通过	经Ⅱ股道向天津方面通过		X_FTA、SLA		X_F/X_Ⅱ	L/L	B	1/3、5/7、9/11、13/15、17/19、27、14、10/12、6/8	D₁、D₅、SⅢ、X_ⅡD、D₆、S	ⅡAG、1DG、1/19WG、19-27DG、ⅡG、14DG、6-12DG、ⅡBG	ⅡG	ⅡG	BS	32/98
由 D₁ 调车进路	至 D₉		D₁A、D₇A		D₇	B		(1/3)	X_F、D₇、<(11)>SⅢL、<(25)>SⅢL、<15>S₁LSⅡLS₄L	1DG、3DG、<5/7>5DG			BS	43
	至 D₁₅		D₁A、D₅A		D₁	B		1/3	X_F、D₅、<19>SⅡLSⅢL	1DG				44
由 D₃	至 D₉		D₃A、D₇A		D₃	B		5/7、1/3	X、D7、<(11)>SⅢL、<(25)>S₁LSⅡLS₄L	5DG、3DG				45
	至 D₁₁		D₃A、D₁₁A		D₃	B		(5/7)	X、<11>S₅、<25>SⅢ、<15>S、SⅡLS₄	5DG、7DG、<1/3>3DG				46

续表

方向	进路	进路方式	排列进路按下按钮	确定运行方向道岔	信号机名称	信号机显示	表示器	道岔	敌对信号	轨道区段	迎面进路 列车	迎面进路 调车	其他联锁	进路号码
由 调 车 进 路	至 D_1		D_5A、D_1A		D_5	B		1/3	X_F、D_1、<19>$S_{II}LS_4L$	1DG				47
D_5	至 D_1		D_7A、D_1A		D_7	B		(1/3)	X_F、D_1、<11>S_4L、<25>$S_{III}L$、<15>$S_ILS_{II}LS_4L$	3DG、1DG、<5/7>5DG				48
D_7	至 D_3		D_7A、D_3A		D_7	B		1/3、5/7	X_F、D_3、<11>S_3L、<25>$S_{III}L$、<15>$S_ILS_{II}LS_4L$	3DG、5DG				49
D_9	至Ⅲ5股道		D_9A、S_5DA		D_9	B		(9/11)、[13/15]、(21)	X、<1>X_F、S_5	9-15DG、11-13DG、21DG、<23/25>25DG	5G			50
	至Ⅲ股道		D_9A、$S_{III}DA$		D_9	B		(9/11)、[13/15]、21、23/25	X、<1>X_F、S_{III}	9-15DG、11-13DG、21DG、25DG	ⅢG			51
D_9	至 D_{13}		D_9A、$D_{13}A$		D_9	B		9/11、13/15	<5>X、<1>X_F、<25>S_{III}、<19>$S_{II}S_4$	9-15DG				52
D_{11}	至Ⅲ5股道		$D_{11}A$、S_5DA		D_{11}	B		(13/15)、[9/11]	<5>X、X_D、S_5	11-13DG、21DG、<23/25>25DG	5G			53
	至Ⅲ股道		$D_{11}A$、$S_{III}DA$		D_{11}	B		9/11、13/15、21、23/25	X、X_D、S_{III}	11-13DG、21DG、25DG	ⅢG			54
D_{11}	至 D_{13}		$D_{11}A$、$D_{13}A$		D_{11}	B		(13/15)、[9/11]	X、X_D、<25>S_{III}、<19>$S_{II}S_4$	11-13DG、9-15DG				55
D_{13}	至Ⅲ股道		$D_{13}A$、$S_{III}DA$		D_{13}	B		17/19、(23/25)	<9>X、<X_D>、<13>X_D、S_{III}、<19>$S_{II}S_4$	17-23DG、25DG、<21>21DG	ⅢG			56
	至Ⅰ股道		$D_{13}A$、S_IDA		D_{15}	B		17/19、23/25	<9>X、<13>X_D、S_I	17-23DG	IG			57
	至Ⅱ股道		$D_{13}A$、$S_{II}DA$		D_{15}	B		(17/19)、{23/25}、27	<9>X、<13>X_D、S_{II}	17-23DG、19-27DG	ⅡG			58
	至4股道		$D_{13}A$、S_4DA		D_{15}	B		(17/19)、{23/25}、(27)	<9>X、<13>X_D、S_4	17-23DG、19-27DG	4G			59

续表

方向	进路	进路方式	排列进路按下按钮	确定运行方向道岔	信号机名称	信号机显示	表示器	道岔	敌对信号	轨道区段	迎面进路列车	迎面进路调车	其他联锁	进路号码
D_{15}	至Ⅱ股道		$D_{15}A$、$S_{II}DA$		D_{15}	B		17/19、27	$<1>X_F$、S_{II}	19-27DG	ⅡG			60
	至4股道		$D_{15}A$、S_4DA		D_{15}	B		17/19、(27)	$<1>X_F$、S_4	19-27DG	4G			61
S_5D	至X_D		S_5DA、X_DDZA		S_5	B		(21)、13/15、9/11、5/7	X_D、D_{11}、$S_{II}L$	21DG、<23/25>25DG、11-13DG、7DG				62
	至D_3		S_5DA、D_3A		S_5	B		(21)、13/15、9/11、(5/7)	X、D_3、$S_{II}L$	21DG、<23/25>25DG、11-13DG、7DG、5DG、<1/3>3DG				63
	至D_7		S_5DA、D_7A		S_5	B		(21)、(9/11)、[13/15]	X、$<1>X_F$、S_7L	21DG、<23/25>25DG、11-13DG、9-15DG				64
$S_{III}D$	至D_7		$S_{III}DA$、D_7A		S_{III}	B		23/25、21、13/15、9/11、5/7	X_D、D_{11}、$S_{III}L$	25DG、21DG、11-13DG、7DG				65
	至D_7		$S_{III}DA$、X_DDZA		S_{III}	B		(23/25)、17/19、13/15、[9/11]、5/7	$<5>X$、$<1>X_F$、D_9、D_{13}	25DG、<1>21DG、17-23DG、9-15DG				66
S_1D	至X_D		S_1DA、X_DDZA		S_1	B		23/25、17/19、13/15、[9/11]、5/7	X_D、D_{11}、D_{13}、$S_{II}L$	17-23DG、9-15DG、11-13DG、7DG				67
	至D_7		S_1DA、D_7A		S_1	B		23/25、17/19、13/15、[9/11]、(5/7)	X、$<1>X_F$、D_9、D_{13}	17-23DG、9-15DG				68
$S_{II}D$	至X_D		$S_{II}DA$、$D_{11}A$、$D3A$		S_{II}	B		27、(17/19)、{23/25}、[9/11]、5/7	X_D、D_3、D_{11}、D_{13}	17-23DG、19-27DG、9-15DG、7DG、5DG				69
	至D_7		$S_{II}DA$、D_7A		S_{II}	B		27、(17/19)、{23/25}、[9/11]、5/7	X_D、D_3、D_{11}、D_{13}	19-27DG、17-23DG、9-15DG、11-13DG、7DG				70
$S_{II}D$	至D_7		$S_{II}DA$、D_7A		S_{II}	B		27、17/19	$<5>X$、$<1>X_F$、D_9、D_{13}	19-27DG				71
	至D_5		$S_{II}DA$、$D_{11}A$、D_2A		S_{II}	B		27、(17/19)、{23/25}、(13/15)、9/11	X、D_3、D_{11}、D_{13}、$S_{II}L$	19-27DG、17-23DG、9-15DG				72
$S_{II}D$	至D_3		$S_{II}DA$、$D_{11}A$、D_2A		S_{II}	B		27、(17/19)、{23/25}、[9/11]、(5/7)	$<1>X_F$、$<1>X_F$、D_1、D_{13}、$S_{II}L$	19-27DG、17-23DG、9-15DG、7DG、5DG				73

由调车进路

续表

方向		进路	进路方式	排列进路按下按钮	确定运行方向道岔	信号机名称	信号机显示	表示器	道岔	敌对信号	轨道区段	迎面进路 列车	迎面进路 调车	其他联锁	进路号码
调车进路	S₄D	至 X_D		S₄DA、X_DDZA		S₄	B		(27)、(17/19)、{23/25}、(13/15)、[9/11]、5/7	X_D、D_{11}、D_{13}、S₄L	19-27DG、17-23DG、9-15DG、11-13DG、7DG				74
		至 D₇		S₄DA、D₉A		S₄	B		(27)、(17/19)、{23/25}、13/15、9/11	<5>X、<(1)>X_F、D₉、D_{13}、S₄L	19-27DG、17-23DG、9-15DG				75
		至 D₅		S₄DA、D_{15}A		S₄	B		(27)、17/19	<1>X_F、<1>D_1、D_{15}、S₄L	19-27DG				76
		至 D₃		S₄DA、D_{11}A、D₃A		S₄	B		(27)、(17/19)、{23/25}、[9/11]、(5/7)	X、D₃、D_{11}、D_{13}、S₄L	19-27DG、17-23DG、9-15DG、11-13DG、7DG、5DG				77

二、城市轨道交通列车运行进路控制

列车进路由进路防护信号机防护，但列车在进路中的运行安全由 ATP 系统负责，这为城市轨道交通高密度行车提供了前提和安全保证。在设计中，ATP 系统与计算机联锁功能的结合，使计算机的联锁功能得到加强。

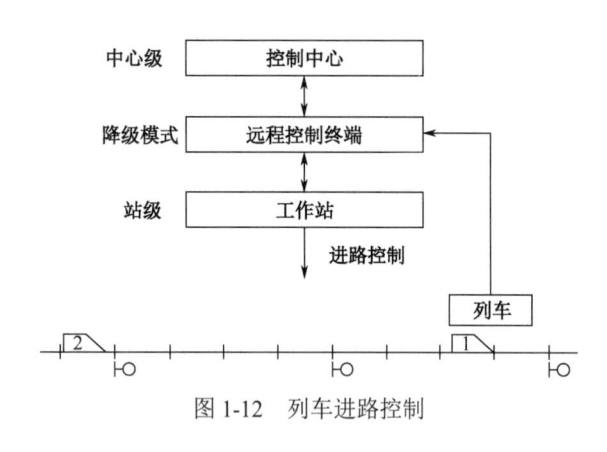

列车运行进路控制采用三级控制，即控制中心控制（ATS 自动控制）、远程控制终端控制和站级控制。

控制中心集中控制全线的列车运行（不包括车辆段内列车的运行控制）。系统根据列车运行时刻表及列车运行状况发出列车运行控制命令，并进行自动调整。在车站设置必要的自动控制功能，当控制中心故障时，转入站级控制，如图 1-12 所示。

图 1-12 列车进路控制

（一）控制中心控制

控制中心控制为全自动的列车监控模式，在该模式下，列车进路设置命令由自动进路设定系统发出，其信息来源于时刻表和列车运行自动调整系统。控制中心调度员也可以人工干预，对列车进行调整，操作与非安全相关的命令，排列和取消进路。

列车自动选路是 ATS 系统的一部分，其任务是与联锁设备协同为列车运行自动地排列运行进路。为此，进路自动排列具有这样的功能：其自动操作单元具有自动操作功能，而联锁系统根据控制中心自动进路控制系统的排列进路指令，负责实际的安全排列进路。当许可校核得出否定结果时，首先联锁系统将向 ATS 系统回送一个相应的信息，然后由 ATS 系统重复传输相同的控制命令，直至达到规定的次数和时间。

（二）远程控制终端控制

当控制中心设备故障或控制中心与下级设备的通信线路故障时，控制中心将无法对远程控制终端进行控制，此时系统自动地转入列车自动控制的降级模式。在降级模式下，由司机在车上输入目的地码，通过列车上的车次号发送系统发出带有列车去向的车次号信息，远程控制终端自动产生进路控制命令，而联锁系统根据来自远程控制终端的进路号排列进路。在这种情况下，系统不具备列车运行自动调整功能，但对于高密度的列车运行，此功能可以节省车站操作人员大量的精力。

（三）站级控制

在站级控制模式下，列车运行的进路控制在车站值班员工作站执行，但此时只要控制中心设备及通信线路功能完好，自动进路设置仍可进行。此外，列车进路的设定完全取决于车站值班员的意图，由车站值班员选择通过联锁区的预期进路。首先联锁控制逻辑检查进路没有被占用，并且没有建立敌对进路，然后自动排列通过联锁区的进路，锁闭进路，在所有条件满足列车的安全运行后开放地面信号机，并允许 ATP 系统将速度命令传送给列车。信号机的开放表示通过联锁区的进路开通。

三、城市轨道交通进路的特殊要求

城市轨道交通因运营的特殊性，其进路具有与铁路不同的情况，如多列车进路、追踪进路、折返进路、联锁监控区段、保护区段、侧面防护等。

（一）多列车进路

进路分为单列车进路和多列车进路，这主要因为城市轨道交通运行间隔小，车流密度大，列车的运行安全由 ATP 系统保护，所以在一条进路中可能出现多列列车运行的情况。

如图 1-13 所示，S_1—S_2 为多列车进路，只要监控区空闲，以 S_1 为始端的进路便可以排出，信号 S_1 开放。

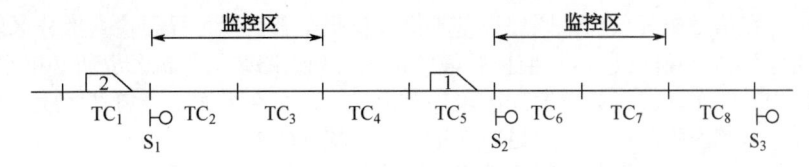

图 1-13　多列车进路

多列车进路排出后，若进路中有列车运行，则人工取消进路，此时只能取消最后一次排列的进路至前行列车所在位置的进路，其余进路在前行列车通过后解锁。人工取消多列车进路的前提是，进路的第一个轨道区段必须空闲。

如图 1-14 所示，S_6—S_7 为多列车进路，列车 1 通过 TC_2、TC_3、TC_4 以后，这 3 个轨道区段正常解锁，这时可以排列第二条进路 S_6—S_7，S_6 开放绿灯信号。如果列车 1 继续前行，那么通过区段 TC_5、TC_6、TC_7 后，这 3 个区段不解锁，只有在列车 2 通过这 3 个区段后才解锁。

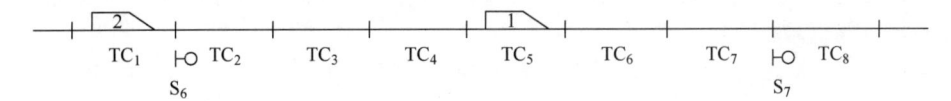

图 1-14　多列车进路排列

若第二条进路排列后，又要取消，则只能取消从始端信号机 S_6 到列车 1 之间的进路，其余的进路会在列车 1 通过后自动解锁。

（二）追踪进路

追踪进路为联锁系统本身的一种自动排列进路功能。当列车接近信号机，占用触发区段（触发区段是指列车占用该区段时引起进路排列的区段，它可能是信号机前方第一个接近区段，也可能是第二个接近区段，这根据线路布置和通过能力而定）时，列车运行所要通过的进路自动排出。追踪进路排出的前提除了满足进路排出的条件，进路防护信号机还必须具备进路追踪功能。

如图 1-15 所示，S_3、S_4 具有追踪功能，TC_1、TC_5 分别是以 S_3、S_4 为始端的进路的触发区段。当列车占用 TC_1 时，S_3—S_4 进路自动排出，S_3 开放。当列车占用 TC_5 时，S_4—S_5 进路自动排出，S_4 开放。

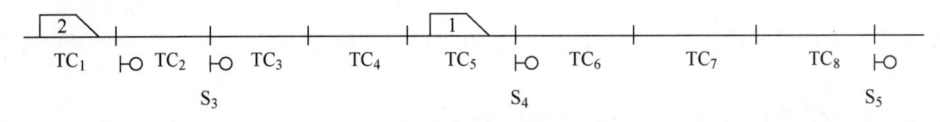

图 1-15　追踪进路

当一个信号机被预定具有进路追踪功能时，对规定进路的进路命令便通过接近表示自动产生。调用命令被储存，直到信号机开放为止。接近表示将由确定的轨道区段的占用而触发。

当对一个信号机接通自动追踪进路时，也可以执行人工操作。若接收到接近表示之前已人工排列了一条进路，则自动调用的进路被拒绝，重复排列进路也不能被储存。

若排列的进路被人工解锁，则该信号机的自动追踪进路功能便被切断。

（三）折返进路

列车折返进路作为一般进路纳入进路表。通常，通过列车自动选路、追踪进路或人工排列的折返进路从指定的折返线开始。

（四）联锁监控区段

在铁路上，信号机开放前必须检查所防护进路的所有区段空闲，而在装备准移动闭塞的城市轨道交通中，在信号机开放前，联锁设备不需要检查全部区段，只要检查部分区段，这些被检查的区段叫作联锁监控区段。联锁监控区段就是指排列进路时信号机开放所必须空闲的区段，一般为信号机内方两个区段。如果监控区段内有道岔，那么在最后一个道岔区段后加一个区段作为监控区段。监控区段的长度，应足够满足驾驶模式的转换。

进路设有监控区段，只要监控区段空闲，防护信号机便可正常开放。

列车通过监控区段后自动将运行模式转为 ATO 自动驾驶模式或 SM 模式（ATP 监督人工驾驶模式），列车之间的追踪保护就由 ATP 系统来实现。

（五）保护区段

为了保证列车的运行安全，避免列车由于某种原因不能在信号机前停住而导致事故发生，充分考虑了列车的制动距离及线路等因素，在停车点后设置了保护区段。保护区段就是指终端信号机后方的一至两个区段，类似于铁路的延续进路。

进路可以带或不带保护区段排出。如果进路短，排列进路时就带保护区段。多列车进路无保护区段，进路信号机可以正常开放。

根据设计，保护区段可以在或不在主体信号控制层内受到监督。此外，还有可能在进路排列时直接征用保护区段，或者进路先排列，保护区段设置延时直至进路内的接近区段被占用。延时的保护区段设置是一种标准方式，为多列车进路内的每个列车提供保护区段条件。

当排列的运行进路无法成功地进行保护区段设置或延时保护区段设置没有成功时，保护区段可稍后设置，只要到达线和指定保护区段的轨道区段空闲，并且设置保护区段的条件得以满足即可。

在设定的时间（预设值为 30s）截止之后，保护区段便解锁。延时解锁从保护区段接近区域被占用时开始，在列车反向运行情况下，保护区段的延时解锁仍将继续。

（六）侧面防护

城市轨道交通的正线道岔控制全部是单动的，不设置双动道岔，所有的渡线道岔均按单动处理，也不设置带动道岔。这些都靠侧面防护来防止列车的侧面冲突。侧面防护是指为了避免其他列车从侧面进入进路，与列车发生侧向冲突，这类似于铁路上的双动道岔和带动道岔的处理。防护主进路的侧面防护叫作主进路的侧面防护，防护保护区段的侧面防护叫作保护区段的侧面防护。

侧面防护由防护道岔确保，或者通过显示红色信号来确保。道岔为一级侧面防护，信号机为二级侧面防护。排列进路时先找一级侧面防护，再找二级侧面防护。若无一级侧面防护，则将信号机作为侧面防护。

侧面防护必须进行超限绝缘的检查。

侧面防护的任务是通过操作、锁定和检测临近分歧道岔，使通向已排运行进路的所有路径均不能建立。侧面防护也可通过具有停车显示和位于有侧面防护要求的运行进路方向的主体信号机来获得。在进路表中已为每一条进路设计了侧面防护区域。

如果采用了一个道岔的侧面防护，而道岔的实际位置和所要求的位置不一致，那么应发出一个转换道岔位置的命令。

当该命令不能执行（如道岔因封锁而禁止操作）时，该操作命令将被存储直到要求的终端位置达到为止。否则，通过取消或解锁该运行进路来取消该操作命令。

当排列进路时，除检查始端信号机外，还应检查终端信号机和侧防信号机的红灯灯丝，只有这两种信号机的红灯功能完好，进路防护信号机才能开放。

四、城市轨道交通折返站联锁图表

（一）某折返站信号设备平面布置图

某折返站信号设备平面布置图如图 1-16 所示。

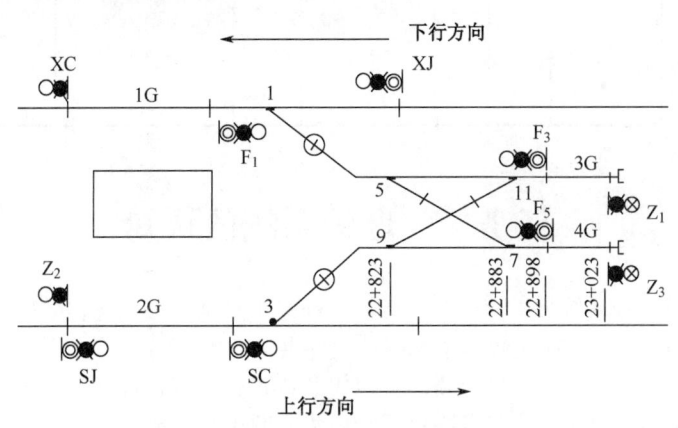

图 1-16 某折返站信号设备平面布置图

图 1-16 中，XJ 为下行进站信号机，XC 为下行出站信号机，SJ 为上行进站信号机，SC 为上行出站信号机，F_1、F_3、F_5 均为防护信号机，Z_1、Z_2、Z_3 均为阻挡信号机。

（二）联锁表

该折返站的联锁图表与本书介绍的典型铁路车站联锁图表内容基本一致，但也有细微的差别，如表 1-2 所示。

表 1-2 折返站的联锁表

进路性质	进路号码	进路	排列进路 按下的按钮	信号机 名称	信号机 显示	道岔	敌对信号	轨道区段	其他联锁	自动进路	折返说明
列车进路	1	F_1—Z_1	F_1A、F_3A	F_1/Z_1	B/H	(1)、5/7、9/11	F_3	1DG、5-11DC、3G		否	
	2	F_1—Z_3	F_1A、F_5A	F_1/Z_3	B/H	(1)、(5/7)、[9/11]	F_2	1DG、5-11DG、7-9DG、4G		否	
	3	XJ—1G	XJA、F_1A	XJ	L	1	F_1	1DG、1G、<9/11>5-11DG		是	
	4	SC—Z_1	SCA、F_3A	SC/Z_1	B/H	(3)、(9/11)、[5/7]	F_3	3DG、7-9DG、5-11DG、3G		否	
	5	SC—Z_3	SCA、F_5A	SC/Z_3	B/H	(3)、5/7、9/11	F_5	3DG、7-9DG、4G		否	
	6	SC—下站SJ	SCA、下站SJA	SC	L	3		3DG		是	
折返进路	7	F_3—XC	F_3A、F_1ZA	F_3/XC	L/H	9/11、5/7、(1)	F_1	5-11DG、1DG、1G		否	
	8	F_3—Z_2	F_3A、SCZA	F_3/Z_2	B/H	(9/11)、[5/7]、(3)	SC	5-11DG、7-9DG、3DG、2G	2G 照查	否	
	9	F_5—XC	F_5/XC	F_5/XC	B/H	(5/7)、[9/11]、(1)	F_1	7-9DG、5-11DG、1DG、1G		否	
	10	F_5—Z_2	F_5A、SCZA	F_5/Z_2	L/H	5/7、9/11、(3)	SC	7-9DG、3DG、2G	2G 照查	否	

续表

进路性质	进路号码	进路	排列进路 按下的按钮	信号机 名称	信号机 显示	道岔	敌对信号	轨道区段	其他联锁	自动进路	折返说明
自动折返进路	ZZ$_1$	SC/F$_3$ZZ	SC/F$_3$ZZA								由 SC—Z$_1$ 和 F$_3$—XC 组成站后折返进路 1
	ZZ$_2$	SC/F$_5$ZZ	SC/F$_5$ZZA								由 SC—Z3$_3$ 和 F$_5$—XC 组成站后折返进路 2

任务二 联锁系统的认知

城市轨道交通信号系统是指挥列车运行，保证行车安全，提高运输效率的关键设备。国内的城市轨道交通信号系统，在正线基本采用由国外供货商提供的 ATC 系统，该系统最大的特点是把信号联锁关系纳入其中，也就是说，计算机联锁设备是其保证行车安全的核心设备之一。车辆段或停车场采用的是国内供货商提供的继电集中联锁系统或计算机联锁系统。

（一）继电集中联锁系统

继电集中联锁由继电器和电路构成。它曾经有多种制式，几经改进和完善，其中 6502 电气集中联锁设备被认为是继电集中联锁设备中的杰出代表。它是我国铁路上使用最广、最具有代表性的联锁设备之一。

由于继电集中联锁系统存在一些缺点，因此不能满足地铁运营的要求。地铁除了在车辆段运用 6502 电气集中联锁系统，正线上均采用计算机联锁系统。

（二）计算机联锁系统

计算机联锁系统是以计算机技术为核心，采用通信技术、可靠性与容错技术及故障-安全技术实现轨道交通车站联锁要求的实时控制系统。它与继电集中联锁系统相比具有十分明显的技术经济优势，而且设计、施工、维修和使用大为方便。

1．计算机联锁系统的技术特征

（1）计算机将车站值班员的操作命令和现场监控对象的状态信息进行联锁逻辑运算后，完成对道岔和信号机的控制，全部联锁关系由计算机及其程序完成。

（2）计算机发出的控制命令和现场发回的状态信息，均能由传输通道串行传输，可节省大量的干线电缆，并使采用光缆传输成为可能。

（3）用屏幕显示器代替显示盘，大大缩小了体积，丰富了显示内容。

（4）采用积木式的模块化硬件和软件设计，便于站场变更，并易于实现故障检测分析功能。

（5）预留有与其他自动化设备（如 CTC、TDCS、微机监测系统、列车运行控制系统等）相连接的接口。

2．计算机联锁的优点

（1）进一步提高了可靠性、安全性。

（2）增加和完善了联锁控制功能。

（3）方便设计。

（4）省工省料，降低造价。

3. 区域计算机联锁

整个控制区域只要在中心站设置一套联锁主机，控制操作与联锁逻辑运算集中在中心站完成，其他车站不设置联锁机和控制台，只设置输入输出接口设备。各站之间采用光缆构成的安全局域网连接，传输信息高速、安全，而且不需要另外设置专用传输设备。

区域计算机联锁能在整个控制区域集中控制和调度，全面掌握全线列车运行和车站应用状态，合理指挥行车，保证列车安全、正点运行，并能提高列车通过能力。平时，车站不需要办理行车作业，从而节省人力。另外，还可节省大量室外电缆，降低工程总投资。

配备设备监控装置，在中心站能自动监测、记录全线内设备的运用情况，能完成故障定位和故障排除。

4. 计算机联锁系统在城市轨道交通中的运用

1）国内计算机联锁系统

目前，国内双机热备型的计算机联锁系统有 TYJL-Ⅱ型、DS6-11 型、JD-1A 型、VPI 型和 CIS-1 型等。二乘二取二型计算机联锁系统有 TYJL-ADX 型、DS6-60 型、EI32-JD 型、DS6-K5B 型和 iLOCK 型等。三取二型计算机联锁系统目前有 TYJL-TR9 型、TYJL-ECC 型和 DS6-20 型。此外，还有兰州交通大学科研院所研制的全电子化计算机联锁系统，该系统实现了全电子化，具有闭环、反馈、可靠性高等特点。城市轨道交通的车辆段/停车场全部和部分正线采用了国产计算机联锁系统。

2）国外计算机联锁系统

典型的有德国 SIEMENS 公司的 SICAS 计算机联锁系统、瑞典的 EBILOCK850 型计算机联锁系统、英国的 SSI 固态联锁系统、美国 US&S 公司的 MicroLok Ⅱ型计算机联锁系统、法国泰雷兹（THALES）公司的 PMI 计算机联锁系统及西屋公司和庞巴迪公司的计算机联锁系统等。城市轨道交通的部分正线采用了以上计算机联锁系统。

项目小结

本项目重点阐述了城市轨道交通中车辆段/停车场和正线车站联锁图表中的各项内容。联锁图表在车站联锁工程的各个环节都非常重要，如工程设计、仿真试验、工程质量验收等。联锁设备是用来实现信号设备间的联锁关系、保证车站内行车作业安全的，它分为继电集中联锁设备和计算机联锁设备两种，其中计算机联锁设备在城市轨道交通中使用得越来越广泛。

复习思考题

1. 就车站信号设备平面布置图来说，信号机、道岔是如何编号的？轨道区段是如何命名的？
2. 道岔的定位、反位如何定义？确定道岔定位的原则有哪些？
3. 什么是联动道岔？什么是复式交分道岔？什么是双动道岔、三动道岔、四动道岔？
4. 进路有哪些？各种进路的范围是怎么划分的？
5. 举例说明什么是基本进路与变通进路。
6. 联锁的定义。
7. 什么是防护道岔？什么是带动道岔？两者之间的区别是什么？
8. 什么是敌对进路？
9. 开放信号需要检查哪些联锁条件？

10. 什么是延续进路？
11. 城市轨道交通中，列车运行进路采用哪三级控制？分别在什么情况下使用？
12. 举例说明什么是多列车进路。
13. 举例说明什么是追踪进路。
14. 什么是保护区段？
15. 什么是联锁监控区段？
16. 什么是侧面防护？
17. 车辆段联锁表有哪些栏目？分别表示什么含义？
18. 折返站联锁表有哪些栏目？
19. 联锁系统分哪几类？正线和车辆段所使用的联锁系统有何不同？
20. 国内计算机联锁系统有哪些制式及型号？

项目二　继电集中联锁系统维护

项目描述

　　6502电气集中联锁设备是我国推广的继电联锁设备的典型代表，它是通过继电器电路来实现车站内道岔、进路和信号机之间的联锁关系，以达到列车站内运行安全和提高作业效率的目的。6502电气集中联锁系统也是计算机联锁发展的基础，学习6502电气集中电路的工作原理，有助于学生很好地理解、掌握有关联锁的基本概念及信号设备之间的联锁关系，为将来维护信号联锁设备奠定良好的基础。

教学目标

一、素质目标

（1）具有深厚的爱国情感、家国情怀，树立中华民族自豪感、科技强国的中国梦；
（2）具有自觉学法、懂法、守法意识；
（3）具备"安全高于一切，责任重于泰山，服从统一指挥"职业操守；
（4）具有崇高的职业理想，具备爱岗敬业、诚实守信、精益求精、服务奉献精神；
（5）具有科学精神、科学态度，善于运用科学思维解决问题；
（6）具有集体意识和团队合作精神；
（7）树立美的理想、美的品格，养成美的情操，形成美的人格。

二、知识目标

（1）认知6502大站电气集中室内、外设备的组成、作用及连接关系；
（2）认知控制台盘面上各种按钮的布置及表示灯的意义，熟悉控制台操作使用方法；
（3）认知定型组合及选用；
（4）掌握选择组、执行组电路的工作原理，理解各种联锁条件的检查方法；
（5）掌握电路动作程序，建立整体概念；
（6）掌握继电联锁设备日常维护和集中检修的内容及方法；
（7）掌握道岔控制电路和信号机点灯电路常见故障的分析处理方法。

三、技能目标

（1）能对控制台进行各种操作，并说出各种表示灯的含义；
（2）能识读6502电气集中电路图和配线图；
（3）能对6502电气集中的室内设备进行常见故障分析及处理；
（4）能对道岔控制电路和信号机点灯电路进行常见故障分析及处理。

教学安排

　　项目总学时（66）=理论学时（30）+实践学时（36）

任务一 6502 电气集中联锁系统的认知

思政主题： 树立技术自信，心怀科技强国的中国梦
案例要点：

我国电气集中联锁系统的发展始于 1924 年，在东北铁路顾家屯等车站装设的舍列梅捷夫俄式电气重力式联锁系统，可以说是中国铁路首次装设的电气联锁系统。1926 年，在南满铁路大石桥车站装设了美国 GRS 公司生产的锁闩式电气集中联锁系统。1939 年，抚顺煤矿大官屯车站装设了中国第一个单独操纵手柄式继电集中联锁系统。在中华人民共和国成立之后，我国铁路第一个自主设计、自主制造、自主施工的进路操纵式继电集中联锁系统于 1952 年在衡阳车站使用，自此掀开了我国科技工作者艰苦奋斗、不断创新的新篇章。从 20 世纪 50 年代的 570、580 和 590 系列电气联锁系统，到 60 年代的 6026 进路操纵按钮式小站组合式电气集中联锁系统、6320 进路操纵大站组匣式电气集中联锁系统，再到 70 年代的 6501 电气集中联锁系统，科技工作者不断自主研发与试用，最终在 1973 年，以 6320 为基础进行改进定型，研制出独具特色、堪称典范的 6502 电气集中联锁系统，并在全国开始推广应用。

在长达数十年的铁路运输安全生产中，6502 电气集中联锁系统发挥着举足轻重的作用，也正是它的成功研发与推广应用，为我国后来轨道交通信号系统的飞速发展奠定了坚实的基础。

车站联锁系统是指挥站内列车运行和调车作业，实现道岔、进路和信号机之间联锁关系的自动控制系统。

用电气方式集中控制与监督车站的道岔、进路和信号机，并实现它们之间联锁关系的技术方法和设备称为电气集中联锁，简称电气集中。用电磁继电器组成的继电电路来控制并实现联锁关系的称为继电式电气集中，简称继电集中。

按照不同的技术和运营特征，电气集中有不同的类型和制式。

6502 电气集中电路是我国 20 世纪 60 年代研制，经过多次修改和完善，于 70 年代批准定型的继电集中，它具有电路定型化程度高、逻辑性强、操纵方法简便灵活、不易出错、维修、施工比较方便，符合故障-安全原则，易与区间闭塞设备及其他信号设备结合等优点，在我国得到了广泛应用。

6502 电气集中设备由室内设备和室外设备两个部分组成，如图 2-1 所示。

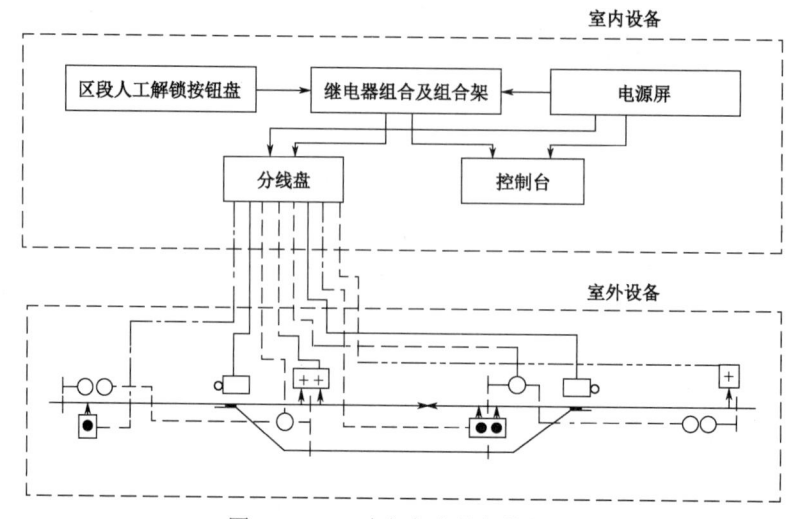

图 2-1 6502 电气集中设备的组成

室内设备有电源屏、控制台、继电器组合及组合架、区段人工解锁按钮盘、分线盘、轨道测试盘等。

室外设备有色灯信号机、电动转辙机、轨道电路、电缆和箱盒设备。

（一）室内设备

1．电源屏

电源屏设在信号楼继电器室或电源室内。

电源屏是 6502 电气集中的供电设备，能提供稳定、可靠、符合使用条件的各种交流电源、直流电源及闪光电源。一般要求有两路可靠的电源，即主电源和副电源。主电源和副电源要能够自动和手动相互切换。电源屏应根据车站的规模大小选用合适的容量。

2．控制台

控制台设在信号楼车站值班员室内。

控制台是车站值班员集中控制和监督全站的道岔、进路和信号机，指挥列车运行和调车作业的控制中心，也是信号维护人员分析、判断控制系统故障范围的辅助设备。

控制台由各种标准单元块拼装而成。控制台盘面按照车站站场的实际情况布置，盘面上的模拟站场线路、接发车进路方向、道岔和信号机位置均与室外站场实际位置相对应，盘面上设有各种用途的按钮、表示灯和电流表，背面下部设有配线端子板、熔断器及报警电铃。

3．继电器组合及组合架

1）继电器组合

继电器组合及组合架设在信号楼机械室。继电器组合是实现电气集中联锁关系的设备。

以信号机、道岔和轨道电路区段为基本单元设计的定型电路称为继电器组合，简称组合。6502 电气集中联锁电路是按车站信号平面图，由若干个组合拼贴而成的，称为站场型网路，主要完成全站信号设备的联锁功能，执行对室外设备的控制和监督。

2）组合架

继电器插在继电器组合中，继电器组合安装在组合架上，组合架分为 11 层，第 1 层到第 10 层安装继电器组合，每层安装一个继电器组合，每个组合包括的继电器数量应相差不大，最多不超过 10 个（使安装在组合架上的继电器分布得比较匀称、有规律，并有效利用组合架的空间，减少组合架上的空位）。第 11 层称为零层。

4．区段人工解锁按钮盘

区段人工解锁按钮盘设在离控制台一定距离的室内墙面上，是控制台的辅助设备，上面设有多个二位自复式带铅封的事故按钮。其作用如下：当轨道电路因故障不能正常解锁时，用它办理故障解锁；在更换继电器或停电后恢复设备时，用来使设备恢复到正常状态；在用取消进路的办法不能关闭信号时，用它关闭信号。

5．分线盘

分线盘设于继电器室，是室内设备、室外设备电缆连接处。

6．轨道测试盘

轨道测试盘设在组合架上，一般安装在上行咽喉、下行咽喉组合连接处的继电器组合架的第 4 层。轨道测试盘集中对轨道电路的有关参数进行测试。

（二）室外设备

1．色灯信号机

6502 电气集中采用透镜式色灯信号机、组合式色灯信号机和 LED 色灯信号机。

信号机的作用是防护进路，给出各种信号显示，指挥列车运行及调车作业。电气集中车站按用途设有进站信号机、出站信号机、调车信号机、预告信号机、复示信号机等。信号机要有足够的显示距离，进站、预告、正线出站及专用线和牵出线的调车信号机一般采用高柱信号机，其他的一般采用矮型信号机。

信号机有关闭和开放两种状态。信号关闭是指亮禁止信号，如进站信号机关闭是指亮红灯，调车信号机关闭是指亮蓝灯。信号开放也称为信号机允许信号或允许灯光。

2．电动转辙机

在电气集中车站的联锁区域内，每组道岔都设置电动转辙机，用以转换和锁闭道岔，反映道岔的实际位置。

目前，一般车站使用 ZD6 型电动转辙机，提速区段的车站正线上使用 S700K 型交流电动转辙机、ZYJ7 型电液转辙机或 ZDJ9 型交流电动转辙机。

3．轨道电路

在电气集中车站，凡是由信号机防护的进路及信号机的接近区段均要装设轨道电路，用来监督进路和接近区段是否空闲、检查钢轨线路的完整性。当列车占用某区段时，该区段亮红色光带，防护该进路的信号机因轨道电路呈分路状态而关闭。

在非电气化区段，电气集中广泛采用交流连续式轨道电路，在电气化区段一般采用 25Hz 相敏轨道电路。

4．电缆和箱盒设备

1）电缆

在电气集中车站，室外信号机、电动转辙机和轨道电路与室内设备之间的连接一般采用电缆。按照控制对象分为信号电缆、道岔电缆和轨道电路电缆。按照电缆线路和设备连接顺序，室外电缆分为干线电缆和分支电缆。电缆敷设在地下电缆沟槽内。

2）箱盒设备

在干线电缆之间或干线电缆与分支电缆接头处设有分向电缆盒，分支电缆与设备连接处设有各种变压器箱和电缆盒，这些箱、盒主要供放置变压器和电缆连接用。

任务二　控制台认知及操作

一、控制台盘面布局

控制台是车站信号设备的控制中心。它集中控制和监督全站的信号设备。

我国目前生产的电气集中控制台主要有两种类型：一是西安信号工厂生产的 TD5 型控制台；二是沈阳信号工厂生产的 TD4 型控制台。控制台都采用单元拼装式，其优点是不受各种站场形状的限制，有利于工厂预制生产，缩短施工周期。另外，还有利于站场的改建和扩建，在站场变更时，只需要在原来的控制台上增减相应的单元块即可。

图 2-2 所示为车站信号平面布置图（见本书后面的插页图）。图 2-3（见本书后面的插页图）所示为对应图 2-2 的单元控制台盘面图，图中的站场模拟线路、信号机、道岔定位位置及轨道电路区段划分是依据车站信号设备平面布置图，选用标准单元块拼装而成的。

控制台盘面上设有各种用途的按钮、表示灯和电流表。

（一）各种用途的按钮

1．进路按钮

在控制台的站场模拟线路上，相当于进路始端和进路终端的位置均设有进路按钮，进路按钮分为列车进路按钮和调车进路按钮。列车进路按钮采用绿色按钮，装设在盘面模拟站场线路上。调车进路按钮一般采用白色按钮，装设在盘面模拟站场线路旁，以防止办理进路时错误按压不同性质的进路按钮。进路按钮均采用二位自复式按钮。

进路按钮的作用是办理各种进路，实现重复开放信号，与其他按钮配合完成取消进路和人工解锁进路的操作。

2．总定位按钮和总反位按钮及道岔按钮

控制台的每个咽喉区上部设置一个总定位按钮（ZDA）和一个总反位按钮（ZFA），均采用二位自复式按钮。

对于单动道岔或双动道岔，均设置一个道岔按钮（CA）。CA集中布置在控制台上部相应的咽喉区处。CA采用三位式按钮，按下为自复式，供单独操作道岔时用；拉出为非自复式，供单独锁闭道岔时用。

当办理引导接车、清扫和试验道岔，以及检修转辙机等作业时，需要对道岔进行单独操作。当单独操作道岔时采用双按钮制，同时按压该咽喉区的 ZDA 和该组道岔的 CA，可使该道岔转向定位，CA 上方绿灯亮；同时按压该咽喉区的 ZFA 和该组道岔的 CA，可使该道岔转向反位，CA 上方黄灯亮。当需要单独锁闭道岔时，只需要拉出该组道岔的 CA 即可，CA 内红灯亮。

3．总取消按钮和总人工解锁按钮

控制台的每个咽喉区下部设置一个总取消按钮（ZQA）和一个总人工解锁按钮（ZRA），均采用二位自复式按钮。ZRA 带有铅封，使用时要破铅封，并在《行车设备检查登记簿》上登记。

ZQA 和 ZRA 的作用是办理取消进路和人工解锁进路。在接近区段没车占用时，要取消进路，可按压进路始端按钮，同时按压本咽喉的 ZQA，进路立即解锁。在接近区段有车占用时，要取消进路称为人工解锁进路，可破铅封按压 ZRA，同时按压进路始端按钮，信号立即关闭，但进路要延时解锁。

4．引导按钮和引导总锁闭按钮

控制台的每个咽喉区下部，对应每架进站信号机处设置一个带铅封的二位自复式引导按钮（YA），对应每个咽喉区设置一个带铅封的二位非自复式引导总锁闭按钮（YZSA）。

YA 和 YZSA 的作用是办理两种方式（引导进路锁闭和引导总锁闭）的引导接车和开放引导信号。当采用引导进路锁闭方式引导接车时，先操作道岔到进路所要求的位置，再按压 YA 开放引导信号。当采用引导总锁闭方式引导接车时，先操作道岔到进路所要求的位置，再按压 YZSA 锁闭全咽喉道岔，然后按压 YA 开放引导信号。引导总锁闭方式引导接车时不点亮白光带。

5．其他用途的按钮

1）接通光带按钮

每个咽喉区设置一个接通光带按钮（TGA），设置在控制台相应喉咽区的下方，为二位自复式按钮。

TGA 的作用是便于车站值班员了解进路上道岔的位置。按压它可使咽喉区内的光带按道岔位置全部点亮。

2）接通道岔表示按钮

每个咽喉区设置一个接通道岔表示按钮（TCA），设置在控制台相应喉咽区的下方，为二位非自复式按钮。

TCA 的作用是便于车站值班员了解每个喉咽区的道岔位置。按压它可点亮咽喉区各组道岔按钮上方的道岔位置表示灯，绿灯亮表示定位，黄灯亮表示反位。

3）列车信号主灯丝断丝报警按钮

每个咽喉区设置一个列车信号主灯丝断丝报警按钮（DSBA），设置在控制台相应喉咽区的下方，为二位非自复式按钮。

DSBA 的作用是车站值班员切断列车信号机主灯丝断丝电铃电路，使电铃停止报警。当咽喉列车信号机发生主灯丝断丝时，控制台内断丝报警电铃鸣响，同时点亮灯丝报警红灯，车站值班员按下 DSBA 可暂停响铃。当维修人员更换信号灯泡后，灯丝报警红灯熄灭，报警电铃再次鸣响，车站值班员可拉出 DSBA 使电铃停响。

4）挤岔按钮

全站设置一个挤岔按钮（JCA），设置在控制台的下方中部，为二位非自复式按钮。

JCA 的作用是车站值班员切断挤岔电铃电路，使电铃停止报警。当道岔被挤或失去表示超过 13s 后，控制台内挤岔电铃鸣响，同时上方挤岔红灯亮，车站值班员按下 JCA 可暂停响铃。当故障道岔修复后，挤岔红灯灭灯，报警电铃再次鸣响，车站值班员可拉出 JCA 使电铃停响。

5）主副电源调压按钮

全站设置一个主副电源调压按钮（ZFDA），设置在控制台的上方中部，为二位非自复式按钮。

ZFDA 的作用是切断主电源和副电源在自动切换过程中的电铃电路，使之停止报警。主电源供电时 ZFDA 上方点亮绿灯，副电源供电时点亮白灯。在主副电源切换时，切换电铃鸣响，操作 ZFDA 可使电铃停响。

6）表示灯调压按钮

全站设置一个表示灯调压按钮（BTA），设置在控制台的上方中部，为二位非自复式按钮。

BTA 的作用是对控制台上的表示灯点灯电源电压进行人工调整，以便改变表示灯的明暗程度。

7）信号调压按钮

全站设置一个信号调压按钮（XTA），设置在控制台的上方中部，为二位非自复式按钮。

XTA 的作用是对室外信号机点灯电源电压进行人工调整。白天色灯信号机采用 220V 点灯，XTA 上方点亮绿灯，夜间按下 XTA 可使信号机改由 180V 电压点灯，XTA 上方点亮黄灯。

8）闭塞按钮、复原按钮和事故按钮

区间采用半自动闭塞设备时设置闭塞按钮（BSA）、复原按钮（FUA）和事故按钮（SGA），设在半自动闭塞线路接车口的适当位置。

9）非进路调车按钮、局部控制按钮、机务段同意按钮

当站内设有相关联系电路或结合电路时才增设非进路调车按钮、局部控制按钮、机务段同意按钮。

10）区间报警按钮

区间采用自动闭塞设备时需要设置区间报警按钮。

11）改方向按钮

双向自动闭塞需要设置改变运行方向用的按钮。

（二）各种用途的表示灯

控制台作为监督设备，设有各种用途的表示灯。

1. 进路表示灯

进路表示灯以光带形式设置在控制台盘面模拟站场线路上。

2. 信号复示器

信号复示器设置在控制台盘面模拟站场上，相当于信号机处。

3. 道岔位置表示灯

道岔位置表示灯设置在道岔单独操纵按钮的上方。

4．按钮表示灯

按钮表示灯设置在按钮内或按钮的上方或近旁。

5．进路排列表示灯

控制台的每个咽喉区上方均设置一个进路排列表示灯。

6．ZQA 表示灯、ZRA 表示灯、YA 表示灯、YZSA 表示灯等

ZQA 表示灯、ZRA 表示灯、YA 表示灯、YZSA 表示灯等的作用是反映进路、道岔和信号机的状态及设备的运用情况；反映操作手续是否完成；反映电路的动作程序，以便发生故障时能及时发现，并用来分析、判断故障的范围。

（三）报警电铃和电流表

1．报警电铃

在控制台背面下方配线端子板上设有以下报警电铃。

1）列车接近电铃

当列车进入一接近或二接近区段时，区段亮红光带，同时列车接近电铃响起。

2）主副电源切换电铃

主电源供电亮绿灯，副电源供电亮白灯，当主副电源切换时主副电源切换电铃响起。

3）挤岔电铃

当 DBJ 或 FBJ 均落下时，经过 13s 后挤岔表示灯亮红灯，同时挤岔电铃响起。

4）灯丝断丝报警电铃

当某个列车信号机主灯丝断丝时，3s 后灯丝断丝报警表示灯亮红灯，同时灯丝断丝报警电铃响起。

表示灯只能在车站值班员注视控制台的情况下才起作用。有些情况，如道岔被挤、列车接近等，除用表示灯反映外，还采用电铃报警，以引起车站值班员的注意，并方便电务维修人员分析、判断故障。

2．电流表

电流表设置在控制台面板的右上方或中上方，全站共用。电流表的指针指示值反映出室外非提速电动道岔的动作。在正常情况下，单动道岔动作一次，电流表指针摆动一次；双动道岔动作一次，电流表指针摆动两次。

二、进路按钮的配置和办理方法

以控制台盘面图的下行咽喉为例，介绍进路按钮的配置和办理方法。

（一）进路按钮的配置

1．列车进路按钮的配置方法

每个进站信号机处应设置列车按钮，如 X 进站信号机处设置一个 XLA，X_D 进站信号机处设置一个 X_DLA，X_F 进站信号机处设置一个 X_FLA。因为北京方面有通过进路，在 X 和 X_F 进站信号机处还分别设置通过按钮 XTA 和 X_FTA。东郊方面没有通过进路，在 X_D 进站信号机处不设置通过按钮。

每个出站兼调车信号机处应设置一个 LA、一个 DA，如 S_4 处设置一个 S_4LA、一个 S_4DA。

2．调车进路按钮的配置方法

无论是尽头线调车信号机（如 D_2）、并置调车信号机（如 D_7、D_9）处还是差置调车信号机（如 D_5、D_{15}）处都应设置一个调车按钮 DA。

在 X_D 进站信号机内，没有设置调车信号机，但此处可以作为调车进路的终端，要设置一个调车进路终端按钮 S_DDZA。但该按钮不能作为调车进路始端按钮使用。

3．变通按钮的配置方法

变通进路是指在进路的始端、终端之间有几条路径时，通常把一条路径最近或对其他进路作业影响最小的进路称为基本进路，其余进路称为变通进路。平时正常使用基本进路，只有当基本进路有车占用或进路发生故障时，才使用变通进路。

当排列变通进路时要顺序按压3个按钮，即始端按钮、变通按钮和终端按钮。

选择变通进路的关键是确定变通按钮，可按下面3种情况配置。

（1）列车变通进路上的任意 DA，可兼作列车变通进路的变通按钮使用。

（2）当调车变通进路上设有单置调车信号机且与进路始端调车信号机方向相反时，该调车进路按钮（简称单置反向调车按钮）可兼作调车变通进路的变通按钮使用。如果没有单置反向调车按钮可兼作变通按钮使用，那么可分段办理，选出调车变通进路。

（3）当变通进路上没有 DA 可兼作变通按钮使用时，可设一个专用的变通按钮 BA。BA 既可作为列车变通进路的变通按钮使用，又可作为调车变通进路的变通按钮使用。

（二）进路办理方法

进路按照性质可分为列车进路和调车进路。列车进路有接车进路、发车进路和通过进路，调车进路有短调车进路和长调车进路。

进路按照路径可分为基本进路和变通进路。

6502电气集中规定，基本进路采用双按钮进路式选路法，即顺序按压进路的始端和终端两个按钮，只准许选出基本进路，即使基本进路因故选不出来，也不准自动改选变通进路。变通进路的办理要按压3个按钮，即先按压进路始端按钮，再按压变通按钮，然后按压进路终端按钮，只准许选出变通进路，即使变通进路因故选不出来，也不允许自动选出基本进路。

1．办理列车基本进路的方法

列车基本进路的办理方法是按列车的运行方向，先后按压进路始端 LA 和终端 LA。

1）办理接车进路

例如，办理 X_D 至 IIIG 接车基本进路，应先按压 X_DLA，后按压 $S_{III}LA$（注意：这条接车进路的实际终端是至 X_{III} 为止，但列车终端按钮并非 $X_{III}LA$，而是 $S_{III}LA$，因为电路是按咽喉设计的）。排出来的是 X_D 进站信号机开放的接车进路。

2）办理发车进路

例如，办理 IIIG 向东郊方面发车进路，应先按压 $S_{III}LA$，后按压 X_DLA。排出来的是 S_{III} 出站信号机开放的发车进路。

从以上接车和发车举例可以看出，列车的运行方向不同，要求开放的信号机不同，办理进路时按压按钮的先后顺序也不同，X_DLA 和 $S_{III}LA$ 可以互为始端按钮、终端按钮使用。

3）办理通过进路

通过进路的办理有一次办理和分段办理两种方法。例如，办理下行 IG 通过进路，一次办理的方法是顺序按压 XTA 和 S_FLA。分段办理的方法如下：先办理发车进路，即顺序按压 X_1LA、S_FLA，再办理接车进路，即顺序按压 XLA、S_ILA。显然，一次办理要比分段办理简单，一般情况下采用一次办理的方法。

2．办理调车基本进路的方法

1）办理以并置调车信号机或差置调车信号机为终端的调车进路

当办理以并置调车信号机或差置调车信号机为终端的调车进路时，终端不能按压起阻拦作用的调车信号机处的按钮，而应按压与阻拦信号机相背向的调车信号机处的按钮（由电路结构决定）。例如：

（1）办理 D_1 至 D_{15} 调车进路，应顺序按压 D_1A 和 D_5A，终端不能按压 $D_{15}A$。

（2）办理 D_3 至 D_9 调车进路，应顺序按压 D_3A 和 D_7A，终端不能按压 D_9A。

2）办理以单置调车信号机为终端的调车进路

办理以单置调车信号机为终端的调车进路，终端按压该单置调车信号机处的按钮。例如，办理 D_9 至 D_{13} 的调车进路，应顺序按压 D_9A 和 $D_{13}A$。

注意：单置调车信号机 DA 不能作为反方向的调车进路终端按钮使用。例如，当办理由 5G 向 X_D 进站信号机调车进路时，$D_{11}A$ 就不能作为终端按钮使用，终端只能按压 S_DDZA。

3）办理以尽头线调车信号机为终端的调车进路

尽头线调车信号机处的 DA 可作为始端按钮使用，也可作为终端按钮使用，这取决于办理进路时是先按的还是后按的。先按时，它作为始端按钮使用；后按时，它作为终端按钮使用。例如，D_5 至 ⅡAG 调车，应顺序按压 D_5A 和 D_1A。D_1A 作为终端按钮使用。

4）办理长调车进路

长调车进路是指一条进路上需要开放两架或两架以上调车信号机的调车进路。短调车进路是指一条进路上仅需要开放一架调车信号机的调车进路。长调车进路是由若干个短调车进路组成的。

长调车进路的办理有一次办理和分段办理两种方法。一次办理就是先后按压长调车的始端按钮、终端按钮。分段办理就是分别办理长调车进路中的各条短调车进路（由远及近办理）。例如，D_3 至 IG 长调车进路，它由 D_{13} 至 IG、D_9 至 D_{13}、D_3 至 D_9 3 个短调车进路组成，一次办理的方法是顺序按压 D_3A、S_1DA。分段办理的方法是分别办理 D_{13} 至 IG、D_9 至 D_{13}、D_3 至 D_9 3 个短调车进路（由远及近），应顺序按压 $D_{13}A$、S_1DA、D_9A、$D_{13}A$、D_3A、D_7A。

思政主题：欲善其事，必利其器
案例要点：

有一只马儿深陷草原的泥潭之中，由于陷得太深似乎已经没有自己挣脱出来的可能，如果没有援助就只能等死。这时候草原牧马的人们发现了它，觉得它可怜想试着解救它。有人提出直接将马挖出来，但是这个方法因为实施难度太大而被直接否定。正当人们准备放弃的时候，一名有经验的牧马人查看了泥潭中的泥土，想出了一个巧妙的方法：他命令其他牧马人将马群赶到这边来；众人挥舞着马鞭赶着马群围着泥潭不停奔跑，而被困马儿被周围马儿奔腾的情境感染，激发了它内在的力量；被困马儿经过不断努力，终于一跃而起，脱离了泥潭，成功上岸。

5 欲善其事，必利其器

《论语·卫灵公》：工欲善其事，必先利其器。

3．办理变通进路的方法

1）办理列车变通进路

当办理列车变通进路时，按列车的运行方向顺序按压进路始端的 LA、变通进路上的有关 DA（列车变通进路上的 DA 可兼作 BA 使用）或 BA、终端的 LA。例如：

（1）办理 $S_Ⅱ$（经由 17/19、1/3 号道岔反位）向北京正方面发车的变通进路，应顺序按压 $S_Ⅱ$LA、D_7A（或 D_9A 或 $D_{13}A$）、X_FLA 3 个按钮（在其变通进路上有 D_7A、D_9A、$D_{13}A$ 3 个按钮，按压其中一个 DA 即可）。

（2）办理 X（经 5/7 号道岔反位）至 ⅢG 接车的变通进路，应顺序按压 XLA、$D_{11}A$、$S_ⅢLA$ 3 个按钮。

（3）办理 $S_Ⅲ$ 向北京方面正方向发车（经由 9/11 道岔反位）的变通进路，应顺序按压 $S_Ⅲ$LA、BA、X_FLA 3 个按钮。

2）办理调车变通进路

当办理调车变通进路时,按调车的运行方向顺序按压进路始端的 DA、单置反向 DA 或 BA、终端的 DA 3 个按钮。例如:

(1) 办理 4G (经由 17/19、1/3 号道岔反位) 至 D_1 的调车变通进路,应顺序按压 S_4DA、$D_{13}A$、D_1A 3 个按钮。

(2) 办理 D_9 (经 9/11 号道岔反位) 至ⅢG 的调车变通进路,应顺序按压 D_9A、BA、$S_{Ⅲ}DA$ 3 个按钮。

注意:当办理调车变通进路时,只有单置反向调车按钮才可兼作调车变通按钮使用,差置、并置和同方向单置 DA 不能兼作调车变通进路的变通按钮使用。例如,办理 D_1 (经由 1/3、17/19 号道岔反位) 至ⅡG 的调车变通进路,如果将 $D_{13}A$ 作为 BA 使用,那么就应顺序按压 D_1A、$D_{13}A$、$S_{Ⅱ}DA$。但在按压 D_1A 和 $D_{13}A$ 后尚未按压 $S_{Ⅱ}DA$ 前,D_1 至 D_{13} 的短调车进路就已选出,当最后按压 $S_{Ⅱ}DA$ 时,相当于选 $S_{Ⅱ}$ 信号机作为其他进路的始端使用。这样,D_{13} 至ⅡG 这段调车进路就无法选出。因此,该调车变通进路只能按长调车进路分段办理,顺序按压 $D_{13}A$、$S_{Ⅱ}DA$、D_1A、$D_{13}A$。

可见,只有单置调车进路按钮能兼作相反方向的调车进路的变通按钮,其他调车进路按钮不能作为调车进路的变通按钮。任何调车进路按钮都可作为列车变通进路的变通按钮。专设的变通按钮 BA,既可作为列车变通进路,又可作为调车变通进路的变通按钮使用。

任务三　继电器组合及组合架的认知

一、定型组合的类型

6502 电气集中根据车站信号平面布置图上的道岔、信号机和轨道电路区段设计了信号组合、道岔组合、区段组合 3 种基本组合类型,这 3 种基本组合类型又细分为 10 种参与拼贴站场型网路图的定型组合。另外,还有两种不参与拼贴站场型网路图的定型组合。因此,6502 电气集中共有 12 种定型组合。

(一) 信号组合

列车信号和调车信号显示不同,联锁条件也不同,因此信号组合分为列车信号组合和调车信号组合两大类。

1．列车信号组合的类型

(1) 列车信号主组合 (LXZ)。

(2) 一方向列车信号辅助组合 (1LXF)。

(3) 二方向列车信号辅助组合 (2LXF)。

(4) 引导信号组合 (YX)。

2．调车信号组合的类型

(1) 调车信号组合 (DX)。

(2) 调车信号辅助组合 (DXF)。

(二) 道岔组合

因为单动道岔和双动道岔的电路接线不同,用的继电器数量也不同,并且双动道岔用的继电器数量超过了 10 个,所以道岔组合又分为以下 3 种类型:单动道岔组合 (DD)、双动道岔主组合 (SDZ)、双动道岔辅助组合 (SDF)。

（三）区段组合

区段组合（Q）只有一种基本类型。

（四）其他组合

除了上述 10 种定型组合是用来拼贴站场式网路图的，还有以下两种定型组合不参与站场式网路图的拼贴。

（1）方向组合（F），主要是为方向继电器设置的。

（2）电源组合（DY），主要有人工解锁用的继电器和挤岔报警用的继电器等。

6502 电气集中的定型组合类型如表 2-1 所示。

表 2-1　6502 电气集中的定型组合类型

组合类型	0			1	2	3	4	5	6	7	8	9	10
F	R1、R2 RX20-25 -51±5%	C1、C2: CD-200-50		LJJ JWXC-H340	LFJ JWXC-H340	DJJ JWXC-H340	DFJ JWXC-H340	ZQJ JWXC-1700	ZRJ JWXC-1700	ZDJ JWXC-1700	ZFJ JWXC-1700	GDJ JWXC-1700	GDJF JWXC-H340
YX	R:RX20-25 -51±5% C:CD-100-50	RD（0.5）		AJ JWXC-1700	XJ JWXC-H340	JJ JWXC-1700	1DJF JWXC-1700	2DJ JZXC-H18	ZXJ JWXC-1700	LXJF JWXC-1700	TXJ JWXC-1700	LUXJ JWXC-1700	LAJ JWXC-H340
1LXF				DAJ JWXC-H340	LAJ JWXC-H340	ZJ JWXC-H340	GJJ JWXC-1700	ZCJ JWXC-1700	GJ JZXC-480	GJF JWXC-1700			
2LXF				DAJ JWXC-H340	LAJ JWXC-H340	ZJ JWXC-H340	GJJ JWXC-1700	ZCJ JWXC-1700	LXJF JWXC-1700	ZXJ JWXC-H340	2DJ JZXC-H18		
LXZ	R:RX20-25 -51±5% C:CD-500-50	RD（0.5A） RD（0.5A）		LKJ JWXC-H340	JXJ JWXC-1700	FKJ JWXC-H340	KJ JWXC-H340	LXJ JWXC-1700	XJJ JWXC-1700	DXJ JWXC-H340	DJ JZXC-H18	QJ JWXC-1700	JYJ JWXC-1700
DX		RD（0.5A） RD（0.5A）		AJ JWXC-H340	JXJ JWXC-1700	FKJ JWXC-H340	KJ JWXC-H340	ZJ JWXC-H340	XJJ JWXC-1700	XJ JWXC-1700	DJ JZXC-H18	QJ JWXC-1700	JYJ JWXC-1700
DXF 或 B				1AJ JWXC-1700	2AJ JWXC-H340	JXJ JWXC-1700	1AJ JWXC-1700	2AJ JWXC-H340	JXJ JWXC-1700				
SDF	$D_1 \sim D_4$: 2CP21			1DCJ JWXC-1700	1FCJ JWXC-1700	2DCJ JWXC-1700	2FCJ JWXC-1700	1DCJ JWXC-1700	1FCJ JWXC-1700	2DCJ JWXC-1700	2FCJ JWXC-1700		
SDZ	R:RX20-10 -750±5% C:CZM-L -4-400	RD（3A） RD（3A） RD（5A） RD（0.5A）		BB BD_1-7	1DQJ JWJXC-H12 5/0.44	1SJ JWXC-1700	2DQJ JYJXC-135/220	AJ JWXC-1700	2SJ JWXC-1700	DBJF JWXC-1700	DBJ JPXC-1000	FBJ JPXC-1000	FBJF JWXC-1700
DD	$D_1 \sim D_4$: 2CP21 R:RX20-10 -750±5% C:CZM-L-4-400	RD（3A） RD（3A） RD（5A） RD（0.5A）		BB BD_1-7	1DQJ JWJXC-H12 5/0.44	SJ JWXC-1700	2DQJ JYJXC-135/220	AJ JWXC-1700	DCJ JWXC-1700	FCJ JWXC-1700	DBJ JPXC-1000	FBJ JPXC-1000	
Q	R:RX20-25 -51±5% C:CD-1000-50			DGJ JZXC-480	DGJF JWXC-1700	FDGJ JWXC-1700	1LJ JWXC-1700	2LJ JWXC-1700	QJJ JWXC-1700	CJ JWXC-1700	FDGJF JWXC-1700		
DY				1RJJ JWXC-1700	2RJJ JWXC-1700	1XCJ JSBC-850	2XCJ JSBXC-850	TGJ JWJXC-480	JCJ JWXC-1700	YZSJ JWXC-1700	JCAJ 或 ZFDJ JWXC-1700	JCJ_1 JZXC-480	JCJ_2 JSBXC-850

二、继电器组合的选用

（一）进站信号机选用的组合

（1）双线单向运行区段的进站信号机，选用 YX 和 LXZ 两个组合，如图 2-4（a）所示。

（2）单线双向运行区段或双线双向运行区段的进站信号机，选用 1LXF、YX 和 LXZ 3 个组合，如图 2-4（b）所示。

（3）当进站信号机内方有无岔区段并带有同方向调车信号机（称为进站内方带调车）时，除分别按上述定型组合选用外，还要增设一个零散组合（零散组合就是根据具体情况设计的非定型组合），这样同方向的调车信号机可不设 DX 组合，如图 2-4（c）所示。

注意：组合的排列顺序与信号机的方向有关，若是向右运行的信号机，则组合排列顺序如图 2-4 所示。若是向左运行的信号机，则组合排列顺序与图 2-4 相反。组合的排列顺序不能任意颠倒。

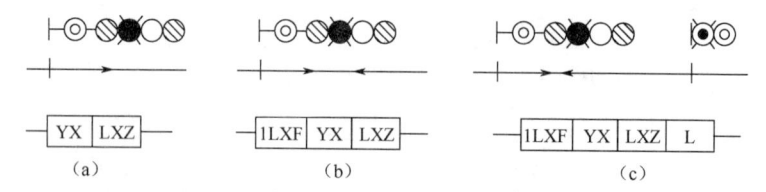

图 2-4　进站信号机选用的组合

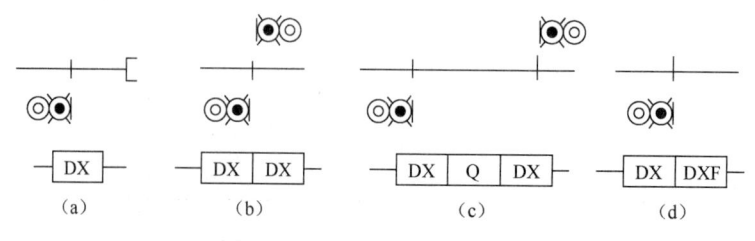

（二）出站兼调车信号机选用的组合

（1）只有一个发车方向的出站兼调车信号机，选用 LXZ 和 1LXF 两个组合，如图 2-5（a）所示。

（2）有两个发车方向的出站兼调车信号机，选用 LXZ 和 2LXF 两个组合，如图 2-5（b）所示。

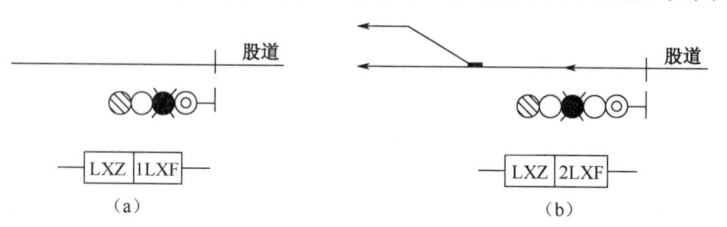

图 2-5　出站兼调车信号机选用的组合

（三）调车信号机选用的组合

（1）尽头线调车信号机，选用一个 DX 组合，如图 2-6（a）所示。

（2）并置调车信号机，各选用一个 DX 组合，如图 2-6（b）所示。

（3）差置调车信号机，各选用一个 DX 组合，并在两个 DX 组合中选用一个 Q 组合，如图 2-6（c）所示。

（4）单置调车信号机，选用一个 DX 组合和半个 DXF 组合（所谓半个 DXF 组合就是一个 DXF 组合供两架单置调车信号机使用），DX 组合排在单置调车信号机内方，如图 2-6（d）所示。

图 2-6　调车信号机选用的组合

(四)道岔选用的组合

(1)每组单动道岔选用一个 DD 组合,如图 2-7(a)所示。

(2)每组双动道岔选用一个 SDZ 和半个 SDF 组合(所谓半个 SDF 组合就是指一个 SDF 组合供两组双动道岔使用),SDZ 组合排在相应的岔尖位置,如图 2-7(b)和图 2-7(c)所示。

注意:图 2-7(b)和图 2-7(c)所示的每组双动道岔画有 4 个方框,并非 4 个组合,实际上是一个 SDZ 组合和半个 SDF 组合。画出 4 个方框是为了与实际电路图相对应(一个 SDZ 和半个 SDF 组合各分为上、下两张电路图)。

提速道岔需要专用的道岔组合,如图 2-7(d)和图 2-7(e)所示。

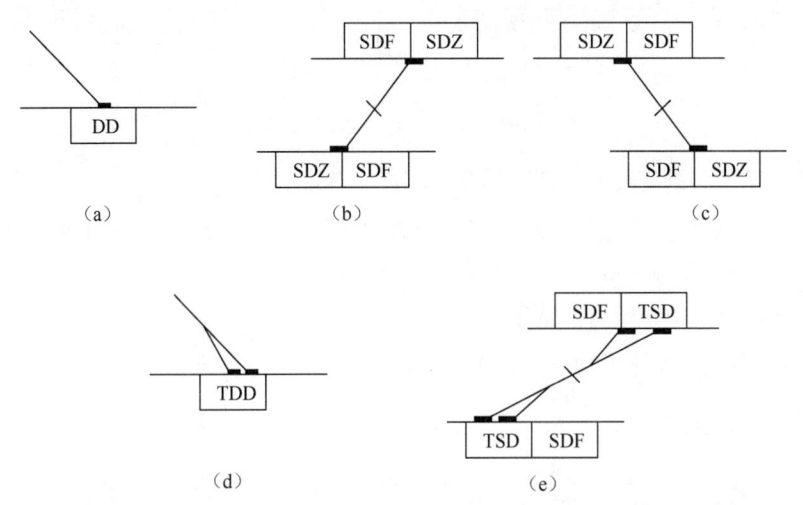

图 2-7 道岔选用的组合

(五)轨道区段选用的组合

(1)对应每个道岔区段和列车进路所经过的差置调车信号机之间的无岔区段,应各选用一个 Q 组合。

注意:Q 组合必须设置在对应区段的关键部位。所谓关键部位,是指利用该区段排列任何进路都必须经过的地方。道岔区段的关键部位一般是在道岔的岔前部位,如图 2-8(a)和图 2-8(b)所示。1/19WG 是列车进路所经过的差置调车信号机之间的无岔区段,该区段的 Q 组合对应设在无岔区段上,如图 2-8(c)所示。

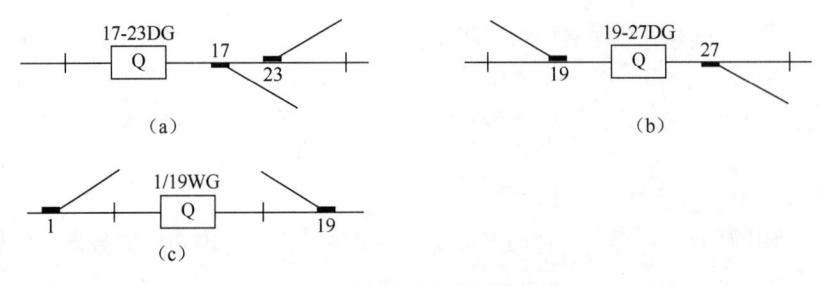

图 2-8 轨道区段选用的组合

(2)为了把 Q 组合设置在关键部位,对应交叉渡线的道岔必须采用组合换位法。如图 2-9 所示,11 号和 13 号道岔组合互换位置,9 号和 15 号道岔组合互换位置,组合换位之后把 11-13DG 的 Q 组合放在 11 和 13 之间,9-15DG 的 Q 组合放在 9 和 15 之间,这样一来,交叉渡线处的两个 Q

组合便被放在关键部位。

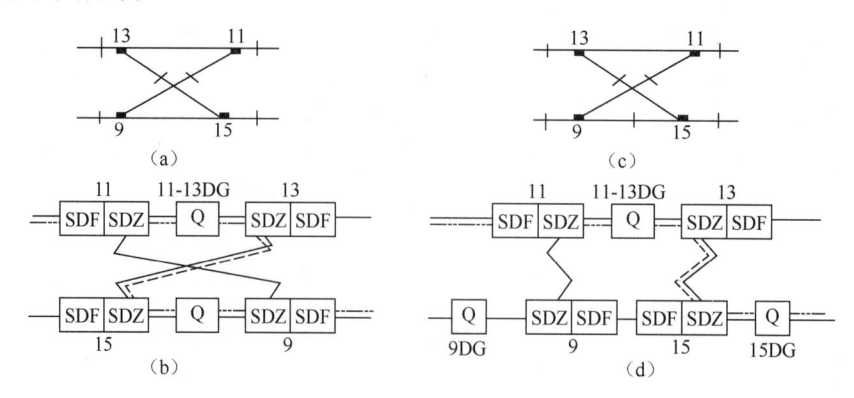

图 2-9 交叉渡线处选用的组合

（六）变通按钮和列车终端按钮、调车终端按钮选用的组合

每个变通按钮选用半个 DXF 组合。对于没有设置信号机的地方又设置了列车终端按钮或调车终端按钮的，可根据需要选用半个 DXF 组合或设置零散组合。

（七）方向组合和电源组合的选用

每个咽喉应各选用一个 F 组合和一个 DY 组合。

三、组合连接图

组合连接图是拼贴站场型网路图的依据，是按照信号机、道岔、轨道电路区段选用定型组合和非定型组合，根据控制台盘面图模拟站场线路图的连接顺序而绘制的。图 2-10 所示为下行咽喉的组合连接。

当绘制组合连接图时，一般可按以下步骤进行。

（1）各种信号机、道岔、轨道电路区段应准确选用组合类型，且组合的排列顺序不能前后颠倒。

（2）各种信号机、道岔、轨道电路区段的组合位置应与控制台盘面图相对应（交叉渡线和复式交分道岔组合除外），各个组合必须标出设备名称。

（3）必须标出各种组合类型图的图号。

图号就是图纸的编号。6502 电气集中组合类型图的图号如表 2-2 所示。

用于拼贴站场型网路图的 10 种定型组合共演变成 50 种组合类型图。例如，YX 组合的图号有 1/YX 和 2/YX 两种，1 表示向左运行，2 表示向右运行。又如，Q 组合的图号有 1/Q 和 2/Q 两种，1 表示无岔区段，2 表示道岔区段。再如，SDZ 组合的图号有 Ⅰ-1/SDZ、Ⅰ-2/SDZ、Ⅱ-1/SDZ、Ⅱ-2/SDZ 4 种，Ⅰ 表示八字第一笔双动道岔，Ⅱ 表示八字第二笔双动道岔，1 表示左侧道岔（面对图纸看），2 表示右侧道岔。其他组合的图号如表 2-2 所示。

组合连接图中标有"照查"字样的方框不是本咽喉的组合，而是标明与另一个咽喉的照查条件由这里引入。

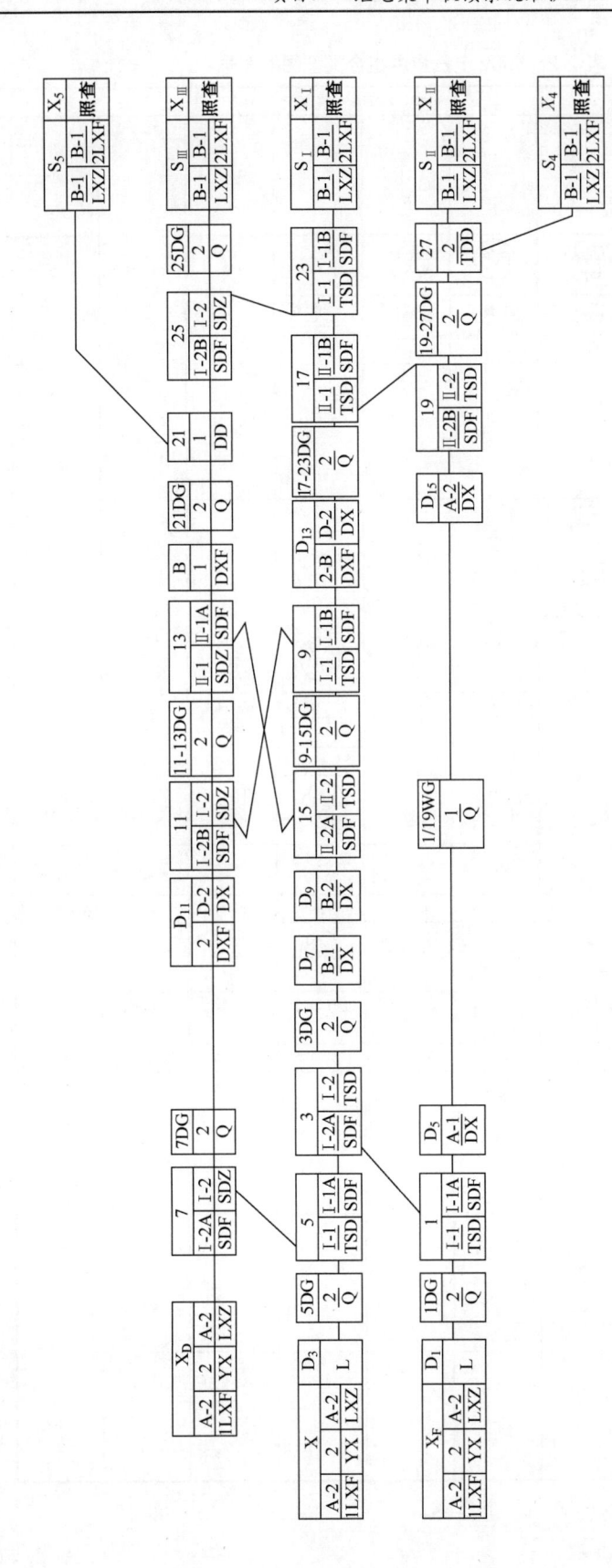

图 2-10 下行咽喉的组合连接图

表 2-2　6502 电气集中组合类型图的图号

序号	组合类型	每种组合演变形成的类型图图号								
一	YX	①/YX 引导信号	②/YX 引导信号							
二	LXZ	A-1/LXZ 进站或进路信号	A-2/LXZ 进站或进路信号	B-1/LXZ 二方向出站信号	B-2/LXZ 二方向出站信号	A-1/LXZ 一方向出站信号	A-2/LXZ 一方向出站信号			
三	2LXF	B-1/2LXF 二方向出站信号	B-2/2LXF 二方向出站信号							
四	1LXF	A-1/1LXF 进站或进路信号	A-2/1LXF 进站或进路信号	A-1/1LXF 一方向出站信号	A-2/1LXF 一方向出站信号					
五	DX	D-1/DX 单置调车信号	D-2/DX 单置调车信号	B-1/DX 并置调车信号	B-2/DX 并置调车信号	A-1/DX 差置调车信号	A-2/DX 差置调车信号	J-1/DX 尽头线调车信号	J-2/DX 尽头线调车信号	
六	DXF	1(A)/DXF 单置调车信号	1(B)/DXF 单置调车信号	2(A)/DXF 单置调车信号	2(B)/DXF 单置调车信号	1/B 交通按钮	2/B 交通按钮	1(A)/ZD 列调车终端按钮	1(B)/ZD 列调车终端按钮	2(A)/ZD 列调车终端按钮	2(B)/ZD 列调车终端按钮
七	SDF	Ⅰ-1A/SDF 双动道岔	Ⅰ-1B/SDF 双动道岔	Ⅰ-2A/SDF 双动道岔	Ⅰ-2B/SDF 双动道岔	Ⅱ-1A/SDF 双动道岔	Ⅱ-1B/SDF 双动道岔	Ⅱ-2A/SDF 双动道岔	Ⅱ-2B/SDF 双动道岔	
八	SDZ	Ⅰ-1/SDZ 双动道岔	Ⅰ-2/SDZ 双动道岔	Ⅱ-1/SDZ 双动道岔	Ⅱ-2/SDZ 双动道岔					
九	DD	①/DD 单动道岔	②/DD 单动道岔	③/DD 单动道岔	④/DD 单动道岔					
十	Q	①/Q 无岔区段	②/Q 道岔区段							

注：方向（F）组合及电源（D）组合都只有一种类型。

四、继电器组合架

（一）设置与作用

继电器组合架设置在机械室，是用来安装继电器组合的。

（二）走线方式

组合架上部安装有走线架，架间的引线全部经过走线架引出。当将零层放在组合架底层时，下部设线槽，架间的引线经过线槽引出。

（三）编号

1. 组合架排、架、层编号

组合架在继电器室内的排列，习惯上从进门开始从前往后数为 1 排、2 排、3 排……从左至右数称为 1 架、2 架、3 架……每架分为 11 层，按从下到上的顺序编号为 1,2,…,10,0。当某个继电器组合处在第 2 排第 3 架第 6 层位置时，表示为 23-6。这样就很容易找到某个继电器在组合架上的位置。

2. 组合架零层端子编号

每个组合架第 11 层称为零层，零层能安放 13 块端子板。从组合架的正面来看，按从左向右的顺序编号，01～03 为 4 柱电源端子板，04～06 为 4 柱熔断器端子板，07、08 为供本架各组合用的各种电源的 18 柱端子板，09～013 供组合与控制台、人工解锁按钮盘连接用的 18 柱端子板。

3. 组合侧面端子编号

从组合架后面看，每个组合右侧有两块侧面端子板，每块端子板上有 3 列 18 柱端子，从右向左依次编号为 01～06 列，每列端子从上到下依次编号为 1～18 端子。

五、6502 电气集中联锁电路概述

6502 电气集中联锁电路的结构采用站场型网路式结构（所谓站场型网路式结构是指电路的图形结构模拟于站场线路和道岔位置的形状）。其优点如下。

（1）电路的图形结构与站场的形状相似，信号机、道岔和轨道电路区段可选用相应的组合类型图，只需要按照站场的形状拼贴起来，即采用模块化设计，设计过程容易，速度快。

（2）相同用途的继电器可接在同一个网路上，不需要反复检查同样的条件，这样既简化了电路，又减少了继电器接点。

6502 电气集中联锁电路主要由选择组电路和执行组电路两部分组成，共 15 条网路线，其中 1～7 线为选择组电路，8～15 线为执行组电路。此外，其还有道岔控制电路、信号机点灯电路等单元电路。

（一）选择组电路概述

选择组电路分为记录电路、选岔电路和开始继电器电路。

1. 记录电路

记录电路由按钮继电器、方向继电器、辅助开始继电器和终端继电器电路组成。按钮继电器记录按压进路按钮的动作，方向继电器记录进路的性质和运行方向，辅助开始继电器记录进路始端，终端继电器记录调车进路终端。

2. 选岔电路

选岔电路由 6 条网路线组成，其作用是按照车站值班员的意图，经操纵后选出进路上道岔的位置。6 条网路线的用途如下。

（1）1、2 线为八字第一笔双动道岔反位操纵继电器 FCJ 的网路线。

（2）3、4 线为八字第二笔双动道岔反位操纵继电器 FCJ 的网路线。

（3）5、6 线为双动道岔定位操纵继电器 DCJ、单动道岔定位操纵继电器 DCJ 和反位操纵继电器 FCJ，以及选信号点的进路选择继电器 JXJ 的网路线。

3．开始继电器电路

7 线是开始继电器 KJ 的励磁网路线，主要用以检查所选进路和所排进路的一致性。

（二）执行组电路概述

执行组电路的主要作用是检查进路中的道岔位置正确，进路空闲，未建立敌对进路，实现道岔区段锁闭和开放信号，以及完成进路的正常解锁、取消解锁、人工解锁、调车中途折返解锁、引导解锁等任务。

执行组电路共 8 条网路线，其主要用途如下。

（1）8 线是信号检查继电器 XJJ 的励磁网路线，用来检查开放信号的可能性，即检查道岔位置正确，进路空闲，敌对进路未建立 3 个基本联锁条件。

（2）9 线是区段检查继电器 QJJ 和股道检查继电器 GJJ 的励磁网路线，用来实现进路区段锁闭和锁闭对方咽喉的迎面敌对进路。

（3）10 线是区段检查继电器 QJJ 的自闭网路线，用来防止进路迎面错误解锁。

（4）11 线是信号继电器 XJ 励磁网路线，用来全面检查开放信号的联锁条件，条件满足后即可开放信号。

（5）12、13 线是进路继电器（1LJ、2LJ）的网路线，用来实现正常解锁、取消解锁、人工解锁、调车中途折返解锁和引导解锁等任务。

（6）14、15 线是控制光带的网路线，14 线用于控制白光带，15 线用于控制红光带。

除上述 8 条网路线外，执行组还有若干单元电路。道岔控制电路、信号机点灯电路、取消继电器 QJ 电路、接近预告继电器 JYJ 电路、照查继电器 ZCJ 电路、锁闭继电器 SJ 电路、控制台各种表示灯电路、报警电路等不接在网路线上。

（三）继电器动作时机和电路动作程序

6502 电气集中联锁电路是以继电器为负载的，在学习电路原理和分析电路故障时，应牢牢把握各个继电器的动作时机，即某个继电器在什么条件下励磁吸起，在什么条件下失磁落下。

6502 电气集中虽然电路复杂，但电路动作层次分明、清晰、规律性很强。电路动作遵循以下程序：

办理进路→进路选出→道岔转换→选排一致→进路锁闭→开放信号→列车进入→进路解锁。

6502 电气集中联锁电路有相应的电路环节与其对应：办理进路与记录电路对应，进路选出与选岔网路对应，道岔转换与道岔控制电路对应，选排一致与 KJ 电路对应，进路锁闭与 XJJ、QJJ、LJ、SJ 电路等对应，开放信号与 XJ 及信号机点灯电路对应，列车进入与轨道电路有关电路环节对应，进路解锁与解锁网路对应等。

任务四　1～6 线电路识读

一、方向继电器电路

（一）设置与作用

1．设置

一个咽喉的进路按运行方向可分为接车方向和发车方向两种，按进路性质又可分为列车进路和调车进路两类。因此，每个咽喉设置 4 个方向继电器：列车接车方向继电器 LJJ、列车发车方向继电器 LFJ、调车接车方向继电器 DJJ、调车发车方向继电器 DFJ。方向继电器设在 F 组合中，每个咽喉共用一套方向继电器电路。

2．作用

（1）记录进路的方向，即记录按压按钮的先后顺序。

（2）记录进路的性质，即记录所办理的进路是列车进路还是调车进路。

（二）技术要求

（1）为了记录进路的方向，用始端的按钮继电器 AJ 前接点接通对应的方向继电器的励磁电路。

（2）为了记录进路的性质，列车进路要用列车进路始端按钮继电器 LAJ 前接点接通列车方向继电器的励磁电路，调车进路要用调车进路始端按钮继电器 DAJ 前接点接通调车方向继电器的励磁电路。

（3）4 个方向继电器同时只准许一个吸起，以保证在同一时间内只准选一条进路（同性质、同方向的进路能同时选路除外）。

（4）在整个选路过程中（在进路还没有全部选出以前），应使方向继电器保持吸起状态。

（5）进路选出后应使方向继电器电路及时自动复原，如因故进路不能正常选出时，应能使其人工复原（办理取消手续）。

（6）在重复开放信号、办理取消进路和人工解锁进路时，由于不是选路，因此要按压进路始端按钮，不要使方向继电器动作。

（三）电路原理及分析

根据上述技术要求，设计了举例站场下行咽喉的方向继电器电路，如图 2-11 所示。

1．励磁电路

将同一咽喉的进路始端按钮按进路性质和运行方向分成 4 组。

（1）列车接车方向始端按钮：XLA、X_DLA、X_FLA。

（2）列车发车方向始端按钮：S_1LA、$S_{II}LA$、$S_{III}LA$、S_4LA、S_5LA。

（3）调车接车方向始端按钮：D_1A、D_3A、D_9A、$D_{11}A$、$D_{13}A$、$D_{15}A$。

（4）调车发车方向始端按钮：D_5A、D_7A、S_1DA、$S_{II}DA$、$S_{III}DA$、S_4DA、S_5DA。

将 4 组始端按钮继电器的前接点并联后，分别接通该组所属方向继电器的励磁电路。

平时 4 个方向继电器都处于落下状态。选排进路时，哪一个按钮先被按下，该按钮所属方向继电器就随着励磁吸起。一个方向继电器励磁吸起后，用其后接点断开其他 3 个方向继电器的励磁电路，使它们不能再励磁。这样，某个方向继电器的励磁吸起，不但记录了所选进路的性质和运行方向，而且其他 3 个方向继电器也不能再励磁，实现了技术要求（1）、（2）、（3）。

例 1　选 X 至ⅢG 接车进路，先按压 XLA，XLAJ 励磁吸起，接通 XLJJ 励磁电路：

KZ—XLAJ$_{51-52}$—LFJ$_{21-23}$—XLJJ$_{1-4}$—DJJ$_{13-11}$—DFJ$_{13-11}$—ZQJ$_{43-41}$—KF。

例 2　选 D_9 至 D_{13} 调车进路，先按压 D_9A，D_9AJ 励磁吸起，接通 XDJJ 励磁电路：

KZ—D_9FKJ_{51-53}—D_9AJ_{51-52}—DFJ$_{21-23}$—XDJJ$_{1-4}$—LJJ$_{13-11}$—LFJ$_{13-11}$—ZQJ$_{43-41}$—KF。

2．自闭电路

在选路过程中，因参与选路工作的始端 AJ 和终端 AJ 复原时间不同，仅由始端 AJ 构成方向继电器的励磁电路，无法保证在进路全部选出前，方向继电器保持吸起状态。因此，方向继电器还必须设置经终端 AJ 前接点构成的自闭电路。假如不设方向继电器自闭电路，对于选排从左向右运行方向的进路，在刚开始选路时，进路始端的 AJ 便会落下，断开方向继电器励磁电路。由于方向继电器提前落下，会造成进路不能正常选出。为了实现技术要求（4），即在进路未全部选出之前应使方向继电器保持吸起状态，方向继电器设置了自闭电路。

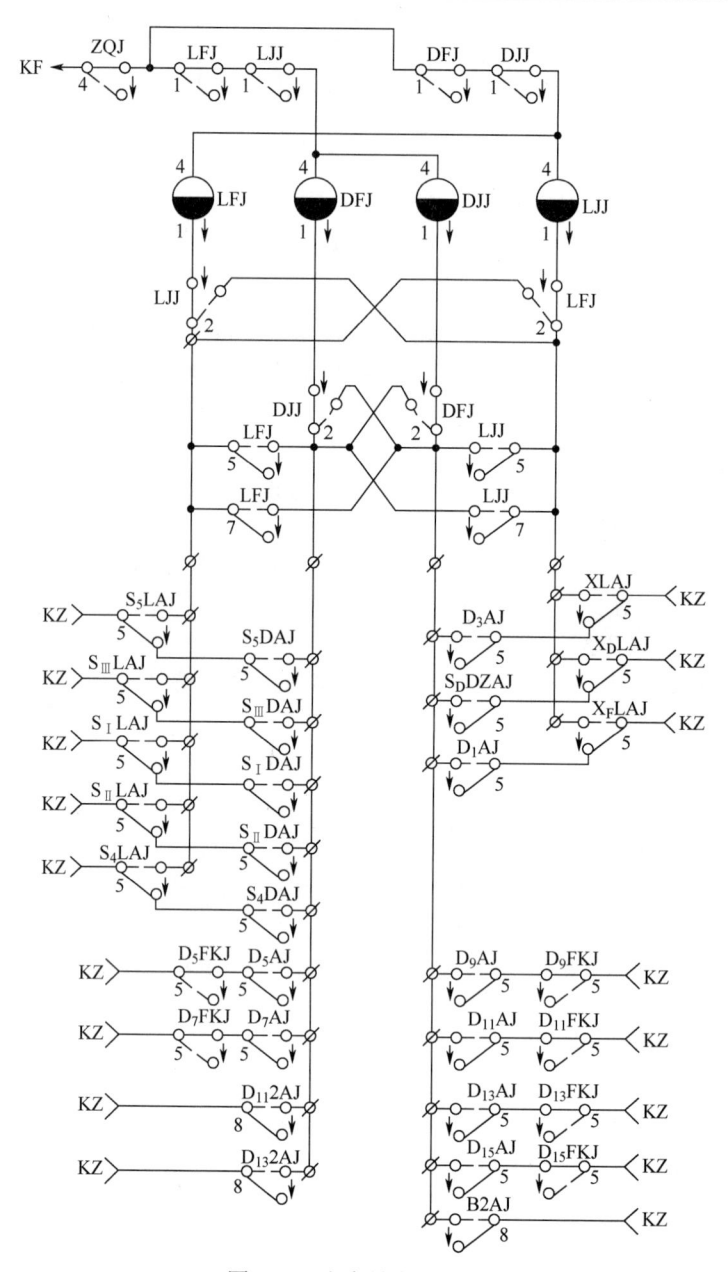

图 2-11 方向继电器电路

例 3 选 D_1—D_{15} 调车进路，除由 D_1AJ 前接点构成 DJJ 励磁电路外，还应由 D_5AJ 前接点构成 DJJ 的自闭电路：

KZ—D_5FKJ_{51-53}—D_5AJ_{51-52}—DJJ_{21-22}—DFJ_{21-23}—$XDJJ_{1-4}$—LJJ_{13-11}—LFJ_{13-11}—ZQJ_{43-41}—KF。

对于变通进路，方向继电器除由始端 AJ 前接点构成励磁电路，由终端 AJ 前接点构成自闭电路外，还要经由变通按钮继电器前接点构成另外的自闭电路。

例 4 以 D_7A 兼作由 IIG 向北京正方向发车变通进路的变通按钮使用时，LFJ 有三条自闭电路：第一条经由 X_FLAJ（终端按钮）第 5 组前接点；第二条经由 D_7AJ（变通按钮继电器）第 5 组前接点；第三条则经由 D_9AJ（被带起的变通按钮继电器）第 5 组前接点。这说明凡是参与选路工作的 AJ，如果其中一个不停止工作，就会使方向继电器保持吸起状态。

3. 自动复原和手动复原

（1）进路全部选出后，参与选路的所有 AJ 都失磁落下，切断了方向继电器的励磁电路和自闭电路，使方向继电器自动复原。因此进路不能选出，可按压 ZQA，使 ZQJ 励磁吸起，用 ZQJ 第 4 组后接点断开方向继电器的 KF 电源，使方向继电器手动复原，实现了技术要求（5）。

（2）当重复开放信号时，辅助开始继电器 FKJ 励磁吸起，切断 KZ 电源，防止方向继电器动作。当取消进路时，总取消继电器 ZQJ 励磁吸起，用 ZQJ 第 4 组后接点切断 KF 电源，防止方向继电器动作。当人工解锁进路时，总人工解锁继电器 ZRJ 励磁吸起，将 ZQJ 带动励磁吸起，用 ZQJ 第 4 组后接点切断 KF 电源，防止方向继电器动作，实现了技术要求（6）。

4. 说明

（1）在前面划分按钮组时，没有包括只能当作进路终端使用的按钮。因为终端的 AJ 也要参与选路，应把有关终端的 AJ 前接点接入所属方向继电器的自闭电路。例如，S_DDZAJ 前接点应接入 DFJ 自闭电路。

（2）为保证同一咽喉同时只准许一个方向继电器吸起，每个方向继电器的励磁电路和自闭电路均要检查其他 3 个方向继电器的后接点，即 4 个方向继电器相互之间存在"互切"关系。某个方向继电器吸起后，即切断其他 3 个方向继电器的电路。

（3）当办理从右向左运行的进路时，由于进路左端（终端）的 AJ 总是先于右端（始端）的 AJ 复原落下（原因在选岔电路中讲述），也就是说，方向继电器自闭电路比励磁电路先断开，方向继电器自闭电路不起作用。

（四）方向电源

经由方向继电器接点控制的电源称为方向电源，采用方向电源可简化电路，减少配线。方向电源共有 10 种，如图 2-12 所示。

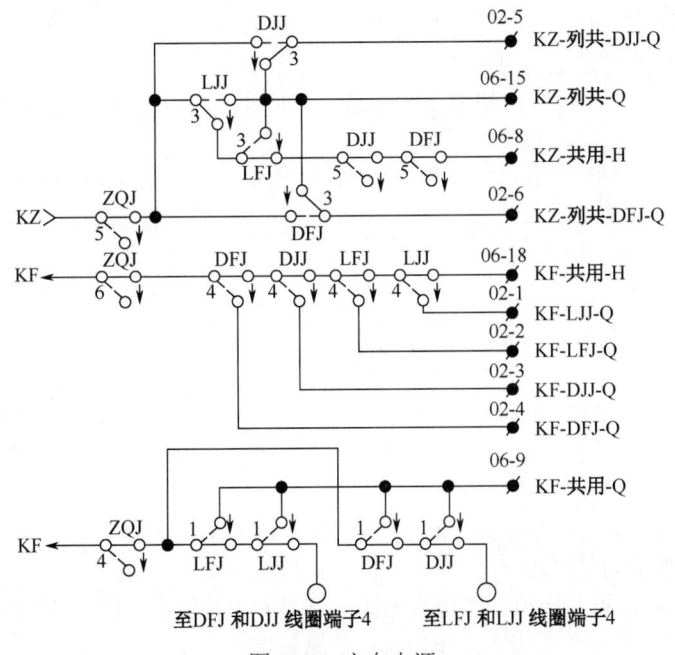

图 2-12 方向电源

10 种方向电源的含义如下。

（1）KF-共用-Q：经任一方向继电器前接点供出的负电源。

（2）KF-共用-H：经 4 个方向继电器后接点供出的负电源。

（3）KF-LJJ-Q：经 LJJ 前接点供出的负电源。
（4）KF-LFJ-Q：经 LFJ 前接点供出的负电源。
（5）KF-DJJ-Q：经 DJJ 前接点供出的负电源。
（6）KF-DFJ-Q：经 DFJ 前接点供出的负电源。
（7）KZ-共用-H：经 4 个方向继电器后接点供出的正电源。
（8）KZ-列共-Q：经 LJJ 或 LFJ 前接点供出的正电源。
（9）KZ-列共-DJJ-Q：经 LJJ 或 LFJ 或 DJJ 前接点供出的正电源。
（10）KZ-列共-DFJ-Q：经 LJJ 或 LFJ 或 DFJ 前接点供出的正电源。

二、按钮继电器电路

（一）设置与作用

1．设置

（1）一般每个进路按钮设置一个 AJ。

（2）每个单置调车进路按钮设置 1AJ、2AJ、AJ 这 3 个按钮继电器，1AJ、2AJ 设置在 DXF 组合内，AJ 设置在 DX 组合内。

（3）每个 BA 设置 1AJ 和 2AJ 这两个按钮继电器。

2．作用

AJ 的主要作用是记录按压按钮的动作。

（1）始端、终端 AJ 的前接点分别接通方向继电器的励磁电路和自闭电路。

（2）始端、终端 AJ 的前接点接通选岔网路的电源。

（3）当取消进路和人工解锁进路时，用始端 AJ 与 ZQJ 配合，完成取消进路和人工解锁进路。

（二）电路原理

1．尽头线调车按钮继电器电路

图 2-13 所示为尽头线调车按钮继电器电路。平时尽头线调车 AJ 处于落下状态。

1）励磁电路与自闭电路

为了使 AJ 记录按压按钮的动作，在 AJ 的励磁电路中，只需要接入按钮的按下接点作为电路的励磁条件。由于按钮采用自复式按钮，因此当松开按钮时会切断励磁电路，为了使 AJ 具有记忆功能，故在励磁吸起后还要经由它本身前接点构成自闭电路，以达到记录的目的。

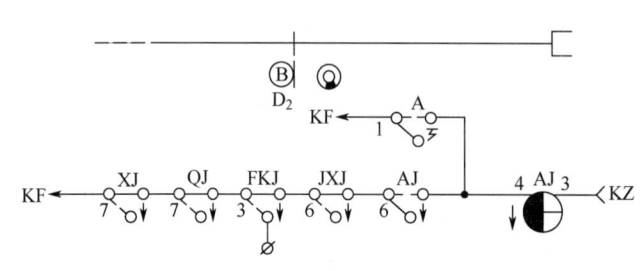

图 2-13 尽头线调车按钮继电器电路

励磁电路：KZ—AJ$_{3\text{-}4}$—A$_{12\text{-}11}$—KF。

自闭电路：KZ—AJ$_{3\text{-}4}$—AJ$_{62\text{-}61}$—JXJ$_{63\text{-}61}$—FKJ$_{33\text{-}31}$—QJ$_{73\text{-}71}$—XJ$_{73\text{-}71}$—KF。

2）自动复原和手动复原

信号点（信号机位置）选出，即进路选择继电器 JXJ 励磁吸起就使 AJ 失磁落下。在 AJ 的自闭电路中接入 JXJ 第 6 组后接点，作为自动复原条件。

进路因故不能选出，即当 JXJ 没有励磁吸起或取消误碰的按钮时，按压 ZQA 和进路始端按钮，使取消继电器 QJ 励磁吸起、AJ 失磁落下。在 AJ 自闭电路中接入 QJ 第 7 组后接点作为手动复原条件。

2. 出站兼调车按钮继电器电路

图 2-14 所示为出站兼调车按钮继电器电路。

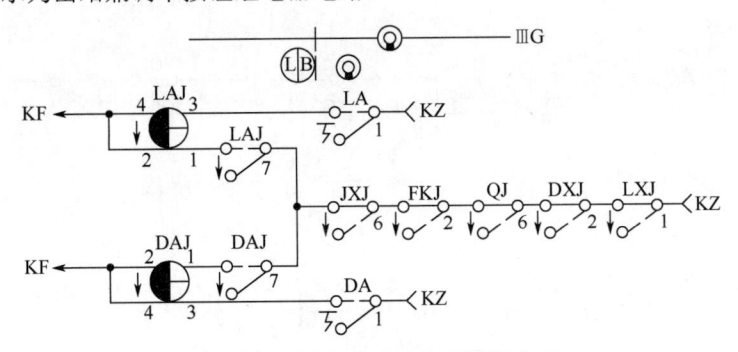

图 2-14 出站兼调车按钮继电器电路

每个出站兼调车信号机处设有列车进路按钮 LA 和调车进路按钮 DA。由于进路性质不同，每个按钮设置一个 AJ，即 LAJ 和 DAJ，它们放在同一个组合内。平时出站兼调车的 LAJ、DAJ 处于落下状态。

1）励磁电路和自闭电路

LAJ、DAJ 各有一条励磁电路，供自闭电路共用。

（1）励磁电路。

① LAJ 励磁电路：KZ—LA$_{11-12}$—LAJ$_{3-4}$—KF。

② DAJ 励磁电路：KZ—DA$_{11-12}$—DAJ$_{3-4}$—KF。

（2）自闭电路。

① LAJ 自闭电路：KZ—LXJ$_{11-13}$—DXJ$_{21-23}$—QJ$_{61-63}$—FKJ$_{21-23}$—JXJ$_{61-63}$—LAJ$_{71-72}$—LAJ$_{1-2}$—KF。

② DAJ 自闭电路：KZ—LXJ$_{11-13}$—DXJ$_{21-23}$—QJ$_{61-63}$—FKJ$_{21-23}$—JXJ$_{61-63}$—DAJ$_{71-72}$—DAJ$_{1-2}$—KF。

2）自动复原与手动复原

自动复原与手动复原的电路与尽头线调车 AJ 电路相同。

3. 并置和差置调车按钮继电器电路

图 2-15 所示为并置调车按钮继电器电路，以 D_7 和 D_9 并置调车信号机为例。对于差置调车信号机，其电路结构与并置完全相同，即一个按钮设置一个 AJ。AJ 的 3-4 线圈励磁电路和自闭电路与尽头线调车 AJ 电路完全相同，各接点作用也一样，只是增加了 1-2 线圈励磁电路。

AJ 的 1-2 线圈励磁电路的用途：当并置或差置调车按钮作为列车变通进路的变通按钮使用时，要求按压其中任何一个按钮，都要把另外一个 AJ 带动起来，以便使两个 AJ 都励磁吸起参与选路工作，其 1-2 线圈电路就是为此作用而设计的。为了使 AJ 的 1-2 线圈只有在办理列车变通进路时才互相带动，正电源采用办理列车进路时才有的 KZ-列共-Q 方向电源。

例如，办理 IIG 向北京正方向发车变通进路（经 17/19 和 1/3 号道岔反位）时，先按压 S_{II}LA 使 S_{II}LAJ 和 LFJ 相继吸起，送出 KZ-列共-Q 方向电源；再按压 D_9A 使 D_9AJ 吸起，这时 D_7AJ 的 1-2 线圈电路接通而被带动励磁，励磁电路为 KZ-列共-Q—D_9AJ$_{41-42}$—D_7AJ$_{1-2}$—JXJ$_{63-61}$—FKJ$_{33-31}$—QJ$_{73-71}$—XJ$_{73-71}$—KF（如果按压的是 D_7A，那么 D_7AJ 的吸起同样可带动 D_9AJ 的励磁）；然后按压 X_FLA 使 X_FLAJ 吸起，便可选出进路。

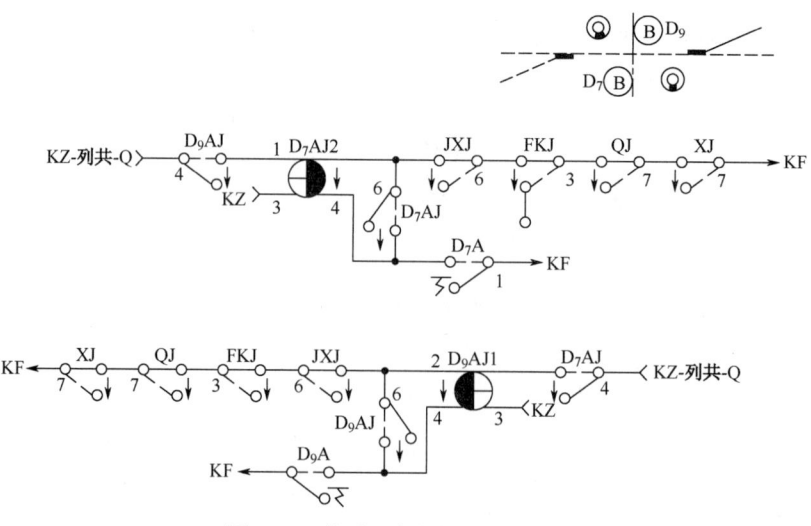

图 2-15 并置调车按钮继电器电路

4．单置调车 AJ 电路

图 2-16 所示为单置调车按钮继电器电路，由 DX 组合中的 AJ 和 DXF 组合中的 1AJ、2AJ 这 3 个按钮继电器组成。1AJ 是按钮接点的复示继电器，AJ 是进路始端的按钮继电器，2AJ 是进路终端的按钮继电器。平时它们均处于落下状态。当办理进路时，3 个继电器互相配合记录进路的始端、终端和变通。

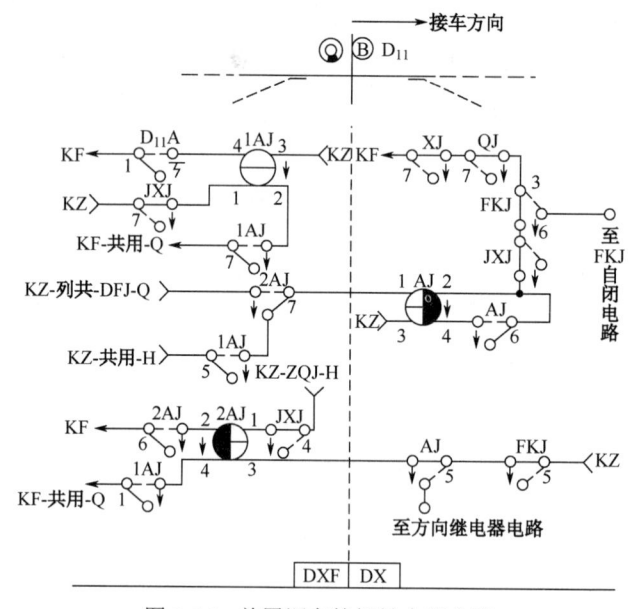

图 2-16 单置调车按钮继电器电路

3 个 AJ 的动作规律如下。

当作为始端按钮使用时：（始端）按下，1AJ↑→AJ↑。
当作为终端按钮使用时：（终端）按下，1AJ↑→2AJ↑。
当作为变通按钮使用时：（变通）按下，1AJ↑→2AJ↑→AJ↑。

（1）作始端按钮使用时，1AJ↑、AJ↑、2AJ↓。

例如，办理 D_{11} 至ⅢG 调车进路时，先按压 D_{11}A，D_{11}1AJ 经 3-4 线圈励磁吸起，励磁电路为 KZ—1AJ$_{3-4}$—D$_{11}$A$_{12-11}$—KF。由于 1AJ 接点未接入方向继电器电路中，因此方向继电器均未励磁，方向电源 KZ-共用-H 是有电的，AJ 的 1-2 线圈电路接通使 AJ 励磁，其励磁电路为 KZ-共用-H—1AJ$_{51-52}$—2AJ$_{73-71}$—AJ$_{1-2}$—JXJ$_{63-61}$—FKJ$_{33-31}$—QJ$_{73-71}$—XJ$_{73-71}$—KF，AJ 励磁后，随即由 3-4 线圈自闭。

分析 2AJ 为什么不会吸起：当 1AJ 吸起，AJ 还未吸起时，方向电源 KF-共用-Q 无电，故 2AJ 不能励磁。在 AJ 吸起使 DJJ 励磁后，KF-共用-Q 有电，但是 AJ 吸起已切断 2AJ 的 3-4 线圈的 KZ，故 2AJ 也不能励磁。

（2）作为终端按钮使用，1AJ↑、2AJ↑、AJ↓。

例如，在办理 D$_3$ 至 D$_{11}$ 调车进路时，先按压 D$_3$A，D$_3$AJ 和 DJJ 相继励磁吸起，方向电源 KF-共用-Q 有电，而方向电源 KZ-共用-H、KZ-列共-DFJ-Q 均无电。再按压 D$_{11}$A，D$_{11}$1AJ 励磁吸起且自闭，这时 D$_{11}$2AJ 的 3-4 线圈电路接通使 2AJ 励磁，其励磁电路为 KZ—FKJ$_{51-53}$—AJ$_{51-53}$—2AJ$_{3-4}$—1AJ$_{12-11}$—KF-共用-Q，2AJ 励磁后，随即由 1-2 线圈自闭。

分析 AJ 为什么不会吸起：当 1AJ 吸起，2AJ 还未吸起时，方向电源 KZ-共用-H 无电，所以 AJ 是不能励磁的。在 2AJ 吸起后，KZ-列共-DFJ-Q 无电，所以 AJ 也不能励磁。

（3）作为变通按钮使用，1AJ↑、2AJ↑、AJ↑。

例如，办理 X 至 IG 变通接车（经 5/7 和 13/15 号道岔反位）时，先按压 XLA，使 XLAJ 和 LJJ 相继励磁吸起，此时方向电源 KZ-共用-H 无电，方向电源 KF-共用-Q 和 KZ-列共-DFJ-Q 均有电。

当按压 D$_{11}$A 时，首先 1AJ 励磁吸起且自闭，然后 2AJ 的 3-4 线圈电路接通使 2AJ 励磁，其励磁电路为 KZ—FKJ$_{51-53}$—AJ$_{51-53}$—2AJ$_{3-4}$—1AJ$_{12-11}$—KF-共用-Q。2AJ 励磁后，随即由 1-2 线圈自闭。接着 D$_{11}$AJ 的 1-2 线圈电路接通使 AJ 励磁，其励磁电路为 KZ-列共-DFJ-Q—2AJ$_{72-71}$—AJ$_{1-2}$—JXJ$_{63-61}$—FKJ$_{33-31}$—QJ$_{73-71}$—XJ$_{73-71}$—KF。AJ 励磁后，随即 3-4 线圈自闭。

最后按压 S$_1$LA 使 S$_1$LAJ 励磁吸起，选路工作正常进行。

当 D$_{11}$A 作为反方向调车进路的变通按钮使用时，1AJ、2AJ、AJ 的励磁电路与作为列车进路的变通按钮使用时电路的接通条件和动作顺序相同，只是方向电源 KZ-列共-DFJ-Q 是由 DFJ 前接点接通的。D$_{11}$ 是接车方向的单置调车信号机，它只能作为列车进路和发车方向调车进路的变通按钮使用，故接入方向电源 KZ-列共-DFJ-Q。若 D$_{11}$ 是发车方向的单置调车信号机，则接入的方向电源应是 KZ-列共-DJJ-Q。

5．变通按钮继电器电路

图 2-17 所示为变通按钮继电器电路。

BA 选用 DXF 组合，DXF 组合中设有 1AJ 和 2AJ。

1AJ 是 BA 的复示继电器。当选变通进路按压 BA 时，1AJ 励磁吸起并自闭，3-4 线圈为励磁电路，1-2 线圈为自闭电路。1AJ 吸起后通过方向电源 KF-共用-Q 使 2AJ 励磁吸起并自闭，3-4 线圈为励磁电路，1-2 线圈为自闭电路。当 DXF 内的 JXJ 吸起时，1AJ 和 2AJ 便自动复原。2AJ 自闭电路中的条件电源 KZ-ZQJ-H 是专为取消时设置的人工复原条件。1AJ 随方向继电器落下而复原。

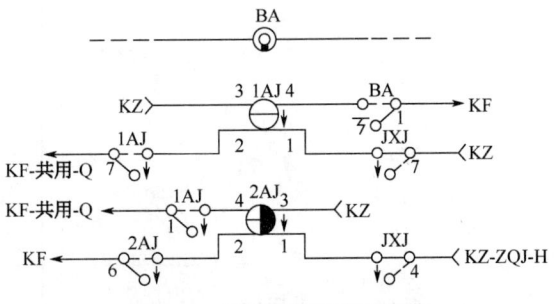

图 2-17 变通按钮继电器电路

6. 通过按钮继电器电路

图 2-18 所示为通过按钮继电器电路。

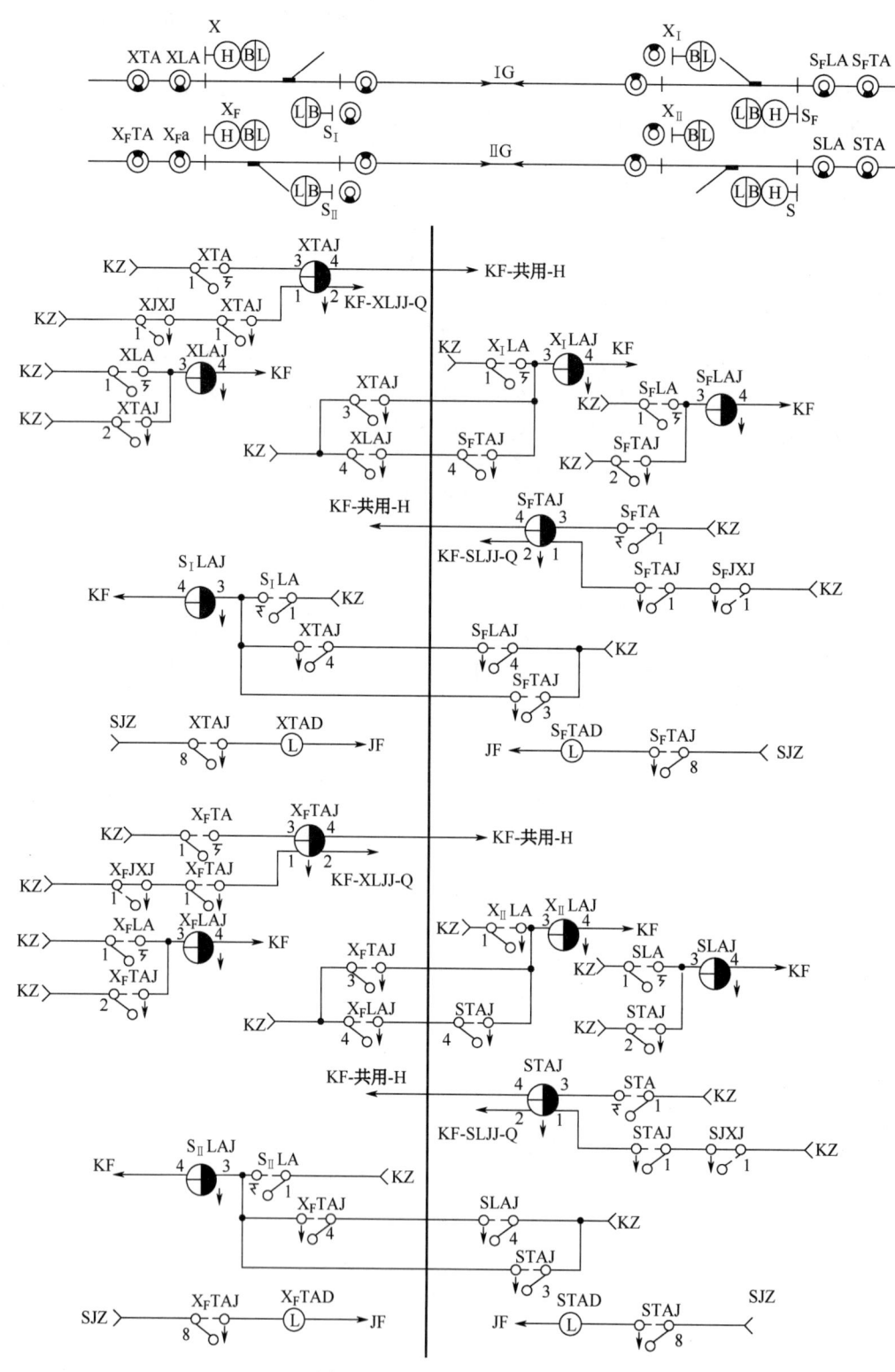

图 2-18 通过按钮继电器电路

1）设置

通过进路是由一个咽喉的正线接车进路和另一个咽喉的正线发车进路组成的。操作时应按压 4 个按钮，这样操作手续较麻烦。为了简化办理通过进路的操作手续，凡是有通过进路的车站，在控制台上对应进站信号机的位置都应设一个通过按钮 TA，相应增设通过按钮继电器电路。

2）操作

通过进路一次办理可采用双按钮进路式操作法。以办理下行 IG 正线通过进路为例，一次办理可顺序按压 XTA、S_FLA 两个按钮（等于分段办理按压 4 个按钮 X_1LA、S_FLA、XLA、S_1LA 的效果）。

3）电路动作原理

现以下行 IG 正线通过进路的一次办理为例，分析电路动作原理。

（1）XTAJ 励磁电路。

按压 XTA，经方向电源 KF-共用-H 使 XTAJ 吸起，其励磁电路为 KZ—XTA$_{11-12}$—XTAJ$_{3-4}$—KF-共用-H。KF-共用-H 是由上行咽喉的方向组合 F 提供的，它可证明上行咽喉未选其他进路。

（2）XLAJ 和 X_1LAJ 励磁电路。

XTAJ 吸起后，用第 2 组、第 3 组前接点分别接通 XLAJ 和 X_1LAJ 的 3-4 线圈励磁电路，带动 XLAJ 和 X_1LAJ 励磁吸起，XLAJ 励磁电路为 KZ—XTAJ$_{21-22}$—XLAJ$_{3-4}$—KF。X_1LAJ 励磁电路为 KZ—XTAJ$_{31-32}$—X_1LAJ$_{3-4}$—KF。XLAJ 吸起后使下行咽喉 LJJ 吸起，确定了下行咽喉接车进路的始端，X_1LAJ 吸起后使上行咽喉 LFJ 吸起，确定了上行咽喉发车进路的始端。

（3）S_FLAJ 和 S_1LAJ 励磁电路。

当按压 S_FLA 后，S_FLAJ 吸起，其励磁电路为 KZ—S_FLA$_{11-12}$—S_FLAJ$_{3-4}$—KF。用 S_FLAJ 第 4 组前接点并经 XTAJ 第 4 组前接点接通 S_1LAJ 的 3-4 线圈励磁电路，带动 S_1LAJ 吸起，其励磁电路为 KZ—S_FLAJ$_{41-42}$—XTAJ$_{41-42}$—S_1LAJ$_{3-4}$—KF。这样根据 XLAJ、S_1LAJ 和 LJJ 的吸起条件便可选出下行正线接车进路，根据 X_1LAJ、S_FLAJ 和 LFJ 的吸起条件便可选出下行正线发车进路。这两条进路都建立便是下行通过进路。

从以上内容可以看出，按压两个按钮（XTA、S_FLA）等于按压 4 个按钮（X_1LA、S_FLA、XLA、S_1LA）的效果，并且发车进路先选出，接车进路后选出。

在 XTAJ 的自闭电路中接入 XJXJ 第 1 组后接点的作用是当 X 进站信号点选出后，XJXJ 吸起使 XTAJ 自动复原。接入方向电源 KF-LJJ-Q 的作用是在进路因故不能选出时，可按压 ZQA 使 ZQJ 吸起，断开 KF-LJJ-Q，使 XTAJ 人工复原。若按下 XTA 后没有将 XLAJ 带动起来，则 XTAJ 不能自闭而自动取消记录。XLAJ 和 X_1LAJ 随着 XTAJ 落下而复原，S_1LAJ 和 S_FLAJ 是在进路选出后随着各自信号点的 JXJ 吸起而自动复原。

通过按钮继电器电路是车站结合电路，不接在大网路图中，根据需要由设计者设计选用。

三、1、2 线

（一）选岔电路的任务

选岔电路的主要任务是在办理进路时按压进路始端和终端按钮后，按照操作人员的意图自动选出进路上有关道岔的位置，同时兼顾选出进路的始端信号点、终端信号点（包括中间信号点）的位置。

（二）选岔电路的技术要求

（1）选出的进路应与车站值班员的操纵意图一致。顺序按压进路始端按钮、终端按钮后，只允许选出基本进路。只有当车站值班员附加操纵手续，即先按压始端按钮，再按压变通进路上的变通按钮或可作为变通按钮用的调车按钮，然后按压终端按钮，才能选出变通进路。

（2）进路在锁闭状态时，不允许选岔电路工作。

（3）当道岔区段有车占用时，不允许再选出与该道岔区段重叠或交叉的进路。

（4）应防止选出两条相互抵触的进路。

（5）应防止选岔电路中产生迂回电流或串电现象而错误选路。

（6）要求选岔电路工作稳定可靠，并符合定型化的要求。

（三）选岔电路的基本原理

1. 电路结构

选岔电路采用并联传递选岔电路。图 2-19 所示为并联传递选岔电路原理（二线制并联传递网路）。继电器 3-4 线圈都并接在 1、2 两条网路线上，1-2 线圈作为自闭电路用。

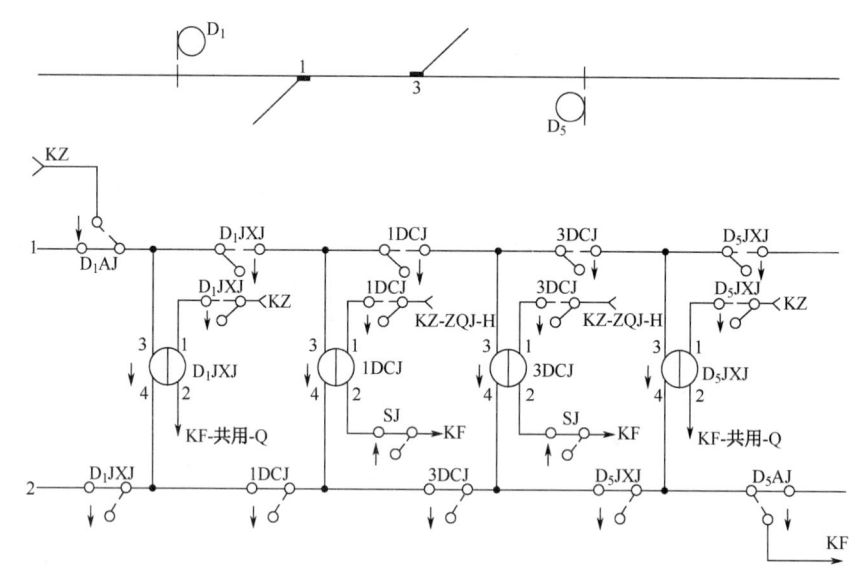

图 2-19　并联传递选岔电路原理

2. 电路原理

在图 2-19 中，1 线由左经 D_1AJ 前接点向右送 KZ 电源，2 线由右经 D_5AJ 前接点向左送 KF 电源。KF 由右向左一直送到左端，送至每个继电器的线圈 4 端子上；KZ 只能送到左端第一个继电器的线圈 3 端子上。当左端 D_1JXJ 励磁吸起后，用其前接点将 KZ 电源向右传递使 1DCJ 励磁，1DCJ 吸起后，又用其前接点将 KZ 电源向右传递使 3DCJ 励磁，3DCJ 吸起后，KZ 再向右传递，使右端最后一个 D_5JXJ 励磁。每个吸起的继电器都转入本身 1-2 线圈自闭电路，且均用它们后接点切断其左边已励磁继电器的 2 线 KF 电源。这样，1 线由左向右逐段送 KZ，2 线先由右向左送 KF，再由左向右逐段切断 KF。继电器由左向右顺序传递励磁的电路，称为并联传递选岔电路。

3. 电路复原时机

对信号点的 JXJ 来说，方向继电器复原，即方向电源 KF-共用-Q 断电，切断 JXJ 的自闭电路，使 JXJ 复原。对道岔操纵继电器来说，要等道岔转换完毕、进路锁闭（SJ↓）后，切断 DCJ 或 FCJ 的自闭电路，使之复原。

4. 并联传递选岔电路的优点

（1）用右端信号点的 JXJ 吸起来证明进路全部选出。

（2）道岔的顺序选出、顺序启动，对降低电源屏道岔动作电流的输出峰值有利。

（3）无论并联多少个继电器，同时由网路线供电的都只有两个继电器，这样可使继电器端电压基本不变，保证选岔电路工作稳定可靠。

5．六线制并联传递网路线用途

6502电气集中为防止产生迂回电流使继电器误动，采用六线并联传递网路（六线选岔网路），各网路线的用途如下。

（1）1、2线用于选八字第一笔双动道岔的反位。

（2）3、4线用于选八字第二笔双动道岔的反位。

（3）5、6线用于选双动道岔的定位、单动道岔的定位和反位，以及进路中所有信号点位置。

6．六线制选岔网路送电规律

1、3、5线按从左向右的顺序传递KZ，一直传递到所选进路的右端。2、4、6线从右向左送KF，先直接送到进路的左端，再由左向右依次切断KF。电源传递与所选进路始端、终端无关，而与左、右方向有关。

7．操纵继电器的选用

在每一组单动道岔的DD组合中设置一个DCJ、一个FCJ。在每一组双动道岔的SDF组合中设置两个DCJ和两个FCJ，分别为1DCJ、2DCJ、1FCJ、2FCJ，并按"左1右2"来命名。FCJ设置两个是为了增加接点，2FCJ是1FCJ的复示继电器，用2FCJ的接点控制道岔控制电路。DCJ设置两个是因为双动道岔分别连接在两条平行的线路上。每个道岔还设置一个锁闭继电器SJ，也按"左1右2"来命名。

8．1、2线上的实例

图2-20所示为1、2线上接有八字第一笔双动道岔FCJ的实例。

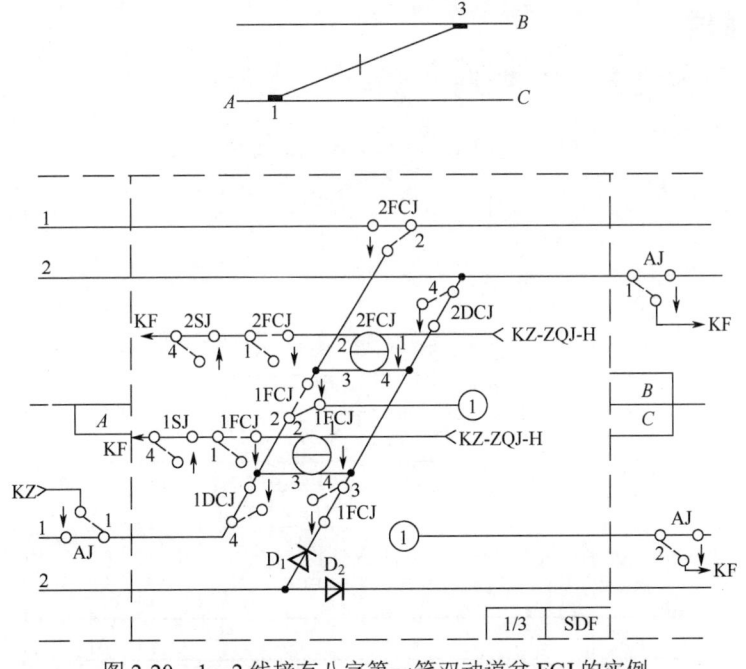

图2-20　1、2线接有八字第一笔双动道岔FCJ的实例

1）电路原理

选路时，顺序按压A、B两处按钮后，A处AJ吸起，向1线接入KZ。B处AJ吸起，向2线接入KF，选岔电路工作，使1/31FCJ励磁吸起并自闭。

1FCJ 励磁电路：KZ—（A）AJ$_{12-11}$—1 线—1DCJ$_{41-43}$—1FCJ$_{3-4}$—2DCJ$_{43-41}$—2 线—（B）AJ$_{11-12}$—KF。

1FCJ 自闭电路：KZ-ZQJ-H—1FCJ$_{1-2}$—1FCJ$_{12-11}$—1SJ$_{42-41}$—KF。

用 1FCJ 第 2 组前接点给 2FCJ$_{3-4}$ 线圈传 KZ，使 1/32FCJ 励磁吸起并自闭。

2FCJ 励磁电路：KZ—（A）AJ$_{12-11}$—1 线—1DCJ$_{41-43}$—1FCJ$_{21-22}$—2FCJ$_{3-4}$—2DCJ$_{43-41}$—2 线—（B）AJ$_{11-12}$—KF。

2FCJ 自闭电路：KZ-ZQJ-H—2FCJ$_{1-2}$—2FCJ$_{12-11}$—2SJ$_{42-41}$—KF。

从上述内容可以看出，1FCJ、2FCJ 从左到右励磁，2FCJ 是 1FCJ 的复示继电器。

2）电路分析

（1）1FCJ 和 2FCJ 的第二组前接点由左向右传递 1 线 KZ 电源，1FCJ 的第三组后接点是当 1FCJ 励磁吸起后切断由右向左送的 KF 电源。

（2）为了防止同时选出道岔定位和反位两条相互抵触的进路，同一组道岔的 DCJ 和 FCJ 应互相照查，即在 FCJ 的励磁电路中接入两个 DCJ 的第四组后接点，同理，在 DCJ 的励磁电路中也接入 FCJ 的后接点。

（3）道岔操纵继电器吸起说明道岔位置已被选出。从道岔位置选出到道岔转换完毕，再到进路锁闭这段时间里，由于始端、终端信号点选出后 AJ 会复原落下，断开选岔电路的电源，为了保证道岔操纵继电器不提前失磁落下，故 FCJ 和 DCJ 都设有 1-2 线圈自闭电路。只有当检查进路选排一致，并且进路锁闭 SJ 失磁落后才断开自闭电路，使道岔操纵继电器自动复原。

（4）自闭电路中接入条件电源 KZ-ZQJ-H 的作用是，当进路因故不能锁闭时，使道岔操纵继电器手动复原。

四、3、4 线

图 2-21 所示为 3、4 线上接有八字第二笔双动道岔 FCJ 的实例。

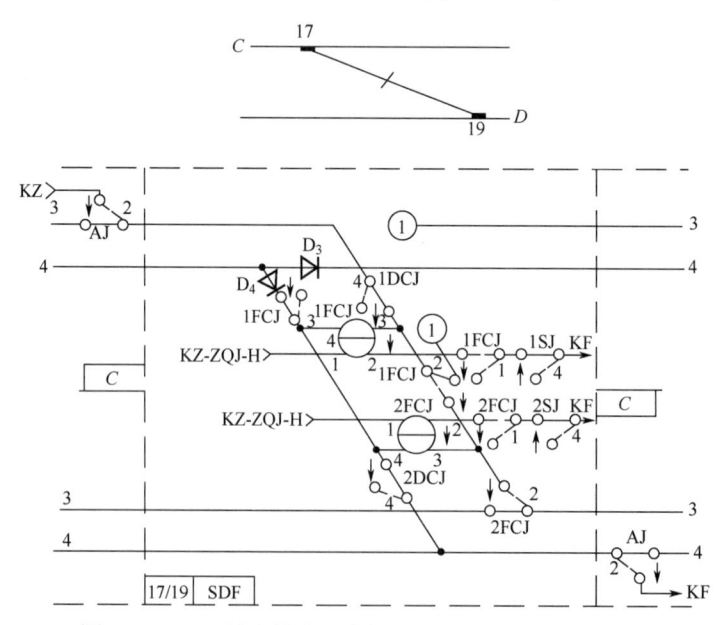

图 2-21 3、4 线上接有八字第二笔双动道岔 FCJ 的实例

由图 2-21 可以看出，八字第二笔双动道岔反位操纵继电器 FCJ 励磁电路接在 3、4 线上，

其电路结构和接入的控制条件与 1、2 线完全相同，只不过是由 3 线从左向右送 KZ 电源，由 4 线从右向左送 KF 电源。当选路时，先吸起的仍是道岔左边的 1FCJ，后吸起的是右边的 2FCJ。

五、5、6 线

图 2-22 所示为 5、6 线上的实例。双动道岔的 1DCJ 和 2DCJ，单动道岔的 DCJ 和 FCJ 及各信号点的 JXJ 都接在 5、6 线上。一般每个信号机（包括 BA）设置一个 JXJ，每个单置调车信号机设置两个 JXJ，一个在 DX 组合内，另一个在 DXF 组合内。

5、6 线的结构原理与 1、2 线和 3、4 线两对网路线的基本相同，并具有以下特点。

（1）在选经由双动道岔反位的进路时，必须先选出双动道岔反位，双动道岔 FCJ 吸起后才能接通 5、6 线，使 5、6 线上其他道岔的 DCJ 和单动道岔的 FCJ 及 JXJ 工作。

（2）5、6 线上道岔的 DCJ、单动道岔的 FCJ 及 JXJ 从左向右传递动作。

（3）在网路线中相当于双动道岔部位的锐角处均接有 DCJ 或 FCJ 接点，作为电路的区分条件，同时兼起防止迂回电流的作用。

（4）为了防止迂回电流错误动作道岔操作继电器，在 6 线相当于单动道岔处接入了二极管 D_1 和 D_2。

下面以图 2-22 为例，讲述 5、6 线的工作原理。

例 5　当办理 A 点至 D 点的进路时，要求道岔 1/3 定位、17/19 反位、27 定位。

先后按压 D_3A、$D_{13}A$，D_3AJ 和 $D_{13}AJ$ 吸起，再接通 3、4 线，使 17/19 1FCJ 和 17/19 2FCJ 励磁吸起且自闭（见 3、4 线），待 17/19 1FCJ 和 17/19 2FCJ 吸起后接通 5、6 线，这时并联在 5、6 线的 DCJ 和 JXJ 从左向右传递动作，励磁吸起且自闭。它们的动作顺序是 $D_3JXJ↑→1/3\ 2DCJ↑→D_7JXJ$（DXF）↑$→D_7JXJ$（DX）↑$→27DCJ↑→D_{13}JXJ↑$。5 线的 KZ 电源均是依靠各 JXJ 和 DCJ 的第 2 组前接点从左向右传递的，6 线的 KF 电源均是依靠各 DCJ 的第 3 组后接点依次断开的。从上述电路中可看出，JXJ 与 DCJ 的励磁电路是基本相同的，但是它们的自闭电路有所差异，DCJ 是经由锁闭继电器 SJ 前接点和条件电源 KZ-ZQJ-H 自闭的，而 JXJ 是经由方向电源 KF-共用-Q 自闭的。

上述进路中的 17/19 1FCJ、17/19 2FCJ、1/32DCJ、27DCJ 励磁吸起后选出了进路上各道岔的位置，而 D_3JXJ、$D_{13}JXJ$、D_7 两个 JXJ 励磁吸起后分别选出了进路的始端信号点、终端信号点和中间信号点的位置。

在上述电路的动作过程中，进路左端的 D_3JXJ 吸起可以说明 3、4 线工作正常（双动道岔的 FCJ 已动作完毕），进路右端的 $D_{13}JXJ$ 吸起可以说明进路的选路工作正常，即进路全部选出。

例 6　当图 2-22 中办理 C 点至 D 点的进路时，要求道岔 1/3 定位、17/19 定位、27 定位。

由于该进路上没有双动道岔反位，故 1、2 线和 3、4 线均不工作，只有 5、6 线工作。先后按压 D_1 和 D_{13} 两个按钮，D_1AJ 和 $D_{13}AJ$ 吸起，接通 5、6 线，使并联在 5、6 线的 DCJ 和 JXJ 从左向右传递动作而励磁吸起且自闭。它们的动作顺序是 $D_1JXJ↑→1/3\ 1DCJ↑→D_5JXJ↑→D_9JXJ↑→17/192DCJ↑→27\ DCJ↑→D_{13}JXJ↑$。

上述进路中的 1/3 1DCJ、17/19 2DCJ 和 27DCJ 吸起后选出了进路上各道岔定位的位置，而 D_1JXJ、D_5JXJ、D_9JXJ、$D_{13}JXJ$ 吸起后分别选出了进路的始端信号点、中间信号点和终端信号点的位置。

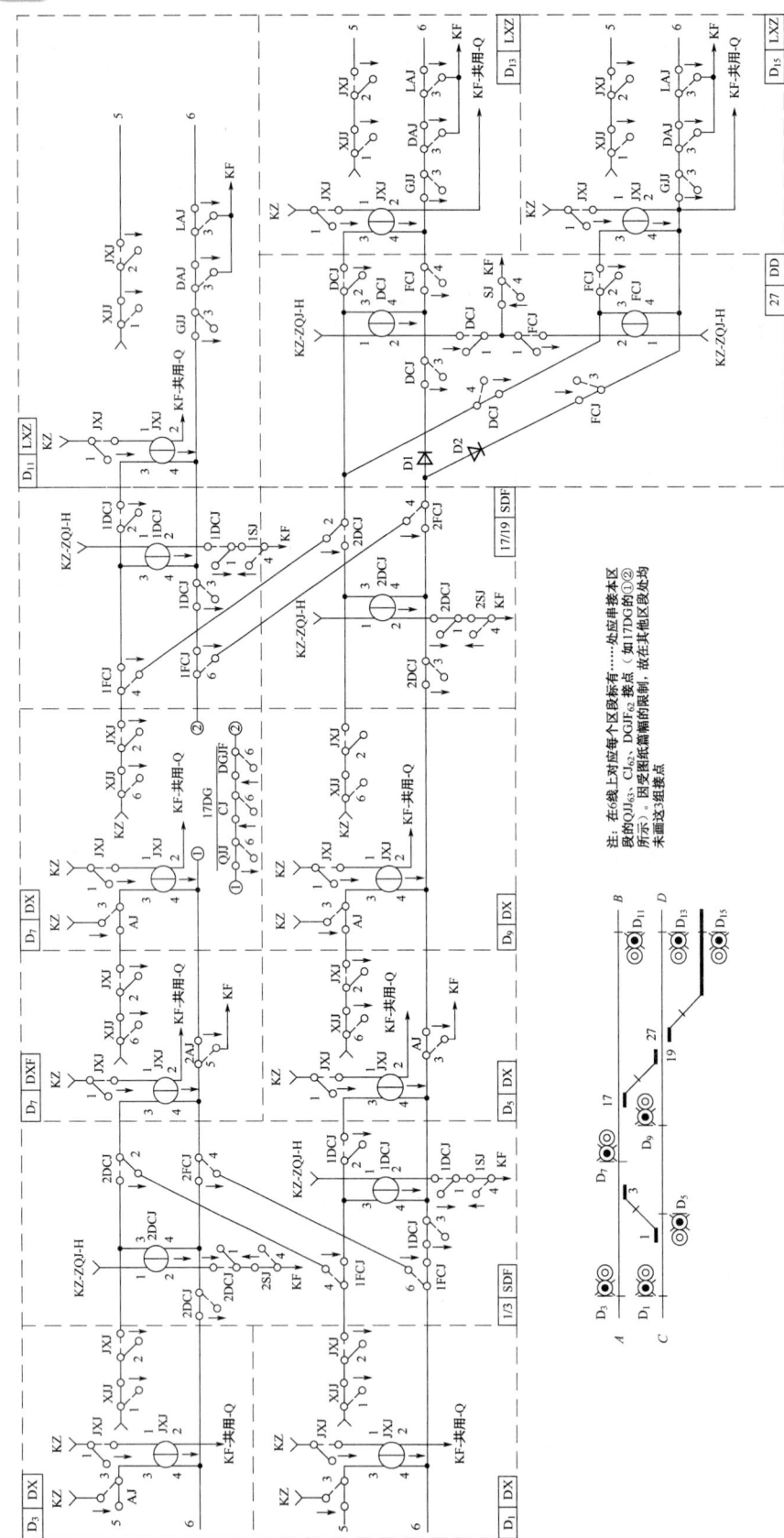

图 2-22 5、6 线上的实例

综上可总结出六线制选岔网路继电器的动作规律。

（1）接在选岔网路 1、2 线或 3、4 线上的双动道岔的 FCJ 优先于接在 5、6 线上的 DCJ、单动道岔 FCJ 和 JXJ 而动作。

（2）在六线制选岔网路的每对网路线上的继电器总是由左向右动作的，与所选进路的始终端方向无关。

（3）当所办理的进路经过双动道岔反位时，双动道岔的两个 FCJ 都动作。当进路经过双动道岔定位时，一般只有进路经过的那一个道岔的 DCJ 才动作（经过左边的是 1DCJ 动作，经过右边的是 2DCJ 动作）。

六、辅助开始继电器、列车开始继电器和终端继电器电路

（一）辅助开始继电器电路

1. 设置

每条进路始端设置一个辅助开始继电器 FKJ，在 LXZ 或 DX 组合内。

2. 作用

（1）在始端信号点被选出后至信号开放前这段时间内，继续记录进路始端。

（2）防止自动重复开放信号。

3. 技术条件

（1）为了继续记录进路始端，必须使 FKJ 在进路始端的 JXJ 吸起和与所选进路的性质及方向相符合的方向继电器吸起后接通励磁电路，反映所选进路始端。

（2）为了防止信号自动重复开放，必须用 FKJ 的前接点作为开放信号的必要条件，在信号未开放前保持吸起，在信号开放后及时自动复原。若信号因故不能开放，则应手动复原。

（3）当重复开放信号时，只要进路处于锁闭状态，就按压进路始端按钮，使 FKJ 励磁吸起。

4. 列车和调车共用的 FKJ 电路

图 2-23 所示为列车和调车共用的 FKJ 电路。

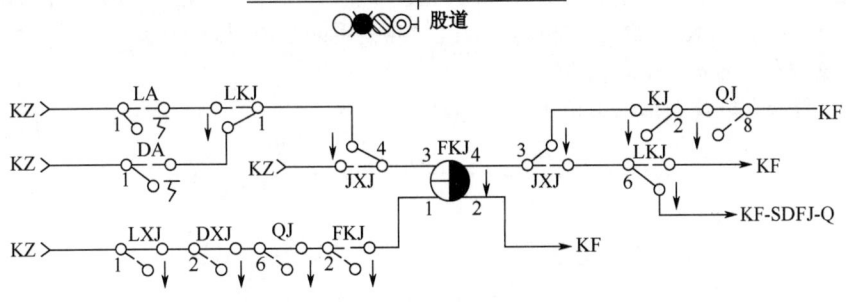

图 2-23　列车和调车共用的 FKJ 电路

1）设置

当出站兼调车信号机和进站信号机内方兼调车时，列车和调车可以共用一个 FKJ，设置在 LXZ 组合内。

2）电路

（1）励磁电路（用 3-4 线圈）。

FKJ 的 3-4 线圈为励磁电路，1-2 线圈为自闭电路。励磁电路由进路始端的 JXJ 第 3 组、第 4 组前接点接通。

如果所选的是列车进路，那么列车开始继电器 LKJ 先吸起，用 LKJ 第 6 组前接点接通 FKJ

的 3-4 线圈电路，使 FKJ 吸起。其励磁电路为 KZ—JXJ$_{42-41}$—FKJ$_{3-4}$—JXJ$_{31-32}$—LKJ$_{61-62}$—KF。

如果所选的是发车方向的调车进路，则方向电源 KF-DFJ-Q 有电，使 FKJ 经由 3-4 线圈而吸起。其励磁电路为 KZ—JXJ$_{42-41}$—FKJ$_{3-4}$—JXJ$_{31-32}$—LKJ$_{61-63}$—KF-SDFJ-Q。

（2）自闭电路（用 1-2 线圈）。

在进路选出 JXJ 落下后励磁电路就被断开，这时 FKJ 经由本身第 2 组前接点接通 1-2 线圈自闭电路保持吸起。自闭电路为 KZ—LXJ$_{11-13}$—DXJ$_{21-23}$—QJ$_{61-63}$—FKJ$_{21-22}$—FKJ$_{1-2}$—KF。

（3）重复开放信号时的励磁电路（用 3-4 线圈）。

当信号开放后因故关闭，进路处于锁闭状态，需要办理重复开放信号时，只需要按压进路始端按钮，FKJ 可经由 3-4 线圈重新励磁，使信号重复开放。其列车进路励磁电路为 KZ—LA$_{11-12}$—LKJ$_{12-11}$—JXJ$_{43-41}$—FKJ$_{3-4}$—JXJ$_{31-33}$—KJ$_{22-21}$—QJ$_{83-81}$—KF。调车进路励磁电路为 KZ—DA$_{11-12}$—LXJ$_{13-11}$—JXJ$_{43-41}$—FKJ$_{3-4}$—JXJ$_{31-33}$—KJ$_{22-21}$—QJ$_{83-81}$—KF。

（4）自动复原和手动复原。

信号开放后，用列车信号继电器 LXJ 第 1 组后接点或调车信号继电器 DXJ 第 2 组后接点断开 FKJ 自闭电路，使 FKJ 自动复原。

如果 FKJ 吸起后，信号因故不能开放，那么可按压 ZQA 和进路始端按钮，使取消继电器 QJ 吸起，用 QJ 第 6 组后接点断开 FKJ 自闭电路，使 FKJ 手动复原。

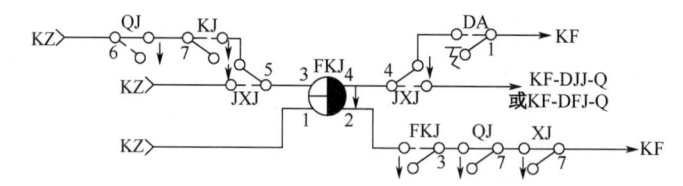

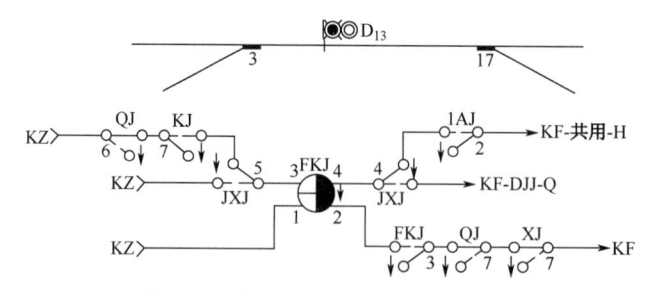

5．尽头线调车信号机、差置调车信号机和并置调车信号机用 FKJ 电路

图 2-24 所示为尽头线调车信号机、差置调车信号机和并置调车信号机用 FKJ 电路。

图 2-24　尽头线调车信号机、差置调车信号机和并置调车信号机用 FKJ 电路

尽头线调车信号机、差置调车信号机和并置调车信号机要各设置一个 FKJ，在 DX 组合内。与列车和调车共用的 FKJ 电路基本相同，只是接点使用的组数不同。

6．单置调车信号机用 FKJ 电路

图 2-25 所示为单置调车信号机用 FKJ 电路。

图 2-25　单置调车信号机用 FKJ 电路

单置调车信号机用 FKJ 电路与尽头线调车信号机、差置调车信号机和并置调车信号机用 FKJ 电路的不同点如下。

（1）在单置调车信号机用 FKJ 电路中用 1AJ 第 2 组前接点代替按钮接点。这是因为采用单组接点按钮，其按钮接点不够用。

（2）经由 1AJ 第 2 组前接点接入的是 KF-共用-H，不是 KF 电源。这是因为在分段办理长

调车进路时,要防止单置调车的 FKJ 错误动作。例如,当分段办理 D_9 至 IG 长调车进路,先办理 D_{13} 至 IG 短调车进路,D_{13} 为始端,D_{13}FKJ 和 D_{13}KJ 均会吸起,D_{13} 开放后会使 D_{13}FKJ 复原落下;后办理 D_9 至 D_{13} 短调车进路,这时 D_{13} 为终端,若不接入 KF-共用-H,而接入 KF,则 D_{13}FKJ 会经由 KJ 和 1AJ 的前接点而错误励磁吸起,使 D_9 至 D_{13} 短调车进路不能正常选出,D_9 不能开放,影响分段办理长调车进路。

(二)列车开始继电器电路

图 2-26 所示为列车开始继电器 LKJ 电路。下面以 S_{II}LKJ 电路为例。

1. 设置

当列车与调车共用一个 FKJ 电路时,应增设一个 LKJ。

2. 作用

作为电路区分条件,区分列车进路和调车进路。当选择调车进路时,要求 LKJ 处于落下状态。当选择列车进路时,要求 LKJ 励磁吸起,并一直保持到进路解锁。

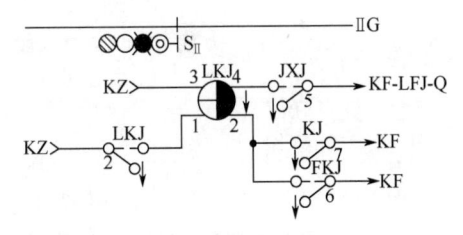

图 2-26 列车开始继电器 LKJ 电路

3. 电路

1)当以 S_{II} 为始端办理发车进路时

(1)励磁电路:3-4 线圈为励磁电路,即 KZ—LKJ$_{3-4}$—JXJ$_{52-51}$—KF-LFJ-Q。

(2)暂时自闭电路:当记录电路复原后,3-4 线圈励磁电路断开,在 FKJ 吸起,KJ 前接点尚未闭合前,先由 FKJ 前接点接通 1-2 线圈短时间自闭电路,即 KZ—LKJ$_{21-22}$—LKJ$_{1-2}$—FKJ$_{62-61}$—KF。

(3)长时间自闭电路:信号开放后,FKJ 落下切断短时间自闭电路,LKJ 经由早已吸起的 KJ 前接点构成长时间自闭电路,即 KZ—LKJ$_{21-22}$—LKJ$_{1-2}$—KJ$_{72-71}$—KF。

(4)复原电路:进路解锁后,LKJ 随着 KJ 落下而自动复原。

2)当以 S_{II} 为始端办理调车进路时

当以 S_{II} 为始端办理调车进路时,方向电源 KF-LFJ-Q 无电,S_{II}LKJ 不会吸起。

(三)终端继电器电路

1. 设置

每条调车进路的终端应设置一个终端继电器 ZJ。

2. 作用

(1)接续记录电路工作,记录调车进路的终端,直到进路解锁为止。

(2)在执行组网路中,起区分电路的作用。

3. 电路

1)尽头线调车信号机、并置调车信号机和单置调车信号机电路

图 2-27 所示为尽头线调车信号机、并置调车信号机和单置调车信号机 ZJ 电路。

(1)励磁电路。

3-4 线圈为励磁电路,即 KZ—ZJ$_{3-4}$—JXJ$_{32-31}$—KF-XDJJ-Q(或 KF-SDFJ-Q)。

(2)暂时自闭电路。

在进路选出,方向电源断电至 SJ 落下,但 SJ 后接点没有接通前,先由 DCJ 或 FCJ 前接点接通 ZJ 的 1-2 线圈短时间自闭电路,即 KZ—ZJ$_{81-82}$—ZJ$_{1-2}$—DCJ$_{81-82}$(或 FCJ$_{81-82}$)—KF。

(3)长时间自闭电路。

进路锁闭后,由于 SJ 落下,DCJ 或 FCJ 也随着落下。这时 ZJ 靠 SJ 第 4 组后接点构成长时间自闭电路保持吸起,即 KZ—ZJ$_{81-82}$—ZJ$_{1-2}$—SJ$_{43-41}$—KF。

（4）复原电路。

进路解锁后，SJ 励磁吸起，ZJ 自动复原。

2）差置调车信号机电路

图 2-28 所示为差置调车信号机 ZJ 电路。

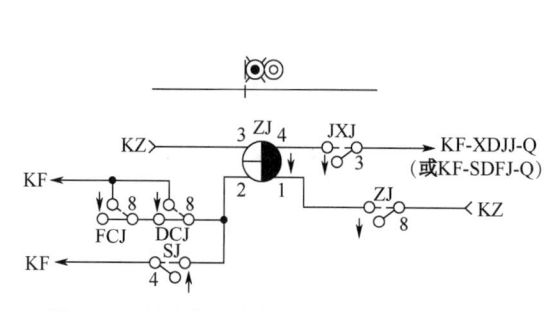

图 2-27　尽头线调车信号机、并置调车信号机和单置调车信号机 ZJ 电路

图 2-28　差置调车信号机 ZJ 电路

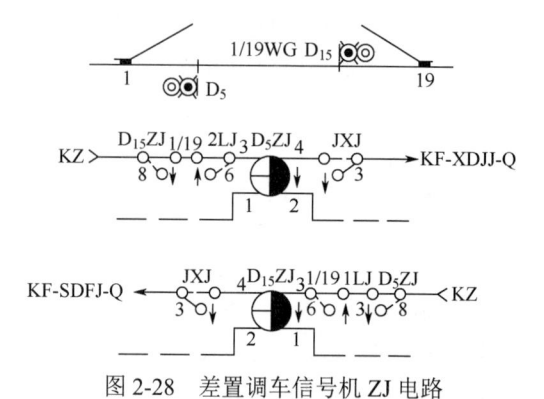

图 2-28 所示的电路与图 2-27 相比较，其电路原理基本相同，但也有以下不同之处。

（1）因为不允许两端同时向无岔区段排列调车进路，所以无岔区段两端差置调车信号机的 ZJ 励磁电路要互相照查对方的 ZJ 后接点（两个差置调车信号机的 ZJ 要实现互切关系），即在 D_5ZJ 励磁电路中接入 $D_{15}ZJ$ 后接点，而在 $D_{15}ZJ$ 励磁电路中接入 D_5ZJ 后接点，这样同时只允许其中一个 ZJ 吸起。

（2）为了防止调车追尾列车事故的发生，在差置调车信号机的 ZJ 励磁电路中还要接入无岔区段的进路继电器 LJ 前接点。例如，先办理一条经 1/19WG 的列车进路，当列车驶入进路之后，再办理一条追尾的调车进路，需要检查前一列车出清 1/19WG 的条件（LJ↑），才能使后一条调车进路的 ZJ↑。否则，若前一列车未出清 1/19WG，则利用 1/19WG 的 LJ↓条件切断其 ZJ 励磁电路，禁止发生 ZJ↑而防止发生追尾事故。具体检查方法如下：D_{15} 能当作由右向左运行方向的调车进路终端，故在 $D_{15}ZJ$ 励磁电路中接入 1/19 1LJ 前接点；D_5 能当作从左向右运行方向的调车进路终端，故在 D_5ZJ 励磁电路中接入 1/19 2LJ 前接点。这是因为无岔区段的两个 LJ 动作顺序与进路的方向有关，当列车驶过无岔区段时，一个先吸起，另一个后吸起。1LJ 和 2LJ 哪个先吸起，取决于列车的运行方向。

七、选择组表示灯电路

选择组表示灯电路包括排列进路表示灯电路和进路按钮表示灯电路两部分。其作用是反映和监督选择组电路动作是否正常，便于分析判断选择组电路的故障范围。

（一）排列进路表示灯电路

图 2-29 所示为排列进路表示灯电路。

1. 设置与作用

每个咽喉区设置一个排列进路表示灯，为红色灯光，装设在控制台相应的咽喉区中部上方。其作用是反映方向继电器（LJJ、LFJ、DJJ、DFJ）工作是否正常。

2. 电路原理

一个咽喉的 4 个方向继电器前接点并联后控制排列进路表示灯。在选路过程中，任何一个方向继电器励磁吸起，排列进路表示灯亮红灯。进路全部选出后，随着方向继电器的自动复原，排列进路表示灯灭红灯。

（二）进路按钮表示灯电路

控制台盘面上每个进路按钮处各设置一个进路按钮表示灯。其作用是反映 AJ、FKJ、LKJ 等电路工作是否正常。

1．列车与调车共用的进路按钮表示灯电路

图 2-30 所示为列车与调车共用的进路按钮表示灯电路。

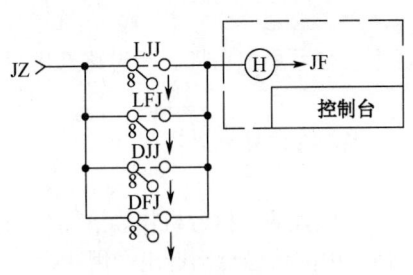

图 2-29　排列进路表示灯电路　　　　图 2-30　列车与调车共用的进路按钮表示灯电路

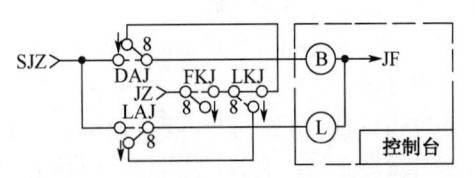

1）当办理列车进路时

（1）当 LA 作为始端按钮用时，进路按钮表示灯的变化过程为闪绿灯→稳定绿灯→灭灯。

闪绿灯电路：SJZ—LAJ$_{82-81}$—LAD 闪绿灯—JF，表示该 LA 已被按压过，LAJ↑。

稳定绿灯电路：JZ—FKJ$_{81-82}$—LKJ$_{81-82}$—LAJ$_{83-81}$—LAD 稳定绿灯—JF，表示该信号点已经选出（LAJ↓、LKJ↑、FKJ↑）。

灭灯，表示信号开放（LXJ↑→FKJ↓切断稳定绿灯电路）。

（2）当 LA 作为终端按钮用时，进路按钮表示灯的变化过程为闪绿灯→灭灯。

闪绿灯电路同上。由于 LA 作为终端按钮用，FKJ 不励磁，按钮表示灯不会显示稳定绿灯。当该信号点选出后，LAJ↓，闪绿灯电路被切断而灭灯。

2）当办理调车进路时

（1）当 DA 作为始端按钮用时，进路按钮表示灯的变化过程为闪白灯→稳定白灯→灭灯。

闪白灯电路：SJZ—DAJ$_{82-81}$—DAD 闪白灯—JF，表示该 DA 已被按压过，DAJ↑。

稳定白灯电路：JZ—FKJ$_{81-82}$—LKJ$_{81-83}$—DAJ$_{83-81}$—DAD 稳定白灯—JF，表示该信号点已经选出（DAJ↓、FKJ↑）。

灭灯，表示信号开放（DXJ↑→FKJ↓，切断稳定白灯电路）。

（2）当 DA 作为终端按钮用时，进路按钮表示灯的变化过程为闪白灯→灭灯。

闪白灯电路同上。由于 DA 当作终端按钮用，FKJ 不励磁，按钮表示灯不会显示稳定白灯。当该信号点选出后，DAJ↓，闪白灯电路被切断而灭灯。

2．单置调车进路按钮表示灯电路

图 2-31 所示为单置调车进路按钮表示灯电路。

（1）当作为始端按钮用时，按钮表示灯的变化过程为闪白灯→稳定白灯→灭灯。

闪白灯电路：SJZ—AJ$_{82-81}$—DAD 闪白灯—JF，表示单置 DA 作为始端已被按压过，AJ↑。

稳定白灯电路：JZ—FKJ$_{82-81}$—JXJ$_{83-81}$—AJ$_{83-81}$—DAD 稳定白灯—JF，表示该信号点已经选出。

灭灯，表示信号开放。

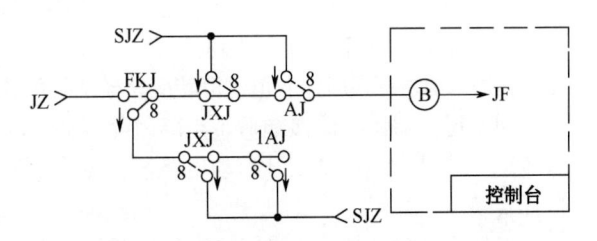

图 2-31　单置调车进路按钮表示灯电路

（2）当作为终端按钮用时，进路按钮表示灯的变化过程为闪白灯→灭灯。

闪白灯电路：SJZ—1AJ$_{82-81}$—JXJ$_{83-81}$—FKJ$_{83-81}$—JXJ$_{83-81}$—AJ$_{83-81}$—DAD 闪白灯—JF。

DA 当作终端按钮用，FKJ 不励磁，按钮表示灯不会显示稳定白灯。当该信号点选出后，该按钮表示灯由闪白灯变为灭灯。

（3）当作为变通按钮用时，进路按钮表示灯的变化过程为闪白灯→灭灯。

闪白灯电路：SJZ—AJ$_{82-81}$—DAD 闪白灯—JF。

当作为变通按钮使用时，FKJ 不励磁，按钮表示灯不会显示稳定白灯。当进路选出后，按钮表示灯由闪白灯变为灭灯。

（4）当作为中间信号点时，进路按钮表示灯的变化过程为闪白灯→灭灯。

闪白灯电路：SJZ—JXJ$_{82-81}$—AJ$_{83-81}$—DAD 闪白灯—JF。

当经由单置调车信号机办理列车进路或长调车进路时，单置调车信号机作为进路中间信号点要参与选路工作，但 AJ 不励磁，而是用 JXJ 吸起来证明中间信号点已选出。用 JXJ 的前接点点亮中间信号点的按钮表示灯，使之闪白灯。当进路选出，JXJ 复原落下时灭灯。

3．其他进路按钮表示灯电路

图 2-32 所示为尽头线、并置与差置调车进路按钮表示灯电路，图 2-33 所示为变通按钮表示灯电路，它们与单置调车进路按钮表示灯电路的原理基本相同。

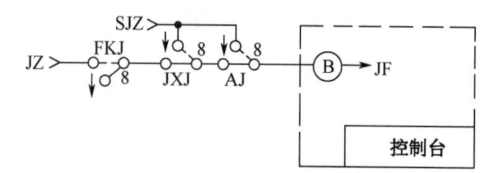

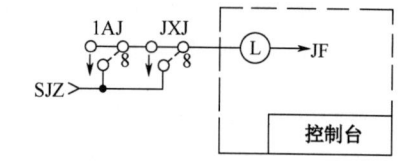

图 2-32　尽头线、并置与差置调车进路按钮表示灯电路　　图 2-33　变通按钮表示灯电路

任务五　道岔控制电路识读

一、直流电动转辙机控制电路

道岔控制电路由道岔启动电路和道岔表示电路两部分组成。启动电路是动作电动转辙机转换道岔的电路，表示电路是反映道岔位置的电路。

（一）道岔启动电路技术要求

为了保证行车安全，道岔启动电路必须满足以下技术要求。

（1）当道岔区段有车占用，或者道岔区段轨道电路发生故障时，该区段内道岔不能转换。对道岔的这种锁闭称为区段锁闭。

（2）当进路处于锁闭状态时，进路上的道岔不能转换。对道岔的这种锁闭称为进路锁闭。

（3）道岔一经启动，就应转换到底，不受车辆进入的影响，也不受车站值班员的控制。否则，在车辆进入道岔区段时，若道岔停转或受车站值班员控制而回转，都可能造成脱轨或挤岔事故。

（4）道岔启动电路接通后，电路故障（如自动开闭器接点、电动机碳刷接触不良）使道岔未转动，这时应能自动断开启动电路，以免由于邻线列车震动等原因使故障消除后，造成道岔自行转换。

（5）当道岔转换途中受阻（如尖轨与基本轨的轨缝夹有道砟等），使道岔不能转换到底时，应保证经车站值班员操纵能使道岔转回原位。

（6）道岔转换完毕应能自动断开启动电路。

（二）道岔表示电路技术要求

（1）用道岔表示继电器的吸起状态和道岔的正确位置相对应，不准用一个继电器的吸起和落下表示道岔的两种位置，即只能用定位表示继电器 DBJ 的吸起表示道岔在定位，用反位表示继电器 FBJ 的吸起表示道岔在反位。

（2）当室外联系电路发生混线或混入其他电源时，必须保证不使 DBJ 和 FBJ 错误励磁。

（3）当道岔在转换过程中，或者发生挤岔、停电、断线等故障时，必须保证 DBJ 和 FBJ 失磁落下。

（三）单动道岔控制电路

1．单动道岔控制电路动作原理

四线制单动道岔控制电路分为启动电路和表示电路，其电路如图 2-34 所示。

1）道岔启动电路工作原理

（1）道岔启动电路采用分级控制方式。

① 由第一道岔启动继电器 1DQJ 检查联锁条件。

② 由第二道岔启动继电器 2DQJ 控制电动机旋转方向，确定道岔向定位转换还是向反位转换。

③ 由直流电动机转换道岔。

（2）道岔启动电路动作的方式有以下两种。

① 进路式操纵：通过办理进路，使选岔网路中的 DCJ 或 FCJ 自动吸起，接通道岔启动电路，转换道岔至规定的位置。

② 单独操纵：按压道岔按钮 CA，同时按压本咽喉道岔总定位按钮 ZDA 或道岔总反位按钮 ZFA，接通道岔启动电路，转换道岔至规定的位置。

（3）进路式操纵时启动电路的动作原理。

图 2-34 所示为道岔在定位状态时的电路（自动开闭器一、三排接点闭合）。当进路式操纵使道岔由定位向反位转换时，FCJ 励磁吸起，接通有关电路。电路动作顺序如下。

① 1DQJ 励磁电路（3-4 线圈）：KZ—CA_{61-63}—SJ_{81-82}—$1DQJ_{3-4}$—$2DQJ_{141-142}$—AJ_{11-13}—FCJ_{61-62}—KF。

② 2DQJ 转极电路：1DQJ 励磁吸起后，接通 2DQJ 转极电路，即 KZ—$1DQJ_{41-42}$—$2DQJ_{2-1}$—AJ_{11-13}—FCJ_{61-62}—KF。

③ 1DQJ 自闭电路（1-2 线圈）：1DQJ 励磁吸起，2DQJ 转极后，接通 1DQJ 的 1-2 线圈自闭电路，即 DZ_{220}—RD_3—$1DQJ_{1-2}$—$1DQJ_{12-11}$—$2DQJ_{111-113}$—X_2—自动开闭器接点（11-12）—电动机定子绕组（2-3）—电动机转子绕组（3-4）—遮断器接点（05-06）—X_4—$1DQJ_{21-22}$—$2DQJ_{121-123}$—RD_2—DF_{220}。

1DQJ 从励磁电路转换为自闭电路过程中会瞬间断电，为了保证 1DQJ 可靠自闭，故选用缓放型。

1DQJ 自闭电路和电动机绕组串联在自闭电路中，1DQJ 自闭电路就是电动机电路。1DQJ 自闭电路接通后，电动机开始转换道岔。当道岔转至反位后，自动开闭器 11-12 接点断开，使电动机停转，同时断开 1DQJ 的 1-2 线圈自闭电路，使 1DQJ 缓放落下，接通道岔反位表示电路。

若要将道岔转回定位，办理进路后 DCJ 吸起，则 1DQJ 又励磁，2DQJ 的 3-4 线圈接通又转极，直流电动机定子 1-3 线圈通电将道岔转至定位，自动开闭器 41-42 接点断开，电动机停转，1DQJ 缓放落下，接通道岔定位表示电路。

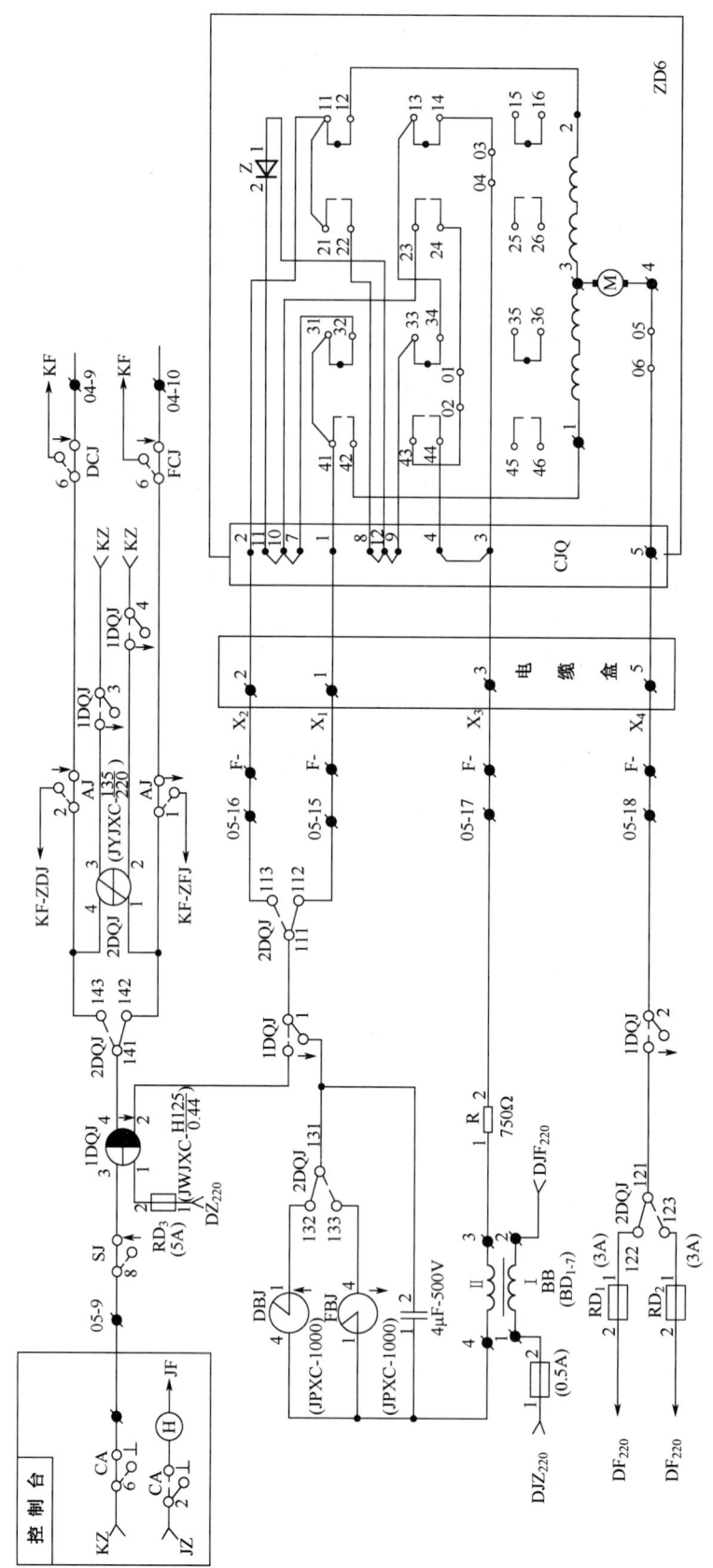

图 2-34 四线制单动道岔控制电路

思政主题：遵章守纪，做安全的守护人
案例要点：
事故概况：1999 年 10 月 29 日，在重庆电务段关内川黔线小南亚站，从昆明开往重庆的 162 次旅客列车 6 时 55 分由 1 道通过时，因 11 号道岔中途转换，导致列车 14 至 16 位脱轨，造成 2 辆硬卧车中破、1 辆发电车小破，中断正线行车 5 小时 34 分，构成行车重大事故。

事故原因：违反《铁路信号维护规则》（业务管理）中"七严禁"规定。严禁采用封连线和其他手段封连各种信号设备电气接点。

海恩法则指出，每一起严重事故的背后，必然有 29 次轻微事故和 300 起未遂先兆及 1000 起事故隐患。他还强调两点：一是事故的发生是量的积累的结果；二是再好的技术、再完美的规章，在实际操作层面，也无法取代人自身的素质和责任心。

（4）单独操纵时启动电路的动作原理。

当单独操纵道岔时，启动电路的动作与进路式操纵时的动作完全一样，只不过负电源是条件电源 KF-ZFJ 或 KF-ZDJ，并由 AJ 前接点将其接入 1DQJ 和 2DQJ 电路中，使它们励磁、转极，启动道岔转换。

假如单独操纵道岔由定位转换到反位，同时按下道岔按钮 CA 和道岔总反位按钮 ZFA，道岔按钮继电器 AJ 和道岔总反位继电器 ZFJ 吸起，条件电源 KF-ZFJ 有电。这时接通 1DQJ 的 3-4 线圈励磁电路。其电路为 KZ—CA_{61-63}—SJ_{81-82}—$1DQJ_{3-4}$—$2DQJ_{141-142}$—AJ_{11-12}—KF-ZFJ。1DQJ 吸起后使 2DQJ 转极，接通 1DQJ 的 1-2 线圈自闭电路，使电动机转动。

2）道岔表示电路工作原理

道岔表示电路所用的电源由变压器 BB 供给，该变压器是变压比为 2∶1 的 BD_{1-7} 型道岔表示变压器，初级输入电压为 220V，次级输出电压为 110V。DBJ 和 FBJ 均采用 JPXC-1000 型偏极继电器。DBJ 和 FBJ 线圈并联有 4μF、500V 的电容器 C。电路中还串接有二极管 Z。

当道岔启动电路动作完毕，应接通道岔表示电路。

当道岔在定位时，DBJ 的励磁电路为 BB_{II-3}—R_{1-2}—X_3—移位接触器（04-03）—自动开闭器（14-13）—自动开闭器（34-33）—二极管 Z_{1-2}—自动开闭器（32-31-41）—X_1—$2DQJ_{112-111}$—$1DQJ_{11-13}$—$2DQJ_{131-132}$—DBJ_{1-4}—BB_{II-4}。

从上述表示电路可看出，通过电动转辙机自动开闭器的定位表示接点接通电路，经二极管 Z 将交流电进行半波整流，整流后的正向电流方向正好与 DBJ 的励磁方向一致，使 DBJ 吸起。在交流电负半周时，电容 C 的放电作用使 DBJ 保持可靠吸起。

当道岔转到反位后，自动开闭器反位表示接点接通，二极管反接在表示电路中，改变了半波整流后电流的方向，使 FBJ 吸起。

从以上可以看出，直流电动转辙机采用四线制道岔控制电路，X_1 线和 X_2 线为道岔启动电路和道岔表示电路共用线，X_3 线为表示电路专用线，X_4 线为启动电路专用线。

2．单动道岔控制电路分析

1）道岔启动电路分析

（1）1DQJ 选用 JWJXC-H125/0.44 型。其 3-4 线圈励磁电路用于检查联锁条件，接有道岔按钮的拉出接点 CA_{63}，用于实现单独锁闭。此外，还接有 SJ 的前接点，证明道岔既未被区段锁闭，又未被进路锁闭，满足技术要求（1）和（2）。

（2）1DQJ 的 1-2 线圈自闭电路与电动机绕组串联构成电动机电路，该电路使电动机转动时脱离 SJ 和 CA 的控制条件。这样，道岔启动后不受区段锁闭、进路锁闭及车站值班员的控制，保证道岔启动后能转换到底，满足技术要求（3）。

（3）1DQJ 的 1-2 线圈电阻很小，仅为 0.44Ω，它与电动机串联，只有当道岔启动使电动机

转动后，有较大的电流经过时才能保持自闭。若启动后，电动机电路的某处接触不良，则使流过 1DQJ 的 1-2 线圈电流大大减少，会使 1DQJ 落下断开电动机电路，从而阻止此后再自动接通，满足技术要求（4）。

（4）为了满足技术要求（5），需要采取以下两种措施。一是在 1DQJ 的 3-4 线圈励磁电路和 2DQJ 转极电路中，AJ 接点接在 DCJ 或 FCJ 接点的前面（即单独操纵优先于进路式操纵），这样当进路式操纵遇到道岔不能转换到底时，可先按压 ZQA 使 KZ-ZQJ-H 无电，将进路上的道岔操纵继电器复原，再采用单独操纵方式使道岔转回原位。二是在 DF_{220} 处，装有两个（3A）熔断器 RD1 和 RD2。即使道岔转换途中遇有障碍物受阻，电动机空转而熔断一处熔丝，也能保证电动机转回原位。

（5）自动开闭器定位动作接点 DD（41-42），反位动作接点 FD（11-12）在转换完毕时自动切断电动机电路，使电动机停转，满足技术要求（6）。

为了保护维修人员的安全，在电动机电路中接有遮断接点（安全接点）。当维修人员打开转辙机箱盖时，遮断接点（05-06）随即断开电动机动作电路，防止维修、清扫转辙机时电动转辙机被操纵。但是，此时仍能建立不改变该道岔位置的进路，需要注意来往车辆。

2）道岔表示电路分析

（1）在道岔表示电路中，DBJ 吸起由自动开闭器定位表示接点接通，FBJ 吸起由自动开闭器反位表示接点接通。这就使 DBJ 和 FBJ 的吸起与道岔的位置相对应，从而满足了技术要求（1）。

（2）当外线混线时，设在室外的二极管 Z 被短路而失去作用，偏极继电器 DBJ 或 FBJ 线圈得到交流电不会励磁吸起。另外，还设置了表示变压器 BB，用以降低电源电压，并对电路起到隔离作用。当表示电路某处混入其他电源时，因为构不成闭合电路，DBJ、FBJ 不会给出错误表示，满足了技术要求（2）。

（3）道岔在转换过程中，由于 1DQJ 第一组前接点断开表示电路，会使 DBJ 或 FBJ 落下。在表示电路中串接有移位接触器接点，当发生挤岔时，移位接触器接点被动作杆向上顶住而断开，使 DBJ 或 FBJ 均落下。当电容器 C 被击穿时，DBJ 或 FBJ 线圈被短路而不会吸起。当电容器 C 引接线断线时，失去滤波作用，DBJ 或 FBJ 将会颤动而不能可靠吸起。当自动开闭器接点发生断裂或松脱时，也会将表示电路断开，使 DBJ 或 FBJ 落下，满足了技术要求（3）。

图 2-34 为道岔定位时自动开闭器 1、3 排接点闭合的电路，若定位时 2、4 排接点闭合，需将 X_1 与 X_2 互换，即电缆盒 1 端子接 CJ0 的 2 端子，电缆盒 2 端子接 CJ0 的 1 端子，二极管极性颠倒即可。

（四）双动道岔控制电路

图 2-35 所示为四线制双动道岔控制电路。双动道岔的两个道岔位置必须是一致的。当其中一个道岔在定位时，另一个道岔也应在定位；当其中一个道岔转换至反位时，另一个道岔也必须转换至反位。当道岔启动电路控制电动转辙机转换两个道岔时，两个道岔必须按规定的顺序动作。先动作的道岔称为第一动道岔，后动作的道岔称为第二动道岔。规定双动道岔中距离信号楼近的为第一动道岔，距离信号楼远的为第二动道岔。这是为了避免迂回走线，节省室外电缆芯线。

由于双动道岔的两个道岔位置总是一致的，动作也一致，因此双动道岔可共用一套道岔控制电路。

1．双动道岔控制电路与单动道岔控制电路的比较

双动道岔控制电路与单动道岔控制电路的原理基本相同，但也有以下不同之处。

（1）在 1DQJ 的 3-4 线圈励磁电路上串接有 1SJ 和 2SJ 的前接点。这是因为双动道岔设有两个 SJ，左边道岔为 1SJ，右边道岔为 2SJ。1SJ、2SJ 分属于不同的道岔区段，当任意一个道岔处于区段锁闭或进路锁闭状态时，1SJ 或 2SJ 落下，1DQJ 的 3-4 线圈励磁电路被切断，该双动道岔不能转换。

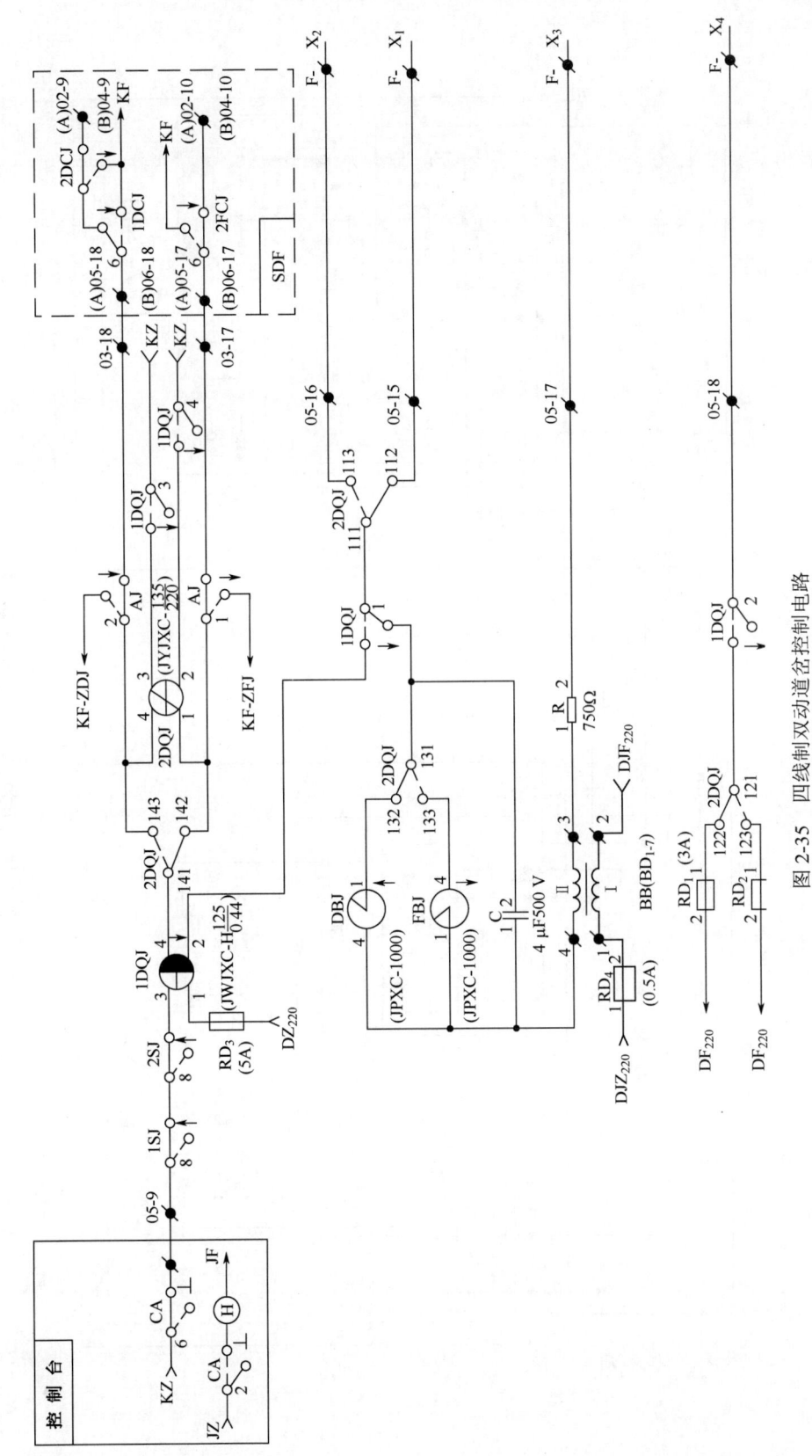

图 2-35 四线制双动道岔控制电路

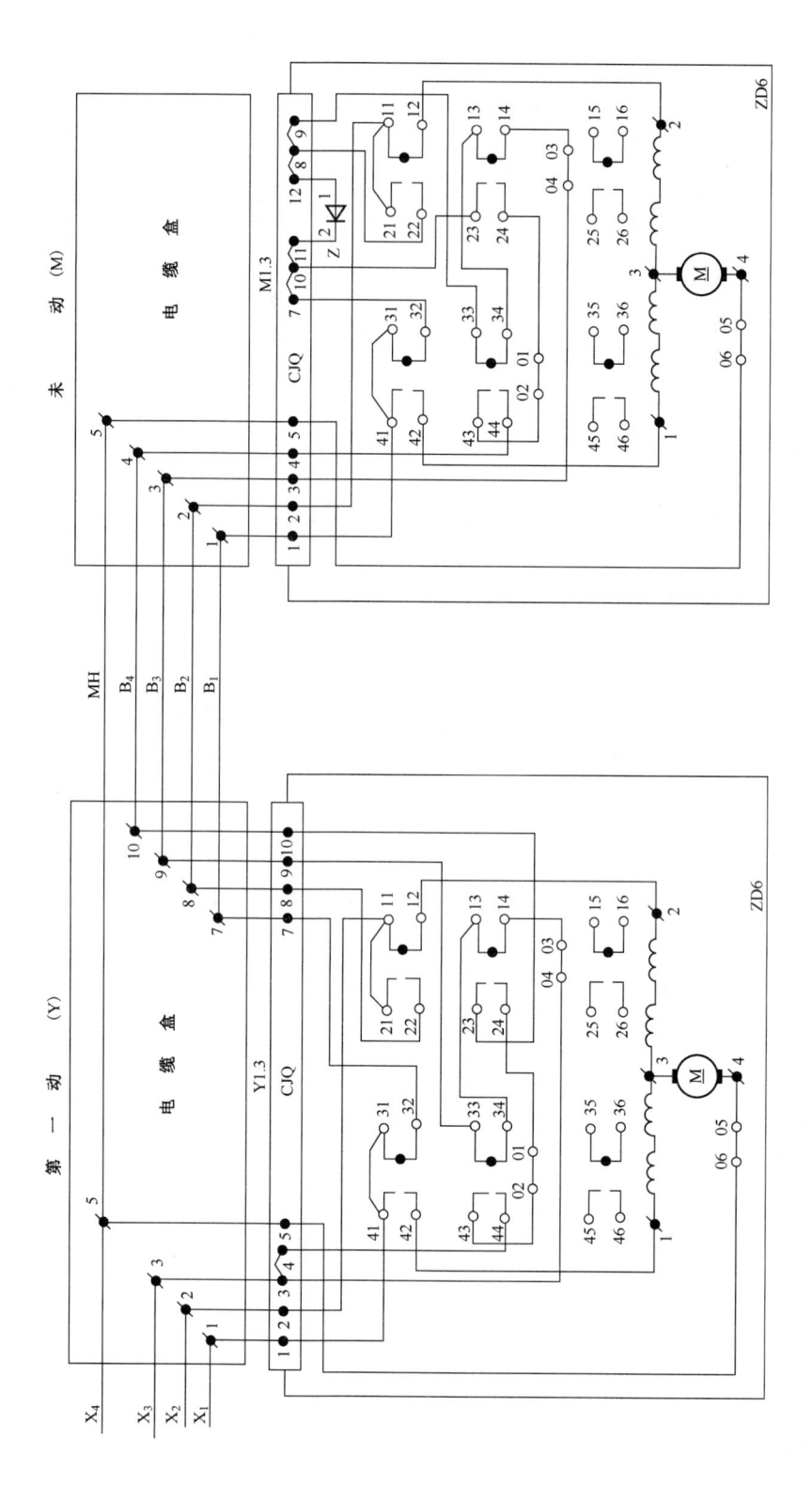

图 2-35 四线制双动道岔控制电路（续）

（2）在进路式操纵的电路条件中，将单动道岔的 DCJ 接点换成双动道岔的 1DCJ 和 2DCJ 接点并联条件，将单动道岔的 FCJ 接点用双动道岔的 2FCJ 接点代替。因为当选双动道岔定位时，双动道岔的 1DCJ 和 2DCJ 分别在上、下两个平行网路上，它们不一定同时被选出，所以应将两个 DCJ 接点并联。而当选双动道岔反位时，双动道岔的 1FCJ 和 2FCJ 动作一致，而且 2FCJ 总是后吸起，所以只需要用 2FCJ 接点即可。

（3）双动道岔室外部分的特点在于两个道岔顺序动作，当第一动道岔转换完毕后，才能接通第二动道岔电路；当第二动道岔转换完毕后，1DQJ 落下，断开双动道岔启动电路，接通双动道岔表示电路。

（4）为了确切反映两个道岔位置一致，在表示电路中串接了两台电动转辙机自动开闭器的相应闭合接点，并将整流管 Z 装设在第二个动转辙机处。检查两个道岔都在定位或反位后，使双动道岔的 DBJ 或 FBJ 吸起。

2．双动道岔控制电路工作原理

例如，进路式操纵使双动道岔由定位向反位转换，有关的电路动作如下。

1）1DQJ 励磁电路

$KZ—CA_{61-63}—1SJ_{81-82}—2SJ_{81-82}—1DQJ_{3-4}—2DQJ_{141-142}—AJ_{11-13}—2FCJ_{61-62}—KF$。

2）2DQJ 转极电路

$KZ—1DQJ_{41-42}—2DQJ_{2-1}—AJ_{11-13}—2FCJ_{61-62}—KF$。

3）1DQJ 自闭电路

第一动：$DZ_{220}—RD_3—1DQJ_{1-2}—1DQJ_{12-11}—2DQJ_{111-113}—X_2—$第一动自动开闭器（11-12）—第一动电机定子绕组（2-3）—转子绕组（3-4）—遮断接点（05-06）—$X_4—1DQJ_{21-22}—2DQJ_{121-123}—RD_2—DF_{220}$。

第一动转换完毕后，第二动开始转换。

第二动：$DZ_{220}—RD_3—1DQJ_{1-2}—1DQJ_{12-11}—2DQJ_{111-113}—X_2—$第一动自动开闭器（11-21-22）—第二动自动开闭器（11-12）—第二动电机定子线圈（2-3）—转子线圈（3-4）—遮断接点（05-06）—$X_4—1DQJ_{21-22}—2DQJ_{121-123}—RD_2—DF_{220}$。

第二动道岔转换到反位后，第二动道岔的自动开闭器 11-12 接点断开，使第二动道岔电动机停转，1DQJ 落下，断开双动道岔启动电路，接通道岔反位表示电路。

4）FBJ 励磁电路

$BB_{II-4}—FBJ_{1-4}—2DQJ_{133-131}—1DQJ_{13-11}—2DQJ_{111-113}—X_2—$第一动自动开闭器（11-21-22）—第二动自动开闭器（11-21-22）—二极管 Z_{1-2}—第二动自动开闭器（23-24）—第二动移位接触器（01-02）—第二动自动开闭器（43-44）—第一动自动开闭器（23-24）—第一动移位接触器（01-02）—第一动自动开闭器（43-44）—$X_3—R_{2-1}—BB_{II-3}$。

在交流电负半周时，电容器 C 放电使 FBJ 保持吸起。

FBJ 励磁吸起后，在值班员室的控制台上点亮道岔反位黄灯，至此双动道岔由定位转换到反位动作完毕。

（五）挤岔报警电路

1．设置

全站设置一套挤岔报警电路，包括挤岔继电器 JCJ_1、挤岔限时继电器 JCJ_2、挤岔按钮继电器 JCAJ、接通道岔表示继电器 TCJ。

2．作用

挤岔报警电路的作用是当道岔被挤或因尖轨有障碍物转不到底，而电动机空转时，车站值班员和信号维修人员能及时发现。

3. 工作原理

挤岔报警电路如图 2-36 所示。

将全站各组道岔的 DBJ 和 FBJ 的第 8 组后接点串接后，并联接入 JCJ$_1$ 电路中，平时各组道岔的 DBJ 和 FBJ 总有一个吸起，各道岔都有表示，JCJ$_1$ 电路不通。

当某个道岔被挤后，该支路的 DBJ 和 FBJ 都落下，接通 JCJ$_1$ 电路，使其励磁吸起。道岔在正常转换过程中，两个表示继电器在 3s 的时间内是同时处于失磁状态的。为了区别道岔是正常转换还是发生被挤，增设一个 JCJ$_2$，它采用 JSBXC-850 型时间继电器。挤岔时，JCJ$_1$ 吸起接通 JCJ$_2$ 电路，超过 13s 后 JCJ$_2$ 励磁吸起。JCJ$_2$ 吸起后，用其第 4 组前接点点亮挤岔表示红灯。为了引起车站值班员的注意，又用 JCJ$_2$ 第 3 组前接点接通挤岔电铃，使其鸣响，发出挤岔报警。

当未按下接通道岔按钮 TCA 时，为了显示出是哪组道岔被挤，用 JCJ$_2$ 第 2 组前接点使 TCJ 吸起，供出 JF-TCJ 条件电源，自动接通全站道岔表示灯电路，使其按所在位置亮黄灯或绿灯，被挤道岔因表示继电器均落下而不点亮其道岔表示灯。

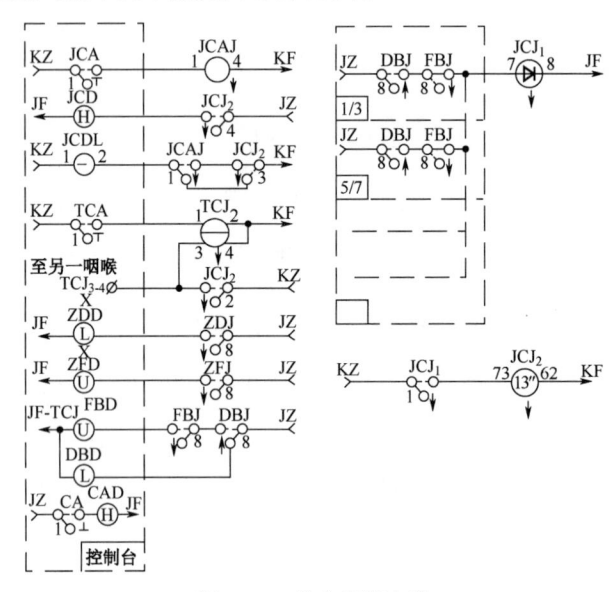

图 2-36 挤岔报警电路

当车站值班员确认发生挤岔后，按下挤岔按钮 JCA，使 JCAJ 励磁，用 JCAJ 第 1 组后接点切断电铃电路，使电铃停响。待被挤道岔修复后，DBJ 或 FBJ 吸起，使 JCJ$_1$ 和 JCJ$_2$ 都复原，又接通电铃电路，挤岔电铃再次鸣响，通知车站值班员道岔已修复。拉出 JCA，使 JCAJ 落下，电铃停止鸣响。至此，挤岔报警电路复原。

二、交流电动转辙机控制电路

为了满足列车提速后对行车安全的要求，车站正线改换为重型道岔（又称为提速道岔），道岔的转换和锁闭装置采用 S700K 型交流电动转辙机或 ZYJ7 型电动液压转辙机。这些设备都具有以下特点。

（1）采用外锁闭装置。

（2）道岔两根尖轨分开动作。

（3）对道岔尖轨、可动心轨均采用两点牵引。

（4）采用三相交流电动机。

(一)道岔断相保护器

图 2-37 所示为道岔断相保护器 DBQ 电路。

1．设置目的

交流转辙机采用三相交流电源，供电电压为 380V。为了防止在三相交流电源断相的情况下烧坏电动机，在交流转辙机控制电路中设有道岔断相保护器 DBQ。

2．组成

DBQ 由 3 个电流互感器、桥式整流器和保护继电器 BHJ 组成。3 个电流互感器的一次侧线圈分别串联在交流电路中，二次侧线圈首尾相连再接以桥式整流，桥式整流的输出端接 BHJ。

3．工作原理

当三相交流电源正常供电时，电动机定子绕组中有三相电流流过，电流互感，并工作在磁饱和状态，二次侧感应电流经桥式整流后输出直流电，BHJ 由于得到直流电而吸起，用 BHJ 的接点作为道岔控制电路的条件。当道岔转换到底后，由于三相负载断开，所以 BHJ 复原落下。

三相交流电源出现断相故障时，若 B 相断电，则为 A、C 两相供电，经两电流互感器构成一个回路，如图 2-38 所示。线电压加至两电流互感器一次侧，而二次侧两电流互感器电压反向串联，互相抵消，桥式整流无输出，使 BHJ 落下而断开 1DQJ 电路和三相交流电动机电路，防止因断相运行而烧坏电动机。

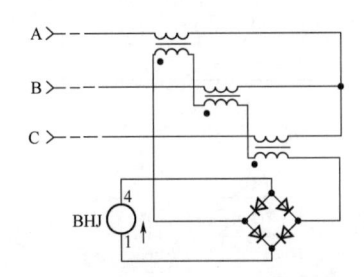

图 2-37 道岔断相保护器 DBQ 电路 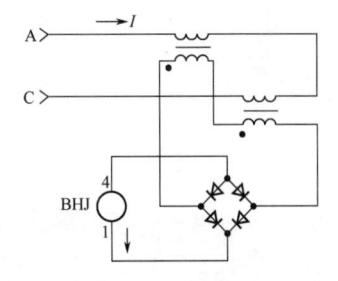　　图 2-38 一相断电时的 DBQ 示意图

(二)S700K 型交流转辙机控制电路

图 2-39 所示为 S700K 型交流转辙机控制电路，采用钩式外锁闭装置，不带密贴检查器。

1．S700K 型交流转辙机启动电路

1) 进路式操纵道岔由定位转换到反位的电路原理

（1）1DQJ 励磁电路。

电路为 KZ—CA$_{61-63}$—SJ$_{81-82}$—1DQJ$_{3-4}$—2DQJ$_{141-142}$—AJ$_{11-13}$—FCJ$_{61-62}$—KF。

（2）1DQJF 励磁电路。

1DQJ 吸起后，1DQJF 随之吸起。电路为 KZ—1DQJF$_{1-4}$—TJ$_{33-31}$—1DQJ$_{32-31}$—KF。

（3）2DQJ 转极电路。

1DQJF 吸起后，接通 2DQJ 转极电路。电路为 KZ—1DQJF$_{31-32}$—2DQJ$_{2-1}$—AJ$_{11-13}$—FCJ$_{61-62}$—KF。

（4）电动机绕组接通电路。

1DQJ、1DQJF 励磁吸起，2DQJ 转极后构成三相交流电动机电路，三相交流电源 A、B、C 经 RD$_1$~RD$_3$ 进入保护器 DBQ，接通电动机定子绕组，电路分别如下。

A 相—RD$_1$—DBQ$_{11-21}$—1DQJ$_{12-11}$—X$_1$—电动机 A 绕组。

B 相—RD$_2$—DBQ$_{31-41}$—1DQJF$_{12-11}$—2DQJ$_{111-113}$—X$_4$—转辙机接点(11-12)—电动机 C 绕组。

C 相—RD$_3$—DBQ$_{51-61}$—1DQJF$_{22-21}$—2DQJ$_{121-123}$—X$_3$—转辙机接点（13-14）—遮断开关 K—

电动机 B 绕组。

电动机相序为 A—C—B，电动机反转。

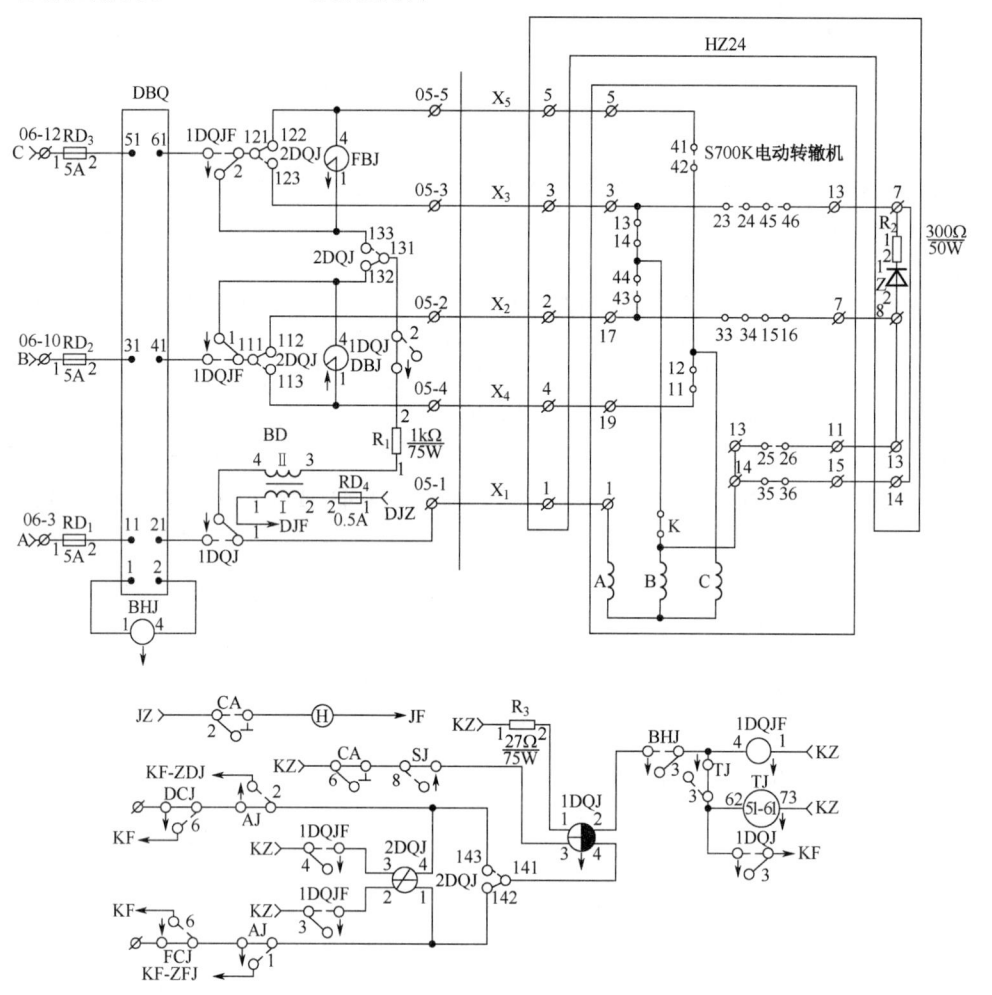

图 2-39　S700K 型交流转辙机控制电路

（5）1DQJ 自闭电路。

当电动转辙机转动时，三相电流经 DBQ 使 BHJ 吸起，接通 1DQJ 自闭电路。电路为 KZ—R$_3$—1DQJ$_{1-2}$—BHJ$_{32-31}$—TJ$_{33-31}$—1DQJ$_{32-31}$—KF。

电动转辙机转换完毕后，无电流流过 DBQ，BHJ 落下，断开 1DQJ 电路，随之断开 1DQJF 电路。

2）进路式操作道岔由反位转换到定位的电路原理

当进路式操作道岔由反位转换到定位时，1DQJ 吸起，1DQJF 吸起，使 2DQJ 转极后构成三相交流电动机电路，三相交流电源 A、B、C 经 RD$_1$～RD$_3$ 进入保护器 DBQ，接通电动机定子绕组，电路分别如下。

A 相—RD$_1$—DBQ$_{11-21}$—1DQJ$_{12-11}$—X$_1$—电动机 A 绕组。

B 相—RD$_2$—DBQ$_{31-41}$—1DQJF$_{12-11}$—2DQJ$_{111-112}$—X$_2$—转辙机接点（43-44）—遮断开关 K—电动机 B 绕组。

C 相—RD$_3$—DBQ$_{51-61}$—1DQJF$_{22-21}$—2DQJ$_{121-122}$—X$_5$—转辙机接点（41-42）—电动机 C 绕组。

电动机相序为 A—B—C，电动机正转。

3）单独操作道岔的电路原理

当单独操作道岔时，1DQJ 励磁电路、2DQJ 转极电路与四线制直流电动转辙机电路原理相同。1DQJ 自闭电路、三相交流电动机电路与上述进路式操纵交流转辙机电路原理相同。

4）S700K 型交流电动转辙机和 ZD6 型直流电动转辙机道岔启动电路的主要区别

（1）交流转辙机启动电路增设了 DBQ 和 BHJ，防止因断相而烧坏电动机。

（2）交流转辙机启动电路增设了时间继电器 TJ，当 1DQJ 吸起后开始计时，延时 13s 后吸起。当电动转辙机转动超过 13s 后，TJ 吸起断开 1DQJ 自闭电路和 1DQJF 励磁电路，使电动机停转，防止电动机长时间运行而烧坏。

（3）交流转辙机 1DQJ 的 1-2 线圈自闭电路由 BHJ 吸起后构成，没有和电动机绕组串联。而直流转辙机 1DQJ 的 1-2 线圈自闭电路和电动机绕组串联，起到监督电动机的作用。

（4）交流转辙机改变电动机旋转方向是通过改变三相交流电源的相序来实现的。而直流转辙机是通过改变定子绕组中的电流方向来实现的。

2. S700K 型交流转辙机表示电路

S700K 型交流转辙机表示电路采用道岔表示继电器线圈与半波整流并联的接法。

1）DBJ 电路

正半周：BD_{II-3}—R_1—$1DQJ_{23-21}$—$2DQJ_{131-132}$—$1DQJF_{13-11}$—$2DQJ_{111-112}$—X_2—电动转辙机接点（33-34-15-16）—二极管 Z_{2-1}—R_2—电动转辙机接点（36-35）—电动机绕组 B—电动机绕组 A—X_1—$1DQJ_{11-13}$—BD_{II-4}。

负半周：BD_{II-3}—R_1—$1DQJ_{23-21}$—$2DQJ_{131-132}$—DBJ_{4-1}—X_4—电动转辙机接点（11-12）—电动机绕组 C—电动机绕组 A—X_1—$1DQJ_{11-13}$—BD_{II-4}。

在电源正半周时，经整流二极管 Z 构成回路，电能消耗在 R_2 上。在电源负半周时，二极管 Z 不导通，使 DBJ 吸起。DBJ 励磁吸起检查了电动转辙机的定位接点接通。

2）FBJ 电路

正半周：BD_{II-3}—R_1—$1DQJ_{23-21}$—$2DQJ_{131-133}$—FBJ_{1-4}—X_5—电动转辙机接点（41-42）—电动机绕组 C—电动机绕组 A—X_1—$1DQJ_{11-13}$—BD_{II-4}。

负半周：BD_{II-3}—R_1—$1DQJ_{23-21}$—$2DQJ_{131-133}$—$1DQJF_{23-21}$—$2DQJ_{121-123}$—X_3—电动转辙机接点（23-24-45-46）—R_2—二极管 Z_{1-2}—电动转辙机接点（26-25）—电动机绕组 B—电动机绕组 A—X_1—$1DQJ_{11-13}$—BD_{II-4}。

在电源正半周时，二极管 Z 不导通，使 FBJ 吸起。FBJ 励磁吸起检查了电动转辙机的反位接点接通。在电源负半周时，经二极管 Z 构成回路，电能消耗在 R_2 上。

3）S700K 型交流电动转辙机和 ZD6 型直流电动转辙机道岔表示电路的主要区别

（1）交流转辙机 DBJ 和 FBJ 与二极管 Z 整流电路并联。当二极管 Z 截止时，半波电流经表示继电器线圈，使 DBJ 或 FBJ 吸起；当二极管 Z 导通时，表示继电器线圈两端电压接近于零，但线圈产生的自感电流经二极管 Z 使继电器保持吸起。所以，取消在直流转辙机电路中表示继电器线圈并联的电容器 C，提高了电路的可靠性。

（2）交流转辙机道岔表示继电器励磁电路经电动机绕组，起到监督电动机的作用。直流转辙机道岔表示继电器励磁电路没有经过电动机绕组。

图 2-39 为转撤机定位时，1、3 排接点闭合的电路，若定位时 2、4 排接点闭合，需 X_2 与 X_3 交叉，X_4 与 X_5 交叉，即 05-2 连电缆盒端子 3，05-3 连电缆盒端子 2，05-4 连电缆盒端子 5，05-5 连电缆盒端子 4。室外二极管极性颠倒。

任务六　7 线开始继电器 KJ 电路识读

一、KJ 的设置与作用

（一）设置

凡是进路的始端部位都应设置一个 KJ（在 LXZ 或 DX 组合内），进路性质不同而始端部位相同的列车进路和调车进路可共设一个 KJ，如出站兼调车信号机、进站内方带调车信号机共设一个 KJ。

（二）作用

1．接续 FKJ 记录进路的始端

FKJ 可以记录进路的始端，但 FKJ 在信号开放后会自动复原，而进路始端的记录条件必须保持到进路解锁，所以在信号开放后至进路解锁这段时间由 KJ 接续 FKJ，继续记录进路始端。

2．检查进路选排一致性

进路选排一致性是指在办理进路时，选岔网路所选出的道岔位置必须与进路上的道岔实际开通的位置相一致，即进路上每组道岔的 DCJ 与 DBJ 或 FCJ 与 FBJ 一一对应并处于吸起状态，称为进路选排一致。只有检查进路选排一致，才允许锁闭进路，开放信号。用 KJ 吸起反映进路的选排一致性。

3．作为电路的区分条件

在执行组网路线中，用 KJ 的接点作为电路的区分条件。在执行组站场型网路结构中，为了使所排进路有关的继电器正常工作，而与所排进路无关的继电器不错误动作，应在进路始端、终端处将网路线断开。进路始端就是用 KJ 的接点作为电路区分条件的，调车进路终端用 ZJ 接点作为电路的区分条件。

二、7 线网路结构和检查的联锁条件

（一）7 线网路结构

KJ 电路用的 7 线采用站场型网路结构，同一个咽喉所有的 KJ 都由各自的 FKJ 前接点接到 7 线网路上，如图 2-40 所示。进路始端的电路区分条件是 FKJ 接点，进路终端的电路区分条件是 ZJ 接点。

（二）7 线网路检查的联锁条件

1．检查进路选排一致性

进路选排一致性检查是用进路上各组道岔的 DCJ 与 DBJ 或 FCJ 与 FBJ 的前接点串联在 7 线网路上来证明的。DCJ 或 FCJ 在进路选出时吸起且自闭，直至进路锁闭才落下，而 DBJ 或 FBJ 在道岔转换完毕时吸起。在进路锁闭之前，道岔操纵继电器和道岔表示继电器有一段时间均处于吸起状态，因此有足够的时间供 KJ 从 7 线取得电源而吸起。

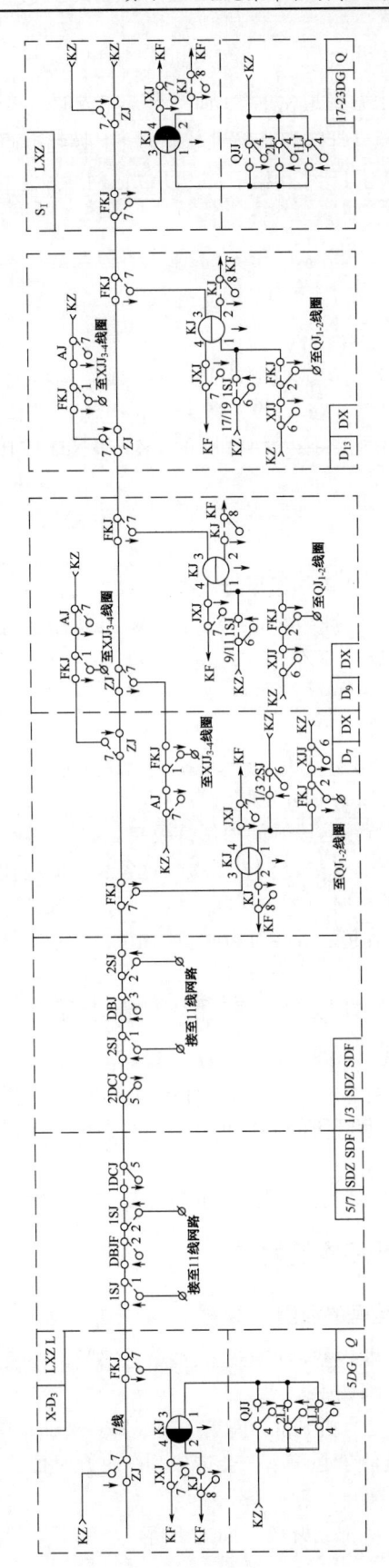

图 2-40 7 线网路结构及开始继电器电路

2．检查进路处于解锁状态

进路解锁的检查是用接在 7 线上各组道岔的 SJ 前接点来完成的。由于 7 线与 11 线网路共用道岔表示继电器和锁闭继电器接点（即进路在解锁状态时 SJ 吸起接通 7 线，在锁闭状态时 SJ 落下接通 11 线），为了防止 7 线与 11 线互相干扰，所以在网路线上相当于各组道岔部位接入了相应道岔的两组 SJ 接点。

三、KJ 电路原理

（一）调车专用的 KJ 电路

调车专用的 KJ 的 3-4 线圈经 7 线构成励磁电路，1-2 线圈构成两条并联的自闭电路。励磁电路从进路始端处，经局部电路 JXJ 后接点得到 KF 电源，从调车进路终端处接在 7 线的 ZJ 前接点得到 KZ 电源。自闭电路接入相并联的 FKJ 和 XJJ 前接点串接支路和 SJ 后接点支路。

例如，办理 D_{13} 至 IG 的调车进路。

1．励磁电路

D_{13}KJ 的 3-4 线圈端子 4 经本身 JXJ 第 7 组后接点得到 KF，线圈端子 3 经本身 FKJ 第 7 组前接点接入 7 线，在 7 线上检查选排一致性和解锁条件满足后，在进路终端处经 ZJ 第 7 组前接点得到 KZ，使 D_{13}KJ 励磁吸起，其电路为 KZ—S_1ZJ_{72-71}—S_1FKJ_{73-71}……7 线……—$D_{13}FKJ_{71-72}$—$D_{13}KJ_{3-4}$—$D_{13}JXJ_{73-71}$—KF。

2．自闭电路

暂时自闭电路：KZ—$D_{13}XJJ_{61-62}$—$D_{13}FKJ_{21-22}$—$D_{13}KJ_{1-2}$—$D_{13}KJ_{82-81}$—KF。

长时间自闭电路：KZ—17/19 $1SJ_{61-63}$—$D_{13}KJ_{1-2}$—$D_{13}KJ_{82-81}$—KF。

为了保证 KJ 从进路锁闭到进路解锁这段时间内保持吸起，KJ 必须具有自闭电路。按理 KJ 的 1-2 线圈仅接入 SJ（进路内方第一个道岔的 SJ）后接点这条长时间自闭电路就够了，但为什么还要有经 FKJ 和 XJJ 前接点串联的暂时自闭电路呢？这是因为在 SJ 接点转换过程中 KJ 有一个瞬间断电时间，为了使 KJ 可靠地吸起，故要有暂时自闭电路。

3．自动复原

进路解锁，SJ 励磁吸起断开其长时间自闭电路，使 KJ 自动复原。

（二）列车与调车共用的 KJ 电路

列车与调车共用的 KJ 采用缓放型继电器，其 1-2 线圈自闭电路与调车专用的 KJ 自闭电路有所不同，它是用进路内方第一个道岔区段的 QJJ 前接点、1LJ 和 2LJ 后接点并联电路环节代替 SJ 后接点的。

列车与调车共用的 KJ 电路工作原理与调车专用的 KJ 电路基本相同。

四、长调车进路中由远至近开放信号

（一）长调车进路由远及近开放信号的原因

为了保证行车安全和提高调车作业效率，在办理长调车进路时，要求长调车进路的信号机按由远及近的顺序开放。这样做的原因如下。

（1）若离司机最近的第一架调车信号机开放，而第二架或第三架调车信号机因故未能开放，这时车辆运行到未开放的调车信号机前势必停车，会造成列车时开时停、堵塞咽喉的后果，影响作业效率。

（2）若第一架和第三架调车信号机都已开放，而处于弯道上的第二架信号机因故未开放，当机车车辆越过第一架信号机后，司机错误地把第三架调车信号机的允许显示，误以为是第二架调车信号机的，因此冒进了第二架调车信号机，可能会造成挤岔或脱轨事故，影响行车安全。

（二）长调车进路由远及近开放信号的措施

（1）在调车信号机 KJ 的 3-4 线圈励磁电路中，通过本信号机的 JXJ 第 7 组后接点接入 KF 电源。这样，在整条长调车进路未全部选出之前，JXJ 不会失磁落下，KJ 也不会励磁吸起，因此控制信号不能开放。

（2）在调车信号机 KJ 的 3-4 线圈励磁电路中，通过前一架调车信号机的 AJ 后接点和 FKJ 后接点接入 KZ 电源。

如图 2-41 所示，当办理 D_3 至 IG 长调车进路时，进路全部选出，JXJ 落下，虽然 KJ 的 3-4 线圈电路的 KF 电源被接入，但此时各个信号机的 FKJ 和 ZJ 已经吸起，KJ 的 3-4 线圈的 KZ 电源被前一架信号机的 FKJ 后接点断开，所以 KJ 仍不能励磁。当长调车进路最远的 D_{13} 信号机开放后，D_{13}FKJ 落下，D_{13}FKJ 后接点给 D_9KJ 供 KZ 电源，使 D_9KJ 吸起。同理，D_9 信号机开放后，D_9FKJ 落下，D_9FKJ 后接点给 D_3KJ 供 KZ 电源，使 D_3KJ 吸起，最后开放 D_3 信号机。

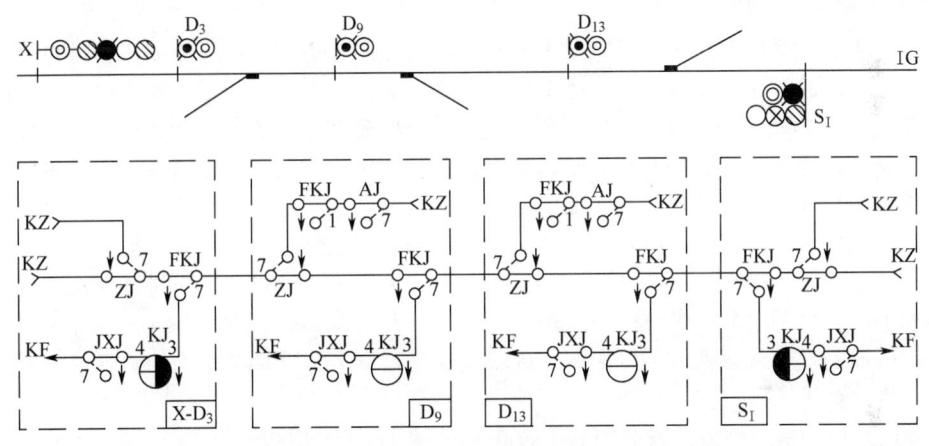

图 2-41　长调车进路由远至近顺序开放信号的措施

由于采取了以上措施，所以长调车进路中的各个调车信号机的 KJ 由远及近励磁吸起，从而实现调车信号机由远至近开放。

任务七　进路锁闭的概念和取消继电器 QJ 电路识读

一、进路锁闭的概念

（一）道岔的锁闭方式

将道岔固定在进路所要求的位置，使它不能任意转动，叫作道岔被锁闭。6502 电气集中对道岔的锁闭分为单独锁闭、全咽喉总锁闭、区段锁闭和进路锁闭 4 种方式。

1. 单独锁闭

拉出道岔 CA，切断道岔启动电路的 1DQJ 的 3-4 线圈励磁电路，使道岔不能转动。

2. 全咽喉总锁闭

按压引导总锁闭按钮 YZSA，使引导总锁闭继电器 YZSJ 励磁吸起，用它的后接点断开本咽喉所有锁闭继电器 SJ 的条件电源 KZ-YZSJ-H，使全咽喉的联锁道岔都被锁住而不能转动。

3．区段锁闭

当道岔所在轨道区段有车占用时，其 DGJ 落下，DGJF 落下，断开 SJ 电路，使道岔不能转动，叫作道岔的区段锁闭。

4．进路锁闭

办理进路后，进路上各区段的 1LJ 和 2LJ 落下，断开 SJ 电路，使各区段的道岔锁在规定的位置，不能转动，叫作道岔的进路锁闭。

（二）进路的锁闭状态

电气集中的进路锁闭以道岔区段为锁闭对象。进路的锁闭是由该进路中各个道岔区段的锁闭实现的。进路锁闭后，信号才能开放，列车驶入进路，使信号关闭。若列车或调车车列不出清进路，则进路不能解锁。根据对行车安全的影响，进路锁闭分为预先锁闭和接近锁闭。

1．预先锁闭

信号开放后，其接近区段没有车占用时的进路锁闭状态称为预先锁闭。要使进路解锁，只需办理取消进路手续，信号关闭后进路立即解锁。这样做的目的是提高行车效率。

2．接近锁闭

信号开放后，其接近区段已经有车占用时的进路锁闭状态称为接近锁闭，有时也叫作完全锁闭。接近锁闭的进路若要解锁，从行车安全角度考虑，在信号关闭后不能让进路立即解锁。因为列车或调车车列已驶入接近区段，此时关闭信号使允许信号突然变为禁止信号，即使司机采取紧急制动，也可能冒进信号。这时若让进路立即解锁，道岔就可以转换，敌对进路也允许排出，这是很危险的。要解锁接近锁闭的进路，必须采取人工延时解锁的方法，即办理人工解锁的手续，先使信号关闭，在经过一定的延时后，证明车已停在信号机前才允许进路解锁。根据不同的运行速度，接车进路和正线发车进路延时 3min 后解锁，站线发车进路和调车进路延时 30s 后解锁。

接近区段是指信号机前方的区段，该区段的长度根据列车或调车车列的运行速度来规定，我国铁路规定如下。

（1）进站信号机的接近区段必须大于 800m。在非自动闭塞区段，还需在预告信号机前方增加 100m 确认信号显示的距离。在自动闭塞区段，为进站信号机外方的第一个闭塞分区，其长度不小于 1 200m，但也不超过 1 500m。自动闭塞提速区段，为进站信号机外方的第一个和第二个闭塞分区。

（2）出站信号机的接近区段为股道。正线的出站信号机在办理通过进路时，其接近区段要由同方向的进站信号机起至该出站信号机止。提速区段要延长到同方向进站信号机外方的第一个闭塞分区。

（3）调车信号机的接近区段为其外方的轨道电路区段，最短不少于 25m。当调车信号机的外方未设轨道电路区段时，调车信号机开放后，进路立即无条件地转入接近锁闭状态。

二、取消继电器电路

（一）总取消和总人工解锁继电器电路

1．设置

每个咽喉区在相应的方向组合内设置一个总取消继电器 ZQJ 和一个总人工解锁继电器 ZRJ。

2．作用

当取消进路或人工解锁时，由 ZQJ、ZRJ 与 QJ 相互配合，可取消已经记录储存的命令，使有关继电器复原。

3. 电路

图 2-42 所示为 ZQJ 和 ZRJ 电路。

ZQJ 和 ZRJ 只有励磁电路，没有自闭电路。

按压 ZQA，ZQJ 励磁吸起，条件电源 KF-ZQJ-Q 有电，松开 ZQA，ZQJ 缓放后落下。

按压 ZRA，ZRJ 励磁吸起，同时 ZRJ 的第一组前接点将 ZQJ 带动励磁。条件电源 KF-ZQJ-Q 有电，松开 ZRA，ZRJ 和 ZQJ 先后失磁落下。

ZRJ、ZQJ 线圈并联有电阻 R 和电容器 C 相串联的支路，其作用是增加继电器的缓放时间（大约 1s），这样在办理取消或人工解锁进路时，按压 ZQA（或 ZRA）与进路始端按钮的顺序即使有先后，也能保证取消继电器 QJ 可靠励磁。

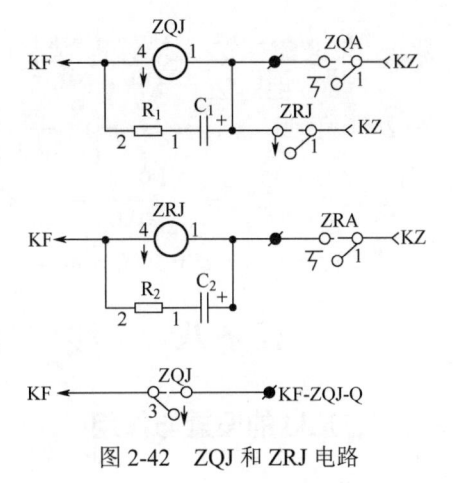

图 2-42 ZQJ 和 ZRJ 电路

（二）取消继电器电路

1. 设置

每架信号机设置一个取消继电器 QJ，列车信号机的 QJ 放置在 LXZ 组合内，调车信号机的 QJ 放置在 DX 组合内。在出站兼调车、进站内方带调车的情况下，列车信号和调车信号可合用一个 QJ。

2. 作用

取消继电器 QJ 的作用是实现关闭信号，完成取消进路和人工解锁的任务。

3. QJ 电路

1) 调车专用的 QJ 电路

图 2-43 所示为调车专用的 QJ 电路。

当办理取消进路或人工解锁时，同时按压 ZQA（或 ZRA）和该调车进路的始端按钮，QJ 励磁吸起并自闭。

（1）励磁电路。

KZ—DAJ$_{71-72}$—QJ$_{3-4}$—KF-ZQJ-Q。

（2）自闭电路（2条）。

KZ—QJ$_{61-62}$—QJ$_{3-4}$—KF-ZQJ-Q（取消误碰或误按的按钮继电器记录时用）。

KZ—XJJ$_{61-62}$—FKJ$_{21-23}$—QJ$_{1-2}$—QJ$_{82-81}$—KF（人工延时解锁时用）。

注意：QJ 的 1-2 线圈自闭电路不能代替 QJ 的 3-4 线圈自闭电路，因为在取消误碰或误按的按钮继电器记录时，XJJ 并不吸起。QJ 的 3-4 线圈自闭电路也不能代替 QJ 的 1-2 线圈自闭电路，因为 3-4 线圈自闭电路接通时间短（1s 左右），1-2 线圈自闭电路接通时间长。

（3）复原时机。

3-4 线圈自闭电路切断时机：松开 ZQA（或 ZRA），ZQJ 缓放落下，KF-ZQJ-Q 没电，3-4 线圈自闭电路被断开，使 QJ 复原。

1-2 线圈自闭电路切断时机：解锁电路工作正常，XJJ 失磁落下，1-2 线圈自闭电路被断开，使 QJ 复原。

2) 列车和调车共用的 QJ 电路

图 2-44 所示为列车和调车共用的 QJ 电路。

列车、调车共用的 QJ 电路和调车专用的 QJ 电路工作原理基本相同，只是增加了列车按钮继电器 LAJ 接点作为列车进路时使 QJ 励磁的条件。另外，电路中无 FKJ 接点。

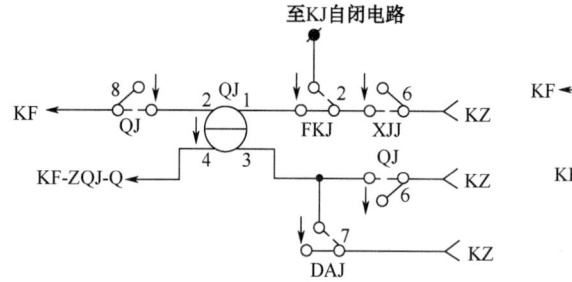

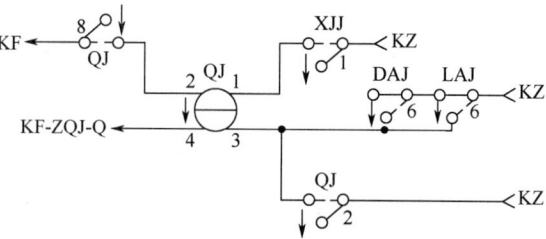

图 2-43 调车专用的 QJ 电路

图 2-44 列车和调车共用的 QJ 电路

任务八　8 线信号检查继电器 XJJ 电路识读

一、XJJ 的设置与作用

（一）设置

XJJ 设置在进路始端部位，即每架信号机设置一个 XJJ，当列车和调车的始端在一起时，可以共用一个 XJJ。列车信号机的 XJJ 放在 LXZ 组合内，调车信号机的 XJJ 放在 DX 组合内。

（二）作用

（1）在排列进路时，信号开放之前由 XJJ 检查开放信号的 3 个基本联锁条件，即进路空闲、道岔位置正确、未建立敌对进路。满足这 3 个条件时，进路始端的 XJJ 就励磁吸起，为锁闭进路创造条件。否则，不允许锁闭进路，以免错误锁闭进路而影响作业效率。

（2）在取消进路、人工解锁时，用 XJJ 检查进路是否空闲。若进路空闲，则 XJJ 励磁吸起，为解锁进路准备条件。否则，不允许解锁进路，以免错误解锁进路而影响行车安全。

（3）在调车进路的接近区段无车占用时，用 XJJ 来防止已锁闭的进路内轨道电路人工短路时造成进路错误解锁。

二、8 线网路结构和检查的联锁条件

思政主题： 树立全局意识，培养团结协作精神

案例要点：

小到一个团队、一个集体，大到一个国家乃至世界的繁荣与发展，都离不开精诚合作。

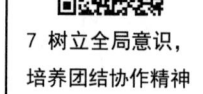

针对新冠疫情，钟南山院士与美国顶级传染病专家安东尼·福奇曾有一段对话，他们强调：现在世界各国已经是休戚与共的命运共同体，只有携起手来，才能打赢这场疫情防控全球阻击战。

除了公共卫生安全领域，世界上影响力最大的体育盛会——奥林匹克运动会也在大力弘扬团结精神。如东京奥运会，来自五大洲的体育健儿在赛场上全力以赴，在赛场下惺惺相惜，你陪伴我进步，我激励你前行，他们携手用行动诠释着奥林匹克新格言"更快、更高、更强、更团结"。

图 2-45 所示为 8 线 XJJ 网路电路。

（一）8 线网路结构

（1）每条进路始端的 XJJ 线圈，其端子 3 通过局部电路接入 KZ，端子 4 经由 KJ 前接点接入 8 线网路，通过 8 线网路在进路终端部位接入 KF。调车进路由 ZJ 的前接点接入 KF，列车进路则从网路两端接入 KF。

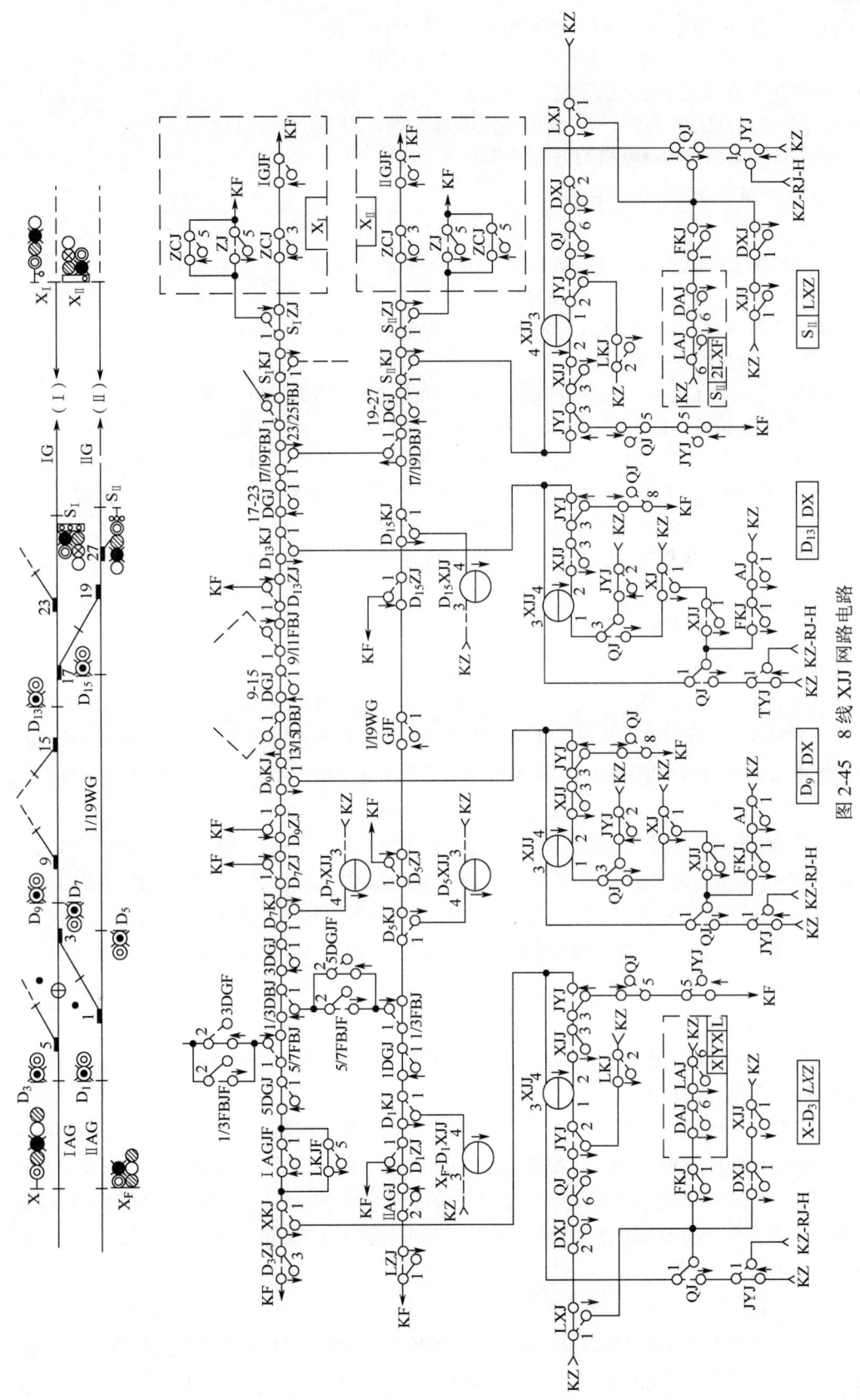

图 2-45 8 线 XJJ 网络电路

（2）在网路中用 DBJ 或 FBJ 的第 1 组接点区分站场形状。

（3）用 KJ 的前接点确定进路的运行方向。在下行咽喉，若通过 KJ 前接点接通的是右边的电路，则为接车方向；若接通的是左边的电路，则为发车方向。

（4）用 ZJ 接点区分进路性质。ZJ 吸起为调车进路，ZJ 落下为列车进路。

上述后 3 条是执行组网路结构的共同点。

（二）8 线网路检查的联锁条件

1．进路空闲

在 8 线网路上用串接各轨道电路区段的 DGJ 前接点来实现。

例如，X 至 IG 接车进路，进站信号机 X 的 XJJ 励磁电路中，串接有 IAGJF、5DGJ、3DGJ、9-15DGJ、17-23DGJ、IGJF 的第 1 组前接点，证明进路空闲。

2．进路上道岔位置正确

XJJ 励磁吸起，通过 KJ 前接点间接实现对进路上道岔位置的检查。因为 7 线上接有各道岔的 DBJ 和 FBJ 前接点，KJ 经 7 线网路检查选排一致后励磁，只有进路上的道岔位置正确才能使 KJ 励磁。但进路锁闭后 7 线网路因 SJ 落下而断开，KJ 转入局部电路自闭保持吸起，此时 KJ 吸起就不能反映道岔位置了，因此在 8 线上对道岔位置的检查仅仅是验证能否锁闭进路，开放信号时还要在信号继电器 XJ 电路对道岔位置再次进行检查。

串接在 8 线上的道岔表示继电器的后接点不能证明道岔位置正确，它只起区分站场网路的作用。

3．未建立敌对进路

敌对进路包括本咽喉敌对进路和另一咽喉迎面敌对进路。

本咽喉未建立敌对进路，是通过在 8 线上串接敌对进路的 KJ 和 ZJ 的后接点来证明的。

另一个咽喉区未建立迎面敌对进路，是通过在 8 线上相当于股道部位处，串接另一个咽喉的照查继电器 ZCJ 前接点来证明对方咽喉的敌对进路未建立的（另一个咽喉 ZCJ 吸起证明没能向股道建立任何进路）。

注意：由两个咽喉区同时向同一个股道调车是允许的，应不是敌对进路。因为向股道调车与向股道接车不同。例如，在 D_{13} 向 IG 调车的 D_{13}XJJ 励磁电路中，除接有另一个咽喉的 X_1ZCJ 第 5 组前接点外，还并联有 X_1ZJ 第 5 组前接点。当另一个咽喉向该股道调车时，尽管 X_1ZCJ 失磁落下，但 X_1ZJ 前接点闭合，D_{13}XJJ 励磁电路还可通过 X_1ZJ 第 5 组前接点接通，而不影响向 IG 建立调车进路。

4．超限绝缘的检查

所谓超限绝缘，是指钢轨绝缘的设置位置距离警冲标不足 3.5m 的绝缘。

1）检查超限绝缘的原因

在进路相邻处遇有超限绝缘节时，应检查超限绝缘条件。例如，由 D_3 向 IG 调车，当列车的最后一个轮对越过 5DG 区段时，如果因故停车（5 号道岔与 3 号道岔之间的绝缘节是超限绝缘的），那么列车的尾部并没有越过 5 号道岔的警冲标。此时，如果由进站信号机 X 向ⅢG 办理经由 5/7 道岔反位的接车进路，就有可能发生列车与调车车列的侧面冲突。因此，必须对超限绝缘进行检查。

2）检查方法

在 8 线上的 5/7 号道岔连线部位，接有一个 3DGJ 与一个 1/3FBJF 前接点并联环节。当 1/3 号道岔定位时，因为 1/3FBJF 前接点断开，所以必须检查 3DG 区段空闲，才能建立经 5/7 号道岔反位的进路。但当 1/3 号道岔反位时，可以不检查。因为这时经 1/3 号道岔反位的进路，与经 5/7 号道岔反位的进路是两条平行进路。

同理，在 1/3 号道岔连线部位，也接有一个 5DGJ 与一个 5/7FBJF 前接点并联环节。当办理经 1/3 号道岔反位的进路时，在 5/7 号道岔定位的情况下，也要检查 5DG 区段空闲。而在 5/7 号道岔反位的情况下，不必检查 5DG 空闲。

站场中 21DG 与 25DG 之间的超限绝缘的检查方法与上述相同。

三、信号检查继电器 XJJ 局部电路

由于 XJJ 在不同的情况下所起的作用不同，因此在不同的情况下其工作原理也不同。下面以图 2-45 中的 S_{II} 出站兼调车信号机为例，根据不同情况对 XJJ 的局部电路进行介绍。

（一）建立进路时的 XJJ 局部电路

当建立进路时，XJJ 需要经 8 线网路检查开放信号的可能性。当有关联锁条件满足时，XJJ 励磁吸起，为锁闭进路准备条件。因为在信号开放前至信号开放后的过程中，XJJ 都要连续检查联锁条件，所以 XJJ 吸起至列车驶入进路时为止。

1．信号开放前的 XJJ 励磁电路

KZ—LAJ$_{61-63}$—DAJ$_{61-63}$—FKJ$_{11-12}$—QJ$_{13-11}$—XJJ$_{3-4}$—S$_{II}$KJ$_{12-11}$—8 线……KF。

XJJ 通过 8 线网路检查开放信号的基本联锁条件满足后励磁吸起，它的励磁吸起，说明有开放信号的可能性，并为锁闭进路准备好条件。信号开放以后由于 FKJ 失磁落下，此电路便被断开，但 XJJ 的任务还未完成。

2．信号开放后的 XJJ 励磁电路

列车进路：KZ—LXJ$_{11-12}$—QJ$_{13-11}$—XJJ$_{3-4}$—S$_{II}$KJ$_{12-11}$—8 线……KF。

调车进路：KZ—XJJ$_{11-12}$—DXJ$_{11-12}$—QJ$_{13-11}$—XJJ$_{3-4}$—S$_{II}$KJ$_{12-11}$—8 线……KF。

信号开放后，XJJ 继续利用 8 线网路检查进路是否空闲。当机车车辆驶入进路后，8 线网路被断开，XJJ 落下复原。

3．重复开放信号时的 XJJ 励磁电路

信号开放后，进路内因轨道电路故障，XJJ 和 XJ 先后失磁落下而关闭信号。故障消失后可办理重复开放信号手续，此时 XJJ 需要重新励磁吸起，用以证明进路空闲。当按压进路始端按钮，重复开放信号时，FKJ 要重新励磁吸起，XJJ 励磁电路如前所述，仍按信号开放前和信号开放后的励磁电路接通。

4．调车时 XJJ 的防护电路（脱离 8 线）

KZ—LKJ$_{21-23}$—JYJ$_{22-21}$—XJJ$_{1-2}$—XJJ$_{32-31}$—JYJ$_{31-32}$—QJ$_{53-51}$—JYJ$_{51-52}$—KF。

调车进路信号开放后，在接近区段无车占用时发生进路内任一轨道区段瞬间短路，若不接入 XJJ 的 1-2 线圈自闭电路，XJJ 将因轨道继电器失磁而落下，这时若列车进入接近区段，则进路会按照调车中途返回解锁的方式使进路错误解锁，这是不允许的，必须加以防护。在接近区段无车占用的情况下，XJJ 有了 1-2 线圈自闭电路，并且不受 8 线的控制。即使进路内任一轨道区段瞬间短路，XJJ 也可经 1-2 线圈自闭电路保持吸起，从而切断其调车中途返回解锁电路，防止错误解锁。

（二）取消进路和人工解锁时 XJJ 局部电路

当取消进路和人工解锁时，都要检查进路是否空闲，车是否冒进信号。因为 XJJ 经 8 线网路吸起能反映进路空闲，所以取消进路和人工解锁时均需要 XJJ 吸起。

1. 取消进路时 XJJ 励磁电路

KZ—JYJ$_{12-11}$—QJ$_{12-11}$—XJJ$_{3-4}$—S$_{II}$KJ$_{12-11}$—8 线……KF。

办理取消手续后，先 QJ 励磁吸起，QJ 第 1 组后接点切断 XJJ 的 3-4 线圈励磁电路，QJ 第 5 组后接点切断 XJJ 的 1-2 线圈自闭电路，使 XJJ 暂时失磁落下。再经由 QJ 和 JYJ 的第 1 组前接点和 8 线进路空闲的条件重新接通 XJJ 的励磁电路，使 XJJ 励磁吸起，说明进路空闲，然后用 XJJ 前接点接通后续的取消解锁电路，使进路解锁。进路解锁后，进路上的 KJ 失磁落下（调车时 ZJ 落下），使 XJJ 复原。

2. 人工解锁时 XJJ 励磁电路

KZ-RJ-H—JYJ$_{13-11}$—QJ$_{12-11}$—XJJ$_{3-4}$—S$_{II}$KJ$_{12-11}$—8 线……KF。

办理人工解锁手续后，ZRJ↑→ZQJ↑→QJ↑，切断 XJJ 的 3-4 线圈励磁电路，JYJ 落下切断 XJJ 的 1-2 线圈自闭电路，使 XJJ 暂时失磁落下。然后经由条件电源 KZ-RJ-H、JYJ 第 1 组后接点、QJ 第 1 组前接点和 8 线进路空闲的条件重新接通 XJJ 的励磁电路，使 XJJ 励磁吸起，说明进路空闲。

3. 人工解锁时 XJJ 自闭电路

KZ—LXJ$_{11-13}$—DXJ$_{21-23}$—QJ$_{61-62}$—YJ$_{23-21}$—XJJ$_{1-2}$—XJJ$_{32-31}$—JYJ$_{31-33}$—S$_{II}$KJ$_{12-11}$—8 线……KF。

由于解锁需要延时，在整个延时解锁过程中需要 XJJ 励磁吸起来验证进路空闲，而条件电源 KZ-RJ-H 又是瞬间有电的，所以 XJJ 要有一条人工解锁时的 1-2 线圈自闭电路，保证在整个延时解锁过程中 XJJ 处于吸起状态来验证车没有冒进信号，便于接通后续的人工解锁电路。待进路延时解锁后，XJJ 随着 KJ 或 ZJ 的失磁落下而复原。

对于调车专用的 XJJ 局部电路，电路结构与列车、调车共用的 XJJ 局部电路相同，只是在接点的运用上做了一些变动，并且去掉了与列车进路有关的接点。

任务九　9、10 线区段检查继电器 QJJ 和股道检查继电器 GJJ 电路识读

一、设置与作用

（一）区段检查继电器 QJJ 的设置与作用

6502 电气集中联锁系统采用逐段解锁制，以各个道岔区段作为锁闭和解锁对象，因此每一个道岔区段和列车经过的差置调车信号机之间的无岔区段都要设置一个 QJJ，放在 Q 组合内。QJJ 的作用是为锁闭进路准备条件，防止进路迎面错误解锁。

（二）股道检查继电器 GJJ 的设置及作用

（1）每个能接车的股道两端都设置一个 GJJ，放在 1LXF 或 2LXF 组合内。它的作用是与照查继电器 ZCJ 配合，锁闭另一个咽喉的敌对进路。另外，在取消解锁和人工解锁时，用 GJJ 的吸起条件接通 13 线的解锁电源 KF。

（2）在单线区段及双线双向运行区段的进站信号机处需要设置一个 GJJ，放在 1LXF 组合内。其作用是在取消解锁和人工解锁时，用 GJJ 的吸起条件接通 13 线的解锁电源 KF。

（3）对于有两个及两个以上发车方向的咽喉，在主要发车方向的发车口处设置一个 GJJ，放在零散组合内。其作用是接通信号辅助继电器 XFJ 电路。

二、9 线网路结构和 QJJ 与 GJJ 的励磁电路

QJJ 和 GJJ 也采用站场型网路结构，9 线是 QJJ 和 GJJ 的励磁电路，10 线是 QJJ 的自闭电路。QJJ 和 GJJ 电路如图 2-46 所示。

（一）9 线网路结构

（1）用各组道岔的 DBJ 或 FBJ 第 2 组接点区分站场形状，构成站场式网路。这里的 DBJ 或 FBJ 的接点不起检查道岔位置的作用。

（2）同一个咽喉区的各个道岔区段 QJJ 的 3-4 线圈和 GJJ 的 1-2 线圈均并接在 9 线上。所并接的位置与各道岔区段的位置相对应。

（3）9 线的 KZ 电源是从进路的始端部位经 XJJ 第 2 组前接点接入的，送电方向从进路始端至终端。KF 电源由局部电路 DGJ 第 2 组前接点接入。

（4）9 线上的 ZJ 第 2 组接点是确定调车进路终端的，防止进路范围以外的道岔错误锁闭。

（二）9 线 QJJ 与 GJJ 的励磁电路

例 7　X 至 IG 接车。

进路始端部位经 X/XJJ 第二组前接点向 9 线送入 KZ 电源，使 5QJJ、3QJJ、9-15QJJ、17-23QJJ、S_1GJJ 同时励磁吸起。

5QJJ 励磁电路如下。

KZ—XQJ$_{21-23}$—X/XJJ$_{22-21}$—5QJJ$_{3-4}$—5DGJ$_{22-21}$—KF。

3QJJ 励磁电路如下。

KZ—XQJ$_{21-23}$—X/XJJ$_{22-21}$—5/7DBJ$_{21-22}$—1/3FBJ$_{23-21}$—3QJJ$_{3-4}$—3DGJ$_{22-21}$—KF。

9-15QJJ 励磁电路如下。

KZ—XQJ$_{21-23}$—X/XJJ$_{22-21}$—5/7DBJ$_{21-22}$—1/3FBJ$_{23-21}$—D$_7$XJJ$_{21-23}$—D$_7$ZJ$_{21-23}$—D$_9$ZJ$_{23-21}$—D$_9$XJJ$_{23-21}$—13/15FBJ$_{23-21}$—9-15QJJ$_{3-4}$—9-15DGJ$_{22-21}$—KF。

17-23QJJ 励磁电路如下。

KZ—XQJ$_{21-23}$—X/XJJ$_{22-21}$—5/7DBJ$_{21-22}$—1/3FBJ$_{23-21}$—D$_7$XJJ$_{21-23}$—D$_7$ZJ$_{21-23}$—D$_9$ZJ$_{23-21}$—D$_9$XJJ$_{23-21}$—13/15FBJ$_{23-21}$—9/11DBJ$_{21-22}$—D$_{13}$ZJ$_{23-21}$—D$_{13}$XJJ$_{23-21}$—17-23QJJ$_{3-4}$—（17-23）DGJ$_{22-21}$—KF。

S_1GJJ 励磁电路如下。

KZ—XQJ$_{21-23}$—X/XJJ$_{22-21}$—5/7DBJ$_{21-22}$—1/3FBJ$_{23-21}$—D$_7$XJJ$_{21-23}$—D$_7$ZJ$_{21-23}$—D$_9$ZJ$_{23-21}$—D$_9$XJJ$_{23-21}$—13/15FBJ$_{23-21}$—9/11DBJ$_{21-22}$—D$_{13}$ZJ$_{23-21}$—D$_{13}$XJJ$_{23-21}$—17/19DBJ$_{21-22}$—23/25DBJ$_{21-22}$—S$_1$XJJ$_{21-23}$—S$_1$ZJ$_{21-23}$—X$_1$ZCJ$_{22-21}$—S$_1$GJJ$_{3-4}$—KF。

5QJJ、3QJJ、9-15QJJ、17-23QJJ 励磁吸起后，锁闭各个区段里的道岔。

S_1GJJ 励磁吸起后，使 S_1ZCJ 落下，切断同一股道另一个咽喉的 8 线，禁止另一个咽喉建立迎面敌对进路。

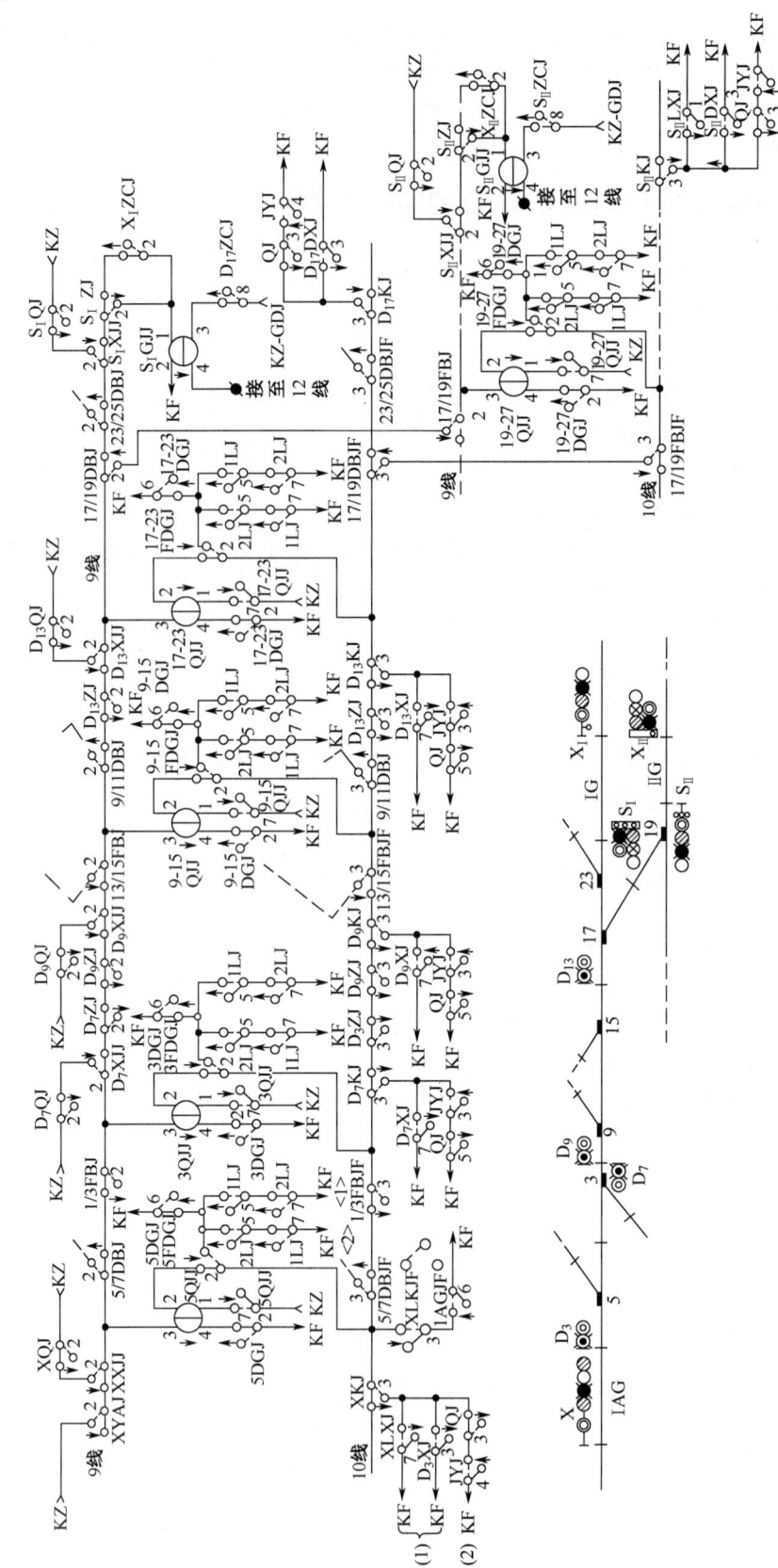

图 2-46 QJJ 和 GJJ 电路

例 8　由 IG 至 D_7 调车。

进路始端部位经 S_1XJJ 第 2 组前接点向 9 线送入 KZ 电源，使 17-23QJJ、9-15QJJ 同时励磁吸起。

17-23QJJ 励磁电路如下：

KZ—S_1QJ_{21-23}—S_1XJJ_{22-21}—$23/25DBJ_{22-21}$—$17/19DBJ_{22-21}$—（17-23）QJJ_{3-4}—（17-23）DGJ_{22-21}—KF。

9-15QJJ 励磁电路如下：

KZ—S_1QJ_{21-23}—S_1XJJ_{22-21}—$23/25DBJ_{22-21}$—$17/19DBJ_{22-21}$—$D_{13}XJJ_{21-23}$—$D_{13}ZJ_{21-23}$—$9/11DBJ_{22-21}$—9-15QJJ_{3-4}—9-15DGJ_{22-21}—KF。

17-23QJJ、9-15QJJ 励磁吸起后，锁闭 17-23DG、9-15DG 区段里的道岔。进路范围以外的其他区段的 QJJ 为什么不会励磁呢？这是因为 9 线上接有 D_9ZJ 后接点，D_9ZJ 第 2 组吸起接点切断了 9 线的 KZ 电源，其他区段的 QJJ 得不到 KZ 电源就不会励磁吸起，从而防止进路范围以外的道岔错误锁闭。

三、10 线网路结构和 QJJ 的自闭电路

10 线是 QJJ 的自闭电路，其作用是防止进路迎面解锁。

QJJ 励磁吸起是为锁闭进路准备条件，反之，QJJ 失磁落下是为解锁进路准备条件。

如果没有 10 线 QJJ 的自闭电路，那么当车进入信号机内方时，8 线和 9 线将随着 DGJ 和 XJJ 的落下而相继断电，于是进路中所有的 QJJ 将一起落下，对还未到达的运行前方各道岔区段来说，这些区段的 QJJ 落下意味着提前做好了解锁的准备，这是很危险的。例如，X 至 IG 接车时，列车进入信号机内方并在 5DG 区段运行，如果车站值班员在办理故障解锁时按错了区段人工解锁按钮盘上 9-15DG 的事故按钮 SGA，那么该区段就会立即解锁，这就是列车迎面错误解锁。这很有可能在道岔 9/11 或 13/15 正在转换途中列车就开了过来，造成重大行车事故。为了防止列车迎面解锁，设置了 QJJ 自闭电路用的 10 线，确保列车运行前方的各道岔区段 QJJ 仍能自闭保持吸起，防止 QJJ 提前失磁落下而造成提前做好解锁准备。

（一）10 线网路结构

（1）用 DBJF 或 FBJF 的接点区分站场形状。

（2）同一咽喉区各个道岔区段 QJJ 的 1-2 线圈都并接在 10 线网路上。

（3）进路始端部位经 KJ 第 3 组前接点向 10 线接入 KF 电源，一直供电至进路终端。如果调车进路终端在咽喉中间，那么用 ZJ 第 3 组后接点断开网路。KZ 电源由局部电路 QJJ 第 7 组前接点接入。

（4）为了防止迎面错误解锁，由车占用区段的 FDGJ 第 2 组前接点向 10 线网路分别接入 KF 电源。

（二）10 线 QJJ 的自闭电路

QJJ 是否自闭，关键在于 10 线是否有电和车是否占用该区段。

以 X 至 IG 接车为例，对 10 线接入 KF 电源的条件及其接通和断开的先后顺序进行分析。

1. 进路始端部位经 KJ 前接点接入 KF 电源支路

（1）KF—LXJ_{71-72}（或 D_3XJ_{31-32}）—KJ_{32-31}—10 线。

（2）KF—JYJ_{41-43}—QJ_{31-33}—KJ_{32-31}—10 线。

当进路处于预先锁闭状态时，各区段 QJJ 的励磁电路、上述（1）自闭电路接通。

当进路处于接近锁闭状态时，JYJ 落下，此时信号尚未关闭，LXJ 还在吸起，各区段 QJJ 的励磁电路、上述（1）自闭电路继续供电，并接通上述（2）自闭电路。

2．列车进入 IAG 区段运行经 IAGJF 后接点接入 KF 电源支路

KF—IAGJF$_{61-63}$—XLKJF$_{31-32}$—10 线。

列车进入 X 进站信号机内方时，X/XJJ 随着 IAGJ 落下而复原，切断 9 线的 KZ 电源，切断进路上所有 QJJ 的 3-4 线圈励磁电路。X/LXJ 随着 X/XJJ 落下而复原，此时断开上述（1）供 KF 支路。而经由 IAGJF 第 6 组后接点和 XLKJF 第 3 组前接点向 10 线提供 KF 电源。若列车出清接近区段，则 JYJ 吸起，断开上述（2）供 KF 电源支路。

3．在每个道岔区段经 FDGJ 前接点接入 KF 电源支路

（1）KF—1LJ$_{71-72}$—2LJ$_{51-53}$—FDGJ$_{22-21}$—10 线。

（2）KF—2LJ$_{71-72}$—1LJ$_{51-53}$—FDGJ$_{22-21}$—10 线。

（3）KF—DGJ$_{61-62}$—FDGJ$_{22-21}$—10 线。

当列车进入 5DG 区段时，5DGJ 落下，5FDGJ 吸起，切断 5QJJ 自闭电路，使 5QJJ 落下，为 5DG 区段解锁做好准备。此时，由于 5/1LJ 已励磁吸起，因此经 5DG 区段的（1）支路向 10 线供 KF 电源。若列车出清 IAG 区段，则 IAGJF 吸起，切断无岔区段支路向 10 线供 KF 电源支路。

当列车进入 3DG 区段时，3DGJ 落下，3FDGJ 吸起，切断 3QJJ 自闭电路，使 3QJJ 落下，为 3DG 区段解锁做好准备。当列车刚出清 5DG 区段时，5DGJ 吸起，经由 5DG 区段的（3）支路利用 5FDGJ 的缓放性能向 10 线供 KF 电源。此时，由于 5/2LJ 已励磁吸起断开 5DG 区段的（1）支路供 KF 电源。这时由于 3/1LJ 吸起，因此又经 3DG 区段的（1）支路向 10 线供 KF 电源。待 5FDGJ 落下后，则断开 5DG 区段的（3）支路供 KF 电源。

同理，当列车顺序占用并出清 9-15DG 和 17-23DG 两个区段时，一方面使这两个区段的 QJJ 落下，另一方面由这两个区段的（1）、（3）支路轮流地向 10 线供 KF 电源，并随着这两个区段的 2LJ 吸起和 FDGJ 落下的动作来顺序断开（1）、（3）支路的 KF 电源。

由上可知，列车在运行的过程中，进路上各区段 QJJ 的落下时机是每当列车占用哪个区段，该区段 QJJ 落下，为该区段解锁做好准备。10 线的 KF 电源是根据列车的运行情况，由各区段的支路顺序供给的。上述进路若是从左向右的运行方向，则依靠各区段的（1）、（3）支路顺序向 10 线供 KF 电源；若是从右向左的运行方向，则依靠各区段的（2）、（3）支路顺序向 10 线供 KF 电源。这是由于进路的方向不同，每个区段的两个进路继电器 LJ 吸起顺序也不同。由解锁电路可知，当车从左向右运行，占用本区段且出清相邻区段时，本区段 1LJ 先吸起，当车进入下一个区段且出清本区段时，本区段的 2LJ 后吸起；当车从右向左运行，车占用本区段且出清相邻区段时，本区段 2LJ 先吸起，当车进入下一个区段且出清本区段时，本区段的 1LJ 后吸起。

列车在进路上运行的过程中，顺序地向 10 线供电，仅对短车运行时才起作用。如果是长列车运行，那么往往整条进路的各个区段都在被占用之中，而车尾仍在接近区段，这样经由始端处的（2）支路供 KF 电源的时间很长，能够保证向 10 线不间断地供电，待车尾出清接近区段时，车的运行前方已经没有任何区段，即没有哪个区段的 QJJ 需要自闭，所以在长列车进路运行时，上述各支路顺序地向 10 线供电的电路是不起作用的。

任务十 接近预告和照查继电器电路识读

一、接近预告继电器 JYJ 电路

(一) JYJ 的设置与作用

1. 设置

一般每架信号机均要设置一个接近预告继电器 JYJ，对于进站信号机内方带调车可共用一个 JYJ，JYJ 设置在 DX 或 LXZ 组合内。

2. 作用

信号开放后，用 JYJ 的状态区分进路是预先锁闭的还是接近锁闭的。

信号开放后，接近区段空闲，JYJ 吸起，进路为预先锁闭。信号开放后，接近区段有车占用，JYJ 落下，进路为接近锁闭。进路的锁闭状态不同，进路的解锁方式也不同。若要取消预先锁闭的进路，则可用取消进路的方法；若要取消接近锁闭的进路，则必须采用人工解锁的方法。

(二) JYJ 电路工作原理

JYJ 平时处于吸起状态。由于各种信号机的接近区段不同，因此 JYJ 的电路也不同。

1. 调车信号机专用的 JYJ 电路

图 2-47 所示为调车信号机专用的 JYJ 电路，以 D_{11}JYJ 电路为例。

(1) 励磁电路：KZ—JYJ$_{3-4}$—7DGJF$_{42-41}$—KF。

用 3-4 线圈励磁电路反映接近区段有无车占用。接近区段无车，7DGJF 吸起接通励磁电路。接近区段有车，7DGJF 落下，断开励磁电路。

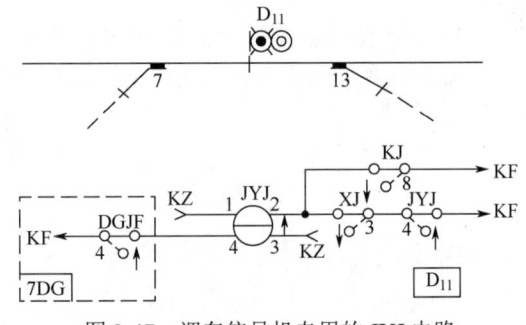

图 2-47 调车信号机专用的 JYJ 电路

(2) 自闭电路：KZ—JYJ$_{1-2}$—D$_{11}$XJ$_{33-31}$—JYJ$_{41-42}$—KF。

用 1-2 线圈自闭电路反映信号是否开放。在信号未开放时，无论接近区段有无车，JYJ 仍可由 1-2 线圈自闭保持吸起状态。当信号开放后，KJ 和 XJ 均已励磁吸起而切断 JYJ$_{1-2}$ 线圈电路，此时 JYJ 的状态取决于接近区段有无车。若接近区段无车，DGJF 吸起，则 JYJ 吸起构成预先锁闭状态；若接近区段有车，DGJF 落下，则 JYJ 落下构成接近锁闭状态。

在正常情况下，当车出清接近区段时，JYJ 经由接近区段的 DGJF 前接点由 3-4 线圈励磁吸起，当信号关闭、进路解锁后 XJ 和 KJ 均已失磁落下，从而接通 JYJ 的 1-2 线圈自闭电路，使该电路复原。

JYJ 电路中接入 KJ 后接点的原因：在信号开放车已驶入接近区段时办理人工解锁，此时接近区段的 DGJF 落下，JYJ 不能由 3-4 线圈励磁吸起，只有待进路解锁 KJ 落下后，经其第 8 组后接点接通 JYJ 的 1-2 线圈才能使 JYJ 重新励磁。这样，当改变进路再次开放该信号时，若进路锁闭后 DXJ 因故不能励磁，信号不能开放，且 JYJ 已处于励磁状态，则可以采取取消进路的方式使进路立即解锁。若 JYJ 在前一次人工解锁时不经由 KJ 后接点重新励磁吸起，则该进路仍要按照人工解锁方式进行延时解锁，进而影响作业效率。

2. 进站内方带调车的 JYJ 电路

图 2-48 所示为进站内方带调车用的 JYJ 电路，以 X 和 D_3 共用的 JYJ 电路为例。

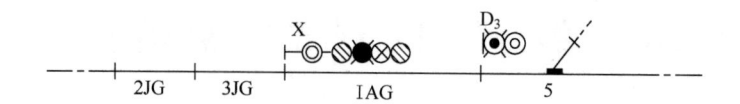

图 2-48 进站内方带调车共用的 JYJ 电路

提速区段 X 进站信号机的接近区段为 2JG 和 3JG（非提速区段为进站信号机前方的第一个接近区段），D_3 的接近区段为 IAG。为了区分两者，在 JYJ 的 3-4 线圈电路中，用了列车开始复示继电器 LKJF 第 4 组接点。当进站信号机开放时，建立接车进路，LKJF 吸起，用 JYJ 反映 2JG 和 3JG 区段的情况。当调车信号机开放时，建立调车进路，LKJF 落下，用 JYJ 反映 IAG 区段的情况。

3. 正线出站兼调车信号机用的 JYJ 电路

图 2-49 所示为正线出站兼调车信号机用的 JYJ 电路，以 S_{II}JYJ 电路为例。

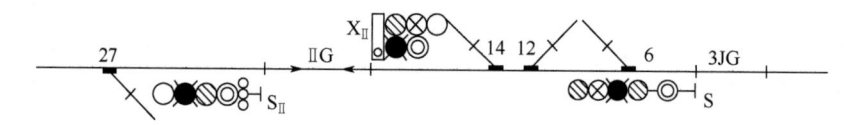

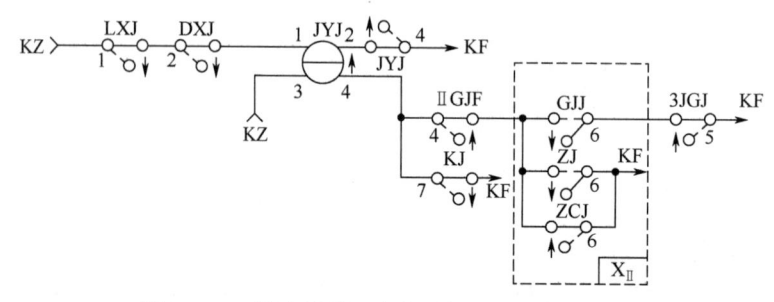

图 2-49 正线出站兼调车信号机用的 JYJ 电路

由于正线出站兼调车信号机，因此在不同的情况下其接近区段不同。

（1）正线出站兼调车信号机在办理列车通过进路时，在提速区段其接近区段由同方向的进站信号机的 3JG 区段开始至该出站信号机为止。

（2）正线出站兼调车信号机在办理始发列车或停站后再发的列车进路时，其接近区段是股道。

（3）正线出站兼调车信号机在办理从股道向咽喉区调车进路时，其接近区段也是股道。

从上述内容可以看出，无论办理通过进路、发车进路还是调车进路，它们的接近区段都包括股道。

正线出站兼调车信号机 JYJ 的 1-2 线圈自闭电路与图 2-48 相同，JYJ 的 3-4 线圈励磁电路中串接有 IIGJF 和 3JGJ 的前接点，用它反映股道上和 3JG 区段是否有车。非提速区段，不接 3JGJ 前接点。

在 3-4 线圈电路中还串接有对方咽喉 X_{II}GJJ、X_{II}ZCJ、X_{II}ZJ 接点的并联环节。其中，X_{II}GJJ

前接点用来间接反映 S 进站信号机至 S_{II} 出站信号机之间有无车占用（因为 S 进站信号机的 XJJ 吸起后，$X_{II}GJJ$ 才能吸起，而 XJJ 吸起时，通过 8 线检查了上行接车进路空闲）；$X_{II}ZCJ$ 接点用来反映上行咽喉是否已向 IIG 建立进路；$X_{II}ZJ$ 接点用来反映上行咽喉是否已向 IIG 建立调车进路。

在办理通过进路时，由于 $X_{II}GJJ$ 吸起，$X_{II}ZCJ$、$X_{II}ZJ$ 均落下，这时 $S_{II}JYJ$ 的 3-4 线圈能经由 IIGJF、$X_{II}GJJ$、3JGJ 的前接点条件吸起，反映办理通过进路时，正线出站信号机的接近区段空闲。

在办理由 IIG 向上行方面的发车进路或调车进路时，若上行咽喉未向 IIG 办理任何进路，则 $X_{II}ZCJ$ 处于吸起状态，$X_{II}GJJ$ 和 $X_{II}ZJ$ 均处于落下状态，这时 $S_{II}JY$ 的 J3-4 线圈能经由 IIGJF 和 $X_{II}ZCJ$ 的前接点条件吸起，仅仅反映股道空闲，即 S_{II} 的发车进路或调车进路的接近区段空闲。若上行咽喉向 IIG 办理了调车进路，则 $X_{II}GJJ$ 吸起，$X_{II}ZCJ$ 落下，但此时 X_2ZJ 吸起，$S_{II}JYJ$ 的 3-4 线圈能经由 IIGJF 和 $X_{II}ZJ$ 的前接点条件吸起，也反映股道空闲。

站线出站兼调车信号机用的 JYJ 电路，因为列车和调车的接近区段相同，都是股道，所以其 3-4 线圈励磁电路中不串接上述 3 个继电器的并联环节和 3JGJ 接点，仅串接股道区段的 GJF 前接点来反映股道空闲情况。

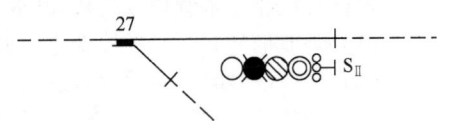

二、照查继电器电路

图 2-50 所示为照查继电器 ZCJ 电路，以 $S_{II}ZCJ$ 为例。

（一）ZCJ 设置与作用

1. 设置

每个接车股道两端的出站兼调车信号机处应各设置一个 ZCJ，放在 1LXF 或 2LXF 组合内。

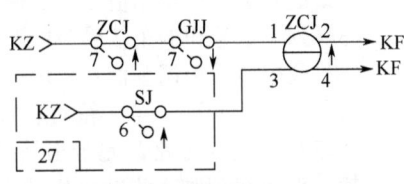

图 2-50 照查继电器 ZCJ 电路

2. 作用

ZCJ 的作用是对同一股道另一咽喉的迎面敌对进路实行互相照查、互相锁闭。

所谓互相照查，就是当一个咽喉要向股道建立进路时，要照查另一个咽喉向同一个股道的迎面敌对进路未曾建立。所谓互相锁闭，就是一旦一个咽喉已向股道建立了进路，就要用这个咽喉的 ZCJ 来锁闭另一个咽喉的迎面敌对进路。

（二）ZCJ 电路工作原理

ZCJ 有两条电路，3-4 线圈为励磁电路，1-2 线圈为自闭电路。平时两条电路都接通，使 ZCJ 吸起且自闭，反映本咽喉未向股道办理接车进路或调车进路。

当下行咽喉向 IIG 建立接车进路或调车进路时，由于 $S_{II}GJJ$ 励磁吸起和进路末道岔 27 的 SJ 失磁落下，分别切断 $S_{II}ZCJ$ 的 1-2 线圈自闭电路和 3-4 线圈励磁电路，使 $S_{II}ZCJ$ 失磁落下。$S_{II}ZCJ$ 的落下说明下行咽喉已向 IIG 建立了进路，并把上行咽喉向 IIG 的迎面敌对进路进行锁闭（用 $S_{II}ZCJ$ 前接点断开上行咽喉向 IIG 迎面敌对进路用的 8 线，使上行咽喉的迎面敌对进路的 XJJ 无法励磁，达到锁闭迎面敌对进路的目的）。

ZCJ 落下后，只有当进路中最后一个区段的道岔解锁，即 27SJ 吸起，ZCJ 才能经由 3-4 线圈重新励磁吸起，而后由 1-2 线圈自闭，使它处于吸起状态。ZCJ 失磁落下又重新励磁吸起，说明向股道办理的接车或调车进路已全部解锁，可以解除对另一个咽喉迎面敌对进路的锁闭。

任务十一　11 线信号继电器 XJ 电路识读

一、XJ 的设置与作用

（一）设置

每架信号机设置一个 XJ，进站内方带调车信号机、出站兼调车信号机处需要设置两个信号继电器，即一个列车信号继电器 LXJ 和一个调车信号继电器 DXJ。LXJ 放在 LXZ 组合内，DXJ 放在 DX 组合内。

（二）作用

检查开放信号的所有联锁条件，用 XJ 接点直接控制信号机的显示，向机务人员发出行车命令。

二、开放信号的联锁条件

根据《铁路技术管理规程》，开放信号时应检查以下联锁条件。
（1）开放信号时，必须检查进路处于空闲状态。
（2）开放信号时，必须检查进路上的道岔位置正确，并且确实被锁在规定的位置上。
（3）开放信号时，必须检查敌对进路在未建立状态，并且确实被锁在未建立状态。
（4）信号必须在车站值班员的操纵下才能开放，信号关闭后应能防止自动重复开放。
（5）列车信号和调车信号应能随时手动关闭。
（6）列车信号和调车信号自动关闭时机不同。

列车信号应在列车第一轮对驶入进路后立即自动关闭。调车信号自动关闭分为两种情况。一是调车车列驶入进路，完全出清接近区段后，调车信号自动关闭。二是当接近区段留有部分车辆，调车车列驶入进路，出清进路内方第一个轨道区段后才能自动关闭信号。

调车自动关闭时机滞后，是因为在进行调车作业时，有时机车在后面推送，避免列车在蓝灯下运行。

（7）信号允许灯光因故熄灭时应自动改点禁止灯光。

例如，进站信号机若点亮的黄灯或绿灯熄灭，变成无显示，虽然按行车规则规定色灯信号机灭灯应作为禁止信号，但如果在夜间发生灭灯，且司机在远处看不见进站信号机，那么等司机驶近发现灭灯时，为了不冒进，势必要采取紧急制动，会产生人员伤亡、货物碰撞等情况。

（8）进站信号机和正线上的出站信号机开放时应先检查红灯灯丝的完整性，当红灯断丝时不允许开放允许灯光。

例如，红灯断丝准许开放允许灯光，而恰巧允许灯丝也断丝，就无法自动改点红灯。又如，允许灯丝是完好的，红灯灯丝断了，在此情况下，如果夜间给出允许灯光，并且司机已经看到，随后因某种原因关闭了信号，那么这时司机因看不见红灯，可能误认为已经看到的允许灯光（绿灯或黄灯）被其他障碍物遮住了，因此没有及时采取制动措施，等到车驶近，才突然发现信号机灭灯，势必采取紧急制动，可能造成严重后果。

禁止灯光灭灯不准许开放允许灯光，将影响效率。对于速度较低的站线出站信号机和调车信号机，准许不检查此项联锁条件。

三、11 线网路结构和检查的联锁条件

（一）11 线网路结构

11 线是 XJ 用的网路线。咽喉区内各个信号机的 XJ 都并接在 11 线上，各 XJ 所并接的位置与信号机的位置一一对应，电路如图 2-51 所示。

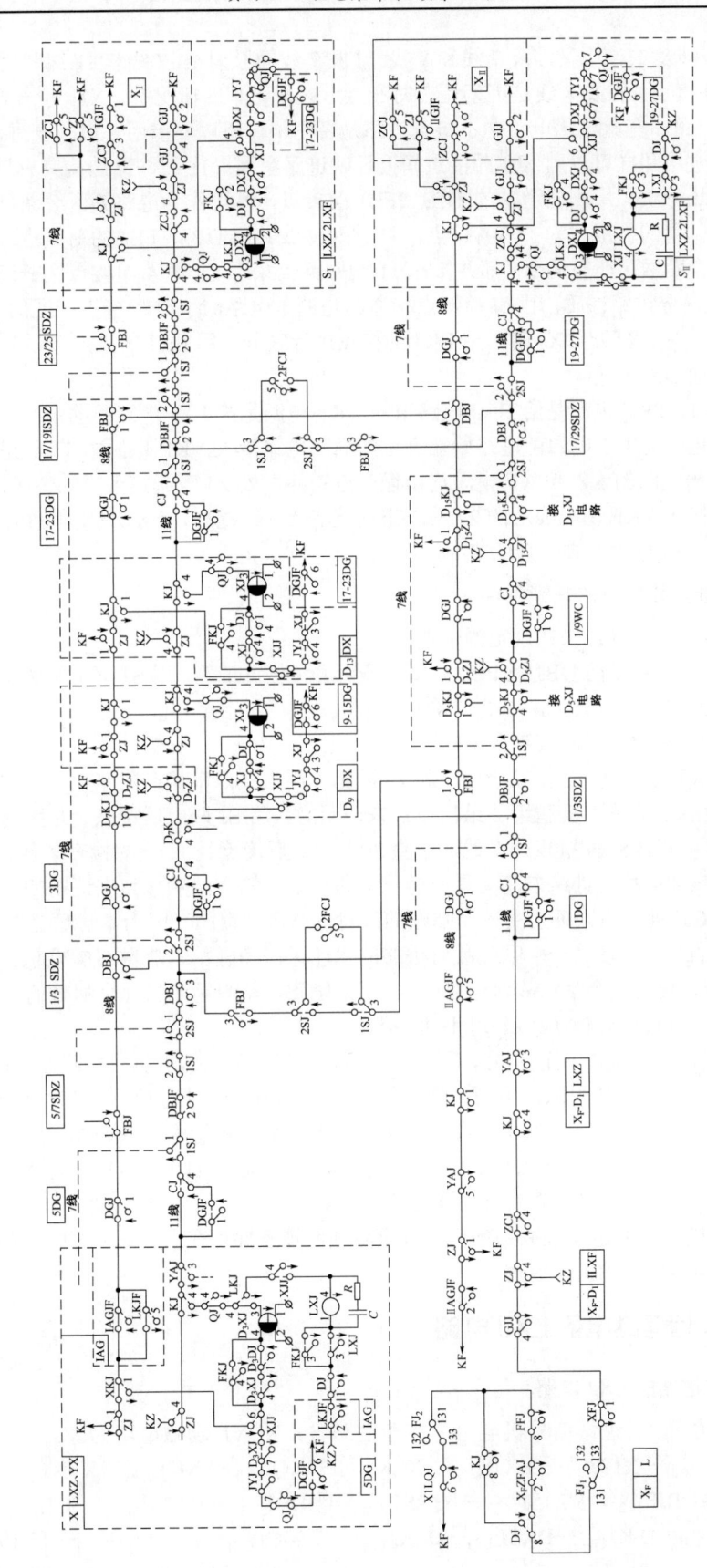

图 2-51 信号继电器电路

XJ 电路既涉及 11 线，又涉及 7 线和 8 线。涉及 7 线的原因是，7 线和 11 线共用 DBJ 和 FBJ 的前接点及 SJ 接点。涉及 8 线是因为调车时在接近区段无车的情况下，XJJ 有一条脱离 8 线的 1-2 线圈自闭电路，在此自闭电路中不检查进路是否空闲，所以要借用 8 线检查进路是否空闲，而不能像列车进路那样可以用 XJJ 前接点间接反映进路空闲。11 线网路结构具有以下特点。

（1）按站场形状，用相应道岔的 DBJ、FBJ 前接点，既可作为电路的区分条件，又可起检查进路上道岔位置的作用。为了节省接点，11 线和 7 线共用 DBJ、FBJ 的前接点。

（2）同一个咽喉区所有的 XJ 都并接在 11 线网路上，用 KJ 第 4 组接点区分运行方向。用 ZJ 第 4 组接点区分进路性质，用 ZJ 前接点接通的是调车电路，用 ZJ 后接点接通的是列车电路。在同一个部位接有 LXJ 和 DXJ 时，用 LKJ 的接点进行区分，用 LKJ 前接点接通 LXJ 电路，用 LKJ 后接点接通 DXJ 电路。

（3）11 线上的 KZ 电源是给 DXJ 电路用的，KF 电源是给 LXJ 电路用的。

LXJ 励磁电路的 KZ 电源由进路始端部位的局部电路接入，KF 电源由 11 线进路终端部位接入。DXJ 励磁电路的 KZ 和 KF 电源均由调车进路终端处 ZJ 吸起接入，KZ 由 11 线上的 ZJ 第 4 组前接点接入，KF 由 8 线上的 ZJ 第 1 组前接点接入。这样，LXJ 只受 11 线控制，涉及 7 线。DXJ 受 8 线和 11 线控制，涉及 7 线。

（二）11 线网路检查的联锁条件

1．道岔位置正确并被锁在规定的位置上

用 7 线和 11 线共用的 DBJ 或 FBJ 前接点证明道岔位置正确，用 SJ 第 1 组和第 2 组后接点证明道岔被锁在规定的位置上。

2．敌对进路未建立，并被锁在未建立状态

本咽喉的敌对进路未建立，是用 KJ 和 ZJ 的第 4 组后接点串接在网路中来证明的。锁在未建立状态，是用 SJ 的第 1 组和第 2 组后接点来证明的。用 SJ 两组后接点，是因为要用它们区分 7 线和 11 线网路，SJ 前接点是 7 线的检查条件，SJ 后接点是 11 线的检查条件。

另一个咽喉迎面敌对进路未建立是用另一个咽喉 GJJ 第 2 组后接点来证明的。用本咽喉的 ZCJ 后接点和 GJJ 前接点来证明另一个咽喉的敌对进路已被锁闭（因为本咽喉 ZCJ 落下后已切断另一个咽喉的 8 线，使另一个咽喉敌对进路的 XJJ 无法励磁。本咽喉 GJJ 吸起后已切断另一个咽喉的 11 线，使另一个咽喉敌对进路的 XJ 无法励磁，从而锁闭另一个咽喉的敌对进路）。

3．列车信号和调车信号应能随时手动关闭

信号开放后，如果需要关闭信号，那么在一般情况下，车站值班员应按照取消进路的方法，依靠 QJ 的励磁吸起使 XJ 失磁落下而关闭信号。但如果 QJ 因故不能励磁吸起，那么 XJ 就不能失磁落下而关闭信号。6502 电气集中联锁系统又考虑了另一种特殊方法来关闭信号，即采用按压 ZRA 和进路上任一个区段的 SGA 后，使 CJ 励磁吸起切断 11 线（11 线上接入了各区段的 CJ 第 4 组后接点），以达到手动关闭信号的目的。

11 线上仅检查了上述 3 项联锁条件，其余各项联锁条件均在 XJ 局部电路中检查。下面介绍各种信号继电器电路的工作原理。

四、列车信号继电器 LXJ 电路

（一）接车进路的 LXJ 电路

例如，当办理 X 进站信号机至 IG 接车进路时，XLXJ 励磁电路为 KZ—XLKJF$_{21-22}$—XDJ$_{11-12}$—XFKJ$_{31-32}$—XLXJ$_{1-4}$—XXJJ$_{42-41}$—XLKJ$_{42-41}$—XQJ$_{43-41}$—XKJ$_{42-41}$—XYAJ$_{33-31}$—5CJ$_{43-41}$—5/7 1SJ$_{13-11}$—5/7 DBJF$_{21-22}$—5/7 1SJ$_{21-23}$—1/3 2SJ$_{13-11}$—1/3DBJF$_{32-31}$—1/3 2SJ$_{21-23}$—3CJ$_{43-41}$—D$_7$KJ$_{41-43}$—D$_7$ZJ$_{41-43}$—D$_9$ZJ$_{43-41}$—D$_9$KJ$_{43-41}$—D$_{13}$ZJ$_{41-43}$—D$_{13}$KJ$_{43-41}$—17-23CJ$_{43-41}$—17/19 1SJ$_{13-11}$—17/19DBJF$_{21-22}$—

17/19 1SJ$_{21-23}$—23/25 1SJ$_{13-11}$—23/25DBJF$_{21-22}$—23/25 1SJ$_{21-23}$—S$_1$KJ$_{41-43}$—S$_1$ZCJ$_{41-43}$—S$_1$ZJ$_{41-43}$—S$_1$GJJ$_{42-41}$—X$_1$GJJ$_{23-21}$—KF。

LXJ 吸起后，经本身第 3 组前接点构成自闭电路。

上述电路中，LXJ 经 11 线网路励磁吸起并自闭，KZ 电源由局部电路供给，KF 电源由进路终端 11 线网路供给。列车驶入信号机内方时，ⅠAGJF 落下，XJJ 和 LXJ 均落下，信号自动关闭。

LXJ 励磁时，检查了以下联锁条件。

（1）进路空闲（联锁条件 1）。

LXJ 仅受 11 线网路控制，而不受 8 线网路控制。对于进路空闲的检查，是由局部电路中的 XJJ 第 4 组前接点间接实现的。因为在信号的整个开放过程中，XJJ 都经过 8 线上轨道区段的 DGJ 前接点保持励磁。

（2）道岔位置正确并被锁在规定的位置上（联锁条件 2）。

用 7 线和 11 线共用的 DBJ（DBJF）或 FBJ 前接点来证明道岔位置正确，如用 1/3DBJ、23/25DBJF 的前接点来证明 1/3、23/25 号道岔在进路所要求的位置上。用 1SJ 或 2SJ 落下接通 11 线来证明道岔被锁闭，如用 1/32SJ 的落下证明已将 1/3 号道岔锁在规定的位置。

（3）敌对进路未建立，并被锁在未建立状态（联锁条件 3）。

用 11 线上敌对进路的 KJ 和 ZJ 后接点，如 D$_7$KJ、D$_7$ZJ、D$_9$KJ、D$_9$ZJ、D$_{13}$KJ、D$_{13}$ZJ、S$_1$KJ、S$_1$ZJ 后接点证明本咽喉的敌对进路未建立。用 11 线上接的进路上各道岔区段的 SJ 的落下断开 7 线，使上述各 KJ 和 ZJ 无法励磁，证明本咽喉敌对进路被锁在未建立状态。

用另一个咽喉 X$_1$GJJ 后接点来证明另一个咽喉迎面敌对进路未建立。用本咽喉的 S$_1$ZCJ 后接点和 S$_1$GJJ 前接点来证明另一个咽喉的敌对进路被锁在未建立状态。

（4）列车信号在车站值班员操纵下开放，能防止自动重复开放（联锁条件 4）。

LXJ 励磁要经过 FKJ 第 3 组前接点，LXJ 励磁后 FKJ 落下，LXJ 由其自闭电路保持吸起。若信号关闭，LXJ 落下，则需要办理重复开放信号手续，使 FKJ 再次吸起才能使 LXJ 励磁，否则信号不会重复开放。

（5）能随时手动关闭信号（联锁条件 5）。

在取消进路和人工解锁进路时，都会使 QJ 励磁，用其第 4 组后接点切断 XJ 电路而关闭信号。当 QJ 故障不能励磁吸起时，应同时按压 ZRA 和进路中任一个区段的事故按钮 SGA，使该区段的传递继电器 CJ 吸起，用 CJ 第 4 组后接点切断 11 线关闭信号。

（6）列车信号自动关闭（联锁条件 6）。

进站信号开放，列车进入进站信号机内方，ⅠAGJF 落下而断开 8 线，XJJ 落下，由其第 4 组前接点切断 LXJ 的自闭电路使进站信号机关闭。

（7）信号开放前应检查红灯完好，信号开放后允许信号因故熄灭时应自动改点禁止灯光（联锁条件 7、8）。

在进站信号机的 LXJ 励磁电路和自闭电路中接入灯丝继电器 DJ 第 1 组前接点，在开放信号 LXJ 励磁时，用 DJ 前接点反映红灯灯丝完好。在信号开放后检查 DJ 吸起可反映允许信号灯丝完好。这样，在进站信号机红灯断丝时信号不能开放，而进站信号机开放后，若允许信号发生灭灯，则能使其自动关闭改点红灯。

在 LXJ 线圈上并联 RC 支路的作用是使 LXJ 具有较长的缓放时间（1.5～2s）。要求 LXJ 缓放的原因如下。

① 在主、副电源切换过程中，利用 LXJ 的缓放保证开放的列车信号机不至于关闭。

② 在蒸汽机车运行时，由于司机座位至第一轮对约 15m，当机车刚驶入信号机内方时，依靠 LXJ 缓放使红灯滞后一瞬间出现，防止司机看见红灯而错误制动停车。

（二）发车进路的 LXJ 电路

发车进路与接车进路的 LXJ 电路大部分相同，但也存在以下不同之处。

（1）在 11 线上必须检查闭塞条件，若车站与自动闭塞相结合，则 11 线上要接入 1LQJ 前接点，以证明第一离去区段空闲方可允许发车。如果车站与半自动闭塞相结合，那么在半自动闭塞区间发车口（X_D 进站信号机处），11 线网路应接入开通继电器 KTJ 前接点和选择继电器 XZJ 后接点，证明闭塞手续已办妥，取得了发车权。

（2）当向主要方向发车时，需要主信号继电器 ZXJ 吸起，用与 ZXJ 相串联的信号辅助继电器 XFJ 前接点（在主要发车口处 11 线上接有信号辅助继电器 XFJ 第 1 组前接点条件）证明 ZXJ 吸起。

（3）信号开放之前检查红灯灯丝的完整性，仅对进站和正线出站兼调车信号机有此要求，对站线出站兼调车信号机没有此要求（因为红灯灭灯而不准开放信号将会影响作业效率）。站线出站兼调车信号机开放信号前不检查红灯灯丝的完整性，将 DJ 第 1 组前接点接在 LXJ 的自闭电路中。

五、调车信号继电器 DXJ 电路

DXJ 电路如图 2-51 所示。DXJ 的 3-4 线圈既作为励磁电路，又作为自闭电路用，DXJ 的 1-2 线圈是作为非进路调车或局部控制道岔电路用的。

下面以办理 D_{13} 至 IG 的调车进路为例，介绍 D_{13}DXJ 电路及局部电路。

（一）D_{13}XJ 的 3-4 线圈励磁电路

D_{13}XJ$_{3-4}$ 线圈的 KZ 电源从进路终端经 S_1ZJ 前接点由 11 线接入，KF 电源从进路终端经 S_1ZJ 前接点由 8 线接入。励磁电路为 KZ—S_1ZJ$_{42-41}$—S_1ZCJ$_{43-41}$—S_1KJ$_{43-41}$—23/25 1SJ$_{23-21}$—23/25DBJF$_{22-21}$—23/25 1SJ$_{11-13}$—17/19 1SJ$_{23-21}$—17/19DBJF$_{22-21}$—17/191SJ$_{11-13}$—（17-23）CJ$_{41-43}$—D_{13}KJ$_{41-42}$—D_{13}QJ$_{41-43}$—D_{13}XJ$_{3-4}$—D_{13}FKJ$_{42-41}$—D_{13}XJJ$_{41-42}$—D_{13}KJ$_{12-11}$—（17-23）DGJ$_{12-11}$—17/19FBJ$_{11-13}$—23/25FBJ$_{11-13}$—S_1KJ$_{11-13}$—S_1ZJ$_{11-12}$—X_1ZCJ$_{52-51}$—KF（或 X_1ZJ$_{52-51}$—KF）。

（二）D_{13}XJ 的 3-4 线圈自闭电路

D_{13}XJ 励磁吸起后，一方面使 FKJ 落下，切断 D_{13}XJ 的励磁电路，另一方面经 DJ 第 1 组前接点和 D_{13}XJ 第 4 组前接点转入自闭电路。自闭电路为 KZ—……同励磁电路……—D_{13}XJ$_{3-4}$—D_{13}DJ$_{11-12}$—D_{13}XJ$_{41-42}$—……同励磁电路……—KF。

（三）白灯保留电路（第二条自闭电路）

当调车车列驶入信号机内方时，D_{13} 信号并不关闭，而是通过 D_{13}XJJ 的落下，使 D_{13}XJ$_{3-4}$ 线圈转入脱离 8 线网路的白灯保留电路，该电路从 11 线网路进路终端部位得到 KZ，从进路始端局部电路得到 KF。其电路为 KZ—S_1ZJ$_{42-41}$—S_1ZCJ$_{43-41}$—S_1KJ$_{43-41}$—23/251SJ$_{23-21}$—23/25DBJF$_{22-21}$—23/25 1SJ$_{11-13}$—17/19 1SJ$_{23-21}$—17/19DBJF$_{22-21}$—17/191SJ$_{11-13}$—（17-23）CJ$_{41-43}$—D_{13}KJ$_{41-42}$—D_{13}QJ$_{41-43}$—D_{13}XJ$_{3-4}$—D_{13}DJ$_{11-12}$—D_{13}XJ$_{41-42}$—D_{13}XJJ$_{41-43}$—D_{13}JYJ$_{41-43}$—D_{13}XJ$_{31-32}$—（17-23）DGJ$_{63-61}$—KF。

当列车完全进入调车信号机内方，出清接近区段时，JYJ 吸起断开白灯保留电路，使 DXJ 落下而自动关闭信号。但当接近区段有车辆或调车车列一部分进入 D_{13} 内方后又中途折返（转线作业）时，只有调车车列出清进路内方第一个道岔区段 17-23DGJ 吸起断开白灯保留电路，才使 DXJ 落下而关闭信号。

DXJ 励磁时，检查了以下联锁条件。

（1）进路空闲（联锁条件1）。

DXJ励磁电路中接有8线上进路各区段轨道继电器前接点来证明进路空闲，如用17-23DGJ前接点来证明进路空闲。

（2）道岔位置正确并被锁在规定的位置上（联锁条件2）。

用7线和11线共用的DBJF或FBJ前接点来证明道岔位置正确，用1SJ或2SJ落下接通11线来证明道岔被锁闭。

（3）敌对进路未建立，并被锁在未建立状态（联锁条件3）。

用11线上敌对进路的KJ和ZJ后接点来证明本咽喉的敌对进路未建立。用11线上接的进路上各道岔区段的SJ的落下断开7线，使敌对进路的KJ和ZJ无法励磁，证明本咽喉敌对进路被锁在未建立状态。

用另一个咽喉X_1ZCJ的吸起来证明另一个咽喉未向IG建立迎面敌对进路。用本咽喉的S_1ZCJ的落下来证明另一个咽喉的敌对进路被锁在未建立状态。但是，两个咽喉同时向IG调车为非敌对进路时，应允许建立。当上行咽喉向IG调车时，虽然X_1ZCJ落下，但8线KF电源可用X_1ZJ第5组前接点接通，以保证$D_{13}XJ$励磁。

（4）调车信号在车站值班员操纵下开放，能防止自动重复开放（联锁条件4）。

通过FKJ第4组前接点来实现。信号开放前，用它接通励磁电路，未办理进路或重复开放信号手续，FKJ不励磁，即不经车站值班员操纵，信号不能自动开放和自动重复开放。

（5）能随时手动关闭信号（联锁条件5）。

通过QJ第4组后接点切断XJ电路来实现。

（6）调车信号自动关闭（联锁条件6）。

调车信号的白灯保留电路是用调车信号的接近预告继电器JYJ和调车信号机内方第一个道岔区段的轨道继电器DGJ后接点经XJJ落下而接通的。

当列车完全进入调车信号机内方，出清接近区段时，用JYJ第4组后接点断开白灯保留电路，使信号自动关闭。当接近区段留有车辆或调车车列一部分进入D_{13}内方后又中途折返时，调车车列出清进路内方第一个道岔区段，17-23DGJ第6组后接点断开白灯保留电路，使信号自动关闭。

（7）允许信号因故熄灭时自动改点禁止灯光（联锁条件7）。

调车信号开放后，DXJ自闭电路中接有DJ第1组前接点，当允许信号白灯灭灯时会使DJ落下，切断DXJ自闭电路，使其自动改点蓝灯。

（8）由于调车车列速度低，作业又繁忙，因此开放调车信号时不检查蓝灯是否完好，蓝灯灭灯时也可开放白灯。

DXJ采用缓放型继电器，其主要原因如下。

（1）在XJJ第4组接点转换过程中，不因瞬间断电而使XJ落下。

（2）在调车进路人工解锁时，QJ吸起后，利用XJ缓放性能，用仍在闭合的第2组前接点断开XJJ的1-2线圈电路，迫使XJJ必须通过条件电源KZ-RJ-H重新励磁，以保证规定的人工解锁延时时间。

（3）依靠XJ的缓放，用其前接点接通正常解锁电路。

六、进站信号机用信号辅助继电器电路

（一）增设信号辅助继电器的原因

进站信号机有5个灯，灯位排列自上而下分别是黄、绿、红、黄、白。用这5个灯可组成6种显示：绿、绿黄、黄、黄黄、红白、红。此外，在有18号及以上道岔的车站还有黄闪黄显

示。显然，要用一个具有两种状态的继电器 LXJ 是无法实现这 7 种显示的，必须增设一些信号辅助继电器来控制进站信号机的这些显示。

（二）进站信号机的 7 种显示

当进站信号机有 7 种显示时，要增设正线信号继电器 ZXJ、通过信号继电器 TXJ、绿黄信号继电器 LUXJ、引导信号继电器 YXJ、侧向通过信号继电器 CTXJ 和闪光继电器 SNJ，用这些继电器与列车信号继电器 LXJ 配合来控制进站信号机的 7 种显示。其动作关系如下。

（1）当 LXJ↓、YXJ↓时，显示红灯（H）。
（2）当 LXJ↓、YXJ↑时，显示红、白（H、YB）。
（3）当 LXJ↑、ZXJ↓时，显示黄、黄（U、U）。
（4）当 LXJ↑、ZXJ↑、LUXJ↓、TXJ↓时，显示黄灯（U）。
（5）当 LXJ↑、ZXJ↑、LUXJ↑、TXJ↓时，显示绿、黄（L、U）。
（6）当 LXJ↑、ZXJ↑、LUXJ↓、TXJ↑时，显示绿灯（L）。
（7）当 LXJ↑、ZXJ↓、CTXJ↑、SNJ↑时，显示黄闪、黄（US、U）。

（三）进站信号机的信号辅助继电器电路

LXJ 电路已经介绍过了，YXJ 电路将在后面介绍，其余的 ZXJ、TXJ 和 LUXJ 电路如图 2-52 所示。

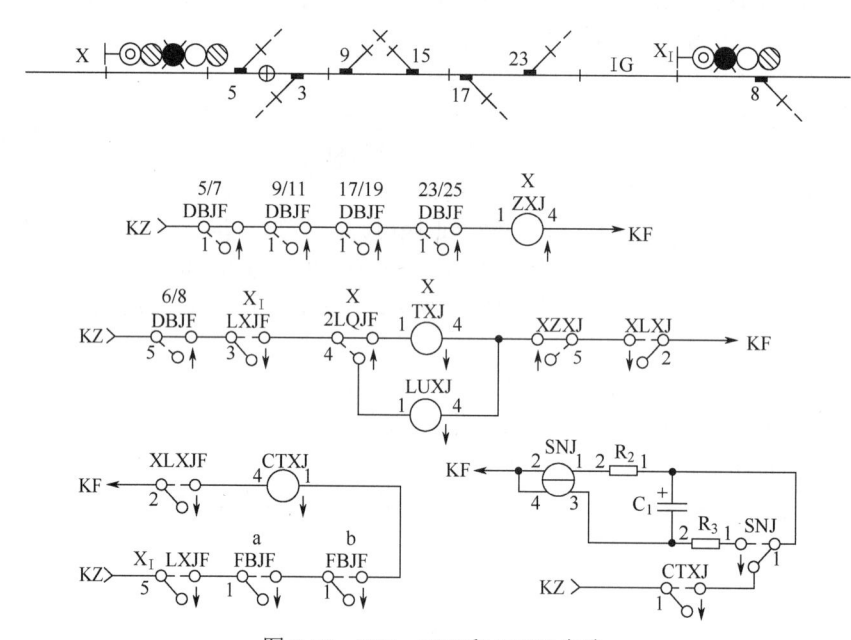

图 2-52 ZXJ、TXJ 和 LUXJ 电路

1. ZXJ 电路

ZXJ 的作用是区分一黄与双黄显示。向正线接车还是向站线接车，取决于站内正线上对向道岔的位置。例如，下行咽喉 ZXJ 电路是由正线上对向道岔 5/7、9/11、17/19 和 23/25 的 DBJF 前接点串接在电路中构成的。当这 4 组道岔都在定位时，ZXJ 励磁吸起，反映开通的是正线。否则，当其中任一组道岔在反位时，会使 ZXJ 失磁落下，反映开通的是站线。进站信号机用 ZXJ 的两种状态来区分正线接车和站线接车。

2. TXJ 电路

TXJ 的作用是区分黄灯与绿灯显示。当 TXJ 吸起时，反映办理的是通过进路，它落下说明不是通过进路（在四显示自动闭塞区段，显示绿灯不一定通过车站）。只有正线的接车进路排好（X 进站信号机的 LXJ 和 ZXJ 均吸起），同时该正线同方向的发车进路也排好（发车进路中关键的对向道岔 6/8 在定位，6/8DBJF 吸起，2LQ 区段空闲，X2LQJF 吸起，是直向发车进路，X₁LXJF 吸起）才说明办理的是通过进路，TXJ 吸起，给出一个绿灯显示。

3．LUXJ 电路

LUXJ 是用来区分绿黄灯和绿灯显示的。在四显示自动闭塞区段或设有接车进路信号机的情况下，在进站信号机上要显示绿黄灯。LUXJ 电路受 X 进站信号机的 LXJ 前接点和 ZXJ 前接点，以及出站信号机或接车进路信号机的 LXJF 前接点控制。当排好正线接车进路，并且在这条进路终端处的出站信号机或接车进路信号机也在开放时，LUXJ 吸起，进站信号机显示一个绿灯和一个黄灯。在四显示自动闭塞区段，根据通过列车驶离同方向 2LQ 区段的情况，分别有绿黄灯显示和绿灯显示。

4．CTXJ 和 SNJ 电路

CTXJ 和 SNJ 是用来区分黄闪和黄灯显示的。当接车进路经过 18 号及以上道岔侧向位置时，进站信号机显示黄闪和黄色灯光。

在 CTXJ 电路中，XLXJF 第 2 组前接点和 X₁LXJF 第 5 组前接点证明进站信号机和同方向出站信号机开放。aFBJF 和 bFBJF 的第 1 组前接点分别说明接车进路和发车进路经过 18 号及以上道岔的侧向位置，这些条件使 CTXJ 励磁吸起。

在 SNJ 电路中，经由 CTXJ 第 1 组前接点接通 SNJ 励磁电路的 KZ 电源，由于电路接有 C₁ 和 R₂，使 SNJ 缓吸。当 SNJ 吸起后，其第 1 组后接点断开 SNJ 励磁电路，但由于 C₁ 放电而使其缓放。当 SNJ 落下后，它的第 1 组后接点再次接通其励磁电路的 KZ 电源，因此在 CTXJ 吸起时间内，SNJ 脉动。

任务十二　信号机点灯电路识读

思政主题： 欣赏劳动之美，争做最美劳动者
案例要点：

地铁信号工张昊首先从"1mm 的概念"切入，向人们展示了信号工一个常用的检修工具——塞尺，塞尺的规格从 0.1mm 到 1mm 不等。而每个夜班，他和工友们都要用不同厚度的塞尺来检查每组道岔从尖端到跟部的密贴程度，因为密贴一旦过大就可能导致地铁行车故障，甚至引发脱轨事故。他们的作业时间为凌晨 1 点至 4 点。在隧道黑暗、路面崎岖、潮湿闷热等工作环境下，他们依然兢兢业业地工作着。他们在岗位上默默坚守，练就了一身本领和技巧：听声音就能辨别设备物理状况，看表象就能发现设备卫生细节，闻味道就能区分设备动作状态。张昊只是无数个信号工中的代表。他们披星戴月地工作，经常不能陪伴家人，但他们无怨无悔，舍小家顾大家，只为保障乘客安全出行。

雷锋说：青春啊，永远是美好的，可是真正的青春，只属于这些永远力争上游的人，永远忘我劳动的人，永远谦虚的人。

控制信号机灯光显示的电路称为信号机点灯电路。

6502 电气集中车站，信号机使用透镜式色灯信号机，采用集中供电方式，由设在信号楼继电器室里的电源屏供给专用的交流 220V 点灯电源。信号机灯光一般采用 12V、25W 双灯丝灯泡。因为点灯电源是 220V，所以在高柱信号机旁设置有变压器箱，箱内对每一个灯泡分别设有一台信号点灯变压器（矮型信号机点灯用信号变压器可安装在信号机构的后盖内，不需要设置

信号变压器箱），该变压器型号为 BX$_1$-34 型，初级电压为 220V，次级电压为 13～14V。

信号机点灯电路是故障-安全电路，除有室内控制条件外，还有室外电缆线路，所以信号机点灯电路既要考虑断线防护，又要考虑混线防护。

信号机点灯电路断线，信号机就要灭灯。允许灭灯要使信号显示降级，如绿灯或黄灯灭灯时，要自动改点红灯。禁止灭灯时，不允许信号机再开放（对进站信号机和正线出站信号机而言）。因此，在点亮每一个信号灯泡时均要串接一个灯丝继电器 DJ，用于监督灯泡灯丝的完整性。

为了信号显示不中断，信号灯泡一般采用双灯丝灯泡。在灯泡的主灯丝电路串接一个灯丝转换继电器 DZJ，以便当主灯丝断丝时，通过 DZJ 后接点自动点亮副灯丝，保证信号不中断显示。

信号机点灯电路混线将会出现信号显示错误，会给行车安全带来严重的恶果。因此，在信号机点灯电路中采用位置法（电路控制条件设置在电源与负载之间）和双断法的混线防护措施。

下面分别介绍进站信号机、出站兼调车信号机和调车信号机点灯电路原理。

一、进站信号机点灯电路

图 2-53 所示为进站信号机点灯电路。

进站信号机的 5 个灯泡按从上到下的排列顺序分别为 U、L、H、2U、YB。这 5 个灯泡中的 U、L、H 是不会同时亮灯的，2U 和 YB 也不会同时亮灯，只有 L 和 2U 或 U 和 2U 或 H 和 YB 能同时亮灯。对能同时亮灯的两个灯泡，不能用一个灯丝继电器进行监督，因为两个灯泡中坏了一个，无法区分是哪一个坏了。对不能同时亮灯的几个灯泡，可以用同一个灯丝继电器进行监督，因为它们可以根据控制灯光的条件进行区分。根据上述分析，U、L、H 用第一个灯丝继电器 DJ（JZXC—H18）监督，而 2U 和 YB 用第二个灯丝继电器 2DJ 进行监督。

平时进站信号机点红灯，红灯变压器 HB 次级有输出，因此在初级线圈中串接的 DJ 处于吸起状态，表示灯泡完好。假如此时红灯主、副灯丝都烧断而灭灯，那么 DJ 将因 HB 的次级没有输出，初级电路中的电流大大减少而落下。用 DJ 后接点使控制台相应的信号复示器闪红灯，及时反映出红灯主、副灯丝断。在进站信号机开放时，LXJ 吸起，一方面断开红灯点灯变压器初级电路，另一方面把点灯电源接向允许灯光。允许灯光亮什么灯，取决于建立什么样的进路，由信号辅助继电器动作配合接通有关允许灯光点灯电路。各种情况下的点灯电路如下。

（1）平时显示红色灯光。

XJZ$_{220}$—RD$_1$—DJ$_{5-6}$—LXJ$_{41-43}$—HB$_{11-12}$—LXJ$_{63-61}$—RD$_2$—XJF$_{220}$。

（2）正线通过时显示一个绿色灯光（在四显示自动闭塞区段，不一定通过车站）。

XJZ$_{220}$—RD$_1$—DJ$_{5-6}$—LXJ$_{41-42}$—ZXJ$_{81-82}$—TXJ$_{21-22}$—LB$_{11-12}$—LXJ$_{62-61}$—RD$_2$—XJF$_{220}$。

（3）正线接车时显示一个黄色灯光。

XJZ$_{220}$—RD$_1$—DJ$_{5-6}$—LXJ$_{41-42}$—ZXJ$_{81-82}$—TXJ$_{21-23}$—LUXJ$_{21-23}$—UB$_{11-12}$—LXJ$_{62-61}$—RD$_2$—XJF$_{220}$。

电路中检查了 LXJ 和 ZXJ 的前接点、TXJ 和 LUXJ 的后接点。

（4）站线接车时，显示两个黄色灯光，先接通第二个黄灯电路，后接通第一个黄灯电路。

① 第二个黄灯电路：XJZ$_{220}$—RD$_3$—2DJ$_{5-6}$—LXJF$_{71-72}$—ZXJ$_{71-73}$—TXJ$_{11-13}$—2UB$_{11-12}$—LXJ$_{62-61}$—RD$_2$—XJF$_{220}$。

该电路由 LXJ 前接点和 ZXJ、TXJ 后接点构成，2DJ 吸起证明第二个黄灯完好，用 2DJ 吸起接通第一个黄灯电路。

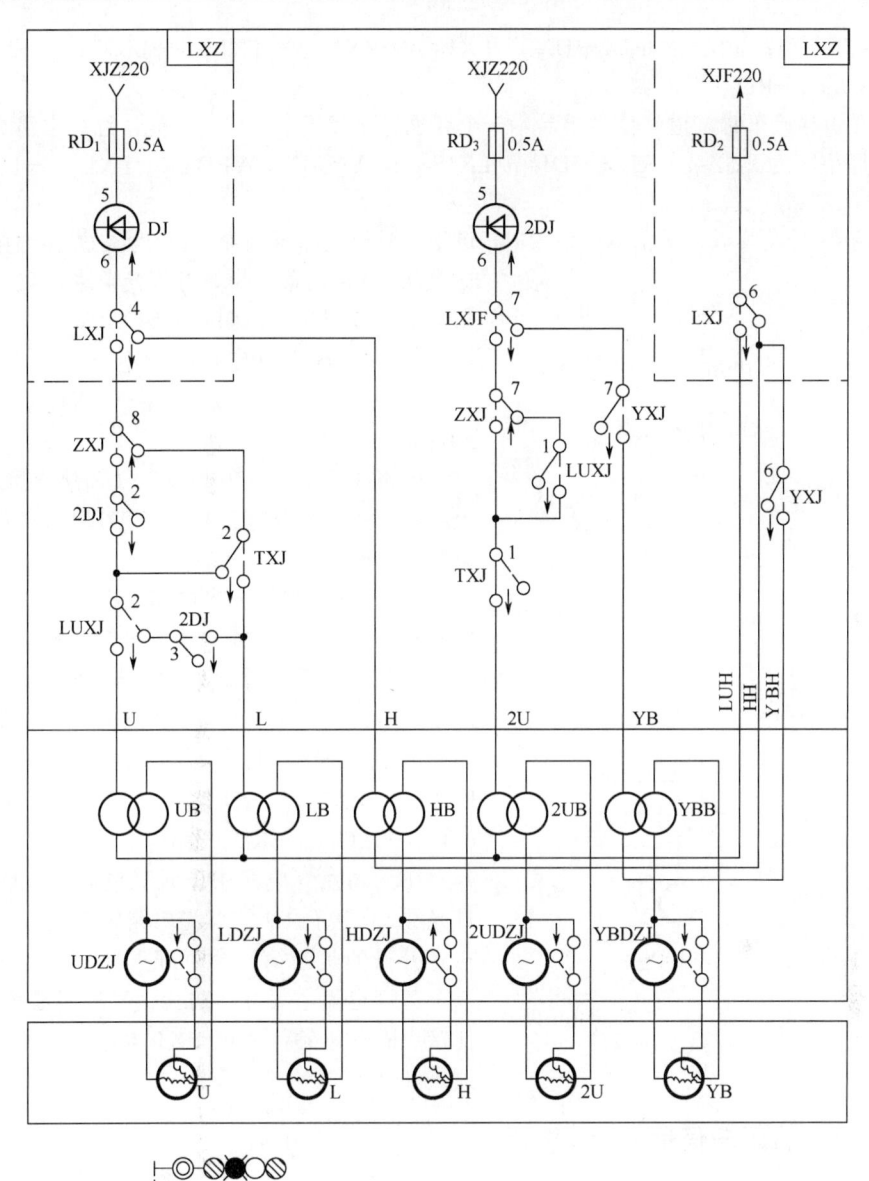

图 2-53 进站信号机点灯电路

② 第一个黄灯电路：XJZ$_{220}$—RD$_1$—DJ$_{5-6}$—LXJ$_{41-42}$—ZXJ$_{81-83}$—2DJ$_{21-22}$—LUXJ$_{21-23}$—UB$_{11-12}$—LXJ$_{62-61}$—RD$_2$—XJF$_{220}$。

在电路中接有 2DJ 第 2 组前接点，若第二个黄灯灭灯，则用 2DJ 落下断开第一个黄灯点灯电路，防止出现信号升级显示。

（5）当进站列车通过第一个车场到另一个车场或在四显示自动闭塞区段通过车站但同方向出站信号机显示黄灯时，进站信号机显示一绿一黄灯光，该点灯电路先接通第二个黄灯电路，后接通绿灯电路。

① 第二个黄灯电路：XJZ$_{220}$—RD$_3$—2DJ$_{5-6}$—LXJF$_{71-72}$—ZXJ$_{71-72}$—LUXJ$_{11-12}$—TXJ$_{11-13}$—2UB$_{11-12}$—LXJ$_{62-61}$—RD$_2$—XJF$_{220}$。

电路由 LXJ、ZXJ、LUXJ 前接点，TXJ 后接点构成。2DJ 吸起证明第二个黄灯完好，用 2DJ 的吸起接通绿灯电路。

② 绿灯电路：XJZ_{220}—RD_1—DJ_{5-6}—LXJ_{41-42}—ZXJ_{81-82}—TXJ_{21-23}—$LUXJ_{21-22}$—$2DJ_{31-32}$—LB_{11-12}—LXJ_{62-61}—RD_2—XJF_{220}。

（6）在引导接车时，进站信号机显示一个红色灯光和一个月白色灯光，红灯电路和平时一样，月白灯电路为 XJZ_{220}—RD_3—$2DJ_{5-6}$—$LXJF_{71-73}$—YXJ_{71-72}—YBB_{11-12}—YXJ_{62-61}—LXJ_{63-61}—RD_2—XJF_{220}。

（7）经 18 号及其以上道岔侧向位置时，进站信号机显示黄闪和黄色灯光，先接通第二个黄灯电路，后接通第一个黄灯闪光电路。第二个黄灯、第一个黄灯闪光电路如图 2-54 所示。

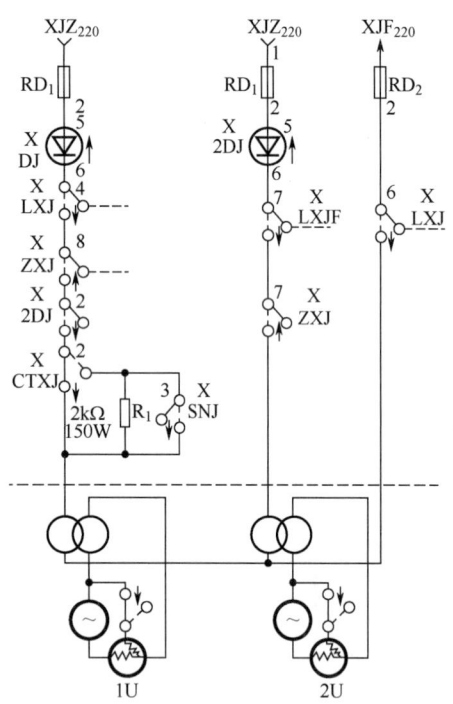

① 第二个黄灯电路：XJZ_{220}—RD_3—$2DJ_{5-6}$—$LXJF_{71-72}$—ZXJ_{71-73}—$2UB_{11-12}$—LXJ_{62-61}—RD_2—XJF_{220}。

电路由 LXJF 前接点和 ZXJ 后接点接通。2DJ 吸起证明第二个黄灯完好，用 2DJ 吸起接通第一个黄灯闪光电路。

② 第一个黄灯闪光电路。在侧向通过信号继电器 CTXJ 吸起后，闪光继电器 SNJ 第 3 组前接点脉动，闭合时第一个黄灯亮，断开时电路中串接 $2k\Omega$ 电阻，使电流变小，第一个黄灯灭，实现了第一个黄灯闪光。电路为 XJZ_{220}—RD_1—DJ_{5-6}—LXJ_{41-42}—ZXJ_{81-83}—$2DJ_{21-22}$—$CTXJ_{21-22}$—SNJ_{31-32}—UB_{11-12}—LXJ_{62-61}—RD_2—XJF_{200}。

在上述点灯电路中，凡是同时点亮两个允许灯光的，在接有 DJ 的灯光电路中都接有 2DJ 前接点。其目的是当第二个黄灯灭灯时，使绿灯或第一个黄灯也随之灭灯，防止信号升级显示，用 DJ 前接点断开进站信号机 LXJ 电路，使信号机自动改点红灯。

图 2-54 第二个黄灯、第一个黄灯闪光电路

二、出站兼调车信号机点灯电路

举例站场为双线双向自动闭塞区段，它的出站兼调车信号机有两种情况，上行出站兼调车信号机有 3 个发车方向，下行出站兼调车信号机有两个发车方向，两种情况的出站兼调车信号机点灯电路用进路表示器来区分发车方向。

（一）两方向出站兼调车信号机点灯电路

两方向出站兼调车信号机点灯电路如图 2-55 所示。

两方向出站兼调车信号机采用一个进路表示器，以区分正方向和反方向。正方向发车时，进路表示器不亮灯。反方向发车时，进路表示器白灯点亮。

因为是四显示自动闭塞区段，所以出站信号机也为四显示。用 2LQJ 和 3LQJ 来区分是点亮黄灯、绿黄灯还是绿灯。

1. 平时显示红色灯光，点灯电路为 XJZ—RD_1—DJ_{5-6}—LXJ_{41-43}—DXJ_{61-63}—HB_{11-12}—LXJ_{63-61}—RD_2—XJF_{220}。

2. 为正方向发车时，列车信号继电器 LXJ↑、主方向继电器 ZXJ↑。若此时二离去区段被

占用，二离去继电器 2LQJ↓，则出站信号机点亮黄灯，点灯电路为 XJZ$_{220}$—RD$_1$—DJ$_{5-6}$—LXJ$_{41-42}$—ZXJ$_{81-82}$—2LQJ 后接点（具体接点组号要视是哪一个出站信号机而定，下同）—2LQJ 另一组后接点—UB$_{11-12}$—LXJ$_{62-61}$—RD$_2$—XJF$_{220}$。

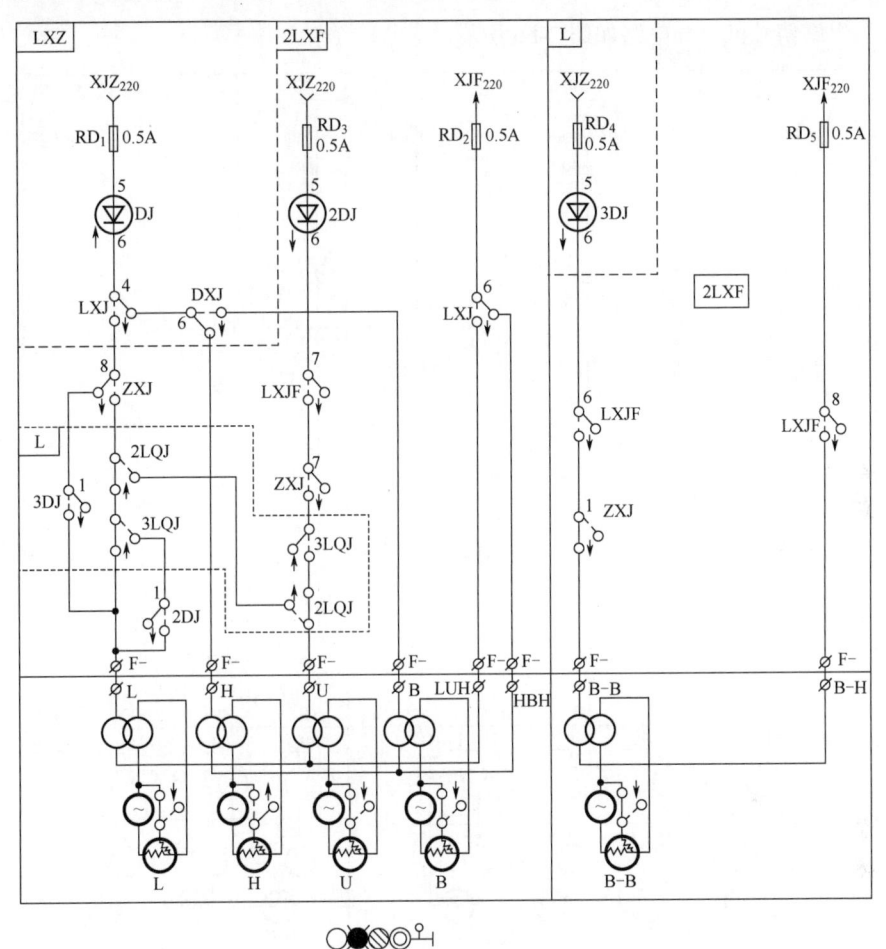

图 2-55　两方向出站兼调车信号机点灯电路

3. 正方向发车时，若此时二离去区段空闲，二离去继电器 2LQJ↑，三离去区段被占用，3LQJ↓，则出站信号机点亮绿黄灯。黄灯点灯电路为 XJZ$_{220}$—RD$_3$—2DJ$_{5-6}$—LXJF$_{71-72}$—ZXJ$_{71-72}$—3LQJ 后接点—2LQJ 前接点—UB$_{11-12}$—LXJ$_{62-61}$—RD$_2$—XJF$_{220}$。绿灯点灯电路为 XJZ$_{220}$—RD$_1$—DJ$_{5-6}$—LXJ$_{41-42}$—ZXJ$_{81-82}$—2LQJ 前接点—3LQJ 后接点—2DJ$_{11-12}$—LB$_{11-12}$—LXJ$_{62-61}$—RD$_2$—XJF$_{220}$。

4. 正方向发车时当二离去、三离去区段都空闲时，2LQJ↑，3LQJ↑，则出站信号机点亮绿灯，电路为 XJZ$_{220}$—RD$_1$—DJ$_{5-6}$—LXJ$_{41-42}$—ZXJ$_{81-82}$—2LQJ 前接点—3LQJ 前接点—LB$_{11-12}$—LXJ$_{62-61}$—RD$_2$—XJF$_{220}$。

5. 当反方向发车时，列车信号继电器 LXJ↑，主方向继电器 ZXJ↓，使反向（图 2-55 中为 S 方向）进路表示器 B 点亮，点灯电路为 XJZ$_{220}$—RD$_4$—3DJ$_{5-6}$—LXJF$_{61-62}$—ZXJ$_{11-13}$—BB$_{11-12}$—LXJF$_{82-81}$—RD$_5$—XJF$_{220}$。

现反方向采用自动站间闭塞，只有绿灯一种显示。绿灯点灯电路为 XJZ$_{220}$—RD$_1$—DJ$_{5-6}$—LXJ$_{41-42}$—ZXJ$_{81-83}$—3DJ$_{11-12}$—LB$_{11-12}$—LXJ$_{62-61}$—RD$_2$—XJF$_{220}$。此时绿灯点灯电路检查了 3DJ 前接点，即只有反方向进路表示器白灯点亮，绿灯才能点亮。

6．办理调车进路时，出站兼调车信号机显示白色灯光，电路为 XJZ$_{220}$—RD$_1$—DJ$_{5-6}$—LXJ$_{41-43}$—DXJ$_{61-62}$—BB$_{11-12}$—LXJF$_{63-62}$—RD$_2$—XJF$_{220}$。

（二）三方向出站兼调车信号机点灯电路

三方向出站信号机点灯电路如图 2-56 所示。

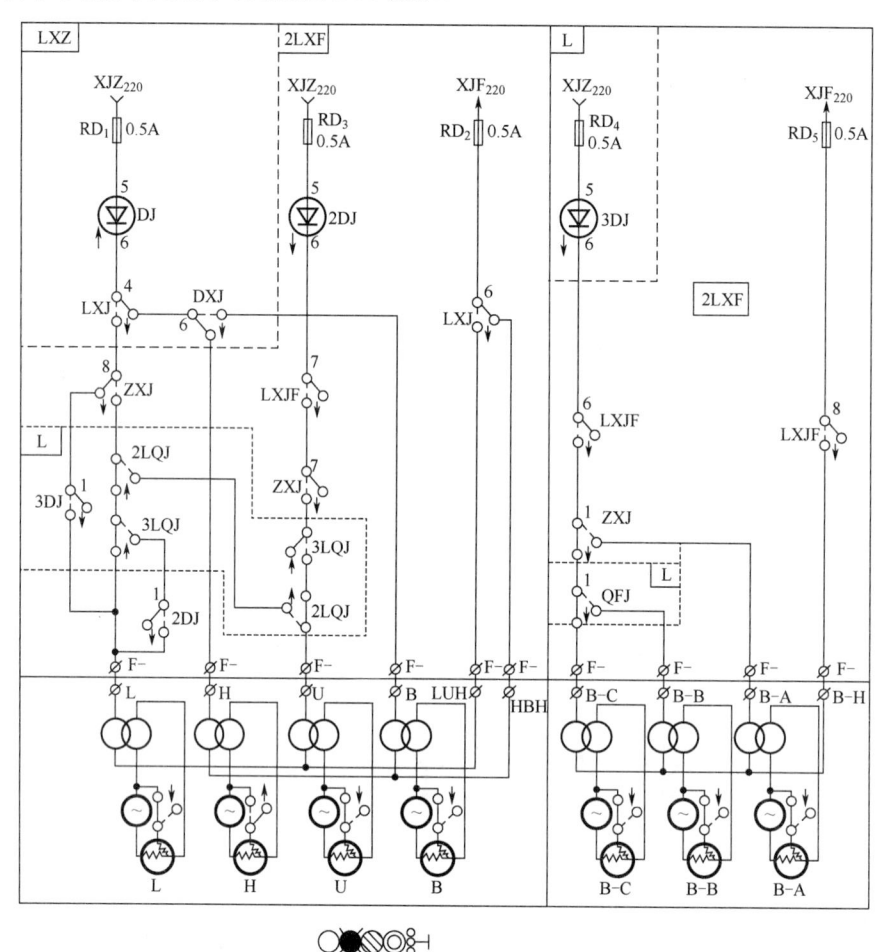

图 2-56　三方向出站兼调车信号机点灯电路

举例站场上行出站有 3 个方向，正方向、反方向和东郊方向，故出站兼调车信号机设 3 个进路表示器白灯，以区分不同的运行方向：主方向继电器 ZXJ↑，为正方向；ZXJ↓，区间反方向继电器 QFJ↑，为反方向；ZXJ↓、QFJ↓，为东郊方向。在这 3 种情况下，分别点亮 B-A、B-B、B-C 进路表示器白灯。

当向正方向（X$_F$ 方向）发车时，和上述两方向出站信号机一样，由 2LQJ 和 3LQJ 区分是点亮黄灯、绿黄灯还是绿灯。此时，进路表示器的 B-A 点亮。

当向反方向（X 方向）发车时，按自动站间闭塞方式，出站信号机只有绿灯显示。此时，进路表示器的 B-B 点亮，3DJ 吸起，接通绿灯电路。

当向东郊方向发车时，为半自动闭塞方式，出站信号机也只有绿灯显示。此时，进路表示器的 B-C 白灯点亮，3DJ 吸起，接通绿灯电路。

在上述电路中，用主信号继电器 ZXJ 的吸起证明正向（主发车方向）发车。用 3DJ 监督进路表示器 3 个白灯灯丝的完好。用 2LQJ 和 3LQJ 区分四显示出站信号机点亮黄灯、绿黄灯还是绿灯。用区间反方向继电器 QFJ 吸起来证明反向发车。

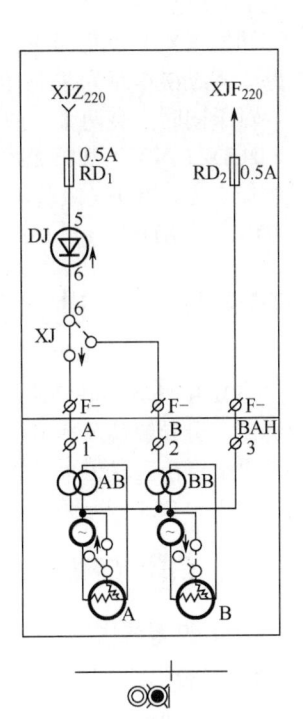

三、调车信号机点灯电路

调车信号机点灯电路如图 2-57 所示。平时 DXJ 落下，调车信号机点亮蓝灯。当办理调车进路时，DXJ 吸起，调车信号机点亮白灯。调车信号机一般采用矮型信号机。

四、列车信号主灯丝断丝报警电路

列车信号采用双灯丝灯泡，当灯泡的主灯丝断丝后虽然立即接通副灯丝继续亮灯，但因副灯丝寿命短，且副灯丝断丝后，列车信号就会中断信号显示，所以在列车信号的主灯丝断丝后就要及时报警并更换灯泡，确保列车信号的连续显示。

（一）设置

每个咽喉区设置一套列车信号主灯丝断丝报警电路。电路中设有断丝报警继电器 DSJ、灯丝断丝报警表示灯 DSD、灯丝断丝报警电铃 DSDL 和切断断丝报警按钮 DSA。

（二）作用

监督列车信号灯泡主灯丝断丝情况并及时报警。

图 2-57　调车信号机点灯电路

（三）电路组成及原理

图 2-58 所示为下行咽喉的主灯丝断丝报警电路。

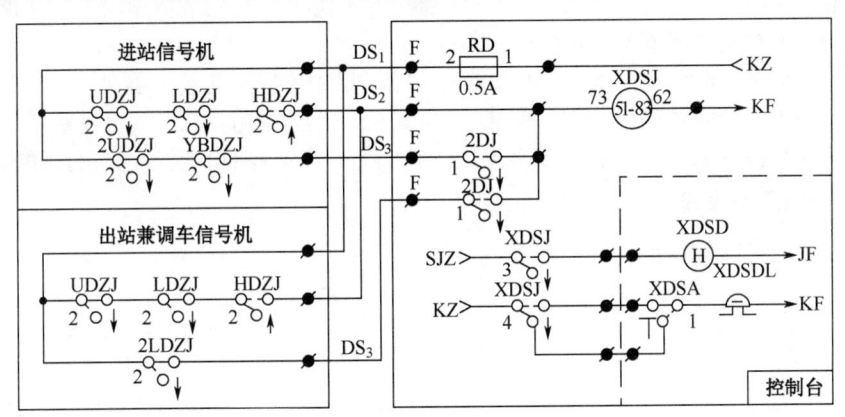

图 2-58　下行咽喉的主灯丝断丝报警电路

本咽喉每个进站信号机和出站信号机的灯丝转换继电器 DZJ 后接点串联成一条支路，各个信号机的支路互相并联，并接入室内的 DSJ 电路中。如果该信号机同时点亮两个灯，那么将第二个灯的 DZJ 后接点和监督其状态的 2DJ 前接点串联后接向 DSJ 电路。

DSJ 采用时间继电器，平时落下。当任何一个信号机点亮的灯泡主灯丝断丝时，该信号机的 DZJ 都落下，接通 DSJ 电路，使 DSJ 延时 3s 后吸起（之所以延时 3s，是因为信号在变换显示时有各灯丝转换继电器均落下的瞬间，此时 DSJ 不应吸起并错误报警）。主灯丝断丝使 DSJ 吸起后，用其第 3 组前接点接通控制台上的 DSD 电路使其闪红灯，同时用第 4 组前接点接通 DSDL 电路使电铃鸣响。当确认是主灯丝断丝后，车站值班员按下非自复式的 DSA，使电铃停响。待维修人员更换信号机的灯泡后，由于 DZJ 吸起使 DSJ 落下，DSDL 再次鸣响，车站值班员见 DSD 已灭灯，拉出 DSA，电铃停响。至此，主灯丝断丝报警电路复原。

例如，X 进站信号机开放正线接车信号，黄灯灯泡主灯丝发生断丝，UDZJ 落下接通 DSJ 电路。其励磁电路为 KZ—RD—UDZJ$_{21-23}$—LDZJ$_{21-23}$—HDZJ$_{21-23}$—XDSJ$_{73-62}$—KF。

对于同时点亮两个灯的信号机，如进站信号机点亮两个黄灯，当第二个黄灯灯丝发生断丝时，2UDZJ 落下，其第 2 组后接点和 2DJ 第 1 组前接点（注意：第二个黄灯主灯丝断丝后，副灯丝仍点亮，2DJ 是吸起的）接通 DSJ 电路，其励磁电路为 KZ—RD—2UDZJ$_{21-23}$—YBDZJ$_{21-23}$—2DJ$_{11-12}$—XDSJ$_{73-62}$—KF。

任务十三　进路锁闭与解锁用的继电器及故障解锁电路识读

6502 电气集中联锁系统的解锁方式有 6 种：正常解锁、取消解锁、人工解锁、调车中途返回解锁、引导解锁及故障解锁。每一种必须满足一些必要的条件才会解锁。这些解锁的必要条件是由设置在区段组合内的锁闭继电器 SJ、轨道反复式继电器 FDGJ、传递继电器 CJ、进路继电器 1LJ 和 2LJ，以及在 F 组合内供出的条件电源 KZ-CDJ 等实现的。

一、锁闭继电器 SJ 电路

（一）设置与作用

1. 设置

每组单动道岔设置一个 SJ；双动道岔设置两个 SJ，左边的为 1SJ，右边的为 2SJ。

2. 作用

SJ 的作用是锁闭道岔和敌对进路。

锁闭道岔是由接在道岔启动电路中的 SJ 前接点实现的，当 SJ 失磁落下时，切断 1DQJ 的励磁电路，从而达到锁闭道岔的目的。

锁闭敌对进路是通过接在 KJ、ZJ 及 ZCJ 励磁电路中的 SJ 前接点实现的。进路锁闭后 SJ 失磁落下，使本咽喉敌对进路的 KJ 和 ZJ 不能励磁，达到锁闭本咽喉敌对进路的目的。用 SJ 前接点与 GJJ 后接点配合，使 ZCJ 落下，达到锁闭另一个咽喉迎面敌对进路的目的。

（二）电路工作原理

图 2-59 所示为 SJ 电路。

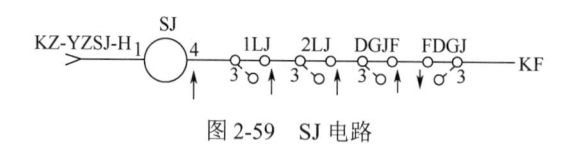

图 2-59　SJ 电路

平时 SJ 励磁吸起，道岔处于解锁状态，可对道岔进行单独操纵或经该道岔办理进路。

SJ 电路中接有 1LJ 和 2LJ、DGJF 和 FDGJ 接点及条件电源 KZ-YZSJ-H。它们起着进路锁闭、区段锁闭及全咽喉总锁闭的作用。

SJ 电路中各接点的作用如下。

1. 1LJ 和 2LJ 前接点

实现进路锁闭。当进路建立后，由于进路继电器落下，因此断开 SJ 励磁电路，使 SJ 落下，实现进路锁闭。

2. DGJF 前接点

实现区段锁闭。当道岔区段有车占用或轨道电路发生故障时，由于 DGJF 落下，因此断开 SJ 电路，使 SJ 落下，实现区段锁闭。

3. FDGJ 后接点

当防止轻车跳动或轨道电路瞬间分路不良时，利用 FDGJ 的缓放性能防止 SJ 提前吸起而造成提前解锁的危险。

注意：FDGJ 后接点不能代替 DGJF 前接点的作用，若不接入 DGJF 前接点，仅有 FDGJ 后接点，当车占用该区段时，FDGJ 断线故障不能吸起，则不能实现区段锁闭，这不符合故障-安全原则。

4．条件电源 KZ-YZSJ-H

实现全咽喉道岔总锁闭。平时 KZ-YZSJ-H 有电，当需要办理总锁闭方式引导接车时，按下引导总锁闭按钮 YZSA，使引导总锁闭继电器 YZSJ 吸起，断开条件电源 KZ-YZSJ-H，使全咽喉道岔的 SJ 都落下，达到锁闭全咽喉道岔的目的。

二、轨道反复式继电器 FDGJ 电路

（一）设置与作用

1．设置

FDGJ 与 DGJ 相对应，每个 Q 组合内设置一个 FDGJ。

2．作用

（1）利用 FDGJ 的缓放特性，防止轻车跳动或轨道电路瞬间分路不良引起 SJ 提前错误解锁。

（2）检查 10 线是否断线及 FDGJ 线圈并联 RC 支路的完整性。

（3）控制传递继电器 CJ 电路，使 CJ 具有及时励磁特性和滞后励磁特性，便于各种解锁电路的传递动作。

（4）利用 FDGJ 的缓放，实现对解锁电路的瞬间供电，提高解锁电路的可靠性。

（二）电路工作原理

图 2-60 所示为 FDGJ 电路。

1．道岔区段 FDGJ 电路

如图 2-60（a）所示，平时 DGJ 吸起，FDGJ 落下。当经由该区段建立进路后，该区段 QJJ 吸起。当车占用该区段时，DGJ 落下，同时接通 FDGJ 励磁电路和 RC 充电回路。在刚接通的瞬间，RC 充电电流大，FDGJ 励磁电流小，FDGJ 还不能立即吸起。待充电一定时间后，RC 充电电流越来越小，而 FDGJ 励磁电流越来越大，达到工作电流值时使 FDGJ 吸起。由于 FDGJ 吸起使 QJJ 落下，因此 FDGJ 的励磁电路便被 QJJ 前接点断开，这时 FDGJ 要依靠电容 C 的放电电流才能可靠吸起，然后自闭。车出清该区段，DGJ 吸起，断开 FDGJ 自闭电路，使 FDGJ 缓放 3～4s 后落下。

合理选择 RC 数值使 FDGJ 具有 3～4s 缓放时间，这样，当轻车跳动时，由于 FDGJ 的缓放时间较长，而车跳动时间较短，虽然 DGJ 曾一度吸起又落下，但是 FDGJ 不会落下，从而防止轻车跳动时 SJ 吸起，造成道岔提前解锁。

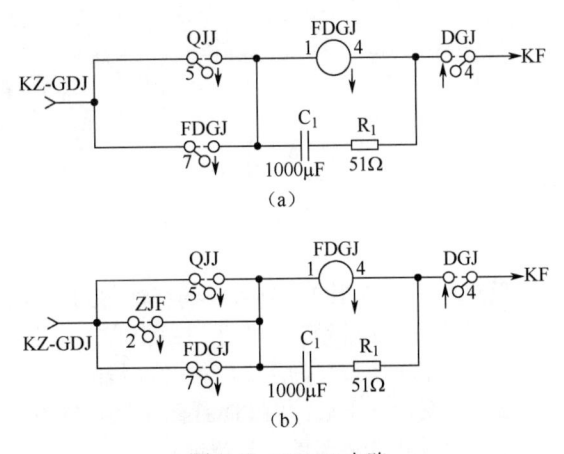

图 2-60 FDGJ 电路

FDGJ 励磁电路中接入 QJJ 第 5 组前接点，是用来检查 10 线及 FDGJ 线圈并联 RC 支路的完整性的。QJJ 的自闭电路是在车未驶入本区段时，依靠 FDGJ 第 2 组后接点从 10 线获得 KF 电源的。如果 10 线断线，那么车运行前方各区段 QJJ 的 1-2 线圈因得不到 10 线 KF 自闭电源而提

前落下。当车进入本区段时,该区段的 FDGJ 将因 QJJ 的落下而不能励磁。FDGJ 不吸起,就会阻止进路的正常解锁,从而及时发现 10 线断线。如果 FDGJ 线圈上并联的 RC 支路断线或电容器 C 被击穿,那么 FDGJ 电路就失去了正常的充放电过程。当车进入本区段时,由于不能形成 FDGJ 线圈的缓吸电路,FDGJ 不能吸起,阻止了进路的正常解锁,因此也可以及时发现 RC 支路断线或电容器 C 被击穿。

对于 FDGJ 作用(3)、(4)的实现,将分别在传递继电器电路和正常解锁电路中说明。

2. 无岔区段 FDGJ 电路

如图 2-60(b)所示,它与道岔区段的 FDGJ 电路稍有不同。当向无岔区段调车时,无岔区段的 QJJ 不励磁吸起,因此在 QJJ 接点两端并联了终端复示继电器 ZJF 前接点(ZJF 是无岔区段两端差置调车信号机 ZJ 的总复式继电器)。这样,当调车车列占用无岔区段时,FDGJ 可经由 ZJF 前接点和 DGJ 后接点励磁吸起,满足调车中途返回解锁电路的需要。

三、传递继电器 CJ 电路

（一）设置与作用

1. 设置

每个 Q 组合内设置一个 CJ。

2. 作用

（1）主要是传递解锁电源。

（2）用于实现故障解锁和特殊情况下关闭信号。

（二）电路原理

图 2-61 所示为 CJ 电路。

平时,CJ 的 3-4 线圈经 1LJ 和 2LJ 前接点及轨道反复式 FDGJ 后接点励磁,并经本身第 2 组前接点保持闭合。建立进路时,QJJ 吸起,1LJ 和 2LJ 落下使 CJ 落下。CJ 的 1-2 线圈是供故障解锁和特殊情况下关闭信号用的。

在 CJ 的 3-4 线圈励磁电路中接有 FDGJ 第 1 组后接点,它控制 CJ 的励磁时间,使 CJ 具有两个特性。CJ 的两个特性如下。

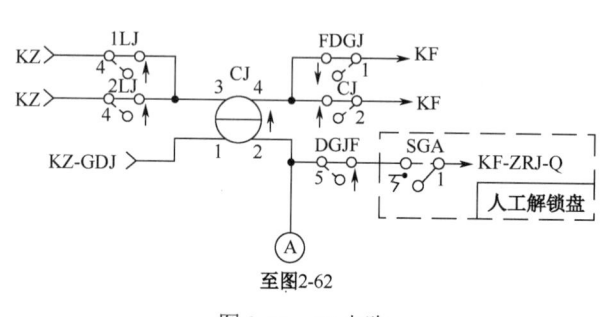

图 2-61 CJ 电路

1. 滞后励磁特性

由于进路上有车,当 1LJ 和 2LJ 都吸起时,CJ 滞后 3~4s 吸起的特性称为 CJ 的滞后励磁特性,也称为慢动特性。

在进路正常解锁时,由于进路上有车,当车占用本区段时,虽然两个 LJ 中有一个会吸起,但因此时 FDGJ 吸起,所以 CJ 的 3-4 线圈电路不通。当车出清该区段后,两个 LJ 都吸起。FDGJ 经 3~4s 缓放落下后,由 FDGJ 第 1 组后接点接通 CJ 的 3-4 线圈电路,使 CJ 吸起。CJ 的滞后励磁特性,用于进路的正常解锁。

2. 及时励磁特性

由于进路上无车,只要有一个 LJ 吸起,CJ 会立即吸起的特性称为 CJ 的及时励磁特性,也称为快动特性。

在取消进路、人工解锁和调车中途返回解锁时,因为进路上无车,FDGJ 处于落下状态,如果两个 LJ 中的任何一个吸起,就能立即接通 CJ 的 3-4 线圈电路,使 CJ 立即吸起。CJ 的及时励磁特性用于取消进路、人工解锁和调车中途返回解锁。

四、进路继电器局部电路

(一) 设置与作用

1. 设置

每个 Q 组合内设置两个进路继电器，即 1LJ 和 2LJ。

2. 作用

进路继电器的作用是参与进路的锁闭与解锁，同时控制进路光带表示灯。

(二) 电路原理

图 2-62 所示为进路继电器局部电路。

1LJ 和 2LJ 平时由 3-4 线圈自闭电路保持吸起，由它们的前接点接通 SJ 励磁电路，使 SJ 吸起，表明该区段处于解锁状态。当利用该区段建立进路时，QJJ 吸起后切断 1LJ 和 2LJ 的自闭电路，使 1LJ 和 2LJ 都落下，从而使 SJ 也落下，该区段处于进路锁闭状态。

1LJ 和 2LJ 的 1-2 线圈是励磁电路，平时由于 CJ 的吸起与 12 线断开。当进路锁闭后，通过 CJ 后接点接入 12 线，各种解锁的主要条件及解锁电源 KF 经 12 线检查符合后，使 LJ 的 1-2 线圈励磁。同样，1LJ 和 2LJ 的 3-4 线圈是从 13 线上得到解锁电源 KF 而吸起的。LJ 的 1-2 线圈接入条件电源 KZ-GDJ，用来防止轨道电路电源瞬间停电恢复时，LJ 错误吸起。

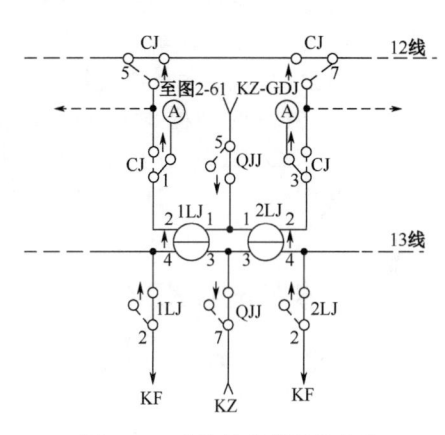

图 2-62 进路继电器局部电路

LJ 的电路结构是左右完全对称的，左边为 1LJ，右边为 2LJ。1LJ 的 1-2 线圈经 CJ 后接点与左侧的 12 线连接。2LJ 的 1-2 线圈经 CJ 后接点与右侧的 12 线连接。1LJ 的 3-4 线圈直接与左侧的 13 线连接。2LJ 的 3-4 线圈直接与右侧的 13 线连接。这样左右完全对称的电路结构是为了适应两个不同方向进路的解锁电路工作。

五、故障解锁电路

(一) 实行故障解锁的情况

(1) 在办理进路时，因电路故障使有些道岔区段未锁闭，信号不能开放，需要将已锁闭的区段实行故障解锁。

(2) 在正常解锁、取消解锁、人工解锁、调车中途返回解锁或引导解锁时，由于轨道电路故障造成某些道岔区段未解锁，对于未解锁区段需进行故障解锁。

(3) 在轨道电源停电恢复供电、维修换线或更换继电器等引起个别区段的锁闭时，应对已锁闭的区段实行故障解锁。

(4) 电源停电后恢复供电引起全站所有区段锁闭。要使设备恢复正常，应进行故障解锁。

(二) 故障解锁的条件

(1) 必须检查故障的区段空闲。

(2) 必须检查故障解锁的手续已办好。

（三）故障解锁的办理方法

故障解锁要由两人协同操作，一个人按压控制台上本咽喉的 ZRA，另一个人在确认列车的动态后，破铅封按压区段人工解锁按钮盘上相应区段的事故按钮 SGA。

（四）电路分析

故障解锁电路由 CJ、1LJ、2LJ 电路构成。故障锁闭时，两个 LJ 一般都处于失磁落下状态，CJ 的 3-4 线圈自闭电路断开，CJ 处于失磁落下状态。按压 ZRA 后，KF-ZRJ-Q 有电。按压区段事故按钮 SGA，使 CJ 的 1-2 线圈电路接通。

CJ 励磁电路为 KZ-GDJ—CJ_{1-2}—$DGJF_{51-52}$—SGA_{12-11}—KF-ZRJ-Q。

CJ 励磁电路检查了故障解锁条件，由 DGJF 第 5 组前接点证明区段空闲，由 SGA 接点和条件电源 KF-ZRJ-Q 证明办理了故障解锁的手续。CJ 吸起后，经 CJ 的第 1 组、第 3 组前接点使 1LJ 和 2LJ 的 1-2 线圈励磁电路接通（见图 2-61 和图 2-62）。

1LJ、2LJ 的励磁电路为 KZ-GDJ—QJJ_{51-53}—$1LJ_{1-2}$—CJ_{11-12}—$DGJF_{51-52}$—SGA_{12-11}—KF-ZRJ-Q；KZ-GDJ—QJJ_{51-53}—$2LJ_{1-2}$—CJ_{31-32}—$DGJF_{51-52}$—SGA_{12-11}—KF-ZRJ-Q。

当故障区段 1LJ 和 2LJ 励磁吸起后经其 3-4 线圈自闭。继而使 SJ 励磁吸起，故障区段便实现了解锁。

六、条件电源 KZ-GDJ

条件电源 KZ-GDJ 的作用是在轨道电路电源停电后又恢复供电的情况下，防护正在锁闭的进路按照正常解锁方式而错误解锁。

假如没有条件电源 KZ-GDJ 进行防护，那么在轨道电源停电后又恢复供电时，进路上各区段的 DGJ 由于参数差异，其落下和吸起动作顺序恰好与车占用和出清轨道区段的顺序一致，已锁闭的进路可能在电源停电后又恢复供电时自动错误解锁，这是十分危险的。为了防止这种情况的发生，6502 电气集中采取了以下措施。

（一）对轨道电路供电设置监督设备

为了缩小轨道电路停电的影响范围，大站电气集中车站一般采用 4 束干线供电，每个咽喉两束。每束供电干线设置一个监督继电器（1GDJ～4GDJ 在电源屏内），用来监督供电情况。每个咽喉在方向组合 F 内设置一个轨道停电继电器 GDJ 和一个轨道停电复示继电器 GDJF，用这两个继电器的前接点构成条件电源 KZ-GDJ。GDJ 电路和条件电源 KZ-GDJ 电路如图 2-63 所示。

在轨道电路供电正常时，监督继电器吸起，GDJ 和 GDJF 均吸起，条件电源 KZ-GDJ 平时是有电的。当轨道电路电源发生故障（如电源停电、熔丝熔断、断线等）时，监督继电器先落下，GDJ 和 GDJF 相继失磁落下，条件电源 KZ-GDJ 无电。这时控制台上各区段点亮红光带，以引起车站值班员的注意。

（二）条件电源 KZ-GDJ

条件电源 KZ-GDJ 是由 GDJ 和 GDJF 两组前接点串接而成的。GDJ 采用 JWXC-1700 型，GDJF 采用 JWXC-H340 型。

条件电源 KZ-GDJ 具有以下两个特点。

1．断电快

轨道电源停电，电源屏内监督继电器先落下，切断 GDJ 励磁电路，使 GDJ 落下，KZ-GDJ 立即断电，有关继电器动作的逻辑关系如下：

断电→ | DGJ↓
　　　 | 电源屏内的 GDJ↓→GDJ↓→KZ-GDJ 无电

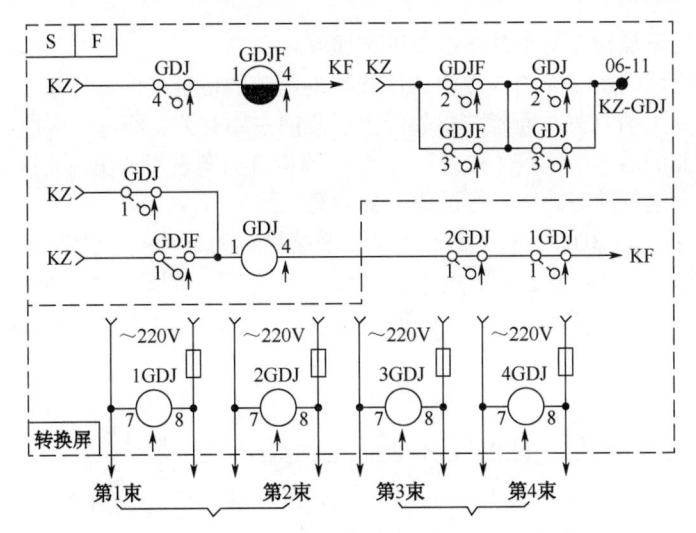

图 2-63　GDJ 电路和条件电源 KZ-GDJ 电路

2．通电慢

当轨道电源恢复供电时，电源屏内监督继电器先吸起，GDJ 和 GDJF（GDJF 是缓放型继电器，具有缓吸特性）相继吸起，KZ-GDJ 需要经 3 个继电器顺序吸起后才会有电，有关继电器动作的逻辑关系如下：

恢复供电→ | DGJ↑
　　　　　| 电源屏 GDJ↑ → GDJ↑ → GDJF↑ → KZ-GDJ 有电

条件电源 KZ-GDJ 断电快的作用是在轨道电源停电时，防止 FDGJ 励磁吸起（FDGJ 电路接入条件电源 KZ-GDJ），从而防止正在锁闭的进路错误解锁。

条件电源 KZ-GDJ 通电慢的作用是在轨道电源恢复供电时，使条件电源 KZ-GDJ 的有电时机远远滞后于轨道继电器 DGJ 的吸起时机，保证进路中各区段 DGJ 全部吸起后，KZ-GDJ 才会接通有电，防止解锁电路中的 1LJ、2LJ 错误励磁吸起（1LJ、2LJ 电路接入条件电源 KZ-GDJ），从而使已锁闭的进路不会因轨道电源停电恢复而产生错误解锁。

注意：设置 GDJF 是考虑到在轨道电源瞬间停电的情况下，利用 GDJF 的缓放和缓吸性能有意拖延 KZ-GDJ 的断电时间。由于在 GDJ 的励磁电路中接入 GDJF 后接点，因此只要轨道电源停电使 GDJ 落下，并在轨道恢复供电时，GDJ 必须经由 GDJF 后接点才能励磁吸起。由于 GDJF 的缓放，GDJ 不会很快吸起。因此，尽管停电时间很短，KZ-GDJ 也不会提前有电，从而防止在轨道电源瞬间停电的情况下，锁闭的进路按照正常解锁方式错误解锁。

任务十四　12、13 线解锁电路识读

一、正常解锁电路

6502 电气集中联锁系统的进路解锁采用逐段解锁方式。当进路锁闭后，防护进路的信号机开放，列车或调车车列驶入进路使信号机自动关闭，在顺序占用和出清进路上的轨道电路区段后，各区段自动解锁，这种解锁称为进路的正常解锁。

为了保证行车安全，进路的解锁是有条件的。只有符合解锁条件进路才能解锁。

（一）正常解锁的条件

（1）防护进路的信号机关闭。

（2）必须满足三点检查的条件才准许进路逐段解锁。

所谓三点检查就是用相邻的 3 个轨道区段作为解锁的检查条件。任何一个区段的解锁不但与本区段的占用、出清有关，而且与相邻两个区段的占用有关。即每个区段的解锁，要检查列车占用并出清相邻的后一个区段（称为第一点），要检查列车占用并出清本区段（称为第二点），还要检查列车进入运行前方的下一个区段（称为第三点）。

如图 2-64 所示，以 3DG 区段为解锁对象，必须检查列车占用并出清 1DG 区段，占用并出清 3DG 区段，且占用 5DG 区段，此时 3DG 区段才能解锁。同理，以 5DG 区段为解锁对象，必须检查列车占用并出清 3DG 区段，占用并出清 5DG 区段，且占用 7DG 区段，此时 5DG 区段才能解锁。

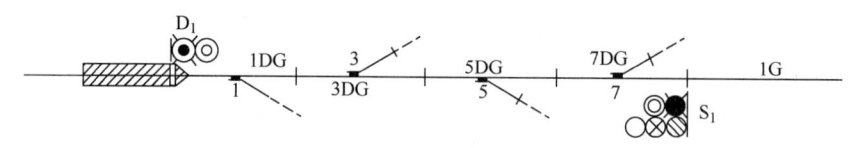

图 2-64　三点检查示意图

三点检查的条件是正常解锁的核心。采用三点检查的方法来实现进路的正常解锁最为安全，故在电气集中当中普遍应用。

（二）正常解锁的电路原理

1．接车进路的正常解锁

在图 2-65 所示的解锁网路实例中（见本书后面的插页图），以 X 至 IG 接车为例，分析正常解锁时电路的动作原理。

列车进入 X 进站信号机内方 IAG 区段时，IAGJ 落下，XJJ 落下。XJJ 落下后，一方面断开 9 线的 KZ 电源，这时列车运行前方各区段的 QJJ 只能靠 10 线供出的 KF 电源自闭保持吸起；另一方面断开 LXJ 的自闭电路，使 LXJ 落下，自动关闭 X 进站信号机。

列车进入 5DG 区段后，5DGJ 落下，5FDGJ 吸起，5QJJ 落下，于是接通 5/1LJ 的 1-2 线圈励磁电路：KZ-GDJ—5QJJ$_{51-53}$—5/1LJ$_{1-2}$—5CJ$_{11-13}$—5CJ$_{53-51}$—XKJ$_{51-52}$—XXJJ$_{51-53}$—D$_3$XJ$_{51-53}$—XLXJ$_{51-53}$—XLKJ$_{31-32}$—5CJ$_{83-81}$—IAGJ$_{33-31}$—XLKJF$_{31-32}$—XKJ$_{62-61}$—5QJJ$_{11-13}$—5/2LJ$_{11-13}$—5FDGJ$_{12-11}$—KF。

5/1LJ 励磁后，接通 3-4 线圈自闭电路：KZ—5QJJ$_{71-73}$—5/1LJ$_{3-4}$—5/1LJ$_{22-21}$—KF。

列车继续运行，进入 3DG 区段且出清 5DG 区段后，3DGJ 落下，3FDGJ 吸起，3QJJ 落下，5DGJ 吸起，接通 5/2LJ 的 3-4 线圈励磁电路：KZ—5QJJ$_{71-73}$—5/2LJ$_{3-4}$—5DGJ$_{32-31}$—5/1LJ$_{12-11}$—5QJJ$_{33-31}$—5/7DBJ$_{61-62}$—1/3FBJ$_{63-61}$—3QJJ$_{11-13}$—3/2LJ$_{11-13}$—3FDGJ$_{12-11}$—KF。

5/2LJ 励磁后，接通 3-4 线圈自闭电路：KZ—5QJJ$_{71-73}$—5/2LJ$_{3-4}$—5/2LJ$_{22-21}$—KF。

在上述 5/1LJ 励磁电路中，用 LXJ 的落下证明 X 进站信号机已关闭，用 IAGJ 的落下证明列车占用过后一个区段（但没证明列车出清 IAG 区段，第一个道岔区段的解锁较特殊。第一点检查不全面），用 5FDGJ 的吸起证明列车占用本区段 5DG，用 5DGJ 的吸起证明列车已出清本区段 5DG（第二点检查），用 3FDGJ 吸起证明列车已进入下一个区段 3DG（第三点检查）。

由以上内容可知，5DG 区段 1LJ 和 2LJ 的吸起做到了三点检查，并能检查信号机已关闭。

在 5/2LJ 刚刚励磁吸起，5CJ 尚未励磁吸起时（5CJ 要在 5FDGJ 缓放 3～4s 落下后才吸起），利用 5CJ 的滞后励磁特性将解锁电源 KF 沿 12 线传递给下一个区段 3DG 的 1LJ 的 1-2 线圈电路，使 3/1LJ 吸起，3/1LJ 的励磁电路为 KZ-GDJ—3QJJ$_{51-53}$—3/1LJ$_{1-2}$—3CJ$_{11-13}$—3CJ$_{53-51}$—1/32SJ$_{51-53}$—1/3DBJ$_{51-52}$—5/7 FBJ$_{53-51}$—5/71SJ$_{53-51}$—5QJJ$_{21-23}$—5CJ$_{71-73}$—5/1LJ$_{52-51}$—5/2LJ$_{72-71}$—KF。

3/1LJ 励磁后其自闭电路为 KZ—3QJJ$_{71-73}$—3/1LJ$_{3-4}$—3/1LJ$_{22-21}$—KF。

列车继续运行，进入 9-15DG 区段并出清 3DG 区段后，9-15DGJ 落下，9-15FDGJ 吸起，9-15QJJ 落下，3DGJ 吸起，接通 3/2LJ 的 3-4 线圈励磁电路：KZ—3QJJ$_{71-73}$—3/2LJ$_{3-4}$—3DGJ$_{32-31}$—3/1LJ$_{12-11}$—3QJJ$_{33-31}$—D$_7$KJ$_{61-63}$—D$_7$ZJ$_{61-63}$—D$_9$ZJ$_{63-61}$—D$_9$KJ$_{63-61}$—13/15FBJ$_{63-61}$—9-15QJJ$_{11-13}$—9-15/2LJ$_{11-13}$—9-15FDGJ$_{12-11}$—KF。

3/2LJ 励磁后其自闭电路为 KZ—3QJJ$_{71-73}$—3/2LJ$_{3-4}$—3/2LJ$_{22-21}$—KF。

在上述 3/1LJ 励磁电路中，用 5/1LJ 和 5/2LJ 的吸起证明前一个区段 5DG 的占用和出清（第一点检查），用 3QJJ 的落下证明本区段 3DG 的占用，用 3DGJ 的吸起证明列车已出清本区段 3DG（第二点检查），用 9-15FDGJ 的吸起证明列车已进入下一个区段 9-15DG（第三点检查）。

由以上内容可知，3DG 区段 1LJ 和 2LJ 的吸起做到了三点检查。

同理，当列车顺序占用且出清 9-15DG、17-23DG 区段时，这些区段的 LJ 动作顺序为 9-15/1LJ↑→9-15/2LJ↑→17-23/1LJ↑→17-23/2LJ↑。每个区段 1LJ 的 1-2 线圈总是经由 12 线并利用相邻后一个区段 CJ 的滞后励磁特性取得解锁电源 KF 而励磁吸起的。每个区段 2LJ 的 3-4 线圈总是经由 13 线并经由本区段 DGJ 的吸起和前方下一区段 FDGJ 的吸起等条件取得解锁电源 KF 而励磁吸起的。但是，唯有进路上最末区段 17-23/2LJ 的 3-4 线圈的解锁电源 KF 是经由 IGJF 落下条件并利用 17-23/FDGJ 的缓放性能瞬间接通而励磁吸起的（17-23/2LJ 励磁电路：KZ—17-23QJJ$_{71-73}$—17-23/2LJ$_{3-4}$—17-23DGJ$_{32-31}$—17-23/1LJ$_{12-11}$—17-23QJJ$_{33-31}$—17/19DBJ$_{61-62}$—23/25DBJ$_{61-62}$—S$_1$KJ$_{61-63}$—S$_1$GJJ$_{51-53}$—17-23FDGJ$_{52-51}$—IGJF$_{13-11}$—KF）。每个区段 1LJ 记录了列车占用并出清相邻的后一个区段（用后一个区段的 1LJ 第 5 组前接点和 2LJ 第 7 组前接点证明），每个区段 2LJ 记录了列车出清本区段（用本区段 DGJ 第 3 组前接点证明）和进入下一个区段（用下一个区段 FDGJ 第 1 组前接点证明），每个区段的解锁均满足了三点检查的条件。

总之，上述各区段 LJ 的动作顺序为 5/1LJ↑→5/2LJ↑→3/1LJ↑→3/2LJ↑→9-15/1LJ↑→9-15/2LJ↑→17-23/1LJ↑→17-23/2LJ↑。

锁闭继电器的动作顺序如下：

5/71SJ↑→1/32SJ↑ | 9/111SJ↑→ | 17/191SJ↑
                | 13/152SJ↑→ | 23/251SJ↑

至此，该接车进路完成了由始端向终端的逐段解锁。

对于进站信号机内方未设无岔区段的接车进路的正常解锁，进路内方第一个道岔区段只能实现两点检查，其余区段的解锁与进站信号机内方设有无岔区段的接车进路的正常解锁完全相同。

例如，X$_D$ 至 IG 接车进路的正常解锁，因为 X$_D$ 内方没有无岔区段，进路中第一个区段是 7DG 区段，正常解锁时，7/1LJ 的 1-2 线圈励磁电路与上述有所不同。一是解锁电源 KF 接入要检查 X$_D$LXJ 的缓放，二是 7DG 区段正常解锁只能实现两点检查。

2．发车进路的正常解锁

以上行 IIG 向北京方面正方向发车进路为例，在发车进路建立，S$_{II}$ 出站信号机开放后，列车开始驶入进路，当列车第一轮对越过 S$_{II}$ 出站信号机时，S$_{II}$ 信号机自动关闭。列车驶过进路时的正常解锁与接车进路的正常解锁基本相似。只不过由于列车运行方向是从右向左，各区段 1LJ 和 2LJ 的励磁顺序也是从右向左进行的，与下行接车进路的正常解锁相反。该发车进路的 LJ 动作顺序为 19-27/2LJ↑→19-27/1LJ↑→1/192LJ↑→1/191LJ↑→1/2LJ↑→1/1LJ↑。

第一个区段 19-27DG 只能实现两点检查（S$_{II}$ 内方未设无岔区段），即本区段 19-27DG 被列车占用使 19-27/2LJ 吸起作为第一点检查，下一个区段 1/19 WG 被占用和本区段的出清使 19-27/1LJ 吸起作为第二点检查。

1/19 WG 是无岔区段，不设置 SJ，但为了锁闭列车进路和实现进路正常解锁时三点检查的连续进行，在无岔区段的区段组合中也设置 1LJ、2LJ 和 CJ。

发车进路的最后一个道岔区段 1DG 也能实现三点检查，1/2LJ 在列车出清 1/19WG 区段和占用 1DG 区段时吸起，1/1LJ 在列车出清 1DG 和占用 ⅡAG 区段时吸起。

锁闭继电器的动作顺序如下：

27SJ↑→　　　｜1/31SJ↑
17/192SJ↑→　｜

发车进路与接车进路一样，进路也是由始端向终端逐段解锁的。

3．调车进路的正常解锁

例 9　D_7 至 ⅠAG 调车进路的正常解锁。

当调车车列进入 D_7 信号机内方时，3DGJ 落下，断开 8 线使 D_7XJJ 落下，使 D_7XJ 转入白灯保留电路。在调车车列全部驶入 D_7 信号机内方，出清接近区段 9-15DG 时，9-15DGJ 吸起使 D_7JYJ 随之励磁，断开 D_7XJ 白灯保留电路使信号关闭。在 D_7XJ 缓放时间内接通 3/2LJ 的 1-2 线圈电路，使其励磁吸起且自闭。3/2LJ 励磁电路为 KZ-GDJ—3QJJ$_{51-53}$—3/2LJ$_{1-2}$—3CJ$_{31-33}$—3CJ$_{73-71}$—3QJJ$_{23-21}$—D_7KJ$_{51-52}$—D_7XJJ$_{51-53}$—D_7XJ$_{51-52}$—D_7JYJ$_{81-82}$—D_7KJ$_{62-61}$—3QJJ$_{31-33}$—3/1LJ$_{11-13}$—3FDGJ$_{32-31}$—KF。

当调车车列进入 5DG 区段，出清 3DG 区段时，3/1LJ 的 3-4 线圈励磁电路接通，使其励磁吸起且自闭。其励磁电路为 KZ—3QJJ$_{71-73}$—3/1LJ$_{3-4}$—3DGJ$_{52-51}$—3/2LJ$_{12-11}$—3QJJ$_{13-11}$—1/3FBJ$_{61-63}$—5/7DBJ$_{62-61}$—5QJJ$_{31-33}$—5/1LJ$_{11-13}$—5FDGJ$_{32-31}$—KF。

上述 3/2LJ 的励磁电路中，用进路始端 D_7XJJ 后接点和 D_7JYJ 前接点（断开 DXJ 白灯保留电路）间接证明调车信号已关闭。用 D_7XJJ 的落下间接证明列车占用过接近区段 9-15DG，以及用 D_7JYJ 的吸起证明列车已出清接近区段 9-15DG（第一点检查），用 3FDGJ 的吸起证明列车占用本区段 3DG，用 3DGJ 的吸起证明出清本区段（第二点检查），用 5FDGJ 的吸起证明占用下一区段（第三点检查）。

3DG 区段 2LJ 和 1LJ 的吸起实现了三点检查，即 9-15DG、3DG 和 5DG。待 3～4s 后，3FDGJ 落下，使 1/3 2SJ 吸起，3DG 区段解锁。

3DG 区段的 2LJ 和 1LJ 吸起，利用 CJ 的滞后励磁特性从 12 线给 5/2LJ 的 1-2 线圈电路接入 KF 解锁电源，使其励磁吸起且自闭，5/2LJ 励磁电路为 KZ-GDJ—5QJJ$_{51-53}$—5/2LJ$_{1-2}$—5CJ$_{31-33}$—5CJ$_{73-71}$—5QJJ$_{23-21}$—5/71SJ$_{51-53}$—5/7FBJ$_{51-53}$—1/3DBJ$_{52-51}$—1/32SJ$_{53-51}$—3CJ$_{51-53}$—3/2LJ$_{52-51}$—3/1LJ$_{72-71}$—KF。

当调车车列驶入 ⅠAG 区段时，ⅠAGJ 落下，当调车车列出清 5DG 区段时，5DGJ 吸起，使 5FDGJ 缓放，于是 5/1LJ 经 3-4 线圈励磁吸起且自闭。5/1LJ 励磁电路为 KZ—5QJJ$_{71-73}$—5/1LJ$_{3-4}$—5DGJ$_{52-51}$—5/2LJ$_{12-11}$—5QJJ$_{13-11}$—XKJ$_{61-63}$—D$_3$ZJ$_{61-62}$—5FDGJ$_{51-52}$—ⅠAGJ$_{43-41}$—KF。

上述 5/2LJ 励磁电路中，用 3/2LJ 和 3/1LJ 的吸起证明后一个区段 3DG 区段的占用并出清（第一点检查），用 5QJJ 的落下证明本区段的占用，用 5DGJ 的吸起证明出清本区段（第二点检查），用 ⅠAGJ 的落下证明下一个区段的占用（第三点检查）。

5DG 区段 2LJ 和 1LJ 的吸起实现了三点检查，即 3DG、5DG 和 ⅠAG。5FDGJ 缓放 3～4s 后落下，5/71SJ 吸起使 5DG 区段解锁。

至此，D_7 至 ⅠAG 调车进路全部解锁。

进路继电器动作顺序为 3/2LJ↑→3/1LJ↑→5/2LJ↑→5/1LJ↑。

各区段锁闭继电器动作顺序为 1/32SJ↑→5/71SJ↑。

调车进路由始端向终端逐段解锁。

例 10　$S_Ⅱ$ 至 D_5 调车进路的正常解锁。

当进路建立，信号开放后，调车车列驶入 19-27DG 时，19-27/2LJ 励磁吸起并自闭。19-27/2LJ 的 1-2 线圈励磁电路是用 S$_{II}$XJJ 后接点证明 S$_{II}$ 的接近区段 IIG 被占用的（第一点检查）。由于 S$_{II}$ 的接近区段 IIG 允许停留车辆，故不要求 19-27/2LJ 的励磁电路检查接近区段出清的条件。用 19-27FDGJ 的吸起证明列车占用本区段和出清本区段（第二点检查），用 1/19WGJF 的落下证明占用下一个区段（第三点检查）。

当列车驶入 1/19WG 区段并出清 19-27DG 区段时，19-27DGJ 吸起，于是 19-27/1LJ 励磁并自闭。19-27/1LJ 的 3-4 线圈励磁电路与发车进路时的不相同，它是经由 19-27DGJ 吸起和 D$_{15}$ZJ 吸起及 1/19WGJF 后接点，并利用 19-27FDGJ 的缓放性能瞬间接通电源而励磁吸起的。

19-27DG 区段 2LJ 和 1LJ 的吸起实现了三点检查（第一点检查只检查占用，不检查出清，即第一点检查不全面）。当 19-27FDGJ 缓放落下，17/19$_2$SJ 和 27SJ 吸起，并使 D$_{15}$ZJ 和 S$_{II}$KJ 落下，于是 19-27DG 区段解锁。由于进路中只有一个道岔区段，因此进路也就解锁了。

应当指出，在该调车进路中，当 1/19WG 区段停有车辆，并且进路处于接近锁闭状态时，只要人工瞬间短路一下 19-27DG 区段，进路就会自动解锁，这是第一点检查实现进路正常解锁的特殊情况，也是解锁电路存在的缺陷。

还应当说明的是，差置调车信号机之间的无岔区段，在经由其办理长调车进路时，它不锁闭，QJJ 不吸起，而 1LJ、2LJ 和 CJ 均保持励磁。

例 11　D$_9$ 至 IG 长调车进路的正常解锁。

D$_9$ 至 IG 长调车进路由两条短调车进路构成，即 D$_9$ 至 D$_{13}$ 和 D$_{13}$ 至 IG 两条进路。其正常解锁分成两个短调车进路的正常解锁来进行。

（三）正常解锁电路的动作规律

1. 进路由始端至终端自动进行解锁

受运行中的列车或调车车列的控制，进路由始端至终端逐段自动解锁。

2. 关闭信号，通过 LJ 的励磁电路实现三点检查

1) 关闭信号

列车进路中，当进站信号机内方设有无岔区段时，第一个道岔区段先励磁吸起的 LJ 励磁电路中用 LXJ 后接点证明信号关闭。当列车进路始端信号机内方未设置无岔区段时，第一个道岔区段先吸起的 LJ 要检查 LXJ 前接点（缓放），虽未直接检查信号已关闭，但检查 XJJ 后接点，证明已将 LXJ 电路断开，间接证明信号关闭。调车进路中，用进路始端的 XJJ 后接点和 JYJ 前接点断开调车白灯保留自闭电路，间接证明调车信号关闭。

2) 实现三点检查

在 1LJ 和 2LJ 的励磁电路中，共同实现三点检查后，道岔区段才能解锁。用先吸起的 LJ 证明后一个区段的占用和出清及本区段的占用，用后吸起的 LJ 证明本区段的出清和前方下一个区段的占用。

3. 两个 LJ 的动作规律

LJ 的动作顺序与进路的方向有关。进路的方向不同，进路上各区段的 LJ 动作顺序也不同。

（1）由左向右运行方向的进路，每个区段 1LJ 的 1-2 线圈总是经由 12 线先励磁吸起，2LJ 的 3-4 线圈总是经由 13 线后励磁吸起。1LJ 与 2LJ 交替动作。

（2）由右向左运行方向的进路，每个区段 2LJ 的 1-2 线圈总是经由 12 线先励磁吸起，1LJ 的 3-4 线圈总是经由 13 线后励磁吸起。2LJ 与 1LJ 交替动作。

4. 利用 CJ 滞后励磁特性瞬间传递解锁电源 KF

向 12 线送的解锁电源 KF 是利用 CJ 的滞后励磁特性接通而传递的，只有 3~4s 的时间。

二、取消解锁和人工解锁

（一）取消解锁

在进路建立好以后，有可能不使用，如果试验排列进路或进路建立后欲变更进路等，就要取消已建立的进路。

当进路建立，信号开放后，在接近区段无车的情况下，即进路处于预先锁闭状态，要取消进路，在办理取消进路手续后信号关闭，进路随之解锁，这种解锁方式称为取消解锁。取消解锁必须满足一定条件才能进行。

1．取消解锁的条件

（1）进路处于空闲状态。

（2）进路的接近区段空闲，进路处于预先锁闭状态。

（3）防护进路的信号机随办理取消进路的手续而关闭。

2．取消解锁的电路原理

1）接车进路的取消解锁

以 X 至 IG 接车进路为例。

进路建立，X 进站信号机开放，进路处于预先锁闭状态时，办理取消进路手续，同时按压本咽喉 ZQA 和接车进路始端 XLA 后，有关继电器动作顺序如下：

按压ZQA→ZQJ↑→KF-ZQJ-Q有电→ | QJ↑→ | LXJ↓→ | 各QJJ↓
按压XLA→LAJ↑ —————————— | | XJJ↓↑→ |

进路始端的 QJ 吸起证明取消进路的手续已办好；LXJ 落下证明进站信号机已关闭；XJJ 落下后又重新吸起，通过 8 线证明进路空闲；QJJ 落下证明具备解锁条件；JYJ 吸起证明接近区段无车。此时已具备解锁的条件，进路开始解锁。

在进路始端部位，解锁电源 KF 经 JYJ、QJ、XJJ、KJ 的前接点送入 12 线，首先使 5/1LJ 励磁吸起并自闭。5/1LJ 的 1-2 线圈励磁电路为 KZ-GDJ—5/QJJ$_{51-53}$—5/1LJ$_{1-2}$—5/CJ$_{11-13}$—5/CJ$_{53-51}$—X/KJ$_{51-52}$—X/XJJ$_{51-52}$—X/QJ$_{51-52}$—X/JYJ$_{51-52}$—KF。

5/1LJ 吸起后，由于 5DG 区段上无车，5/FDGJ 未励磁过，因此 5/CJ 具有快吸特性。即 5/1LJ 励磁后，使 5/CJ 立即吸起，用 5/CJ 前接点将 KF 立即传向下一个区段 3DG，使 3/1LJ 励磁并自闭。3/1LJ 的 1-2 线圈励磁电路为 KZ-GDJ—3/QJJ$_{51-53}$—3/1LJ$_{1-2}$—3/CJ$_{11-13}$—3/CJ$_{53-51}$—1/32SJ$_{51-53}$—1/3DBJ$_{51-52}$—5/7FBJ$_{53-51}$—5/71SJ$_{53-51}$—5/QJJ$_{21-23}$—5/CJ$_{71-72}$—5/CJ$_{52-51}$—X/KJ$_{51-52}$—X/XJJ$_{51-52}$—X/QJ$_{51-52}$—X/JYJ$_{51-52}$—KF。

同理，3/1LJ 励磁后，3/CJ 随即励磁，先将 KF 传递至 9-15DG 区段，使 9-15/1LJ 励磁吸起并自闭。9-15/CJ 立即吸起，再将 KF 传递至 17-23DG 区段，使 17-231LJ 励磁吸起并自闭。17-23/CJ 也立即吸起，将 KF 传递给 S$_1$GJJ 的 3-4 线圈，使 S$_1$GJJ 吸起。

S$_1$GJJ 励磁吸起说明 12 线工作正常，这时又利用 S$_1$GJJ 第 5 组前接点将终端的 KF 电源接入 13 线，13 线的工作首先接通进路最末道岔区段的 17-23/2LJ 的 3-4 线圈电路，使 17-23/2LJ 励磁吸起并自闭。17-23/2LJ$_{3-4}$ 线圈励磁电路为 KZ—17-23/QJJ$_{71-73}$—17-23/2LJ$_{3-4}$—17-23/DGJ$_{32-31}$—17-23/1LJ$_{12-11}$—17-23/QJJ$_{33-31}$—17/19DBJ$_{61-62}$—23/25DBJ$_{61-62}$—S$_1$KJ$_{61-63}$—S$_1$GJJ$_{51-52}$—KF。

由于 17-23/1LJ 和 17-23/2LJ 均已励磁吸起，所以 17/191SJ 和 23/251SJ 也随着励磁吸起，并使进路上最末道岔区段 17-23DG 先锁闭。由于 23/251SJ 已吸起，因此 S$_1$ZCJ 也励磁吸起。用 S$_1$ZCJ 吸起后切断 S$_1$GJJ 的 3-4 线圈电路，使 S$_1$GJJ 落下，停止向 13 线送 KF。

在 17-23/1LJ 和 17-23/2LJ 吸起后，解锁电源 KF 经由 17-23/1LJ 第 2 组前接点送向 13 线而传递给 9-15/2LJ 的 3-4 线圈电路，使 9-15/2LJ 励磁吸起并自闭。9-15/2LJ$_{3-4}$ 线圈励磁电路

为 KZ—9-15/QJJ$_{71-73}$—9-15/2LJ$_{3-4}$—9-15/DGJ$_{32-31}$—9-15/1LJ$_{12-11}$—9-15/QJJ$_{33-31}$—9/11DBJ$_{61-62}$—D$_{13}$ZJ$_{61-63}$—D$_{13}$KJ$_{63-61}$—17-23/QJJ$_{11-13}$—17-23/2LJ$_{11-12}$—17-23/DGJ$_{51-52}$—17-23/1LJ$_{22-21}$—KF。

在 9-15/1LJ 和 9-15/2LJ 吸起后，9/11 1SJ、13/15 2SJ 也立即吸起，该区段立即解锁。

同理，采用与 9-15/2LJ 励磁电路同样的方法使 3/2LJ、5/2LJ 相继吸起并自闭。当 5DG 区段解锁后，使 X 进站信号机的 KJ、XJJ、QJ 相继复原。这样，接车进路的取消全部完成。

归纳小结：

进路上各区段 LJ 动作的顺序为 5/1LJ♂→3/1LJ♂→9-15/1LJ♂→17-23/1LJ♂→S$_1$GJJ♂→17-23/2LJ♂→9-15/2LJ♂→3/2LJ♂→5/2LJ♂。

进路上各区段的 SJ 励磁吸起顺序为 23/251SJ↑、17/191SJ↑→9/111SJ↑、13/152SJ↑→1/32SJ↑→5/71SJ↑。

取消进路解锁时利用各区段 CJ 的及时励磁特性，使接在 12 线上的 1LJ 吸起。用 S$_1$GJJ 吸起证明 12 线工作正常后，将 KF 解锁电源转入 13 线，使接在 13 线上的 2LJ 励磁吸起，进路中各区段由终端向始端逐段解锁。

2）发车进路的取消解锁

当发车进路取消解锁时，其电路原理与接车进路的取消解锁完全相同，只不过是进路的方向不同，进路上各区段的 LJ 动作顺序不同。例如，S$_{II}$ 向北京方面正方向发车进路取消解锁，进路中各区段 LJ 动作的顺序为 19-27/2LJ♂→1/192LJ♂→1/2LJ♂→1/1LJ♂→1/19 1LJ♂→19-27/1LJ♂。因为进路终端是主要发车方向的双线发车口，其 GJJ 用作信号辅助继电器 XFJ 的励磁条件，不能用于向 13 线转接解锁电源 KF。因此，只能用进路的 2LJ 前接点将 KF 经 1DG 区段的 FDGJ 前接点和 IIAGJ 后接点送入 13 线，使 1/1LJ 励磁吸起。进路上各区段的 SJ 励磁吸起顺序为 1/31SJ↑→17/19 2SJ↑→27SJ↑。进路上各区段的解锁顺序仍是从终端向始端方向逐段解锁。

3）调车进路的取消解锁

调车进路的取消解锁的办理方法、解锁条件、解锁规律与上述列车进路基本相同。不同的是，其 13 线的解锁电源 KF 在终端处的接入条件有所差异，有以下 3 种情况。

（1）以股道或单线区段接车、发车口为终端的调车进路，如 D$_{13}$ 至 IG、S$_{III}$ 向 X$_D$ 内方调车进路。向 13 线接入 KF 是由进路终端处的 GJJ 前接点接入的。

（2）以咽喉区调车信号机为终端的调车进路，如 D$_3$ 至 D$_9$ 调车进路。向 13 线接入 KF 是用进路终端处的 ZJ 第 5 组、第 6 组两组前接点由 12 线转接到 13 线的。

（3）长调车进路的取消解锁是按照短调车进路为单元进行的。办理解锁方法是在按压 ZQA 的同时，分别按压各短调车进路的始端按钮。向 13 线接入 KF 是在短调车进路终端处由 ZJ 第 5 组、第 6 组前接点或 GJJ 前接点接入的，以便各短调车进路分别进行取消解锁。

调车进路终端处设有 ZJ，取消解锁时由终端向始端解锁，进路终端道岔区段先解锁，SJ 励磁使 ZJ 落下，所以调车进路的 XJJ 是由 ZJ 的落下而落下的，它与列车进路的 XJJ 的落下不同。有关继电器复原顺序为 SJ↑→ZJ↓→XJJ↓→QJ↓。

3. 取消解锁电路的动作规律

（1）经人工办理取消解锁的手续后，首先关闭信号，然后解锁进路。

办理取消解锁的手续：同时按压本咽喉 ZQA 和进路始端按钮，QJ 吸起，使 XJ 落下关闭防护进路的信号机。

（2）在进路始端部位检查取消解锁条件。用 JYJ 的吸起证明车未进入接近区段，进路处于预先锁闭状态。用 QJ 的吸起证明办理了取消手续，QJ 吸起，切断 XJ 电路，使信号关闭，同时使 QJJ 落下，为解锁做好准备。用 XJJ 的吸起来检查进路是否空闲。

（3）进路中各区段 1LJ、2LJ 的动作顺序与所办进路方向有关，若进路的方向不同，则进路上各区段 LJ 的动作顺序也不同。若是从左向右运行方向的进路，则各区段 1LJ（1-2 线圈经 12 线）从始端向终端顺序励磁，到终端后又使 2LJ（3-4 线圈经 13 线）从终端向始端顺序励磁。若是从右向左运行方向的进路，则各区段 2LJ（1-2 线圈经 12 线）从始端向终端顺序励磁，到终端后又使 1LJ（3-4 线圈经 13 线）从终端向始端顺序励磁。

（4）12 线利用各区段 CJ 的及时励磁特性传递解锁电源 KF。12 线工作完毕后，13 线才开始工作。

（5）向 13 线接入解锁电源 KF 分为以下 3 种情况。

① 当向股道或单线区段接发车口或双线区段反向发车口办理列车进路或调车进路时，用 GJJ 前接点向 13 线接入解锁电源 KF。

② 以咽喉区调车信号机为终端的调车进路，由 ZJ 第 5 组、第 6 组前接点将 12 线解锁电源 KF 转接至 13 线。

③ 当向双线区段正向发车口办理发车进路时，用最后一个道岔区段的 FDGJ 前接点向 13 线接入解锁电源 KF。

（6）长调车进路的取消解锁按短调车进路进行。

（7）进路上各区段的解锁顺序总是从终端向始端方向依次逐段解锁的。

（二）人工解锁

在进路建立信号开放后，列车或调车车列驶入接近区段，若此时进路处于接近锁闭状态，且需要取消进路，则可办理人工解锁的手续，信号可立即关闭，但进路不能立即解锁。为了防止列车或调车车列冒进而进入解锁的道岔区段，要求关闭信号后必须使进路延时解锁，这种采用延时解锁的方式称为人工解锁。人工解锁必须具备一定条件才能进行。

1．人工解锁的解锁条件

（1）进路的接近区段有车，进路处于接近锁闭状态。

（2）防护进路的信号机随着办理人工解锁的手续而关闭。

（3）关闭信号后要求进路必须延时解锁，接车进路和正线发车进路要延时 3min 才能解锁。站线发车进路和调车进路要延时 30s 才能解锁。

（4）检查进路处于空闲状态并在延时过程中车没有冒进信号。

2．延时电路

1）设置

每个咽喉设置一套延时电路，如图 2-66 所示。延时电路设有 4 个人工解锁用的继电器：第一人工解锁继电器 1RJJ、第一限时继电器 1XCJ、第二人工解锁继电器 2RJJ、第二限时继电器 2XCJ。限时继电器均采用 JSBXC-850 型半导体时间继电器。

2）作用

延时电路是用来在进路人工解锁时产生延时电源 KF-3 分和 KF-30 秒，以达到进路延时解锁的目的的。

3）电路分析

1RJJ 和 2RJJ 的作用是检查全咽喉的每条进路是否具备人工解锁的有关条件。接车进路和正线发车进路的人工解锁条件均并联在 1RJJ 电路，站线发车和调车进路的人工解锁条件均并联在 2RJJ 电路。对于列车兼调车的信号点要用 LKJ 接点来区分接入的是 1RJJ 电路还是 2RJJ 电路（站线发车和调车时因延时时间均为 30s，故可将 LKJ 的 72 接点和 73 接点短路后接入 2RJJ 电路）。

图 2-66　延时电路

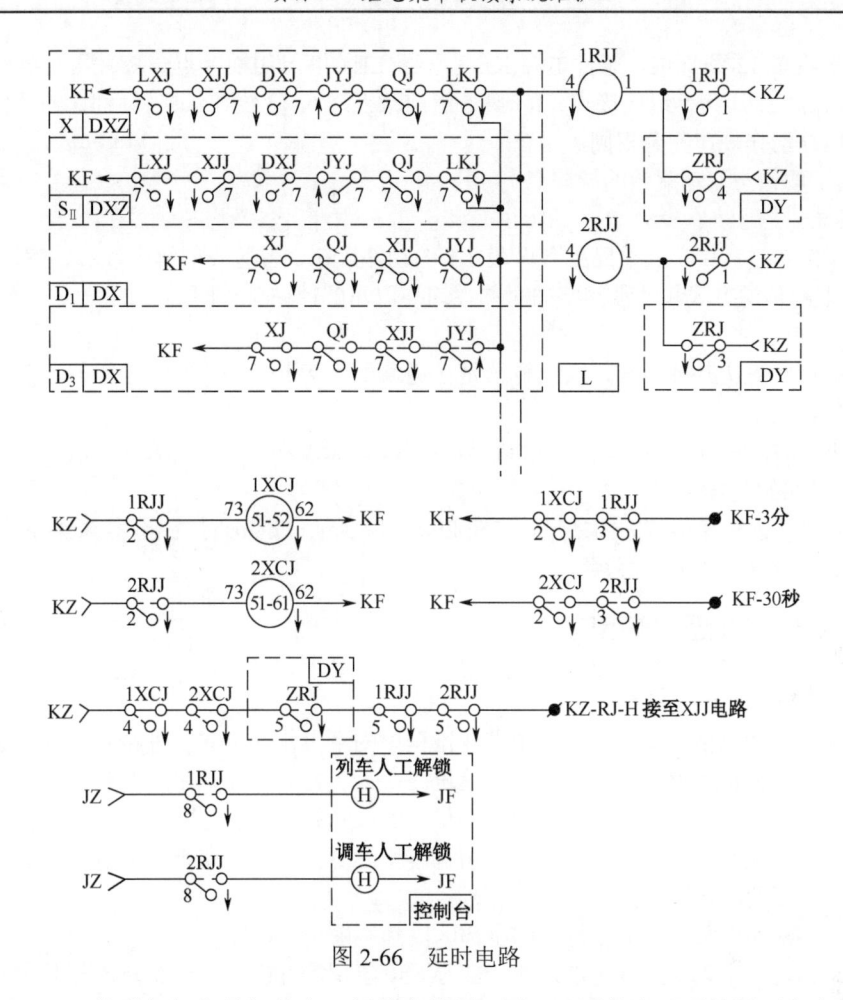

　　1RJJ 和 2RJJ 并联各架信号机的人工解锁条件是，用 JYJ 后接点证明接近区段有车，用 ZRJ 和 QJ 前接点证明已办好了人工解锁的手续，用 XJJ 前接点证明在延时解锁过程中进路一直处于空闲状态，用 LXJ 或 DXJ 后接点证明信号已经关闭。当人工解锁某一进路符合上述联锁条件时，接通相应的 RJJ 励磁电路，使之励磁吸起且自闭。RJJ 吸起后接通相应的 XCJ 电路，使限时继电器开始计时工作。

　　1XCJ 和 2XCJ 的作用是在人工解锁时完成计时任务。1XCJ 在 1RJJ 励磁时接通，经过 3min 后 1XCJ 才励磁吸起，用 1XCJ 和 1RJJ 的前接点供出 KF-3 分条件电源，供接车进路或正线发车进路的人工解锁电路用。2XCJ 在 2RJJ 励磁时接通，经过 30s 后 2XCJ 才励磁吸起，用 2XCJ 和 2RJJ 的前接点供出 KF-30 秒条件电源，供调车或站线发车进路的人工解锁电路用。

　　3．人工解锁电路的动作原理

　　以 X 至 IG 接车进路的人工解锁为例，分析有关电路的动作情况。

　　同时按压下行咽喉 ZRA 和 XLA 后，进路始端有关继电器的动作顺序如下：

按压ZRA→ZRJ↑→ZQJ↑→KF-ZQJ-Q有电→｜QJ↑→｜LXJ↓→｜各QJJ↓
按压XLA→LAJ↑　　　　　　　　　　　　　　　XJJ↓↑→

　　从上述继电器动作关系可以看出，在办理人工解锁的手续后，QJ 吸起，XJJ 落下后又重新吸起，LXJ 落下，使 1RJJ 吸起并自闭，1RJJ 吸起后接通 1XCJ 电路，经过 3min 后才使 1XCJ 吸起，这时由 1XCJ 和 1RJJ 前接点供出 KF-3 分条件电源，使解锁电路开始工作。

在进路始端 12 线部位，条件电源 KF-3 分经 LKJ 第 5 组前接点、JYJ 第 6 组后接点、QJ 第 5 组前接点、XJJ 第 5 组前接点、KJ 第 5 组前接点送入 12 线，从此以后 LJ 的动作规律与取消解锁的电路动作规律完全相同。

4．人工解锁与取消解锁的异同点

1）相同点

在人工解锁过程中，其进路上各区段 LJ 的动作顺序、各区段的解锁顺序、解锁电源在 12 线、13 线上的传递方式和解锁网路的对称性均与取消解锁完全相同。

2）不同点

（1）解锁的先决条件不同，人工解锁是在进路处于接近锁闭状态下进行的，取消解锁是进路处于预先锁闭状态下进行的。

（2）两者的操纵方法不同，人工解锁是同时按压 ZRA 和进路始端按钮，取消解锁是同时按压 ZQA 和进路始端按钮。

（3）人工解锁是在信号关闭之后，进路必须延时 3min 或 30s 才能解锁。而取消解锁是在信号关闭之后，进路即可立即解锁。

三、调车中途返回解锁

（一）调车转线作业过程

调车转线作业包括牵出和返回两个作业过程。为牵出作业建立的进路称为牵出进路，为返回作业建立的进路称为返回进路，也叫折返进路。为了提高作业效率，在列车牵出时，往往走不完牵出进路的全程，就按最近的反向调车信号的显示折返了。这时牵出进路可能有部分区段或全部区段都不能正常解锁，这些区段需用调车中途返回解锁电路来自动解锁。调车中途返回解锁可能有以下两种情况。

（1）牵出进路中某个短调车进路的全部区段都不能正常解锁。

（2）牵出进路中某个短调车进路的一部分区段能正常解锁，另一部分区段不能正常解锁。

例如，站场中由 IG 转线到 IIG 的调车作业，由于列车较长，牵出进路必须办理 S_1 至 D_3 的长调车进路（包括 S_1 至 D_7 和 D_7 至 D_3 两个短调车进路），折返进路为 D_{13} 至 IIG。列车牵出越过 D_{13} 后停车，等待 D_{13} 开放后就折返到 IIG。这时列车只占用了 9-15DG 和 3DG 区段，并未驶入 5DG 区段。很显然，对 D_7 至 D_3 这个短调车进路来说，该进路有 3DG 和 5DG 两个区段，因列车未占用过 5DG 区段，3DG 区段缺少第三点检查，当车退出 D_7 内方后 3DG 区段不能正常解锁。至于 5DG 区段，第二点和第三点检查都没有，更不能正常解锁。这就是第一种情况，即牵出进路中某个短调车进路的全部区段都不能正常解锁。对 S_1 至 D_7 这个短调车进路来说，该进路有 17-23DG 和 9-15DG 两个区段，17-23DG 区段在列车牵出之后能满足三点检查的条件而正常解锁，但 9-15DG 区段就不同了，虽然列车牵出时顺序占用 17-23DG、9-15DG、3DG 区段，但并未出清 9-15DG 区段，而列车折返时又先出清了 3DG 区段，后出清了 9-15DG 区段，这不符合正常解锁的条件，所以 9-15DG 区段不能正常解锁，这就是第二种情况，即牵出进路中某个短调车进路的一部分区段能正常解锁，另一部分区段不能正常解锁。

（二）第一种情况的调车中途返回解锁电路

1．解锁条件

（1）证明牵出进路在列车折返后，全部区段都不能正常解锁。

（2）证明牵出列车曾占用过进路并确实已退清了牵出进路。

（3）证明防护牵出进路的信号机已经关闭。

2．电路原理

以 IG 转线到 IIG 的调车作业为例，分析 D_7 至 D_3 短调车进路是如何按照第一种调车中途返回解锁电路进行解锁的。

在列车牵出过程中，当列车进入 D_7 内方时，3DGJ 和 D_7XJJ 先后落下，同时 3FDGJ 吸起使 3QJJ 落下，为 3/2LJ 的励磁准备条件。当列车按 D_{13} 的显示折返全部退清 D_7 内方时，3DGJF 吸起，切断白灯保留电路，使 D_7XJ 落下，自动关闭信号。当列车折返进入 D_{13} 内方，刚出清 D_7 接近区段时，D_7JYJ 励磁，由于 D_7XJ 落下和 D_7JYJ 的吸起，切断 10 线 KF 电源，使 5QJJ 自闭电路断电而落下。此时，在 9-15FDGJ 缓放过程中，解锁电源 KF 经由牵出进路终端部位 D_3ZJ 的前接点接入 8 线，检查进路上 5DGJ、3DGJ 的前接点后，送至牵出进路始端部位 D_7 处，检查 D_7KJ、D_7JYJ 的吸起和 D_7XJJ、D_7XJ 的落下后转接到 12 线，使 3/2LJ 的 1-2 线圈励磁并自闭。其励磁电路为 KZ-GDJ—3QJJ$_{51-53}$—3/2LJ$_{1-2}$—3CJ$_{31-33}$—3CJ$_{73-71}$—3QJJ$_{23-21}$—D_7KJ$_{51-52}$—D_7XJJ$_{51-53}$—D_7XJ$_{51-53}$—9-15FDGJ$_{62-61}$—D_7JYJ$_{62-61}$—D_7KJ$_{12-11}$—3DGJF$_{11-12}$—1/3DBJ$_{11-12}$—5/7FBJ$_{13-11}$—5DGJF$_{11-12}$—IAGJF$_{51-52}$—XKJ$_{11-13}$—D_3ZJ$_{11-12}$—KF。

3/2LJ 励磁后自闭，电路为 KZ—3QJJ$_{71-73}$—3/2LJ$_{3-4}$—3/2LJ$_{22-21}$—KF。

3/2LJ 吸起后，使 3CJ 立即吸起，此后 LJ 动作规律与取消进路相同，即利用 3CJ 的快动特性将原来的 KF 电源沿 12 线向牵出进路终端方向传递，送给 5/2LJ 的 1-2 线圈电路，使 5/2LJ 励磁且自闭。同理，利用 5CJ 的快动特性先将原来的 KF 电源向进路终端传递，再经由 D_3ZJ 第 5 组、第 6 组前接点由 12 线转入 13 线，送给 5/1LJ 的 3-4 线圈电路，使 5/1LJ 励磁吸起且自闭。当 5/1LJ、5/2LJ 吸起后，KF 电源从 5DG 区段送出，沿着 13 线送给 3/1LJ 的 3-4 线圈电路，使 3/1LJ 励磁吸起且自闭。LJ 的动作顺序为 3/2LJ↑→5/2LJ↑→5/1LJ↑→3/1LJ↑，进路上 SJ 的动作顺序为 5/7ISJ↑→1/32SJ↑。进路上各区段的解锁顺序是从终端向始端方向依次解锁的。

3．解锁条件的检查

（1）用进路始端 KJ 和进路终端 ZJ 的吸起证明牵出进路全部区段没有解锁。

（2）用始端的 XJJ 后接点证明列车占用过牵出进路。

（3）用 8 线上的有关 DGJF 前接点证明列车已退清牵出进路。

（4）用始端的 XJ 后接点证明防护牵出进路的信号机已关闭。

4．电路动作规律

（1）受运行中的调车车列控制自动进行解锁。

（2）解锁电路涉及 8 线、12 线和 13 线。解锁电源 KF 传递线路形似 S 形（注意：KF 由 8 线向 12 线转接是在牵出进路始端）。

解锁电源 KF 先从牵出进路的终端处经 ZJ 前接点条件接入 8 线，沿 8 线传到牵出进路始端，由始端信号点的 KJ、JYJ 前接点和 XJ、XJJ 后接点等条件转入 12 线，再由始端沿 12 线传递到终端，由终端转接到 13 线，然后终端沿 13 线送向始端方向。

（3）在 8 线及 8 线与 12 线的转接电路上检查解锁条件。

（4）LJ 开始动作的时机：当以单置或差置调车信号机为折返信号机时，要待列车全部退清其接近区段时才开始动作；当以并置为折返信号机时，列车一退清进路就开始动作。

（5）LJ 的动作顺序、各区段的解锁顺序、解锁电源的传递方式与取消解锁完全相同。

（6）由牵出进路终端向牵出进路始端逐段解锁。

（三）第二种情况的调车中途返回解锁电路

1．解锁条件

（1）证明牵出进路的部分区段已正常解锁，部分区段没有正常解锁。

（2）证明列车已进入折返进路，退清原牵出进路。

2. 电路原理

以 IG 转线到 IIG 的调车作业为例，分析 S_1 至 D_7 短调车进路如何按照第二种调车中途返回解锁电路进行解锁。

当列车牵出全部出清 17-23DG 区段时，17-23DG 按正常解锁电路解锁，9-15/2LJ 能按照正常解锁电路励磁吸起且自闭（检查了 17-23DG 的占用、出清和本区段的占用），9-15/1LJ 不能按正常解锁电路励磁，需按照第二种调车中途返回解锁电路来解锁。

当折返信号 D_{13} 开放后，列车驶入 D_{13} 内方，D_{13}XJJ 落下。当列车退清 9-15DG 区段时，9-15DGJ 吸起，9-15FDGJ 缓放落下后使 9-15CJ 吸起。这时，解锁电源 KF 从牵出进路终端处经 D_9ZJ 前接点接入 8 线，在 8 线上检查 9-15DGJF 前接点（证明列车已退清牵出进路）等条件，然后经由折返信号机 D_{13}XJJ 后接点和 D_{13}KJ 前接点由 8 线转入 12 线，沿 12 线向进路终端方向传递，经 D_9ZJ 第 5 组、第 6 组前接点和 9-15FDGJ 后接点由 12 线转入 13 线，送给 9-15/1LJ 的 3-4 线圈，使其励磁且自闭。其励磁电路为 KZ—9-15QJJ$_{71-73}$—9-15/1LJ$_{3-4}$—9-15DGJ$_{52-51}$—9-152LJ$_{12-11}$—9-15QJJ$_{13-11}$—13/15FBJ$_{61-63}$—D_9KJ$_{61-63}$—D_9ZJ$_{61-62}$—9-15FDGJ$_{41-43}$—D_9ZJ$_{52-51}$—D_9KJ$_{53-51}$—13/15DBJ$_{52-51}$—13/152SJ$_{63-61}$—9-15CJ$_{51-52}$—9-15CJ$_{72-71}$—9-15QJJ$_{23-22}$—9/111SJ$_{51-53}$—9/11FBJ$_{51-53}$—D_{13}ZJ$_{51-53}$—D_{13}KJ$_{21-22}$—D_{13}XJJ$_{83-81}$—D_{13}ZJ$_{13-11}$—9/11FBJ$_{13-11}$—9-15DGJF$_{11-12}$—13/15DBJ$_{11-12}$—D_9KJ$_{11-13}$—D_9ZJ$_{11-12}$—KF。

9-15/1LJ 励磁吸起后自闭，电路为 KZ—9-15QJJ$_{71-73}$—9-15/2LJ$_{3-4}$—9-15/2LJ$_{22-21}$—KF。

由于 9-15/1LJ、9-15/2LJ 均已吸起，使 9/111SJ 和 13/15 2SJ 吸起，从而使 9-15DG 区段按第二种调车中途返回解锁电路解锁。

3. 解锁条件的检查

（1）用牵出进路始端 KJ 的落下和 ZJ 的吸起证明部分区段已解锁，部分区段未解锁。

（2）用折返进路始端 KJ 的吸起证明折返进路已建立，用折返进路始端 XJJ 的落下证明列车已折返。

（3）用 8 线上 DGJF 前接点证明列车已退清牵出进路。

4. 电路动作规律

（1）受运行中的调车车列控制自动进行解锁。

（2）解锁电路涉及 8 线、12 线和 13 线。解锁电源 KF 传递线路形似 S 形（注意：KF 由 8 线向 12 线转接是在折返进路始端）。

解锁电源 KF 先从牵出进路的终端处经 ZJ 前接点条件接入 8 线，再沿 8 线传递到折返进路始端，然后由折返进路始端 XJJ 后接点和 KJ 前接点转入 12 线，接着沿 12 线传递到牵出进路终端，最后由终端沿 13 线送向折返始端方向。

（3）在 8 线及 8 线与 12 线的转接电路上检查解锁条件。

（4）LJ 的动作顺序、各区段的解锁顺序、解锁电源的传递方式与取消解锁完全相同。

（5）由牵出进路终端向折返进路始端逐段解锁。

四、引导信号电路

引导信号并非常用，只是在进站信号机故障或轨道电路故障，以及在道岔失去表示或向非接车线路接车时，由于不能正常办理接车进路开放进站信号，因此可采用开放引导信号的方式，实行引导接车。

为了实现引导进路锁闭和开放引导信号，每个进站信号机或接车进路信号机都设置一个引导信号组合 YX。在 YX 组合内设置引导按钮继电器 YAJ、引导信号继电器 YXJ 和引导解锁继电器 YJJ。对于每个咽喉，在电源组合 DY 内设置引导总锁闭继电器 YZSJ。

在引导接车时，为了确保行车安全，对引导接车进路也要实行锁闭，这种锁闭叫作引导锁闭。6502 电气集中电路的引导锁闭有两种方式：一是按进路方式锁闭道岔，称为引导进路锁闭；二是全咽喉道岔都锁闭，称为引导总锁闭。

（一）引导进路锁闭

1. 办理条件

在下列情况下采用引导进路锁闭方式开放引导信号。

（1）当进站信号机或接车进路信号机因故不能正常开放时。

（2）当接车进路上某个轨道电路故障不能建立正常接车进路时。

2. 办理手续

（1）当进站信号机或接车进路信号机因故不能正常开放时，首先逐个单独操纵进路上的道岔将接车进路开通（当确认是信号机允许信号灯泡断丝而不能正常开放进站信号机时，可按压接车进路始端、终端按钮，排通进路），然后破铅封按压引导按钮 YA，锁闭进路，开放引导信号。

（2）当接车进路上某个轨道电路故障不能建立正常接车进路时，可先将进路上有关道岔单独操纵到所要求的位置，将进路开通，再把发生故障区段的道岔按钮拉出，对道岔实行单独锁闭，以防止故障区段修复（或自然修复）后该区段的道岔解锁。然后，破铅封按压 YA，锁闭进路，开放引导信号。

3. 引导信号电路

引导进路锁闭电路没有专设网路线，而是用 9 线锁闭进路，用 11 线使 YXJ 励磁后开放引导信号。

图 2-67 所示为引导信号电路。

以 X 至 IG 引导接车为例，分析电路动作原理（假设 5DG 区段故障）。

首先单独操纵 X 至 IG 接车进路上的各组道岔，开通进路。拉出 5/7 号道岔的 CA，单独锁闭 5/7 号道岔。然后破铅封按压控制台上 X 进站信号机的 YA，使 YAJ 励磁吸起并自闭，其电路如下。

YAJ_{3-4} 线圈励磁电路：

$KZ—YA_{11-12}—LXJF_{31-33}—YXJ_{51-53}—YAJ_{3-4}—YZSJ_{73-71}—ZCJ_{32-31}—KF$。

YAJ_{1-2} 线圈自闭电路：

$KZ—YAJ_{11-12}—YAJ_{1-2}—YJJ_{13-11}—ZCJ_{32-31}—KF$。

YAJ 励磁后，用其第二组前接点将 KZ 电源接入 9 线，使接在 9 线上的各区段的 QJJ 和 S_1GJJ 同时励磁，各区段的 QJJ 吸起使各区段的 LJ、SJ、CJ 相继失磁落下，锁闭接车进路。在进路终端 S_1 处，由于 S_1GJJ 吸起使 S_1ZCJ 落下，因此锁闭了另一个咽喉的迎面敌对进路。

必须指出，若某区段轨道电路故障时引导接车，则该区段 QJJ 的 3-4 线圈电路中因串接 DGJF 第 6 组前接点而不能励磁，其 LJ 也不会落下，从而使该区段不能实行进路锁闭，因此必须将故障区段的道岔按钮拉出实行单独锁闭。

YAJ 励磁后，用其第 3 组前接点将 YXJ 的 3-4 线圈接入 11 线。进路上各区段的 CJ、SJ 及 S_1ZCJ 落下接点接通 11 线。在故障区段（如 5DG 区段）经 5DGJF 后接点和 5CJ 前接点接通 11 线，使 YXJ 励磁吸起且自闭。YXJ 吸起后开放引导信号。

YXJ 励磁电路为 $KZ—YA_{11-12}—LXFJ_{31-33}—YXJ_{3-4}—1DJF_{32-31}—YZSJ_{51-53}—YJJ_{33-31}—YAJ_{32-31}—5DGJF_{11-13}—5/CJ_{42-41}—5/7SJ_{13-11}—5/7DBJF_{21-22}—5/7SJ_{21-23}—17-23/CJ_{43-41}……S_1KJ_{41-43}—S_1ZCJ_{41-43}—S_1ZJ_{41-43}—S_1GJJ_{42-41}—X_1GJJ_{23-21}—KF$。

图 2-67 引导信号电路

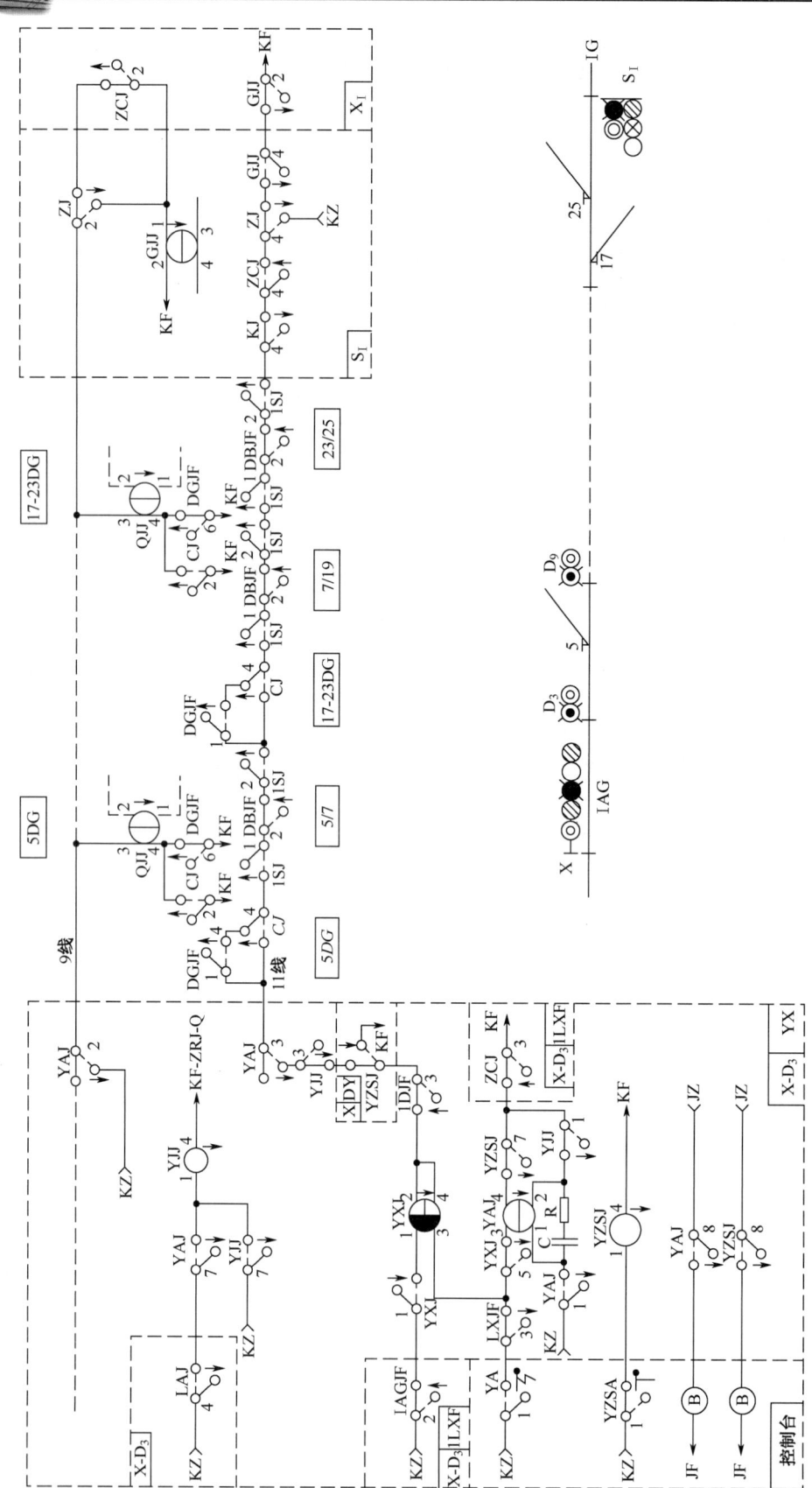

YXJ 励磁后,经下行进站信号机内方第一个区段的轨道继电器 I AGJF 第 2 组前接点自闭。YXJ 自闭电路为 KZ—I AGJ$_{21-22}$—YXJ$_{11-12}$—YXJ$_{1-2}$—1DJF$_{32-31}$—YZSJ$_{51-53}$—YJJ$_{33-31}$—同励磁电路。

当列车第一轮对驶入进站信号机内方,I AGJF 落下,断开 YXJ 自闭电路,使引导信号自动关闭。

必须指出,若进站信号机内方第一个区段发生故障,I AGJF 落下,YXJ 不能自闭。在这种情况下,为了保持 YXJ 吸起,要求在引导接车过程中,一直按压 YA,待列车驶入进站信号机后方可松开 YA。

在引导接车的整个过程中,YAJ 由其 1-2 线圈自闭电路保持吸起,9 线一直有电,所以列车虽先后占用各区段,各区段的 DGJF 顺序落下,但各区段 QJJ 的 3-4 线圈仍能经 CJ 第 2 组后接点保持吸起状态。即使列车全部驶入股道,各区段 QJJ 也不会落下,进路也不会解锁。

4. 引导进路解锁电路

当车站值班员确认列车全部进入股道后,可办理引导解锁的手续。其操纵方法是,同时按压 ZRA 和进站信号机的 LA。仍以上述引导进路为例,说明解锁电路的动作原理。

同时按压 ZRA 和 XLA 后,ZRJ 和 XLAJ 励磁吸起,条件电源 KF-ZRJ-Q 有电,使 YJJ 励磁且自闭。

YJJ 励磁电路为 KZ—XLAJ$_{41-42}$—YAJ$_{71-72}$—YJJ$_{1-4}$—KF-ZRJ-Q。

YJJ 自闭电路为 KZ—YJJ$_{71-72}$—YJJ$_{1-4}$—KF-ZRJ-Q。

YJJ 吸起后,一方面切断 YAJ 的自闭电路,使 YAJ 落下,停止向 9 线供 KZ 电源,使各区段 QJJ 和 S$_1$GJJ 都失磁落下,为解锁做好准备。另一方面,用 YJJ 第 3 组后接点断开 YXJ 接向 11 线的励磁电路,使 YXJ 不再励磁。

若引导接车进路上某个轨道电路区段故障,如 5DG 故障,由于 5DGJF 落下,因此 5QJJ 不能励磁。此时,5DG 区段的 1LJ、2LJ 和 CJ 均不失磁。这样,在解锁引导进路时,即使故障区段尚未修复,也能利用 12 线、13 线来进行解锁。解锁电路如图 2-65 所示。

由于 YJJ 吸起,YAJ、YXJ 落下,接通了送向 12 线的 KF 解锁电源,引导解锁电路开始工作。在引导进路解锁时,1LJ、2LJ 的动作程序与取消进路时相同。例如,办理 X 至 I G 的引导进路解锁,假设 5DG 故障,那么 3/1LJ 首先经 12 线励磁,3/1LJ 励磁电路为 KZ-GDJ—3QJJ$_{51-53}$—3/1LJ$_{1-2}$—3CJ$_{11-13}$—3CJ$_{53-51}$—1/32SJ$_{51-53}$—1/3DBJ$_{51-52}$—5/7FBJ$_{53-51}$—5/71SJ$_{53-51}$—5QJJ$_{21-23}$—5CJ$_{71-72}$—5CJ$_{52-51}$—XKJ$_{51-53}$—XYJJ$_{41-42}$—XYXJ$_{43-41}$—XYAJ$_{43-41}$—KF。

3/1LJ 励磁后,3/CJ 立即吸起,先将 KF 电源沿 12 线传向 9-15DG 区段,使 9-15/1LJ 励磁,然后沿 12 线传至 17-23DG 区段,使 17-23/1LJ 励磁,最后传至进路终端,使 S$_1$GJJ 励磁。由 S$_1$GJJ 第 5 组前接点将 KF 接入 13 线,先使 17-23/2LJ 励磁,再使 9-15/2LJ 励磁、3/2LJ 励磁,进路从终端向始端依次解锁。当 KF 传至发生故障的 5DG 区段时,13 线经 5DGJ 第 3 组、第 5 组后接点的短路线跨越传递。这样,除 5DG 区段外,引导进路的其余区段均解锁。当 5DG 区段故障修复后,拉出 5/7 号道岔按钮,使 5DG 区段道岔解锁。

5. 引导进路解锁电路动作规律

(1)确认列车全部进入股道后,人工办理引导解锁手续:同时按压 ZRA 和进站信号机的 LA。

(2)在 12 线进路始端检查解锁条件满足后向 12 线送入 KF 电源。YAJ 落下证明 9 线已无 KZ 电源,QJJ 落下,为解锁做好准备。YXJ 落下证明引导信号已关闭。YJJ 吸起证明办理了引导解锁的手续。

(3)12 线、13 线上的 LJ 动作顺序、解锁电源的传递方式、各区段的解锁顺序与取消解锁完全相同(故障区段:12 线用 CJ 第 5 组、第 7 组前接点短路传递,13 线经 DGJ 第 3 组、第 5 组后接点的短路线跨越传递)。

(二) 引导总锁闭

1. 办理条件

(1) 当接车进路上的某个道岔失去表示时。

(2) 当向非接车线路上接车时。

2. 办理手续

(1) 对于道岔失去表示的引导接车,除故障道岔需要用手摇把将该道岔摇至所需的位置外,还可先将其余各道岔单独操纵至所需位置。车站值班员确认引导进路正确后,首先破铅封按压引导总锁闭按钮 YZSA,将全咽喉道岔实行锁闭。然后按压 YA,开放引导信号。此时,进路白光带不亮,信号复示器红灯和白灯亮,表示引导信号开放。

(2) 当向非接车线路上引导接车时,可单独操纵道岔至所需位置。对于单方向运行的正线股道的反向接车进路,可先用按压进路始端、终端列车按钮的方式选出进路,再按压接通光带按钮 JGA,确认引导进路正确。然后破铅封按压 YZSA,将全咽喉道岔锁闭。此时,引导总锁闭表示灯的白灯亮(引起车站值班员注意)。最后按压 YA,开放引导信号。此时,进路白光带也不亮。

3. 电路原理

引导总锁闭电路如图 2-68 所示。

在办理引导总锁闭接车时,按下带铅封的二位非自复式 YZSA,YZSJ 励磁吸起,条件电源 KZ-YZSJ-H 无电,使全咽喉所有道岔的 SJ 都落下,实行全咽喉道岔总锁闭。

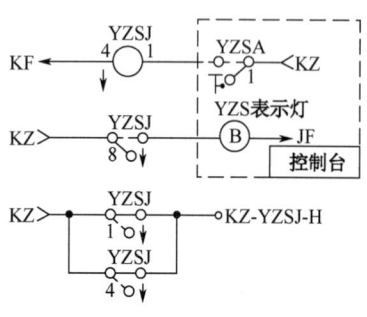

图 2-68 引导总锁闭电路

YZSJ 励磁吸起后,用 YZSJ 第 7 组后接点断开 YAJ 励磁电路,使 YAJ 不吸起,以免 9 线有 KZ 电源引起进路锁闭。

按下 YA,接通 YXJ 励磁电路,使 YXJ 励磁并自闭。YXJ 励磁后便开放引导信号。

YXJ 励磁电路为 $KZ—YA_{11-12}—LXJF_{31-33}—YXJ_{3-4}—1DJF_{32-31}—YZSJ_{51-52}—KF$。

YXJ 自闭电路为 $KZ—IAGJF_{21-22}—YXJ_{11-12}—YXJ_{1-2}—1DJF_{32-31}—YZSJ_{51-52}—KF$。

当列车进入进站信号机内方时,IAGJF 落下,使 YXJ 落下,引导信号自动关闭。

车站值班员确认列车全部进入股道后,拉出 YZSA,使 YZSJ 落下,条件电源 KZ-YZSJ-H 恢复有电,全咽喉道岔的 SJ 均励磁吸起,使全咽喉道岔解锁。至此,电路复原。

当采用引导总锁闭方式接车时,不需要任何网路线参与工作,由人工来保证安全。正因如此,YZSA 和 YA 均带铅封,防止误碰按钮或随意办理引导信号。在办理引导接车之前还必须严格登记手续,以示责任。

任务十五 执行组表示灯电路

执行组表示灯电路包括信号复示器电路、轨道光带表示灯电路、解锁表示灯电路及电源表示灯电路。

一、信号复示器电路

(一) 设置

信号复示器设于控制台盘面的模拟站场线路旁对应于每架信号机的位置。

（二）作用

信号复示器用来反映室外信号机的显示状态，监督室外信号机各灯泡主副灯丝的完整性，反映 XJ 的工作是否正常。

思政主题：量的积累，质的飞跃；唯有坚持，方得始终。
案例要点：

卡莱尔说，天才就是无止境刻苦勤奋的能力。

华罗庚说，聪明出于勤奋，天才在于积累。

在东京奥运会女子单人 10 米台跳水决赛中，年仅 14 岁的全红婵用完美动作征服了现场裁判，多位裁判给出了 10 分。最终，她以 466.2 分的高分夺得金牌，站上了女子单人 10 米台跳水的最高领奖台。当记者问她成功的秘诀是什么，她说了两个字：练呗！据教练说，她每天坚持练习 400 多跳。

世上无难事，只怕有心人。

（三）电路

1. 进站信号复示器电路

图 2-69 所示为进站信号复示器电路。

1）平时状态

平时进站信号机 LXJ 落下，1DJF 吸起，使进站信号复示器点亮红灯（电路为 JZ—LXJ$_{81-83}$—1DJF$_{62-61}$—复示器红灯—JF），表示进站信号机处于关闭状态。

2）进站信号机红灯灭灯

当进站信号机红灯灭灯时，DJ 落下，1DJF

图 2-69 进站信号复示器电路

也落下，使进站信号复示器闪红灯（电路为 SJZ—1DJF$_{63-61}$—复示器闪红灯—JF），表示进站信号机红灯主、副灯丝都断丝或红灯点灯回路发生断线故障。

3）办理进路

当办理进路时，LXJ 吸起，使进站信号复示器点亮绿灯（电路为 JZ—LXJ$_{81-82}$—复示器绿灯—JF），表示进站信号机已经开放。这时，若进站信号机的允许灯绿灯或黄灯主、副灯丝断丝，因 LXJ 落下和 1DJF 吸起，使进站信号复示器由点亮绿灯改为点亮红灯。

4）办理引导接车

在办理引导进路开放引导信号时，因 YXJ 和 2DJ 都处于吸起状态，使进站信号复示器点亮红灯和白灯（亮白灯电路为 JZ—2DJ$_{42-41}$—YXJ$_{81-82}$—复示器亮白灯—JF），表示进站信号机引导信号已开放。这时，如果 2DJ 失磁落下，进站信号复示器红灯亮而白灯闪光（闪白灯电路为 SJZ—2DJ$_{43-41}$—YXJ$_{81-82}$—复示器闪白灯—JF），表示引导信号的白灯主、副灯丝已断丝或白灯回路已发生断线故障。

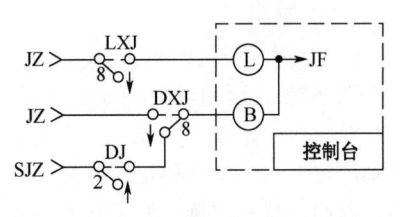

2. 出站兼调车信号复示器电路

出站兼调车信号复示器电路如图 2-70 所示。

1）平时状态

平时出站兼调车信号复示器不点灯，表示其信号机处于关闭状态。

2）出站兼调车信号机红灯灭灯

当出站兼调车信号机的红灯灭灯时，DJ 落下，使其

图 2-70 出站兼调车信号复示器电路

信号复示器闪白灯（电路为 SJZ—DJ_{21-23}—DXJ_{83-81}—复示器闪白灯—JF），表示出站兼调车信号机红灯主、副灯丝都断丝或红灯回路发生断线故障。

3）办理发车进路

当办理发车进路时，LXJ 吸起，信号复示器点亮绿灯（电路为 JZ—LXJ_{81-82}—复示器绿灯—JF），表示出站信号机已开放（可能点亮绿灯，也可能点亮黄灯或绿黄灯或双绿灯）。这时，若已开放的列车信号允许灯主、副灯丝断丝，LXJ 失磁落下，则信号复示器的绿灯熄灭。

4）办理调车进路

办理调车进路时，DXJ 吸起，信号复示器点亮白灯（JZ—DXJ_{82-81}—复示器白灯—JF），反映出站兼调车信号机已开放调车信号。这时，若调车信号白灯主、副灯丝断丝，则信号复示器白灯灭灯。

3．调车信号复示器电路

图 2-71 所示为调车信号复示器电路。

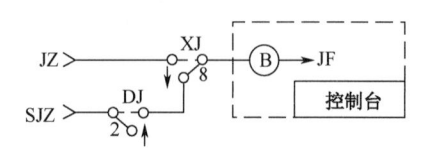

图 2-71 调车信号复示器电路

1）平时状态

平时调车信号复示器不点灯，表示调车信号机关闭。

2）调车信号机蓝灯灭灯

当调车信号机的蓝灯灭灯时，DJ 落下，使调车信号复示器闪白灯（电路为 SJZ—DJ_{21-23}—DXJ_{83-81}—复示器闪白灯—JF），表示调车信号机蓝灯主、副灯丝都断丝或蓝灯回路发生断线故障。

3）办理调车进路

当办理调车进路时，DXJ 吸起，调车信号复示器点亮白灯（电路为 JZ—DXJ_{82-81}—复示器白灯—JF），表示调车信号已经开放。这时，若白灯主、副灯丝断丝灭灯，则信号复示器白灯灭灯。经重复开放信号后仍为此现象，说明白灯已坏，须更换。

二、轨道光带表示灯电路

（一）设置

在控制台模拟站场线路上，对应轨道电路区段设有与站场形状相似的轨道光带表示灯。

6502 电气集中用 14 线和 15 线分别控制轨道区段的白光带和红光带电路。每条进路的光带都是由进路上各区段的光带组合而成的。每个区段的光带电路都是独立的。

（二）作用

（1）在办理进路时，用轨道光带来反映进路是否开通、是否锁闭。

（2）车在进路上运行的过程中，用轨道光带来反映车的位置。

（3）用轨道光带来反映解锁电路工作是否正常。

（4）用轨道光带反映轨道电路工作是否正常。

（三）电路

1．道岔区段轨道光带表示灯电路

图 2-72 所示为以 19-27DG 区段为例的道岔轨道光带表示灯电路。

对应每个道岔，在岔前、岔后的直股和弯股部位都设有白色和红色表示灯。岔后直股部位分别用定位白灯 DB 和定位红灯 DH 表示。岔后弯股部位分别用反位白灯 FB 和反位红灯 FH 表示。岔前部位用岔前白灯 QB 和岔前红灯 QH 表示（同一区段的两个对向道岔可共用一个岔前光带）。

平时，轨道光带不点灯。在办理进路时，进路开通且锁闭后，各区段均是经由各区段的 1LJ 第 8 组后接点和 FDGJ 第 8 组后接点及 DGJF 第 8 组前接点将交流表示电源 JZ 送入 14 线上，使进路从始端至终端点亮一条白色光带（进路上各道岔是点亮 DB 还是 FB，取决于道岔的位置），表示进路已开通且已锁闭。

当列车驶入 19-27DG 区段时，由于 DGJF 落下和 FDGJ 吸起，切断向 14 线供出的 JZ 电源，使该区段白光带熄灭。这时经由 FDGJ 第 8 组前接点将表示电源 JZ 接到 15 线上，使该区段点亮红光带，表示列车已占用该区段。

当列车出清该区段后，DGJF 吸起，FDGJ 缓放后落下，切断 15 线上的 JZ 电源，于是该区段红光带熄灭，表示该区段已出清且已解锁。由于这时 1LJ 和 2LJ 已励磁，因此白光带不会再被点亮。若列车出清该区段后，则该区段重新点亮白光带，说明该区段没有解锁。

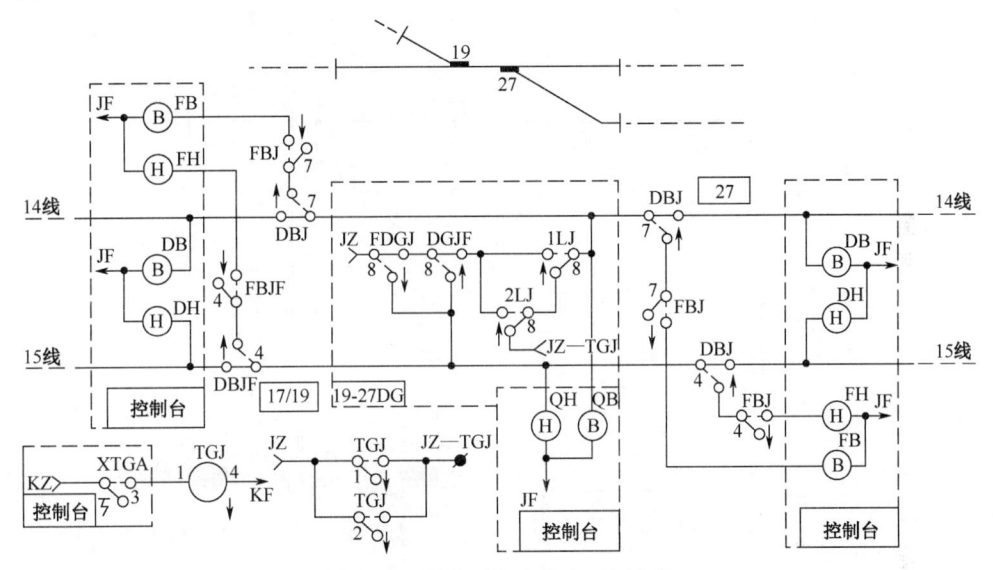

图 2-72　道岔区段光带表示灯电路

红光带熄灭后不准再闪一下白光带。如果不接入 FDGJ 接点而只接入 DGJF 接点，那么在列车出清区段的瞬间 1LJ 或 2LJ 尚未吸起之前，DGJF 第 8 组后接点切断向 15 线供电，而前接点又将通过未吸起的进路继电器后接点向 14 线瞬间供电，形成白光带在红光带熄灭后又闪一下的错误表示。接入 FDGJ 后，在它缓放时切断供向 14 线的 JZ 电源，使光带不闪白光，保证红光带在 1LJ 和 2LJ 吸起后直接熄灭。但又不能以 FDGJ 接点取代 DGJF 接点，否则在 FDGJ 电路断线时不能反映区段有车占用。

两个进路继电器 1LJ 和 2LJ 都吸起，才能说明该区段确已解锁，因此点灯电路中并联两组进路继电器后接点是必不可少的。点亮的光带必须与开通的进路位置相一致，不允许给出错误表示，因此决定光带形状的控制条件必须用道岔表示继电器前接点，不准用道岔表示继电器后接点来代替，如不准用 DBJ 后接点来接通反位光带灯。

为了方便车站值班员了解线路上道岔的开通状况，每个咽喉区设一个接通光带按钮 TGA，按下它使接通光带继电器 TGJ 励磁，供出条件电源 JZ-TGJ，于是本咽喉区每个区段的 1LJ 和 2LJ 第 8 组前接点把这个条件电源接到 14 线上，根据该区段道岔开通的位置点亮白光带，从而可确认整个咽喉区各道岔的开通状况。

2. 无岔区段的光带表示灯电路

1）设有"Q"组合的无岔区段的光带表示灯电路

图 2-73 所示为 1/19WG 区段（设有"Q"组合）的无岔区段轨道光带表示灯电路。

（1）特点。

① 无岔区段没有道岔，不设置 DB、DH 和 FB、FH，仅设置白色和红色光带。

② 用 14 线和 a 线控制白光带，用 FDGJ 和 DGJF 接点直接控制红光带（15 线不能控制红光带）。

③ 不接入条件电源 JZ-TGJ，了解道岔开通位置时无岔区段不点亮白光带。

④ 建立经过无岔区段的列车进路时，1LJ 和 2LJ 均落下，由其后接点构成无岔区段的白光带。

⑤ 建立向无岔区段的调车进路时，1LJ 和 2LJ 不会落下，由终端复示继电器 ZJF 的前接点构成无岔区段的白光带。

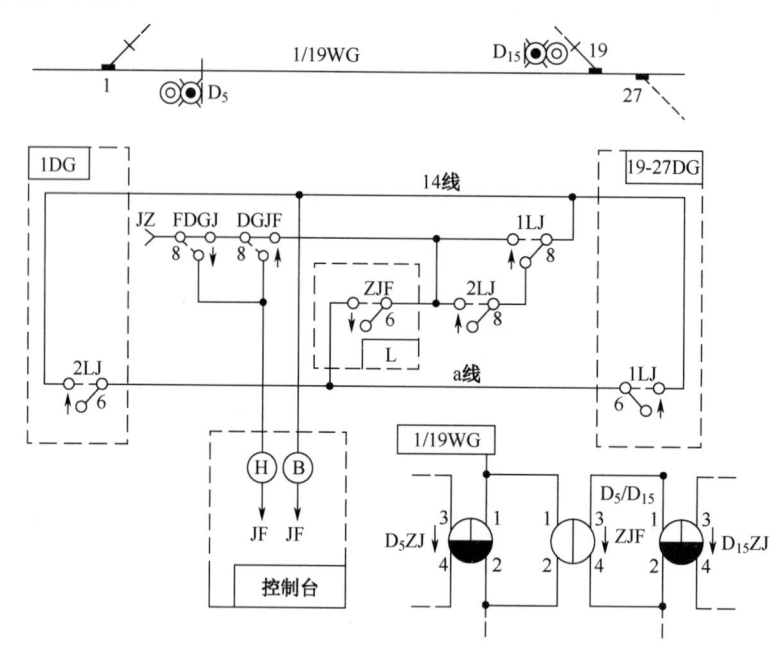

图 2-73　无岔区段轨道光带表示灯电路（一）

（2）电路。

在建立列车进路时，无岔区段 1LJ、2LJ 落下，使无岔区段点亮白光带（JZ—FDGJ$_{81-83}$—DGJF$_{81-82}$—1LJ$_{83-81}$—14 线—控制台白光带—JF），列车进入无岔区段后 DGJF 的落下和 FDGJ 的吸起使白光带改点亮红光带。出清该区段 3～4s 后红光带熄灭。

当向无岔区段建立调车进路时，由于无岔区段的 1LJ、2LJ 不失磁落下，因此不能用 LJ 后接点向 14 线送入 JZ 电源，而是经由终端复示继电器 ZJF 第 6 组前接点和 DGJF 前接点和 FDGJ 后接点向 a 线送入 JZ 电源。例如，办理 D$_1$ 至 D$_{15}$ 调车进路，由于 D$_5$ZJ 吸起，1/19QJJ 不吸起，无岔区段 1LJ、2LJ 不落下，无法经由 1LJ 后接点点亮白光带，因此设有一个 ZJF。当向无岔区段调车或经无岔区段办理长调车进路时，D$_5$ZJ 吸起或 D$_{15}$ZJ 吸起均会带动 ZJF 吸起。此时 JZ 电源经 FDGJ 第 8 组后接点、DGJF 第 8 组前接点和 ZJF 第 6 组前接点向 a 线送入 JZ 电源，再经 a 线上 1DG 区段的 2LJ 第 6 组后接点将 JZ 接入 14 线，点亮白光带（JZ—FDGJ$_{81-83}$—DGJF$_{81-82}$—ZFJ$_{61-62}$—a 线—1/2LJ$_{61-63}$ 或 19-27/1LJ$_{61-63}$—14 线—控制台白光带—JF）。当列车驶入 1/19WG 区段时改点亮红光带。同理，在办理 S$_{II}$ 至 D$_5$ 调车进路时，1/19WG 区段光带的表示过程与上述完全相同，不同的是经由 19-27/1LJ 后接点等条件使 1/19WG 区段点亮白光带。

为了防止列车进入道岔区段尚未进入无岔区段时，无岔区段的白光带先熄灭，待列车进入无岔区段时又从灭灯转为点亮红光带。对从左向右的调车进路，1DG 区段在 a 线上使用 2LJ 后接点。对从右向左的调车进路，19-27DG 区段在 a 线上使用 1LJ 后接点。

2）未设有"Q"组合的无岔区段轨道光带表示灯电路

（1）无列车经过的差置调车信号机之间的无岔区段轨道光带表示灯电路。

图 2-74 所示为无列车经过的差置调车信号机之间的无岔区段轨道光带表示灯电路。

$D_4/D_{14}ZJF$ 是 D_4ZJ 和 $D_{14}ZJ$ 的复示继电器。无岔区段轨道白光带在调车进路锁闭后点亮，其锁闭条件也是借用调车进路中邻近道岔区段的进路继电器后接点。

当调车进路从左向右运行时，借用 20DG 区段的 2LJ 后接点。调车进路从右向左运行时，借用 2DG 区段的 1LJ 的后接点。当调车车列进入 2/20 WG 区段时，由 2/20 WGJ 落下接点点亮无岔区段红光带。

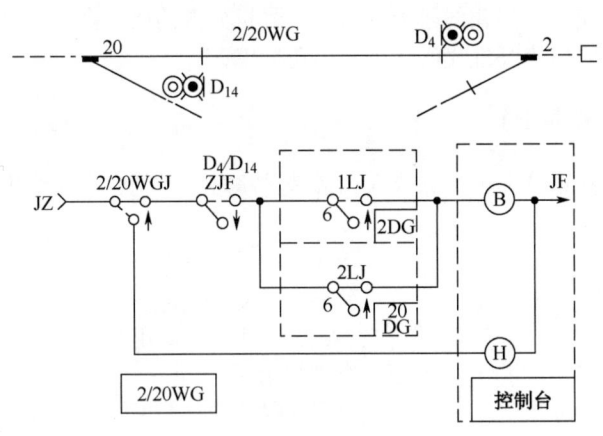

图 2-74 无岔区段轨道光带表示灯电路（二）

（2）进站内方带调车的无岔区段轨道光带表示灯电路。

图 2-75 所示为 X 进站信号内方带 D_3 调车信号机的 I AG 区段的轨道光带表示灯电路。

在办理接车进路时，由于 X 进站信号机的 LKJF 吸起和 5DG 区段的 1LJ 落下，点亮 I AG 区段白光带。在按引导进路锁闭方式引导接车时，由于 X 进站信号机的 YXJ 吸起和 1LJ 落下，同样点亮白光带。以 X 进站信号机为调车进路终端，排列向 D_3 处的调车进路时，D_3ZJ 的吸起和 1LJ 的落下也点亮白光带。但当开放 D_3 信号机时，I AG 区段作为接近区段不应点亮白光带。当列车进入 I AG 区段时，IAGJ 落下，点亮 I AG 区段红光带。

3）股道轨道光带轨道表示灯电路

图 2-76 所示为 II G 股道的轨道光带表示灯电路。

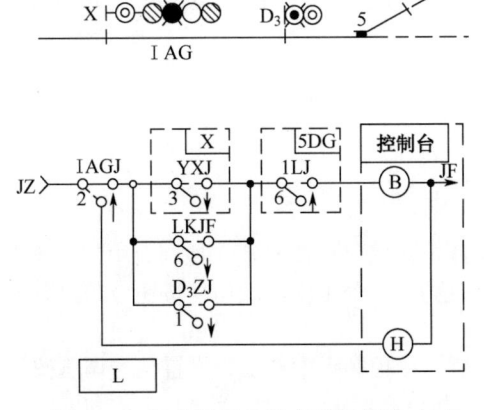

图 2-75 无岔区段光带表示灯电路（三） 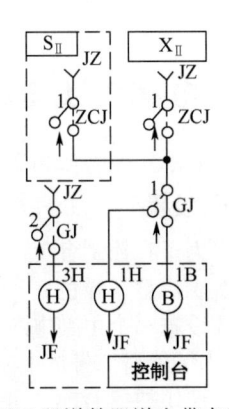　　图 2-76 II G 股道的股道光带表示灯电路

股道上的轨道光带电路与上述几种电路结构都不相同。它的轨道光带表示灯设有 3 种：红光带表示灯设有 1H 和 3H，1H 放在股道两端的单元块上，3H 放在股道中间两节单元块上；白光带表示灯设有 2B，放在整条股道的单元块上。

在向股道排列进路时，进路锁闭后 ZCJ 落下，由其第 1 组后接点及股道的轨道继电器 GJ 第 1 组前接点点亮股道上的白光带（2B）。

当列车刚进入股道时，经 GJ 第 1 组、第 2 组后接点点亮整条股道上的红光带（1H 和 3H 均点亮）。待列车全部进入股道，进路最后一个道岔区段解锁后，ZCJ 吸起，使股道两端的 1H 光带熄灭。列车在股道上停留期间，只有股道中间两节单元块点亮红光带（3H）。这样既能省电，又能避免整条股道点亮红光带而刺激车站值班员的眼睛，改善车站值班员的工作环境。

对于牵出线、专用线、尽头线等处的调车信号机外方的接近区段，没有白光带表示。在这些区段有列车占用时，能点亮红光带，列车出清后熄灭。

三、解锁表示灯电路

解锁表示灯是指在办理取消进路或人工解锁进路时在控制台上能给出的表示灯。解锁表示灯电路如图 2-77 所示。

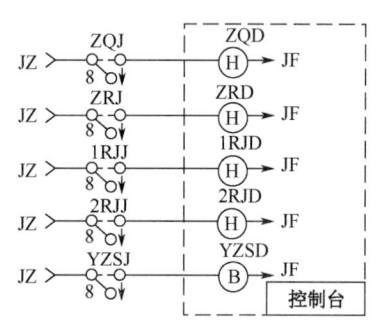

图 2-77 解锁表示灯电路

在每个咽喉的总取消按钮 ZQA 的上方有一个总取消表示灯（红色），当办理取消进路或取消误按的进路按钮时，按压 ZQA 使 ZQJ 励磁，用其第 8 组前接点点亮此红灯，表示正在办理取消手续。

在每个咽喉区的总人工解锁按钮 ZRA 正上方有一个总人工解锁表示红灯，左边有一个 30s 延时的人工解锁表示红灯，右边有一个 3min 延时的人工解锁表示红灯。当办理人工解锁时，按下 ZRA 使 ZRJ 励磁，用 ZRJ 第 8 组前接点点亮人工解锁表示红灯，当松开 ZRA 后，ZRJ 落下使红灯熄灭。在进路延时解锁过程中要继续给出解锁表示，当人工解锁的是接车进路或正线发车进路时，第一人工解锁继电器 1RJJ 励磁，用其第 8 组前接点接通的是 3min 延时的人工解锁表示红灯，直到 3min 进路延时解锁完毕，1RJJ 落下，表示灯熄灭。当人工解锁的是调车进路或站线发车进路时，第二人工解锁继电器 2RJJ 励磁，用其第 8 组前接点接通 30s 延时的人工解锁表示红灯，直到 30s 进路延时解锁完毕，2RJJ 落下，表示灯熄灭。

当办理全咽喉总锁闭方式引导接车进路时，要破铅封按压 YZSA，使 YZSJ 励磁吸起，用 YZSJ 第 8 组前接点接通引导总锁闭白色表示灯。拉出 YZSA 后，YZSJ 失磁落下，引导总锁闭白色表示灯熄灭。

四、电源表示灯电路

电源表示灯电路如图 2-78 所示。

（一）设置

（1）为了在控制台上能监督电源屏主、副两路电源的供电情况，在控制台中部上方设置一个主电源表示灯（绿色）、一个副电源表示灯（白色）、一个主副电源切换按钮 ZFDA。在控制台后面还设置一个主副电源切换电铃。

（2）为了能对信号灯电源和表示灯电源进行调压，在控制台中部上方设置信号调压按钮 XTA 和表示灯调压按钮 BTA，并在 XTA 上方设置绿色和黄色表示灯。

（二）作用

表示灯反映电源的供电情况，按钮用来进行必要的转换电源操作。

（三）电路

（1）电源供电情况是用线路接触器 XLC 的状态来反映的。

① 当主电源供电时，1XLC 励磁，其动合触点 27-28 闭合，点亮主电源表示灯绿灯。

② 当副电源供电时，2XLC 励磁，其动合触点 27-28 闭合，点亮副电源表示灯白灯。

③ 当主电源切换到副电源供电时，1XLC 失磁使副电源表示灯亮灯，同时电铃电路经主、副电源继电器 ZFDJ 后接点和 2XLC 的动合触点接通，使电铃鸣响。此时车站值班员按下 ZFDA，使 ZFDJ 励磁，一方面使电铃停响，另一方面使电铃电路处于监督副电源供电状态。

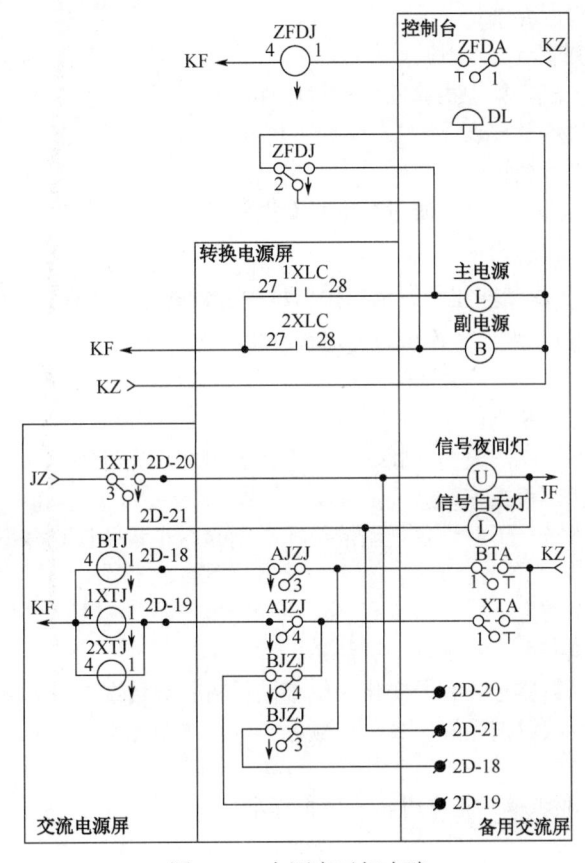

图 2-78 电源表示灯电路

④ 当副电源又转换至主电源供电时，电铃再次鸣响，拉出 ZFDA，使 ZFDJ 落下，电铃停止鸣响。

（2）用 XTA 来控制信号机点灯电压，白天用 220V 电压供电，夜间用 180V 电压供电。

① 白天未按下 XTA，交流屏的信号调压继电器 1XTJ 落下，用其第 3 组后接点点亮白天表示灯绿灯，表示信号灯用 220V 电压供电。

② 夜间按下 XTA，使 1XTJ 吸起，用其第 3 组前接点点亮夜间表示灯黄灯，表示信号灯用 180V 电压供电。

③ 用 BTA 对控制台表示灯的亮度进行控制。

白天未按下 BTA，表示灯调压继电器 BTJ 落下，表示灯用交流 24V 供电。夜间可按下 BTA，使 BTJ 励磁，供出 19.6V 交流电，使表示灯亮度减弱，减少对车站值班员眼睛的刺激。

任务十六　6502 电气集中联锁系统维护

一、日常养护与集中检修

（一）日常养护与集中检修的周期及作业程序

1．日常养护的周期及作业程序

日常养护是每日一次。日常养护的作业程序如下。

（1）在设备房进行登记。

（2）按作业步骤、工作内容及质量标准对有关设备进行日常养护。

（3）记录待修的问题并销记。

2．集中检修的周期及作业程序

集中检修是每年一次。集中检修的作业程序如下。

（1）准备工具、材料及仪表。

（2）在值班员室进行登记。

（3）按作业步骤、工作内容及质量标准对有关设备进行集中检修。

（4）记录待修的问题并销记。

（二）控制台、人工解锁按钮盘日常养护与集中检修的作业步骤、工作内容及质量标准

1．日常养护的作业步骤、工作内容及质量标准

1）外观检查

（1）外部无灰尘，无杂物。

（2）安装牢固、不倾斜，表面平整、不脱漆，加封加锁完好。

（3）电缆沟无异状，盖板完好。

（4）询问车站值班员，了解设备使用情况，查阅《行车设备检查登记簿》的登记情况。

2）盘面检查

（1）盘面清洁，无灰尘。

（2）各种文字标识齐全、正确，字迹清楚。

（3）铅封良好，计数器号码有无变化，检查破铅封登记情况，及时补封。

（4）表示灯灯泡及按钮帽完好，表示灯颜色正确，光节无串光现象。

（5）盘面仪表正常。

2．集中检修的作业步骤、工作内容及质量标准

1）盘面检查

（1）盘面平整清洁，单元安装牢固，前后不透光，防尘良好。

（2）按钮使用灵活，灯光表示齐全，颜色正确。

（3）计数器正确计数，不跳码，不漏码，数码字迹清晰。

2）内部检查

（1）试验按压、拉出各种按钮，按钮动作灵活，其接点片不松动、不氧化。

（2）各按钮应安装牢固，无松动及旋转。各种按钮接点的接通和断开与按钮的按压、停留、复位的关系正确。自复式按钮按压后能自动恢复到定位，非自复式按钮按压后应可靠地保持。

（3）表示灯泡、发光二极管安装正确、牢固，接触可靠。

（4）配线整齐清洁，无破皮，无接地，焊接良好。

（5）各种螺钉紧固，螺母垫片齐全。

（6）熔断器容量与图样相符，有试验标记，不超期，并接触良好。

(7) 各种音响报警正确。
(8) 铭牌齐全、正确，字迹清楚。
(9) 引入电缆固定良好，引入口密封良好。
(10) 防尘、防鼠、防火设施良好。
3) 电缆沟检修
(1) 电缆沟盖板齐全，地沟清洁，防鼠、防火设施完善。
(2) 电缆沟内电缆配线整齐，无破皮，放置妥善，防护良好。
4) 试验、加封、加锁
(1) 对检修的设备进行有针对性的试验工作。
(2) 加封、加锁。
(3) 销记。

(三) 组合架、分线盘日常养护与集中检修的作业步骤、工作内容及质量标准

1. 日常养护的作业步骤、工作内容及质量标准
1) 外观检查
(1) 各种器材安装牢固，插接良好，固定卡无松脱。
(2) 继电器、变压器、熔断器、报警装置、阻容元件、防雷元件等各种器材外观良好，无过热及其他异常现象。
(3) 配线干净、整齐，绑扎良好。
(4) 标识铭牌齐全、正确，字迹清楚、无脱落。
2) 机械室检查
(1) 图样完好，摆放整齐。
(2) 电缆沟、走线架无异状，盖板完好。
(3) 防尘、防鼠、防火设施良好。
(4) 机械室干净卫生，照明设施齐全良好。
3) 数据调看分析
查看微机监测设备，测试数据符合标准要求。
2. 集中检修的作业步骤、工作内容及质量标准
1) 各种器材检修、整修
(1) 逐台检查继电器类型正确，不超期，内部无异物，接点状态良好，鉴别销完整。
(2) 逐台检查各种器材插接良好，安装牢固。
(3) 熔断器容量与图样相符，有试验标记，不超期，并接触良好。
2) 配线检查、整修
(1) 走线架整理、清扫，引线口防护良好。
(2) 各处配线整齐、清洁，无破皮、无接地。焊接线头良好，套管不脱落。
(3) 各种螺钉紧固，螺母垫片齐全。
3) 进行Ⅰ级测试并记录
对检修的设备进行Ⅰ级测试并记录。
4) 试验
(1) 报警设备试验正确、清晰、直观。
(2) 对检修的设备进行有针对性的试验工作。
(3) 销记。

（四）电源屏日常养护与集中检修的作业步骤、工作内容及质量标准

1．日常养护的作业步骤、工作内容及质量标准

1）外观检查

（1）盘面整洁，外观良好，各指示灯正确，仪表指示正确。

（2）调压屏手柄在"自动"调压位置。

（3）铭牌齐全、正确。

（4）电缆沟无异状，盖板完好。

2）屏内及电源引入箱各部检查

（1）各种器材运用状态良好，无过热现象、无异声、无异味、无异状。

（2）配线整齐、清洁，无破皮、无接地。焊接良好。

（3）铭牌齐全、正确，字迹清楚。

3）进行Ⅰ级测试并记录

对检修的设备进行Ⅰ级测试并记录。

2．集中检修的作业步骤、工作内容及质量标准

1）屏内及电源引入箱各部检修

（1）屏内各部检查、清扫。

（2）各种螺钉紧固，螺母垫片齐全。

（3）闸刀安装牢固，作用良好。

（4）配线整齐、清洁，无破皮、无接地。焊接良好，套管不脱落。

（5）逐台检查各种器材插接良好，安装牢固。

（6）图样与实物相符。

2）电缆沟检查整修

（1）电缆沟盖板齐全，地沟清洁，防鼠、防火设施完善。

（2）电缆沟内电缆配线整齐、无破皮，放置妥善，防护良好。

3）试验

（1）对检修的设备进行有针对性的试验工作

（2）销记。

二、系统故障分析与处理

（一）信号设备故障分类

6502电气集中设备在昼夜不停地运行中，由于连接导线、元件、器材的物理性能有差异，以及设备的安装、使用条件、维修水平及自然界不可预见的影响等，都有可能使设备不能正常工作。下面对信号设备故障进行分类。

1．按故障现象分

1）非潜伏性故障

通过电路本身的自诊技术，在发生故障之后能以一定的形式表现出来的故障。例如，道岔失去表示，灯泡主灯丝断丝等。

2）潜伏性故障

故障发生后不能及时表现出来，只有在使用该部分电路或器件时，才能发现的故障。

2．按故障责任分

1）责任故障

因对设备维修不当或违章作业所造成的影响设备正常使用的故障，如设备超期使用发生故障、人为短路烧断保险等。

2）非责任故障

因突发因素或因无法抗拒和防止的外界干扰、自然灾害等造成的故障，如雷击、冰雪、高温、有害物质侵蚀、设备被盗等。

3．按故障状态分

1）断线故障

闭合电路某处线路断开，电路转变为开路状态，导致设备不能正常工作，如继电器接点脱焊等。

2）混线故障

闭合电路某处线路相混或混入其他电源，使电源短路或接地，造成设备不能正常工作，或者使联锁条件和控制条件短接，导致设备错误动作。

4．按故障范围分

1）室内故障

室内设备发生的故障，如联锁电路、电源屏、控制台等故障。

2）室外故障

室外设备发生的故障，如室外的电动转辙机、轨道电路、信号机等故障。

5．按故障性质分

1）机械故障

机械设备的材质发生变化，固定螺栓松动，如电动转辙机的机械卡阻、自动开闭器不能协调动作、道岔存在缺口、密贴发生变化等造成的故障。

2）电气故障

电子元件发生质变、调整不当、电网电压发生变化等造成信号设备的电气特性发生了变化。

6．按故障数量分

1）单一故障

在同一性质的电路中，仅存在一个故障。此类故障在设备正常工作中发生，故障现象较为明显，也较易分析。

2）叠加故障

在同一性质的电路中，同时存在一个以上的故障。此类故障在设备正常使用中较少发生，新设备开通时较为多见。此类故障较为复杂，体现出的故障现象也各不相同，分析也较复杂。

（二）处理故障的一般程序

处理故障不能盲目乱动，要按一定的程序进行，这是缩短故障处理时间，防止将故障扩大化、复杂化的关键所在。处理设备故障一般应按下面的程序进行。

1．赶赴现场

当接到行车人员信号设备故障通知，或者自己发现信号设备故障时，信号维修人员应立即赶赴运转室或现场。

2．询问了解

信号维修人员到达现场后，应向行车人员询问操作情况和故障具体情况，问明故障设备的名称、号码、区段及故障发生的时间和故障现象（必要时可与车务人员共同试验，进一步了解故障现象）。采取的方法是口问、耳听、眼看，但不能轻易动设备，不能使故障升级。

3．登记停用

经过了解后，对故障原因一时查不清或原因已清楚，但不能及时进行修复的设备，应办理登记停用手续，并在车站《行车设备检查登记簿》上登记停用。登记故障发生与停用设备的时间，以及由于停用故障设备而受到影响的其他设备的名称等，签上登记者姓名，并经车站值班员确认签字。

4. 汇报

发生故障的第一时间应及时向工长、车间主任、车辆段调度汇报，严禁瞒报、谎报故障。汇报内容包括故障设备名称、故障现象及影响范围，并说明已采取的措施，以得到技术上的指导。

5. 特殊情况会签

原因一时不清或涉及车务、工务及机务等部门时，应会同有关人员进行详细记录，经签字确认后开始工作。注意：没有弄清原因之前不得擅自乱动设备。

6. 分析判断

设备停用后，应按故障现象进行综合分析，对故障原因和范围做出符合客观实际的大致判断：是室内故障还是室外故障，是断线故障还是混线故障，是电气故障还是机械故障。这一步是处理故障的关键，分析判断故障正确与否，决定了排除故障的快慢。因此，分析判断力求准确。

7. 查找处理

在分析判断的基础上查找故障。在查找过程中应采取一定的措施与方法，使用合适的工具仪表，必要时应征得车站值班员同意后方可进行试验，以确定故障的性质和范围，沉着、细心、耐心、又快又准地把故障地点和原因找出来。

故障点和原因查清后，在修复过程中不准采用拆甩联锁条件、不合理的人工解锁等不正当的处理故障方法，严禁盲目乱干，防止故障上升。在修复过程中，应执行"三不动、三不离和七禁止"的安全措施，迅速使设备恢复正常工作状态。

8. 复查试验

故障修复后，应按所停用的范围，认真进行试验，经试验确认故障已排除，无其他异常现象后，并经车站值班员确认方可交付使用。决不能没有经过试验盲目同意车站值班员使用。

9. 销记

故障确已排除，经过试验确认一切良好后，可在《行车设备检查登记簿》上登记，填写恢复停用设备的名称、时间和故障原因，并经车站值班员签字。至此，设备恢复正常使用。

10. 事故障碍登记

信号维修人员应把故障现象、原因、处理情况登记在《信号事故、障碍登记簿》上，作为原始记录资料备查。

11. 汇报

故障处理完以后，应把故障发生状况、处理经过、故障原因及修复措施、恢复使用时间、影响行车情况及从中吸取的教训、今后的防范措施等，如实地向车辆段调度和车间进行汇报。

（三）处理故障的方法

1. 应急处理方法

当信号设备发生故障，来不及立即修复，有可能发生事故时，应在规章制度允许的范围内采取应急处理方法，争取不构成事故或把损失减少到最小（注意：决不能使故障升级）。现场采用的应急处理方法有以下几种。

1）危及行车安全，有可能发生重大事故时的应急处理方法

首先关闭防护进路的信号机，室内可采用取消进路或人工解锁方式或特殊情况关闭信号。室外可采取短路有关轨道电路区段关闭信号。当机车已越过信号机，司机看不见停车信号时，应向列车发出停车手信号。

2）进站信号机不能开放，中断行车时的应急处理方法

当办理接车基本进路，进站信号机不能开放时，应改用变通进路。若变通进路仍不能开放进站信号或无变通进路，则应改变接车股道。若改变接车股道仍不能开放进站信号，则改用引导接车开放引导信号。若引导信号不能开放，则利用手信号引导接车。

3）出站信号机不能开放，影响发车时的应急处理方法

当办理发车基本进路，出站信号机不能开放时，应改用变通进路。若变通进路仍不能开放出站信号或无变通进路，则单线区段改用电话闭塞，签发路票发车；双线区段单向运行的向另一线反向发车，采用电话闭塞，签发绿色许可证发车；双线区段双向运行的可改变运行方向，向另一线发车。

4）进路不能解锁，影响其他作业时的应急处理方法

当确认列车或列车通过进路后，进路不能解锁时，首先应考虑按取消进路方式解锁。其次，按人工解锁方式解锁。再次，按故障解锁方式解锁。若上述几种方式仍不能解锁，可考虑断电后重新通电再办理上电解锁。若是全咽喉道岔均不能解锁，则可能是条件电源 KZ-GDJ 没电所致。

应当注意，信号控制台是车站值班员（车务人员）操纵使用的，应急处理不仅是信号员的事儿，还应与车务人员相互配合。

2. 处理故障的常规方法

信号维修人员为了稳、准、快地处理 6502 电气集中设备故障，通常按照一看、二试、三查、四测、五处理的步骤进行。

1）看

看，就是认真观察控制台上的各种现象。

观察控制台上各种表示灯的亮灯情况及其灯光变化过程，电流表指针摆动，电铃鸣响及非自复式按钮的位置等，获取故障信息，进行综合分析，初步判断故障的性质和范围。

2）试

试，就是办理与试验。

先通过重复办理试验使故障再现，确认故障发生的现象与经过。再经改排进路试验或改变操作方法试验，进一步缩小故障范围。改排进路是指路径重叠或部分重叠的进路办理，如 X 至 IG 接车和 D_3 向 IG 调车的长调车进路或该调车进路的分段办理。改变操作方法是指同一控制对象的不同操纵方法，如对道岔的单独操纵和进路式操纵。

3）查

查，就是核实与复查。

首先，要观察继电器状态与控制台做出的判断是否相符，如果根据控制台始端按钮表示灯未亮稳定灯光判断 FKJ 没励磁，就要在继电器室确认 FKJ 是否处于落下状态。其次，要复查故障电路的联锁条件是否满足，该动作的设备是否动作，不该动作的设备是否误动。

4）测

测，就是测试。

经分析判断，确定故障范围较小时，应使用万用表进行测试，查出故障点。室内电路应在组合侧面端子测试电压，判断故障的继电器是缺 KZ 电源还是 KF 电源，用万用表直流电压 50V 挡，在组合侧面端子上借用电源。若查找 KZ 电源，则借 KF 电源。若查找 KF 电源，则借 KZ 电源。当继电器接点数较多时，可从中间选点测量（逐点测量，会延长故障处理时间）。如果故障与室外设备有关，那么应先在分线盘上测试，区分是室内故障还是室外故障，再进行查找。

5）处理

处理，就是查出故障原因后，采取相应的措施和方法。需要更换的元器件应立即更换，能修复的应尽快修复，一时不能修复的应采取应急处理措施。确实不能修复时，应将设备停用。

（四）6502 电气集中常见故障及处理

6502 电气集中电路中的继电器动作是有规律的，它们总是按照一定的顺序吸起或落下，在继电器吸起或落下的同时，控制台给出相应的表示（控制台上表示灯的显示由与关键的电路动

作层次有关的继电器控制）。所以，在分析处理故障时，要求信号维修人员在掌握电路的组成、原理、配线的基础上，仔细观察和分析控制台上的现象，迅速判断故障范围，查找方法正确，处理措施得当。

下面介绍 6502 电气集中的常见故障及处理方法（省略处理程序）。

1. 排列进路过程中的故障分析及处理

1）进路按钮表示灯不闪光

按压进路按钮后，进路按钮表示灯不闪光，此时可观察进路排列表示灯的亮灯情况。若点亮进路按钮表示灯则说明进路 AJ 励磁并自闭，只是进路按钮表示灯灯丝断丝或闪光电源断电。此时并不影响排列进路和开放信号，更换表示灯灯泡或检查并接通闪光电源即可。若不点亮进路排列表示灯，则说明进路 AJ 没励磁，故障原因及处理方法如下。

（1）进路按钮接点接触不良，单元块松动，调整按钮接点或拧紧按钮座固定螺栓。

（2）控制台零层端子到组合架零层端子间连接线假焊或脱焊，找到故障点重新焊接。

（3）进路 AJ 的 3-4 线圈断线或接触不良，需更换继电器或插好继电器。

2）进路按钮表示灯闪一下光后熄灭

按压进路按钮后，进路按钮表示灯闪一下光后熄灭，说明进路 AJ 没有自闭，故障原因及处理方法如下。

（1）进路 AJ 自闭电路中某接点接触不良，先用万用表分段测量电压可找到故障点，然后更换有关的继电器。

（2）进路 AJ 自闭电路线圈断线，需要更换继电器。

（3）按压进路按钮松手过快，AJ 来不及接通自闭电路，需按正常速度按压按钮。

3）进路排列表示灯不亮

按压进路始端、终端按钮后，始端、终端按钮表示灯均闪光，但进路排列表示灯不点亮，说明进路 AJ 励磁并自闭，故障原因及处理方法如下。

（1）进路排列表示灯断丝，此时并不影响排列进路和开放信号，需更换表示灯灯泡。

（2）方向继电器未励磁，可能是 AJ 接点假焊或脱焊，或者方向继电器线圈断线，用万用表分段测量电压可找到故障点，重新焊接或更换继电器。

4）进路不能选出

按压进路始端、终端按钮后，始端、终端进路按钮表示灯均闪光，进路排列表示灯也点亮，但进路始端按钮表示灯不亮稳定灯光，进路选不出来，说明进路 AJ 和方向继电器均吸起并自闭，故障原因及处理方法如下。

（1）进路始端的 JXJ 未励磁或不能自闭，不能励磁可检查 KF 电源是否送到 6 线，分段测量 6 线上的 KF 电源可找到故障点，一般为接触不良或脱焊。不能自闭，除了检查自闭接点是否良好，还应注意方向电源 KF-共用-Q 是否送到 JXJ 的线圈上。

如果始端进路按钮表示灯由闪光变为稳定灯光，就说明始端的 JXJ 吸起，FKJ 吸起，AJ 落下，证明 6 线工作正常。此时终端按钮表示灯仍闪光，说明终端的 JXJ 未吸起，应检查 5 线 KZ 电源的传递情况。若中间信号点的调车按钮闪白光，则说明中间信号点的 JXJ 已吸起，5 线 KZ 电源已传到中间信号点，应再进一步检查中间信号点至终端的 5 线 KZ 电源的传递情况，进路上的道岔操纵继电器是否被选动。

（2）对于列车进路 LKJ 或 FKJ 未吸起，以及对于调车进路 FKJ 未吸起，应分别查明原因。

（3）选岔电路中防止产生迂回电流的堵截二极管击穿，使选岔电路错误动作，无法选出整条进路。此时应观察哪一组道岔被错误选动，查明并更换被击穿的二极管。

5）进路白光带不点亮

按压进路始端、终端按钮后，始端按钮表示灯由闪光变为稳定灯光，终端按钮表示灯闪光后熄灭，进路排列表示灯点亮后熄灭，但进路白光带不点亮，说明进路始端的 FKJ 吸起，终端的 JXJ 吸起并自闭，进路已选出，选岔电路工作已完成。而选出的进路不能锁闭，进路继电器未落下，故障原因及处理方法如下。

（1）进路上的道岔未转换到规定的位置，可通过道岔位置表示灯来观察，如未转换，可检查道岔控制电路。

（2）进路始端的 KJ 未吸起，应在 7 线上逐段测量 KZ 电源，即能查出故障点，道岔表示继电器接点接触不良较多见。

（3）进路始端的 XJJ 未吸起，应在 8 线上逐段测量 KF 电源查出故障点。

（4）进路上所有区段的 QJJ 未吸起，可查找 9 线上的 KZ 电源，原因多为 XJJ 接点接触不良。若是个别区段的 QJJ 不能吸起，则是该继电器的 3-4 线圈断线或脱焊导致的，这时只有该区段的白光带不点亮。

（5）在办理调车进路时，ZJ 未吸起，进路终端部位不能经 ZJ 前接点向网路线送 KZ 或 KF 电源，应检查 ZJ 电路。

6）信号复示器未亮开放表示

进路出现白光带，但信号复示器没有开放表示，说明进路已正常锁闭。若此时进路始端按钮表示灯仍点亮稳定灯光，则说明始端的 XJ 未吸起，FKJ 未落下，此时应测量 XJ 的 3-4 线圈上有无电压。如果有电压，就说明是 XJ 线圈断线或插入不良等导致的，更换或插紧即可。如果没有电压，就应测量是缺 KZ 电源还是缺 KF 电源，在 11 线（还涉及 7、8 线）上逐段查找。如果此时始端按钮表示灯熄灭，KJ 已吸起，那么故障原因是信号机未开放或信号复示器灯泡断丝。

7）信号复示器开放表示后又立即关闭

进路出现白光带后，进路始端按钮表示灯熄灭，信号复示器开放表示后又立即关闭，说明进路已正常锁闭，XJ 已吸起，FKJ 已落下，而允许信号点灯电路有故障，一般为 XJ 不能自闭，故障原因及处理方法如下。

（1）允许灯光灯泡的主、副灯丝断丝，需要及时更换灯泡。

（2）XJ 线圈断线或焊接不良，需要更换继电器或重焊配线。

（3）灯丝继电器接点或 XJ 接点接触不良，逐段测量电压即可查出故障点。

2．进路解锁过程中的故障分析及处理

列车通过进路后不能正常解锁。

从左向右的进路，列车驶过进路后，进路上所有区段又显示白光带，说明整条进路没有解锁，进路上各区段 1LJ、2LJ 均未吸起。1LJ 未吸起的故障原因及处理方法如下。

（1）第一个道岔区段的 1LJ 不能吸起，原因有 1LJ 不能经 1-2 线圈励磁、12 线断线、条件电源 KZ-GDJ 无电。逐段检查 KZ 电源或 KF 电源可发现故障点，需更换继电器或接通断线处。此类故障以该区段的 FDGJ 线圈断线、并联的电容器 C 被击穿和该支路断线最为常见，需更换继电器、电容器或重新焊接。

（2）第一个道岔区段的 1LJ 不能自闭，是因为其 3-4 线圈断线，自闭接点或 QJJ 接点接触不良等，逐段测量电压即可排除。

1LJ 吸起后 2LJ 未吸起的故障原因及处理方法如下。

（1）2LJ 不能吸起，原因主要有 2LJ 的 3-4 线圈断线、未从 13 线上得到 KF 电源（逐段测量 13 线上的 KF 电源即可找到故障点），以及下一个区段的 FDGJ 不能吸起。

（2）此时 2LJ 不能自闭的原因就只有其自闭接点接触不良，更换继电器即可。

列车驶过某区段后，该区段点亮白光带，以后的区段在列车出清后也点亮白光带，说明从该区段开始以后的各区段均未解锁。故障原因及处理方法如下。

（1）12 线或 13 线断线，逐段测量 12 线、13 线上的 KF 电源即可查明故障点。

（2）开始不解锁区段的 LJ 线圈断线或接点接触不良，需要更换继电器。

（3）后一个区段的 FDGJ 线圈断线或并联在其上的电容器 C 被击穿或该支路断线，此时应更换继电器、电容器及重新焊线。

（4）前一个区段的 CJ 提前吸起，未将解锁电源传递到本区段，原因是前一个区段的 FDGJ 缓放时间不足，调整其缓放时间即可。

3．ZD6 型电动转辙机道岔控制电路的故障分析及处理

与道岔有关的故障，从结构上可分为电路故障和机械故障；从电路动作程序上可分为启动电路故障和表示电路故障；从故障位置上可分为室内故障和室外故障；从故障现象上可分为道岔不启动、空转（基本属于机械故障）和无表示三种故障。

道岔控制电路故障后要积极进行处理和组织修复，要按照道岔控制电路的动作程序，结合控制台上电流表指针摆动、挤岔电铃鸣响及道岔位置表示灯的变化情况进行综合分析，逐步缩小故障范围，稳、准、快地处理好故障。

1）电动转辙机无法启动

当电动转辙机无法启动的主要原因有 1DQJ 不励磁、2DQJ 不转极、电缆芯线故障、电动转辙机启动接点或插接器插接不良及电动机故障。

电动转辙机无法启动时，应按道岔控制电路的动作程序，操纵道岔后观察控制台上电流表指针的指示值及道岔位置表示灯的变化情况，分析其原因。

（1）进行道岔转换操纵后，道岔原来位置表示灯不灭，说明 1DQJ 未励磁，可判断故障在室内，原因有以下几方面。

① 单独操纵时，道岔按钮接点接触不良；CAJ 未吸起或接点接触不良；ZDJ 或 ZFJ 未吸起，或者吸起后其前接点接触不良，未送出条件电源 KF-ZDJ 或条件电源 KF-ZFJ。测量有无条件电源，并是否送至 1DQJ 的线圈，即可查出故障点，通过调整按钮接点或更换有关的继电器予以解决。

② 进路操纵时，先确认本道岔的 DCJ 或 FCJ 是否吸起。如果未吸起，就应从选岔电路着手查找原因。如果已吸起，就可能是接点接触不良或有关线路断线，逐段测量 KF 电源电压即可查出故障点。

③ 1DQJ 的 3-4 线圈断线或组合插座配线脱焊，或者继电器插入不良。

④ 本道岔所在区段 SJ 落下，应从解锁电路查找原因。

（2）进行道岔单独操纵后，道岔原来的位置表示灯熄灭，但松开 ZDA 或 ZFA 后，道岔原来的位置表示灯又点亮，说明 1DQJ 励磁，2DQJ 不转极，可判断故障在室内。

2DQJ 未转极的原因有以下几方面。

① 1DQJ 第 3 组、第 4 组前接点接触不良或配线脱焊。

② 2DQJ 本身故障不动作。

（3）进行道岔单独操纵后，电流表指针不动，道岔原来的位置表示灯熄灭，说明 1DQJ 励磁，松开 ZDA 或 ZFA 后，道岔定位、反位表示灯均无表示，挤岔电铃鸣响，改为按压 ZFA 或 ZDA，原道岔位置表示灯又点亮，说明 2DQJ 已转极。此时，可在单操道岔的过程中，用万用表直流 250V 电压挡在分线盘上测该道岔的 X_1 和 X_4 端子或 X_2 和 X_4 端子之间有无直流电压。如果无电压，就判断为室内 1DQJ 自闭电路故障，原因如下。

① 电源未供出 DZ_{220}、DF_{220} 道岔动作电源，此时全站所有道岔均不能转换。

② 向定位操纵时 RD_1 熔断，向反位操纵时 RD_2 熔断，或者无论定位、反位操纵 RD_3 都熔断，2DQJ 转极后无法将启动电源送出去，需要更换熔丝。

③ 1DQJ 的 1-2 线圈断线或配线脱焊，或者 1DQJ 第 1 组、第 2 组前接点接触不良，或者 2DQJ 第 1 组、第 2 组有极接点接触不良。此时可逐段测量直流 220V 电压，查明故障点，更换

继电器或接通中断处。

如果分线盘测试端子有直流 220V 电压,电动转辙机仍不转换,那么故障在室外,原因如下。

① 与分线盘联结的 X_1、X_2、X_4 电缆芯线中断。如果在电缆盒的 1、5 或 2、5 端子上测不出直流 220V 电压,即可判断为电缆断线。查找故障芯线予以更换。

② 插接器接触不良或电缆盒与插接器间断线。此时可在插接器接向转辙机一侧的插座 1、5 或 2、5 间测量直流电压,如果无电压,就可判断为该部分故障,插紧插接器或更换插接器或更换电缆芯线即可解决该问题。

③ 转辙机启动接点接触不良或遮断器接点接触不良。逐段测量直流 220V 电压可查出故障点,清扫接点,精心维护即可。

④ 电动机定子或转子线圈断线、引出端子过长使其折断而中断电路、电动机内部故障,认真查找即可发现故障点。

总之,在处理电动转辙机无法启动的故障时,必须首先判断出故障发生在室内还是室外,以缩小查找范围,迅速排出。切忌在故障原因未判明之前,盲目检查,浪费时间。

2)电动转辙机动作电源熔丝熔断

故障原因有以下几方面。

(1)电动机定子或转子线圈短路。

(2)电动转辙机动作电源接地,同时转辙机内启动电路有接地处,且接地电阻很小。

3)电动转辙机向一方不转换,向另一方转换正常

故障原因有以下几方面。

(1)电动转辙机故障一方的启动接点调整不良,时接时断。

(2)2DQJ 向故障一方转极时动作不良,或者转极后的接点接触不良。

调整不良的接点或更换继电器即可解决以上问题。

4)单独操纵时正常,进路操纵时不能转换

单独操纵时正常,说明道岔启动电路的共同部分正常。进路操纵不良,一是 DCJ 或 FCJ 未吸起,二是 CAJ 第 1 组、第 2 组后接点接触不良。此时需要更换继电器,调整接点。

5)转换双动道岔时,第一动转换正常,第二动未转换

肯定是室外故障,应先到第一动道岔处测量电缆盒 8、5 或 7、5 端子间有无直流 220V 电压。如果有电压,就先将道岔转换到另一个位置,再在相应的端子上测量有无电压。如果仍有,就说明故障在第一动道岔之后。如果无电压,就说明第一动道岔转换后,其定位第 3 组启动接点及反位第 2 组启动接点接触不良,启动电源不能向第二动道岔传递。此时调整这些接点即可。

如果第一动道岔转换完毕,已将启动电源送至 8、5 或 7、5 端子,就说明第一动正常。第二动无法转换的原因有第一动、第二动之间的联结线断线,或者第二动道岔启动电路故障。

6)转换双动道岔时,第二动道岔与第一动道岔同时启动,但尖轨离开基本轨便停止转动,待第一动转换完毕后第二动再次启动并正常转换

反位启动时,如果第一动道岔的电缆盒端子 1 与端子 2 之间绝缘不良(严重混电),就会提前使第二动转辙机与第一动同时启动。在第一动转换,第三排接点断开时,混电电缆被断开,第二动停止转动,但尖轨已离开基本轨。第一动转至反位,第二排接点接通,向第二动正常传递启动电源,第二动道岔第二次启动将尖轨转换至反位。

造成混电的原因主要有电缆盒端子间绝缘不良、接插器绝缘不良和联结线绝缘不良。

7)道岔失去表示

(1)道岔位置表示灯突然熄灭。

如果道岔正常表示灯突然熄灭,但挤岔电铃不鸣响,挤岔红灯未点亮,那么此时可判断表示电路未断开,已吸起的道岔表示继电器未落下,只是表示灯泡断丝。如果挤岔电铃鸣响,就

说明励磁的道岔表示继电器已落下。

（2）电动转辙机正常转换后无法构成表示。

电动转辙机能正常转换说明其启动电路正常，无法构成表示的原因有以下几方面。

① 表示电路中的熔丝 RD_4 熔断，或者道岔表示变压器线圈脱焊、断线、烧毁，使表示电源中断，需更换熔丝或变压器。

② 道岔表示继电器线圈可能断线、脱焊、未插好，或者继电器机械故障，使表示继电器不能吸起，需更换继电器。

③ 1DQJ 第 1 组后接点或 2DQJ 第 3 组接点接触不良，使道岔表示继电器励磁电路不能构成，需要更换继电器。

④ 分线盘 X_3 端子至道岔组合间配线断线、脱焊，不能构成道岔表示继电器励磁电路，逐段测量交流 220V 电压即能查出中断点。

⑤ 降压电阻 R 断线或脱焊，断开表示继电器励磁电路，需要更换电阻或重新焊接。

⑥ 分线盘至电缆盒 X_3 电缆芯线断线而断开表示回路，或者绝缘不良使表示电源电压下降而不能构成道岔表示继电器励磁电路，需要更换电缆芯线。

⑦ 转辙机内整流二极管被击穿、脱焊，使其起不到半波整流的作用或使表示电路中断，需要更换二极管或重新焊线。

⑧ 电缆盒与转辙机间配线断线或接插器端子 3 接触不良，逐段测量交流电压 220V 即可查明中断处。

⑨ 转辙机内自动开闭器接点根母松动，或者接触面有油垢使之接触不良而断开表示电路，逐段测量电压可查明中断点，需要重新调整或擦拭动接点、静接点。

操纵道岔后，从电流表上观察，转辙机未出现摩擦空转，定位、反位均无表示，可判定表示电路共用部分（整流二极管、X_3 回线、道岔表示继电器、降压电阻等）故障。如果一个位置有表示，另一个位置没有表示，就可判定是转辙机有关表示接点、有关道岔表示继电器故障。如果电流表指示转辙机摩擦空转，挤岔电铃鸣响，挤岔红灯点亮，就说明表示电路有故障。同样，在分线盘上测量是否有表示电压，也可迅速判断是室内故障还是室外故障。

8）道岔表示继电器颤动

电动转辙机表示电路是用交流 220V 电源经二极管半波整流并由滤波电容器进行平滑滤波后供道岔表示继电器动作的。道岔表示继电器吸起后，连续颤动，说明电容器失效或脱焊，不再起平滑滤波的作用，致使道岔表示继电器在另一半周内无电，使接点颤动。这时，只需测试电容器是否良好，更换损坏的电容器或重新焊接即可。

4．信号机点灯电路的故障分析及处理

1）信号复示器闪光

信号复示器闪光，说明禁止信号点灯电路故障。此时应在分线盘处测试禁止信号点灯电压，如果有交流 220V 电压，就可断定故障点在室外；如果电压较小或为 0V，就可初步确定为室内开路。

（1）确认故障在室外后，对高柱信号机应在信号变压器箱处，矮型信号机应在信号机内电缆端子处测试，无电压则为电缆故障，有 220V 交流电压，一般为信号变压器故障或灯泡接触不良，或者灯泡主灯丝、副灯丝均断丝或灯丝转换继电器故障等。当电缆故障时，应在该故障回路电缆经过的电缆盒端子处测试，找出故障断线点进行相应的处理或换上备用电缆。当信号机内元器件故障时进行相应的处理或更换元器件即可。

（2）确定室内开路后，先查看室内组合侧面的熔断器。如果是好的，就检查测试控制条件 XJ 后接点接触是否良好，配线是否脱焊。如果熔丝断，且换上熔丝后又烧断，就说明有混线故障，还需再次区分混线故障是在室内还是在室外。在分线盘处的测试方法如下：在分线盘上拆下一根故障回路的电缆线，先测室内的回路电阻，如果有电阻值，就说明室内混线；如果电阻为无穷大，就说明故障点在室外。

2）调车允许信号不能开放

排列调车进路后，控制台点亮白光带，但信号复示器未点亮白灯，说明进路继电器已落下，即 XJJ 和 QJJ 已吸起。此时应检查 XJ 是否吸起，如果 XJ 未吸起，就检查它是否正常。如果正常，就逐段检查 11 线上是否有 KZ 电源，8 线上是否有 KF 电源，查明故障点后予以克服。如果 XJ 吸起后又落下，就说明其自闭电路未构成。此外，故障原因还有以下几方面。

（1）允许信号点灯回路断线，如果电缆芯线断线，联结端子线环折断，信号变压器损坏或线头假焊、脱焊，那么此时应逐段测量信号点灯电压，查明中断处，更换电缆芯线或变压器，接通断线处。

（2）信号灯泡主灯丝和副灯丝全断、主灯丝断丝而主灯丝和副灯丝转换装置失效、主灯丝与电极脱焊、灯座弹簧失调、灯泡与灯头间松动、灯头引出线椭圆面凹陷等，此时应更换灯泡，或者更换或调整灯丝转换继电器。

（3）XJ 吸起后，信号点灯电源的熔丝即熔断，说明点灯回路有短路点。在分线盘将内外电缆芯线分开，确认是室内故障还是室外故障。此时可再开放一次信号，如果室内端电压正常，就说明室内无短路；如果熔丝熔断，就说明室内有短路。如果室内正常，就应在信号机处甩开信号变压器的一次侧线头，分段测量回路电阻，查明是电缆短路还是信号变压器与灯泡之间短路。

5. 轨道电路故障分析及处理

1）轨道电路常点亮红灯

轨道电路常点亮红灯，其轨道继电器落下，应先判定是室内故障还是室外故障，可用"轨道电路测试盘"测量该轨道继电器线圈有无端电压。如果无交流电压，就说明可能为室外故障，但也可能是轨道继电器整流部分故障，应将轨道继电器拔下再测量交流电压，如果仍没有电压就可以肯定为室外故障。如果电压在 10V 以上，就为室内故障。室内故障有以下几方面原因。

（1）轨道继电器断线。

（2）轨道继电器整流二极管击穿、烧毁或断线。

（3）轨道继电器未插紧，配线脱焊。

（4）轨道电路电源送电电压过低。

室外故障原因较多，判断和处理方法如下。

（1）打开故障区段的送电端变压器箱，测量轨道变压器一次侧有无交流 220V 电压。如果无电压，就检查熔丝是否良好。如果送电端子也无电压，就为电缆故障。此时更换熔丝或电缆芯线即可。如果变压器一次侧有交流 220V 电压，就改测二次侧有无电压。如果无电压，就可判定为变压器线圈断线或脱焊。查明原因后更换变压器或重新焊接即可消除故障。如果二次侧电压较低，就是限流电阻上的压降过大，应调整。如果二次侧电压也正常，就改测送电钢丝绳端子上有无电压。如果无电压，就可能是限流电阻滑动簧片与电阻丝接触不良。如果有电压，就可判定送电变压器箱内无故障，在受电端或中间有断路情况。

（2）如果送电变压器正常，送电钢丝绳端子上没有电压，可从引出端子上拆下一个线头，此时如果有较大的火花，就可初步判断道床开路电阻已为 0Ω。将万用表置于交流 10V 挡，测量拆下线头后的钢丝绳两端子的电压，如果正常就说明送电良好，肯定是轨道电路有短路。如果测得电压很小，就说明该区段的开路电阻已不符合要求。

（3）判断轨道电路有短路故障，应做轨道电路开路测试，以迅速找到短路点。此时可在送电端拆除一个电源线，拆去所有受电端的各一个线头（拆钢丝绳引入端子或中继变压器一次端子上的线头均可），使轨道电路成为开路状态。将万用表置于×1 电阻挡，从送电端或受电端测量轨道电路的开路电阻。在这种情况下开路电阻一般已小于 1Ω·km，应迅速测查区段内所有的绝缘件。如果送受电钢丝绳没有短接，道床状况没有明显不良，那么一般可查出绝缘件严重破损处，以轨距杆绝缘破损最为常见。查出绝缘破损后，会同工务部门一起处理，复查开路电阻，一直到开路电阻达到 1Ω·km。

如果拆开电源线头时发现火花，那么可以不使轨道电路开路，就对轨道绝缘件进行测试，查明后予以更换，只是准确性较差。

（4）如果送电端轨面有正常电压，就说明送电端正常，轨道电路无短路故障。此时应逐段测量轨面电压直至送电端。如果某段轨面电压突然下降过多，那么为此段钢轨电阻过大所致。敲紧或更换塞钉线能解决这个问题。

（5）如果在中继变压器一次侧端子上测得正常电压，一次侧无电压，就说明该变压器损坏，或者由防雷装置击穿造成变压器线圈短接。更换变压器或防雷装置即可解决。

（6）如果中继变压器二次侧有交流电压，并已送至电缆接线端子，而室内分线盘上测不到电压，就可判定为电缆芯线断线，更换电缆芯线即可克服。

（7）变压器箱或电缆盒严重渗水，造成端子间短路，使送电端或受电端短路。更换端子，并根除渗水即可。

2）轨道电路闪烁性点亮红灯

首先通过轨道电路测试盘确认是室内故障还是室外故障。室内故障原因有轨道继电器插入松动、FDGJ 的缓放电容失效。室外故障原因是送电设备接触不良，时紧时松。

项目小结

本项目介绍了 6502 电气集中设备的组成、控制台的操作方法、定型组合及选用，较详细、系统地介绍了 6502 电气集中电路的工作原理、6502 电气集中联锁系统日常养护及集中检修的内容和常见故障分析与处理方法。下面简要总结如下。

一、6502 电气集中设备的组成、控制台的操作方法及定型组合

（1）6502 电气集中设备由室内设备、室外设备两部分组成，室内设备包括电源屏、控制台、继电器组合及组合架、区段人工解锁按钮盘、分线盘、轨道测试盘。室外设备包括色灯信号机、电动转辙机、轨道电路、电缆和箱盒设备。室内设备、室外设备组成了一个完整的自动控制系统，实现车站信号联锁设备的自动控制和监督。

（2）6502 电气集中控制台上设有各种用途的按钮和表示灯，通过各种按钮（进路按钮、道岔单独操作按钮等）完成对车站信号设备的控制，通过各种表示灯（按钮表示灯、信号复示器、光带等）了解信号设备的状态。

6502 电气集中排列基本进路可顺序按压进路的始端、终端按钮，在排列变通进路时，按顺序按压始端按钮、变通按钮（任意的 DA 可兼做列车变通进路的变通按钮使用，只有单置反向的 DA 可兼做调车变通进路的变通按钮使用）、终端按钮。

（3）6502 电气集中以信号机、道岔和轨道电路区段为基本单元设计了 12 种继电器定型组合，信号组合有 6 种（LXZ、YX、1LXF、2LXF、DX、DXF），道岔组合有 3 种（DD、SDZ、SDF），区段组合有 1 种（Q），此外还有 F 组合和 DY 组合。除 F 组合和 DY 组外，其他 10 种定型组合要参与站场型网路图拼贴。

二、6502 电气集中电路的组成、作用及动作时机

6502 电气集中电路主要由选择组电路和执行组电路两部分组成，共 15 条网路线，其中选择组 7 条，执行组 8 条。此外，还有按钮继电器电路、方向继电器电路、道岔控制电路、信号机点灯电路等单元电路。

一）选择组电路的组成、作用及动作时机

选择组电路主要由记录电路、选岔电路和 KJ 电路组成。选择组电路涉及 1~7 线。

1. 记录电路

记录电路由 AJ、方向继电器和 FKJ、ZJ 电路组成。

（1）AJ 电路。

AJ 的作用是记录按压按钮的动作。AJ 平时落下。

按压按钮，使 AJ 励磁并自闭。松开按钮，断开 AJ 励磁电路。当 JXJ↑时，断开该信号点 AJ 的自闭电路，使 AJ↓。

（2）方向继电器电路。

方向继电器的作用是记录进路的性质和运行方向。每个咽喉设置 LJJ、LFJ、DJJ、DFJ 这 4 个方向继电器，它们平时均落下。

当办理进路时，始端的 AJ↑接通方向继电器的励磁电路，终端 AJ↑接通方向继电器的自闭电路。当始端、终端 AJ 均落下时，断开方向继电器的励磁和自闭电路，使方向继电器复原落下。

（3）FKJ 电路。

FKJ 的作用是记录进路的始端，防止自动重复开放信号。FKJ 平时落下。

当办理进路时，始端 JXJ↑后使 FKJ 励磁并自闭。始端 JXJ↓断开 FKJ 励磁电路。当信号开放后，XJ↑断开 FKJ 的自闭电路，使 FKJ↓。

（4）ZJ 电路。

ZJ 的作用是记录调车进路的终端。ZJ 平时落下。

当办理调车进路时，终端 JXJ↑后使 ZJ↑。方向继电器落下，方向电源无电，断开 ZJ 的励磁电路。进路最末道岔区段解锁后，SJ↑断开 ZJ 的长时间自闭电路，使 ZJ↓。

2. 选岔电路

选岔电路由接在 1~6 线上的 DCJ、FCJ 及 JXJ 组成，其作用是按照车站值班员的意图，经操纵后自动选出进路上各道岔的位置和各信号点的位置。

（1）双动道岔 1FCJ 和 2FCJ 电路。

八字第一笔双动道岔的 1FCJ 和 2FCJ 并接在 1、2 线上，八字第二笔双动道岔的 1FCJ 和 2FCJ 并接在 3、4 线上。它们平时均落下。

如果进路中有双动道岔反位，那么按压进路始端、终端按钮后，始端 AJ↑和终端 AJ↑，1FCJ 随之励磁并自闭，2FCJ 随 1FCJ↑而励磁并自闭。当进路左端的 AJ↓后，同时断开 1FCJ 和 2FCJ 励磁电路。当进路锁闭后，SJ↓断开其自闭电路，使 1FCJ 和 2FCJ 复原落下。

（2）双动道岔 1DCJ 和 2DCJ、单动道岔 DCJ 和 FCJ 及各信号点的 JXJ 电路。

双动道岔 1DCJ 和 2DCJ、单动道岔 DCJ 和 FCJ 及各信号点的 JXJ 并接在 5、6 线上。它们平时均落下。

当办理进路时，如果进路中有双动道岔反位，就由该道岔 2FCJ↑后接通 5、6 线，使接在 5、6 线上的继电器由左向右吸起并自闭。如果进路中没有双动道岔反位，那么只要进路终端 AJ↑就直接接通 5、6 线，使接在 5、6 线上的继电器由左向右吸起并自闭。

当方向继电器复原，KF-共用-Q 无电，断开 JXJ 自闭电路，使 JXJ↓。当进路锁闭后，SJ↓断开 DCJ 和 FCJ 的自闭电路，使 DCJ 和 FCJ 复原落下。

3. KJ 电路

7 线为 KJ 网路线，其作用为检查进路选排的一致性，检查进路是否处于解锁状态，继续 FKJ 记录进路始端。KJ 平时落下。

当进路上的道岔选排一致且处于解锁状态时，接通 KJ 的励磁电路。当进路内方第一个道岔区段解锁时，列车进路 1LJ↑、2LJ↑，使 KJ↓。调车进路 SJ↑，断开 KJ 的长时间自闭电路，使 KJ↓。

二）执行组电路的组成、作用及动作时机

执行组电路主要由道岔控制电路、XJJ 电路、QJJ 和 GJJ 电路、XJ 电路、信号机点灯电路、进路锁闭与解锁用的单元电路、解锁网路及光带表示灯电路等组成。执行组电路涉及 8~15 线。

1. 道岔控制电路

道岔控制电路由道岔启动电路和道岔表示电路组成。道岔启动电路的作用是转换道岔，道岔表示电路的作用是给出道岔位置表示。

ZD6 四线制道岔控制电路设有 1DQJ、2DQJ、DBJ、FBJ 这 4 个继电器。平时，如果道岔在定位，那么 DBJ↑、1DQJ↓ 和 FBJ↓，2DQJ 在定位且处于吸起状态。若道岔在反位，则 FBJ↑、1DQJ↓ 和 DBJ↓，2DQJ 在反位且处于落下状态。

（1）道岔启动电路（3 级动作）：进路式操纵（DCJ↑ 或 FCJ↑）或单独操纵道岔使 1DQJ 励磁→2DQJ 转极→1DQJ 接通自闭电路转换道岔。

（2）道岔表示电路：道岔转换完毕，电动转辙机自动开闭器的动接点变为断开 1DQJ 自闭电路，使 1DQJ 缓放落下。1DQJ↓ 后接通道岔表示电路，使 DBJ↑ 或 FBJ↑。

2. XJJ 电路

8 线为 XJJ 网路线。其作用为办理进路信号开放前，检查开放信号的 3 个基本联锁条件，即进路空闲、道岔位置正确、敌对进路未建立。当取消进路和人工解锁时，检查进路是否空闲。XJJ 平时落下。

办理进路信号开放前，用进路上各区段的 DGJ↑ 证明进路空闲，用始端 KJ↑ 间接证明道岔位置正确，用进路上本咽喉敌对进路的 KJ↓、ZJ↓ 证明本咽喉未建立敌对进路，用另一个咽喉的 ZCJ↑ 证明没有建立迎面敌对进路。当 3 个基本联锁条件满足后，使始端 XJJ↑。信号开放后，XJ↑ 使 FKJ↓，断开信号开放前 XJJ 励磁电路，同时用 XJ↑ 接通 XJJ 的 3-4 线圈自闭电路。当列车驶入信号机内方时，第一个区段的 DGJ↓，断开 8 线网路，使 XJJ↓。

当取消进路时，QJ↑、JYJ↑，使 XJJ↓ 后再次经 8 线检查进路空闲后吸起；当列车进路解锁时，KJ↓ 使 XJJ↓。当调车进路解锁时，ZJ↓ 使 XJJ↓。

当人工解锁时，QJ↑、JYJ↓，使 XJJ↓，检查 KZ-RJ-H 条件电源有电后再次经 8 线吸起，检查在信号关闭延时时间内，列车没有冒进信号。进路解锁后，KJ↓ 或 ZJ↓ 使 XJJ↓。

3. QJJ 和 GJJ 电路

9 线为 QJJ 和 GJJ 的励磁网路线，其作用是为锁闭进路准备条件。10 线为 QJJ 的自闭网路线，其作用是防止进路迎面解锁。

1）QJJ 电路

QJJ 平时落下。当办理进路时，XJJ↑ 向 9 线供 KZ 电源，使进路中各区段的 QJJ 同时↑，构成进路锁闭。信号开放后，XJ↑ 向 10 线供 KF，接通 QJJ 的第一条自闭电路。当列车进入接近区段时，JYJ↓ 接通 QJJ 的第二条自闭电路。

对于列车进路，列车进入信号机内方，XJJ↓ 断开 9 线的 KZ，即断开了 QJJ 的励磁电路，同时 LXJ↓，断开了第一条自闭电路。对于调车进路，DXJ 白灯保留电路断开时，DXJ↓ 断开第一条自闭电路。当列车出清接近区段时，JYJ↑ 断开第二条自闭电路。

为了防止进路迎面错误解锁，列车驶入哪个区段，哪个区段的 DGJ↓、FDGJ↑，使该区段的 QJJ↓，为该区段的解锁做好准备。该区段还用 1LJ、2LJ 接点串联支路向 10 线供 KF（接通第三条自闭电路），使列车尚未驶入的前方区段 QJJ 靠 10 线自闭保持吸起。

当办理引导进路锁闭接车时，YAJ↑ 向 9 线供 KZ，使引导进路中的各道岔区段 QJJ↑（故障区段的 QJJ 不励磁），实现引导进路锁闭。引导进路锁闭时无 10 线自闭电路，只有办理引导解锁时，YAJ↓断开9线KZ，使QJJ↓。

2）GJJ电路

GJJ平时落下。

当向股道或以双向运行的列车信号机为终端建立进路时，始端XJJ↑向9线供KZ，使GJJ经1-2线圈励磁。GJJ↑与SJ↓相配合使ZCJ↓，锁闭另一个咽喉的迎面敌对进路。当列车驶入进路内方第一个区段时，XJJ↓，GJJ也随之落下。

当取消进路、人工解锁或引导进路解锁时，GJJ经3-4线圈励磁（3-4线圈接在12线上），证明12线工作正常后，GJJ↑向13线送入KF，使进路从终端向始端逐段解锁。当进路最末道岔区段解锁后，SJ↑断开12线使GJJ↓。

4. XJ电路

11线为XJ（包括LXJ、DXJ、YXJ）网路线。其作用是检查开放信号的所有联锁条件，控制信号开放。LXJ、DXJ、YXJ平时都落下。

LXJ线圈由局部电路接入KZ，11线进路终端处接入KF，经7、11线检查开放信号的联锁条件满足后励磁并自闭。当列车驶入进路内方第一个区段时，XJJ↓，断开11线网路，LXJ随之缓放落下。

DXJ线圈由11线进路终端处接入KZ，8线进路终端处接入KF，经7、8、11线检查开放信号的联锁条件满足后励磁并自闭。当调车车列驶入进路内方第一个区段时，DXJ由白灯保留电路（第二条自闭电路）保持吸起。当调车车列出清接近区段时，JYJ↑切断白灯保留电路，使DXJ缓放落下。若接近区段有车，则要待调车车列出清进路内方第一个轨道区段后，该区段DGJF↑切断白灯保留电路，使DXJ缓放落下。

YXJ线圈由YAJ↑接入11线，除故障区段以DGJF↓和CJ↑接通11线外，其他区段与正常接车LXJ电路一样，经7、11线检查开放信号的联锁条件满足后励磁并自闭。当进路内方第一个区段故障，办理引导接车时，需长时间按压YA，保证YXJ↑开放引导信号。

松开YA，断开YXJ励磁电路。当列车驶入进站信号机内方第一个区段时，DGJ↓断开YXJ自闭电路，使YXJ缓放落下。

5. 信号机点灯电路

信号机点灯电路的作用是用有关继电器条件控制的各种灯光显示。车站信号机点灯电路主要分为进站信号机点灯电路、出站兼调车信号机点灯电路（有多个发车方向时，用进路表示器来区分发车方向）和调车信号机点灯电路。在信号机点灯电路中，用DJ监督灯泡主、副灯丝的完整性，当主灯丝断丝时用DZJ↑点亮副灯丝。信号机点灯电路采用的混线防护措施有双断法和位置法。

6. 锁闭与解锁用的单元电路

1）SJ电路

SJ平时吸起。

当办理进路时，QJJ↑使1LJ↓、2LJ↓，从而使SJ↓，实现进路锁闭。当进路解锁时，1LJ↑、2LJ↑，使SJ↑。

区段有车，DGJF↓使SJ↓，实现区段锁闭。

当引导总锁闭接车时，按下YZSA使YZSJ↑，KZ-YZSJ-H条件电源断电，使SJ↓，实现全咽喉道岔总锁闭。当引导总锁闭解锁时，拉出YZSA，使YZSJ↓，KZ-YZSJ-H有电，使SJ↑。

2）CJ电路

CJ的主要作用是控制解锁电源的传递。CJ平时吸起。

当办理进路时，QJJ↑使1LJ↓、2LJ↓，断开CJ的3-4线圈励磁电路和自闭电路，使CJ↓。

当正常解锁时，利用CJ的滞后励磁特性传递KF，使解锁电路工作。

当取消解锁、人工解锁、调车中途返回解锁或引导进路解锁时，利用CJ的及时励磁特性传

KF，使解锁电路工作。

当故障解锁时，CJ 经 1-2 线圈励磁，使 1LJ、2LJ 吸起并自闭。

3）FDGJ 电路

FDGJ 平时落下。

办理进路信号开放后，列车进入某个轨道区段，该区段 DGJ↓，使 FDGJ 吸起并自闭。当列车出清该区段时，DGJ↑，使 FDGJ 缓放 3~4s 后落下。

7. 解锁网路

12、13 线为 1LJ 和 2LJ 解锁网路线。1LJ 和 2LJ 平时都吸起。

当锁闭进路时，QJJ↑断开 1LJ、2LJ 的自闭电路，使 1LJ↓、2LJ↓，锁闭有关道岔，同时点亮该区段的白光带。解锁进路时，对于不同的解锁，由 1LJ 和 2LJ 检查不同的解锁条件后，按不同的动作规律励磁吸起并自闭，最终使有关道岔解锁。

6502 电气集中的解锁方式有正常解锁、取消进路、人工解锁、调车中途折返解锁、引导解锁和故障解锁。各种解锁方式的特点及动作规律如下。

1）正常解锁

（1）受运行中的列车或调车车列控制自动进行解锁。

（2）解锁条件：列车驶入进路引起 XJJ↓和 XJ↓（或缓放）使信号自动关闭，两个 LJ 先后励磁构成三点检查（先吸起的 LJ 检查后一区段的占用和出清及本区段的占用，后吸起的 LJ 检查本区段的出清和前方区段的占用）。

（3）12、13 线交替动作各区段的 LJ。从左向右的进路，1LJ 先吸起，2LJ 后吸起。从右向左的进路，2LJ 先吸起，1LJ 后吸起。先吸起的 LJ 总是经 1-2 线圈从 12 线上的始端方向得到 KF 而励磁，并经 3-4 线圈自闭，后吸起的 LJ 总是经 3-4 线圈从 13 线上的终端方向得到 KF 而励磁，并经 3-4 线圈自闭。

（4）12 线利用 CJ 的滞后励磁特性传递 KF。

（5）进路上各区段总是从始端向终端逐段解锁。

2）取消、人工解锁和引导解锁

（1）取消、人工解锁和引导解锁均是在人工操纵下完成的。

（2）解锁条件均从进路始端部位检查。

取消进路：JYJ↑证明接近区段无车，QJ↑证明办好取消手续，XJJ↑证明进路空闲。

人工解锁进路：以 JYJ↓证明接近锁闭，QJ↑证明办好人工锁手续，XJJ↑证明延时时间内列车没有冒进信号，再配以 KF-3 分或 KF-30 秒条件电源。

引导进路解锁：YJJ↑证明办好引导进路解锁手续，YXJ↓证明引导信号已关闭，YAJ↓说明引导进路上各区段 QJJ↓做好解锁准备。

（3）12 线先工作，然后 13 线才工作。当运行方向从左向右时，首先各区段的 1LJ 经 12 线从进路始端向终端顺序励磁，然后各区段的 2LJ 经 13 线从进路终端向始端顺序励磁。当运行方向从右向左时，首先 2LJ 经 12 线从进路始端向终端顺序励磁，然后各区段的 1LJ 经 13 线从进路终端向始端顺序励磁。

（4）12 线利用 CJ 的及时励磁特性传 KF。

（5）进路上各区段总是从终端向始端依次逐段解锁。

3）调车中途返回解锁

（1）受运行中调车车列控制自动进行解锁。

（2）KF 由牵出进路终端 ZJ↑经 8 线送到原牵出进路始端（第一种情况）或折返进路始端（第二种情况）转入 12 线，使未解锁的区段按取消进路方式解锁。

4）故障解锁

（1）在人工操纵下完成。

（2）同时按压 ZRA 和 SGA 使 CJ↑，随之 1LJ↑ 和 2LJ↑，使 SJ↑。
8. 光带电路

14 线控制白光带电路，15 线控制红光带电路。每条进路的光带都是由进路上各区段的光带组合而成的。每个区段的光带电路是独立的。

三、6502 电气集中 15 条网路线的供电规律

一）选岔网路 1～6 线

无论进路的方向和性质如何，总是由进路左端经 AJ↑ 向 1、3、5 线供 KZ，且从左向右顺序传递 KZ，一直传递到所选进路的右端。由进路右端经 AJ↑ 向 2、4、6 线供 KF，一开始直接送到进路的左端，随着进路由左向右逐段选出，KF 由左向右依次断开。

二）7 线 KJ 网路

KJ 线圈经始端局部电路的 JXJ↓ 接入 KF，经 FKJ↑ 接入 7 线，7 线上检查进路上有关道岔的选排一致及解锁条件满足后，列车进路在进路终端处接入 KZ，调车进路在进路终端处经 ZJ↑ 接入 KZ。

三）8 线 XJJ 网路

XJJ 线圈经局部电路接入 KZ，经 KJ↑ 接入 8 线，8 线上检查开放信号的 3 个基本联锁条件满足后，列车进路在进路终端处接入 KF，调车进路在进路终端处经 ZJ↑ 接入 KF。

四）9 线和 10 线 QJJ、GJJ 网路

9 线为 QJJ、GJJ 励磁网路，始端 XJJ↑ 向 9 线接入 KZ，进路上各区段 QJJ 的 3-4 线圈及 GJJ 的 1-2 线圈并接在 9 线上，QJJ 由局部电路接入 KF。10 线为 QJJ 的 1-2 线圈自闭电路，由局部电路接入 KZ，由 10 线接入 KF，10 线网路的 KF 先后从进路始端 XJ↑、JYJ↓、各区段 FDGJ↑ 接入。

五）11 线 XJ 网路

LXJ 线圈由始端局部电路接入 KZ，在 11 线进路终端接入 KF。DXJ 线圈由 11 线进路终端经 ZJ↑ 接入 KZ，由 8 线进路终端经 ZJ↑ 接入 KF。

六）12 线和 13 线解锁网路

12 线和 13 线解锁网路传递的是 KF。由于进路解锁方式不同，KF 的传递规律也不同。

正常解锁 12 线和 13 线的 KF 交替瞬间有电，12 线利用 CJ 滞后励磁特性进行传递。当进路第一个区段正常解锁时，12 线 KF 由本区段 13 线经 FDGJ↑ 接入，其后各区段 12 线 KF 是由后方区段 1LJ↑ 和 2LJ↑ 接入，13 线 KF 是由前方区段 FDGJ↑ 接入。

当取消进路或人工解锁时，办理取消或人工解锁手续后，由进路始端经 QJ↑ 向 12 线接入 KF（KF-3 分或 KF-30 秒），利用 CJ 及时励磁特性由始端向终端方向传递，使 12 线上各区段的 1LJ（或 2LJ）从始端向终端依次吸起。在进路终端，经 GJJ 或 ZJ↑ 将 12 线 KF 转接至 13 线，使 13 线上各区段的 2LJ（1LJ）从终端向始端依次吸起。

当调车中途返回解锁时，KF 由牵出进路终端 8 线经 ZJ↑ 接入，送至牵出进路始端（第二种情况送至折返进路始端），经 KJ↑ 由 8 线转接至 12 线，利用 CJ 及时励磁特性，在 12 线上从始端向终端传递，使 12 线上的 1LJ↑（或 2LJ↑）。在牵出进路终端经 ZJ↑ 将 12 线 KF 转接至 13 线，并向牵出进路始端（第二种情况为折返进路始端）方向传递，使 13 线上 2LJ↑（或 1LJ↑）。

当引导进路解锁时，办理解锁手续后，KF 在进路始端经 YJJ↑ 等条件接入 12 线，按照取消进路的供电规律传递。对于故障区段在 13 线上将由 DGJ 第 3 组和第 5 组后接点短路线将其 LJ 线圈短路，待故障修复后，对该区段实现故障解锁。

七）14 线和 15 线光带表示灯网路

14 线接入 JZ，控制白光带。15 线上也接入 JZ，控制红光带。

四、6502 电气集中电路动作逻辑关系

6502 电气集中电路动作（锁闭进路开放信号，不含解锁）逻辑关系如图 2-79 所示。

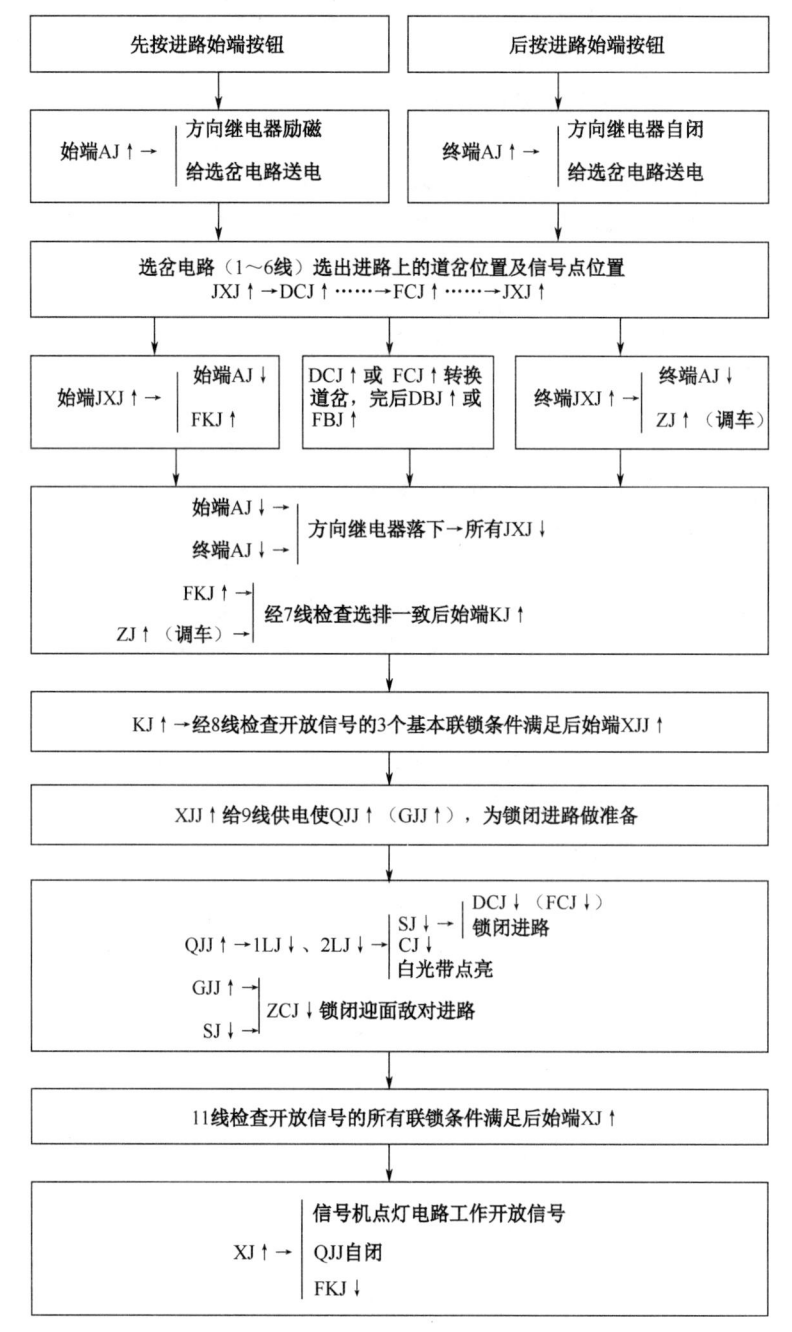

```
┌─────────────────────┐           ┌─────────────────────┐
│   先按进路始端按钮    │           │   后按进路始端按钮    │
└──────────┬──────────┘           └──────────┬──────────┘
           │                                  │
┌──────────▼──────────┐           ┌──────────▼──────────┐
│ 始端AJ↑→│方向继电器励磁│           │ 终端AJ↑→│方向继电器自闭│
│         │给选岔电路送电│           │         │给选岔电路送电│
└──────────┬──────────┘           └──────────┬──────────┘
           │                                  │
           └──────────────┬───────────────────┘
                          │
           ┌──────────────▼──────────────────────┐
           │ 选岔电路（1~6线）选出进路上的道岔位置及信号点位置 │
           │     JXJ↑→DCJ↑……FCJ↑→JXJ↑          │
           └──────────────┬──────────────────────┘
                          │
   ┌──────────────┬───────┴────────┬──────────────┐
   │              │                │              │
┌──▼─────┐ ┌──────▼──────┐ ┌───────▼──────┐
│始端JXJ↑→│始端AJ↓│ │DCJ↑或 FCJ↑转换│ │终端JXJ↑→│终端AJ↓│
│        │FKJ↑  │ │道岔，完后DBJ↑或│ │         │ZJ↑（调车）│
│        │      │ │FBJ↑           │ │         │      │
└────────┘       └──────────────┘ └──────────────┘
                          │
           ┌──────────────▼──────────────┐
           │ 始端AJ↓│               │
           │ 终端AJ↓│→方向继电器落下→所有JXJ↓│
           │ FKJ↑ │→经7线检查选排一致后始端KJ↑│
           │ ZJ↑（调车）│           │
           └──────────────┬──────────────┘
                          │
           ┌──────────────▼──────────────┐
           │ KJ↑→经8线检查开放信号的3个基本联锁条件满足后始端XJJ↑ │
           └──────────────┬──────────────┘
                          │
           ┌──────────────▼──────────────┐
           │ XJJ↑给9线供电使QJJ↑（GJJ↑），为锁闭进路做准备 │
           └──────────────┬──────────────┘
                          │
           ┌──────────────▼──────────────┐
           │ QJJ↑→1LJ↓、2LJ↓│SJ↑→│DCJ↓（FCJ↓）│
           │                │CJ↑ │锁闭进路    │
           │                     │白光带点亮  │
           │ GJJ↑→           │            │
           │ SJ↓ │ZCJ↓锁闭迎面敌对进路        │
           └──────────────┬──────────────┘
                          │
           ┌──────────────▼──────────────┐
           │ 11线检查开放信号的所有联锁条件满足后始端XJ↑ │
           └──────────────┬──────────────┘
                          │
           ┌──────────────▼──────────────┐
           │ XJ↑→│信号机点灯电路工作开放信号│
           │     │QJJ自闭                │
           │     │FKJ↓                   │
           └─────────────────────────────┘
```

图 2-79 6502 电气集中电路动作逻辑关系

五、6502 电气集中电路动作程序

以 X 至 4G 接车进路为例。

一）选择组电路动作程序

按压XLA→XLAJ↑→LJJ↑→ | XLAD闪绿灯
　　　　　　　　　　　　| 进路排列表示灯LPD,点亮红灯
　　　　　　　　　　　　| 方向电源KF-LJJ-Q有电

→ | 3-4线: 17/191FCJ↑→17/192FCJ↑→5～6线

按压S_4LA→S_4LAJ↑→ | S_4LAD闪绿灯
　　　　　　　　　　　　 | LJJ自闭

5～6线: X-D_3JXJ↑→ | XLKJ↑→X-D_3/FKJ↑→XLAD点亮稳定绿灯
　　　　　　　　　　　 | 　　　　　　　　　　　　　　D_7AD闪白灯
　　　　　　　　　　　 | 5/71DCJ↑→1/32DCJ↑→D_7JXJ↑→D_9JXJ↑→ | 13/152DCJ↑→
　　　　　　　　　　　 | XLAJ↓　　　　　　　　　　　　　　　　　　 | D_9AD闪白灯

　　　　　　　　　　　　　　　　　　　　　　　　 | D_{13}AD闪白灯
→9/111DCJ↑→D_{13}JXJ↑(DXF)→D_{13}JXJ↑(DX)→ | 27FCJ↑→S_4JXJ↑→S_4LAJ↓→

→LJJ↓→ | LPD红灯熄灭　　　　　 | X-D_3JXJ↓
　　　　| KF-共用-Q无电→　　　　| D_7JXJ↓→D_7AD白灯熄灭
　　　　　　　　　　　　　　　　| D_9JXJ↓→D_9AD白灯熄灭
　　　　　　　　　　　　　　　　| D_{13}JXJ↓(DXF、DX)→D_{13}AD白灯熄灭
　　　　　　　　　　　　　　　　| S_4JXJ↓→S_4LAD绿灯熄灭

X-D_3/FKJ↑将X-D_3/KJ接入7线网路,经检查选排一致后X-D_3/KJ↑,使电路动作转入执行组电路。

二）执行组电路动作程序

1. 道岔控制电路动作

进路上道岔按照选岔电路选出的DCJ↑或FCJ↑,接通各自道岔启动电路使道岔转换,转完后由道岔表示电路给出道岔位置表示。

例如,17/192FCJ↑→17/191DQJ↑→17/192DQJ 转极→17/191DQJ 自闭转换道岔到反位→17/19FBJ↑。

同理,5/71DCJ↑、1/32DCJ、13/152DCJ↑、9/111DCJ↑、27FCJ↑接通5/7、1/3、13/15、9/11、27号道岔启动电路转换道岔,转完后5/7DBJ↑、1/3 DBJ↑、13/15 DBJ↑、9/11 DBJ↑、27 FBJ↑。

2. 进路锁闭和信号开放电路动作程序

X-D_3/KJ↑→X-D_3XJJ↑→
| 5QJJ↑→ | 5/1LJ↓→ | 5/71SJ↓
| | 5/2LJ↓→ |
| 3QJJ↑→ | 3/1LJ↓→ | 1/32SJ↓
| | 3/2LJ↓→ |
| 9-15QJJ↑→ | 9-15/1LJ↓→ | 9/111SJ↓
| | 9-15/2LJ↓→ | 13/152SJ↓ | XLXJ↑→
| 17-23QJJ↑→ | 17-23/1LJ↓→ | 17/191SJ↓
| | 17-23/2LJ↓→ | 23/251SJ↓
| 19-27QJJ↑→ | 19-27/1LJ↓→ | 17/192SJ↓
| | 19-27/2LJ↓→ | 27 SJ↓
| S_4GJJ↑→　　　　　　　　　　　　　　　　ZCJ↓

→ | X进站信号机点亮两个黄灯
　 | X信号复示器点亮绿灯
　 | X-D_3FKJ↓→XLAD绿灯熄灭

3. 正常解锁电路动作程序

信号开放，列车驶入 X 进站信号机内方使其关闭，列车从进路上驶过，各道岔区段进行三点检查实行逐段解锁。

（1）列车驶入信号机内方第一个区段 IAG。

IAGJ↓→ | IAGJ 白光带熄灭、红光带点亮
        | X-D₃/XJJ↓→XLXJ↓ | X 进站信号机关闭
        | | X 信号复示器点亮红灯

（2）列车进入 5DG，出清 IAG。

IAGJ↑→ IAG 红光带熄灭

5DGJ↓→ | 5DGJF↓→5DG 白光带熄灭、红光带点亮
       | 5FDGJ↑→5QJJ↓→5/1LJ↑

（3）列车进入 3DG，出清 5DG。

3DGJ↓→ | 3DGJF↓→3DG 白光带熄灭、红光带点亮
       | 3FDGJ↑→3QJJ↓→ | 5/2LJ↑→ | X-D₃/KJ↓
       | | | 5CJ↑→3/1LJ↑

5DGJ↑→ | 5FDGJ↓→5DG 红光带熄灭

由于 5/1LJ↑、5/2LJ↑，3~4s 后，5FDGJ↓→5/71SJ↑，于是 5DG 区段解锁。

（4）列车进入 9-15DG，出清 3DG。

9-15DGJ↓→ | 9-15DGJF↓→9-15DG 白光带熄灭、红光带点亮
          | 9-15FDGJ↑→9-15QJJ↓→ | 3/2LJ↑→3CJ↑→9-15/1LJ↑

3DGJ↑→ | 3FDGJ↓→3DG 红光带熄灭

由于 3/1LJ↑、3/2LJ↑，3~4s 后，3FDGJ↓→1/32SJ↑，于是 3DG 区段解锁。

（5）列车进入 17-23DG，出清 9-15DG。

17-23DGJ↓→ | 17-23DGJF↓→17-23DG 白光带熄灭、红光带点亮
           | 17-23FDGJ↑→17-23QJJ↓→ | 9-15/2LJ↑→9-15CJ↑→17-23/1LJ↑

9-15DGJ↑→ | 9-15FDGJ↓→9-15DG 红光带熄灭

由于 9-15/1LJ↑、9-15/2LJ↑，3~4s 后，9-15FDGJ↓→ | 9/111SJ↑
                                                  | 13/152SJ↑，于是 9-15DG 区段解锁。

（6）列车进入 19-27DG，出清 17-23DG。

19-27DGJ↓→ | 19-27DGJF↓→19-27DG 白光带熄灭、红光带点亮
           | 19-27FDGJ↑→19-27QJJ↓→ | 17-23/2LJ↑→17-23/CJ↑→19-27/1LJ↑

17-23DGJ↑→ | 17-23FDGJ↓→17-23DG 红光带熄灭

由于 17-23/1LJ↑、17-23/2LJ↑，3~4s 后，17-23FDGJ↓→ | 17/191SJ↑
                                                      | 23/251SJ↑，于是 17-23DG 区段解锁。

（7）列车进入 4G，出清 19-27DG。

于是 X 至 4G 接车进路全部解锁。进路中各 LJ 动作顺序是 5/1LJ↑→5/2LJ↑→3/1LJ↑→3/2LJ↑→9-15/1LJ↑→9-15/2LJ↑→17-23/1LJ↑→17-23/2LJ↑→19-27/1LJ↑→19-27/2LJ↑。

4GJ↓——→ | 4G 点亮红光带
        | 19-27/2lJ↑

19-27DGJ↑→ | 19-27FDGJ↓→19-27DG 红光带熄灭

由于 19-27/1LJ↑、2LJ↑，3~4s 后，19-27FDGJ↓→ | 17/192SJ↑
                                                | 27SJ↑→S₄ZCJ↑→4G 红光带熄灭

4. 取消进路电路的动作程序

取消进路时 QJ↑，使 LXJ↓ 关闭进站信号，同时进路各区段 QJJ↓，进路由终端向始端逐段解锁。其电路动作程序如下。

按压 ZQA↑→ZQJ↑→
按压 XLA↑→XLAJ↑→ | X-D₃QJ↑→ | X 进站信号机关闭
XLXJ↓→X 信号复示器点亮红灯
各区段 QJJ↓→ | 5/1LJ↑→5CJ↑→3/1LJ↑→
XJJ↓↑
JYJ↑→

3CJ↑→9-15/1LJ↑→9-15CJ↑→17-23/1LJ↑→17-23CJ↑→19-27/1LJ↑→19-27CJ↑
→S₄GJJ↑→19-272LJ↑→

| 17-23/2LJ↑ ——→ | 9-15/2LJ↑ ——→ | 3/2LJ↑ ——→ | 5/2LJ↑ ——→
| 17/192SJ↑ | 17/191SJ↑ | 9/111SJ↑ | 1/32SJ↑
| 27SJ↑ | 23/251SJ↑ | 13/151SJ↑ | 3DG 白光带熄灭
| 19-27DG 白光带熄灭 | 17-23DG 白光带熄灭 | 9-15DG 白光带熄灭

→ | X-D₃/KJ↓→X-D₃/XJJ↓→X-D₃/QJ↓
| 5/71SJ↑
| 5DG 白光带熄灭

5. 人工解锁电路的动作程序

当人工解锁时，除 JYJ↓ 外，其余电路动作与取消进路时相同。另外，人工延时解锁电路参与工作，延时电路产生 KF-3 分或 KF-30 秒延时电源。将 KF-3 分或 KF-30 秒延时电源接入 12 线开始进路的解锁，人工解锁也是从进路终端向始端逐段解锁的。

六、6502 电气集中联锁系统维护

一）日常养护与集中检修

1. 日常养护

日常养护是每日一次。

控制台、人工解锁按钮盘日常养护的内容：外观检查、盘面检查。

组合架、分线盘日常养护的内容：外观检查、机械室检查、数据调阅分析。

电源屏日常养护的内容：外观检查、屏内及电源引入箱各部件检查、Ⅰ级测试并记录。

2. 集中检修

集中检修是每年一次。

控制台、人工解锁按钮盘集中检修的内容：盘面检查、内部检查、电缆沟检修、试验加封及加锁。

组合架、分线盘集中检修的内容：各种器材检修与整修、配线检查与整修、Ⅰ级测试并记录、试验。

电源屏集中检修的内容：屏内及电源引入箱各部件检修、电缆沟检查整修、试验。

二）系统故障分析与处理

1. 信号设备故障分类

（1）按故障现象分：潜伏性故障和非潜伏性故障。
（2）按故障责任分：责任故障和非责任故障。
（3）按故障状态分：断线故障和混线故障。
（4）按故障范围分：室内故障和室外故障。
（5）按故障性质分：机械故障和电气故障。
（6）按故障数量分：单一故障和叠加故障。

2. 处理故障的一般程序

（1）赶赴现场。

（2）询问了解。

（3）登记停用。

（4）汇报。

（5）特殊情况会签。

（6）分析判断。

（7）查找处理。

（8）复查试验。

（9）销记。

（10）事故障碍登记。

（11）汇报。

3. 处理故障的常规方法

（1）看，就是认真观察控制台上的各种现象。

（2）试，就是办理与试验。

（3）查，就是核实与复查。

（4）测，就是测试。

（5）处理。

4. 6502电气集中常见故障及处理

（1）排列进路过程中的故障分析及处理。

（2）进路解锁过程中的故障分析及处理。

（3）ZD6型电动转辙机道岔控制电路的故障分析及处理。

（4）信号机点灯电路的故障分析及处理。

（5）轨道电路的故障分析及处理。

复习思考题

1. 什么是电气集中？
2. 6502电气集中的室外设备有哪些？各起什么作用？
3. 6502电气集中的室内设备有哪些？各起什么作用？
4. 控制台盘面设有哪些按钮？设有哪些表示灯？
5. 控制台设置报警电铃和电流表有何作用？
6. 如何办理下列进路：

（1）X至5G接车进路；

（2）S_{II}向北京方面正向发车进路；

（3）D_1至D_{13}调车进路；

（4）D_1至D_{15}调车进路；

（5）S_1至D_7调车进路；

（6）D_5至ⅡAG调车进路；

（7）S_{II}至X_D调车进路；

（8）S_{II}向北京方面发车变通进路；

（9）D_1至ⅡG调车变通进路；

（10）S_4至ⅡAG调车变通进路。

7. 哪些 DA 可以兼做列车变通进路的变通按钮使用？哪些 DA 可以兼做调车变通进路的变通按钮使用？
8. 取消进路、人工解锁进路、道岔单独操作的方法是什么？
9. 什么是定型组合？6502 电气集中有哪些定型组合？
10. 各种信号机、道岔、轨道区段应用哪些定型组合？
11. 为什么交叉渡线处的两组双动道岔的 SDZ 和 SDF 组合要互换位置？
12. 简述 6502 电气集中的电路结构。
13. 简述选择组电路的组成和各部分电路的作用。简述执行组电路的组成和各部分电路的作用。
14. 方向继电器用什么条件构成励磁电路和自闭电路？何时自动复原？
15. 什么叫方向电源？为什么要设置方向电源？
16. 写出方向电源的名称，并说明各种方向电源在什么时机接通有电，什么时机断开无电。
17. 按钮继电器是如何设置的？为什么单置调车按钮要设置 3 个按钮继电器？3 个按钮继电器如何动作？
18. 在并置或差置 DAJ 电路中接入方向电源 KZ-列共-Q 的作用是什么？
19. 选岔电路的主要任务是什么？它必须满足哪些技术要求？
20. 选岔网路供电规律如何？选岔网路的继电器动作规律如何？
21. 单置调车信号机设有几个 JXJ？各在何种情况下吸起？
22. 为什么说办理任何运行方向的进路均可用进路最右端的 JXJ 吸起来证明整条进路已经选出？
23. 在办理进路时，如果方向继电器因故未吸起，那么在选岔电路中会出现什么现象？为什么？
24. 写出 S_4 向 X_D 发车进路选岔电路的动作程序。
25. FKJ 的作用是什么？它何时吸起？何时自动复原？
26. FKJ 的两条励磁电路各在何时起作用？单置调车信号机的 FKJ 电路中为什么要接入方向电源 KF-共用-H？
27. ZJ 的作用是什么？它何时吸起？何时自动复原？
28. 两个差置调车信号机的 ZJ 励磁电路为什么要互相检查对方 ZJ 后接点和无岔区段 LJ 前接点？
29. 道岔启动电路和表示电路的技术要求有哪些？是如何实现的？
30. 四线制道岔控制电路的组成怎样？其电路是如何动作的？
31. S700K 型交流电动转辙机道岔控制电路由什么组成？其电路是如何动作的？
32. S700K 型交流电动转辙机和 ZD6 型直流电动转辙机道岔启动电路有什么不同？表示电路有什么不同？
33. KJ 的作用是什么？它是怎样检查选排一致性的？
34. KJ 电路是如何实现长调车进路中的调车信号机由远及近顺序开放的？
35. KJ 供电规律如何？动作时机如何？
36. 写出 X_D 至 4G 接车进路选择组电路的动作程序。
37. 写出 D_1 至 ⅢG 调车进路选择组电路的动作程序。
38. 单置调车进路按钮分别作为始端、终端、变通按钮使用时，其按钮表示灯各是如何显示的？
39. 什么叫预先锁闭？什么叫接近锁闭（完全锁闭）？
40. 接近区段是如何规定的？

41. QJ 两条自闭电路的作用各是什么？
42. XJJ 如何检查开放信号的 3 个基本联锁条件？
43. QJJ 和 GJJ 是如何设置的？各有哪些作用？在办理哪些进路时需要 GJJ 参与工作？
44. 10 线的作用是什么？它一旦断线后能否开放信号？为什么？
45. 进路上各区段的 QJJ 吸起自闭后，车在进路上运行过程中，它们是怎样失磁落下的？在取消进路或人工解锁时，它们又是怎样失磁落下的？
46. 简述向 10 线网路供电的各支路分别起何作用。
47. JYJ 和 ZCJ 如何设置？其作用是什么？
48. 开放信号的联锁条件有哪些？11 线上检查了哪些联锁条件？
49. 分析 LXJ 和 DXJ 电路中如何检查开放信号的联锁条件。
50. LXJ 和 DXJ 的励磁电路各涉及哪些网路线？为什么？
51. DXJ 为什么要设置白灯保留电路？它的励磁和复原时机是什么时候？
52. 为什么要求 LXJ 和 DXJ 缓放？
53. 正线接车用的 ZXJ 作用是什么？它在什么情况下吸起？
54. 信号机点灯电路采取了哪些混线防护措施？
55. 在 SJ 电路中，各接点及条件电源 KZ-YZSJ-H 有何作用？
56. FDGJ 有哪些作用？什么时候励磁？
57. CJ 具有哪两个特性？各用在何种解锁方式中？
58. CJ 的 1-2 线圈的作用是什么？
59. 条件电源 KZ-GDJ 有何特点？用在哪些电路中？
60. 什么是三点检查？X 至 IG 接车进路正常解锁时，3DG 和 5DG 区段是如何实现三点检查的？
61. 正常解锁应检查哪些联锁条件？电路中各用什么接点来证明？
62. 如果 9-15FDGJ 并联的电容被击穿，分析在 X 至 IG 接车进路的正常解锁过程中，哪些区段能正常解锁？哪些区段不能正常解锁？为什么？
63. 办理 X_D 至 IIIG 接车进路，在列车驶入接近区段时 X_D 信号因故而关闭，但司机由于未看到信号关闭而列车全部进入 IIIG，分析该接车进路能否正常解锁？为什么？在 X 至 IG 接车进路同样遇到上述情况时，分析该进路能否正常解锁？为什么？
64. 正常解锁电路动作规律有哪些？
65. 取消进路、人工解锁、调车中途返回解锁、引导进路解锁有哪些共同的规律？它们各自在进路始端处送入解锁电源的联锁条件有哪些差异？
66. 当人工解锁时，条件电源 KF-3 分和 KF-30 秒是怎样产生的？延时电路何时复原？
67. 比较取消进路与人工解锁的异同点。
68. 办理 X 至 4G 接车进路，分别写出正常解锁和取消解锁时，进路中各区段 LJ 的动作程序？
69. 调车中途返回解锁的两种情况是什么？其解锁条件各用何接点证明？解锁电源的传递有何相同和不同之处？
70. 在 IG 至 IIG 的转线作业中，牵出进路是 S_1 至 D_3，折返进路是 D_{13} 至 IIG，如果牵出列车越过 D_{13} 后并未驶入 D_7 内方，而按 D_{13} 信号显示折返至 IIG，那么 D_7 防护的进路能否按调车中途返回解锁方式进行解锁？为什么？如果不能解锁，那么怎样才能解锁？
71. 在 IG 至 IIG 的转线作业中，牵出进路是 S_1 至 X_D 内方，折返进路是 D_{13} 至 IIG。若调车车列出清 9-15DG 完全进入 11-13DG 后，再按 D_{13} 信号显示折返至 IIG，试分析 7DG 和 11-13DG 两个区段能否按调车中途返回解锁方式进行解锁？为什么？

72. 引导接车有哪两种方式？各在什么情况下采用？
73. 进站信号复示器和出站兼调车信号复示器分别与进站信号机和出站兼调车信号机的灯光显示有何对应关系？
74. 在办理引导接车，开放引导信号时，如果发生引导信号白灯灯丝断丝，控制台有何表示？
75. 道岔区段光带表示灯是如何设置的？
76. 写出 X_D 至 IG 接车进路执行组电路的动作程序。
77. 6502 电气集中设备日常养护的周期、作业程序、工作内容是什么？
78. 6502 电气集中设备集中检修的周期、作业程序、工作内容是什么？
79. 什么是责任故障？什么是非责任故障？
80. 什么是非潜伏性故障？什么是潜伏性故障？
81. 处理信号设备故障的一般程序是什么？
82. 处理故障的应急方法有哪些？处理故障的常规方法有哪些？
83. X 进站信号机的绿灯主、副灯丝均断，在办理通过进路时控制台有何现象？为什么？
84. 在办理 X 至 IG 接车进路时，进路点亮白光带，但股道上不点亮白光带，分析故障范围。
85. 如何区分四线制道岔控制电路启动电路和表示电路室内外故障范围？
86. 当四线制道岔控制电路 X_1 和 X_2 发生混线故障时，控制台上有何表示？如何处理？
87. 如何确定信号机点灯电路的故障范围？当确定为信号机室外发生故障时，应如何处理？
88. 调车信号机允许灯光的 DZJ 线圈断线，会出现什么现象？
89. 当轨道电路无车占用时，控制台上点亮红光带，如何确定是室内故障还是室外故障？

项目三　计算机联锁系统原理基本认知

项目描述

本项目重点介绍计算机联锁系统软件和硬件的相关内容,为后续典型计算机联锁系统原理的学习打下基础。

教学目标

1. 素质目标

(1) 具有深厚的爱国情感、家国情怀;
(2) 具有绿色发展理念、环保意识;
(3) 具有自觉学法、懂法、守法意识;
(4) 具备"安全高于一切,责任重于泰山,服从统一指挥"职业操守;
(5) 具有科学精神、科学态度,善于运用科学思维解决问题;
(6) 具有集体意识和团队合作精神。

2. 知识目标

(1) 掌握工业控制计算机系统硬件的相关内容;
(2) 了解联锁软件的基本内容;
(3) 掌握可靠性与安全性技术基础知识;
(4) 掌握故障-安全输入/输出接口电路工作原理;
(5) 掌握采集电路与驱动电路中所用到的继电器的作用。

3. 能力目标

(1) 能够进行计算机联锁系统控制台的各种操作;
(2) 能够说出显示器上静态与动态画面图形符号代表的含义。

教学安排

项目总学时(10)=理论学时(10)+实践学时(0)

思政主题:践行绿色发展理念,以科技创新为"美丽中国"保驾护航
案例要点:

塞罕坝位于河北省承德市围场满族蒙古族自治县境内,内蒙古高原的东南缘,地处内蒙古高原与河北北部山地的交汇处,地貌介于内蒙古熔岩高原和冀北山地之间,主要是高原台地。

曾经的塞罕坝,年均积雪 169 天;冬季气温低于-20℃的天数多达 4 个月之久;高原、荒漠,飞鸟无栖树。1962 年,国家决定建立机械林场,从各省市调集精兵强将,共 127 名大中专毕业生,平均年龄不到 24 岁,从此"林一代"走进塞罕坝,开始百万亩造林大会战。1982 年,他们完成国家规划绿化与生态任务。百万亩林海创造人间奇迹,锁住浑善达克沙地;北京年沙尘天气减少七成;据中国林业科学研究院评估,塞罕坝林场每年提供生态服务价值超 120 亿元。

1983 年，塞罕坝由以造林为主转向以经营森林为主。2011 年，塞罕坝林场采用石质阳坡容器育苗技术，使其森林覆盖率达到 86%的饱和值；发展林下经济总资产价值达 202 亿元；百万亩林海每年门票收入在 4000 万以上；自筹资金 9000 万元，攻坚造林 50km^2；每年吸收二氧化碳 7.47×10^{5}t，释放氧气 5.45×10^{5}t。从高原荒漠到万亩林海，塞罕坝人改变了当地的生态环境，减少了沙尘暴对京津地区的困扰，创造了巨大的生态效益，带来了可观的经济效益。

塞罕坝三代人用了将近 60 年的时间将荒漠变成了绿洲，而且他们将继续在这里书写绿色传奇。塞罕坝人的事迹可歌可泣，新塞罕坝精神"牢记使命，艰苦创业，绿色发展"更值得我们学习。

任务一　计算机联锁系统的技术基础

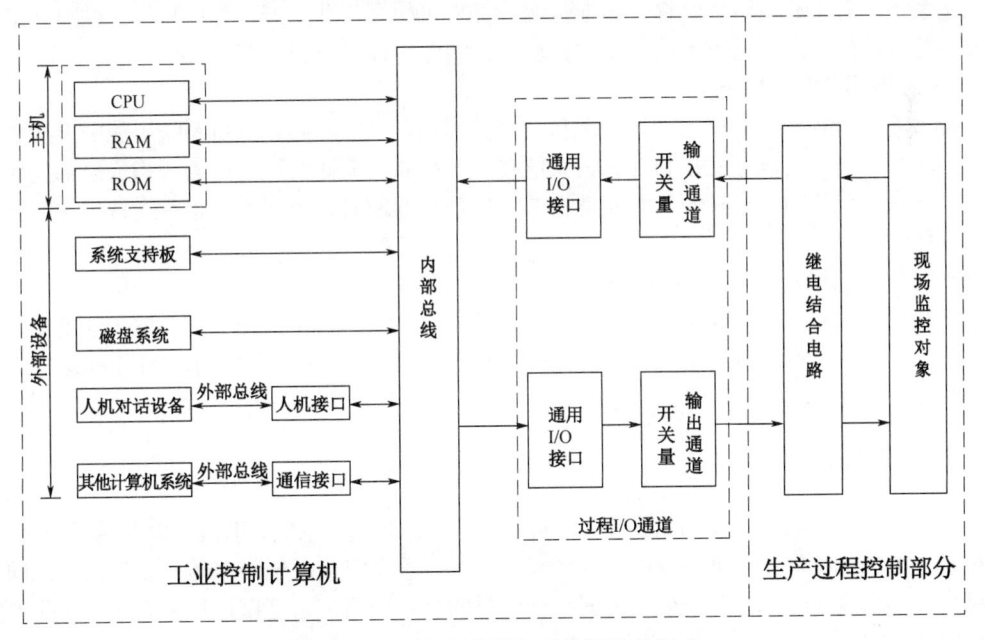

一、工业控制计算机系统

（一）工业控制计算机系统硬件的组成

工业控制计算机系统硬件的组成如图 3-1 所示。

工业控制计算机系统由工业控制计算机和生产过程控制部分两个部分组成。工业控制计算机是指按生产过程控制的特点和要求而设计的计算机。这类计算机依赖某种标准总线，按工业化标准设计，由包括主板在内的各种 I/O 接口功能模块组成。对轨道交通信号领域来说，生产过程控制部分的作用就是协助工业控制计算机通过过程 I/O 通道和继电结合电路对现场监控对象（道岔、信号机和轨道电路）进行实时监测与控制。

12 成功没有捷径，积累才是王道

图 3-1　工业控制计算机系统硬件的组成

（二）工业控制计算机系统的特点

1. 可靠性高和可维修性好

可靠性和可维修性是两个非常重要的因素，它们决定着系统在控制上的可用程度。可靠性的简单含义是指设备在规定的时间内运行不发生故障,为此采用可靠性技术来解决。平均故障间隔时间(MTBF)是表征计算机控制系统可靠性的重要定量标准。可维修性是指当工业控制计算机发生故障时,维修快速、简单、方便。平均故障修复时间(MTTR)是表征计算机控制系统可维修性的重要定量标准。

2. 抗干扰能力强

工业控制计算机采用具有抗干扰能力的工业级专用电源,可以抑制电网电压的波动,阻止通过供电线路可能侵入计算机的杂波和尖峰脉冲干扰,保护计算机正常运行的电源环境;采用地线隔离、屏蔽地线浮空等技术措施,可以截断由传感器、执行器的地线引入主机逻辑地线的干扰,尽量缩短主机逻辑地线的长度及其延伸的空间范围,以抑制主机的电位波动,避免出现死机现象。

3. 环境适应性强

工业环境恶劣,这就要求工业控制计算机适应高温、高湿、腐蚀、振动、冲击、灰尘等环境。工业环境电磁干扰严重,供电条件不良,工业控制计算机必须具有极高的电磁兼容性。

4. 完善的 I/O 通道

为了对生产过程进行控制,需要给工业控制计算机配备完善的 I/O 通道,如开关量输入、开关量输出、人-机通信设备等。

5. 控制的实时性

工业控制计算机应具有时间驱动和事件驱动能力,要能实时地对生产过程中工况的变化进行监视和控制。为此,需要配有实时操作系统和中断系统。

6. 通用性和可扩充性好

工业控制计算机一般都采用国家推荐的标准总线,按照这个标准总线规定的总线信号规范、电气规范、机械规范、操作规范(或称为定时规范)进行模块的设计与生产,于是模块就构成了系列,有了通用性。这样,工业控制计算机可根据工业生产过程在规模、性质、工艺过程要求等方面的不同,选用不同功能的模块来灵活地进行组合和扩充。

7. 具有通信与联网能力

随着系统规模的增大或所要求的系统功能的增加,工业控制计算机系统可能需要构成分布式控制系统,这就要求工业控制计算机系统要具备可靠、简捷的通信能力和构成局部区域网的能力。在系列化的功能模板中,有支持标准通信规程的通信专用模板,也有支持局部区域通信网的模板。

8. 适当的计算机精度和运算速度

一般生产过程,对于精度和运算速度要求并不苛刻。通常字长为 8~32 位,速度在每秒几万次至几百万次。但随着自动化程度的提高,对于精度和运算速度的要求也在不断地提高,应根据具体的应用对象及使用方式,选择合适的机型。

二、总线技术

总线是一组公用信号线的集合,其中每根信号线的信号、电气、机械特性都做了明确规定。这一组公用信号线将计算机系统中的各个模块及各种设备连接成一个整体,以便彼此之间进行信息交换。总线是一种在多个模块之间传送信息的公共通路,它是在计算机系统模块化的发展过程中产生的。

按照总线的规模、用途及应用场合的不同,计算机总线分为三类:系统总线、通信总线、现场总线。

(一)系统总线

系统总线又称内部总线,用于计算机各种模块插件之间进行信息传送。目前流行的系统总线有 STD 总线、ISA/PCI 总线、VME 总线、Multi 总线等。

1. STD 总线

STD 总线是一个面向工业控制的 8 位微型计算机总线，它定义了 8 位微处理器总线标准，可以容纳各种 8 位通用微处理器。为了适应 16 位微处理器，采用周期窃取和总线复用技术来扩充数据线和地址线，使 STD 总线成为 8/16 位兼容的总线。近年来又出现了 STD 32 总线标准，能够与 32 位微处理器兼容，并与原来 8 位总线的 I/O 模板兼容。

STD 总线是含有 56 条信号线的并行底板总线，它实际上由 4 条小总线组成，这 4 条小总线分别包含 8 根双向数据线、16 根地址线、22 根控制线、10 根电源线。由于它有着独具特色的优点，因此在工业控制领域得到了广泛的应用。

2. ISA/PCI 总线

计算机联锁系统的人机对话计算机往往采用 ISA/PCI 总线。

1）ISA 总线

ISA 总线是 IBM 公司为推出 PC/AT 而设计的系统总线，所以也叫作 IBM PC/AT 总线。ISA 总线具有 16 位数据总线宽度、24 位地址总线宽度、16 级中断和 8 通道 DMA，是为 i80286 设计的，主板与接口卡的数据传输速率为 8MB/s。

2）PCI 总线

PCI 总线是当前最流行的总线之一，它是由 Intel 公司推出的一种局部总线。它定义了 32 位数据线，且可扩展为 64 位，能够充分发挥 Pentium 系列 64 位处理器的优点。PCI 局部总线的数据传输速率在突发模式中可达 132MB/s；在连续模式中可达 80MB/s，该速率为 ISA 总线数据传输速率的 10 倍。PCI 总线可同时支持多组外围设备，且不受制于微处理器，并能兼容现有的 ISA、EISA、MCA 总线，与它们共存于计算机系统中。

3. VME 总线

VME 总线的功能模块由总线底板接口逻辑、4 组总线信号线（总线传输总线、中断优先级总线、仲裁总线、公用总线）和 1 个功能模块组成。

VME 总线是一种先进的微机总线，它具有以下特点。

（1）寻址空间大，数据传输速率高。

（2）在多处理器系统中，其中断机构能保证各个处理器之间的通信。

（3）规约严格，内容全面，易于构成开放式系统。

4. Multi 总线

Multi 总线是 Intel 公司作为工业标准，为单片机和扩展板之间进行通信而设计的一种通用总线，是异步的多重处理系统总线。运用 Multi 总线及其扩展总线，可以很方便地构成多微机处理系统，实现布线处理、多重处理和并行处理。Multi 总线具有以下特点。

（1）适应性广泛，它独立于微机，可以兼容不同的微机。

（2）以 Multi 总线为基础的 iSBX 插件板和扩展板品种丰富，可以根据需要选用，灵活地组成不同规模的系统。

（3）可靠性高，抗干扰能力强。

（4）易于通过对插件板的升级、扩充使系统性能升级。

（二）通信总线

通信总线又称为外部总线，是计算机系统之间或计算机系统与其他系统（仪器、仪表、控制装置）之间信息传输的通路。通信总线一般分为并行通信总线和串行通信总线。

1. 并行通信总线

在通信传输过程中，并行通信总线每次同时传送一字节的数据，所以传输速率高，适用于短距离（数十米）的快速传输。IEEE 488 总线就是并行通信总线。

2．串行通信总线

在通信传输过程中，串行通信总线每次传送一比特的信息，所以传输速率低。但是，其使用的导线或电缆数量较少，甚至仅用一对双绞线就可以传输，成本低，适用于较远距离的传输。常用的串行通信总线有 EIA 总线、RS232C 总线、RS422 总线、RS485 总线等。

（三）现场总线

现场总线用于连接智能现场设备和自动化系统，构成数字式、双向串行传输、多分支结构的通信网络。这种网络结构简单，价格低廉，而且性能不错。目前较流行的现场总线有 CAN、LonWorks 等。

三、避错技术

防止和减少故障发生的技术叫作避错技术。避错技术的基本着眼点是通过质量控制（如设计审核、元件筛选、测试等）、环境保护（如对外部干扰采取屏蔽）和降额使用等措施设法消除产生故障的原因，从而防止故障的发生，延长系统的使用寿命。避错技术是提高计算机系统可靠性的第一道防线，是一种必不可少的常规技术。在计算机系统中必须采取的避错技术包括以下几种。

（一）质量控制技术

对计算机联锁系统来说，主要是针对计算机及其接口电路等进行质量控制。具体技术措施包括以下几方面。

（1）选用高可靠性的工业控制级的计算机，并且要求其失效率不大于 10^{-5} 次/h。

（2）尽量选用集成芯片，而不用分立元件。

（3）尽可能采用经过考验的标准电路及印制板。

（4）对元器件和印制板应严格进行电性能和工艺性能的筛选与检查。

（5）降额使用，即在低于元器件额定电流和电压值的条件下运用。

（6）对装配、调试进行严格的质量管理，并对系统进行最全面的测试和检查。

（7）实施软件工程，以保证软件内在的质量。

总之，力求使设计、制造的系统完美无缺，在使用过程中不发生故障。

（二）环境防护技术

环境因素对计算机联锁系统的可靠性具有十分重要的影响。在实际应用环境中，由于受到噪声、电磁、温度、湿度的影响，以及机械振动、化学腐蚀的侵袭，计算机系统容易出错。为了减少这种情况的发生，一般可从以下几方面采取措施。

（1）对系统的元器件、印制板、机箱或机柜等采取适合的环境防护技术，具体包括散热设计、抗振设计、化学防护设计及电磁兼容性设计等。

（2）选用高可靠性的接插件，避免接触不良造成的故障。

（3）改变传统的焊接配线方式，采用先进的压接或绕接技术，以提高触点的可靠性。

（4）改善系统所在机房的环境，主要是采取净化空气、温度调节、防雷电侵入及抑制干扰源的强度等措施。

虽然避错技术可以防止故障的产生，但有局限性，如果采用高可靠性器件，系统成本将急剧上升，而且即便采取了避错技术，也不一定能满足系统的可靠性要求。因此，在计算机联锁系统中还必须广泛采用容错技术。

四、容错技术

（一）容错技术的基本概念

当系统的某个部分发生故障时仍使系统保持正常工作的技术叫作容错技术。容错技术的基本出发点是首先承认故障不可避免的事实，然后考虑解除故障影响的措施。为了实现这个思想，采取的主要手段就是用外加资源的冗余方法，达到掩蔽故障影响或使系统从故障状态重新恢复正常工作的目的。

为了克服故障的效应，一个典型的容错系统可以用 10 种方式处理故障事件：故障限制、故障检测、故障诊断、故障屏蔽、重试、重组、恢复、重启、修复、重构。

根据对故障处理的方式不同，可把容错技术分为故障检测技术、故障屏蔽技术、动态冗余技术和软件可靠性技术。

1．故障检测技术

故障检测技术是发现故障的技术。它包括故障测试和故障定位技术。根据对故障的检测时机，故障检测分为联机检测和脱机检测。故障检测技术常见的有检错码、二模冗余比较、超时监督定时器和自校验等。

2．故障屏蔽技术

故障屏蔽技术是利用冗余资源，把故障的效应掩盖起来，使系统在故障发生后仍能持续工作的一种技术。因故障屏蔽技术在故障发生后并未能使系统的结构有所改变，所以又把这种技术称为静态冗余技术。

故障屏蔽技术具有对故障的容忍能力，是一种提高系统可靠性的途径。其主要特点是不需要故障检测技术的配合，但当冗余资源因故障而耗尽时，如果再发生故障，系统就不能正常工作了。因此，若在系统中增加故障检测技术，及时发现故障，在系统尚未停止工作之前排除故障，将会进一步提高系统的可靠性。

3．动态冗余技术

提高系统可靠性的另一种途径是采用动态切换方式。当故障检测技术发现了系统内部发生故障时，通过系统内部的一次重组来切除和替换故障部件，由于重组过程具有动态性质，因此把这种容错技术称为动态冗余技术。

4．软件可靠性技术

软件的可靠性技术也分为避错和容错两类。软件避错技术包括软件管理技术、程序设计及验证技术等。软件容错技术包括 N 版本程序设计技术和软件错误检测、恢复技术等。

在以上几项技术中，故障屏蔽技术和动态冗余技术是容错技术的核心。

（二）实现容错技术的主要方法

容错技术是依靠外加资源，即冗余的方法来换取系统的可靠性的。冗余的方法有很多，主要有硬件冗余、软件冗余、时间冗余和信息冗余等方法，这些方法往往要合理使用才能达到提高系统可靠性的目的。

1．硬件冗余

广泛应用的硬件冗余技术之一是硬件重复冗余，在物理级可通过元器件的重复而获得（如相同的元器件串联、并联等）。在逻辑域可采用多数表决方案，如三取二的三模冗余和二乘二取二的双模冗余等。

另一种硬件冗余方法叫作待机储备冗余。该系统中共有 $m+1$ 个模块，其中只有 1 个模块处于工作状态，其余 m 个模块都处于待命接替状态。一旦工作模块出了故障，工作流程就立即切换到其他模块。当换上的模块发生故障时，再切换到下一个待机储备模块，直到 $m+1$ 个模块全部发生故障，系统才出现故障状态。显然，这种系统的可靠性比单一模块的可靠性高得多，但必须具有故障检测和切换装置。

将重复冗余和待机储备冗余结合运用就构成了混合冗余系统。对于这种系统，当重复冗余中有一个模块发生故障时，立即将其切除，并代之以无故障的待命模块。这种冗余方式既可以达到较高的可靠性，又可以达到较长的无故障运行时间。

2．软件冗余

提高软件可靠性有两种方法。一是研究无错误软件，其目的是提供正确的软件，属于避错技术需要解决的问题，这里不加讨论。二是研究容错软件，其目的是确保软件的健壮性，属于容错技术的范畴。

软件容错技术主要是通过软件冗余技术进行软件的容错设计，以减少软件的错误率，降低因软件错误而造成的不良影响。这种容错途径又包括两个方面：一是设计容错软件，二是实现软件容错。

3．时间冗余

时间冗余通过消耗时间资源来达到容错的目的。常用的有指令复执和程序卷回技术，均是利用时间代价来换取系统的可靠性的。

4．信息冗余

信息冗余是依靠增加信息的多余度来提高可靠性的。在实际应用中，一般采用编码技术，构成各种纠错码，利用这些纠错码，可使信息在传输、运算和处理过程中的错误得以自动校正。

在计算机联锁系统中，一般综合运用上述容错方法，以满足系统高可靠性的要求。

五、故障-安全技术

故障-安全技术是指当设备或系统发生故障时，不会错误地给出危险侧输出，而能使设备或系统导向安全侧的手段，它是轨道交通信号安全技术的核心。

实现故障-安全技术的方法大致有以下几种。

（1）设备失效时使能量减少到最小，从而实现安全侧分配的技术，如安全型继电器和自动道口栏目等。

（2）设备故障时以维持现状为安全侧的方法，如道岔控制系统。

（3）联锁法。用联锁的方法可以使误操作或误判断不会造成危及行车安全的后果。

（4）安全侧分配法。凡涉及行车安全的信号器件和设备，都可以用两个相对状态来描述。例如，信号机有开放和关闭两个状态，在这两个相对的状态中，其中一个状态与停车相对应。也就是说，当该状态出现时应导致停车的后果，我们称与停车相对应的状态为安全状态或安全侧，那么与之相反的状态为危险状态或危险侧。安全侧分配法就是要给信号设备分配安全侧，在此前提下才能采取其他技术使设备故障时导向安全侧。

六、局域网技术

计算机联锁系统一般都采用分散式控制系统，因此计算机与计算机之间要沟通信息，共享资源，协同工作，于是出现了用通信线路将各计算机连接起来的计算机机群，以实现资源共享和作业分布处理，这就是计算机网络。局域网在工业控制领域中的应用比较广泛。

（一）集线器

集线器是连接网络重要而又常用的设备，主要用于把网络的服务器和工作站连接到传输介质上，其性能的好坏直接关系到网络数据的传输特性。

（二）网卡

网卡是局域网中连接独立的计算机与通信子网的关键设备。它负责将数据从计算机传输到传输介质或由传输介质传输到计算机。网卡将数据转换为可通过传输介质传送到目的地的信号，一旦信号传到目的设备，目的设备的网卡就将信号转换回计算机能够处理的信息。网卡中完成这种信号转换的电路称为收发器。它一般有两种形式：内置式和外置式。内置式网卡采用细电缆，外置式网卡采用粗电缆。

（三）信号线

信号线将网络中的各节点连接起来。一个局域网可采用多种信号线，如双绞线、同轴电缆、光纤等。

（四）其他设备

连接一个网络，除了以上设备，还有两类其他设备。一类是线路连接设备（如调制解调器）和网络连接配件（如连接头、插座模块）。另一类是网络互联设备，如中继器、网桥和路由器。

任务二　计算机联锁系统硬件

以工业控制计算机为核心的车站计算机联锁系统，由于其控制规模、功能的完善程度、技术实现方法、经济因素及研制的技术背景和历史背景的不同，因此在具体结构上存在着一定的差异。尽管如此，大体上仍可从层次结构和冗余结构两个方面来描述。

一、计算机联锁系统的层次结构

所谓层次结构，就是按进路的控制层次来描述系统的结构。计算机联锁系统分为人机对话层、联锁层和控制层，如图 3-2 所示。

就系统的层次结构来说，如果各层的功能由同一台计算机来完成，就称为集中式控制结构。如果对应不同的层次分别设置计算机，各层的功能分别由各自的计算机来处理，就称为分散式控制结构。

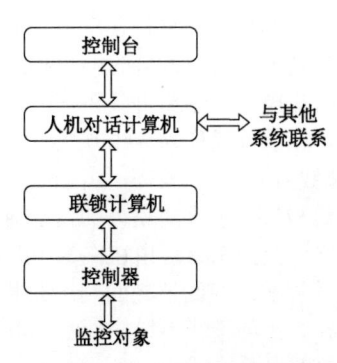

在分散式控制结构中，人机对话层设置人机对话计算机，联锁层设置联锁计算机，控制层设置控制器。图 3-3 所示为分散式控制结构。

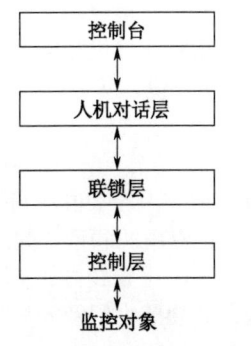

图 3-2　计算机联锁系统的层次结构　　　　图 3-3　分散式控制结构

思政主题：致敬中国企业家，弘扬家国情怀
案例要点：

华为创始人任正非先生，一手把华为从一个小规模的公司发展成震惊世界的科技公司，其创立的企业治理方法开创了中国企业的先河。他是一位优秀的中国民营企业家，更有一颗赤诚的爱国之心。

从 2018 年起，华为出品的基础研究与基础教育公益广告片开始投放媒体。任正非想通过尽可能多的渠道呼吁社会各界重视基础教育，呼吁国家加强基础科学的研究和创新。

主持人：我国对基础教育与基础研究的重视程度如何并不会影响华为的发展，那么您为什么要操这一份也许在别人看来是闲心的心呢？

任正非：爱国，爱这个国家！我希望这个国家繁荣昌盛，不要再让人欺负了！

13 致敬中国企业家，弘扬家国情怀

1．人机对话计算机

人机对话计算机习惯上称为上位机，它是联锁计算机的通信前置机，是一种信息管理机。该机的主要任务是完成人机对话功能，一方面接收来自控制台车站值班员输入的信息，判明能否构成有效的操作命令，并将操作命令转换成约定的格式送给联锁计算机；另一方面，接收联锁计算机提供的关于监控对象状态和列车运行情况等各种表示信息，并把它们转换成表示盘或屏幕显示器能够接收的格式。

人机对话计算机除完成人机对话功能外，一般还用于实时记录和存储车站值班员按钮操作情况、列车运行状态和联锁系统运行出错等信息，这些信息均可以由打印机打印输出，也可以以图像形式再现。此外，联锁系统的进路程序控制功能及与其他自动化系统的联系功能可以通过该机实现。系统的诊断功能也可由人机对话计算机来完成，或者单独设置电务维修机实现。

人机对话计算机是为了减轻联锁计算机的事务处理工作量而设置的，它本身不具有联锁功能，因此不要求该机具有故障-安全特性，但它必须十分可靠才能保证联锁系统正常工作。

2．联锁计算机

联锁计算机在这里也称为下位机，是联锁系统的核心部分。它接收来自人机对话计算机的操作命令，接收来自室外监控对象的状态信息，进行联锁逻辑运算，发出动作道岔和开放信号的控制命令。

联锁计算机用来实现联锁功能，因此不仅要求该机具有高可靠性，还要具有故障-安全特性。

联锁计算机以串行通信方式与人机对话计算机交换信息，而与控制器的联系方式有两种：专线方式和总线方式。

1）专线方式

像继电联锁设备一样，现场各个监控对象（信号机、道岔、轨道电路）控制命令的输出和状态信息的采集是利用各自的电缆芯线采取一对一的方式与联锁计算机相连的，即每个监控对象都有专门的控制命令输出口和状态信息采集口（对轨道电路来说，仅有状态输入口）相对应。我们把这种联系方式称为专线方式，如图 3-4 所示。

2）总线方式

采用总线方式需要将室外的监控对象按它们的地理位置划分为若干群，为每群监控对象在其附近设置一个控制器，由它作为中介实现联锁计算机与监控对象的联系，如图 3-5 所示。

联锁计算机与控制器之间利用公共传输通道交换信息。与采用专线方式相比，采用总线方式可以节省大量的干线电缆，而且随着光缆的使用，总线方式会成为联锁计算机与监控对象之间一种主要的联系方式。

3．控制器

它设置在对象群附近，与所辖各对象之间采用专线联系方式。控制器是控制命令和状态

信息的转送站，内部必须有自己的编译机构，一方面接收和校核来自联锁计算机的控制代码，经译码后形成控制命令，以驱动相应的设备控制电路；另一方面接收监控对象的状态信息，经编码传送到联锁计算机。控制器虽然不承担联锁逻辑处理任务，但它所处理的信息均涉及安全性，所以应具有故障-安全的性能。它本身故障时，也应自动通知联锁计算机，以便及时处理。

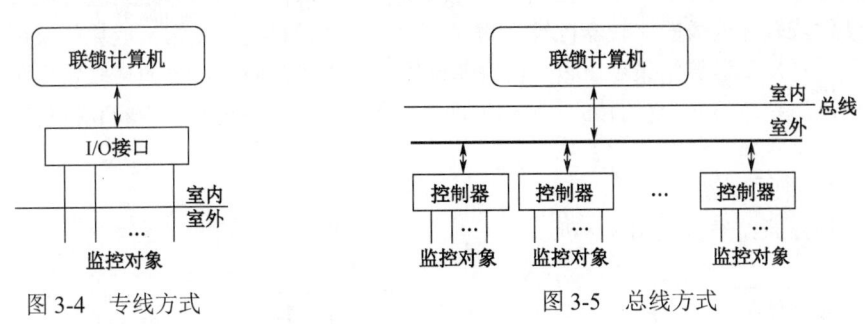

图 3-4　专线方式　　　　　　　图 3-5　总线方式

计算机联锁系统采用分散式控制结构，由于各层计算机均能相对独立运行，具有一定的并行处理能力，因此可提高整个联锁系统的处理速度。另外，分散式控制系统是按功能模块配置计算机的，在结构上具有模块化、积木化的特点，因此便于设计、生产、施工、维护和扩充。

二、计算机联锁系统的冗余结构

采用分散式控制结构的计算机联锁系统，就其实质而言，是一种以通用计算机技术为基础的车站信号实时控制系统。然而，就目前所选用的工业控制计算机而言，其质量水平尚不能满足联锁系统的高可靠性要求，更不具备故障-安全性能。这就需要从软件、硬件两方面对联锁系统各层组成模块采用冗余技术，构成多重化的冗余结构来确保整个系统的高可靠性和高安全性。

计算机联锁系统采用冗余结构的实质是用增加相同性能的模块来换取系统的可靠性和安全性。在这里，增加的模块从完成系统功能的角度来看是多余的，但从提高系统运行的可靠性和安全性角度来看，并非是多余的。

（一）系统的可靠性冗余结构

计算机联锁系统可靠性冗余结构就是指为了使系统的可靠性指标达到或者超过目标值而采取的冗余结构。系统的可靠性冗余结构往往采用双机热备系统。可靠性冗余结构如图 3-6 所示。

（二）系统的安全性冗余结构

计算机联锁系统的安全性冗余结构就是指为了使系统的安全性指标达到或超过目标值而采取的冗余结构。系统的安全性冗余结构往往采用双机同时工作并彼此之间进行频繁比较的二取二冗余结构。安全性冗余结构如图 3-7 所示。

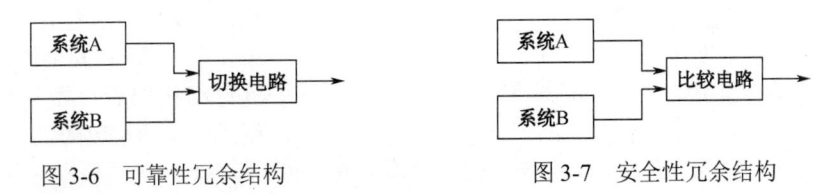

图 3-6　可靠性冗余结构　　　　　　　图 3-7　安全性冗余结构

（三）系统冗余结构的应用

计算机联锁系统既要求有比较高的可靠性，又要求有比较高的安全性。因此，计算机联锁系统的可靠性与安全性系统结构将是上述两种结构的结合。

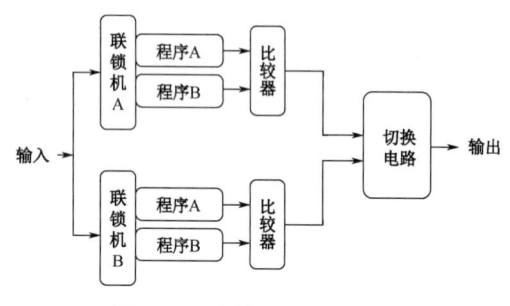

1．双机热备系统结构

双机热备系统结构如图 3-8 所示。

联锁双机采用了可靠的冗余结构，当联锁机 A 发生故障时，通过切换电路，联锁机 B 升为主机，接替故障机使系统继续运行。每一台联锁机内装配了两套功能完全相同但编程方法完全不同的独立版本的联锁程序，用单机顺序执行双份程序并对两者的运算结果进行比较。若运算结果经由硬件或软件构成的比较器比较后相同，则说明联锁机运行正常，运算结果可以作为系统的输出。一旦发现运算结果不一致，就说明联锁机发生了故障，一方面使联锁机不产生危险侧故障输出以达到故障-安全的目的，另一方面进行倒机，保证系统不会中断联锁处理而影响行车作业。

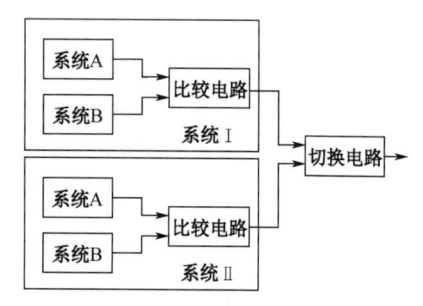

2．二乘二取二系统结构

二乘二取二系统结构如图 3-9 所示。

图 3-8　双机热备系统结构

图 3-9　二乘二取二系统结构

"二取二"指在一套子系统上集成两套 CPU，两套 CPU 严格同步、实时比较，只有双机运行一致，才对外输出运算结果。

"二乘"指用两套完全相同的二取二子系统构成双机并用或热备系统。

每个子系统内部为安全性冗余结构，两个子系统形成可靠性冗余结构，这样既提高了系统的可靠性，又提高了系统的安全性。

3．三取二系统结构

三取二系统结构如图 3-10 所示。

三套系统完全相同。三套系统的输出交由表决器进行表决，只要三套系统中的任何两套的输出是相同的，表决器就有正确的输出。这种结构提高可靠性的基本思想是把一个已发生故障的系统屏蔽起来，使其不影响整个系统的正常工作。从故障-安全的角度来看，这种结构的表决器具有对三套系统进行两两比较的机能，只有当任意两套系统同时发生相同的故障，并产生同样的输出信息时，表决器才无法检出这种错误信息。如果这种错误输出信息又恰巧是危险侧信息，整个系统的输出也就是危险的了。然而，理论分析表明，出现这种情况的概率是极其微小的，因此这种结构是安全的。

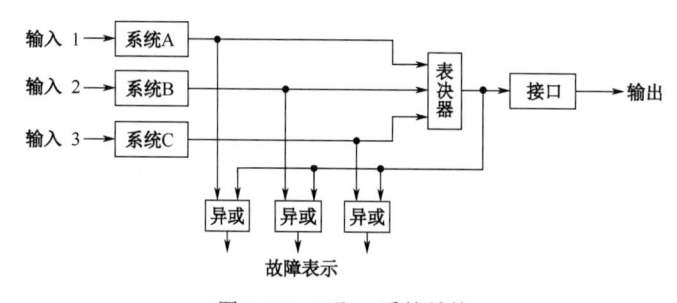

图 3-10　三取二系统结构

采取三取二系统结构需要解决一些技术问题：三台计算机的同步运行、具有更高数量级的可靠性与安全性的表决器、故障的及时切离与及时修复。

任务三　计算机联锁系统软件

思政主题：树立大局意识，充分发扬"主人翁"精神
案例要点：
事故概况：2011 年 7 月 23 日 20 时 27 分，杭深线永嘉至温州南间，北京南至福州 D301 次列车与杭州至福州南 D3115 次列车发生追尾事故。D301 次列车第 1 位至第 4 位脱线，D3115 次列车第 15 位和第 16 位脱线；造成 40 人死亡，172 人受伤；中断行车 32 小时 35 分；直接经济损失达 19371.65 万元；构成特别重大铁路交通事故。
事故原因：列控中心设备存在严重设计缺陷、上道使用审查把关不严、雷击导致设备故障后应急处置不力等。

14 树立大局意识，充分发挥"主人翁"精神

一、计算机联锁系统软件的总体结构

计算机联锁系统软件的基本结构应设计成实时操作系统或实时调度程序支持下多任务的实时操作系统，其软件的基本结构可归纳如下。

（一）按照层次结构分类

按照软件的层次结构分类，可分为三个层次，即人机对话层、联锁运算层和执行层，如图 3-11 所示。

人机对话层完成人机界面信息处理，联锁运算层完成联锁运算，执行层完成控制命令的输出和表示信息的输入。

（二）按照冗余结构分类

按照冗余结构分类，可分为三取二系统的单软件结构和双机热备系统的双版本软件结构。其中，双版本软件结构如图 3-12 所示。

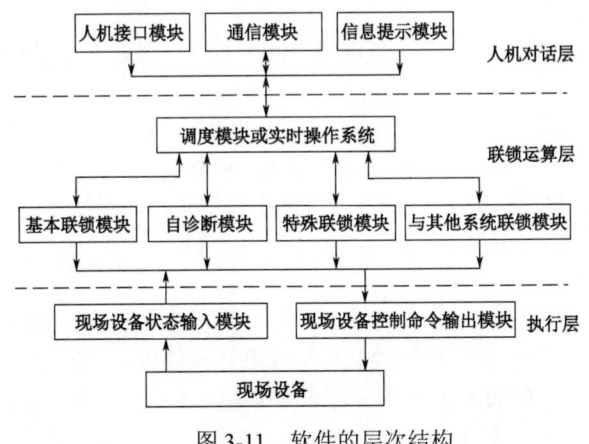

图 3-11　软件的层次结构

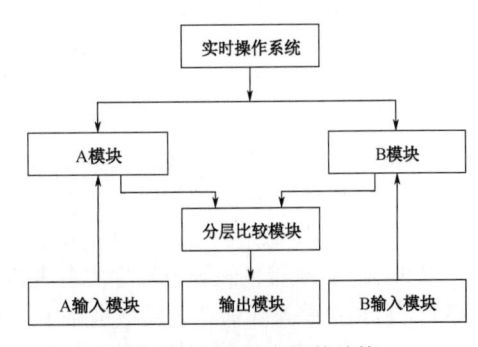

图 3-12　双版本软件结构

（三）按照联锁数据的组织形式分类

按照联锁数据的组织形式，可分为小站规模的联锁图表式软件结构和中站以上规模的进路控制式软件结构。其中，进路控制式软件结构（模块化结构）如图 3-13 所示。

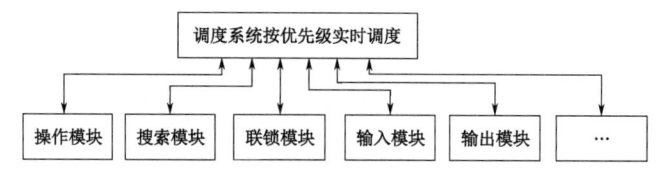

图 3-13　进路控制式软件结构

二、联锁数据与数据结构

在计算机联锁系统中，凡参与联锁运算的有关数据统称为联锁数据。联锁数据在存储器中的组成方法称为数据结构。联锁数据包括静态数据（常量）和动态数据（变量）两类，与之相对应的有静态数据结构和动态数据结构。

（一）静态数据与数据结构

联锁程序需要哪些静态数据及这些数据在存储器中的组织形式，对联锁程序结构有很大的影响。

目前采用较多的是进路表型联锁和站场型联锁，对应的就存在两种不同的静态数据结构：进路表型静态数据结构和站场型静态数据结构。

建立任何一条进路都必须指明该进路的特性和有关监控对象的特征及其数量等，这包括进路性质、进路方向、进路的范围、防护进路的信号机（信号机名称）、进路中的轨道电路区段（名称）及数量、进路中的道岔（名称）、应处的位置、数量、进路所涉及的侵限绝缘轨道区段（名称）及检查条件、进路的接近区段（名称）、进路的离去区段（名称）、进路末端是否存在需要结合或照查的设施，如闭塞设备、机务段联系、驼峰信号设备等。

若将上述各项纳入一个数据表中就构成了一个进路表。将一个车站的全部进路（包括迂回进路）的进路表汇总在一起就构成了总进路表（它就像我们熟悉的进路联锁表）。总进路表存于 ROM 中，是一个静态数据库。当办理进路时，根据进路操作命令可从静态数据库中选出相应的进路，从而可找到所需的静态数据。这就构成了进路表型静态数据结构。另外，在应用进路搜索软件时，需要有与之对应的静态数据结构，即站场型静态数据结构。

1. 进路表型静态数据结构

在进路表型联锁控制系统中，信号机、道岔、轨道区段与进路之间的联锁关系是通过进路表的形式表示的，联锁表中包含了所有进路及其联锁条件。

当车站规模较大，进路数量很大时，总进路表势必十分庞大，占用 ROM 的容量很大，这就意味着增大了 ROM 检测程序的长度和执行时间，这不利于提高系统的可靠性。另外，当车站改建和扩建时，需要对总进路表进行较大的修改，这也是进路表型静态数据结构的不足之处。为了提高系统的可靠性，通常采用站场型静态数据结构。

2. 站场型静态数据结构

由人工编制总进路表，特别是编制大型的总进路表，不仅十分烦琐，而且容易出错，因此可以采用计算机辅助设计方法生成总进路表。如果将进路生成软件纳入联锁软件中，当办理进路时，就由进路操作命令调用该进路生成程序，自动生成一个与进路操作命令相符合的进路表，以供联锁软件使用。我们把这种生成进路表的程序称为进路搜索程序。

有了进路搜索程序，仍然需要为它提供一个静态数据库。不过，这些数据库的规模和结构有所不同。该数据库是这样构成的：对应车站信号设备平面布置图（更确切地说是对应控制台盘面图）中的每个监控对象，如信号机、道岔、轨道电路区段、侵限绝缘区段、特设的变通按钮、进路终端按钮（没有信号机）等内容都存入 ROM 内，并各设置一个静态数据模块。在模块中列出表述该监控对象特性的数据及进路搜索程序所需的一些标志。下面先介绍静态数据模块的具体设置方法。

以图3-14（a）所示的车站信号设备平面布置图为例，所设置的模块连接图如图3-14（b）所示。应特别指出，对应一个侵限绝缘设置了两个模块 QX_1（侵限1）和 QX_2（侵限2）。在模块 QX_1 中列出了道岔区段 3DG 及 1/3 反位（1/3FB）两个常量，该模块设在相当于经由道岔 5 反位的进路上。当办理一条经由 5 号道岔反位的进路时，选择 QX_1，就可将其中的常量编制在进路表中，以便进行联锁处理时检查道岔区段 3DG 和 1/3 道岔的状态。同理，在相当于 1/3 道岔的渡线处设置模块 QX_2。

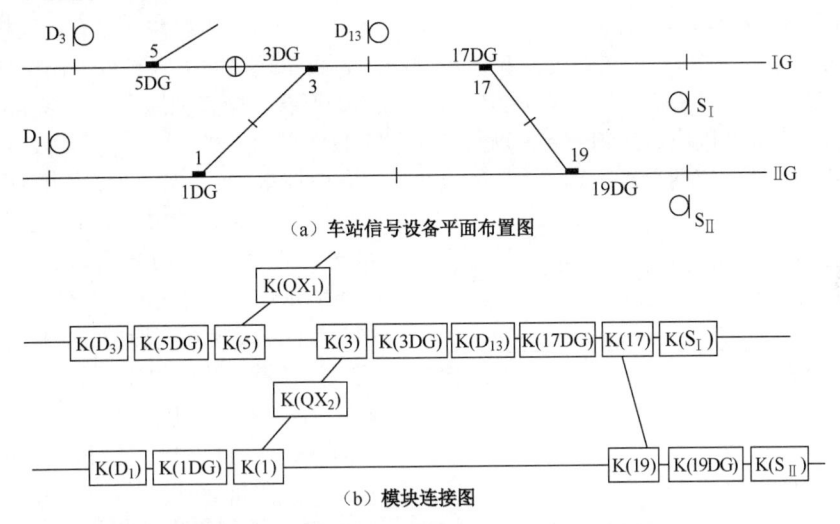

图 3-14 车站信号设备平面布置图及模块连接图

每个静态数据模块在 ROM 中要占用一个区域，该区域第一个单元的地址称为该模块的首地址，简称首址。因为每个模块均有一个首址，所以为了方便起见，在不致混淆的情况下把模块首址的代号也看作模块名称，如图 3-15 所示。

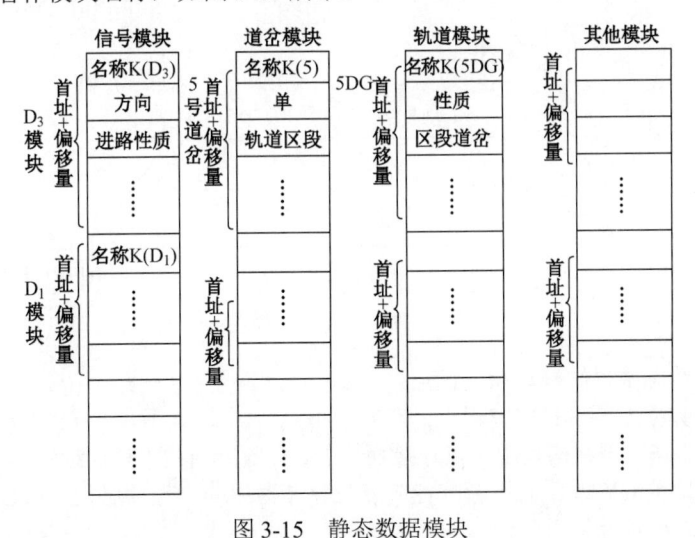

图 3-15 静态数据模块

如果把所有的模块按照它们在车站信号设备平面布置图中的相互位置连接起来，如图3-14（b）所示，它很像 6502 组合连接图。这种数据结构在图形上具有站场形式，所以把它称为站场型静态数据结构。

利用站场型静态数据结构，在办理一条进路时，根据进路操作命令，为进路搜索程序指明进路的始端模块首址和终端模块首址，进路搜索程序先从站场型静态数据结构中搜出与进路有关的全部模块，再从模块中找出进路联锁程序所需的数据，这样就构成了进路表。

如何把模块连接起来，以便进路搜索程序进行搜索呢？这需要把每个模块的空间划分成两个区域，即数据场和指针场，用数据场存放模块的有关数据，用指针场存放邻近模块的首址。

假设有 3 个模块 a、b 和 c，如图 3-16 所示，不管它们在存储器中的物理位置是否为顺序存放，如果希望找到 a 就能找到 b，找到 b 就能找到 c，那么只要将 b 的首址放在 a 的指针场，将 c 的首址放在 b 的指针场，这样就可以由 a 找到 b，由 b 找到 c。若模块 c 没有后续模块，则在它的指针场标以 ∅（空）。为了方便起见，用圆圈代表数据模块并称为节点，用有向线段代表连接线，如图 3-16（c）所示，在简化图中，有向线段的箭头方向直观地表明了搜索方向。用箭头把有关的静态数据模块连接到一起，就构成了静态数据组织形式。

当一个节点有左右两个连接节点时，如果允许双方向搜索，这个节点就需要有两个指针场，以便记入两个连接节点的首址。例如，由 a 可搜索到 c，也可由 c 搜索到 a，如图 3-16（d）所示。对道岔来说，它有 3 个连接节点，即岔前节点、岔后直股节点、岔后弯股节点。所以，在道岔节点中需要设 3 个指针场 PQ、PZ、PW，可以用 PQ 存放岔前节点首址，用 PZ 存放岔后直股节点首址，用 PW 存放岔后弯股节点首址。

对站场型静态数据结构来说，仅沿一个方向搜索就可以了。从站场结构来看，当沿着发车方向搜索时，遇到对向分歧道岔少，所以搜索效率高。因此，以发车方向单向搜索为准，实现节点之间的连接。根据这个原则，图 3-14（b）所示的模块连接简图如图 3-17 所示。

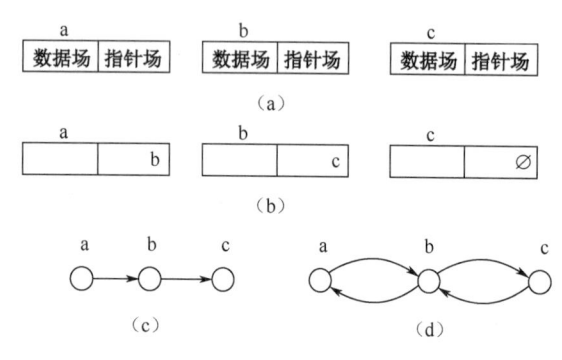

图 3-16 模块的连接方法

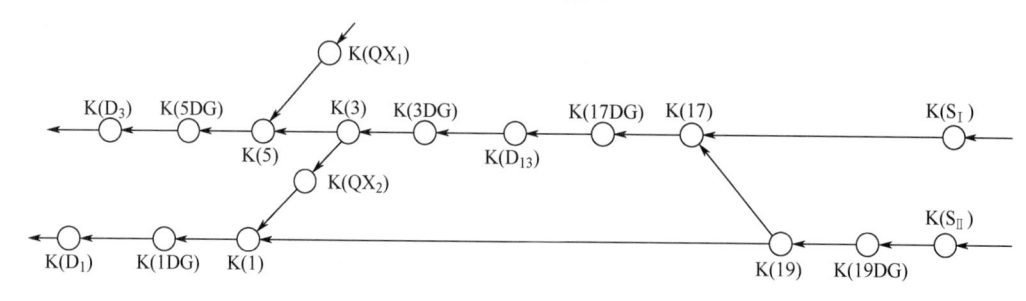

图 3-17 模块连接简图

采用站场型静态数据结构有以下优点。

（1）该静态数据库所占存储空间小，有利于检测。

（2）站场型静态数据结构是用节点连接而成的，在数据结构中任何地方增加或减少节点时，仅涉及指针场中地址的修改，而不影响各节点在存储器中的物理存储区，所以容易修改，这非常适应站场的改建或扩建。

（3）节点的类型是有限的，节点的内容和容量不变，各节点的连接只是在逻辑上有序，但是每个节点在存储器中的具体区域可以是无序的（相连接的节点在存储器中可以不相邻），利用这种性质可用计算机辅助设计生成数据结构。

根据站场型静态数据结构所生成的进路表需存于 RAM 中。对一个车站来说，能同时办理的进路是有限的，并且这些进路表随着进路解锁而消失，所以占用 RAM 空间是不大的。

（二）动态数据

参与进路控制的动态数据主要包括操作输入变量、状态输入变量、表示输出变量、控制输出变量及联锁处理的中间变量等。

1．操作输入变量

操作输入变量是反映操作人员操作动作的开关量。在 RAM 中需要设置一个操作变量表集中地存放操作变量。操作变量表根据系统的硬件体系结构，可能存于人机对话计算机或存于联锁机中。

操作输入变量是形成操作命令的原始数据。在 RAM 中应开辟一个区域集中地存放操作命令，把这些操作命令的集合称为操作命令表。一条操作命令形成后，就可以从操作变量表中删去相应的操作变量。

操作输入变量除了用以形成操作命令，还作为表示信息的原始数据和监测系统的记录内容。

2．状态输入变量

状态输入变量是反映监控对象状态的变量，如轨道区段状态、道岔定位状态、道岔反位状态、信号状态、灯丝状态及与进路有关的其他设备状态等。状态输入变量应周期性地刷新，以保证变量能确切反映监控对象的实际状态。

状态输入变量除了参与联锁运算，还作为表示信息和监测系统的原始数据。

3．表示输出变量

表示输出变量是指向控制台、表示盘或屏幕显示器提供的变量。通过这些变量反映有关的列车或车列运行情况、操作人员的操作情况及联锁设备的工作状况。在计算机联锁系统中，可提供比电气集中更丰富的信息和表现形式（如光带、图形、音响和语音等）。这些信息需要取自状态输入变量、操作输入变量、中间变量及控制输出变量等。一般是将表示输出变量集中在一个存储区以便输出。

4．控制输出变量

控制输出变量是指控制信号和道岔的变量。它可存放在动态数据模块中，而控制命令存放在专辟的控制命令表中。控制命令的逻辑地址与输出通道一一对应。

控制输出变量和控制命令都应周期性地刷新，以保证数据的实时性。

5．中间变量

中间变量是指联锁程序执行过程中产生的一些变量。这些变量有的存放在动态数据模块中，有的需要另辟专区存放。在存储区中中间变量一般应按一定规则存放。

三、联锁软件及其管理

（一）联锁软件的基本模块

联锁软件一般来说可分为 6 个模块：操作输入及操作命令形成模块、操作命令执行模块、进路处理模块、状态输入模块、表示信息输出模块和控制命令输出模块。

1．操作输入及操作命令形成模块

操作输入是指把车站值班员操作按钮、键盘、鼠标或光笔等形成的操作信息输入计算机中并记录下来，分析操作信息是否能构成合法的操作命令，若不合法则向操作人员提示。

操作输入量是很大的，形成的操作命令也有十几种。该模块一般由人机对话计算机完成。人机对话计算机将形成的操作命令经由串行数据通道传输送联锁计算机中，并存储在一个操作命令表中。

2. 操作命令执行模块

操作命令执行模块是根据操作命令执行相应功能的程序模块。在该执行模块中包括许多子模块。实际上，有多少种操作命令就有多少个子模块。每个子模块执行时间很短，不需要考虑它们的优先权，在执行顺序上不受限制。在执行该模块时，根据操作命令表中每一条现存的命令，从操作命令执行模块中找出相应的子模块予以执行。如果执行结果达到预期目的，就从操作命令表中删去相应的操作命令，否则应给出提示信息，提醒车站值班员采取相应的措施。

3. 进路处理模块

进路处理模块是在执行了进路搜索模块且对所办进路已形成进路表后，对进路进行处理的模块。进路处理分成4个阶段，进路处理程序也相应地分成4个子模块。

1）进路选排及道岔控制命令生成子模块

进路选排及道岔控制命令生成子模块的功能是检查道岔位置是否符合要求，若不符合要求，则应形成相应的道岔控制命令，使该道岔转至规定的位置。

2）进路锁闭模块

进路锁闭模块的功能是检查锁闭条件是否满足，若满足，则给出道岔锁闭变量及提示信息（如白光带等）。

3）信号开放与保持子模块

信号开放与保持子模块检查进路信号开放条件是否满足，若满足，则形成防护该进路信号机的开放命令。在信号开放后，不间断地检查信号开放条件。若条件满足，则使信号保持开放，否则取消信号开放命令，使信号机关闭。

4）进路正常解锁子模块

进路正常解锁子模块实现进路正常解锁和调车进路的中途折返解锁。

4. 状态输入模块

状态输入模块的功能是将信号机、道岔和轨道电路等的状态信息输入联锁计算机中。

5. 表示信息输出模块

表示信息输出模块是将已形成的各种表示信息通过相应的接口，使显示器工作。

6. 控制命令输出模块

控制命令输出模块是将已形成的道岔控制命令和信号控制命令通过相应的输出通道，以控制道岔控制电路和信号控制电路。

（二）联锁软件的任务调度方式

在联锁计算机中，如何把各个程序模块管理起来，使它们有序地工作，是软件设计的重要环节。对程序模块的管理也称为程序模块的调度。一般来说，有集中调度方式和分散调度方式两种。

集中调度方式是在程序模块之外，另设置一套调度程序，用此程序按工作任务调用任意一个模块进行运行，如图3-18所示。也就是说，当需要某个模块工作时，调度程序向该模块发送一组信息，由此信息激励本模块开始工作。当模块执行完毕后，该模块向调度程序提供一组信息，调度程序收到这组信息后确定下一步调用哪个模块。

集中调度方式具有层次结构清晰的特点，调度程序是上层，各个模块处于下层。各模块无须相互联系，而只与调度程序交换信息。集中调度方式可以根据模块优先权进行调度，也可按执行情况进行调度。例如，某个模块由于某种原因超过了规定的执行时间，可强制它停止执行而调用其他模块。集中调度方式还能较方便地根据正在执行模块的需要确定下一步调用哪个模块，而不局限于某种确定的顺序，也就是说，对于模块的调度具有较大的灵活性。

分散调度方式是不设专门的调度程序的，而将调度功能由各个模块分别承担，一个模块执行结束时由本模块自己确定下一步执行哪个模块。分散调度方式种类较多，但其中最简单的是顺序控制方式，如图 3-19 所示。各个模块的执行顺序是固定不变的。这种方式结构简单，节省时间，但灵活性较差。

对计算机联锁系统来说，原则上这两种方式均可使用，或者混合使用。但是，采用集中调度方式使得程序的层次化和模块化结构比较清晰，而且充分利用集中调度方式的优点，如对各模块进行监督等，有利于提高系统的可靠性，所以采用集中调度方式较好一些。

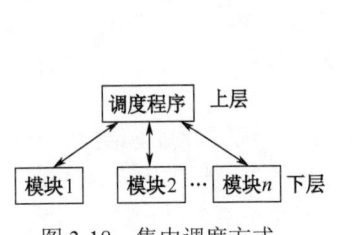

图 3-18　集中调度方式

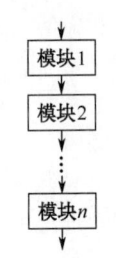

图 3-19　顺序控制方式

（三）操作命令及操作命令执行程序

1. 进路操作命令

进路操作命令的任务是选出一条具体的进路。当采用站场型静态数据结构时，该命令的任务是从站场型静态数据库中选出一组符合所选进路需要的数据，形成一个进路表，并将该表存于进路总表中。因此，将进路操作命令的执行程序模块称为"进路搜索模块"。

2. 取消进路命令

取消进路命令的任务是取消已建立的进路。在执行该命令前，先检查该进路是否建立或已被取消。如果未建立或已取消，那么本次命令就是无效的。另外，在执行该命令时，必须检查有关的联锁条件是否满足。例如，接近区段应无车，防护信号机内方应无车，信号机应处于关闭状态。当这些条件满足后，才能取消进路，也就是从总进路表中删除该进路表及有关的变量（如锁闭变量），即为解锁状态。

此外，还有人工解锁命令、进路故障解锁命令、区段故障解锁命令、重复开放信号命令、非常关闭信号命令、开放引导信号命令、引导锁闭命令、引导解锁命令、道岔单独操作命令和道岔单独锁闭及道岔单独解锁命令等。

以上这些操作命令的执行条件和继电集中联锁的执行条件总体上是一样的。

对应每种操作命令都有一个执行程序子模块。这些子模块按一定的控制方式联系在一起就构成了操作命令执行程序，如图 3-20 所示。假设各具体操作命令已由人机对话计算机生成并存放于联锁计算机所开辟的操作命令存储区内。如果规定存储区内最多可存放操作命令为 n 个，存放操作命令单元顺序就为 N_i（$i=1,2,3,\cdots,n$）。当主程序运行至"操作命令执行程序"时，顺序地将存储区中的命令取出并予以执行。当执行条件满足而成功执行后，将该命令从存储区内删去，使空出的单元存放后续的操作命令。

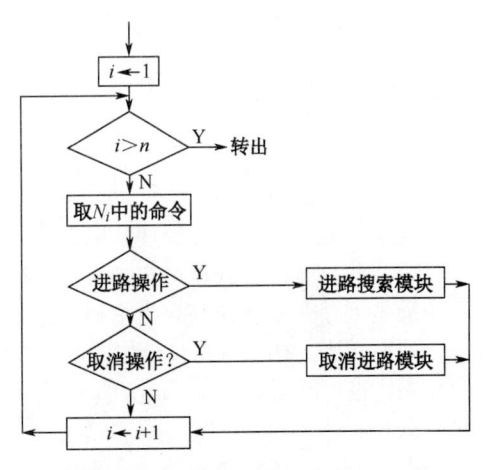

图 3-20　操作命令执行程序（一）

（四）进路处理程序

1．进路搜索模块

进路搜索模块的功能是根据前面所形成的进路操作命令，从站场型静态数据库中选出符合进路需求的静态数据，构成一个进路表并存于进路总表中。

在进路搜索中，根据操作命令必须仅能选出一条符合操作意图的进路，即在指明进路的始端和终端时只能选出一条基本进路而不应选出绕弯的或平行的迂回进路。如果需要选出迂回进路，那么操作人员必须增加附加操作，指明变更点。为了实现这个要求，这里采取了以下措施。

（1）按照进路的操作命令，确定相邻的指定节点对，按节点对分段依次搜索。在进路中，每两个相邻的指定节点对构成一个节点对，而每个节点对可能是基本进路线路上的一段，也可能是迂回进路中的一段。

（2）设置搜索引导标志 Yd，确定优先搜索方向。根据对站场结构的分析，可以确定以下搜索原则：在进路搜索过程中，当搜索遇到每个对向道岔（以搜索方向为准）节点时，先沿直股搜索下去，当搜索不到目标节点（节点对中的第二个节点）时，再返回到道岔节点，沿弯股搜索，这种搜索方式称为直股优先。如果要想使弯股优先，就需要在对向道岔节点中设置（弯股优先）引导标志 Yd，这样可先搜索弯股，再搜索直股。采用弯股优先搜索方案可以选出平行的迂回进路，但是有可能搜索出一条错误的绕弯迂回进路。例如，在图 3-17 中，若指定节点对为 $K(D_1)$ 和 $K(S_{II})$，先后操作了 $K(D_1)$ 和 $K(S_{II})$ 所指定的元件，本应选出一条由 $K(D_1)$ 到 $K(S_{II})$ 的基本进路，但由于在 K(1) 和 K(17) 中均有弯股优先引导标志 Yd，所以当搜索到 K(1) 时先沿弯股搜索而找到 K(17)，再沿弯股搜索而找到 $K(S_{II})$，这显然不符合操作意图。为了防止错误搜索出迂回进路，又做了第三条规定。

（3）在节点对之间的搜索过程中，只允许沿着同类渡线进行搜索，这样就不会搜索出绕弯的迂回进路了。所谓同类渡线搜索，就是在搜索一条进路时都按八字一撇或八字一捺进行搜索，而不能在一次搜索过程中同时出现八字的撇和捺（除变更进路外）渡线。例如，由 $K(D_1)$ 到 $K(S_{II})$ 的基本进路的搜索，不能出现先由 $K(D_1)$ 节点搜索到 $K(D_{13})$，再到 $K(D_{13})\rightarrow K(17)\rightarrow K(19)\rightarrow K(19DG)\rightarrow K(S_{II})$ 的搜索过程。

思政主题：一着之失，满盘皆输

案例要点：

街亭之战发生于诸葛亮第一次北伐战争期间，也是这次北伐战争中一场决定性战事。马谡为了表现自己，骄傲轻敌，自作主张，失守街亭。诸葛亮失去重要据点，进退无据，无法再战，撤回汉中。

前苏联杰出的教育家、作家马卡连柯曾说：任何一种不为集体利益打算的行为，都是自杀的行为，它对社会有害。

15 一着之失，满盘皆输

2．进路处理模块

进路处理模块是对已经搜索出来的进路进行处理的模块。它是各条进路所共用的模块。

对于每条进路的处理可按时间先后次序进行，操作命令执行程序如图 3-21 所示。设进路总表中最多可存有 m 条进路，当主程序进入进路处理阶段时，便对进路总表中的各条进路处理一遍，而后转出。如果进路总表中的存放进路的单元为 L_i（$i=1,2,3,\cdots,m$），那么单元 L_i 中可能存有进路，也可能无进路（L_i 是空的）。若本单元是空着的，则可将地址指针指向下一条进路单元进行处理。

具体到某一条进路的处理，可采用顺序非等待性处理方式，参见图 3-21 的下半部分。我们可以把一条进路的处理过程主要分成 4 个阶段，即 4 个处理子模块。

(1) 进路选排及道岔控制命令生成子模块（简称 XP 模块）。
(2) 进路锁闭子模块（简称 S 模块）。
(3) 信号开放及保持子模块（简称 XB 模块）。
(4) 进路自动解锁子模块（简称 JS 模块）。

这些子模块按顺序执行。为了表明处理进程的顺序，设置 4 个进程标志：F_{XP}、F_S、F_{XB}、F_{JS}。当 $F=F_{XP}$ 时，进路进入 XP 模块进行处理。当 $F=F_S$ 时，进路进入 S 模块进行处理。当 $F=F_{XB}$ 时，进路进入 XB 模块进行处理。当 $F=F_{JS}$ 时，进路进入 JS 模块进行处理。在处理某个具体子模块时，其执行条件不一定满足。为了不延误计算机运行时间，当处理某个模块时，若条件满足，则处理该模块，待该模块执行完毕后立即处理它的后续模块，否则立即转出，进行对另一条进路的处理。关于每个子模块的具体执行过程，这里不做介绍。

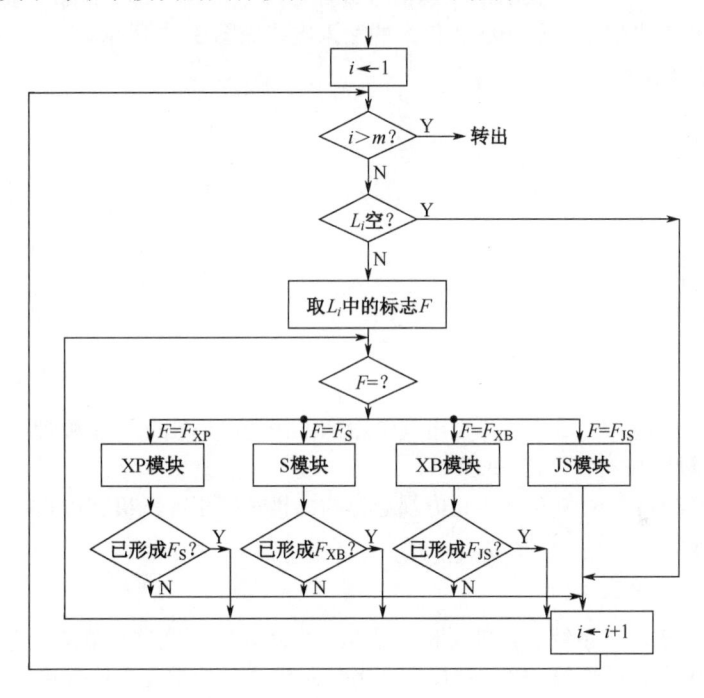

图 3-21 操作命令执行程序

（五）过程 I/O 程序

在联锁运算中，需要实时地读取现场设备的状态和向现场的道岔、信号机输出控制命令。这里的过程 I/O 是指完成将现场的设备状态读入联锁机的过程及向现场的设备输出控制命令的过程，相应地有完成现场设备状态输入的安全输入程序，向现场设备输出控制命令的安全输出程序。这里也不再详细地介绍了。

任务四　计算机联锁系统的过程 I/O 通道

计算机联锁系统为了实现对生产过程的控制，需要将生产过程中的各种必要信号（参数）及时地检测传送，并转换成计算机能够接收的数据形式。计算机对送入数据进行适当的分析处理后，又以生产过程能够接收的信号形式实现对生产过程的控制。这种完成在过程信号与计算机数据之间变换传递的装置叫作过程 I/O 通道。

一、过程输入通道

过程输入通道主要由输入缓冲器、地址译码器、输入电路等组成，如图 3-22 所示。输入缓冲器与地址译码器属于通用接口范畴，这里就不再赘述。

（一）过程输入通道的作用

过程输入通道的作用包括以下两点：一是将二值开关量信息变换成寄存器能够接收的 TTL 电平信号；二是抗干扰，保证输入信号的正确性。

（二）输入电路

输入电路的作用是将现场输入的状态信号进行转换、保护、滤波和隔离等，使其变成计算机能够接收的两种电平信号。现场状态信息的输入电路如图 3-23 所示。

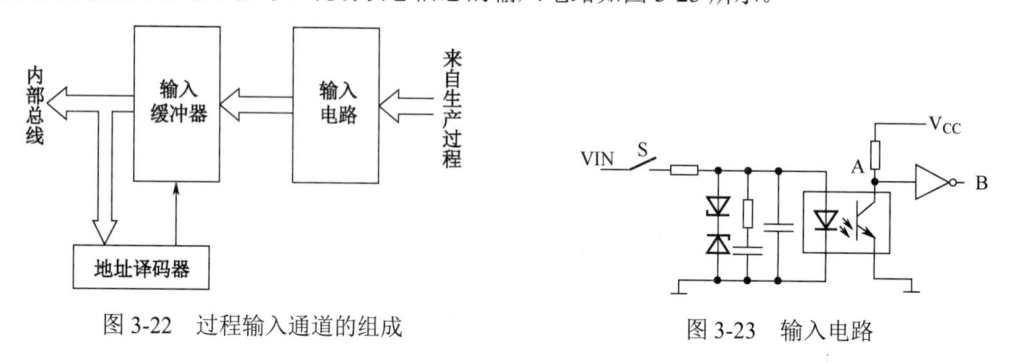

图 3-22　过程输入通道的组成

图 3-23　输入电路

当 VIN 为 KZ24V，S 闭合时，光电耦合器的二极管导通发光，三极管导通，"A"输出低电平"0"，"B"输出高电平"1"→CPU。

当 VIN 为 KZ24V，S 断开时，光电耦合器的二极管截止，三极管截止，"A"输出高电平"1"，"B"输出低电平"0"→CPU。

（三）故障-安全输入接口

目前，在计算机联锁系统中，信号机、道岔、轨道电路等监控对象的状态信息多是用安全型继电器的接点状态来反映的，输入接口的任务就是将这种数据安全地采集进来。故障-安全输入接口分为静态和动态两种输入方式。

1. 静态故障-安全输入接口

静态故障-安全输入接口的设计思想是采用编码方式，将反映监控对象状态的二值开关量用多元代码来表达。假设码长为 n，则可组成 2^n 个代码。若取其中的一个代码代表危险侧信息，另取其补码作为安全侧信息，则这两个代码称为合法码，而余下的 2^n-2 个代码为非法码。当 n 足够大时，一个安全侧代码错变成危险侧代码的概率极小，而错变成非法码的可能性很大。利用这种非对称的出错性质，就可以实现二值信息在存储、传输和处理过程中的故障-安全。

这种输入接口电路的结构如图 3-24 所示。图 3-24 中以采集轨道继电器（GJ）的状态为例。当 GJ 励磁吸起时，4 个光电耦合器全部导通，各端输出均为高电平。这样轨道电路的危险侧状态由电平信息变换成代码 1111，经由通用并行输入口供计算机读入。反之，当 GJ 失磁落下时，4 个光电耦合器全部截止，其输出端均为低电平，轨道电路的安全侧状态由电平信息变换成代码 0000，同样经由通用并行输入口供计算机读入。在计算机内部，对 4 个码元进行与运算。如果结果为 1，就说明轨道电路处于空闲状态。如果结果为 0，就说明轨道电路处于占用状态或输入电路发生了故障。

由于上述接口电路是由若干个信息的编码反映轨道继电器状态的，因此当轨道区段占用时，任何一个光电耦合器发生故障，都不会产生 1111 的危险侧代码，从而保证了输入接口的安全性。只有当 4 个光电耦合器的输出同时发生故障时，才可能将安全侧代码错变成危险侧代码，但发生这种情况的概率是极小的，所以说该接口是故障-安全的。

从理论上讲，这是一种信息冗余技术。冗余程度越高，安全性越高，但可靠性和经济性也越低。在实际应用中，一般选用 4 位或 8 位码元代表一个信息。

图 3-24　静态故障-安全输入接口

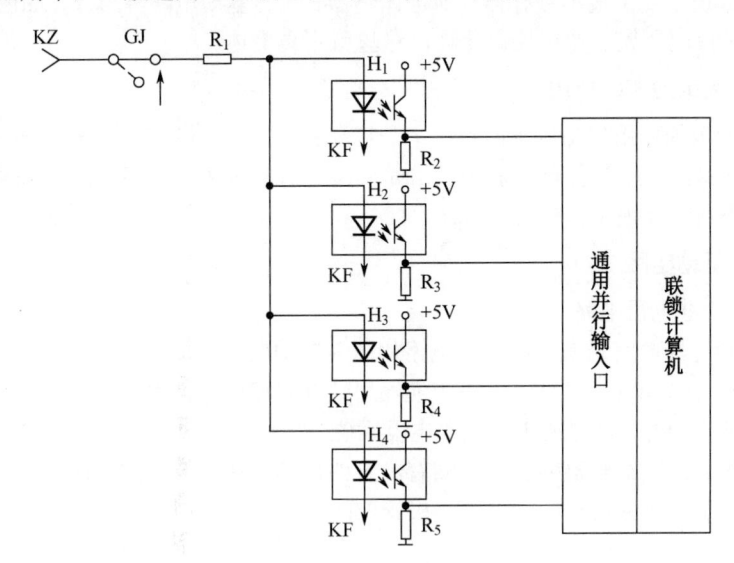

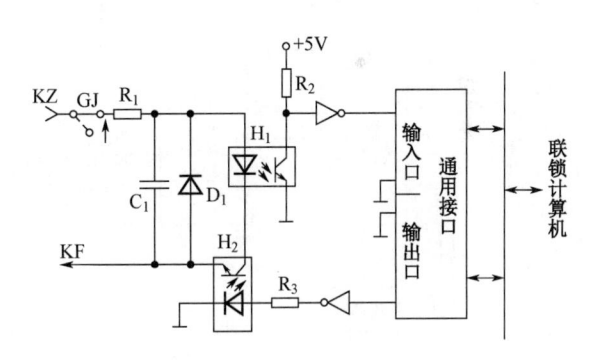

2．动态故障-安全输入接口

动态故障-安全输入接口的电路形式如图 3-25 所示。这里仍以 GJ 的状态为例。图 3-25 中的两个光电耦合器 H_1 和 H_2，H_1 的输入级和 H_2 的输出级串联，且 H_2 导通，由轨道继电器的接点控制 H_1 的导通和截止。H_2 的输入级由计算机的一个输出口控制它的通断，H_1 的输出则接向计算机的一个输入口。

（1）输出口送出"0"→反相器输出"1"→H_2 导通，同时 GJ↑→H_1 导通→反相器输入"0"并输出"1"→输入口收到"1"。

图 3-25　动态故障-安全输入接口

（2）输出口送出"1"→反相器输出"0"→H_2 截止，无论 GJ↑或↓→H_1 截止→反相器输入"1"并输出"0"→输入口收到"0"。

因此，输入口与输出口信号是互为反相的关系。

（3）微机的输出口输出 0、1 相间隔的动态的脉冲序列（01010101），在 GJ↑且电路无故障的情况下，微机的输入口必定收到反相的 0、1 相间隔的动态的脉冲序列（10101010）。微机收到该信号，表明收到了危险侧信息（GJ↑，区段空闲）。

（4）微机的输出口输出 0、1 相间隔的动态的脉冲序列（01010101），在 GJ↓且电路无故障的情况下，微机的输入口必定收到稳态的电平（全"0"或全"1"）。微机收到该信号，表明收到了安全侧信息（GJ↓，区段占用）。

（5）故障-安全特性分析。例如，H_1 的二极管开路，在 GJ↑的情况下，微机的输出口也照

185

样送出 0、1 相间隔的脉冲序列，但返回微机的必然是稳态的电平"0"，该信号为安全侧信息，因此实现了故障-安全。

二、过程输出通道

过程输出通道主要由输出锁存器、地址译码器、输出驱动电路等组成，如图 3-26 所示。输出锁存器与地址译码器属于通用接口范畴，这里就不再赘述。

（一）过程输出通道的作用

过程输出通道的作用包括以下两点：一是提高驱动能力，将 TTL 电平信号进行转换后，传送给开关型执行器件，控制它们的通/断；二是实现计算机与外部设备之间的隔离，防止干扰信号侵入，保证系统可靠地工作。

（二）输出驱动电路

1. 直流驱动继电器电路

直流驱动继电器电路功率较小，其电路如图 3-27 所示。

中央处理单元（CPU）执行输出指令使输出锁存器相应的位置"1"，高电平信号加到光电耦合器输入级使它导通，其导通电流使继电器励磁。当输出使相应的位置"0"时，光电耦合器截止，继电器失磁。因继电器的驱动线圈有一定的电感，在开关瞬间可能会产生较大的电压，因此输出端必须加装克服反电势的保护二极管 VD。

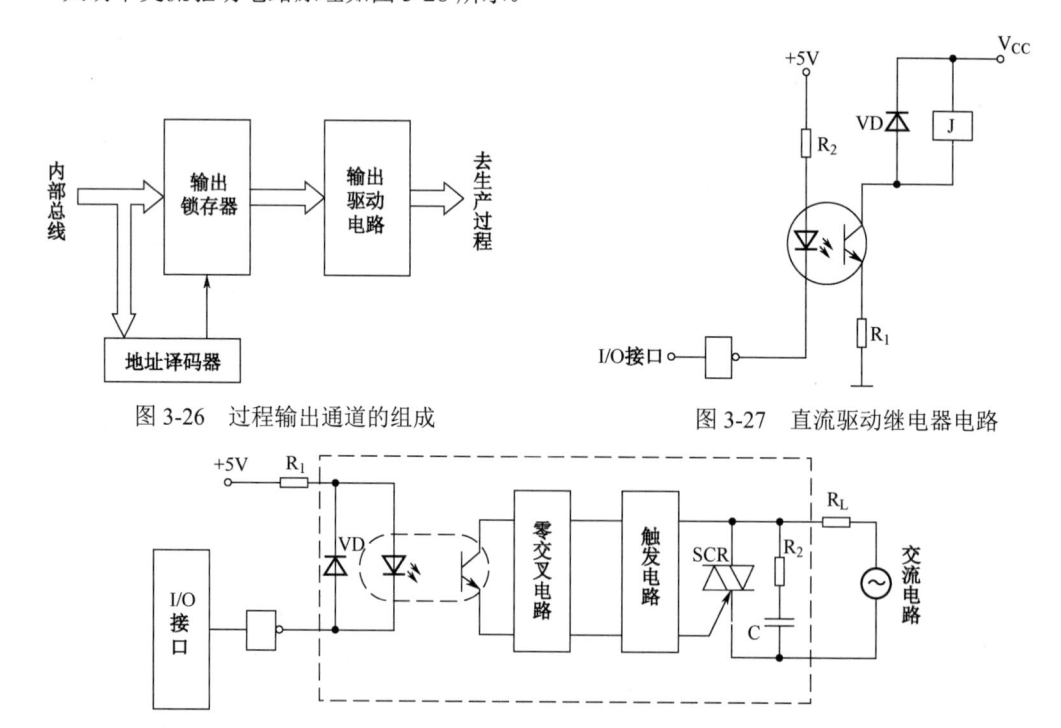

2. 大功率交流驱动电路

大功率交流驱动电路原理如图 3-28 所示。

图 3-26　过程输出通道的组成

图 3-27　直流驱动继电器电路

图 3-28　大功率交流驱动电路原理

图 3-28 中虚线框内是固态继电器，它是一种四端有源器件。固态继电器电路 I/O 之间采用光电耦合器进行隔离。当零交叉电路使交流电压变化到 0V 附近时，接通电路，从而减少干

扰。电路接通后，由触发电路给出晶闸管器件的触发信号。SCR 为双向晶闸管，是一种大功率的半导体器件。当它的阳极和阴极加上交流电源，控制极有触发信号时，SCR 导通。由于它具有正、反两个方向都能控制导通的特性，因此它的输出是交流电压。该电路工作原理如下。

CPU 通过 I/O 接口送出"1"→反相器反向"0"→光电耦合器二极管导通发光→三极管导通→零交叉电路工作→触发电路工作送出触发信号给 SCR 的控制极，同时 SCR 阳极和阴极加上交流电源→SCR 导通→负载 R_L 上输出交流信号。

CPU 通过 I/O 接口送出"0"→反相器反向"1"→光电耦合器截止→零交叉电路和触发电路停止工作→SCR 的控制极无触发信号而停止工作→R_L 停止工作。

（三）故障-安全输出接口

在计算机联锁系统中，控制命令的执行最终是用继电器来实现的，它由二值逻辑电平控制，而联锁机输出的控制信息通常是代码形式，且信号电平很低，一般不足以驱动继电器工作。为此，输出接口的任务是将控制信息从代码形式转换成电平形式，并将电平放大到足以驱动继电器工作，同时要求在变换过程中满足故障-安全原则。为了达到上述要求，在输出接口的设计中，一般是采用代码-动/静态和动/静态-电平两级变换电路实现的。

1. 代码-动/静态变换电路

代码-动/静态变换电路是联锁机输出控制信息所必须经历的过程。这种变换可分成软件变换和硬件变换两种实现方式。这里介绍后者的变换电路，其原理如图 3-29 所示。

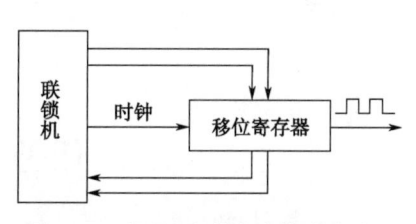

联锁机先将危险侧控制代码并行送入移位寄存器中，然后移位寄存器将代码返送回联锁机，在检查代码没有因故障而发生畸变后，启动控制时钟，推动移位寄存器输出脉冲序列，完成代码-动/静态转换。在代码-动/静态变换过程中，利用了闭环检测方法。当移位寄存器或时钟发生故障时，均不会有脉冲序列输出。因此，这个变换电路是故障-安全的。

图 3-29 代码-动/静态变换电路原理

2. 动/静态-电平变换电路

动/静态-电平变换电路是一种只有当输入为规定的脉冲序列时，其输出才为高电平，而在其他任何情况下输出均为低电平的电路，所以称这类电路是动态驱动电路或故障-安全驱动电路。

图 3-30 所示为一种实用的动/静态-电平变换电路。其工作原理是，在电路正常情况下，当联锁机没有控制命令输出时，A 端为低电平，光电耦合器 H_1 截止，电源 KZ 经由 R_2、VD_1 和 VD_2 向电容器 C_1 充电。当充电电压接近电源电压时，充电过程结束，此刻电路处于稳定状态。由于 R_3、C_2 没有电流流过，电容器 C_2 两端没有电压，此时偏极继电器 J 处于释放状态。当联锁机有控制命令输出时，作用到 A 端的则是脉冲序列。当 A 端处于高电平时，H_1 导通，电容器 C_1 通过 H_1 的集电极-发射极、R_3 和 VD_3 向 C_2 充电。当 A 端由高电平变为低电平时，H_1 又重新截止，电容器 C_1 恢复充电。这样，在规定的脉冲序列作用下，随着 A 端电平的高低变化，H_1 就不断地导通和截止，C_1 和 C_2 就不断地进行充电和放电。当 C_2 两端达到继电器 J 的吸起值时，继电器励磁并保持吸起，直到 A

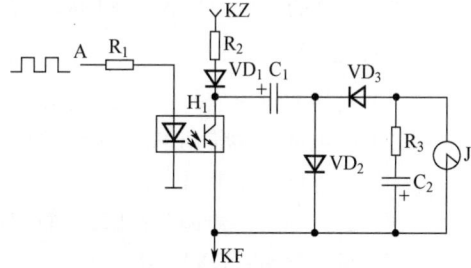

图 3-30 一种实用的动/静态-电平变换电路

端无控制命令（脉冲序列）输入，H_1 截止，C_2 得不到能量补充，待其端电压降到继电器的落下值时，才失磁落下。该电路保证不会因一两个脉冲的干扰而使继电器误动。为了防止当 C_1 和 VD_3 都击穿时造成继电器的错误吸起，必须采用偏极继电器，以鉴别电流方向。

在这个电路中，当电路内部任一点发生故障时，电路总处于某种稳定状态，不会形成电容器反复充放电的过程，C_2 两端达不到使继电器吸起的电压，继电器不会错误动作，从而实现故障-安全。

思政主题：团结合作，实现共赢

案例要点：

大连地铁的一次信号故障应急演练纪实。道岔故障发生后，列车紧急制动。客运值班员在控制室操作主机上发现故障警告，立即将故障情况进行报告。与此同时，行车调度接到故障报警后立即通知信号值班员前往现场进行应急处置。信号值班员整理好工具、做好劳动防护，下区间赶往现场故障道岔处，打开转辙机通过手摇的方式将故障道岔人为转换至正确位置，随后利用钩锁器将道岔固定，完成道岔故障的应急处置。于是，列车便在人工信号灯指挥下开始运行。整个演练过程一气呵成，各部门协作配合有条不紊，列车也在较短的时间内重新"动"了起来。

中国谚语：人心齐，泰山移。

16 团结合作，实现共赢

任务五　继电结合电路

就我国目前的技术水平而言，计算机联锁与室外设备的结合仍然以继电器作为接口。计算机联锁系统通过采集电路了解室外设备的状态，通过驱动电路完成对室外设备的控制。因站场规模不同，计算机联锁系统的采集电路和驱动电路也会有所不同。这里以图 1-1 车站信号设备平面布置图为例进行介绍。

一、采集电路

计算机联锁系统了解设备的状态信息，是通过了解继电器的状态实现的。在采集电路中接入这些继电器的接点，那么设备的状态信息就能输入计算机中。

（一）信号

（1）进站兼进路信号：LXJ、ZXJ、YXJ、LUXJ、TXJ、DJ、2DJ。
（2）一方向出站兼调车：LXJ、DXJ、DJ。
（3）二方向出站兼调车：LXJ、DXJ、ZXJ、DJ。
（4）三方向出站兼调车：LXJ、DXJ、ZXJ、QFJ、DJ、2DJ、3DJ、1LQJ、2LQJ、3LQJ。
（5）调车信号：DXJ、DJ。

（二）轨道区段

轨道区段相关信号：GJ↑、GJ↓。

（三）道岔

道岔相关信号：DBJ、FBJ、四开。

二、驱动电路

计算机联锁系统对道岔的控制，实际上是先控制道岔控制电路中的道岔操纵继电器动作，再接通道岔控制电路，使道岔转换到规定的位置。而它对信号机的控制，也是先控制相应的信号继电器动作，再接通相应的信号机点灯电路，使信号机开放。

（一）信号

（1）进站兼进路信号：LXJ、ZXJ、YXJ、LUXJ、TXJ。
（2）一方向出站兼调车：LXJ、DXJ。
（3）二方向出站兼调车：LXJ、DXJ、ZXJ。
（4）三方向出站兼调车：LXJ、DXJ、ZXJ、QFJ。
（5）调车信号：DXJ。

（二）道岔

DCJ、FCJ、SFJ（不同的科研院所，继电器名称也不一样）。

任务六　计算机联锁系统的操作与显示

一、计算机联锁系统的操作

（一）操作工具

当采用鼠标作为操作工具时，对应按钮盘上安装的每一个按钮，在显示器上都有一定的操作区域，用鼠标点击显示器上规定的区域相当于按下了相对应的按钮。

（二）按钮设置

1. 信号按钮

信号按钮包括列车和调车进路始端按钮、终端按钮，变通按钮，通过进路始端按钮，坡道延续进路终端按钮，引导信号按钮，以及用于确定进路的其他按钮。某些列车进路始端按钮可兼作列车终端按钮。某些调车按钮可兼作变通按钮。变通按钮既可作为列车进路变通按钮，又可作为调车进路变通按钮。

2. 道岔按钮

每组道岔在操作盘上设有对应的道岔按钮。双动或多动道岔共用一个道岔按钮，但在道岔按钮设于岔尖时是分别设置的。

3. 区段按钮

每个道岔区段，在操作盘上都设置了对应的区段按钮，无岔区段可不设置区段按钮。

4. 功能按钮

功能按钮包括总取消按钮、总人工解锁按钮、总定位按钮、总反位按钮、单锁按钮、封锁按钮、引导总锁闭按钮、区段故障解锁按钮、办理闭塞所需的按钮、办理结合作业及实现其他功能所需的按钮。此外，根据需要还设有清除屏幕提示、清除错误操作、显示信号或道岔名称、切换屏幕显示等专用按钮。对于非自复式的功能按钮，如引导总锁、单锁、封锁按钮等，都增加了拉出该按钮的按钮，如引导总解、单解、解封等。

(三）操作方法

1．办理进路

在办理基本进路时，顺序按压进路始端信号按钮和终端信号按钮。在办理变通进路时，顺序按压进路始端信号按钮、变通按钮和终端信号按钮。在办理通过进路时，顺序按压进站信号通过按钮、终端信号按钮。在办理组合调车进路时，顺序按压第一段进路的始端调车信号按钮和最后一段的终端调车信号按钮。

2．重复开放信号

按下进路的始端按钮即可重复开放信号。

3．取消进路

顺序按压总取消按钮和进路始端信号按钮即可取消进路。通过进路和组合调车进路应按其包括的各段进路逐段办理。带有坡道延续进路的接车进路，应先取消基本进路，再顺序按压总取消按钮和延续进路始端对应的信号按钮，取消延续进路。

4．人工解锁进路

顺序按压总人工解锁按钮和进路始端信号按钮即可人工解锁进路。通过进路和组合调车进路应按其包括的各段进路逐段办理。

5．解锁区段故障

顺序按压区段故障解锁按钮和区段按钮即可解锁区段故障。

6．引导接车进路

（1）将接车进路中的所有道岔以单独操作方式转换至规定的位置，故障区段道岔用手摇把将道岔摇到规定的位置。

（2）按压相应的进站信号机对应的引导信号按钮，开放引导信号。

（3）当确认列车全部到达股道后，顺序按下总人工解锁按钮和列车进路始端按钮。

7．引导总锁闭

（1）将接车进路中的所有道岔以单独操作方式转换至规定的位置，故障道岔用手摇把将道岔摇到规定的位置，并用钩锁锁住。

（2）按下所在咽喉的引导总锁闭按钮。

（3）按压相应的进站信号机对应的引导信号按钮，开放引导信号。

（4）当确认列车全部到达股道后，拉出引导总锁闭按钮，立即解锁。

8．单独操作道岔

顺序按压总定位按钮和道岔按钮，可将道岔操作到定位。顺序按压总反位按钮和道岔按钮，可将道岔操作到反位。

9．道岔单独锁闭和解锁

道岔单独锁闭：顺序按压单锁按钮和道岔按钮。道岔单独解锁：顺序按压单独解锁按钮和道岔按钮。

10．道岔封锁和解除封锁

道岔封锁：顺序按压道岔封锁按钮和道岔按钮。道岔解除封锁：顺序按压道岔解除封锁按钮和道岔按钮。

11．清除错误操作

清除错误操作的方法如下。

（1）当操作盘面上的操作及其操作组合不能形成有效的操作命令时，可自动清除，并有相应的提示。

（2）当进行的操作尚不能构成有效的操作命令，但后续操作有可能构成有效的操作命令时，可延时自动清除并有相应的提示，或者人工清除。

二、计算机联锁系统的显示

计算机联锁系统的屏幕图形显示分为静止画面显示和动态画面显示两种。静止画面的颜色为了不与动态画面相冲突，一般采用青色或灰色。

（一）静止画面的图形符号

1．信号机的图形符号

信号机的图形符号如表 3-1 所示。

表 3-1　信号机的图形符号

序　号	符　号	名　称
1	⊢∞	高柱双显示
2	⊢o	高柱单显示
3	∞	矮型双显示
4	o	矮型单显示

2．线路、道岔及绝缘节的图形符号

线路、道岔及绝缘节的图形符号如表 3-2 所示。

表 3-2　线路、道岔及绝缘节的图形符号

序　号	符　号	名　称
1	———	线路
2	——⊏	尽头线
3	——／	道岔
4	——┼——	绝缘节
5	——■——	超限绝缘节
6	···	无绝缘区段的电气绝缘节
7	——┤	单侧轨道电路绝缘节

（二）动态画面的图形符号

1．信号机的动态图形符号

信号机的动态图形符号如表 3-3 所示。

表 3-3　信号机的动态图形符号

序　号	名　称	符　号 高柱	符　号 矮型	技术含义
1	进站或接车进路信号机	⊢①○	①○	信号使用
		⊢○L	○L	
		⊢①B	①B	
		⊢○○	○○	
		⊢○①	○①	
		⊢○①	○①	

续表

序号	名称	符号		技术含义
		高柱	矮型	
2	自动闭塞区段	Ⓛ	Ⓛ	信号使用
		Ⓤ	Ⓤ	
		Ⓗ	Ⓗ	
		高柱	矮型	
3	半自动闭塞区段出站或发车进路信号机	Ⓛ	Ⓛ	信号使用
		Ⓑ	Ⓑ	
		Ⓗ	Ⓗ	
		ⓁⓁ	ⓁⓁ	信号使用
4	调车信号机	Ⓑ		信号使用
		○	（蓝色）	信号使用

2．其他站场设备图形

其他站场设备图形如表 3-4 所示。

表 3-4　其他站场设备图形

序号	名称	符号	显示颜色	技术含义
1	股道或无岔区段	————	白色	股道或无岔区段锁闭
			红色	股道或无岔区段占用
			静止画面颜色	股道或无岔区段空闲
2	道岔	／	开通方向白色	道岔锁闭
			开通方向红色	道岔占用
			开通方向静止画面颜色	道岔空闲
			岔心红闪	道岔挤岔

项目小结

本项目重点介绍了计算机联锁系统软件和硬件的基本内容。就一般的工业控制计算机系统而言，本身不具有高可靠性，也并不具有故障-安全性能。我们必须采用可靠性与安全性技术，构成一个高可靠性和高安全性的计算机联锁系统。计算机联锁系统对现场设备的监控是通过继电结合电路实现的。计算机联锁系统控制台的操作方法与 6502 电气集中控制台基本相同，但显示内容更为丰富。

复习思考题

1. 工业控制计算机系统硬件由哪几部分组成？各部分的主要作用是什么？
2. 工业控制计算机系统有哪些特点？
3. 什么是系统总线、通信总线及现场总线？分别列举几种常用的总线。
4. 什么是避错技术？它包括哪几方面？
5. 什么是容错技术？根据对故障处理的方式不同，可把容错技术分为哪几类？
6. 解释容错技术中的故障屏蔽技术与动态冗余技术。

7. 实现容错技术的方法有哪些？
8. 什么是故障-安全技术？实现故障-安全技术的方法大致有哪些？
9. 计算机联锁系统按层次结构分为哪几层？每一层的含义是什么？
10. 计算机联锁系统室内外设备有哪几种联系方式？分别是什么？
11. 可靠性冗余结构或安全性冗余结构模块之间的关系是什么？
12. 解释二乘二取二系统结构的含义。
13. 解释三取二系统结构的含义，并说明异或门的作用。
14. 计算机联锁的软件结构如何分类？
15. 什么是静态数据？静态数据结构有哪两种？各有什么特点？
16. 什么是动态数据？
17. 在站场型静态数据结构中，侵限绝缘设几个模块？举例说明每个模块中有哪些联锁数据。
18. 以图 3-14 为例，讲述 K（S_{II}）节点到 K（D_3）节点基本进路的搜索过程。
19. 联锁软件分为哪几个模块？每个模块的功能是什么？
20. 联锁软件的任务调度方式有哪几种？
21. 进路处理程序分为哪几个模块？如何进入每个模块执行？
22. 过程输入通道由哪几部分组成？作用是什么？
23. 试分析图 3-25 所示的动态故障-安全输入接口的工作原理。
24. 过程输出通道由哪几部分组成？作用是什么？
25. 试分析图 3-30 所示的动/静态-电平变换电路的工作原理。
26. 计算机联锁系统需要采集哪些信号继电器的状态？
27. 计算机联锁系统输出的控制命令控制哪些继电器吸起？
28. 与继电联锁相比，计算机联锁系统在按钮设置上有什么不同？
29. 与继电联锁相比，计算机联锁系统在区段故障解锁上有什么不同？
30. 计算机联锁系统的控制台上，各种动态图形符号的含义是什么？

项目四　城市轨道交通车辆段计算机联锁系统维护

项目描述

城市轨道交通车辆段/停车场采用的计算机联锁系统有双机热备、三取二及二乘二取二这三种制式。这里，我们选取几种典型的系统进行学习。

教学目标

1．素质目标
（1）具备"安全高于一切，责任重于泰山，服从统一指挥"职业操守；
（2）具有崇高的职业理想，具备爱岗敬业、诚实守信、精益求精、服务奉献精神；
（3）树立职业意识，勇于奋斗、乐观向上，具备工匠精神、劳模精神；
（4）具有健康意识，养成运动的好习惯。

2．知识目标
（1）掌握计算机联锁系统的工作原理；
（2）掌握计算机联锁设备的维护内容；
（3）掌握计算机联锁系统的故障处理方法。

3．能力目标
（1）能正确识读某一种计算机联锁系统的电路图、配线图；
（2）能进行计算机联锁设备的日常养护与集中整修；
（3）能对某一种计算机联锁系统设备的故障进行分析、判断与处理。

教学安排

项目总学时（54）＝理论学时（12）＋实践学时（42）

任务一　TYJL-Ⅱ型计算机联锁系统维护

TYJL-Ⅱ型计算机联锁系统是由中国铁道科学研究院通信信号研究所早期研制的一套双机热备系统。目前，该系统在北京、广州等城市的地铁公司的车辆段/停车场及大铁路的很多车站上使用。

一、TYJL-Ⅱ型计算机联锁系统基本认知

（一）系统结构

TYJL-Ⅱ型计算机联锁系统的结构如图 4-1 所示。

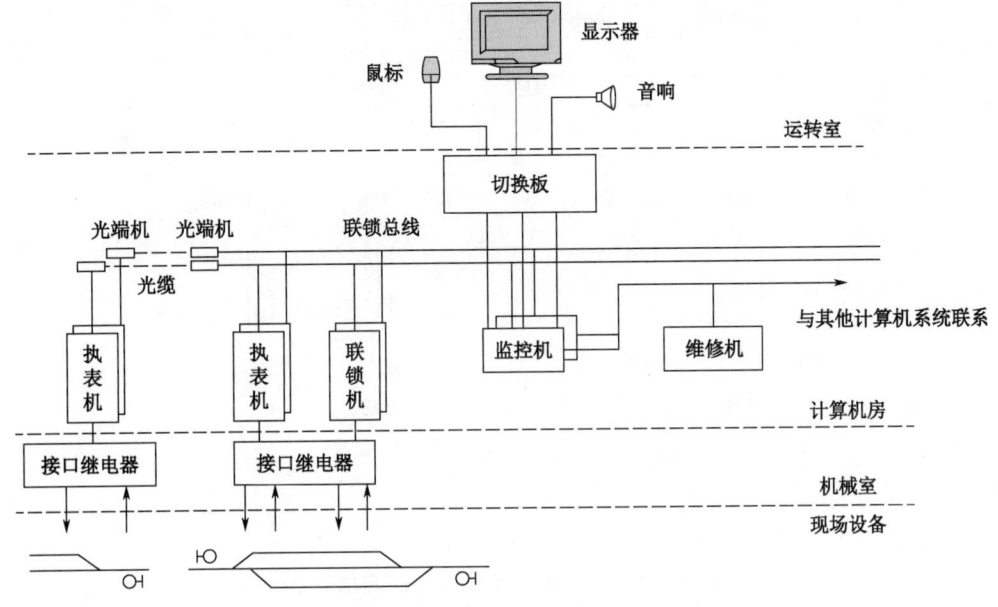

图 4-1 TYJL-Ⅱ型计算机联锁系统的结构

TYJL-Ⅱ型计算机联锁系统（不包括室外设备）可划分为 3 个层次。

1. 监视控制系统层

监视控制系统层主要由监视控制机（简称监控机）和控制台组成。监控机是系统实现人机对话的计算机，控制台包括鼠标等输入设备和显示器、音响等输出设备。

2. 主控系统层

主控系统层是系统的核心层，主要由联锁机、执表机组成。联锁机是用于联锁运算的计算机，兼执表机的功能。执表机与联锁机、接口系统联系，实现采集信息与控制命令的处理及传输。

3. 接口系统层

接口系统层主要由采集结合电路、动态驱动设备和继电控制电路组成。

在该系统中，联锁总线是联锁机、执表机、监控机之间交换与安全有关的信息的通道，采用 ARCNET 通信网。局域网是监控机、维修机及其他计算机系统之间相互交换信息的通道，采用以太网。

（二）系统的组成及功能

1. 监视控制系统

监视控制系统的硬件构成如图 4-2 所示。

1）监控机

监控机主要由工控机主机箱、键盘、15 英寸显示器等组成。

监控机采用标准的通用工业控制计算机，其一般配置如下：

（1）主机板，低功耗无风扇 CPU，主频不低于 233MHz，内存容量不低于 128MB，3 英寸软盘驱动器 1 个，容量大于 20GB 的硬盘。

（2）两个 RS-232C（串口），一个并口，17 英寸 CRT，全 ASCII 键和中文输入键盘，两个

RS-232C 用来连接鼠标的串口。

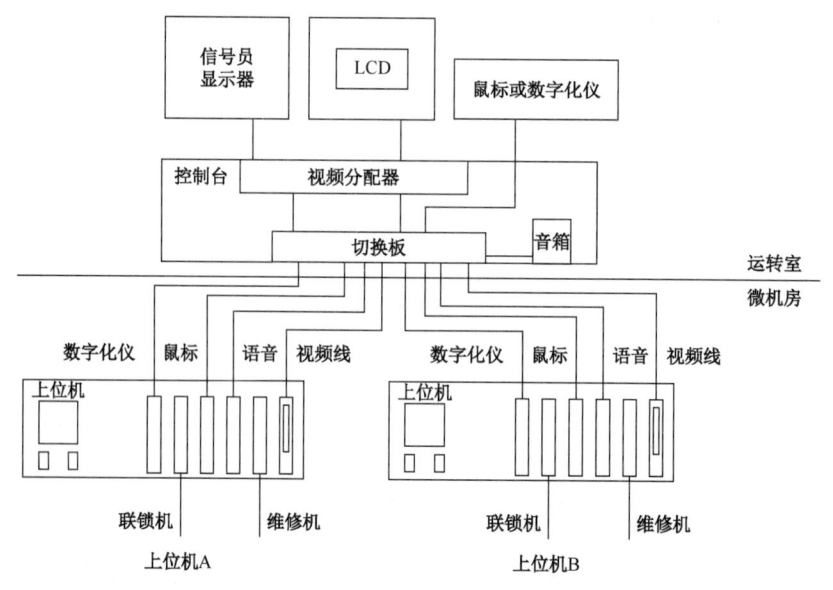

图 4-2 监视控制系统的硬件构成

（3）12 槽无源 PC 总线母板。
（4）两块 ARCNET 通信板，用以与联锁机通信。
（5）一块以太网卡，用于主备机之间及与维修机等的通信。
（6）多屏 VGA 显卡，为车站值班员提供 CRT 的图像显示。
（7）声卡，提供控制台的语音提示和音响。
（8）电子盘，实现监控机程序的固化。

监控机安装在计算机房的综合柜中或计算机桌子上，通过引出的视频线、鼠标线和语音线与控制室内的控制台相连。

2）控制台

目前，控制台的操作方式基本为鼠标操作，显示设备为大屏幕彩色监视器。此外，控制台上仍设有道岔电流表。

3）监视控制系统的功能

监视控制系统的功能如下：

（1）接收车站值班员的有效操作命令，提供站场图像显示、语音和文字提示与时钟信息，整个系统的工作状态信息，以及报警信息和简要的故障信息。

（2）根据控制台发送的控制命令初选进路。

（3）与联锁机进行通信，交换信息，向联锁机传送经初选的进路控制命令及其他操作命令信息，接收联锁机发送的道岔、信号机、轨道电路等表示信息。

（4）信息自动存储功能。在每天的零点和 12 点将该点之前值班员的所有操作，道岔、轨道表示信息及联锁系统的状态等信息自动存盘，形成以日期为文件名的信息记录文件。

（5）向辅助系统提供记录信息，与其他必要的信息系统接口。

（6）与维修机交换信息，向维修机提供信息记录和未存盘的各种信息，接收维修机修改的时钟信息。

2. 主控系统

1）联锁机和执表机的主要功能

TYJL-Ⅱ型联锁系统在车站规模较大的情况下增设执表机，执表机与联锁机的硬件结构完全相同。虽然不同时期和不同厂家的产品有所不同，但其基本原理和基本结构是相同的。联锁机与执表机的区别主要在于软件实现的功能不同。

联锁机的主要功能如下：

（1）实现与上位机和执表机的通信调度。

（2）实现信号设备的联锁逻辑处理功能，完成进路确选、锁闭，发出开放信号和动作道岔的控制命令。

（3）采集现场信号设备状态，如轨道状态、道岔表示状态、信号机状态等。

（4）输出动态控制命令，通过驱动盒驱动偏极继电器，控制动作现场设备。

（5）实现主备机间的同步。

执表机的主要功能：除具备联锁机（3）和（4）的功能外，还接收联锁机发出的执行命令和向联锁机发送采集信息。

2）联锁机柜

为了适应大、中、小站不同的控制对象容量，机柜的结构分为Ⅰ型、Ⅱ型和Ⅲ型。其中，Ⅰ型为普通型；Ⅱ型适合小站，在一个柜内同时安装 A、B 两套联锁系统；Ⅲ型为增强型，其采集层增加到两层，最多可容纳 28 块采集板，驱动层为一层，最多可容纳 14 块驱动板。

普通型联锁机柜的结构如图 4-3 所示，由上到下依次为电源层、计算机层、采集层、采集零层、驱动层、驱动零层、通信总线切换层。

（1）电源层。

电源层主要由电源指示面板、采集电源、驱动电源和计算机电源组成。

采集电源的工作电压为（12±1）V，该电源用于采集板对继电器接点信息的采集，采集回线的电压就由该电源提供。驱动电源的工作电压为（12±1）V，该电源用于驱动板送驱动信息给动态继电器（或动态驱动组合），驱动回线的电压就由该电源提供。计算机电源的工作电压为（5±0.2）V，该电源为计算机层所有电路板和采集板、驱动板的工作电源，它的故障可能会导致机器死机。它还提供±12V 电源用于调试设备。

（2）计算机层。

现在用的绝大部分系统采用的是 STD 总线标准的工业控制计算机，其基本组成如下。

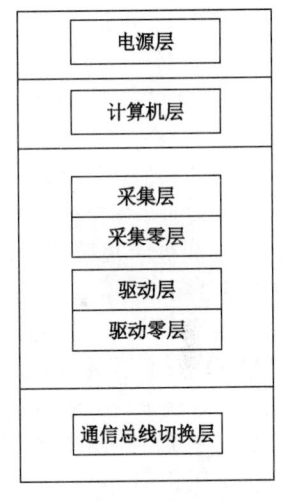

图 4-3 普通型联锁机柜的结构

① STD5093 微处理器板

STD5093 微处理器板为 386 级别的工控专用 CPU 板，最新系统则采用 APCI5093 板（该板上有 ARCNET 通信口，用于主备机通信）。

② AS-1 指示报警板

AS-1 指示报警板是机柜上的指示灯和蜂鸣器的控制板。

③ APCI5656 型 ARCNET 通信板

联锁机插两块 APCI5656 型 ARCNET 通信板，一块用于主备机通信，另一块用于与监控机和执表机通信。执表机插一块。

④ STDl604 I/O 接口板

STDl604 I/O 接口板用以控制采集总线和驱动总线。板上共有 8 个 I/O 端口地址，每个端口地址有 8 位输入和输出，每块板均有不同的地址，根据板上的短路跳接线的位置来设定（最新系统中采用 APCI5314，无须在板上设置地址）。每个端口的输出命令均可回读，可用来检查其输出信息的正确性。当检查有误时，CPU 立即执行停机命令，禁止对总线的一切操作，切断输出电源，确保系统安全。

图 4-4 所示为联锁机各电路板之间的联系图。其中，联锁机的 CPU 板是联锁系统的核心，专用操作系统和联锁软件固化在 CPU 板上，完成系统的调度、通信、诊断及现场信息的采集、联锁逻辑的运算和控制命令的输出等功能。

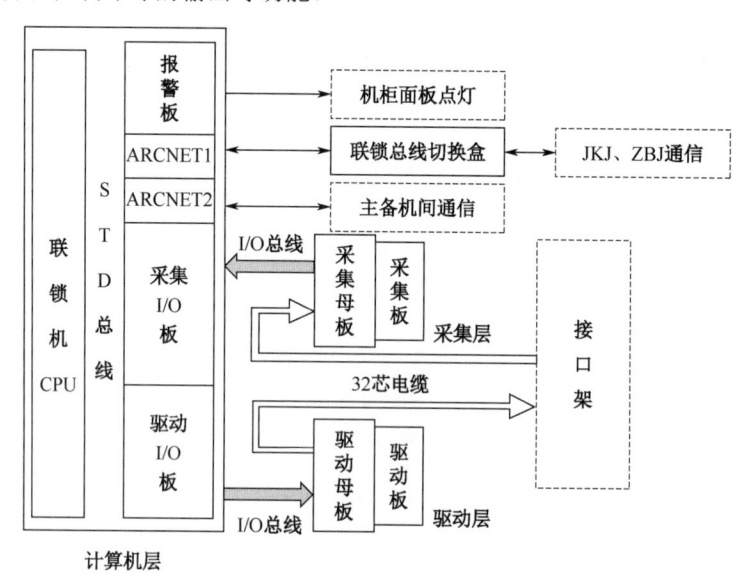

图 4-4　联锁机各电路板之间的联系图

系统的通信通过两块通信板进行，通过 ARCNET1 与监视控制机和执表机通信，接收监视控制机送来的车站值班员控制命令，并向其发送站场表示和提示报警信息。接收执表机发送的站场表示和提示报警信息，并向其发送其所管辖范围内的信号、道岔等的控制命令。通过 ARCNET2 实现主备机间的通信，以实现双机热备。

CPU 使用 1604 I/O 接口板通过采集总线和驱动总线对采集板及驱动板进行控制与诊断，每组采集或驱动总线最多可控制 8 块采集板或驱动板，即每块 1604 I/O 接口板按其设置最多可控制相应的 8 块采集板或驱动板。

CPU 板通过指示报警板，点亮计算机层面板上的运行、通信收发和中断等指示灯。

（3）采集层。

采集层主要由采集机笼、采集板及与计算机层和电源层联系的 I/O 总线、电源线及相应的接插件等组成。

采集机笼的主体是采集母板，母板里侧是用于接插采集板的 64 芯插座，母板背侧的 32 芯插座用于接插来自接口架的专用 32 芯采集信息配线电缆。

采集机笼一般有两种规格，通常最小宽度的采集机笼可容纳 8 块采集板（此时与驱动机笼合为一体，左边 8 块为采集板，右边 6 块为驱动板）。通常宽的采集机笼最多可容纳 14 块采集板，此时其母板实际由两组独立的采集总线构成，左边第一组控制前 8 块采集板，右边第二组控制后 6 块采集板。

采集板采用光电隔离技术。每块采集板可处理 32 路采集信息，通过 64 芯插头与采集母板插接。采集板可带电插拔。

（4）驱动层。

驱动层的结构与采集层的结构非常相似，主要由驱动机笼、驱动板，以及与计算机层和电源层联系的 I/O 总线、电源线和相应的接插件等组成。

驱动机笼的主体是驱动母板，母板里侧是用于接插驱动板的 64 芯插座，母板背侧的 32 芯插座用于接插来自接口架的专用 32 芯驱动配线电缆。

驱动机笼一般有两种规格，通常最小宽度的驱动机笼可容纳 6 块驱动板（此时与采集机笼合为一体，左边 8 块为采集板，右边 6 块为驱动板）。通常宽的驱动机笼最多可容纳 14 块驱动板，此时其母板实际由两组独立的驱动总线构成，左边第一组控制前 8 块驱动板，右边第二组控制后 6 块驱动板。

驱动板采用光电隔离技术。每块驱动板可输出 32 路驱动信息，通过 64 芯插头与驱动母板插接。驱动板可带电插拔，但若插拔时发生较大的虚接抖动，则可能导致非固定的回读错误产生，使全部驱动被终止。此时应在插好后将 CPU 复位，重新启动系统。

（5）零层。

零层位于机柜底层，主控系统最为重要的连接线缆从这里引入和引出。上面装有联锁总线切换盒、零层端子和接地端子等。

联锁总线切换盒上装有 A、B 两条总线的接插端口，共 6 个，联锁机上还另有一个用于主备机通信的独立插口，盒内装有总线切换板。联锁机、执表机和监控机之间通过屏蔽电缆的插接连通总线。

零层端子分为 01、02 两个，其中 01 零层端子主要是电源配线，02 零层端子主要是切换校核电路的配线，该端子不能随便拔出，以免影响主备机的切换校核。

二、TYJL-Ⅱ型计算机联锁系统工作原理

（一）接口电路

1. 采集电路

1）采集的继电结合电路

计算机联锁系统了解现场设备的状态是通过采集组合架相关继电器的状态实现的。采集的继电结合电路包括信号采集的继电结合电路、道岔采集的继电结合电路及轨道区段的继电结合采集电路。以图 1-1 站场为例，采集的继电结合电路如图 4-5 所示。

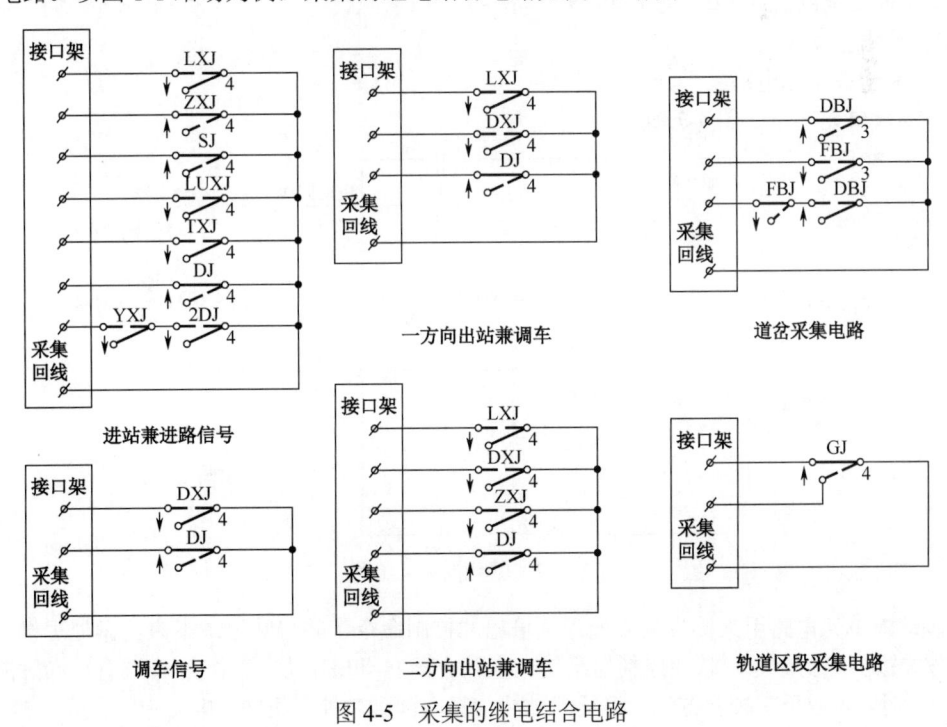

图 4-5 采集的继电结合电路

2）采集板单元电路

反映现场设备状态的继电器接点信息先输入采集板中，然后供微处理机读取。采集板单元电路如图 4-6 所示。

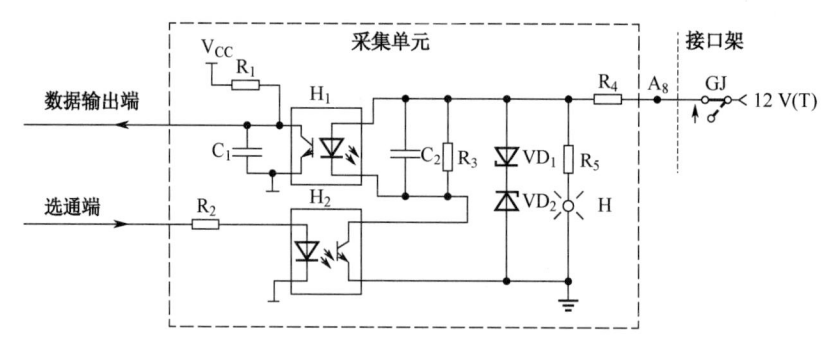

图 4-6　采集板单元电路

在采集信息时，微处理机首先向采集单元选通端（控制光电耦合器 H_2）输出 0、1 交替变化的脉冲信息，然后从数据输出端（光电耦合器 H_1）读取信息。若收到的是脉冲信息，则判断 GJ 吸起，否则 GJ 落下。由此可见，微处理机只有收到脉冲信息时，才视为有效信号，而电路中任何元器件故障均导致固定的"0"或"1"输出，软件判断固定的"0""1"信息无效，此信息导向安全侧。因此，该电路为故障-安全动态电路。电路中的指示灯 H 是为了便于系统维护而设的，引到采集板的小面板上。当表示继电器吸起时，对应的指示灯亮红灯。

由机柜电源层送出的采集电源在机械室各继电器架之间环接，称之为采集回线。采集回线送出采集电源至各个继电器的接点，当接点闭合时，即经其至相应采集板的输入端，以动态脉冲的方式经 I/O 板交 CPU 识别处理。当电路中任何元器件故障均导致固定状态的输入时，由软件将其作为安全侧信息"0"处理。

2．输出驱动电路

1）驱动板单元电路

驱动板单元电路如图 4-7 所示。

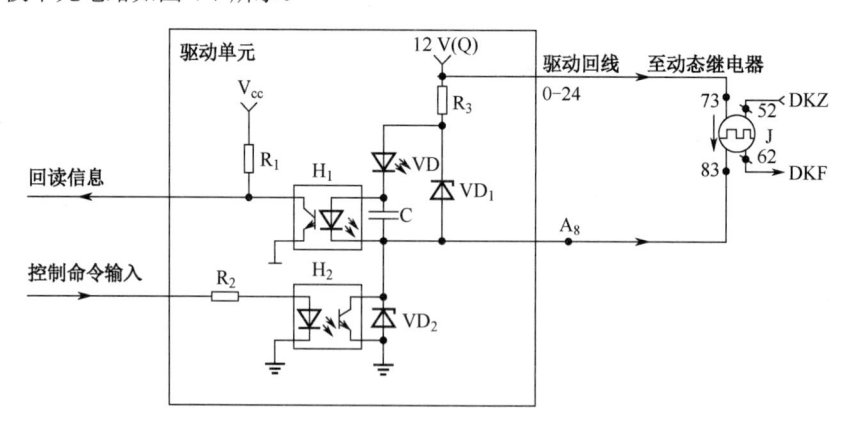

图 4-7　驱动板单元电路

驱动板单元电路用来接收从微处理机输出的控制命令，并将其记录下来。微处理机以动态脉冲方式输出控制命令，脉冲控制信息使光电耦合器 H_2 和 H_1 动态工作，A_8 端有反向脉冲信号产生。同时，采取反馈校验方法，将反向脉冲信息回读到微处理机中。电路中的发光二极管 VD 固定在小面板上，当有动态脉冲输出时，发光二极管闪烁。若发光二极管灭灯或亮稳定灯光，则表示无动态命令输出。

2)动态继电器
（1）双输入动态继电器。

双输入动态继电器表示符号如图 4-8 所示。

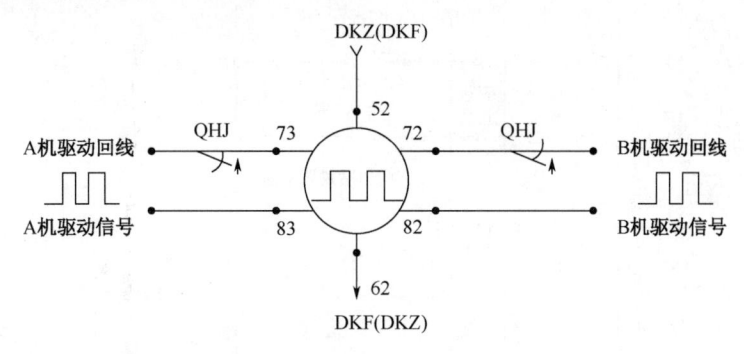

图 4-8　双输入动态继电器符号

如图 4-8 所示,圆和圆内的矩形方波表示该继电器为一个动态继电器。局部电源 DKZ、DKF 由专用稳压电源 WKZ、WKF 集中供电。

在双输入继电器中,哪个驱动口驱动有效是由局部电源的极性决定的。

当局部电源 52 为+、62 为-时,端口 73、83 驱动有效,输入控制信号使动态继电器励磁吸起。此时端口 72、82 驱动无效,即使加上控制信号,也不能使动态继电器吸起。

当局部电源 62 为+、52 为-时,端口 72、82 驱动有效,而端口 73、83 驱动无效。

利用双输入继电器这种极性交叉驱动方式,使它作为控制输出接口,特别适用于主备双机系统中。通常设定端口 73、83 分配给 A 机,端口 72、82 分配给 B 机。这样,一旦主机发生故障,通过切换继电器,就可以自动改变动态继电器局部电源极性,使连接备机的端口驱动有效,接管主机继续控制现场设备,从而保证信号设备动作的连续性,不致中断行车作业。

（2）动态继电器的结构。

动态继电器的工作原理如图 4-9 所示。

关于动态继电器的工作原理,在前面的章节已经阐述过,这里只介绍动态继电器的几种结构。

① 继电器结构。这种结构的动态继电器是把图 4-9 所示虚线框内的电子电路固定在电子线路板上,该板固定在偏激继电器内。

② 驱动盒+偏极继电器结构。每个驱动盒内安装 4 套图 4-9 所示虚线框内的电子电路,对应驱动 4 个偏极继电器工作。

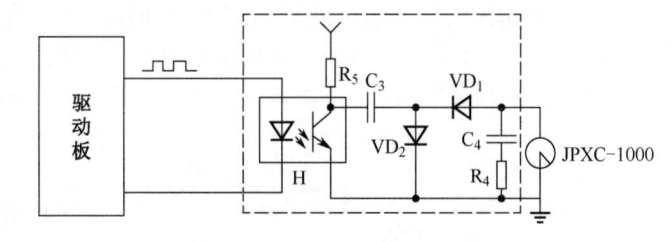

图 4-9　动态继电器的工作原理

③ 动态柜+偏极继电器结构。

图 4-9 所示虚线框内的电子电路安装在动态柜的动态控制板上,而动态柜安装在计算机机房内。每块动态控制板上有 8 个控制单元,共可控制 8 个偏极继电器动作。

3)驱动的继电结合电路

计算机联锁系统要控制道岔动作及信号的开放,首先是它输出的控制命令要动作相关的继电器（图 4-9 中的偏极继电器）。驱动的继电结合电路如图 4-10 所示。

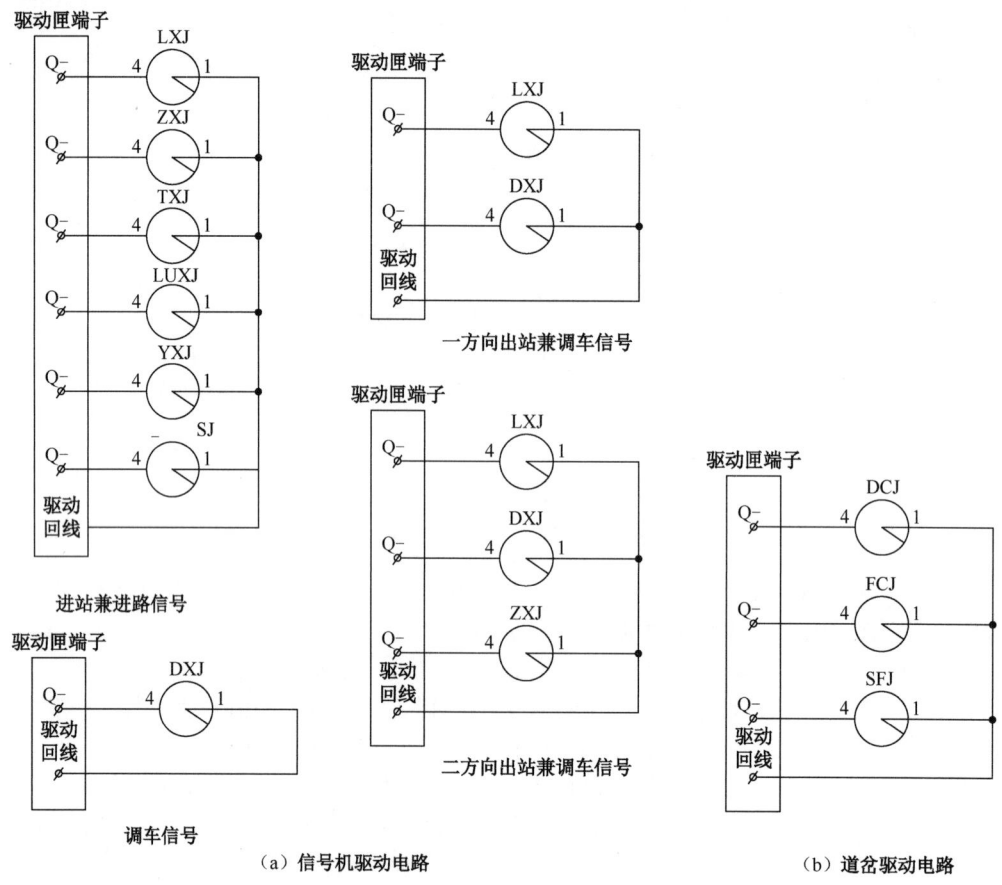

(a) 信号机驱动电路　　　　　　　　　　　　　(b) 道岔驱动电路

图 4-10　驱动的继电结合电路

4）驱动局部电源

TYJL-Ⅱ型计算机联锁系统目前广泛使用双输入驱动盒+偏极继电器方式。驱动盒的每组驱动电路都有 A、B 两个输入端，分别接收主控系统 A、B 的输出脉冲控制，并有相应的灯光指示。A、B 双路输入只有一路有效，其控制选择权主要是由驱动局部电源的极性来决定的。驱动局部电源切换电路通过改变驱动盒中驱动电路所使用的驱动局部电源的极性来控制 A、B 系统的控制权，确保只有工作机的控制命令有效，即使任意操控处于脱机状态下的备机也不会对工作系统产生任何影响，具有绝对的安全性。图 4-11 所示为驱动局部电源切换图。

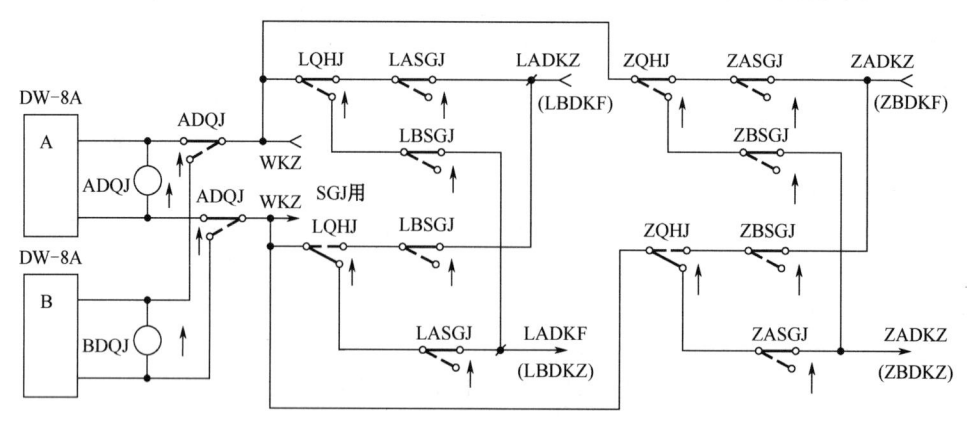

图 4-11　驱动局部电源切换图

5）执行电路

信号机的点灯电路仍沿用继电联锁所用的信号机点灯电路。道岔控制电路包括完成道岔动作的启动电路和反映道岔位置的表示电路两部分，道岔表示电路与继电联锁的相同，而启动电路要稍做改动。图 4-12 所示为 ZD6 单动道岔四线制启动电路的部分电路，其余部分同继电联锁道岔控制电路。

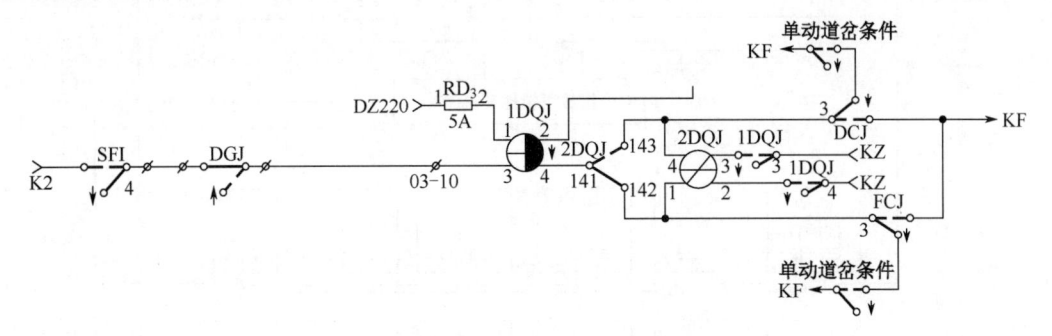

图 4-12　ZD6 单动道岔四线制启动电路的部分电路

（二）防护电路

在接口系统中增设的防护电路是为重雷区内增强系统雷电防护能力而设的，对电气化区段牵引电流的侵入也有一定的防护作用。

防护电路由强电防护插件组合、断线检查器和相应的配线规则构成。图 4-13 所示为 JKFH-2 型防护插件结构。

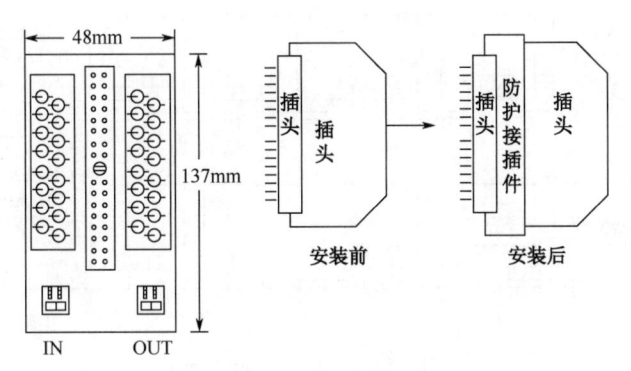

图 4-13　JKFH-2 型防护插件结构

接插件由 32 个放电管和有关的接插装置组成，直接加插在主控系统和结合系统分界的接口架上原 32 芯接插组合之间。JKFH-2 型由放电管电路组成的防护单元是独立的接插结构，便于检修。

每个接插件下部有环线引入和引出孔，用于将各个接插件环连起来接地，最终构成一个封闭的防护系统。

图 4-14 所示为防护系统的连接。防护系统的环线采用双线并严格地按照串联方式逐一连接，最终与断线检测器连接在一起，以构成一个封闭的单环。断线检测器对环线进行开路检查，当环线于任意处断开（电阻>10Ω）或检查器本身故障时即向主控系统给出报警信息，在控制台给出醒目的提示。

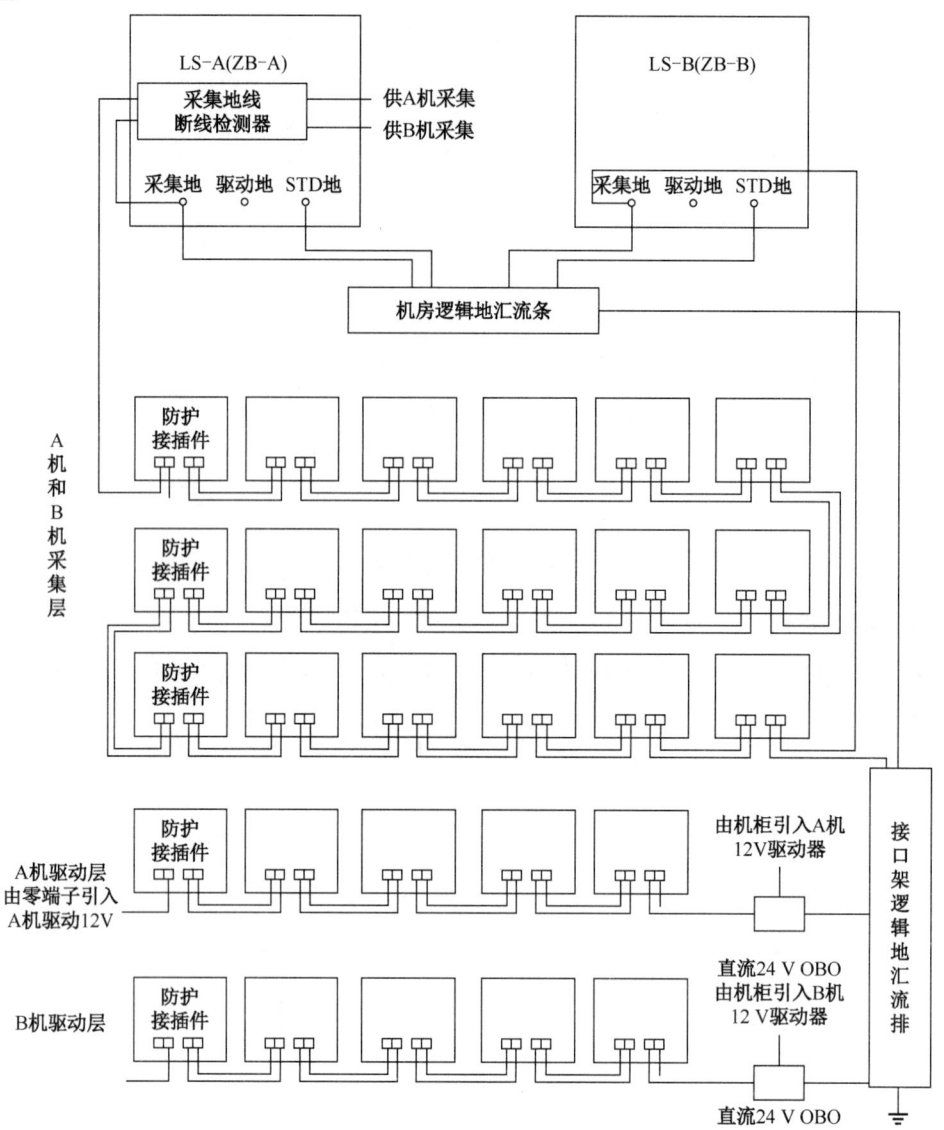

图 4-14 防护系统的连接

（三）主备机切换

1. 双机热备系统的接线

在 TYJL-Ⅱ型计算机联锁系统中，监控机、联锁机和执表机均为 A、B 两套，两套设备通过总线级切换互为主备，以保证一套设备发生故障时系统不间断运行。图 4-15 所示为双机热备系统设备接线示意图。从图 4-15 中可以看出，系统设有 A、B 两条联锁总线，其中连接 A 联锁总线的微机作为主机（工作机）使用，连接 B 联锁总线的微机作为备机使用。系统中的监控机、联锁机和执表机三者均可以独立切换，因此整个系统共可构成 8 种组合。

2. 监控机切换电路

监控机一般采用冷备工作方式，其切换控制电路比较简单，如图 4-15 所示，双机切换是通过人工按压监控机的切换按钮 JKQHA，监控机切换继电器 JK1QHJ 和 JK2QHJ 的吸起或落下实现的。当这两个切换继电器都吸起时，其前接点将监控机 A 接入 A 联锁总线，监控机 B 接入 B 联锁总线，这样监控机 A 工作，监控机 B 备用。反之，当它们落下时，监控机 B 接入 A 联锁总线，监控机 A 接入 B 联锁总线，监控机 B 工作，监控机 A 备用。

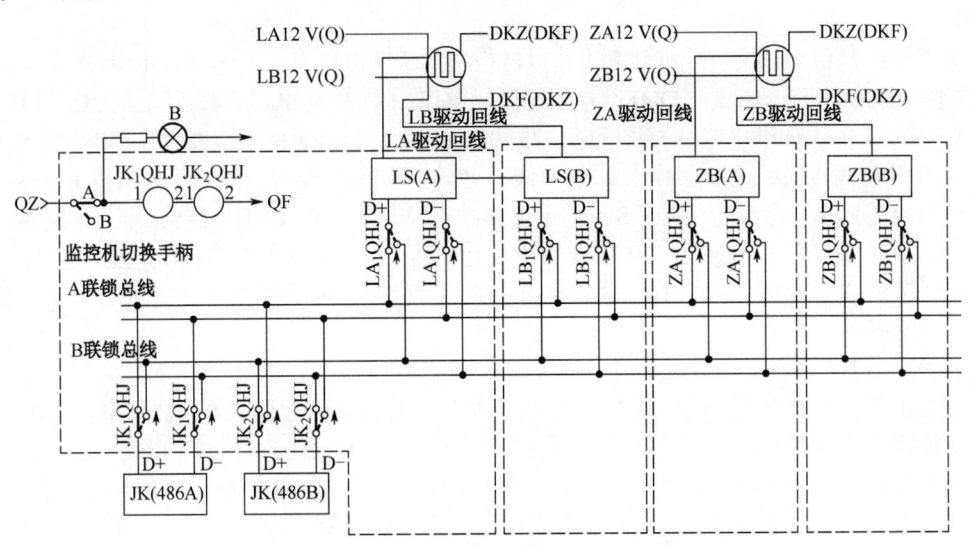

图 4-15 双机热备系统设备接线示意图

3．联锁机切换控制电路

图 4-16 所示为联锁机切换控制电路，它是由联锁机切换继电器（LQHJ）电路和联锁机 1、2 切换继电器（LA1QHJ、LA2QHJ、LB1QHJ、LB2QHJ）电路构成的。图 4-16 中的 QHSB 表示三位式切换手柄，分为 A 位、B 位和自动位。

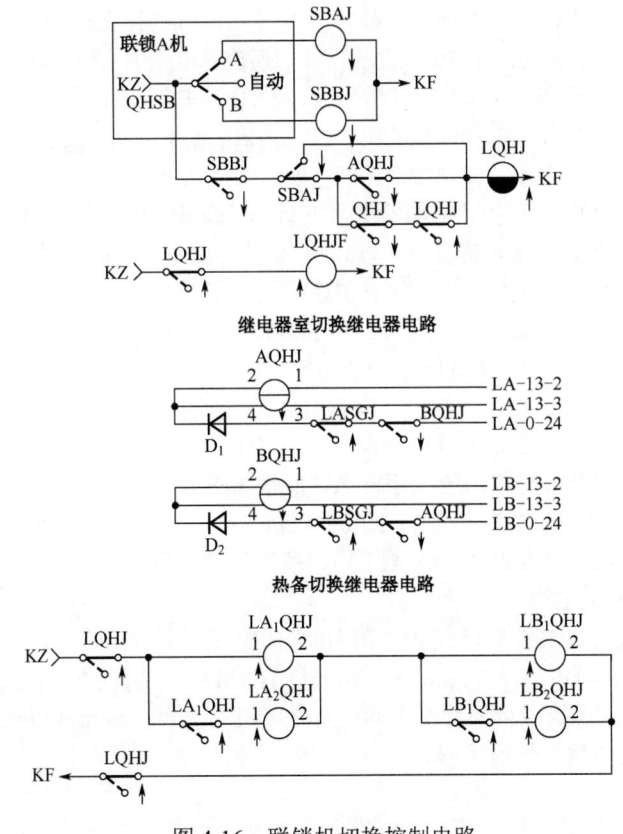

图 4-16 联锁机切换控制电路

联锁机双机切换有两种控制方式：人工切换和自动切换。人工切换优先级通常高于自动切换。

1）人工切换

人工切换是由操作人员或维修人员通过转换切换手柄位置来实现的。当QHSB转到A位时，SBAJ继电器励磁吸起，接通LQHJ继电器的励磁电路。LQHJ继电器吸起后，LA$_1$QHJ、LB$_1$QHJ和LA$_2$QHJ、LB$_2$QHJ继电器将相继吸起，通过LA1QHJ、LB1QHJ继电器的前接点将联锁机A接向A联锁总线，联锁机B接向B联锁总线。这样，联锁机A为工作机，联锁机B为备机。当切换手柄QHSB转到B位时，SBBJ继电器励磁吸起，切断LQHJ继电器的励磁电路，使LA$_1$QHJ、LB$_1$QHJ和LA$_2$QHJ、LB$_2$QHJ继电器相继落下，通过LA$_1$QHJ、LB$_1$QHJ继电器的后接点将联锁机A接向B联锁总线，联锁机B接向A联锁总线。这样，联锁机B为工作机，联锁机A为备机。

2）自动切换

把切换手柄QHSB转到自动位置。此时，双机切换是由系统根据故障检测结果自动进行的。双机切换的条件如下：

（1）主机定时向备机发送信息，主要内容为主机发出的信号控制命令，备机将此信息与备机的控制命令进行比较。如果一致，那么双机保持在热备同步状态。如果不一致且备机命令多于主机，那么表明主机由于某种故障而停止输出控制命令。这时由备机发动切换，备机升为主机工作，继续向现场设备发送控制命令，原主机转入脱机状态。若主机命令多于备机命令，则备机自动脱机，等待查明原因。

（2）双机间的通信是由备机向主机进行呼叫和接收应答的。若通信中断，则有以下两种情况：一是主机死机，不应答；二是通信本身中断，备机接收不到主机的信息，此时同步热备机认为主机出现故障，发动切换，备机升为主机工作。

（3）主机通过自检测程序，发现严重故障，即通知备机进行切换倒机。

为了实现在故障时使系统能自动进行倒机，在切换控制电路中，设有联锁机A、联锁机B热备切换继电器（AQHJ和BQHJ），如图4-16所示。AQHJ和BQHJ选用JWXC-1700型继电器，分别由联锁机A和联锁机B第一块驱动板的第二位、第三位输出的切换控制命令控制驱动。为了保证安全，AQHJ和BQHJ继电器只是在切换期间才使它们励磁吸起，平时都处于落下状态。

在正常情况下，AQHJ和BQHJ均处于落下状态，LQHJ由自闭电路保持吸起状态，联锁机A处于工作状态。如果在这种情况下，联锁机A发生故障，那么联锁机A通知联锁机B切换。这时联锁机B输出切换控制命令，使BQHJ吸起，切断LQHJ自闭电路，LQHJ失磁落下，机柜内的切换继电器接点将联锁机B接入A联锁总线，联锁机B升为主机工作。待倒机过程结束，联锁机B使BQHJ失磁落下，此时LQHJ仍保持落下状态。同样，当联锁机B发生故障时，由联锁机B通知联锁机A进行切换倒机，联锁机A输出切换控制命令，使LQHJ吸起并自闭，联锁机A又升为主机工作。在完成双机倒换后，AQHJ恢复失磁落下状态。

需要指出的是，刚开机时，由于联锁机A、联锁机B的切换继电器都不工作，因此LQHJ处于落下状态，此时联锁机B为主机，联锁机A为备机。若想把联锁机A设置为主机，则需要用切换手柄将系统人工切换成联锁机A工作，联锁机B备用。

4．执表机切换控制电路

执表机切换控制电路如图4-17所示，图中ZQHSB为两位式手柄。一般情况下，联锁系统工作处于联锁机A、执表机A和联锁机B、执表机B同时工作的状态，在需要切换时，联锁机和执表机同时倒机。采用执表机的切换手柄可将联锁机和执表机倒接成联锁机A、执表机B或联锁机B、执表机A同时工作的状态。

（四）系统的四条信息通道

对整个计算机联锁系统来说，联锁机的 CPU 板是控制核心，所有信息都要汇集在这里，并从这里送出。综合前面学过的知识，我们按照信息的流向，厘清设备之间的硬件连接关系。

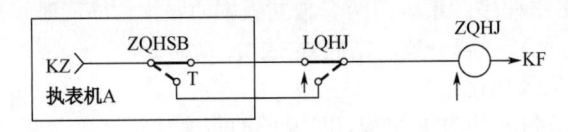

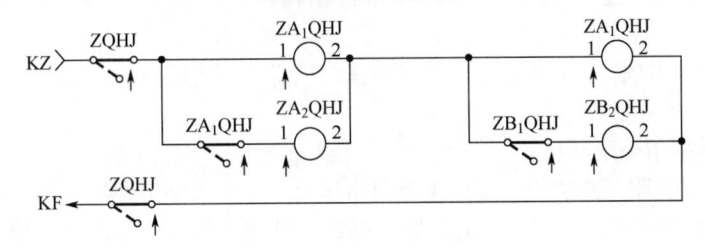

图 4-17 执表机切换控制电路

1．采集信息输入通道

组合架上继电器的接点条件→组合架侧面端子板→接口架→电缆→计算机房联锁机柜采集零层→采集母板（采集板）→120H I/O 总线→计算机层 1604 I/O 板（用于采集）→STD 总线→联锁机 CPU 板。

2．控制命令输出通道

联锁机 CPU 板→STD 总线→1604 I/O 板（用于驱动）→110H I/O 总线→驱动母板（驱动板）→驱动零层→电缆→接口架→组合架侧面端子板→驱动盒→偏极继电器。

3．操作命令输入通道

鼠标信息→切换板（分成两路）→线缆→监控机 A、监控机 B 的串行接口卡→PC 总线→监控机 CPU 板→PC 总线→通信板→线缆（联锁总线）→联锁机柜零层→线缆（联锁总线）→计算机层通信板→STD 总线→联锁机 CPU 板。

4．表示信息输出通道

联锁机 CPU 板→STD 总线→通信板→线缆→联锁机柜零层→线缆（联锁总线）→监控 A 机、B 机的通信板→PC 总线→监控机 CPU 板→PC 总线→视频板、语音板→线缆→切换板→线缆→控制台的显示器、音箱。

计算机联锁系统的工作原理可用四条信息通道，外加轨道电路、道岔控制电路、信号机点灯电路来进行阐述。例如，当车站值班员采用鼠标办理行车作业时，鼠标信息通过操作命令输入通道进入联锁机 CPU 板，同时联锁机 CPU 板通过采集信息输入通道采集现场设备（道岔、轨道电路、信号机）的状态信息，进行联锁逻辑运算，通过控制命令输出通道输出动作道岔和开放信号的控制命令，动作相应的继电器，由相应的继电器来接通道岔控制电路和信号点灯电路，最终控制信号机开放。

（五）系统软件构成及其功能

计算机联锁系统软件按系统的硬件结构划分为 3 个软件包：人机对话处理软件包、联锁逻辑处理软件包和执行表示软件包。各种软件包之间由系统管理软件（专用通信软件）实现沟通。

人机对话处理软件包主要包括按钮命令输入，分析处理和进路初选软件，屏幕图像显示软件，以及联锁系统实时信息处理、记录、存储、打印等软件。这类软件因为不涉及行车安全，所以可采用单套程序。

联锁逻辑处理软件包完成信号设备的联锁检查。为了提高软件的可靠性和故障-安全性，联锁软件在设计上有以下几个特点：

1. 采用双程序比较

联锁软件设计为多重程序，系统内两套独立版本的联锁程序同时运行，联锁逻辑运算结果在控制命令输出级进行比较。若一致，则向外发出驱动命令。

2. 程序的数据采用模块化结构

A 套程序采用站场图形的数据结构，即现场的每个信号、道岔和区段在程序中均有其对应的数据模块。相邻的数据模块通过上、下链数据指针相互连接，其连接结构与站场图形完全对应。

B 套程序的数据同样采用模块化结构，根据车站道岔分叉的特点，数据利用二叉树原理连接构成。

3. 两套程序采用分层结构

联锁程序对应信号、道岔和区段有 3 个程序模块，每个程序模块均采用分层的网络结构，根据进路处理的不同过程，可以划分为选路、确选、锁闭、开放信号、正常解锁等若干个子模块，如图 4-18 所示。对应某一条实际进路，一个程序模块的连接层可类比 6502 电气集中联锁系统的一条网络线。在进行联锁关系检查时，当某个具体的信号、道岔或区段联锁检查通过后，程序模块就依照数据模块规定的连接结构运行下一个模块。当进路上所有的模块都运行通过后，就完成了这条进路的联锁检查，进路上的相应模块给出信号和道岔控制信息。

信号程序模块	道岔程序模块	区段程序模块
选路层	选路层	选路层
确选层	确选层	确选层
锁闭层	锁闭层	锁闭层
开放信号层	开放信号层	开放信号层
正常解锁	正常解锁	正常解锁

图 4-18　程序模块的结构

采用这种模块式分层结构，一方面提高了模块的独立性，对于不同的站场，尽管数据各不相同，但联锁程序是通用的；另一方面由于联锁检查是多层的，上一层隐含的错误往往被下一层发现，而且必须相邻的上一层通过后才允许信号进入下一层。这种在层次传递过程中的多次校核，使联锁程序具有一定的检测能力。在联锁运算的同时，间接地检查了联锁机硬件本身。因为一旦这些校核不一致，就意味着出错。

4. 采用信息冗余技术

联锁程序中有关行车安全的信息采用冗余编码方式，以减少形成危险错误的可能性。

5. 程序具有较完善的错误输出指示

联锁程序共设有 200 多个错误出口，这些错误可分为三类：操作人员操作错误、现场设备的故障和微机本身的错误，错误信息可以显示，也可以打印。对于不同的错误输出，程序采取卷回、复执、报警等不同的处理方法。

执行表示软件主要包括现场设备状态信息输入和控制命令输出执行等程序模块。在程序设计中，同样要求具有相当高的可靠性和故障-安全性能。

三、TYJL-Ⅱ型计算机联锁系统维护

计算机联锁系统在 6502 电气集中联锁系统的基础上，增加了计算机机房设备。因此，这

里重点介绍计算机机房设备的检修。

（一）系统检修

1．计算机机房设备实物展示

计算机机房设备实物如图 4-19 所示。

（a） （b）

图 4-19 计算机机房设备实物

图 4-19 中，计算机柜包括联锁机柜和执表机柜。监控机 A、监控机 B 放在电脑桌上，有的站场单独设一个监控机柜，监控双机及切换板安装在其中，紧邻计算机机柜放置。

2．计算机机房设备检修

计算机机房设备检修作业程序及质量标准如表 4-1 所示。

表 4-1　计算机机房设备检修作业程序及质量标准

序号	项目	检修内容及技术标准
1	登记	按"技规""行规"及作业标准化要求，认真做好登记工作
2	现场联系	与车站或电务值班员联系，讲清检修内容
3	日常养护	1. 访问车站值班员，了解设备运用情况，查阅《行车设备检查登记簿》的登记情况 2. 联锁机（执表机）柜正直，无明显倾斜，各机器代码清晰 3. 各部外观清洁，机箱、机柜通风良好 4. 机柜盘面手柄、开关位置正确，双机切换手柄应处于"自动"位置，主机与备机处于同步状态 5. 机柜风扇工作正常，各计算机工作无异状，各种工作指示灯显示正常 （1）检查联锁机（执表机）各电源指示灯、运行指示灯、备用指示灯、同步灯正常 （2）检查联锁机各通信指示灯，包括主备机、监控机、执表机通信指示灯正常 （3）检查联锁机（执表机）各采集板、驱动板工作正常，相应的指示灯正常闪烁 （4）查看监控机与联锁机、监控机间、监控机与维修机间通信指示灯正常闪烁 6. 各部插接件连接无异常 7. 电源转换盘闸刀接触良好，断路器位置正确 8. 维修机信息调阅 （1）有无当日报警信息 （2）网络工作状态良好 （3）计数器记录正确 9. 防尘、防鼠措施完好，照明设施齐全良好

续表

序号	项目	检修内容及技术标准
4	集中整修	1. 机柜内部清洁，扁平电缆、网线无破损，排列整齐，风扇工作良好 2. 各部螺钉紧固，插接件安装牢固，接触良好 3. 电缆沟内干净整洁，盖板严密，引入电缆固定良好，电缆引入口封堵严实、防鼠、放火措施良好 4. 机房内防静电措施良好 5. 计算机时钟是否正确，时钟有错时，应在维修机上进行调整（每年一次） 6. 联锁机（执表机）双机热备，人工或自动切换试验良好（每月一次） 7. 控显机双机冷备，人工切换试验良好（每月一次） 8. UPS 电源检修内容及方法严格按照随机使用手册及有关规定执行 9. 双显示器左右互换（两年一次） 10. 备用板替代试验良好 11. 检查测试地线，不良整修 12. 检查测试防雷单元，不良更换 13. 阻容元件、二极管检查、测试，不良更换 14. 电源设备检查测试，符合规定标准（每年一次） 15. 进行Ⅰ级测试并做记录 16. 绝缘不良查找及处理 17. 熔断器容量与图纸相符，有试验标记，不超期，并接触良好（两年一次） 18. 按周期更换器材 19. 按需要进行不良器材更换
5	确认销记	工作完毕后确认设备良好，销记

（二）系统故障处理

1．系统停电及上电

停电时，UPS 将鸣响报警，可继续供电约 10min。当停电时间超过 3min 时，为了保护 UPS，应依次关掉机柜上的总电源开关、监控机开关、UPS 电源。

恢复供电时，为了避免 UPS 在过载状态下启动，应先确认机柜、监控机和维修机已关闭，再打开 UPS 的电源开关，等待 30s，待其稳定工作后，然后逐个打开设备电源，启动监控机。此时观察联锁机的面板各种指示灯并按压备用联锁机的联机按键，使备机处于联机状态。在控制台上确认表示正常后，办理上电解锁（当接近区段有车时应确认车已停下后再办），当全部区段解锁完毕后，备用联锁机的同步灯应点亮，备机进入热备状态。

2．联锁双机倒机操作

在正常情况下，联锁双机应处于热备同步状态。备机的 3 种工作状态之间的关系如图 4-20 所示。

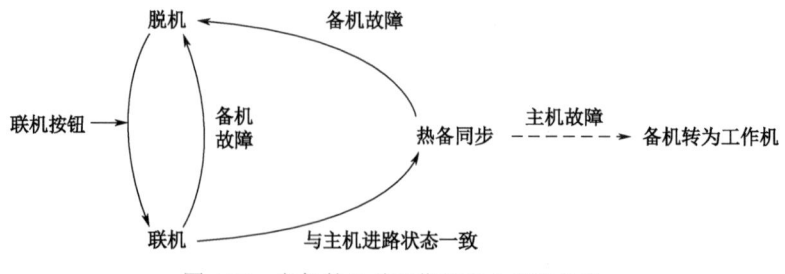

图 4-20　备机的 3 种工作状态之间的关系

平时由主机控制现场设备,备机仅工作在联机同步状态,不实现控制。处在脱机状态的备机必须在电务维护人员修复故障或确认无故障后,将联锁机切换手柄置中间位置(自动)后,按压备机上的联机按钮,备机转入联机状态,恢复主备机间的通信。待双机的进路完全一致时,才认为主备机同步工作,也就是备机转入热备状态。

3．故障处理程序

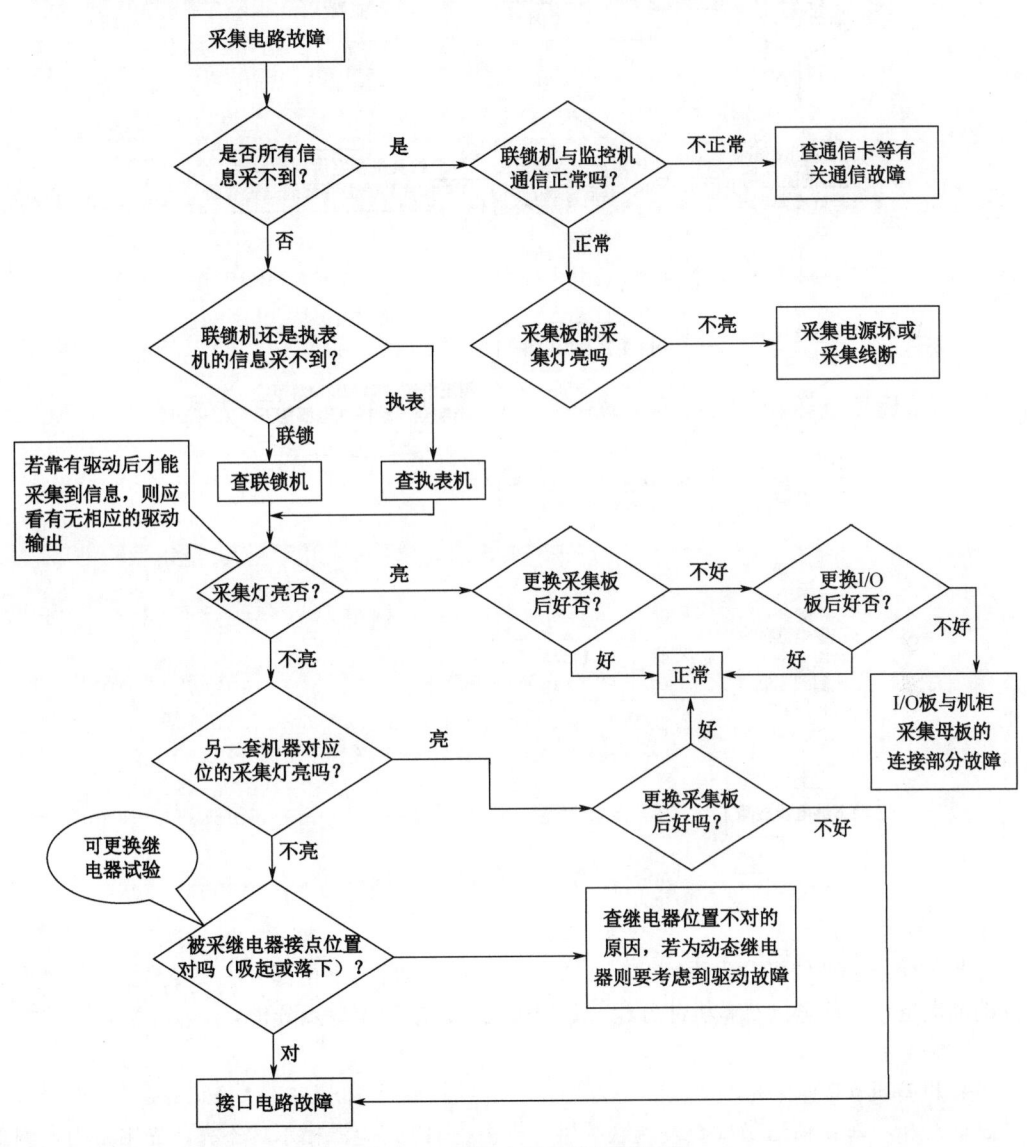

1)采集电路故障处理程序

采集电路故障处理程序如图 4-21 所示。

图 4-21　采集电路故障处理程序

2)驱动电路故障处理程序

驱动电路故障处理程序如图 4-22 所示。

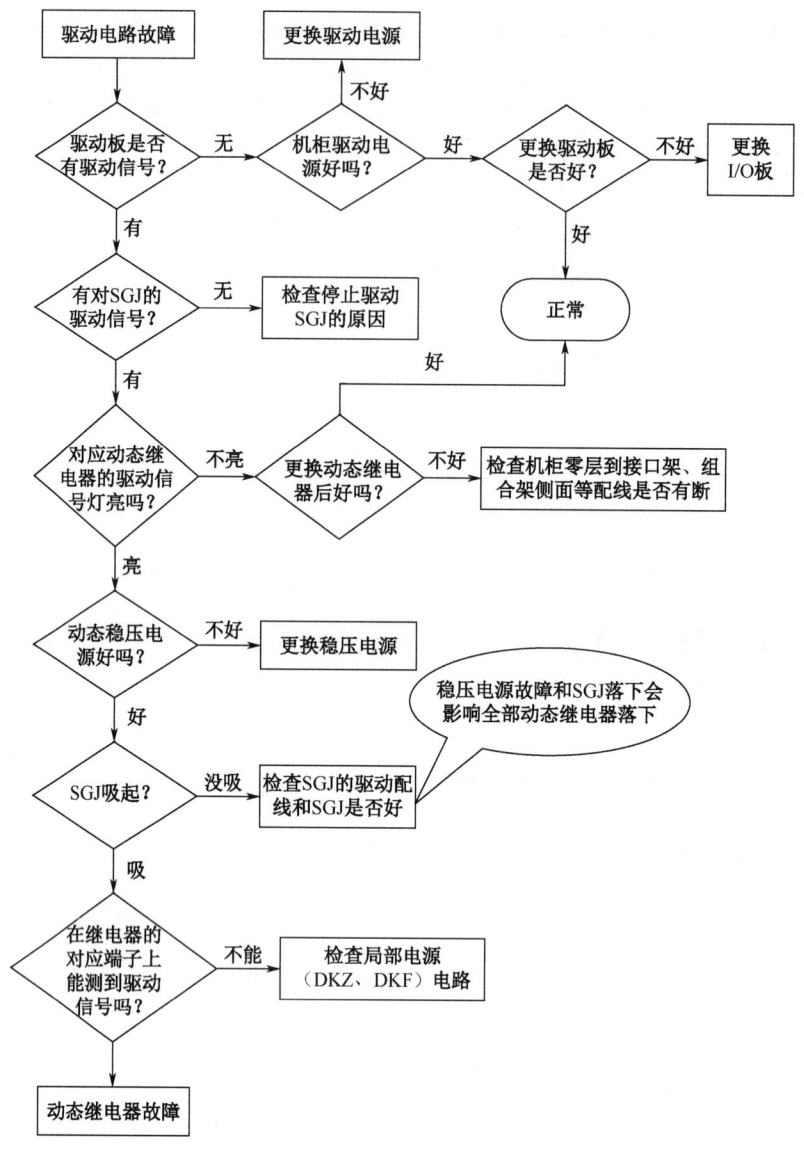

图 4-22 驱动电路故障处理程序

4．故障案例分析

根据故障发生部位可分为微机部分故障和继电部分故障。继电部分主要是与室外信号设备相关的继电电路。这里只对微机部分和与其相关的接口故障做重点分析。

1）故障现象一

联锁机备机（B）脱机。

故障分析：车站值班员检查发现联锁机备机驱动+12V 电源指示灯不亮，先用万用表测量驱动+12V 无电源输出，再查看驱动电源发现风扇不转，由此判定为驱动电源不工作，进一步检查发现驱动电源交流 220V 引入插头松动，插好插头故障消失。

2）故障现象二

全站红光带，信号机全部为红灯闪烁，控制台不能操作鼠标开放信号，但室外信号正常。

故障分析：首先判断为联锁机主机与主用监控机通信中断，然后检查联锁机主机

ARCNET1 卡，发送灯闪亮，但接收灯不亮，说明联锁主机有发送，但没有接收。最后检查监控机主机 PC-01 卡，发现接收与发送指示灯均只闪微弱灯光，说明 PC-01 卡故障，更换 PC-01 卡，故障消失。

3）故障现象三

信号机室外点灯显示错误，应为一个黄灯，实为两个黄灯。

故障分析：这是一个信号降级显示的故障，查看信号点灯电路图，该信号机的 ZXJ 应该吸起，但实际上 ZXJ 落下，检查该继电器的驱动盒对应位没有点灯，说明该驱动盒没有驱动 ZXJ 吸起，但测量该驱动盒的对应位有一个+12V 的直流脉冲电压，说明联锁机主机已将驱动电源送至驱动盒，但驱动盒没有驱动继电器动作，表明该驱动盒已坏。更换驱动盒，即可消除故障。

4）故障现象四

控制台显示器黑屏，联锁机主机不工作。

故障分析：观察控制台显示器电源指示灯不亮，说明显示器无电源或显示器坏，检查 UPS A，其电池电量指示灯不亮，说明 UPS A 放电完毕，故障发生，甩开 A 交流参数稳压器，采用直供，UPS A 可充电，控制台显示器有电源指示。但此时联锁机主机仍不能工作，测量联锁机主机各路电源，发现总线电源电压为零，STD 层无电源供给。更换总线电源后，联锁机主机工作正常（由于总线电源放在 STD 层，因此更换时必须小心，以免将各种电缆线扯断，造成不必要的麻烦）。

5）故障现象五

××站 2#道岔定位操纵继电器不动。

故障分析：检查 2#道岔定位操纵继电器，其未吸起，驱动盒上的指示灯正常亮灯，测量定位操纵继电器 1、4 线圈电压正常，更换该继电器后恢复正常。

6）故障现象六

×××站联锁机运行灯不闪烁，无驱动信号送出，面板上总线电源灯不亮。

故障分析：检查总线电源盒，测量无输出，更换该电源盒后恢复正常。

7）故障现象七

×××站办理闭塞，排列进路时，无语音提示。

故障分析：对监控机控制台语音插孔进行检查，接触良好，更换监控机内的声卡后恢复正常。

8）故障现象八

××站 4#道岔无定位表示，控制台提示挤岔。

故障分析：首先经检查 4#道岔 DBJ 处于吸起状态，在接口架测量对应采集端子电压正常，然后检查接口架对应端子至联锁机配线焊片上有残留松香造成接触不良，经对接口架处理后恢复正常。

9）故障现象九

×××站主用联锁机 A 驱动板全部无信号，驱动板控制灯不闪烁。

故障分析：关机后重新启动，现象不变，经检查后发现联锁机 1604 I/O（驱动）板损坏，更换后恢复正常。

10）故障现象十

×××站控制台显示屏及联锁机 A、监控机 A 无电源。

故障分析：检查电源屏及 UPS，UPS 无输出电源，电源屏断路开关合不上，经检查为 UPS 内部短路，切换到 B 机使用，A 机电源采用直供后恢复正常。

11）故障现象十一

×××站联锁机由 B 机不能切换至 A 机。

故障分析：检查发现切换继电器不动作，切换电源故障，电源熔断器烧断。

12）故障现象十二

××站联锁机及监控机切换后，控制台无切换显示，且不能办理进路及操动道岔。

故障分析：切换试验时，在控制台内听不到切换板中继电器转换的声音，说明切换板中的继电器无动作，切换板故障，更换切换板后恢复正常。

13）故障现象十三

动态稳压电源故障。

故障分析：当 A 动态稳压电源故障时就自动切换到 B 动态稳压电源供电，并伴有屏幕故障提示，B 动态稳压电源故障在屏幕上也有故障提示。但千万不能等到两个电源都故障才去处理，否则将造成设备瘫痪。当两个动态稳压电源均故障时将造成动态组合无法工作，事故继电器落下。

14）故障现象十四

事故继电器不吸起。

故障分析如下：

（1）检查联锁机主机，第一块驱动板 1、4 灯是否闪烁，若有闪烁，则进行下一步。

（2）检查事故驱动单元红灯是否闪烁，有闪烁则进行下一步。

（3）检查事故继电器 1-4 线圈是否有电压（同时检查 2-3 端子是否短接，盒内熔断器是否完好），如果无电压，就说明事故驱动单元坏了，需要更换。

（4）出现以下问题事故继电器将会落下：

① 切换校核错。

② 控制表示不一致。

③ 驱动板回读错。

④ 无采集，控制中断（中断灯 2 不闪烁）。

15）故障现象十五

监控机报联锁机通信中断；联锁机运行灯不亮，接、发灯不闪烁；采集板上的板选灯不闪烁。

故障分析：联锁机故障。

处理方法如下：

（1）进行联锁机切换，A→B 或 B→A。

（2）测量 STD 5V 电源电压是否正常。

16）故障现象十六

联锁机死机。

故障分析：运行灯停闪，是联锁机的死机特征，可采用开关电源的方法。

当联锁机死机时，面板上的各指示灯均不闪烁（首先要确定电源已打开），这时可在机柜后面关闭电源，数秒后打开。若仍无效，则应观察联锁机采集板上的指示灯是否闪烁。若能正常闪动，则该联锁机的板插头松动或故障。若采集板的指示也不闪动，则 STD 层计算机板故障，可按下列步骤处理：

（1）关闭电源后首先要更换 CPU 板，更换时必须注意板上的跳线。

（2）更换驱动 1604 板。

（3）更换 ARCNET 板。

（4）更换报警板。

17）故障现象十七

主控联锁机第一块驱动板 1、4 不闪烁。

故障分析如下：

（1）切换校核错。

（2）控制表示不一致。
（3）驱动板回读错。
18）故障现象十八
显示器黑屏。
故障分析：控制台显示器的屏幕无任何显示时称为黑屏。发生黑屏的原因主要有以下几点。
（1）掉电。
显示器在电源开关处都有一个电源指示灯。当显示器通电后，该指示灯就会亮。当该指示灯不亮时，说明显示器掉电，屏幕无任何显示。
（2）无显示信号。
当无显示信号时，显示器收不到由微机送来的显示信号，从而屏幕无显示。造成该现象的原因主要有以下几方面：
① 监控机没有运行车站的应用程序，需要对监控机进行处理（复位），使之正常工作。
② 电压冲击保护也可导致显示器自动关闭显示。当给显示器输入的电压瞬间有高电压或低电压的冲击时，有的显示器为了防止冲击对显示器的损坏而自动停止本身的工作，从而显示消失，由这种原因造成的黑屏可以重新开启显示器电源。
③ 从监控机到显示器的视频电缆断线或插头儿松动、脱落。
④ 若控制台有显示切换板，则切换板故障也可导致黑屏，该故障可以通过跳过切换板直接短接视频线盒显示器的显示线，观察显示屏的显示来判断。
⑤ 显卡故障也可造成屏幕无显示。
⑥ 一拖四故障也会造成屏幕无显示。
⑦ 当显示器可以接收两种信号输入时，检查显示器的输入口设置是否正确。当设为未接线的一种方式时，显示器也会黑屏。
19）故障现象十九
监控机主机与联锁机通信故障。
故障分析：控制台屏幕错误提示窗口显示"联锁机通信中断"。联锁机工作正常，但第一组接发灯只有"发"灯闪烁而无"接"灯闪烁。
处理方法如下：
（1）先进行联锁机切换。
（2）如果仍未恢复，就进行监控机切换。
（3）恢复使用后再查找备机故障，着重检查通信网卡、通信接口和通信线路。
20）故障现象二十
维修机典型故障记录。
故障分析如下：
（1）关键缓冲区校验错，此错连续出现三次后将使事故继电器落下。系统联锁软件采用冗余技术，因此对许多编码采用多重校验，当校验不一致时就报关键缓冲区校验错，一般为内存条、7709 或 7710 RAM 扩展板不好。
（2）采集板输入端口检查错，采集信息置为安全侧。此错可具体报到机柜哪一块采集板的第几个端口不好，一般更换该采集板即可。若更换采集板后仍不好，则要考虑 I/O 板故障和 I/O 板与采集板连接部分的故障。
（3）前后接点采集信息校核错（同为 0 或同为 1）。为了保证安全，轨道继电器的前后接点机器都要采集，正常情况前后接点只能有一个被采集到，当报此错时表明机器同时采集到前后接点或两者都没有采集到。若前后接点都采集到，则表明有混线；若前后接点都没有采集到，则要根据采集故障的查找方法进行查找。当报该错时，要具体报到哪一个区段前后接点采集信息校核错（同为 0 或同为 1），对应该区段在显示器上显示占用状态。

（4）有未经驱动的控制继电器的前接点闭合，停止驱动事故继电器。该错也要具体报到是哪个信号继电器。发生此错时，在屏幕上一般可以看到对应信息有不该有的显示。例如，不该开的信号有开放的显示，这种情况表明有混线。当报此错时，有对应继电器错误采集到的记录。

（5）驱动板控制回读错。该错可以具体报到哪块驱动板的第几位有回读错，该错指机器没有对所报驱动发出驱动信号，但回采到不该有的驱动信号，或者没有回采到信号。当驱动板故障、动态继电器（驱动组合）故障或混线时，都有可能报此错。回读错有时在驱动板对应位置可看到驱动灯暗闪。

（6）切换校核错，本机全部控制失效。当机柜第一块采集板采集到的切换校核信息非法时，报此错，并停止事故输出。

（7）切换电路故障，工作机失去 1LQHJ 的接点条件，可能已失去控制权。这是指工作机采集不到主控标志位。

（8）主机同步通信窗口内无备机呼叫。备机故障，会造成脱机。

（9）备机控制信息多于主机。工作机故障，会造成倒机。

思政主题：为地铁神医喝彩，弘扬工匠精神
案例要点：

清·梁启超《读书分月课程》：无专精则不成，无涉猎则不能通也。

宋·陈亮《耘斋铭》：工贵其久，业贵其专。

北京地铁 10 号线，一期信号系统发生故障，导致多组列车无法正常行驶。经过检测，是列车上一块电路板出了问题。但当时由于设备过了保修期，国外的生产厂商拒绝提供维修服务。为了保证列车正常安全运行，杨才胜主动请缨，担负起了这块电路板的维修服务。他凭借着多年的一线实践经验，最终成功修复了故障板卡，为北京地铁节约了 3250 万元的维修费用。

大国工匠杨才胜入选北京市教委职业院校特聘专家，享受国务院政府特殊津贴，他领衔的国家级、省市级工作室共 4 个。

任务二　DS6-K5B 型计算机联锁系统维护

一、DS6-K5B 型计算机联锁系统基本认知

（一）系统结构

DS6-K5B 型计算机联锁系统由控制台子系统、联锁子系统、I/O 子系统、电源子系统和监测子系统五个部分组成，如图 4-23 所示。

控制台子系统实现车站控制台操作，站场图形显示，与 CTC 分机通信等。

联锁子系统实现联锁逻辑运算、I/O 控制、诊断信息处理及二重系管理等。

I/O 子系统实现驱动现场设备动作，采集现场设备状态的功能。

电源子系统由一套 UPS 和两路直流 24V 稳压电源组成，提供系统所需的电源。

监测子系统包括电务维护台、监测机、键盘、显示器、打印机，实现系统设备故障监视等功能。

18 为地铁神医喝彩，弘扬大国工匠精神

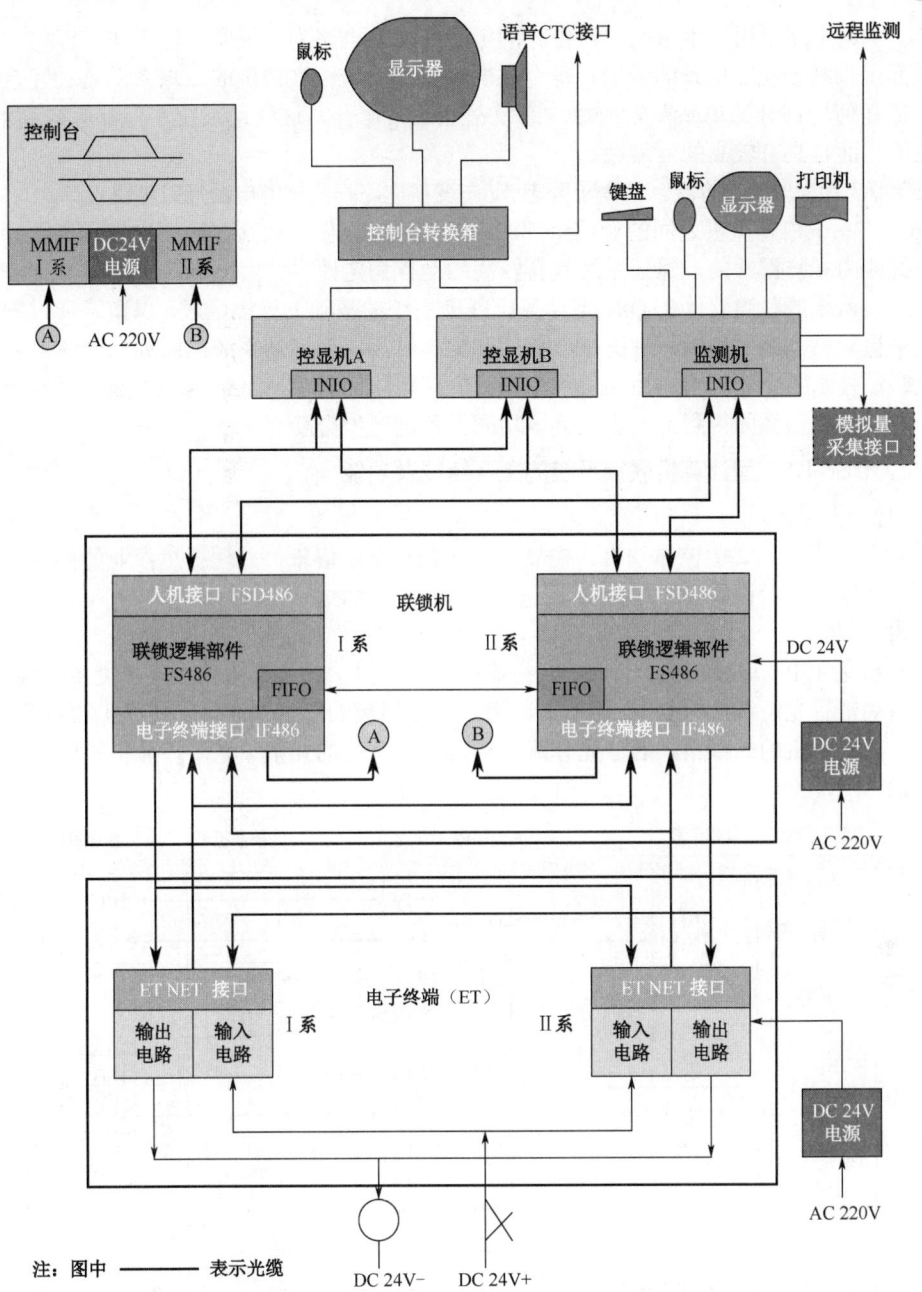

图 4-23　DS6-K5B 型计算机联锁系统的组成

DS6-K5B 型计算机联锁系统的主要特点如下。

（1）联锁机和 I/O 电路均采用日本京三公司的 K5B 型产品。该产品所有涉及安全信息处理和传输的部件均按照故障-安全原则采取了二重系结构设计。

（2）联锁处理部件采取双 CPU 共用时钟，对数据母线信号执行同步比较，发生错误时使输出导向安全，具备了故障-安全性能。

（3）联锁二重系为主从式热备冗余，通过高速通道进行数据交换，实现周期同步运行。当一个系因故障停止输出时，另一个系自动接替工作，保证现场信号设备控制不发生间断。

17　攻坚克难，自主创新，弘扬南泥湾精神

（4）I/O 电路采用日本京三公司生产的电子终端，电路为二重系并行工作，即电子终端的每个系都接收联锁机二重系的输出，每个系的输出都发送给联锁机的二重系。这种冗余的连接方式保证任何一部分的单系发生故障，系统都能正常运行。这样，系统不但具有较高的故障-安全性能，而且具有较高的可靠性。

（5）I/O 均采取静态方式，省去了静态-动态变换电路，简化继电器接口电路设计。

（6）该系统内各微机之间的通信全部通过光缆连接，做到相互之间的电气隔离，提高系统的抗干扰能力和防雷性能，保证系统具有较高的运行稳定性。

（7）该系统的联锁软件在 DS6 型计算机联锁系统的基础上移植生成，保留了通过铁道部计算机联锁检验站测试的联锁软件的核心程序和数据结构，保证新系统的联锁功能满足我国车站计算机联锁技术条件的要求。控显机和监测机的应用软件，在 Windows NT 操作平台上重新进行了开发，使操作界面得到进一步改善，功能得到进一步提高。

（二）DS6-K5B 型计算机联锁系统的主要组成及功能

1. 控制台子系统

控制台子系统主要由控显双机、控显机转换箱和车站值班员办理行车作业的操作、显示设备组成。操作、显示设备设在运转室。

1）控显机

控显机采用 PC 总线工控机。每一台控显机的机箱内除安装连接操作显示设备的接口板外，还安装两块带有光电转换的 INIO 通信卡，用于和联锁机的二重系通信。控显机双机互为备用。控显双机与联锁机的二重系，通过光分路器构成交叉互连的冗余关系。控显机和联锁机的连接如图 4-24 所示。

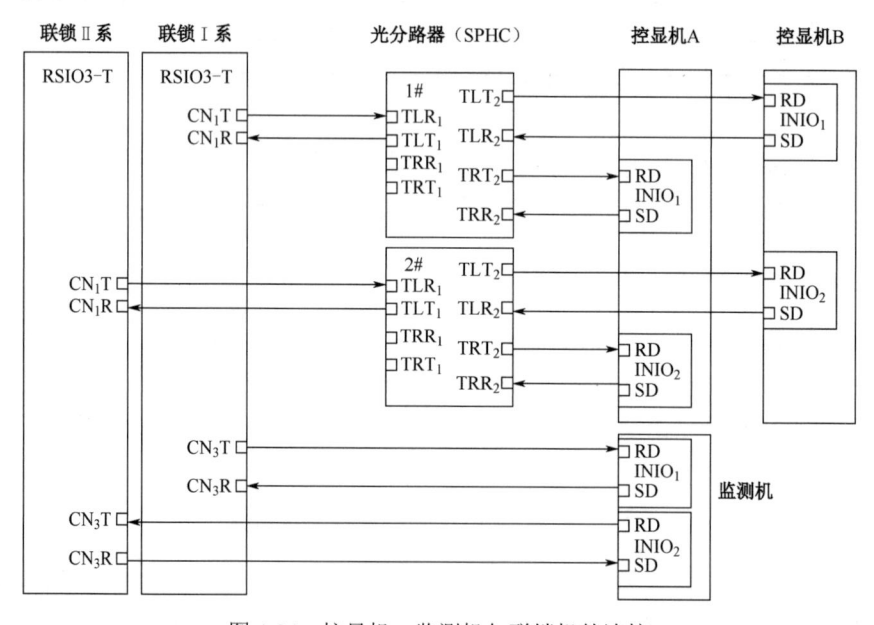

图 4-24 控显机、监测机与联锁机的连接

为了实现每一台控显机都能够与联锁机的每个系单独通信，控显双机每一台内安装了两块 INIO 通信卡：$INIO_1$、$INIO_2$。它们分别用于和联锁机 I 系和 II 系通信。联锁机的每个系与控显机通信的接口为 CN_1T（发送）、CN_1R（接收）。为了实现联锁机的每个系都能够与控显双机同时通信或与其中的任意一台单独通信，在联锁机与控显机之间的通信线路上增设了光分路器。

光分路器的作用是将一侧的输入信号分成两路输出，同时将另一侧两路输入的信号合并成一路输出。系统用了两个光分路器。1#光分路器用于联锁Ⅰ系与控显双机连接,2#光分路器用于联锁Ⅱ系与控显双机连接。光分路器端口的位置如图 4-25 所示。

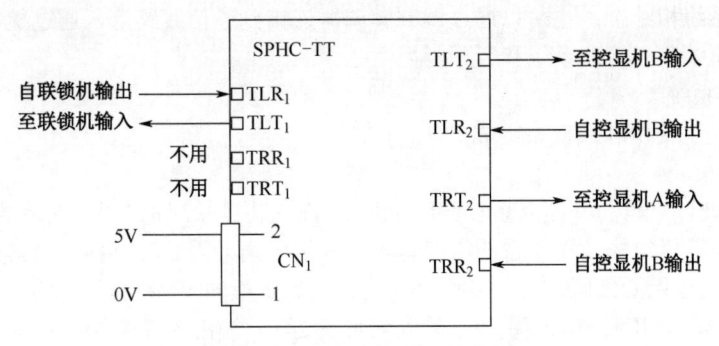

图 4-25 光分路器端口的位置

每个光分路器由两块电路板组成:一块电源板 SPHC-PW,一块信号传送板 SPHC-TT。光分路器由接口 24V 供电。电源板产生 5V 电压供信号传送板工作。光分路器的电源连接如图 4-26 所示。

2)控显机转换箱

控显机转换箱是控制台操作、显示设备与控显机接口的转换装置。本系统控显机采用双机互为备用,但控制台的操作、显示设备只有一套。当控显机切换时,转换箱在人工操作下实现控制台显示器、鼠标、语音输出与控显机接口及控显机电源的自动转换,免去拔、插联机电缆插头的烦琐操作。

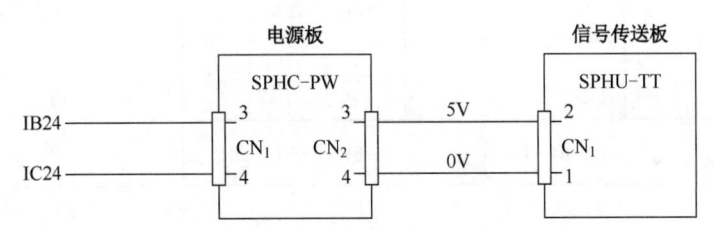

图 4-26 光分路器的电源连接

控显机转换箱有两路电源,即主电源和备用电源。如果主电源工作,那么主电源指示灯亮。当主电源故障后,它会自动切换到备用电源,此时备用电源指示灯亮,电源故障灯亮。当更换了故障的主电源之后,按压此按钮,可以切换到主电源供电。

控显机转换箱内有语音卡、串行接口卡、屏幕扩展卡。语音卡用于产生故障报警和操作提示的语音信号。屏幕扩展卡将图形卡输出的图形信号扩展驱动多个屏幕,以满足前后台车站值班员的需要,串行接口卡用于鼠标的切换。

控显机 A 和控显机 B 的语音信号、鼠标信号、视频信号均经控显机转换箱切换后送往控制台。

2. 监测子系统

监测子系统是为了帮助计算机联锁系统管理和维护人员分析事故原因和查找设备故障而设计的子系统,主要由电务维护台组成,电务维护台包括监测机、键盘、鼠标、显示器等。

监测机采用 PC 总线工控机。机箱内安装两块带有光电转换的 INIO 通信卡,用于和联锁机二重系通信,连接介质为光缆。通信管理软件自动监视双路通信的工作状态。在正常情况下,只要有一路通信正常就能保证通信不中断。监测机与联锁机的连接如图 4-24 所示。

监测机为系统维护人员提供查询、显示和打印各类检测信息的操作界面。监测机通过网络通信从控显机接收控制台按钮操作信息,从联锁机接收信号设备状态、系统输出命令、I/O 端口状态、系统故障报警信息等。监测机接收到的信息可以在监视器上实时显示,同时记录到数据库中,供事后查询、显示、再现、打印输出,并能够以图形方式再现信号设备的动作过程。

监测机配备有多种通信接口,可以通过局域网、广域网或串口直接与 DMIS、调度监督系统、集中监测系统相结合,也可以通过调制解调器连接到通信线路上,通过拨号连接方式将监测信息发送到集中监视管理系统和远程监视中心。

3．联锁子系统

联锁子系统主要由联锁双系组成。

1）联锁机架

DS6-K5B 型计算机的联锁双系（Ⅰ系和Ⅱ系）都安装在联锁机架内。两系的组成完全相同。每个系由三块电路板组成。每个系的机架有两个空闲插槽,需要时可插入与其他系统的通信接口板（如 CTC 通信用 OPU 板等）。各板之间通过机架底板的 VME 总线互连。

联锁Ⅰ系和联锁Ⅱ系的电源是两个输入为直流 24V、输出为直流 5V 的 DC-DC 电源,分别向联锁Ⅰ系和联锁Ⅱ系的逻辑电路提供 5V 电源。联锁机架的正面如图 4-27 所示。

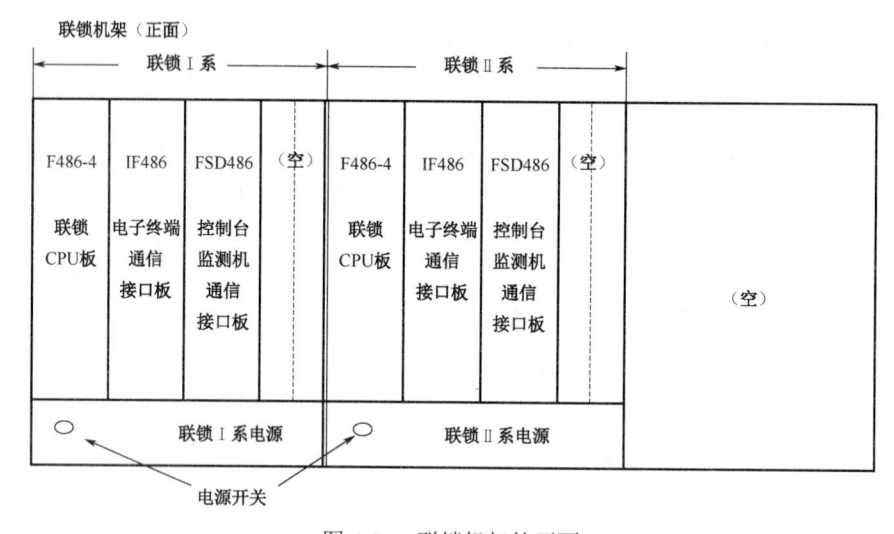

图 4-27　联锁机架的正面

在联锁机架的背面,每个系都有两块光电接口板：RSIO3 和 TLIO。RSIO3 板是 FSD486 板的光电接口板,用于联锁机与控显机和监测机之间的光缆连接。TLIO 板是 IF486 板的光电接口板,用于联锁机与电子终端之间的光缆连接。联锁机架的背面如图 4-28 所示。

图 4-28　联锁机架的背面

2）F486-4 板

F486-4 板是联锁机的主 CPU 板。二重系的每个系都有一块 F486-4 板，安装在联锁机架每个系左边第一个槽位（正面）。每块板上有两个 CPU 并行工作，当两个 CPU 运算结果一致时产生对外输出，满足故障-安全要求。

F486-4 板的功能：完成联锁逻辑运算，实现二重系间通信及切换控制、三重系一致性检查、系统故障检测及报警，异常时停止动作，输出倒向安全。

系统管理程序存储在 ROM 中。联锁程序和站场数据，存储在 RAM 中。联锁机在每次停电后，需要先将存储有联锁程序和站场数据的 IC 卡插入 IC 卡插槽，从 IC 卡重新读入联锁程序和数据，然后系统才能投入运行。

F486-4 板的前面板如图 4-29 所示，指示灯及开关的功能说明如下：

D7=灭：系统运行正常；D7=亮，系统停机。在 D7 灭灯的情况下，D0～D6 状态定义如下：

D0=亮：本板为Ⅰ系；D0=灭：本板为Ⅱ系。

D1=亮：本板为主系；D1=灭：本板为从系。

D2=亮：两系不同步；D2=灭：两系同步。

D3=亮：执行控制功能；D3=灭：控制功能停止。

D4=亮：APL 开始执行；D4=灭：APL 停止执行。

APL：应用程序逻辑。

D5=预留。

D6=亮：数据连接成功；D6=灭：数据连接失败。

WT=闪光，看门狗状态。

B0=灭：VME 总线出错；B0=亮：无错。

FLH，FLL=闪光：总线时钟状态。

BER=亮：外部 RAM 访问总线出错。

MI、DC、WR、IM、VM、Ⅱ、Ⅵ：表示硬件工作状态。

SW1、SW2：运行方式设置开关，两个开关必须设置成相同状态。

SW1、SW2=1：正常方式；SW1、SW2=F，调试方式。

SW1、SW2：不容许设置其他状态。

SW3：总输入开关，必须设置为 0。

MON：9 针 D 型插座，调试用接口。

RES：系统复位开关。

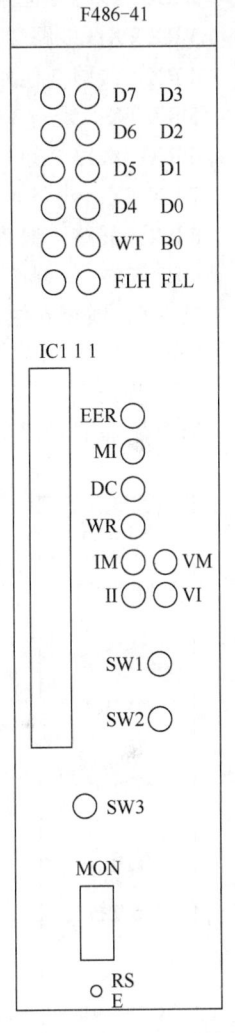

图 4-29 F486-4 板的前面板

3）IF486 板

IF486 板是联锁机与电子终端的通信接口板。联锁二重系的每个系都有一块 IF486 板，安装在联锁机的第二个槽位，板上的 ROM 存储了通信处理程序。它从 F486 板接收联锁运算产生的输出命令传送给电子终端，从电子终端接收表示信息传送给 F486 板。每个 IF486 板上有 5 路与电子终端的通信接口。IF486 板的前面板如图 4-30 所示，指示灯定义如下：

图 4-30 IF486 板的前面板

ESIO WDT：闪光=运行正常，灭灯=运行停止。
ESIO：ET SIO 线路状态指示。
闪光=有数据传送，灭灯=无数据传送。
1 RX TX：线路 1 本系接收（RX），线路 1 本系发送（TX）。
2 RX：线路 1 他系接收。
3 RX TX：线路 2 本系接收（RX），线路 2 本系发送（TX）。
4 RX：线路 2 他系接收。
5 RX TX：线路 3 本系接收（RX），线路 3 本系发送（TX）。
6 RX：线路 3 他系接收。
7 RX TX：线路 4 本系接收（RX），线路 4 本系发送（TX）。
8 RX：线路 4 他系接收。
9 RX TX：线路 5 本系接收（RX），线路 5 本系发送（TX）。
10 RX：线路 5 他系接收。
D0～D7：反映软件状态。
SW：正常输入（必须置 0）。
MON：监视器接口。

4）FSD486 板

FSD486 板是联锁机与控显机、监控机的通信接口板，安装在联锁机的第三个槽位，板上的 ROM 固化有通信程序。它从 F486 板接收站场的表示信息并发送给控显机及监测机用于站场图形的实时显示和提示报警。同时，它接收控制台的按钮操作信息，并传送给 F486 板用于联锁运算。

FSD486 板通过联锁机箱背面的 SIO3 光电接口板与控显机和监控机相连。

FSD486 板的前面板如图 4-31 所示，指示灯定义如下：

MSIO WDT：闪光——运行正常；灭灯——运行停止。
IL_正常：亮（绿色）——系统在运行。
IL_异常：亮（红色）——系统停止运行。
MSIO：表示人机界面网络串行通信线路状态。
TX：闪光——正在发送数据，灭灯——没有发送数据。
RX：闪光——正在接收数据，灭灯——没有接收数据。
启动：手动启动开关（不用自动启动时用）。
系切换：不用。
D0～D7：反映软件状态。
SW：正常输入开关（必须置 0）。
MON：监视器接口。

图 4-31 FSD486 板的前面板

5）光电接口板

在联锁机架的背面，每个系都有两块光电接口板：TLIO 和 RSIO3。TLIO 板是 IF486 板的光电接口板，用于联锁机与电子终端之间的光缆连接。RSIO3 板是 FSD486 的光电接口板，用于联锁机与控显机和监测机之间的光缆连接。

TLIO 板的接线如图 4-32（a）所示。该板上有 L_1H、L_2H、L_3H、L_4H、L_5H 这 5 个光缆插孔（其余光缆插孔在本系统中不用）。每个插孔可插入一根两芯光缆，连接一个 ET 机架。本系统最多连接 5 个 ET 机架。

RSIO3 板的接线如图 4-32（b）所示。该板是 FSD486 与控显机、监测机之间通信的光电接口板，板上有 4 个光缆插孔，每个插孔可插入一个单芯光缆。其中，CN_1T、CN_1R 用于连接控显机，CN_3T、CN_3R 用于连接监测机。

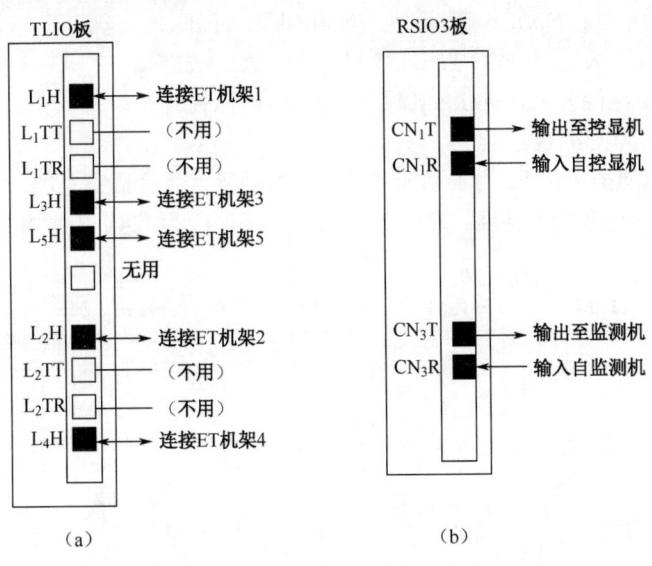

图 4-32　TLIO 板和 RSIO3 板的接线

4. I/O 子系统

I/O 子系统主要由 I/O 接口组成。该系统的 I/O 接口称为"电子终端"，用字母"ET"表示。

1）ET 机架

ET 电路安装在 ET 机架内。

ET 机架的正面如图 4-33 所示。

一个 ET 机架有 12 个插槽。ET 机架左边的两个插槽用于安装两个 ET-LINE 板，左边第一个插槽安装 I 系 LINE，与联锁 I 系的 IF486 板连接。第二个插槽安装 II 系 LINE，与联锁 II 系的 IF486 板连接。其余的 10 个插槽用于安装 PIO 板。PIO 板必须成对安装。因此，每个机架可以安装 5 对 PIO 板。PIO 板是通用的。每个 PIO 板可插在机架的任意插槽上。系统对 PIO 的识别（寻址）通过 ET 机架底板上每个插槽的地址设置实现。每个机架内的 5 对 PIO 地址在设备出厂时已经按照系统配置设置好。

图 4-33　ET 机架的正面

值得注意的是，ET-LINE 板和 ET-PIO 板必须插在机架的指定槽位上。若插错位置，则系统不能运行，并有可能造成设备故障。

ET-PIO 面板指示灯及其开关含义如下。

EF-PIO 面板指示灯：Normal 亮=运行，Normal 灭=停止。

RXD：闪=接收，灭=无接收。TXD：闪=发送，灭=无发送。

DC5V ON：5V 电源开关，向上=电源开，向下=电源关。

ET 机架的背面如图 4-34 所示。

LINE：J1 为电源插座，A3 为Ⅰ系和Ⅱ系的光缆插座，其余插座不用。

PIO 1～5：J1 为输入信号插座，J2 为输出信号插座，J3 为 I24V 电源插座，J4 和 J5 用短电缆连接不对外引出。

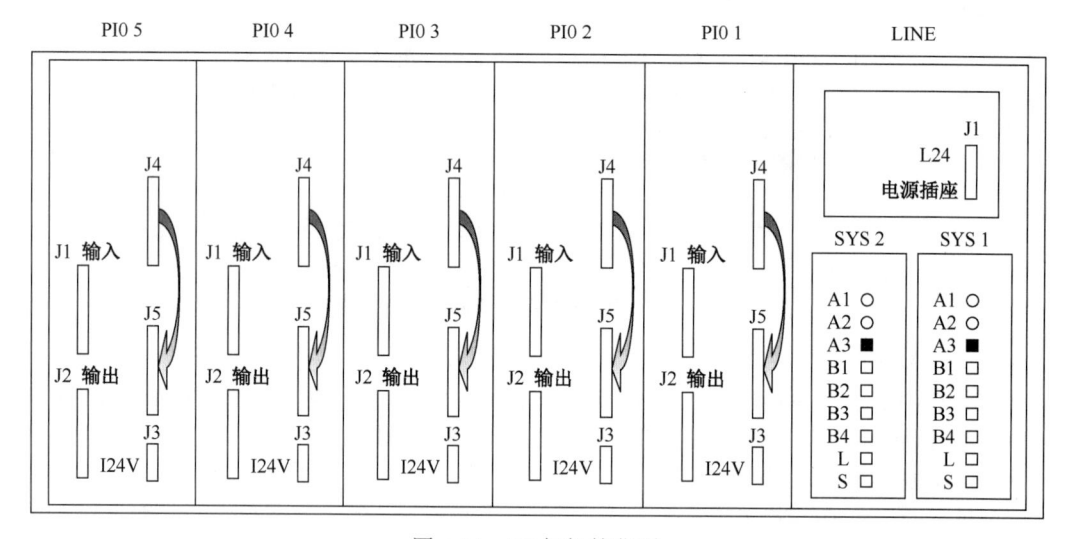

图 4-34 ET 机架的背面

2）电子终端

电子终端采用并列二重系结构，单板的故障不影响系统的输入和输出。输出驱动和输入采集均采用静态方式。输出直接驱动安全型继电器。输入采集直流 24V 信号。

每个 ET-PIO 板都是具有双 CPU 故障安全处理器的智能控制板，每块板通过串口与联锁机交换信息，并完成对本板的 I/O 数据的安全处理和对本板电路的故障检测，控制是分散独立的。

每对 ET-PIO 板组成并列的 I/O 接口，对外共同连接 32 路输出和 32 路输入。

3）电子终端与联锁机之间的连接

电子终端与联锁机之间的物理连接通过 ET NET 光缆实现，如图 4-35 所示。联锁机的 IF486 板是联锁机与电子终端的通信接口板，一个 IF486 板上有 5 个 ET NET 通道。通过 TLIO 板引出 5 对光缆，可连接 5 个 ET 机架。TLIO 板的端口与 ET 机架之间采用 HAC 105 型两芯光缆连接。

5．电源子系统

电源子系统要求信号电源屏经隔离变压器单独提供一路单相交流 220V 电源。DS6-K5B 电源系统如图 4-36 所示，把信号电源屏的 220V 电源送到电源柜，经过 UPS 后向计算机设备供电。

控显机、监测机及控制台显示器等设备使用 UPS 输出的 220V 电源。

联锁机和电子终端采用两路直流（DC）24V 电源供电。第一路称为逻辑 DC 24V 电源（L24），此电源经 DS6-K5B 型计算机联锁系统内部的 DC-DC 变换，产生逻辑电路工作所需的 5V 电源。第二路称为接口 DC 24V 电源（I24），供输出接口驱动继电器和输入接口采集继电器状态。

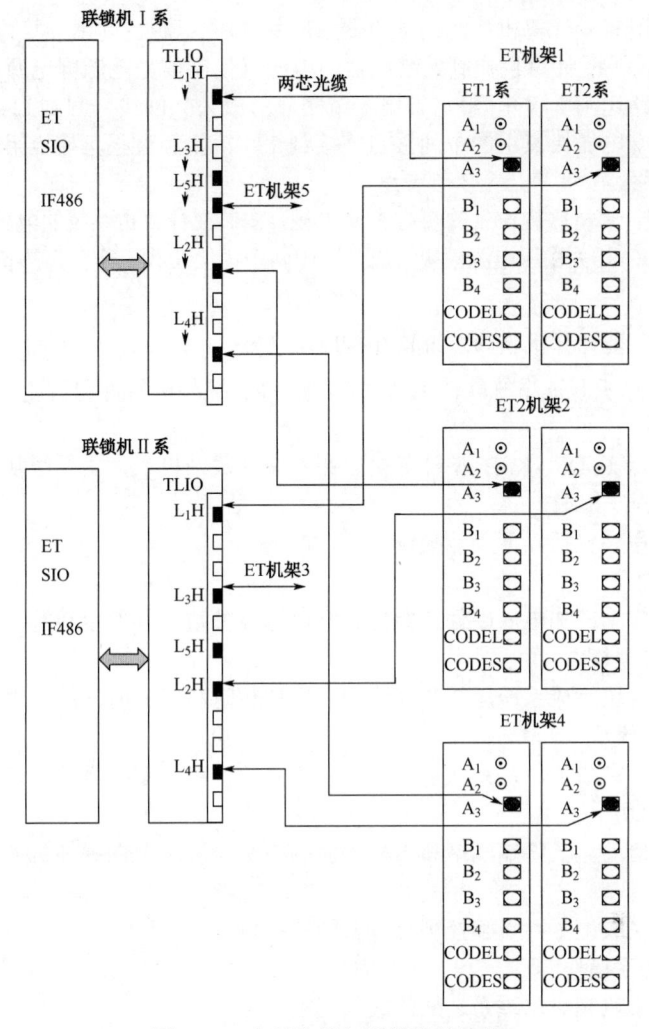

图 4-35　电子终端与联锁机的连接

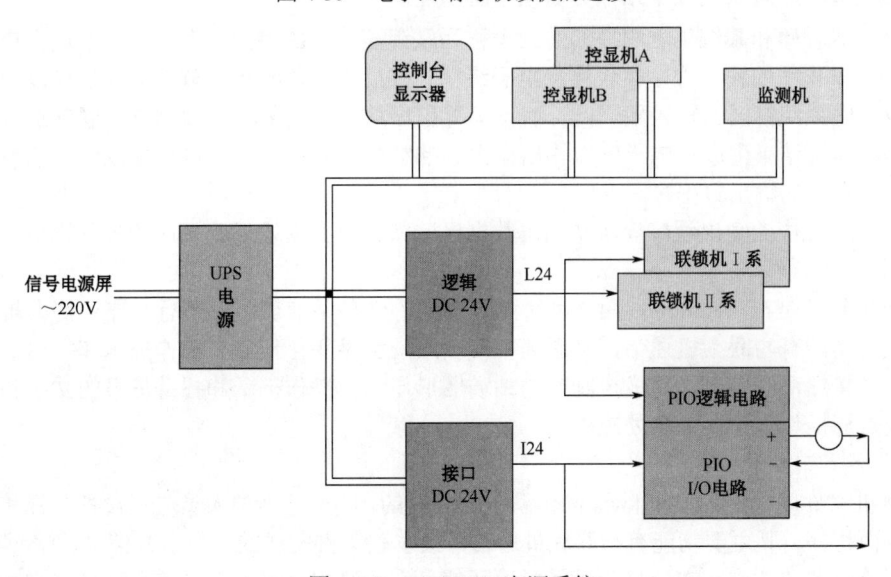

图 4-36　DS6-K5B 电源系统

在组合架上，所有受计算机控制的继电器用的是 24V 电源，均由计算机系统的 I24V 电源供电。在组合架上，不受计算机控制的继电器的电源仍使用信号电源屏电源。

计算机输出电路送出 24V+，经过继电器线圈，形成公共回线，回到 I24V-。

计算机采集的继电器接点组的中间接点连接到 I24V+，经过采集接点组的前接点或后接点回到计算机输入电路。

供 DS6-K5B 型计算机联锁设备的两路 24V 电源，安装在计算机系统的电源柜内。每一路 24V 电源均由 3 个 AC-DC 开关稳压电源模块组成，其中两个模块在线工作互为热备，可自动切换，另一个模块为冷备。

（三）DS6-K5B 型计算机联锁系统软件构成及功能

DS6-K5B 型计算机联锁系统软件包括联锁机软件、控显机软件和监测机软件。

1．联锁机软件

联锁机软件运行在 DS6-K5B 型计算机联锁系统的联锁机上，由系统基本程序（系统管理程序）和联锁运算程序组成。

联锁机的基本程序包括以下功能模块。

1）初始化模块

初始化模块完成系统加电后硬件初始化、联锁运算参数文件的装载等。

2）系统周期管理模块

系统周期管理模块完成系统运行周期管理、周期超时和空闲时间的管理等。

3）二重系管理模块

二重系管理模块完成主、从系状态的检查及主系故障时二重系之间的切换控制。

4）输出程序模块

输出程序模块启动电子终端网络和人机界面网络驱动程序，向联锁机外部设备输出数据。

5）输入程序模块

输入程序模块完成电子终端和控制台设备的数据输入。

6）系间传送程序模块

系间传送程序模块完成二重系之间的数据交换。

联锁运算程序用来完成车站信号联锁控制功能。

联锁运算程序和系统基本程序通过一个称为联锁演算区的特定内存区进行数据交换。

系统基本程序的输入程序模块将从电子终端、控显机和监测机中取得输入信息以约定的数据格式放入联锁演算区的输入数据区。联锁运算程序从该区取得输入数据进行联锁运算。联锁运算程序将运算结果生成的电子终端输出命令、控制台显示信息和监测信息以约定的数据格式放入联锁演算区的输出数据区。

系统基本程序的输出程序模块从输出数据区取得输出数据发送到相应的外部设备。

2．控显机软件

控显机软件是在 Windows 操作系统上开发的，供车站值班员办理行车作业的人机界面软件。其主要功能有与联锁机通信，从联锁机接收站场实时变化信息、操作提示和报警信息，向联锁机发送按钮命令信息，完成控制台的站场图形显示、操作提示和报警信息的文字和语音输出，以及鼠标操作和按钮信息处理等。

3．监测机软件

监测机软件同样是在 Windows 操作系统上开发的，供电务维护人员进行设备监视和故障诊断人机界面程序。其主要功能有与联锁机通信，接收联锁机发送的站场实时信息、DS6-K5B 型计算机联锁系统的工作状态信息及系统自诊断信息，监测程序将所有的信息记录到实时数据库中。电务维护人员可以通过屏幕菜单操作查询、显示或打印输出各类信息。

二、DS6-K5B 型计算机联锁系统工作原理

（一）DS6-K5B 型计算机联锁系统的双系热备

DS6-K5B 型计算机联锁系统的双系热备如图 4-37 所示。在双系热备方式中，电子终端的Ⅰ系和Ⅱ系均仅接收联锁机其中一个系统发来的输出信息，即联锁机Ⅰ系的输出或联锁机Ⅱ系的输出，而联锁机另一个系的输出不予采纳。也就是说，双系中存在主系和备系的区别。只有主系对外的输出才被电子终端的Ⅰ系和Ⅱ系采纳，备系的输出虽然送出，但不被电子终端的Ⅰ系和Ⅱ系取用，并且仅用于双系之间的校验。当双系的主系发生故障时，联锁机自动地倒向备系。从这个意义上说，联锁双系之间采用的是双系热备的方式。

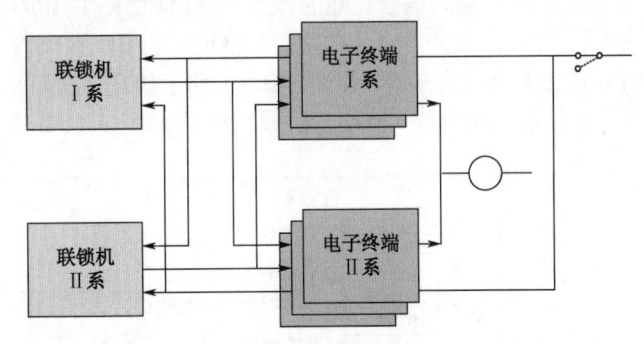

图 4-37　DS6-K5B 型计算机联锁系统的双系热备

在这种双系热备的方式中，电子终端的每个系都接收联锁机二重系的输出，电子终端每个系的输入都发送给联锁机二重系。电子终端的Ⅰ系和Ⅱ系均同时工作，同时产生输出，并且均以线圈并联的方式连接到被驱动的继电器上。也就是说，电子终端的双系是以二重系并联方式运行的。

（二）F486-4 板的双 CPU 电路

联锁机二重系具有相同的双 CPU 电路。图 4-38 所示为单系的双 CPU 电路。

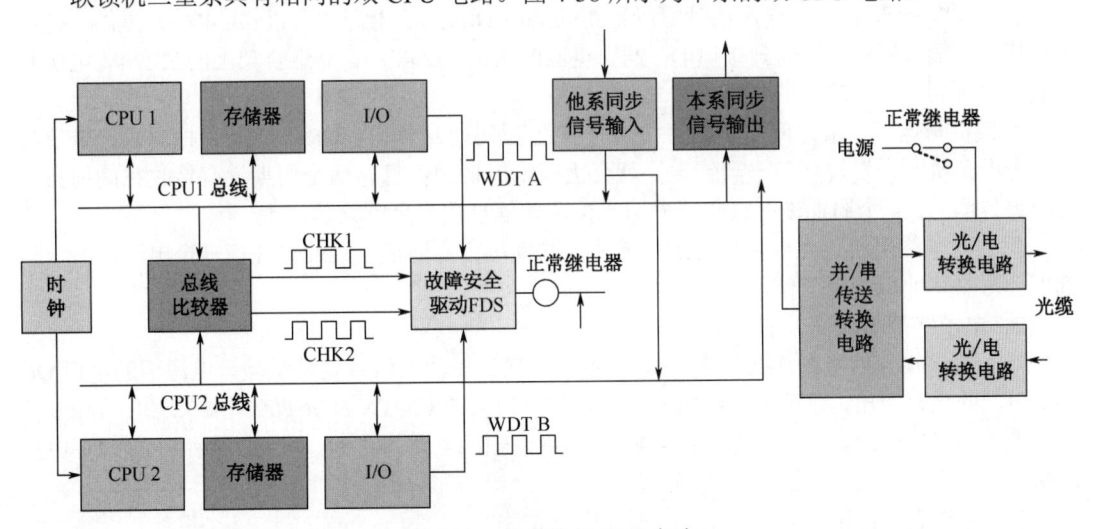

图 4-38　单系的双 CPU 电路

两个 CPU 在同一个时钟控制下，实现总线级同步工作，总线比较器以时钟为单位，对双重 CPU 的处理经过、处理结果进行对照检查。经总线比较器比较，当两个 CPU 运行完全一致时，正常继电器吸起，输出"光/电转换电路"接通电源，输出有效。当发生故障时，总线比较器可以做到在最短的时间内（一个 CPU 时钟周期内）及时地发现 CPU 及周边器件的故障，通过屏

蔽对外输出或停止 CPU 动作，使安全得到最有效的保证。

（三）I/O 接口

1．输入接口电路

图 4-39 所示为电子终端的输入电路原理图。ET-PIO 板的输入电路是典型的"静态-动态"变换的"故障-安全"输入电路。从继电器的采集接点输入直流 24V 的电压，在 ET-PIO 板内 CPU 产生的脉冲信号的控制下，输入回路工作在接通和断开交替变换的状态，使输入的静态（直流）信号转换成动态（脉冲）信号，实现故障-安全要求。

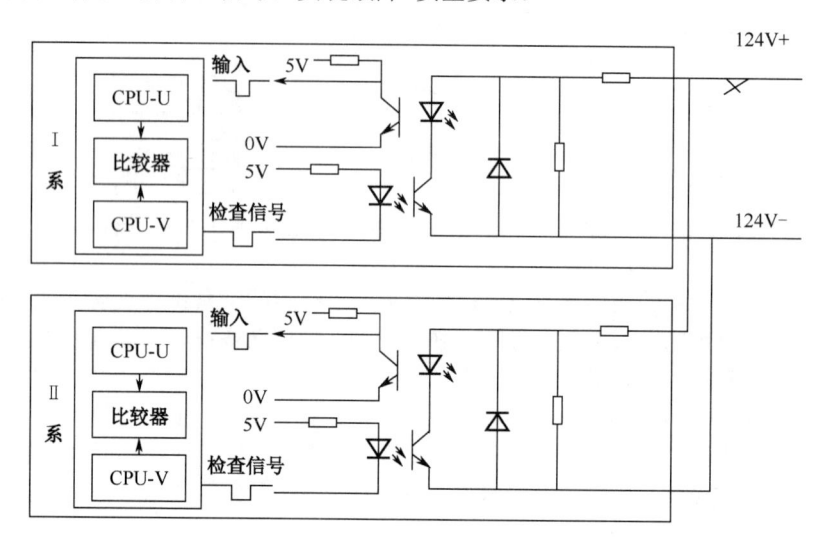

图 4-39　电子终端的输入电路原理图

输入信号经过板内双 CPU 的同步处理后，通过光纤连接的串行通信将输入信息发送给联锁机。

输入采集的直流 24V 电压由计算机系统的接口 DC 24V 电源的正极（I24V+）提供，通过采集接点和输入回路，返回到接口 DC 24V 电源的负极（I24V-）。与组合架上的 KZ24V 电源互相隔离，有利于提高输入的可靠性。

联锁机与电子终端之间安全信息传送具有正/反码两次传送、CRC 校验、标志码检查等故障安全保证机制，发现任何一项错误，就会丢弃本周期的信息。两个周期没有接收正确信息，给出警告信息。4 个周期没有接收正确信息，全部信息按安全侧处理。

每个电子终端通过光电隔离的通信链路与联锁机独立通信。因此，任何一个电路板的故障都不会影响其他电路板工作。

2．电子终端输入信号的连接

电子终端输入信号的连接如图 4-40 所示。ET-PIO 板输入信号电源从微机电源柜的接口 DC 24V 电源的正极引出，通过采集继电器的接点到接口架的 CS-TX19-36T/Z 型插头/插座，经过信号电缆连到 ET-PIO 板的 J1，进入 ET-PIO 板内部的输入电路，经 J4、J5 回到接口 DC 24V 电源的负极。

3．输出接口电路

图 4-41 所示为电子终端的输出电路原理图。ET-PIO 板二重系的输出电路采取并联输出，每个系的输出电路均采取故障-安全设计，输出电压为直流 24V，直接驱动安全型继电器，电源为计算机系统的接口 DC 24V 电源。

ET-PIO 板内的双 CPU 通过光纤连接的串口接收联锁机发来的输出信息，经过双 CPU 的同步运算处理，对有输出的端口同时生成两路输出信号。一路为静态（直流）信号，另一路为动态（脉冲）信号。静态输出信号经过光电耦合器件（PMR）转换成 24V 的直流输出电压。动态输出信号经过故障安全驱动电路（FSD）驱动一个微型继电器（ROR）。ROR 的一组接点串联接入 PMR 的输出回路。因此，只有在静态和动态两路输出电路均无故障的情况下才能对外输出电压，使继电器动作。

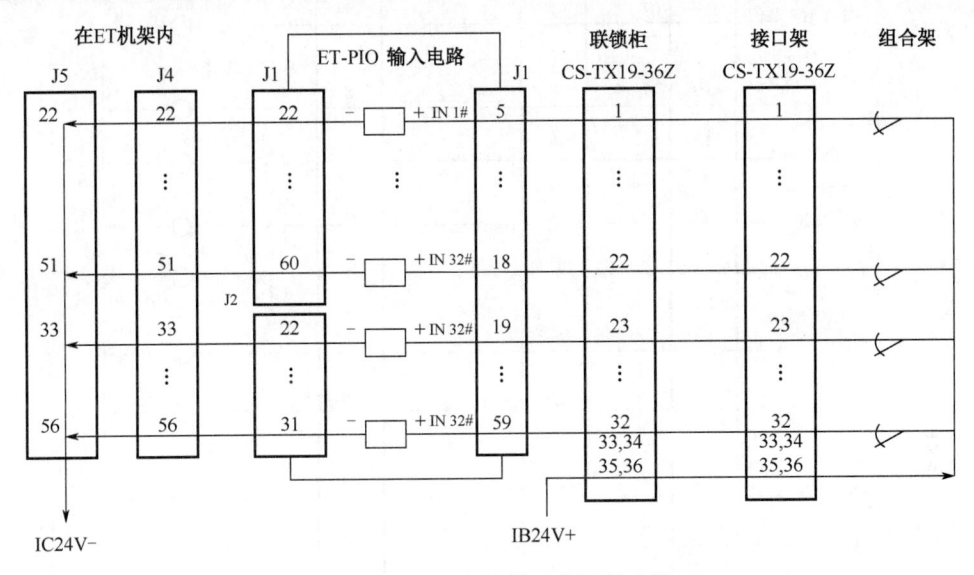

图 4-40　电子终端输入信号的连接

ET-PIO 板内的双 CPU 从 PMR 的输出回路取得 CHK1 回读信号，从 ROR 的另一组接点取得 CHK2 回读信号，对输出回路的状态实现实时在线监视，一旦发现错误，立即进行导向安全处理。

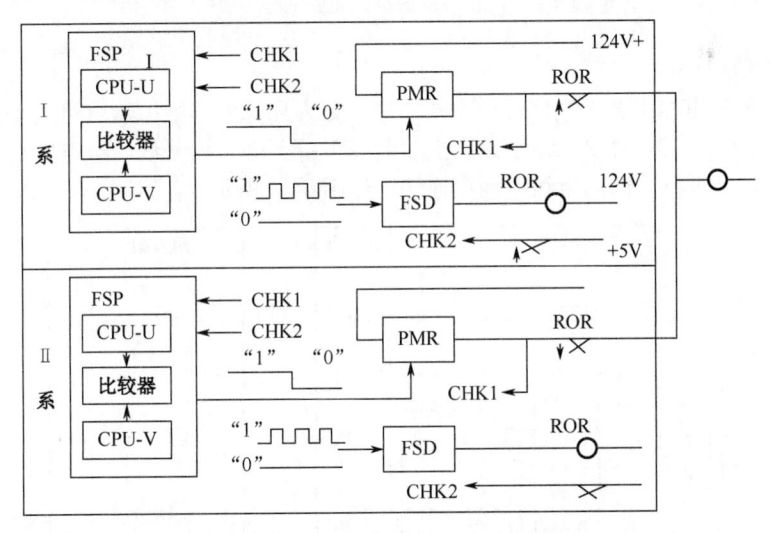

图 4-41　电子终端的输出电路原理图

4．电子终端输出信号的连接

电子终端输出信号的连接如图 4-42 所示。ET-PIO 板的输出驱动信号电压为 24V，输出信号极性为"＋"。

电子终端输出驱动信号从 ET-PIO 板的 J2 引出，经过信号电缆连到接口架的 CS-TX19-36T/Z 型插头/插座，通过组合架之间的配线连接到被控继电器。继电器线圈的负极通过公共回线返回接口 DC 24V 电源的正极。

PIO 输出电路	J2	联锁柜插座 CS-TX19-36Z	接口架插座 CS-TX19-36Z	组合架
OUT 1(+)	3	1	1	+ −
OUT 8(+)	10	8	8	
OUT 9(+)	42	9	9	
OUT 16(+)	49	16	16	
OUT 17(+)	12	17	17	
OUT 24(+)	19	24	24	
OUT 25(+)	51	25	25	
OUT 32(+)	58	32	32	
24V(−)	1	33	33	
	40	34	34	
	21	35	35	
	60	36	36	

图 4-42　电子终端输出信号的连接

5．I/O 接口配线

在计算机与继电器组合架之间设一个接口架，作为计算机与继电器电路之间的连接界面。在接口架上设 CS-TX19-36T/Z 型 36 线插座。每个插座配 32 个信号线。继电器电路一侧的连线焊接在插座上，计算机一侧的连线用插头连接，如图 4-43 所示。

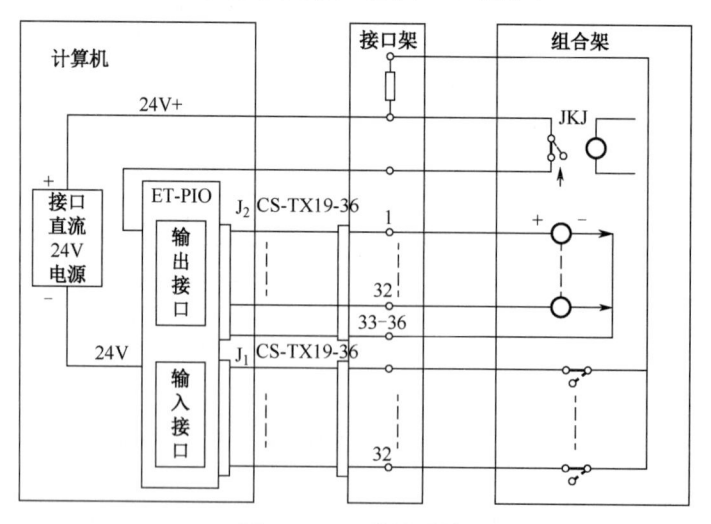

图 4-43　I/O 接口配线

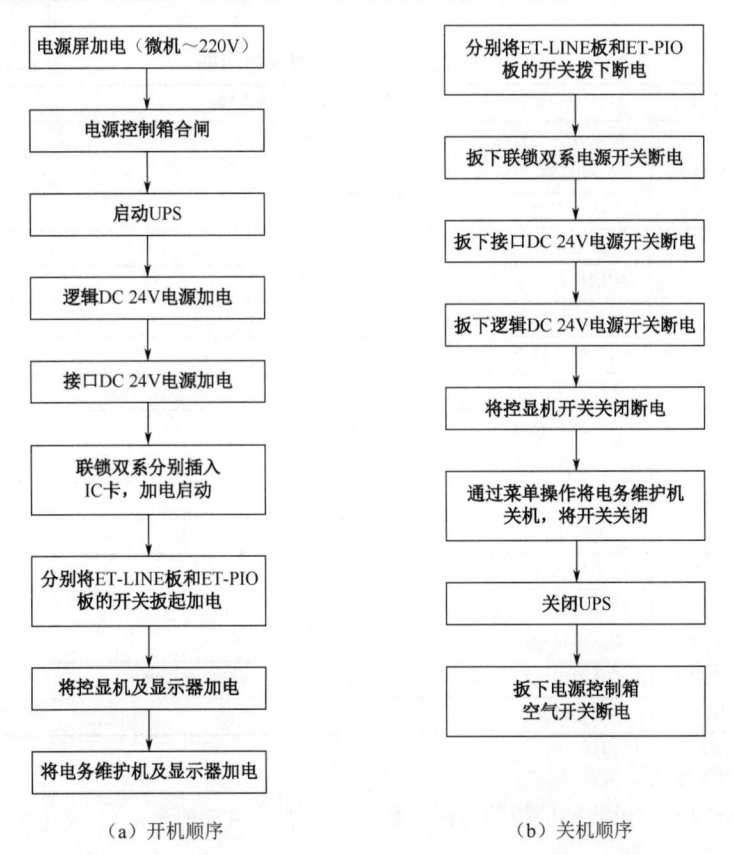

三、DS6-K5B 型计算机联锁系统维护

（一）系统开机、关机顺序

DS6-K5B 型计算机联锁系统加电前，应首先确认所有设备连接正确，接插件连接牢靠。在给设备加电时应按照先外围、后联锁的顺序进行。

（1）接通 UPS 220V 电源，确认 UPS 输出 220V 电压正确。

（2）接通控制台设备电源。控制台设备包括控显机、显示器、控显机转换箱。

（3）接通监测机（含显示器）电源。

（4）接通微机电源柜电源。确认两路 24V 电源输出正常。

（5）接通联锁柜和电子终端柜电源内滤波器盒上的接口 DC 24V 电源和逻辑 DC 24V 电源开关。

（6）接通联锁Ⅰ系和联锁Ⅱ系的电源开关。在联锁机 F486 板的 IC 卡插槽内插入 IC 卡。如果有两个 IC 卡，就可以同时插在双系联锁机上。如果只有一个 IC 卡，就可以先插入一个系联锁机，待其进入运行状态后，取出 IC 卡再插入另一个系联锁机。联锁机从 IC 卡读入程序和数据约需 30s。首先加电并插有 IC 卡的联锁机将进入"主系"状态运行，另一个机器进入"从系"状态运行。

（7）接通各 ET 机架上每个 ET-LINE 板和 ET-PIO 板的电源开关。确认每块板进入正常工作状态："Normal"指示灯亮，"Txd"指示灯闪光。

至此，DS6-K5B 型计算机联锁系统从冷机状态加电启动完成。

DS6-K5B 型计算机联锁系统停机下电，原则上应按上述的逆向顺序，依次切断各设备的电源。

DS6-K5B 型计算机联锁系统的开机、关机顺序如图 4-44 所示。

（a）开机顺序 　　（b）关机顺序

图 4-44　DS6-K5B 型计算机联锁系统的开机、关机顺序

（二）维护注意事项

（1）联锁机从冷机启动需要从 IC 卡上读入程序和数据才能进入正常运行。因此，IC 卡平时应插在 IC 卡插槽内。这样，系统在停电恢复后可自动投入运行。注意：IC 卡易受静电冲击损坏，不可用手触摸 IC 卡的端子部分。

（2）系统各设备之间采用光缆连接。光缆较为脆弱，应注意以下事项。

① 不要用手触摸光缆接头的光端口。光缆接头不用时，一定要带上防尘帽。

② 光缆的弯曲半径一定要在 5cm 以上，否则将造成光缆断裂。

③ 不可使光缆受到强烈的撞击、震动和重力挤压、拉扯。

④ 拆卸光缆连接必须握住光缆接头的外壳拔插，不可拉拽光缆线。

⑤ 连接光缆接头要注意插头与插座的吻合，同时要拧紧固定螺钉。

（3）联锁机的 3 个电路板（F486、IF486、FSD486）、两个光电接口板（TLIO、RSIO）及 ET-LINE 板和 ET-PIO 板必须插在机架的指定槽位上。若插错位置，则系统不能运行，并有可能造成设备故障。

（4）系统中所有的电路板和模块严禁在带电的情况下拔插。违反此项规定将造成设备损坏。

（5）扳动 ET-LINE 板和 ET-PIO 板上的电源开关时必须先用手握住开关柄轻轻向外拉出，再扳动，不可直接用力扳。

（三）设备检修

1. 设备检修的周期与内容

设备检修的内容与周期如表 4-2 所示。

20. 弘扬爱岗敬业精神，从我做起

表 4-2　设备检修的内容与周期

设备	修程	检修工作内容	周期
联锁机柜	日常保养	检查设备运行状态	每日
		检查设备外表	每日
		清洁外表卫生	每周
	二级保养	同日常保养内容	每月
		内部检查	
		设备运行检查、冗余试验	
		电气特性检查	
		清洁卫生	
	小修	同二级保养内容	每年
		清洁内部部件	
		部件检查	
		功能测试	
	中修	同小修内容	每 5 年
		线缆检查及绝缘测试	
		清洁内部部件	
		设备整治（更换不良配件，如阻容元件、二极管、变压器等）	
		联锁功能测试	

2. 设备检修方法与检修标准

控制台、分线架、组合架的检修方法与检修标准如表 4-3 所示。

表 4-3 控制台、分线架、组合架的检修方法与检修标准

设备	修程	检修工作内容	检修方法	检修标准	周期
控制台、分线架、组合架	日常保养	检查设备运行状态	各种报警设备检查	电铃声清脆,各种报警设备良好	每天
			表示灯及光带检查	各种表示灯及光带明亮	
			访问操作员,了解使用状况,及时处理不良部件	根据操作员反映的情况,及时处理不良部件	
		检查设备外表	铭牌检查	各种铭牌齐全,铭牌清楚,固定可靠,无脱落	
		清洁外表卫生	用专用工具清洁外表卫生	设备表面无积尘、无污点、无水渍、无杂物	每周
	二级保养	同日常保养内容	同日常保养方法	同日常保养标准	每月
		清洁卫生	内部表面卫生清扫	无灰尘、无杂物	
			电缆沟槽检查、清扫,防鼠措施检查	电缆沟内清洁干燥,盖板完整密封好,防鼠、防火措施良好	
		内部检查	连接件紧固检查	各连接件紧固,无脱焊,接触良好	
			检查接线端子板	无灰尘、无松动,接线端子无锈蚀,导线紧固,无压胶套,导线无老化	
		设备运行检查、冗余试验	按钮检查	按钮动作灵活无卡阻	
			检查熔断器	无老化变形,保险座与保险管接触良好	
		电气特性检查	检查电源屏 I/O 电压	各电压正常	
	小修	同二级保养内容	同二级保养方法	同二级保养标准	每年
		线缆检查	对地绝缘测试并检查有无电缆芯线外皮爆裂、进水等情况	电缆芯线外皮爆裂进水的将电缆余量重新开头	
		清洁内部部件	清除内部积尘	用吸尘器和毛刷清洁内部部件,补齐各种表示铭牌	
		设备整治	更换不良配件	不良部件已更换,设备运行正常	
		功能测试	重要联锁功能测试	各功能正常	
	中修	同小修内容	同小修方法	同小修标准	每 5 年
		线缆检查及绝缘测试	全程对地绝缘测试并检查有无电缆芯线外皮爆裂、进水等情况	电缆芯线外皮爆裂、进水的将电缆余量重新开头	
		清洁内部部件	检查各部件的清洁和标识是否齐全	用吸尘器和毛刷清洁内部部件,补齐各种标识铭牌	

联锁机柜、上位机、电务维修机的检修方法与检修标准如表 4-4 所示。

表 4-4 联锁机柜、上位机、电务维修机的检修方法与检修标准

设备	修程	检修工作内容	检修方法	检修标准	周期
联锁机柜、上位机、电务维修机	日常保养	检查设备运行状态	目测并测试电压	各指示灯应闪烁,完整无损,显示正确;当发现电压低于工作范围时及时上报、登记和更换	每天
			目测查询并访问操作人员	各项记录完整,了解设备状态,以便及时排除硬件故障。查询主机、备机记录	
			目测及手动试验	电源指示灯处于稳定亮状态,显示器显示正常,鼠标的移动及键盘各键的使用正常	

续表

设备	修程	检修工作内容	检修方法	检修标准	周期
联锁机柜、上位机、电务维修机	日常保养	检查设备外表	目测	外观良好、稳固、门锁好	每周
		清洁外表卫生	用专用工具清洁外表卫生	设备表面无积尘、无污点、无水渍、无杂物	
	二级保养	同日常保养内容	同日常保养方法	同日常保养标准	每月
		内部检查	目测及手动试验	无灰尘;各连接件紧固、无脱焊、接触良好;接线端子无锈蚀,导线紧固无老化	
		设备运行检查、冗余试验	主备机切换试验 用手扳动各种手柄试验	主备切换正常	
			目测及手动试验检查显示器	显示图像清晰、色彩鲜艳,明暗对比度适中,电源指示灯、电源开关及调整功能正常	
			目测检查打印机的指示灯、电源开关、打印效果	打印机的指示灯及开关正常,打印机与工作站的连接良好,打印命令有效,打印效果良好	
			手动试验检查键盘、鼠标功能	键盘、鼠标表面干净、清洁、无灰尘,内部无尘,操作良好、灵活	
		卫生清洁	使用鸡毛掸子、抹布、全能水清洁柜体	机柜外罩无灰尘。指示面板干净清晰;总线机笼、电源、各配线整齐,无灰尘	每月
			用屏幕清洁剂清洁显示屏,使用鸡毛掸子、抹布、全能水清洁机壳	设备表面干净、清洁、无灰尘,键盘、鼠标表面干净、无灰尘,操作良好灵活	
			用鸡毛掸子、抹布、吸尘器清洁,清洗防尘网,检查风扇	风扇转动时没有噪音,保持一定的风量以起到散热作用,主板、内存条、处理器等部件干净、清洁、无灰尘	
	小修	同二级保养内容	同二级保养方法	同二级保养标准	每年
		清洁内部部件	用鸡毛掸子、抹布、吸尘器清洁机器内部灰尘	机器内部干净、清洁、无灰尘,插接板插接牢固且密贴性良好。各接口的螺丝紧固,连接线连接牢固、无断线、无接角不良、表皮无破损。注意:毛刷把导电部分用绝缘胶带包好	
		设备整治	目测,鸡毛掸子及抹布清洁	变压器无过大噪声及过热,无异味,电容器良好;配线排列整齐,无破皮,各部端子无松动。线头无伤痕和混电的可能,引入与引出端子有编号,标签清晰;保险座牢固,容量符合图纸标准,接触良好;内部及屏面清扫干净无灰尘,走线架电缆、电源线整齐,清扫干净。注意:毛刷把导电部分用绝缘胶带包好	
		线缆检查	目测,使用500V兆欧表测试	地线与防雷元件检测;压线螺钉紧固、无断股、无锈点。各防雷元件外观良好,未翻牌	
		功能测试	手动排列进路试验	进路可成功排列	

（四）故障处理

DS6-K5B 型计算机联锁系统以信号机械室内分线盘为界，分为两个部分的故障，即室外故障和室内故障。室外故障按电气集中电路故障方法处理。室内故障又以接口架为界分为以下两部分：一是继电器故障；二是计算机故障。

继电器故障，主要是采集和驱动电路故障，判断的依据是信息表，在信息表内直接给出了与采集信息和控制输出命令相对应的序号，并与机柜面板上的指示灯编号相对应，由指示灯的亮灭来判断。

计算机故障主要为联锁机、监控机、采集板、驱动板故障、通信故障和电务维修机故障。下面主要进行计算机故障分析。

设备发生故障，首先应认清故障现象、故障影响范围，区分模块本身电路故障和模块之间的通信故障。确定故障点后，用备件进行更换。在更换备件时，必须先切断被更换模块的电源，再从机架上取下故障模块，插入新模块，然后加电恢复。DS6-K5B 型计算机联锁系统采用了冗余设计，允许一重系模块断电更换，不间断系统运行。

1. 常见故障分析与处理

1）联锁逻辑部故障

（1）联锁Ⅰ系或Ⅱ系异常停机时的处理方法如下。

① 记录停机状态下联锁逻辑部各板卡面板指示灯状态，反馈给一级维护中心。

② 在 F486 板插入 IC 卡的情况下，先将故障机的电源开关扳下，再重新扳起加电，即可恢复正常。

③ 如果不能启动，就需要更换该系板卡（通常是 F486 板或 FSD486 板）。

（2）从系与主系不同步，从系 F486 板上 D2 灯点亮时的处理办法如下。

① 在站场上无任何作业的情况下，重新启动从系。

② 若仍不同步，则要点将联锁双系重新启动。

（3）在联锁Ⅰ系或Ⅱ系异常停机后，如果重新将该系加电仍无法启动，就需要更换 F486 板。

该问题极少发生，一般发生该问题时重新加电启动即可恢复正常。造成该问题的原因是微机室温度过高，CPU 被"热死"。因此，每天巡视微机室时应确认室内温度不要过高，保持在 25℃以下为宜。

2）电子终端故障

（1）机笼内各板卡均不能开起，检查该机笼的逻辑 24V 电源接线端子或插头。

（2）ET-LINE 板 Normal 指示灯不亮，RXD 指示灯不闪烁，检查 ET-LINE 板后面光缆接插是否牢固。

（3）ET-PIO 板 Normal 指示灯灭，重新开启该板电源开关，应可以正常启动，若不能启动则须用备用板更换该板。

（4）若某一对 ET-PIO 板对应的所有采集信息无表示或对应的所有驱动位均不能驱动继电器，则检查该对 ET-PIO 板背面的接口 24V 电源的接线端子、插头或保险。

3）控显机故障

（1）控显单机故障。

① 无法开机，机器内置电源风扇不转，前面电源指示灯不亮，在确认机器背面的输入电源插头有 AC 220V 电源的情况下应为该机电源故障，需要更换电源。

② 开机后，若机器内发出"嘀……嘀……"的报警声，则是内存条或显卡接触不良，打开机箱盖，重新拔插内存条或显卡即可恢复。

③ 若在电源正常的情况下无法开机，也无报警声，则应为主板与机箱底板接触不良或主板故障。在重新拔插紧固主板后，若仍不能恢复，则需要更换主板。

④ 当发生控制台操作显示异常（鼠标不能操作，站场图形显示异常）时，为缩短故障延时，需要立即进行控显机倒机操作（关掉该机）。如果故障现象还不能排除，就需要重新启动控显双机。

(2) 控显机转换箱故障。

① 当电源模块故障时，故障模块前面板的 5V 或±12V 表示灯熄灭。该模块在控显机转换箱上有两个，处于热备状态，当主模块故障时会自动切换到备用模块，监控模块给出声光报警，在日常巡视时及时发现并更换电源模块即可。

② 控显机转换箱内一般都插有备用的串行转换板和视频转换板，当遇到正在使用的两种板故障时，将故障板上各插头拔下平移至备用板相应的插座上即可。

③ 当控显机转换箱前面板全部灭灯，或者控制台无显示也无法操作时，将串行转换板上的鼠标长线和视频转换板上的视频长线从转换箱上拔下，直接插到处于工作状态的控显机上可以恢复设备使用。当进行长线倒接时先确认两台控显机是否处于运行状态（通过观察控显机背面的表示灯状态可以确认）。如果都处于运行状态，就关掉一台机器（如控显机 B），此时先将串行转换板上的控显机 A 输入插头拔下，同时将该板上"接控制台鼠标"的插头拔下，把这两个插头对接，再将视频转换板上"输出 1"（接控制台前台显示器）的插头拔下，直接插在控显机 A 的显卡插座上即可。

(3) 显示功能故障。

显示功能故障主要表现为黑屏。控制台显示功能发生故障后，应首先检查控制台操作功能是否有效。用光笔或鼠标点击按钮，如果有音响回应，就说明按钮输入有效，可以排除控显主机和控显转换箱电源故障，确定为单一显示功能故障。造成单一显示功能故障的原因有以下几方面。

① 显示器损坏，其表现为黑屏。检查视频信号线和电源线连接正常，显示器电源指示灯不亮。更换显示器，可恢复显示。

② 控显机内视频卡故障。当前工作的控显机视频卡坏，切换控显机，可恢复正常。

③ 控显转换箱内视频转换卡故障。若控显机倒机后显示仍不能恢复，则将显示器连线从转换箱上取下，直接连到控显机视频卡插座上。如果显示恢复，就证明控显转换箱内视频转换卡故障，应更换视频转换卡。

④ 控显机倒机。若跳过转换箱仍然不能恢复显示，则应检查连接电缆是否断线和接插件是否接触不良。

(4) 操作设备故障。

当鼠标操作失效时，通常是鼠标故障、鼠标长线断线或控显转换箱中的串行转换板故障。若通过更换相应的设备不能排除故障，则可先将控显机倒至备机工作，再将故障机从网络上脱开，单独加电测试。

4) 网络故障

(1) 观察控制台显示器屏幕上的字符提示。"联锁机 A+表示灯"表示联锁机 A 的网络状态，"联锁机 B+表示灯"表示联锁机 B 的网络状态，"监测机+表示灯"表示监测机的网络状态。

若以上字符后面的表示灯显示绿色，则表示该机双网通信正常；若显示黄色，则表示该机有一个网卡下网，处于单网工作；若显示红色，则表示该机的两个网卡全部下网。

(2) 用监测机上系统网络的工作状态图判断下网节点。

(3) 网络故障的处理。

① 光缆接头接触不良，重新安装牢固。

② 网络连接光缆断线，更换光缆。

③ 光分路器故障，更换光分路器。

④ 控显机的 INIO 通信卡故障或二重系的 RSIO3 板和 TLIO 板故障，更换相应的备件。

5）UPS 故障

UPS 故障时有声音和灯光报警，可以通过观察 UPS 面板指示灯的状态进行确认。

2．故障案例

1）××地铁联锁机故障

联锁主系或从系异常停机。

处理方法如下。

（1）记录停机状态下联锁逻辑部各板卡面板指示灯状态反馈给一级维护中心。

（2）在 F486 板插入 IC 卡的情况下，先将故障机的电源开关扳下，再重新扳起加电，即可恢复正常。

（3）如果不能启动，就需要更换该系板卡（通常是 F486 板或 FSD486 板）。

2）××地铁电子终端故障

值班员报告控制台界面上出现"全场闪红光带、道岔无表示"的现象。在不同的时间段多次发生此类故障。

（1）故障分析。

此故障表现为个别电子终端与联锁机的通信发生瞬间中断，联锁机在一段时间内接收不到表示信息，因此控制台上出现"全场闪红光带、道岔无表示"的现象。其故障原因为系统联锁逻辑部与电子终端第一回线所连接的第二机笼内 LINE 板的光接口未加装防护套，当太阳光线照射进机械室并反光至光接口时，造成光线干扰，导致通信异常，引起系统故障。

（2）故障处理。

对光接口进行重点检查，对空置的光接口全部加装遮光罩，设置"不得取掉"的警示标志，并加强对光接口遮光罩的日常巡视检查。

3）某车辆段联锁控制台故障

值班员报告控制台所有显示器突然黑屏。

（1）故障分析。

按照控制台故障流程图进行分析，确实是原工作控显机故障还是控显转换箱故障。

（2）故障处理。

① 切换控显机，如果故障消失就说明原工作控显机故障。

② 切换后如果故障未消失，就说明控显机转换箱故障，控显转换箱内一般都插有备用的串行转换板和视频转换板。当遇到在用的两种板故障时，将故障板上的各插头拔下平移至备用板相应的插座上即可。

③ 如果控显机转换箱前面板全部灭灯，或者控制台无显示也无法操作，将串行转换板上的鼠标长线和视频转换板上的视频长线从转换箱上拔下，直接插到处于工作状态的控显机上就可以使设备恢复正常。当进行长线倒接时，先确认两台控显机是否处于运行状态（通过观察控显机背面的表示灯状态可以确认）。如果都处于运行状态，就关掉一台机器（如控显机 B），此时先将串行转换板上的控显机 A 输入插头拔下，同时将该板上"接控制台鼠标"的插头拔下，把这两个插头对接，再将视频转换板上"输出 1"（接控制台前台显示器）的插头拔下，直接插在控显机 A 的显卡插座上即可。

任务三　EI32-JD 型计算机联锁系统维护

一、EI32-JD 型计算机联锁系统基本认知

EI32-JD 型计算机联锁系统是由日本信号株式会社和北京交大微联科技有限公司联合开

发研制的计算机联锁系统。它采用日本信号株式会社开发研制的硬件系统（EI32 电子联锁系统硬件），北京交大微联科技有限公司开发研制的软件系统。EI32-JD 型计算机联锁是二乘二取二系统。

EI32-JD 型计算机联锁系统保留了 6502 电气集中的执行电路，包括道岔启动电路、信号机点灯电路、轨道电路、各种联系电路等成熟的继电电路，其他电路则由计算机联锁系统代替。计算机联锁系统的关键部分均采用双套热备，保证故障时不间断使用。

（一）系统体系结构

EI32-JD 型计算机联锁系统属于分布式计算机控制系统，也称集散型测控系统，其特点是分散控制、集中信息管理。该系统包括人机对话层（也称操作表示层）、联锁运算层、执行层，其体系结构如图 4-45 所示。

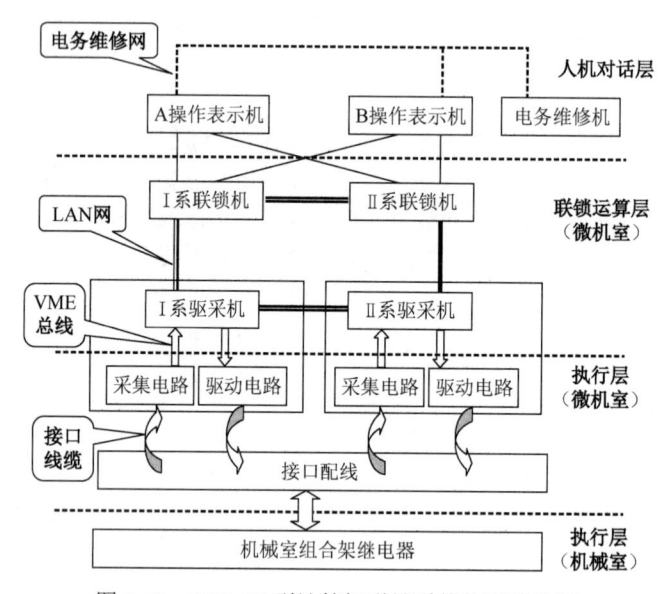

图 4-45　EI32-JD 型计算机联锁系统体系结构图

（二）系统组成

图 4-46 所示为 EI32-JD 型计算机联锁系统硬件结构图，在运转室，通过车务前台监视器、音箱、输入设备（鼠标）等为车站值班员提供操作表示界面。此外，在运转室还可以提供后台监视器，便于车站值班员监视前台操作及站场运行情况。

在微机室，有联锁机柜、综合机柜、分线柜，以及提供给电务维护人员的电务维修终端设备。

联锁机柜包括联锁机倒机电路、驱采 24V 开关电源（驱采机）、联锁机、驱采机、采集机箱、驱采扩展机箱、联锁 24V 开关电源（联锁机）。

综合机柜包括 24V 联锁电源和接口电源（供采集电路、驱动电路使用）、操作表示机、操作表示机倒机单元、网络集线器。分线柜包括驱动线转接、采集线转接及电源配线板。

1. 联锁机柜

1）联锁机柜的机箱式结构

EI32-JD 型计算机联锁系统的联锁机柜采用欧洲标准结构，机柜内包括联锁机箱（包括 I 系联锁机、联锁倒机单元、II 系联锁机）、驱采机机箱与驱采扩展机箱。

机箱背部安装有母板，机箱内提供电路板插槽，电路板在机箱前面插入机箱母板中，并在前面板有指示灯，用以观察设备运行情况及 I/O 接口状态。

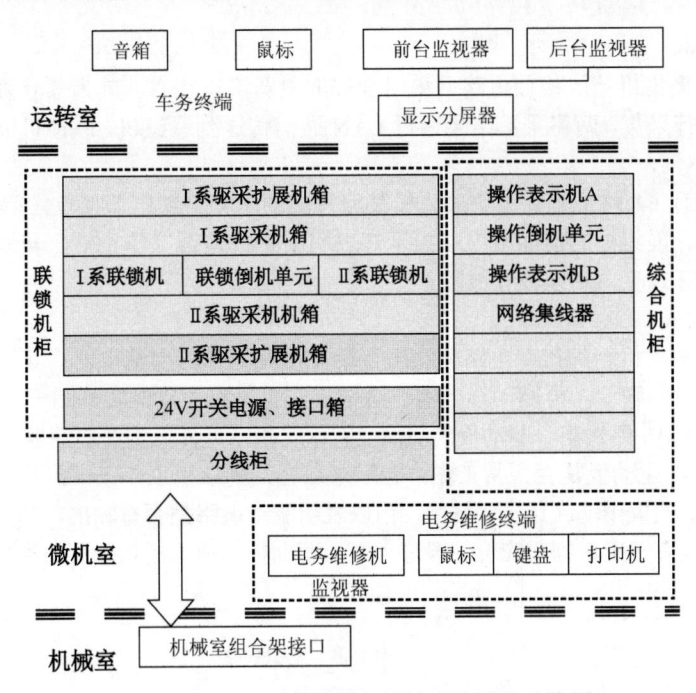

图 4-46 EI32-JD 型计算机联锁系统硬件结构图

在正常情况下，所有板的表示灯亮绿灯或黄灯，在一块板出现故障后，相应板的表示灯亮红灯。

机箱对外的引线通过母板后面的接插件与外界相连。

典型的联锁机柜电路板配置图如图 4-47 所示。

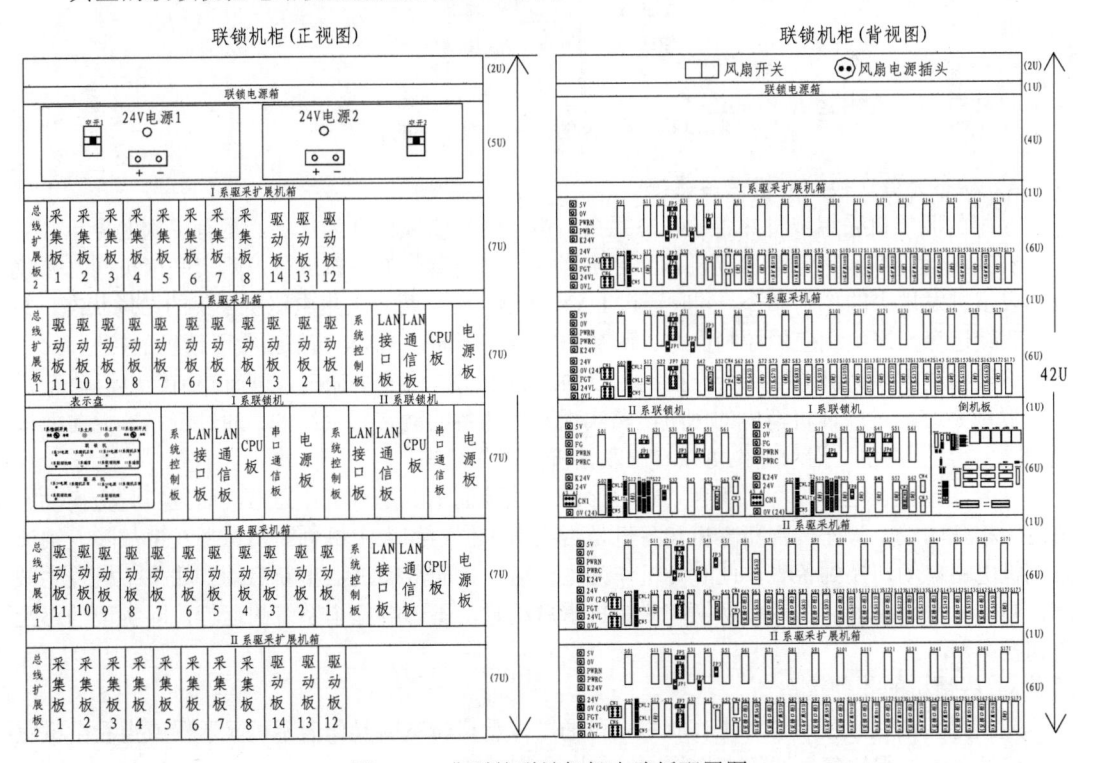

图 4-47 典型的联锁机柜电路板配置图

2）采集电路

联锁机通过采集机箱的接口电路采集组合架继电器接点状态。其为双套采集，即每个采集点都通过两路进行采集，两路采集结果通过 LAN 通信传送到联锁机，联锁机以此作为联锁运算的依据。

每块采集板有 64 路采集。某块采集板某路采集的是哪个继电器接点（前接点/后接点）由接口信息表决定。采集板的前面板上端指示灯表明采集板是否工作正常，若绿灯点亮，则该板工作正常；若红灯点亮，则该板有故障。

3）驱动电路

联锁机通过驱动机箱的接口电路驱动组合架 JWXC-1700 型继电器。其为双套驱动，即两路驱动电路的输出并联后，再驱动继电器。这样，一旦某路驱动故障，另一路仍可继续工作。

每块驱动板有 16 路输出。驱动板的前面板有两类指示灯，一类在前面板上端（1 个绿灯、1 个红灯），用以表明驱动板是否正常工作。若绿灯点亮，则该板工作正常；若红灯点亮，则该板故障。另一类在前面板中端（16 个绿灯），用以表明驱动电路是否有输出。若有输出，则对应位的绿灯点亮；若没有输出，则对应位的绿灯灭灯。驱动板的前面板指示灯的含义如图 4-48 所示。

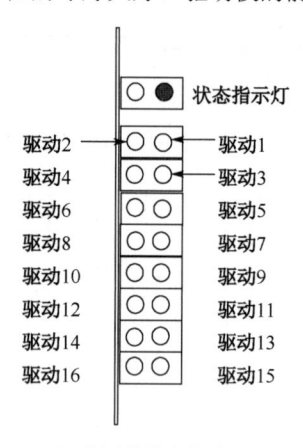

图 4-48　驱动板的前面板指示灯的含义

4）动态无缝切换的双机热备系统

系统的联锁机采用双机热备的动态冗余结构，两套联锁机互为主备，没有主次之分。

在系统运行期间，一套联锁机作为主机运行，另一套作为备机运行。两套联锁机同时接收操作表示机发送来的控制命令，同时通过 LAN 通信，接收两套采集电路所采集的站场状态，并进行联锁运算，产生相应的控制命令。两套驱动电路则通过 LAN 通信接收联锁机的控制命令，但最终根据主用联锁机的控制命令控制自己的动态驱动电路产生输出，进而控制继电器动作。

联锁系统通过联锁机柜内的倒机电路实现双机热备的动态冗余结构。通过倒机单元前面板上的"主用""热备"指示灯也可以看出联锁机的工作状态。

两套联锁机在运行期间，不但通过自诊断系统验证主机是否工作正常，而且实时交换动态信息，相互比较、验证，判断主机和备机是否正常工作。如果主机判断出自身发生故障，则通过倒机电路自动切换到备机，此时备机作为主机运行，而故障机器重新启动。如果备机发生故障，则备机重新启动。在双机切换和联锁机重启动时，不影响整个系统的运行，即实现动态无缝切换。

5）联锁机的 4 种状态

双机热备的联锁机有 4 种工作状态，可通过查看运转室的操作表示机显示器或查看微机室的维修机显示器得知各机器的工作状态，如图 4-49 所示。

项目四　城市轨道交通车辆段计算机联锁系统维护

图 4-49　联锁机状态表示灯

（1）停机状态

当联锁机关机掉电或正在重启、联锁程序未运行时，联锁机处于停机状态。当联锁机处于停机状态时，不执行联锁运算。

此时，在操作表示机显示器屏幕的右下角，对应该联锁机的小方块显示为红色。在维修机显示器屏幕的右上角，对应该联锁机的小方块显示为红色。

（2）主机状态

在双机热备系统中，倒机电路决定在某一时刻，只有一套联锁机运行于主机状态。

当联锁系统上电启动时，先投入运行的联锁机自动进入主机状态。在系统运行期间，两套联锁机通过自诊断和互诊断机制，判断系统是否工作正常，只有主机判断发生危险性故障，或者主机有故障同时备机处于热备状态，才会切换到备机，由备机作为主机维持系统运行。只有运行于主机状态的联锁机才能最终驱动组合架继电器。

此时，在操作表示机显示器屏幕的右下角，对应的该联锁机的小方块显示为绿色。在维修机显示器屏幕的右上角，对应的该联锁机的小方块显示为绿色。

（3）热备状态

在双机热备系统中，当一套联锁机作为主机运行后，另一套联锁机则可以运行于热备状态。

联锁机上电启动后，采集到另一套联锁机已处于主机状态的前提下，经自诊断、互诊断，认为本机无故障，且与主机的动态信息同步后，进入热备工作状态。当备机处于热备工作状态时，接收操作表示机的操作命令，通过 LAN 通信接收采集电路所采集的站场状态，进行联锁运算，同时根据联锁运算结果产生控制命令，但两套驱动电路不会根据热备机的控制命令进行工作。

此时，在操作表示机显示器屏幕的右下角，对应该联锁机的小方块显示为黄色。在维修机显示器屏幕的右上角，对应该联锁机的小方块显示为黄色。

（4）同步校核状态

在双机热备系统中，当一套联锁机作为主机运行后，另一套联锁机可以运行于同步校核状态，如图 4-50 所示。同步校核状态是备机由停机状态向热备状态过渡的中间状态。

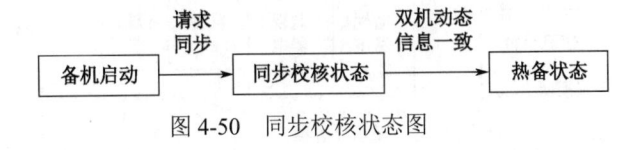

图 4-50　同步校核状态图

当另一套联锁机上电启动并经自诊断无误后，开始运行联锁程序，接收操作表示机传来的操作命令、采集站场状态、进行联锁运算，此时这套联锁机处于同步校核状态。

此时，在操作表示机显示器屏幕的右下角，对应该联锁机的小方块显示为红色。在维修机显示器屏幕的右上角，对应该联锁机的小方块显示为白色。

处于同步校核状态的联锁机还要向主机请求同步，当和主机建立通信，并且本机的联锁动态信息和主机完全一致时，才可进入热备状态。

当备机停机或备机仅处于"同步校核状态"时，主机因故停机重启或人为干预切换到备机是不妥当的，将会导致已开放信号突然关闭、站场道岔全部锁闭等严重后果。

如果备机自诊断发现自己有故障，则会不断重新启动计算机，此时主机单机工作，一旦主机停机，就会影响行车。因此当备机不断重新启动时，需要尽快排除故障，使其正常运行，进入热备状态。

6）导致双机切换或备机重启的故障

（1）危险故障或不可控故障。当联锁机发生这类故障后，无条件切换到备机运行。这类故障包括以下几种。

① 联锁程序运行异常。

② 计算机掉电。

③ 联锁机 CPU、内存等硬件故障。

④ 联锁机和两个驱采机的通信同时中断。

（2）非危险性故障。此类故障属于局部的、不会危及行车安全的故障，如双机联锁动态信息不一致、网络通信部分故障等。

当联锁机检查到自己出现此类故障后，立即查询另一套联锁机的工作状态，当另一套联锁机处于主机状态时，则本机停止工作，重新启动。所谓重启，即在联锁机发生故障并停机后，在电务维护人员来不及干预的情况下，令该机重新运行，重新和主机请求同步，如果刚才发生的故障是暂时的，那么重启后即可恢复正常。如果刚才的故障是固定的，那么重新检测到该故障后，又会强制重启该联锁机，直到电务维护人员排除故障为止。

当查询另一套联锁机为备机，且处于热备工作状态时，主机自动切换到备机，并重新启动故障联锁机。

当查询另一套联锁机为备机，且不处于热备状态时，主机会继续维持工作，直到备机热备。

2．操作表示机

1）综合机柜到运转室配线

操作表示机倒机单元到运转室的配线如图 4-51 所示。

操作表示机倒机电路面板如图 4-52 所示。

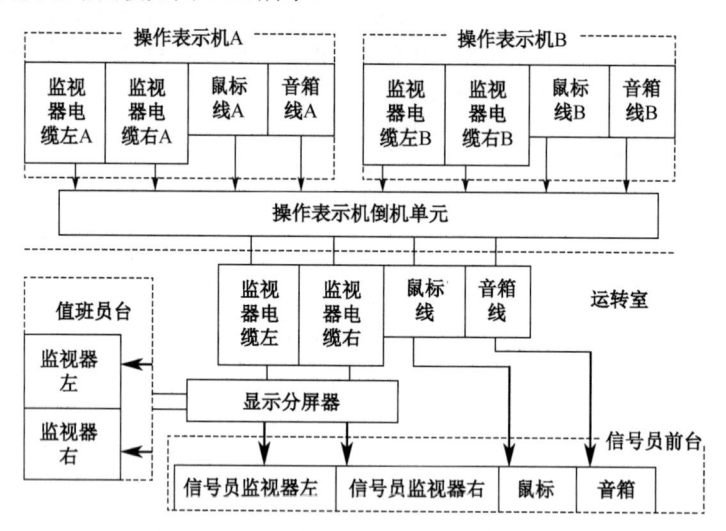

图 4-51 操作表示机到运转室的配线

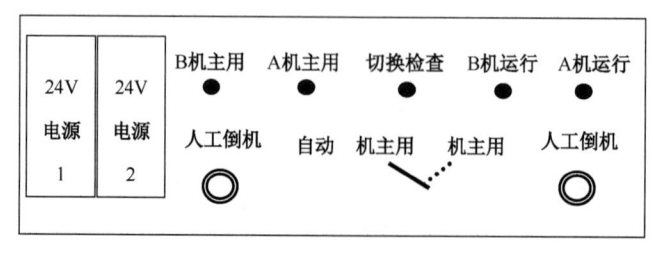

图 4-52 操作表示机倒机电路面板

(1) 指示灯的含义：

① B 机主用——指示灯亮，表明操作表示机 B 为主机。

② A 机主用——指示灯亮，表明操作表示机 A 为主机。

③ 切换检查——指示灯灭，表明操作表示机 A 主用，操作表示机 B 备用；指示灯亮，表明操作表示机 B 备用，操作表示机 A 备用。

④ B 机运行——指示灯亮，表明操作表示机 B 正常工作；操作表示机 B 驱动的监督继电器吸起。

⑤ A 机运行——指示灯亮，表明操作表示机 A 正常工作；操作表示机 A 驱动的监督继电器吸起。

(2) 开关的含义：

① 人工倒机（A→B）——自复开关，当操作表示机 A、B 工作正常时（操作表示机倒机单元中"A 机运行"和"B 机运行"灯亮），如果操作表示机 A 主用，那么按下开关，强制操作表示机 B 主用。

② 人工倒机（B→A）——自复开关，当操作表示机 A、B 工作正常时（操作表示机倒机单元中"A 机运行"和"B 机运行"灯亮），如果操作表示机 B 主用，那么按下开关，强制操作表示机 A 主用。

③ 自动/A 机主机 B 机主机——带锁的非自复开关，平时锁在"自动/A 机主机"位置；当操作表示机 A、B 正常工作，操作表示机倒机单元 24V 电源正常，但倒机电路故障造成倒机单元无法正常工作时（操作表示机倒机单元中"A 机运行"和"B 机运行"灯灭），可以通过此钥匙开关强制使用操作表示机 A 或操作表示机 B。当钥匙开关在"自动/A 机主用"位置时，使用操作表示机 A；当钥匙开关在"B 机主机"位置时，使用操作表示机 B。

2）热备工作方式

操作表示机 A、操作表示机 B 及操作表示机倒机单元都放在综合机柜中，当系统运行时，两台操作表示机同时工作，一台主用，一台热备，当主用操作表示机发生故障时，自动切换到备用操作表示机。

当主用操作表示机运行时，接收鼠标操作，向联锁机发送车站值班员的操作命令，播放语音提示信息。

当备用操作表示机运行时，不接收鼠标操作，不向联锁机发送车站值班员的操作命令，不播放语音提示信息。但接收联锁机传来的站场状态信息，实时显示站场运行情况、系统运行情况等。

3．电务维修机

1）电务维修机功能

EI32-JD 型计算机联锁电务维修系统是和 EI32-JD 型计算机联锁系统配套使用的车站信号信息微机记录、监督系统。系统软件运行在 Windows NT 操作系统环境下，用 C++语言编写而成。整个系统人机界面友好，操作简单。

电务维修机具有以下功能：

(1) 实时监视 EI32-JD 型计算机联锁系统的运行情况，包括联锁机、驱采机、I/O 硬件电路、操作表示机及各计算机间的通信情况。

(2) 实时监视、记录车站值班员操作、车站运行情况。

(3) 记录车站信号设备故障，包括道岔失表示、灯丝断丝等。

(4) 记录计算机联锁系统 I/O 电路硬件故障、系统控制板故障、通信故障等。

(5) 记录计算机联锁系统软件故障。

(6) 再现车站值班员操作、车站运行情况。

（7）再现 I/O 电路工作情况。

（8）再现故障信息。

（9）打印功能。

（10）远程诊断功能。通过电话线和 MODEM，可远程登录车站的电务维修机，维修中心可以查看系统运行信息、车站运行情况、故障信息，帮助电务维护人员分析故障，迅速排除故障。

（11）对于配置微机监测的车站，可通过微机监测界面查看车站监测信息（设备模拟量）。

2）电务维修机配线

在微机室，设有维修机终端，用于电务维护人员查看电务维修信息、打印相关记录。维修机终端包括终端桌、监视器、鼠标、打印机。设备引线来自电务维修机，包括监视器线、鼠标线、打印机线，以及来自电源系统的 220V 交流电。

4．电源系统

1）电源系统功能

EI32-JD 型计算机联锁系统所需的两路 220V 交流电源由车站信号电源屏独立提供，在引入联锁系统之前进行防雷处理后的电源分别提供给以下设备。

（1）操作表示机 A、B、操作表示机倒机单元。

（2）电务维修机、维修机终端设备（打印机、显示器等）。

（3）车务终端设备（显示器、音箱等）。

（4）3 套 24V 开关电源（驱采电源、联锁电源、接口电源）。

I 系驱采机由 I 系驱采 24V 电源供电，II 系驱采机由 II 系驱采 24V 电源供电，采集驱动电路由接口 24V 开关电源供电。

联锁机、LAN、联锁机倒机电路由联锁 24V 开关电源供电，联锁、接口 24V 开关电源采用并联输出方式，即由两台电源同时供电，当其中一台电源故障后，另一台电源继续供电。

2）接口配线

驱动机箱、采集机箱背部都安装有母板，驱动电路、采集电路都插在母板上，母板背部提供配线插座，用以和分线柜的 32 芯配线接口相连；32 芯配线接口通过 32 电缆和组合架相连。

采集机箱母板与 64 芯配线接口连接示意图、驱动机箱母板与 32 芯配线接口连接示意图分别如图 4-53 和图 4-54 所示。

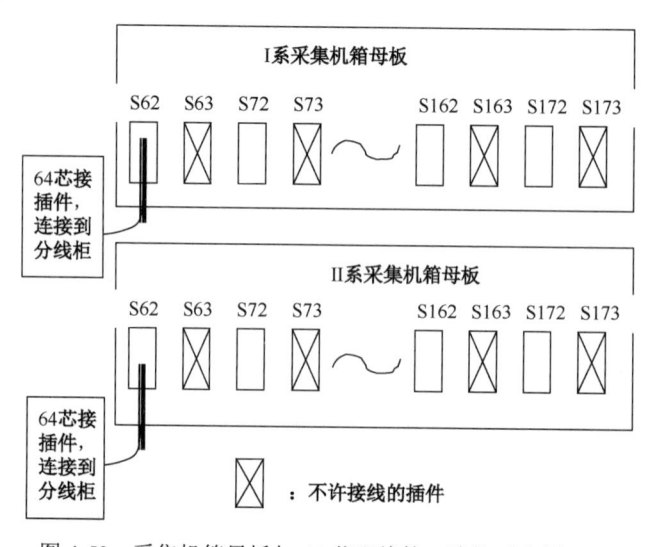

图 4-53 采集机箱母板与 64 芯配线接口连接示意图

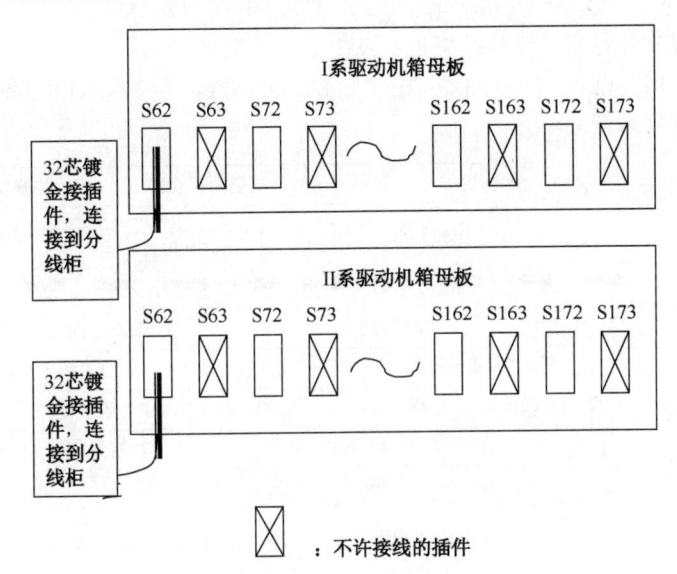

图 4-54　驱动机箱母板与 32 芯配线接口连接示意图

二、EI32-JD 型计算机联锁系统工作原理

（一）EI32-JD 型计算机联锁系统硬件结构和原理

1. 系统硬件结构

EI32-JD 型计算机系统硬件总体结构的核心是利用光纤构成环状结构的内部联锁局域网 LAN，图 4-55 所示为硬件总体结构。其核心为联锁机，所有驱动采集机均通过光缆连接为局域网，操作表示机采用与联锁机直连的方式。

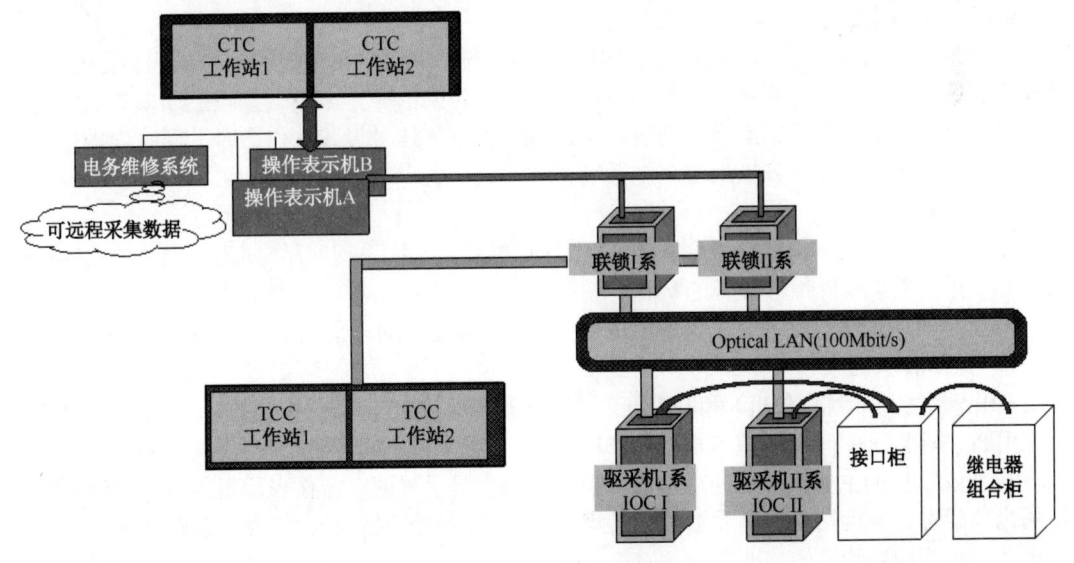

图 4-55　硬件总体结构

图 4-56 所示为系统设备配置图。从图 4-56 中可见，EI32-JD 型计算机联锁系统包括以下主要设备。

（1）操作表示机。
（2）联锁计算机（简称联锁机）。

(3) 驱动采集计算机（简称驱采机）及驱动、采集接口。
(4) 控制台相关设备，包括站场屏幕显示器、鼠标器、语音提示报警音箱、显示驱动器等。
(5) 电务维修系统。

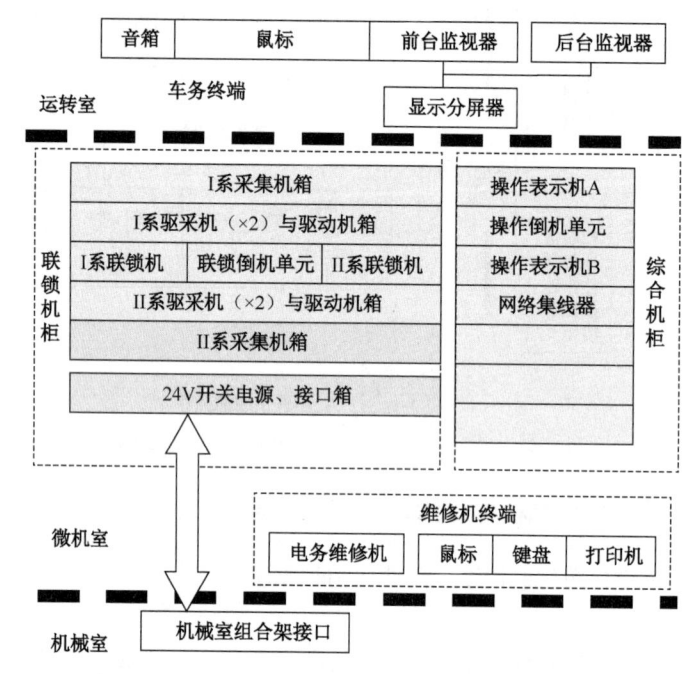

图 4-56　系统设备配置图

部分设备的功能、作用如下：

1) 二乘二联锁机

两套联锁机共 4 个 CPU 构成二乘二取二容错系统，联锁机采用日本信号株式会社 EI32 型计算机联锁专用计算机。联锁机接收来自操作表示机传来的操作命令、接收驱动采集机传来的室外信号设备状态进行联锁运算，向驱动采集机传输室外信号设备动作命令，同时向操作表示机传输表示信息。联锁计算机为安全型系统。

2) 二乘二驱采机

驱采机也采用日本信号株式会社 EI32 型计算机联锁系统系列产品，同为二乘二取二容错结构。其作用为采集室外信号设备的状态，驱动室外信号设备动作，为安全型系统。

安全型驱动采集电路为驱采机的组成部分。其小型化的动态采集、输出电路为其电路特色。

3) 操作表示机

操作表示机（也称上位机）和联锁机（包括驱采机）构成上、下位控制的分层结构。操作表示机采用 PC 系列工业控制计算机。根据系统具体配置和要求的不同可插入不同的电路板。

操作表示机的主要作用是为车站值班员提供操作显示界面。操作表示机具有从联锁机取得站场当前状态、驱动站场屏幕显示器、采集操作信息传输给联锁机、将当前联锁状态信息传输给电务维修机和监测机的功能。

操作表示机为双机热备。设备的倒接无须人工干预，也不对正常行车造成干扰。

操作表示机可支持单元拼装式控制台、数字化仪、鼠标器、显示器等多种操作显示工具。

4) 驱动采集计算机执行层

驱动采集计算机执行层为组合架，完成现场状态信息的输入和控制命令的输出。组合架上安装有信号点灯电路、道岔控制及表示电路、轨道继电器、其他结合电路等继电器电路。

5）电务维修机

电务维修机采用 PC 系列工业控制计算机，放置于维修机桌内。电务维修机的作用是为电务维护人员提供设备维护和管理信息。电务维修机从操作表示机取得当前站场联锁的状态信息，予以长达一个月的记录，可以列表、回放、跟踪等方式检索、显示这些信息，供设备维护时参考。电务维修机同时负有与其他系统——DMIS、调度监督等管理信息系统通信的功能。

6）电源系统

计算机联锁系统全部设备均由设于信号机械室的信号电源屏提供电力，计算机及所有 I/O 模板应由带有故障直供功能的 UPS 电源供电。

以上各组成部分相互独立，各计算机之间通过网络实现互联、交换数据。除计算机及电源系统外，EI32-JD 型计算机联锁系统还包括操作表示机倒机单元、控制台等非计算机模块。

2．系统设备网络结构

系统网络结构分为联锁、操作、维修。操作表示机、电务维修机由电务维修网互联；联锁机与操作机通过 RS422 串口通信连接；联锁机与驱采机通过联锁网互联。

联锁网采用双网并用的光缆局域网方式，速度高，抗干扰能力强。与单网工作、另一网备用的方式相比，双网并用方式下的任何数据在任一时刻均通过双网同时传输，任一网发生故障中断后，仍有另一网在同时传输数据，接收方可利用两网中的任一网传输的数据。这种方式使得网间切换方便快捷，网切换可以实现 0 延迟。同时，该系统还考虑了网络旁路功能，使得维护时不会使在用设备网络通信中断。

操作表示机 A、B 和 I 系、II 系联锁机通过交叉互联的 4 通道 RS422 网络构成一个封闭的子系统。RS422 系统采用异步串行通信协议，大大增加了通信可靠性，提高了串口通信速率。

操作表示机、电务维修机由通用计算机局域网构成另一个封闭的子系统（电务维修网）。操作表示机将站场当前的联锁状态通过电务维修网传送给电务维修机。操作表示机一般不接收其他系统的输入信息，除非在有调度集中或其他车站作业自动化时，才有条件地接受必要的操作命令。

EI32-JD 型计算机联锁系统与微机监测等外围系统的结合由电务维修机通过串口通信实现，包括 RS232/422/485 等多种形式，并支持多种接口协议，可与国内各厂家或研制单位的调监、遥信等设备接口。串口通信可满足相互间数据交互的带宽，同时可彻底避免外界的非法网络侵入。

3．联锁系统的技术特点

EI32-JD 型计算机联锁系统的最大技术特点是采用了日本信号株式会社 EI32 型联锁单元作为联锁核心和 I/O 驱采中心，集成了双套互相校核的 CPU 系统，为二取二冗余结构，从而在冗余结构上达到了高级的层次。同时在二取二的结构上达到双机冗余，使可靠性和安全性均得到大幅度提高。

采用光缆作为联锁系统的内部逻辑总线。这样做有以下优点：

（1）促使联锁运算 CPU 单元和 I/O 驱采 CPU 单元分离，使得冗余结构更为灵活、合理。

（2）可方便地通过远程连接实现分散控制、区域集中的功能。

（3）独立、故障-安全、冗余的光通信，为系统内部的安全通信提供了安全性、可靠性保证。

采用高频动态驱采技术，取得下述突破。

（1）驱采单元小型化。

（2）驱动电平提高并更加稳定。

（3）减少输出延时。

（4）上电跟踪、故障切换时间短，对运营没有任何影响。

（5）强大的故障诊断功能。

4．室外信号设备与室内设备的联系

图 4-57 所示为计算机联锁系统与室外信号设备的联系。

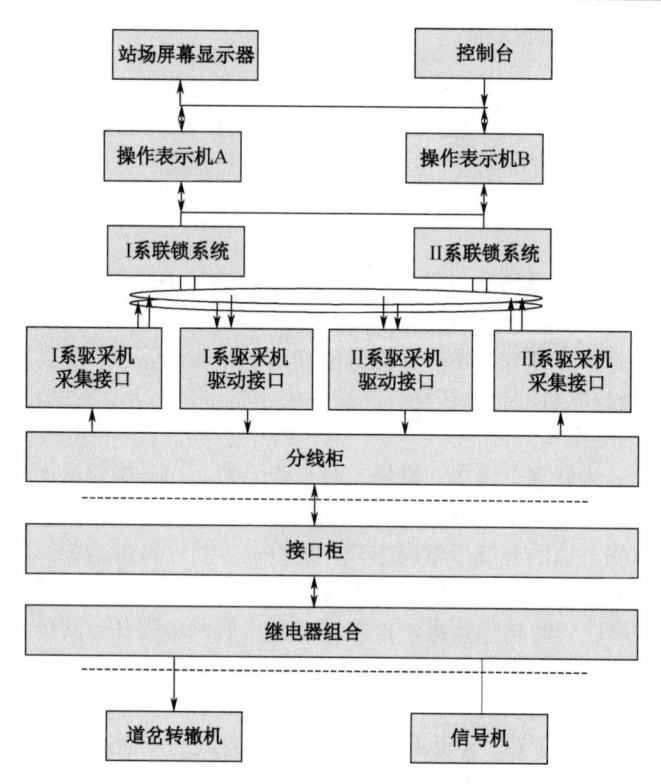

图 4-57　计算机系统与室外信号设备的联系

EI32-JD 型计算机联锁系统适用于目前国内车站广泛使用的各种定型室外设备，包括各型轨道电路、信号机点灯电路及道岔转换与表示电路。作为室内设备、室外设备的界面，本系统采用安全型继电器实现计算机设备和现场设备的结合。

5. 系统级的冗余结构

系统级的冗余结构是指在计算机联锁发生故障时，能使计算机联锁继续运行下去的设计方法。

EI32-JD 型计算机联锁系统采用二乘二取二冗余结构。所谓二取二是指在一套系统上集成双套 CPU 系统。双套系统严格同步，实时比较，只有双机运行一致才对外输出或传输运算结果。

"2×"的作用为上述双机组合取用两组，可采用双机热备或并用方式。

EI32-JD 型计算机 I/O 接口、驱动单元电路、电源均为双套。在保证安全的基础上，为提高系统的可靠性，操作表示机、通信网络也采用双套，操作表示机也实现了双机热备。

日本信号株式会社提供了二乘二取二计算机联锁核心部件——二取二安全型 CPU 板。在该印制板上集成了完全相同的两套计算机系统，包括时钟、RAM、ROM 和必要的接口电路，还集成了实现双机校核的总线比较电路。CPU-A 和 CPU-B 硬件完全相同，所装软件（包括系统软件和应用软件）完全相同。在正常情况下，A、B 两套 CPU 电路应当工作完全相同，此时由该印制板驱动一个继电器，称作正常继电器，证明该印制板双套电路工作正常且同步，可以运用。只有正常继电器接点闭合，才能给该印制板输出部供电，形成真实的输出，从硬件上保证设备的安全。

EI-32 型计算机联锁支持双系热备型冗余结构，如图 4-58 所示。每一系的任一处理部件的单系——Ⅰ系联锁机和Ⅱ系联锁机、Ⅰ系驱采机和Ⅱ系驱采机即前述双机校核的 CPU 系统，因此它总体上是一个 4 机系统。

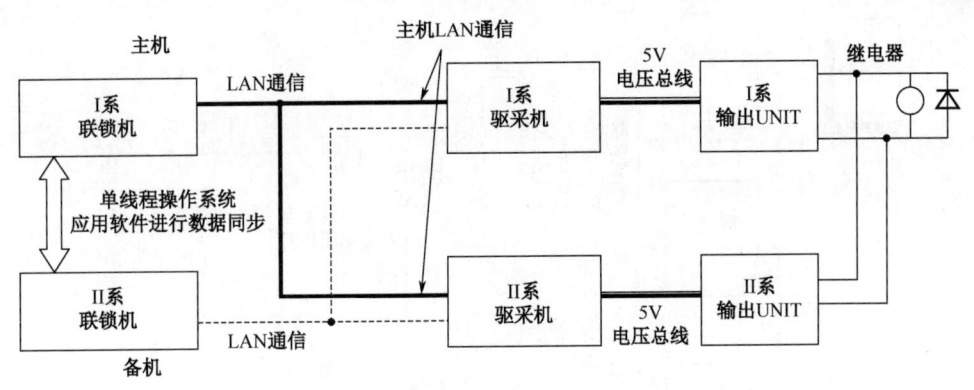

图 4-58 双系热备型冗余结构

在双系热备方式中，Ⅰ系驱采机和Ⅱ系驱采机均仅接收同一联锁机计算机发来的输出信息，如Ⅰ系联锁机的输出或Ⅱ系联锁机的输出，而联锁机另一系的输出不被取用。也就是说，联锁机的双系中存在主系和备系的区别。只有主系对外的输出才被驱采机取用，备系的输出虽然也被送到局域网上，但不被驱采机取用，而仅用于联锁机双系之间的校验。当联锁机的主系发生故障时，才自动地倒向备系。从这个意义上说，联锁机双系之间采用的是双系热备方式。在双系热备方式中，联锁两系之间采用单线程操作系统实现应用软件的数据同步。

由上述介绍可以看到，双系的驱采机同时工作，同时产生输出，并且均以线圈并联的方式连接到被驱动的继电器上。因此，对于驱采机，双系以二重系并联方式运行。

6. 系统 I/O 电路及其安全保障

EI32-JD 型计算机联锁系统 I/O 电路的安全性保障要点如下：

（1）处理部件采用总线同步二重系的 μ-CPU。

（2）采用 FS-OS 故障安全操作系统。

（3）采用照查脉冲式的采集方式。

（4）采用二重系比较输出驱动方式。

系统安全性 I/O 电路的核心是闭环的工作原理，即要求各硬件模块及依赖各硬件模块的控制命令和状态采集传递均实现闭环，通过软件使整个闭环系统运转起来。输入电路由计算机提供一个脉冲源，经现场继电器接点读回该脉冲信号即认为继电器吸起；输出电路在总线 I/O 环节和动态驱动环节设两级回读，避免地址寻址出错并检出故障。只要闭环中的任何一处发生故障，系统可立即诊断出来，并采取措施予以防护、记录、报警，直至停机以保证安全。

系统安全性 I/O 电路的设计遵循动态工作原理，即所采用的安全性信息采集和安全性控制命令输出电路均采用动态的 I/O 电路。电路中的任何一个器件发生故障，均可导致信息脉冲的中断，从而使设备导向安全。本系统的动态电路均为内部电路，外部继电器使用安全型无极继电器。

为提高系统的可维护性，缩短系统的故障维修时间，联锁机本身设计有专用的硬件诊断部件和程序，提供尽量全面的软硬件自检测、互检测。检测出的故障实时送往电务维修机显示、记录，并给出详细、清晰的故障报告。

1）采集电路原理

图 4-59 所示为安全性采集电路原理框图，该电路从组合架引入接点闭合时的直流电压，由软件产生内部动态信号，形成对外部采集的开闭，形成采集的动态信号。该动态信号被采集到后分别送往 A、B 两条总线，分别被 CPU 板的两个 CPU 读取，纳入联锁运算。该电路采用的是典型的动态采集原理。

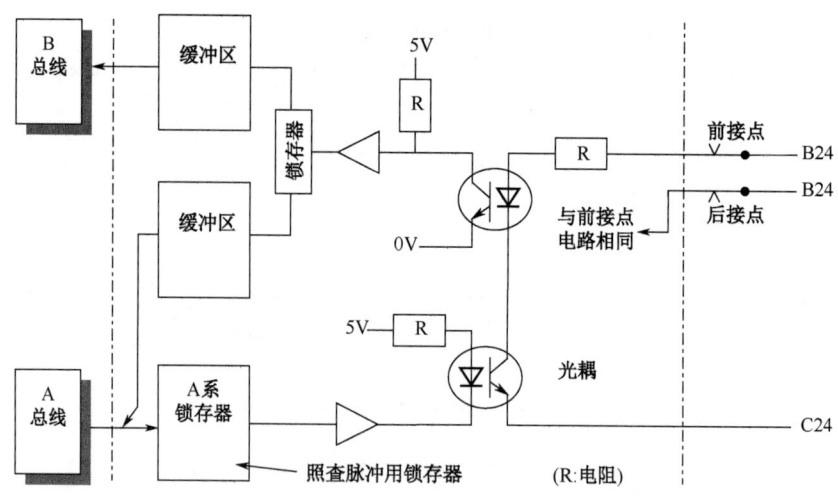

图 4-59　安全性采集电路原理框图

2）驱动电路原理

图 4-60 所示为安全性输出电路原理框图。

（1）该电路同时接在双 CPU 板的两条总线上。只有在两条总线上对其进行的 I/O 操作完全一致时，才能对外产生真实的输出。

（2）继电器输出的基本原理仍为动态原理。在电路内部设一个频率发生器，通过动态转换将频率信号转变为 24V 直流电平，转换电路即驱动电路是故障安全的。

（3）频率发生器受 CPU 板正常继电器的控制，若正常继电器接点断开，则频率发生器不工作，使故障导向安全。

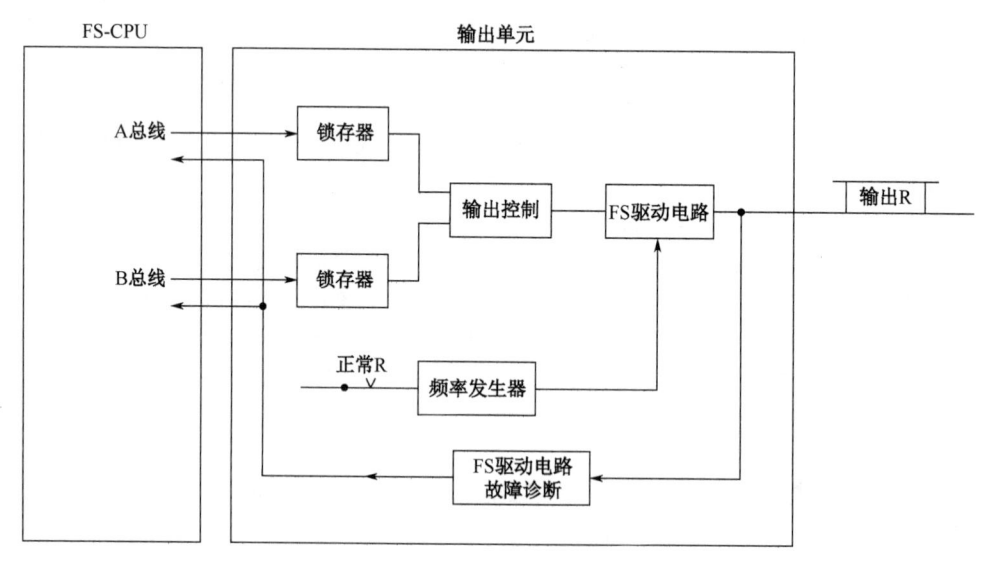

图 4-60　安全性输出电路原理框图

输出电路每路提供两条引线（+24V、24V 地）用以驱动继电器。输出电路和它所驱动的继电器相互并联，I 系输出的一对线和 II 系输出的一对线在物理上并联。这种电路设计使得即使出现外界短路故障，也不会烧毁输出电路。

采用高频动态驱动采集技术，使得电路取得下述突破。

（1）驱动采集单元小型化。

（2）驱动电平提高并更加稳定。
（3）减少了输出延时。

7. 系统倒机原理

I/O 电路具有回读检测能力。当电路发生故障时，驱采机具有自诊断功能，底层软件给出故障报告，应用软件予以判断，决定是否切除本系或倒机。例如，判断输出和回读是否一致；输入电路在采集的间隙进行部分电路的自诊断。

支持双系切换的硬件电路（VSYS 板），该板上安装有数个小型的安全型继电器，对各系的主 CPU 板及其软件运转的正确性进行判断，最终驱动一组倒机继电器，其状态决定主系和备系。

当采用两重系时，两系的切换时间为 300～500ms。实际上，EI32-JD 型系统的双系切换，本质上是驱采机对联锁机通过 LAN 传来的主用信息的校核，从而驱采机的输出缓冲区从"根据原主机设置内容"切换到"根据当前主机设置内容"。

联锁机、驱采机的每一系均提供一个倒机切换板（VSYS 板），安装有复位开关，允许通过对本机系统复位实现人工倒机。VSYS 板上安装的各种继电器均在设备面板上有指示灯，便于维护人员监督设备运行，辅助判断故障。

系统的联锁机采用二乘二取二冗余结构，二取二系统构成互校的安全性系统。两套安全性系统构成互备的双套冗余系统，称为 I 系、II 系。平时两系同时接收操作机发来的按钮控制信息和驱采机采集到的设备状态，并据此进行联锁运算。平时只有 I 系、II 系中的某一系作为主系，只有主系可向驱采机发出实际控制命令，可以对外输出。另一系用作备系，备系只有联机后，才能实现热备。如果主系发生故障，那么备系在主系脱机后，可自动升为主系，即自动导向备系运行。只有当主系发生故障且备系完好时才能自动切换到备系，由备系接续工作。当备系导向主系时，可保证现场联锁作业完全不受影响。

本系统基本的倒机逻辑遵从无主的原理，即两套联锁系统地位相等，无主备之分。第一次开机时，先启动的一系优先进入工作状态，成为主系（如 I 系），后启动的一系自动成为备系。如果工作中主系发生故障，则自动由备系接替工作，此时 II 系成为主系。只要 II 系不发生故障，无论 I 系是否修复，是否投入运转，重新联机，II 系都将一直工作下去，充当主系的角色，而并不急于倒回 I 系。只有当 II 系也发生了故障不宜继续作为主系工作时，才再次倒回 I 系。这样做可避免 I 系修复后，在两台机器都正常工作时发生无谓的倒机，增加不可靠度，以实现无须倒机则不倒机的原则。

（二）EI32-JD 型系统软件结构和原理

1. 系统软件概述

本系统的软件采用简单叠加的方式，要点如下。

应用于 EI32-JD 型计算机联锁的主体联锁计算机由日本信号株式会社提供，因而必须由其提供必要的底层软件，包括安全性专用实时操作系统 FS-OS、通信软件、标准 I/O 驱动程序、标准时钟等。涉及双 CPU 系统之间的总线比较和同步判别等安全保证的软件也由日本信号株式会社提供并包含在安全操作系统的内核中。这些软件为该型系统在日本运用的实用软件，未加任何修改。这些软件运行于联锁机、驱采机的各 CPU 中。

适用于中国铁路现场的锁联锁软件由北交大微联科技有限公司提供，该软件采用标准 C 语言编制。

操作表示机的硬件采用具有高可靠性的工业控制计算机，通过硬件倒机单元相互连接。操作表示机软件采用 BORLAND-C 语言编制，通过软件与操作表示机硬件倒机单元中的硬件相结合，实现操作表示机的双机热备工作模式。

2. 联锁软件与 EI32-JD 型操作系统的结合

图 4-61 所示为联锁软件与 EI32-JD 型操作系统结合的分层结构图。

图 4-62 所示为 EI32-JD 型计算机联锁软件的模块调用结构图，该结构为一个实时调度程序控制下的多任务并行系统。计算机联锁的各项操作对应的主要联锁模块包括进路处理、取消、人解、引导总锁闭、单操、道岔单锁、道岔封闭、区段故障解锁等模块。

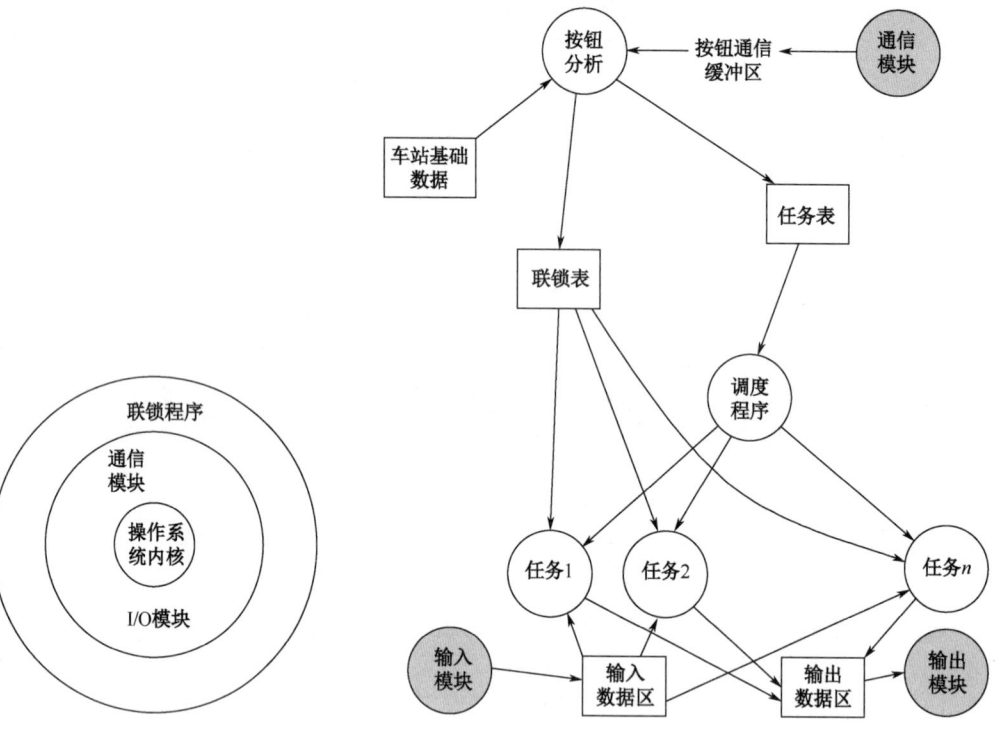

图 4-61　联锁软件与 EI32-JD 型操作系统结合的分层结构图

图 4-62　EI32-JD 型计算机联锁软件的模块调用结构图

3. 联锁软件的结构

图 4-63 所示为 EI32-JD 型计算机联锁软件的体系结构图。

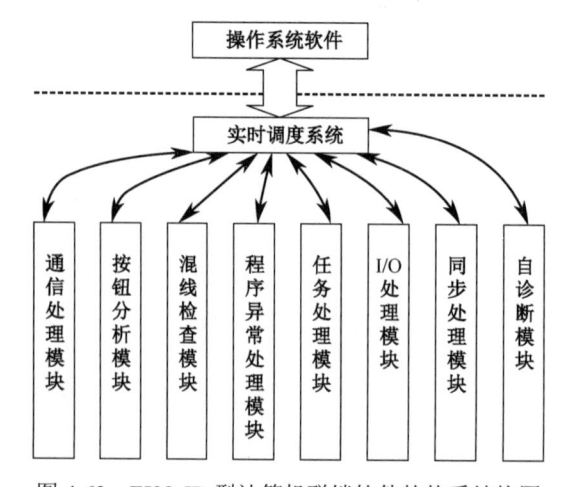

图 4-63　EI32-JD 型计算机联锁软件的体系结构图

各软件模块在故障安全操作系统 FS-OS 统一调度下，高效、可靠地运行。

1）通信处理模块

通信处理模块完成联锁机之间、联锁机与操作表示机之间的通信处理工作。联锁机之间的通信主要有本机联锁信息向另一台联锁机的传输及接收来自另一台联锁机的联锁信息，并进行储存以便同步处理模块调用。联锁机与操作表示机之间的通信内容主要是联锁机向操作表示机发送站场信息（信号、道岔、轨道等状态和进路等信息），同时接收操作表示机发送的车站值班员操作信息并将信息进行储存，以供按钮分析模块使用。

2）按钮分析模块

按钮分析模块的主要任务是分析接收到的操作表示机发送的车站值班员操作信息。根据车站值班员按压按钮的先后顺序逐个对其进行配对分析。对于能够正确配对的按钮，根据按钮的性质形成相应的任务，供任务处理模块调度执行。对于不能正确配对的按钮，先给出不能形成正确操作的提示信息，再返回。

3）混线检查模块

混线检查模块实时检查系统的 I/O 采集和驱动信息，根据其状态判断室外设备是否有混线的情况。如果有，则给出错误提示并转程序异常处理模块。

4）程序异常处理模块

程序异常处理模块负责处理程序异常情况发生后的程序运行。它将根据发生异常的原因分别采取不同的处理措施，决定是否倒机及倒机的最佳时机等。

5）任务处理模块

任务处理模块负责处理调度联锁任务的执行。联锁任务主要有道岔总定/总反任务、道岔单锁/单解任务、道岔封锁/解封任务、进路选排/锁闭/解锁任务、引导进路任务、接合电路处理任务等。

6）I/O 处理模块

I/O 处理模块负责通过采集板采集车站的状态信息和通过输出驱动板驱动安全型继电器以开放信号、转换道岔。I/O 处理模块通过软件来防止硬件瞬间故障和电源波动造成的干扰，进而避免危险侧的输出。

7）同步处理模块

同步处理模块根据通信处理模块接收到的联锁信息和自身的联锁状态，对其进行比较，根据比较结果得出两台联锁机是否同步。如果持续比较不同步，那么转至程序异常处理模块处理。

8）自诊断模块

自诊断模块实时检查联锁系统使用的静态数据和动态数据的有效性。如果静态数据或动态数据在从标记到检查期间已被其他模块非法调用或覆盖，那么程序转程序异常处理模块进行处理，负责继续执行。

4．程序标准化、模块化设计

联锁程序的设计语言采用标准 C 语言，标准 C 语言是结构化程序开发语言，用 C 语言开发的程序能够很好地实现结构化、模块化。

联锁程序按照前面的设计思路，实现了标准化、结构化、模块化。不同的车站，根据不同的需求调用不同的联锁运算模块进行联锁处理。联锁软件读取的静态数据由 CAD 软件自动生成，不同车站的数据文件不同。进路表采用动态进路表的方式而非静态进路表。联锁软件根据进路的始端、变更、终端自动生成动态进路表。

综上所述，对于不同的车站，联锁软件完全相同，只是根据不同功能调用不同的模块，联锁静态数据自动生成。

5．软件安全性保障措施

系统软件安全性保障主要采取以下措施。

（1）双套软件，即全部联锁软件模块、I/O 处理模块均为双套程序。

（2）A、B 程序各自使用完全独立的数据。

（3）采用开放式的软件输出技术。

（4）输出清零技术。

（5）工程化的软件开发方法。

（6）采用多种自检算法。

（7）为了保证联锁系统的安全性，避免联锁软件遭非法破坏，本系统联锁软件全部存放在 EPROM 中，提高软件运行的安全可靠性。

（三）系统的 4 条信息通道

对整个计算机联锁系统来说，联锁机的 CPU 板是控制核心，所有信息都要汇集在这里，所有信息都要从这里送出。综合前面学过的知识，我们按照信息的流向，厘清设备之间的硬件连接关系。

1．操作命令输入通道

鼠标信息→鼠标延长线→操表机倒机单元→操作表示机→串口→联锁机串口通信板→联锁 CPU 板。

2．采集信息输入通道

组合架继电器接点状态→组合架侧面端子板→接口柜→32 芯接口线缆→分线柜采集分线板→VME 总线→驱采扩展机箱母板→驱采扩展机箱总线扩展板→驱采机箱总线扩展板→驱采机箱母板→驱采机箱 LAN 接口板→驱采机箱 LAN 通信板→光缆→联锁机 LAN 通信板→联锁机 LAN 接口板→联锁 CPU 板。

3．控制命令输出通道

联锁 CPU 板→联锁机 LAN 接口板→联锁机 LAN 通信板→光缆→驱采机箱 LAN 通信板→驱采机箱 LAN 接口板→驱采机箱母板→驱采机箱总线扩展板→驱采扩展机箱总线扩展板→驱采扩展机箱母板→VME 总线→分线柜驱动分线板→32 芯接口线缆→接口柜→组合架侧面端子板→继电器。

4．表示信息输出通道

联锁 CPU 板→联锁机串口通信板→串口→操作表示机→操表机倒机单元→显示延长线、音箱延长线→控制台显示器、音响。

计算机联锁系统的工作原理可用 4 条信息通道，外加轨道电路、道岔控制电路、信号机点灯电路等来进行阐述。例如，当车站值班员采用鼠标办理行车作业时，鼠标信息通过操作命令输入通道进入联锁机 CPU 板，同时联锁机 CPU 板通过采集信息输入通道采集现场设备（道岔、轨道电路、信号机等）的状态信息，进行联锁逻辑运算，通过控制命令输出通道输出动作道岔和开放信号的控制命令，动作相应的继电器，由相应继电器来接通道岔控制电路和信号点灯电路，最终控制信号机开放；联锁机 CPU 板通过采集信息输入通道将该信息采集进来，并通过表示信息输出通道输出到控制台，于是车站值班员就能掌握全站信号设备状态。

三、EI32-JD 型计算机联锁系统与其他系统的接口

EI32-JD 型计算机联锁系统与其他系统（如 CTC、列控、微机监测系统）的接口结合方案如图 4-64 所示。

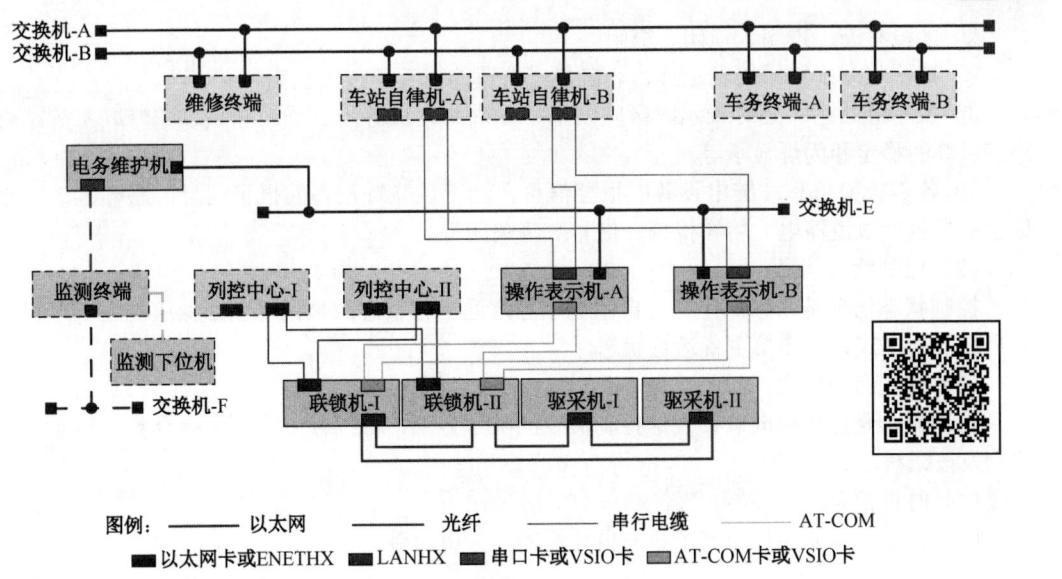

图 4-64　EI32-JD 型计算机联锁系统与其他系统的接口结合方案

（一）与 CTC 的接口

通过操作表示计算机将调度集中系统所需的联锁信息传至自律机或 TDCS 站机，联锁系统需要将操作信息收集后传给操作机，对操作形成干预。

图 4-65 所示为联锁机与自律机通信接口的设计。

采用中国国家铁路集团有限公司确定的串口方案实现车站自律机和联锁操作表示机的通信，采用带光电隔离的 RS422 标准串口，异步全双工方式，使用双绞四线制连接：Tx+/Tx-/Rx+/Rx-。车站自律机和联锁操作表示机之间点对点建立通信连接。车站自律机和联锁操作机均安装一块多串口卡。

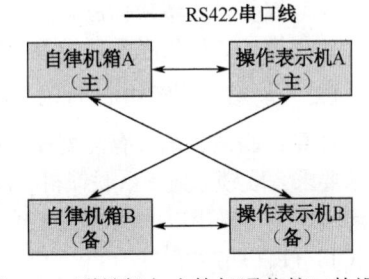

图 4-65　联锁机与自律机通信接口的设计

1) 通信参数

（1）通信速率为 19.2kbit/s。

（2）1 个起始位，8 个数据位，1 个停止位。

（3）无奇偶校验。

2) 基本要求

（1）采用 CRC 校验、接收应答及超时重传机制保证通信的可靠性。

（2）在无通信数据时定时发送心跳信息检测通信链路的完整性。

（3）考虑向后兼容性，为今后增加新的通信数据预留必要的空间。

3) 通信的基本内容

（1）站场表示信息。

站场表示信息是由操作表示机发送给车站自律机的表示数据，用以反映联锁系统的变化，表示信息应当包括下列基本内容。

① 信号状态：绿、黄、绿黄、双黄、双绿、黄闪黄、红白、红、兰、白、白闪、红闪、黄闪、绿闪、断丝。

② 道岔状态：定表、反表、挤岔、单锁、单封。

③ 区段状态：占用、锁闭、空闲。
④ 按钮状态：按钮的表示灯、非自复式按钮的抬起和按下状态。
⑤ 表示灯状态：延时表示、区间闭塞、非进路、机务段、场间联系、驼峰联系等结合电路表示灯的稳定和闪烁显示等。
⑥ 各类报警信息：继电设备的报警信息、计算机联锁设备的报警信息，联锁系统的报警信息应当包括轨道停电、熔丝报警、信号故障关闭等。

（2）控制状态信息。

控制状态信息是联锁操作机与自律机相互沟通运行状态的数据，包括操作机主备运行状态和当前控制模式、自律机主备运行状态。

（3）控制命令信息。

控制命令是自律机向联锁发送控制命令的唯一方法，数据帧中应包括命令类型和命令按钮序列及按钮状态。

（4）时钟信息。

时钟信息用来同步操作表示机与自律机的计算机时钟。

（5）心跳信息。

在没有数据需要传送的情况下，为了证实网络畅通，及时发现并报告网络故障，通信双方应当发送心跳信息以表明自己运行正常和网络畅通。

（6）控制模式转换信息。

控制模式转换信息是联锁系统由非常站控模式向自律控制模式进行转换时的数据。

（二）与客专列控中心 TCC 的接口

计算机联锁系统具有与列控中心系统的通信接口，该接口应符合铁道部规定的接口标准和技术要求。联锁系统 I 系联锁机（A 机）、II 系联锁机（B 机）分别与列控中心的 A 机、B 机建立通信连接，采用以太网通信方式，接口规范满足铁道部的相关技术文件要求。

1）硬件连接方式

计算机联锁系统与列控中心的通信，是采用以太网双通道交叉冗余连接方式实现的，连接方式如图 4-66 所示。

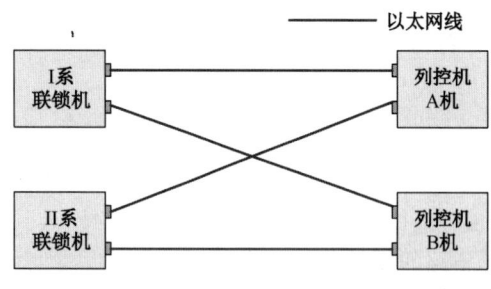

图 4-66 与列控中心接口的连接方式

2）通信参数

（1）TCC 与联锁间采用 RSSP-1 安全通信协议。

（2）TCC 向联锁发送的应用层信息包总长为 300B，联锁向 TCC 发送的应用层信息包总长为 350B。

（3）TCC 与联锁间按 250ms、300ms、350ms、400ms、450ms、500ms 周期交互数据。

3）基本要求

（1）TCC 或计算机联锁设备对两路端口接收的数据分别进行 RSSP-1 安全校验。

（2）TCC 或计算机联锁设备对两路通道接收到的对方主系数据，只要经过安全校验，可以任取一路做应用层解析。

4）通信的基本内容

（1）联锁向列控中心提供的信息。

接、发车进路信息：当车站联锁系统排列接、发车进路并锁闭后，车站联锁系统需要向车站列控中心发送相应的进路信号；在进路解锁或取消后，停止进路信号的发送。

（2）列控中心向联锁提供的信息。

进站信号降级显示（降级信号）：联锁系统收到车站列控中心发来的降级信号命令后，如果系统办理了接车黄闪黄进路，需要控制该信号机降级显示双黄灯。

（3）其他列控中心与联锁通信的信息。

其他列控中心与联锁通信的信息有区间改变方向信息、区间闭塞状态信息和区间红灯灯丝信息等。

5）安全通信过程

（1）通信状态判定。

① 若 TCC 在 3000ms 内没有接收到联锁的任何消息，则 TCC 应认为与联锁的通信故障。

② 若联锁在 6000ms 内没有接收到 TCC 的任何消息，则联锁应认为与 TCC 的通信故障。

③ 若接收方接受一条来自某连接通道的正确数据，即可认为该通道连接恢复。

④ 若不能从某一通道接收到正确数据（需要通过安全校验），应自动采用冗余通道接收的数据。

（2）双机切换。

当列控中心与联锁的主通道发生故障时，须执行双机切换，以重构系统，恢复通信。系统间双机切换的顺序规定如下：列控中心发现与联锁主通信中断 3s 后，立机执行双机切换，并在 1.5s 内完成切机过程；当联锁主机发现与列控中心主机通信中断 4.5s 后，仍不能恢复时，再执行切换，并在 1.25s 内完成切机过程。

切换执行前，准备切换的系统必须判定备系的通道处于正常状态且能够接收到对方系统的主机信息，否则不应执行双机切换，以免影响与其他系统间的通信。系统切换执行过程应包括切机确立、与对方系统建立通信及发送有效数据的活动，在此过程中应维持原通信正常时的输出结果。

（3）通信完全中断处理。

当列控中心、联锁两系的通道均持续 6s 以上不能正确接收到对方的主机信息时，认为双方间的通信完全中断，须执行安全措施。

列控中心按车站联锁系统没有建立任何进路处理，向处于接车状态的应答器发送默认报文，向处于发车状态的应答器继续发送临时限速报文；并对进站信号机做红灯断丝转移防护；信号机调车状态均视为关闭处理。

车站联锁系统中按每个配有 UUS 降级的进站口信号机均按降级显示要求处理；所有获取自 TCC 的轨道区段状态均按占用处理；所有离去区段的防护信号机均按红灯断丝处理；灾害状态全部为有灾害处理。

（三）与微机监测的接口

1．硬件连接方式

计算机联锁系统与微机监测的通信，通过联锁系统的电务维修机串口与监测站机接口，采用 RS232/422 串口通信方式，连接方式如图 4-67 所示。

采用带光电隔离的 RS232/422 标准串行口，异步全双工方式，使用双绞四线制连接：Tx+/Tx-/Rx+/Rx-。

2．通信参数

（1）通信速率为 9.6kbit/s。

（2）1 个起始位、8 个数据位、1 个停止位。

（3）无奇偶校验。

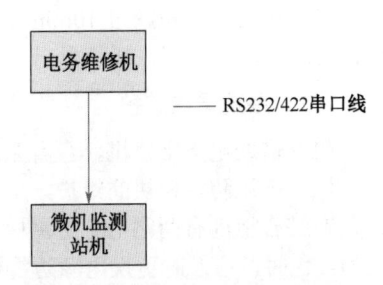

图 4-67 计算机联锁系统与微机监测接口的连接方式

3．通信的基本内容

联锁向监测提供信息，内容如下。

（1）站场开关量信息和联锁系统的故障监测信息。

（2）传递到 CTC 系统的全部信息。

（3）电源设备的工作状态。

（4）涉及安全操作的使用纪录。

（5）车站联锁系统的工作状态和报警信息。

（6）进路实时纪录。

（7）车站值班员各种操作情况及相应时间的登记。

四、EI32-JD 型计算机联锁系统维护

（一）系统开启、关闭步骤

1．系统开启步骤

（1）检查分线柜底部电源板上的所有空开是否都处于开启状态，若有关闭则开启，执行（2）。

（2）检查机柜后面所有空开是否处于开启状态，若有关闭则开启，执行（3）。

（3）开启操作表示机倒机单元的 24V 电源 1 和 24V 电源 2 的开关，执行（4）。

（4）开启操作表示机 A、B，执行（5）。

（5）开启两个联锁机电源开关，执行（6）。

（6）开启所有联锁机柜上部两台驱采电源开关，执行（7）。

（7）开启两个接口电源开关，执行（8）。

（8）开启维修机电源，执行（9）。

（9）开启运转室显示器开关。

2．系统关闭步骤

（1）退出维修机程序，单击"开始"菜单下的"关闭系统"按钮关闭维修机，执行（2）。

（2）关闭两个接口电源开关，执行（3）。

（3）关闭所有联锁机柜上部两台驱采电源开关，执行（4）。

（4）关闭两个联锁机电源开关，执行（5）。

（5）关闭操作表示机 A、B，执行（6）。

（6）关闭操作表示机倒机单元的 24V 电源 1 和 24V 电源 2 的开关。

注意：

（1）电源屏提供给联锁设备的电源为两路 AC 220V，当只提供一路时，运转室的显示器可能会没显示，此时把分线柜下电源板上的双向开关拨上（或下）即可。

（2）电源屏停电超过 10min 后（具体时长根据 UPS 的性能来确定），一定要按上述步骤关闭设备电源，电源屏恢复供电后，按开启步骤开启设备电源。

（二）系统日常维护

（1）借助电务维修机，查看系统运行情况，查看故障记录。

（2）电源防雷模块的维护。

在综合柜内有两路电源防雷模块。电源防雷模块的正面有一个方形绿色色标，当绿色色标变为红色时，应及时更换电源防雷模块。

（三）系统故障及处理方法

为了保证系统安全、可靠、不间断地运行，EI32-JD 型计算机联锁系统在设计时采用双机

热备的动态冗余结构,并设计有专用的硬件诊断部件和诊断程序,提供尽量全面的软硬件自检测、互检测功能。I/O 故障可精确定位到端口和数据位。检测故障实时送往电务维修机显示、记录,并给出详细、清晰的故障报告,维修人员可以十分方便地从电务维修机中得到这些数据,根据这些数据可迅速排除故障。因此,遇到故障首先要从电务维修机中查到故障数据。主要故障信息及其含义如表 4-5 所示。

表 4-5 主要故障信息及其含义

序号	故障信息	含义	可能的故障原因
1	采集(第**板第**路)前后接点混线	某个继电器的前后接点同时采集到为闭合状态	该继电器或配线有故障
2	道岔**室外混线(定反表都有)	某道岔 DBJ、FBJ 都采集到为前接点闭合状态	组合架配线或与联锁系统间配线有故障
3	调信**的 DXJ 室外混线	DXJ 吸起,但联锁系统没有驱动它	
4	信号因故障关闭		
5	采集(第**板第**路)前后接点均断开	某个继电器的前后接点同时采集到为断开状态	组合架继电器或配线有故障
6	采集(第**板第**路)驱采机 B 有采集,驱采机 A 无采集		驱采机 A 中对应的采集板有故障
7	采集(第**板第**路)驱采机 A 有采集,驱采机 B 无采集		驱采机 B 中对应的采集板有故障
8	驱采机 A,第**块采集板故障		频繁出现该提示信息,表明该采集板故障
9	联锁机 A,系统控制板采集故障		频繁出现该提示信息,表明该系统控制板有故障
10	联锁机 A,系统控制板输出检查错误		频繁出现该提示信息,表明该系统控制板有故障
11	操作表示机倒机单元故障		
12	查询不到主控联锁机		两台联锁机同时故障
13	联锁机 A 与驱采机 A:LAN 通信中断		在驱采机 A 重启时,该提示属于正常信息
14	联锁机 A 与联锁机 B:LAN 通信中断		在联锁机 B 重启时,该提示属于正常信息
15	联锁机 B 与联锁机 A:LAN 通信中断		在联锁机 A 重启时,该提示属于正常信息
16	操作表示机与联锁机 A:通信中断		在联锁机 A 重启时,该提示属于正常信息
17	操作表示机与联锁机 B:通信中断		在联锁机 B 重启时,该提示属于正常信息

在查找故障时必须注意以下几点:

(1)拔插设备的连线,特别是视频线,一定要关闭设备电源,否则,极易损坏设备,在旧故障未排除的情况下又增新故障,增加故障排除难度。

(2)必要时对要点进行检修。

故障现象一:前台显示器无显示,电源灯闪亮,后台显示器正常(前后台各有一台显示器)。

可能原因：视频信号未送到显示器插座，显示器坏。
（1）前台显示器视频电缆插头没接上，视频电缆断线。
（2）显示分屏器驱动前台显示器的一路坏。
（3）显示器坏。
处理步骤如下：
（1）检查视频电缆插头，显示器后的和显示分屏器上的。
（2）在显示分屏器的输出端，交换前后台显示器视频电缆。
① 若前台显示器工作正常，后台无显示、电源指示灯闪亮，则说明显示分屏器驱动前台显示器的一路坏。
② 若前台显示器仍无显示、电源灯闪亮，则用后台的显示电缆接到前台显示器上，此时若显示正常，则说明原视频电缆坏。若显示仍没有，则说明显示器坏，更换显示器。
注意：在换视频电缆时一定要先将显示器关闭，接好视频线后再将电源打开，否则极易损坏设备。

故障现象二：前台显示器无显示，电源灯不亮，后台显示器正常（前后台各有一台显示器）。
可能原因：交流 220V 电源未送到显示器电源插座，显示器坏。
（1）前台显示器电源插座松动没接上，电源断线，电源开关被碰关闭。
（2）显示器坏。
处理步骤：检查电源开关、电源插头、电源线；用万用表测量电压。
（1）若无 220V 电压，则检查供电线路。
（2）若有 220V 电压，仍无显示，则显示器坏。

故障现象三：前后台显示器均无显示，且电源指示灯闪亮（前后各有一台显示器）。
可能原因：视频信号未送到显示器的输入端或显示器坏。
（1）前后台显示器的视频电缆插头都松动或都断线（两条线）。
（2）主用操作表示机到操作表示机倒机单元视频电缆未接通或断线（一条或两条线）。
（3）操作表示机倒机单元到显示分屏器视频电缆未接通或断线（一条线）。
（4）主用操作表示机显示卡坏或死机。
（5）操作表示机倒机单元故障。
（6）显示分屏器坏。
（7）两台显示器都坏。
处理步骤：两条视频电缆都接触不好、断线或两台显示器都坏，出现这种情况的概率较少，在判断故障时先不考虑（先将显示器视频电缆插头插紧）。
（1）先将操作表示机倒机单元人为干预切到备机，具体做法如下：
① 若操作表示机 A 为主机，按下开关"人工倒机 A→B"，强制操作表示机 B 主用。
② 若操作表示机 B 为主机，按下开关"人工倒机 B→A"，强制操作表示机 A 主用。
此时若前后台显示器显示正常，则说明原主机显示卡坏，或显示卡到操作表示机倒机单元线断或操作表示机倒机单元原主用侧继电器坏，需要再做进一步检查，即进行第（5）步。若不正常，则进行第（2）步。
（2）查看显示分屏器。
若显示分屏器电源指示灯不亮，则故障在显示分屏器部分。
（3）若显示分屏器电源指示灯亮，则用备用视频电缆替换操作表示机倒机单元输出到显示分屏器输入的视频电缆。
① 若前后台显示器显示正常，则说明替换下的视频电缆断线。
② 若前后台显示器显示均不正常，则说明显示分屏器故障或两台显示器都坏。

（4）拿一台好的显示器接替换下旧的显示器。
① 若显示正常，则说明旧显示器坏。
② 若仍无显示，则说明显示分屏器坏。
（5）将操作表示机倒机单元的视频输入（主用和备用）及输出端拔下，将输出端分别与主用和备用视频输入线相接（跳过操作表示机倒机单元）。
① 若显示正常，则说明操作表示机倒机单元故障。
② 若还无显示，则说明操作表示机倒机单元到显示卡之间的视频电缆坏。
紧急情况处理：当操作表示机倒机单元坏或显示分屏器坏。为了保证生产运输可先按下面情况处理，再更换设备。
（1）操作表示机倒机单元坏：按上述第（5）步做，鼠标线、音箱线也要同样处理，并检修倒机单元。
（2）显示分屏器坏：将显示分屏器上的输入视频线和往前台去的输出视频线从显示分屏器上拔下，对接，保证前台显示器正常使用（此时显示图象可能有点虚），更换显示分屏器后再恢复正常。
故障现象四：前台显示器显示屏显示不正常（缺色），后台显示屏工作正常（前后台各有一个屏）。例如，白光带、白灯变成黄光带、黄灯，称之为缺色。
可能原因如下：
（1）显示分屏器到前台显示器视频电缆插接不牢或某条芯线断线。
（2）驱动前台显示器的显示分屏器相应位坏。
（3）前台显示器坏。
处理方法如下：
（1）把前台显示的视频电缆拧紧，将前后台显示器的视频电缆在显示分屏器输出端交换。
① 若前台显示器恢复正常，后台显示器故障与前台一样，则显示分屏器驱动驱动前台显示器的一路故障或显示器视频电缆断线。
② 若前台显示器显示仍不正常，则前台显示器故障。
（2）将前显示器视频电缆从显示分屏器的输出端拔下，插在显示分屏器驱动后台的输出插座上。
① 若前台显示器显示正常，故障发生在显示分屏器驱动前台一路。
② 若前台显示器显示仍不正常，说明视频电缆断线。
故障现象五：前后台显示器显示屏都不正常（缺色）（前后台各有一个屏）。例如，白光带、白灯变成黄光带、黄灯，称之为缺色。
可能原因如下：
（1）主用操作表示机显卡坏。
（2）主用操作表示机显卡到操作表示机倒机单元之间的视频电缆插头没插紧。
（3）主用操作表示机显卡到操作表示机倒机单元之间的视频电缆断线。
（4）操作表示机倒机单元主机部分的故障。
（5）操作表示机倒机单元到显示分屏器之间的视频电缆故障。
（6）前后台显示器视频电缆都接触不良（两条线）或两条视频电缆都断线。
（7）前后台显示器都坏。（两台显示器）
处理方法如下：前后台显示器的视频电缆（两条）都接触不良；两条线同时断开；两台显示器同时坏的概率极小，可最后考虑它们。
（1）将操作表示机倒机单元人为干预切换到备机，具体做法如下：
① 若操作表示机 A 为主机，接下开关"人工倒机 A→B"，强制操作表示机 B 主用。

② 若操作表示机 B 为主机，按下开关"人工倒机 B→A"，强制操作表示机 A 主用。

此时若前后台显示器显示正常，故障在原主机显示卡。若还不正常，则故障可能是操作表示机倒机单元到显示分屏器之间的视频电缆故障。

（2）用备用的视频电缆换下原视频电缆。
① 若前后台显示器显示正常，则是原操作表示机倒机单元到显示分屏器之间的视频电缆坏。
② 若还不正常，则可能是显示器故障，或者显示分屏器到显示器之间的视频电缆故障。

（3）拿一台新的显示器将旧的换下。
① 若换后显示正常，则是显示器坏。
② 若换后显示还不正常，则需要更换显示分屏器到显示器之间的视频电缆。

故障现象六：前后台都是左屏无显示，电源指示灯闪亮，右屏显示都正常（前后台各两台显示器）。

可能原因：视频信号未送到显示器输入端，显示器坏（两台）。
（1）前后台左屏显示器的视频电缆插头都松动或断线（两条线）。
（2）上位主用机左屏显示卡坏。
（3）上位主用机到操作表示机倒机单元之间的左视频电缆未接好或断线（一条线）。
（4）操作表示机倒机单元到显示分屏器之间的左视频电缆未接好或断线（一条线）。
（5）显示分屏器驱动左屏显示部分坏。
（6）左显示器视频电缆都未接好或断线（两条线）。
（7）前后台左显示器都被关闭或都坏（两台）。

处理方法：将怀疑松动的地方都先插紧。由于两台设备或两条线同时都坏的概率很低，因此可先考虑别的问题。

（1）看左显示分屏器电源指示灯，若指示灯不亮，则故障在显示分屏器；若指示灯亮，则向下查。
（2）先将操作表示机倒机单元人为干预切换到备机，具体做法如下。
① 若操作表示机 A 为主机时，按下开关"人工倒机 A→B"，强制操作表示机 B 主用。
② 若操作表示机 B 为主机时，按下开关"人工倒机 B→A"，强制操作表示机 A 主用。

切换后若前后台左屏显示恢复正常，前后台右屏也正常。原主用操作表示机显示卡坏，或原主用操作表示机左屏显示卡、视频电缆坏，或操作表示机倒机单元原切换左屏线路故障。

切换后若前后台左屏恢复正常而前后台右屏无显示。这种情况在双机热备冗余系统中出现的概率很低。这是在检查故障的过程中又发现了新故障，即原热备机中右屏显示卡、右屏视频电缆和操作表示机倒机单元备用右屏切换部分有问题，查找完故障再找新故障。

切换后前后台左屏仍无显示，故障在操作表示机倒机单元后，显示器左视频电缆或左显示分屏器或前台左显示器。

（3）将操作表示机倒机单元左、右屏输出视频电缆在上位机倒机单元处交换。
① 若交换后前后台左、右屏显示均正常，则是原左屏视频电缆接插部分有问题。
② 若交换后前后台左屏显示正常，右屏无显示，则故障可能是原左屏显示器视频电缆断线。
③ 若交换后前后台左屏均无显示，则故障在左显示驱动单元或显示器。

（4）用备用视频电缆替换操作表示机倒机单元左显示分屏器的视频电缆。
① 若前后台显示屏正常，则是替换下的视频电缆坏。
② 若前后台显示屏仍无显示，则是左显示分屏器故障或显示器都坏。

（5）用好显示器替换原左屏显示器。
① 若显示器显示正常，则原显示器坏。
② 若仍无显示，则是显示分屏器坏。

注意：若都是右屏无显示且电源显示灯闪动，左屏显示正常，可参考上述方法判断右路。

故障现象七：前后台均左屏无显示且电源指示灯熄灭，右屏显示正常。

可能原因：交流 220V 电源未送到前后台左屏显示器输入插座，显示器被碰关闭或两台显示器都故障。

（1）显示器电源插头未插紧。
（2）两台显示器电源开关被关闭。
（3）显示器 220V 电源未送过来或断线。
（4）两台显示器都坏。

处理方法如下：

（1）检查显示器电源开关，开关应处于按下位置。
（2）检查 220V 输入电源插头，看其是否有 220V 电压。
① 若有 220V 电压并将插头插紧仍无显示，则是显示器故障。
② 若无 220V 电压，则检查 220V 供电线路，从显示器电源插头查到防雷柜显示器供电开关。

注意：若前后台均右屏无显示且电源指示灯熄灭，左屏显示正常，可参考此方法进行。

故障现象八：前后台左、右屏都无显示，且电源指示灯熄灭，并有一台 UPS 发出"哗……噼……"的报警声，联锁机、操作表示机工作正常。

可能原因：两路 220V 电源断了一路。

（1）电源两路供电之一路空气开关跳闸。
（2）综合柜中两路 220V 输入空气开关之一跳闸。
（3）综合柜中两个隔离变压器之一坏了。

处理方法如下：

（1）为了保证运输，首先解决显示问题。将综合柜中显示器供电的开关倒向另一个方向，即用另一个隔离变压器给显示器供电，此时显示应正常。
（2）用万用表从 220V 输入端开始检查，直到查出断电点。

故障现象九：鼠标箭头在控制台显示屏上拖不动，命令发不下去。显示屏右下端计时正常。

可能原因如下：

（1）鼠标坏，鼠标长期使用太脏。
（2）操作表示机倒机组合到控制台鼠标线没接好或断线。
（3）操作表示机倒机组合主用侧继电器接触不良。
（4）主机 COM1 接口坏。
（5）主机 COM1 接口到操作表示机倒机组合连线未接好或断线。

处理方法：首先检查鼠标接线各插头插座，将其插紧。若正常，则说明线松头；若不正常，则向下检查。

（1）人为干预，将原上位主机切向备机，具体做法如下。
① 若操作表示机 A 为主机，按下开关"人工倒机 A→B"，强制操作表示机 B 主用。
② 若操作表示机 B 为主机，按下开关"人工倒机 B→A"，强制操作表示机 A 主用。

切换后若鼠标工作正常，则说明原主机 COM1 接口坏、主机 COM1 接口到操作表示机倒机组和连线断线、操作表示机倒机组合后主用侧继电器故障。若不正常，则转到第（2）步。

将主用操作表示机切回原来的主机，交换主备机之间 COM1 到操作表示机倒机组合之间的连线。若变换后鼠标工作正常，则说明原主机连线断线。若还不正常，则说明原主用操作表示机 COM1 接口坏或操作表示机倒机组合继电器故障，需要检查更换继电器。更换后，若正常，则故障在继电器，若不正常，则主机 COM1 接口坏。

（2）若切换后鼠标工作还不正常，则故障在操作表示机倒机组合后，即鼠标坏、操作表示机倒机组合到运转室之间鼠标线断线。

更换新鼠标。若正常，则说明鼠标坏（原鼠标太脏，清洗后再试）；若不正常，则是操作表示机倒机组合到运转室的鼠标线断线。用备用鼠标线替换断线。

任务四　TYJL-ADX 型计算机联锁系统维护

一、TYJL-ADX 型计算机联锁系统基本认知

（一）系统构成

TYJL-ADX 型计算机联锁系统是在日本铁道综合技术研究所安全认证的日立公司生产的 ADX1000 型专用计算机核心硬件及系统软件平台的基础上，移植了经现场多年实际运用验证的 TYJL 系列联锁软件后研制开发而成的。

TYJL-ADX 型计算机联锁系统（以下简称 TYJL-ADX 系统）的机柜外观图如图 4-68 所示，从左到右依次是联锁柜、扩展柜和配电柜。

联锁机采用日本日立公司成熟的二乘二取二计算机系统，包括 FCX 机笼、FFC 机笼、I/O 板在内的部件全部进口。FCX 采用时钟级同步方式。切换采用整机切换。

TYJL-ADX 系统主要具有以下几个显著优点。

（1）系统采用二乘二取二安全冗余结构、时钟级同步的技术。两系并行工作，互为备用，可实现无缝切换，并具有定时切换功能。

图 4-68　TYJL-ADX 型计算机联锁系统的机柜外观图

（2）系统二重系联锁机笼独立设置，可实现单系脱机，支持现场脱机测试功能，脱机测试简单方便，便于系统的升级和改造。

（3）采用 CRT 显示器、鼠标，操作简便、舒适，显示清晰；双套控制台使车站值班员选择更灵活。监视器能显示 6502 电气集中系统所有的输出，还增加了时间、音响和汉字提示，用以提供操作和错误提示显示功能等。此外，还给出设备错误号，供维修人员诊断故障用。

（4）系统各部分层次分明，减少了系统内部配线数量，提高了系统的安全性。TYJL-ADX 采用通用的、高可靠性的工业控制计算机进行联锁逻辑运算，不仅安全性和可靠性得到提高，而且系统成本显著降低。

（5）联锁机笼采用浮空地，与大地完全隔开，避免来自大地的耦合干扰。

（6）系统采用光纤环网连接方式，能实现区域联锁功能。

（二）系统结构

TYJL-ADX 系统为分布式多计算机系统，它主要由以下 4 部分组成：控制台（MMI）、联锁机、监控机（上位机）和电务维修机。TYJL-ADX 系统结构框图如图 4-69 所示。

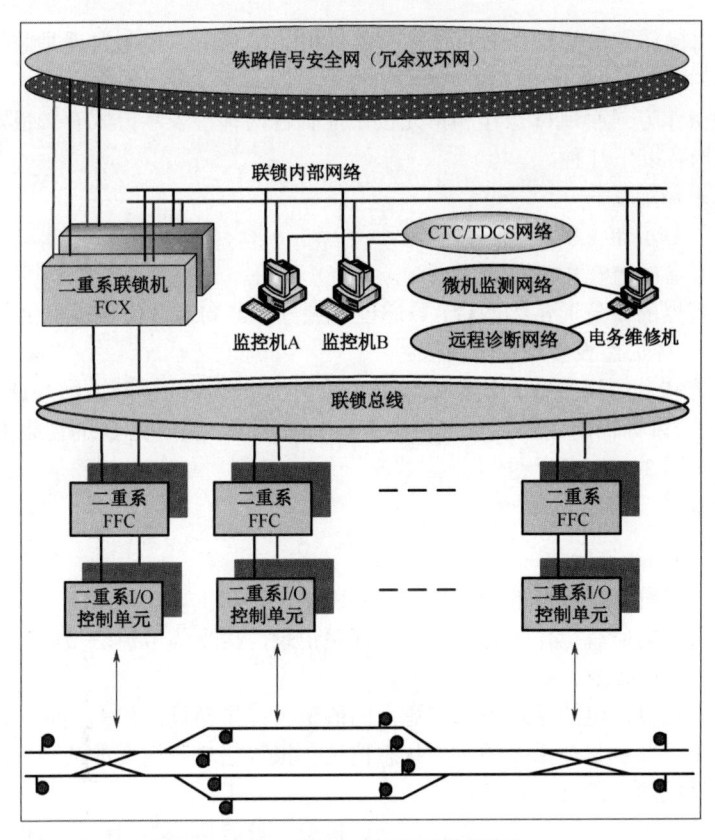

图 4-69 TYJL-ADX 系统结构框图

1．控制台

每个监控机的输出由一个显示器负责，两个显示器组成值班员使用的控制台。如果是两个屏的车站，那么每个显示器显示半个站场图像；如果是一个屏的小站，那么两个显示器重复显示站场图像。

2．联锁机

联锁机采用二乘二取二的计算机联锁系统，CPU 工作为时钟级同步方式。

3．监控机

监控机也称上位机，采用双套高可靠性的工业控制计算机，操作系统采用先进的嵌入式 Windows XP 操作系统，使系统具有更高的稳定性。两台监控机可以一起工作，也可以独立工作。

4．电务维修机

电务维修机采用高可靠性的工业控制计算机，操作系统采用先进的嵌入式 Windows XP 操作系统。电务维修机采用和监控机大致相同的硬件配置。

5．综合配电单元

综合配电单元为系统的各个部分提供稳定可靠的电源。

6．远程诊断中心在线支持

远程诊断中心在线支持采用调制解调器以电话拨号的网络方式进行远程诊断。

使用远程诊断，单位可通过网络远程访问电务维修机，获取联锁系统的运行记录。

二、TYJL-ADX 系统工作原理

（一）控制台（MMI）

控制台的主要功能是将站场表示、进路状态、操作结果用显示器或单元表示盘的光带显示

给操作人员；将操作人员的操作命令传输给监控机。实际上，控制台就是监控机的显示器、鼠标和音箱。

控制台的操作方式有鼠标操作和单元按钮控制台两种；表示方式有彩色监视器和单元表示盘两种。其结构有以下几种。

（1）鼠标＋显示器。

（2）鼠标＋显示器＋单元表示盘。

上述所有设备配置在车站值班室。

控制台监视器的数量通常为两台，可通过视频分配器向后台值班员提供复示显示器，此外，与6502控制台一样仍然设置道岔电流表。

监控机到控制台的视频线、鼠标线和语音线均使用专用的屏蔽电缆（通常不超过50m），监控机A的视频/鼠标输出到控制台上的显示器1/鼠标1，监控机B的视频/鼠标输出到控制台上的显示器2/鼠标2。

（二）监控机

1．监控机的功能简述

监控机是计算机联锁系统的操作界面的人机接口，其主要功能如下。

（1）对值班员的所有操作进行提示、处理并记录，接受信号值班员的有效操作命令，向联锁机发出相应的执行命令。

（2）接收联锁机提供的站场表示信息，向值班员提供站场图像的实时显示。

（3）向值班员提供整个系统的工作状态信息、报警信息和简要的故障信息。

（4）记录系统的全部操作和运行信息。

（5）将系统的全部操作信息、运行信息、报警信息等传输给电务维修机进行储存和回放。

（6）作为与其他必要信息系统的接口，如CTC或TDCS。

2．监控机的硬件配置

监控机的计算机部分采用工业控制计算机。工业控制计算机简称工控机，是一种采用总线结构，对生产过程及其机电设备、工艺装备进行检测与控制的工具总称。它具有重要的计算机属性和特征，如具有计算机CPU、硬盘、内存、外设及接口、实时的操作系统、控制网络和协议、计算能力、友好的人机界面等。目前，工控机的主要类别有IPC（PC总线工业电脑）、PLC（可编程控制系统）、DCS（分散型控制系统）、FCS（现场总线系统）及CNC（数控系统）五种。

（三）联锁机

1．联锁机的功能简述

（1）实现与监控机的通信调度。

（2）实现信号设备的联锁逻辑处理功能，完成进路选路、确选、锁闭，发出开放信号和操作道岔的控制命令。

（3）采集现场信号设备状态，如轨道状态、道岔表示状态、信号机状态等。

（4）输出控制命令，驱动板输出-24V电压至偏极继电器线圈，控制现场设备。

对双系联锁机而言，系统有以下状态：I系、II系均不工作、I系、II系中只有一系工作和双系联机同步工作。

对单系联锁机而言，系统有单机工作、脱机、联机同步三种状态，其中由脱机到同步大约需要1min。当系统启动时，先上电的一系（I系或II系）定义为主机，先进入工作状态，后上电的一系为备机，与主机通信自动联机，实现同步工作。在联机同步状态下的I系、II系联锁机处于完全相同的工作状态，实无主备之分。例如，主机出现故障，自动停止与FFC的通信，此时备机自动升为主机工作，原主机则处于脱机状态。只有在修复故障，确认机器工作正常后，原主机才能重新开机，并作为备机，转入联机状态，恢复主备机通信，待双系的工作状态完全一致时原主机转入热备状态。此时原备机仍作为主机工作，此状态将一直保持至原备机故障或人工切换倒机为止。I 系、II 系的自动切换不影响系统的正常工作。两台监控机与联锁主机通信都中断，但联锁备机与任何一个监控机通信正常时，主备机会自动进行切换（个别开通较早的车站，在上述情况下会出现主控的联锁机停止运行，备机升为主机的情况）。

系统状态切换图如图 4-70 所示。

2．联锁机基本硬件组成

联锁机包括两部分：总线层和 FFC 层。

每个联锁机柜能容纳三个机笼，当 FFC 机笼超过两个时，需要扩展联锁机柜，扩展的机柜定义为扩展柜。

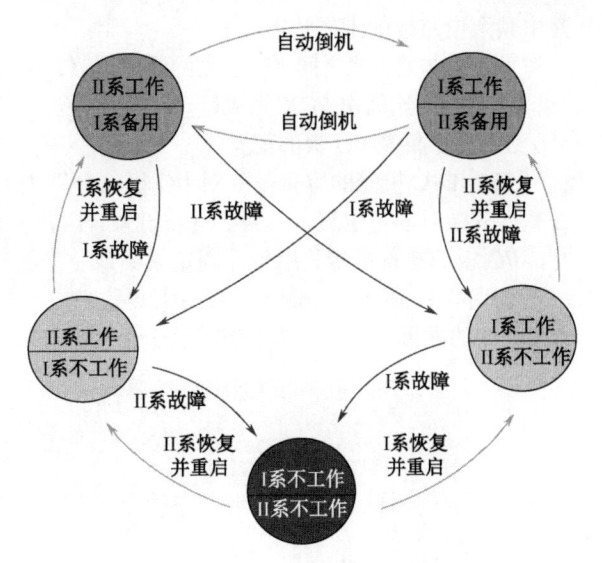

图 4-70 系统状态切换图

图 4-71 所示为联锁机柜扩展柜的配置图，联锁机柜第一层是总线层，有两个 FCX 机笼，左侧是 I 系，右侧是 II 系，两系不共用母板，相互独立。从第二层起是 FFC 层。扩展柜无总线层，全部是 FFC 层。

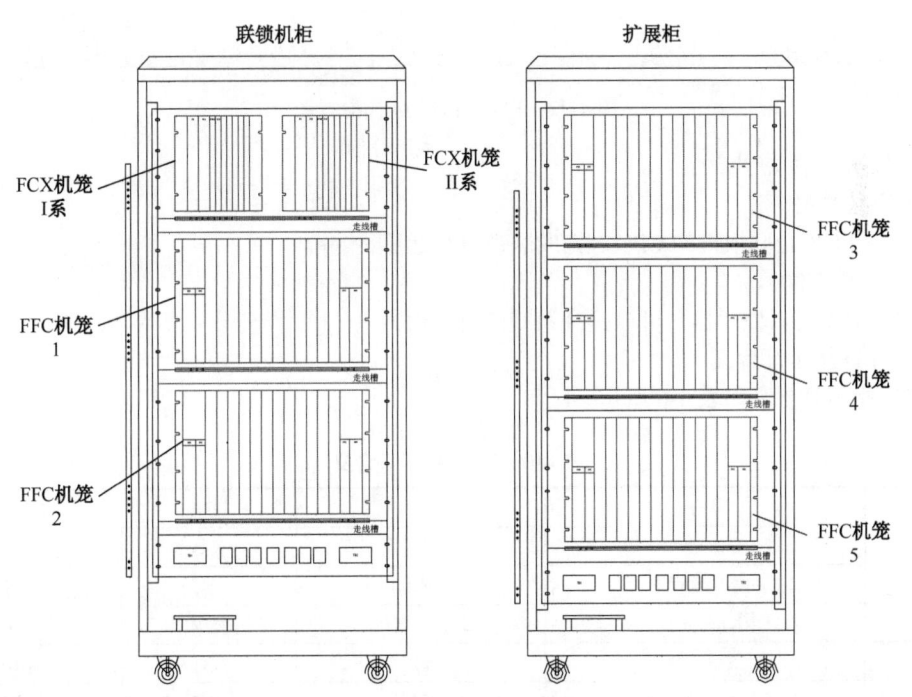

图 4-71 联锁机柜扩展柜的配置图

每套联锁机由两系组成，每系的总线层包括电源模块、处理器（FCX）、通信板（ETH）和必要的 I/O 扩展板（如 SIO-D）。

每块板卡都插在机笼的母板上，由母板提供板卡的工作电源，并且 CPU 板通过母板监控机笼中其余电路板的工作状态。

联锁机与监控机之间采用以太网通信，槽位 3 上的以太网通信板 ETH 与监控机完成通信功能。两系之间通信由 FCX 完成。

3．FFC 机笼 I/O 板的配置

每个 FFC 机笼的容量是 6 对 I/O 板，分别为 I 系和 II 系各 6 块，间隔排列。I/O 板的槽位在软件安装时固定位置，不需要跳线设置。位置和数量必须按照要求配置，否则将影响 FCX 运行。I/O 板的布置尽量采用每层固定采集或驱动的原则，尽量减少交叉使用。

如图 4-72 所示，左侧为 I 系的电源和 FFC，右侧为 II 系的电源和 FFC。（目前每个 FFC 机笼 I/O 板的配置：前 3 个为 FDI，后 3 个为 FDO）

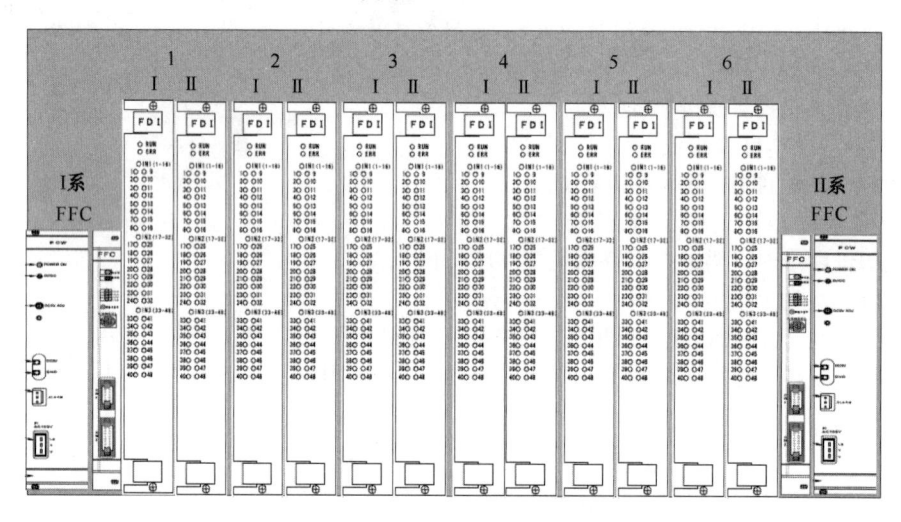

图 4-72 FFC 机笼 I/O 板配置图

4．FCX 硬件说明

1）系统规格

概念：FCX 是联锁机的 CPU，完成联锁逻辑运算。

型号：FCX000。

每个 FCX 有双处理器，可以提高系统的可靠性。

2）LED 指示灯含义

LED 指示灯含义如表 4-6 所示。

表 4-6 LED 指示灯含义

序号	状态	RUN	ERR	STBY
1	开始启动	绿闪	灭灯	绿闪
2	初始化过程中	黄闪	灭灯	绿闪
3	启动时异常	绿闪或黄闪	红闪	灭灯
4	主系工作	绿灯	灭灯	灭灯
5	备系工作	黄灯	灭灯	灭灯
6	仿真模式	黄灯	灭灯	绿灯
7	控制待机	绿闪	灭灯	灭灯
8	停止处理中	灭灯	红闪	灭灯
9	停止	灭灯	红灯	灭灯

3）FCX 面板

FCX 面板图如图 4-73 所示。

4）FCX 与 FFC 连接说明

FCX 与 FFC 连接示意图如图 4-74 所示。

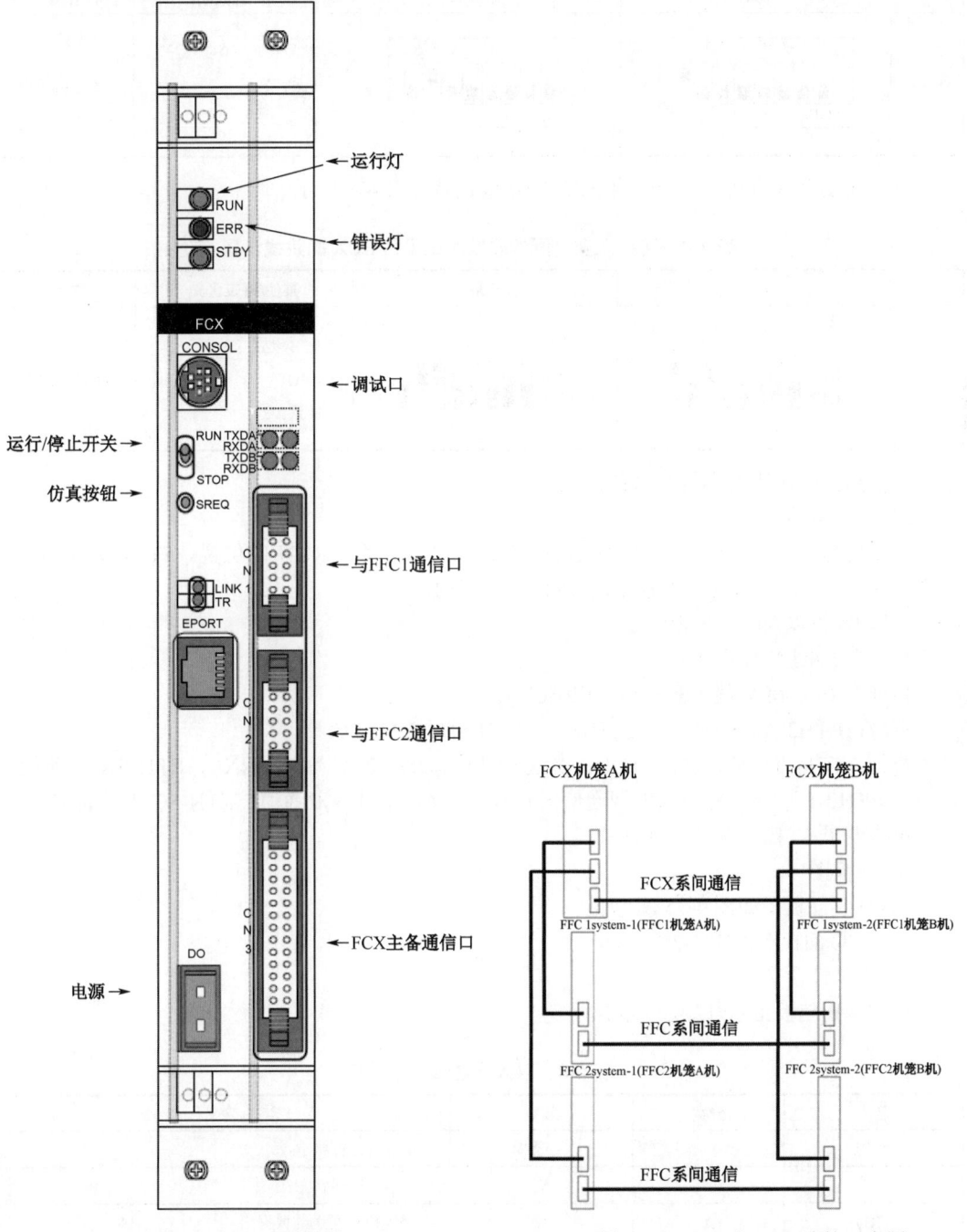

图 4-73　FCX 面板图

图 4-74　FCX 与 FFC 连接示意图

5）跳线设置

非安全网接入版联锁系统平台的 FCX 相关跳线设置如表 4-7 所示。

表 4-7　非安全网接入版联锁系统平台的 FCX 相关跳线设置

	I 系	II 系	其他/每位含义	位置
SW1	1 2 3 4 5 6 7 8　OFF	1 2 3 4 5 6 7 8　OFF	站号设置（0~255） I 系：1 II 系：2	FCX 板底侧

可接入安全网的联锁系统平台 FCX 的跳线设置如表 4-8 所示。

表 4-8　可接入安全网的联锁系统平台 FCX 的跳线设置

	I 系	II 系	其他/每位含义	位置
SW1	1　　　8　ON OFF	1　　　8　ON OFF	站号设置（0~255） I 系：1 II 系：2	FCX 板底侧

其他插接的跳线均不需要设置。

6）注意事项

当系统运行时，面板上的 RUN/STOP 拨码开关一定要在 RUN 的位置。STOP 为此系的开关停止位。当系统运行时，面板上的 SREQ 不能被按下。

5．联锁机以太网通信板说明

1）以太网通信板规格

标准：R600-M 总线/Ethernet[IEEE 802.3]。

型号：ETH2-A、ETH3-F、ETH-NX、ETH-SN、ETH-SC 等。

特征：支持 TCP/IP 协议、UDP 协议。其中，ETH2-A、ETH-NX、ETH-SN 的前面板几乎与 ETH3-F 一样，每块以太网通信板具有双 MAC 地址、双通道。ETH-SC 为单通道。

电压要求：直流 5V（±5%）。

2）面板图

ETH3-F 面板图如图 4-75 所示。

ETH-SC 面板图如图 4-76 所示。

3）指示灯含义

以太网通信板指示灯如表 4-9 所示。

表 4-9　以太网通信板指示灯

名称	分类	颜色	含义
RUN		绿	指示为运行状态
ERR		红	指示为错误状态
TXD	A	绿	CN1 口有发送的数据
RXD	A	绿	CN1 口有接收的数据
LNK	A	绿	CN1 口建立连接
TXD	B	绿	CN2 口有发送的数据

续表

名称	分类	颜色	含义
RXD	B	绿	CN2 口有接收的数据
LNK	B	绿	CN2 口建立连接

6．I/O 扩展板 SIO 说明

SIO 是智能的串行通信设备，插接在 CPU 层 R600 母板上。当扩展两个以上 FFC 机笼时需要用到 SIO。SIO 有两种，即 SIO-D 和 SIO-D2，其面板图分别如图 4-77、图 4-78 所示。

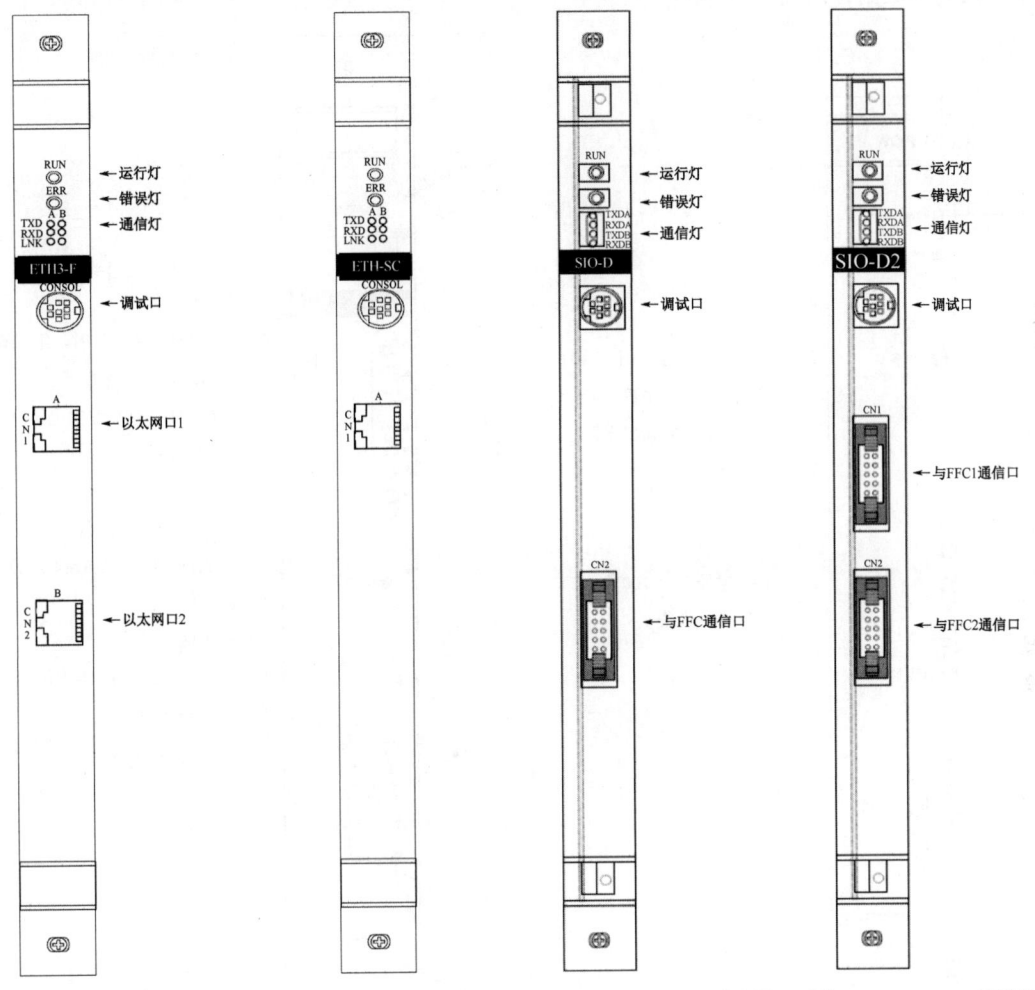

图 4-75　ETH3-F 面板图　　图 4-76　ETH-SC 面板图　　图 4-77　SIO-D 面板图　　图 4-78　SIO-D2 面板图

7．FFC 电源模块说明

APW000 电源面板图如图 4-79 所示。

1）型号

FFC 电源的型号为 APW000。

2）参数指标

（1）冷却方式：自然冷却。

（2）输入电压允许范围：AC 80～132V。

（3）输入电流允许范围：最大 3.6A。

（4）输出电压：+5.0V。

（5）电压变动率：3%。

（6）最大输出电流：20A。

电源具备过电压保护、过电流保护、不足电压切断输出的功能。

8．FCX 电源模块说明

LPJ001 电源面板图如图 4-80 所示。

（1）型号：LPJ001。

（2）参数指标：同 APW000。

APW000 电源面板标注：

2-1：当电源正常工作时，绿灯亮

2-2：当过电压、过电流时，红灯亮

2-3：调整直流 5V 输出电压

2-4：直流 5V 确认端子

2-5：0V 基准电压端子

2-6：不用

2-7：输入电压交流 100V。

其中，LG——地线

2-8：把手

LPJ001 电源面板标注：

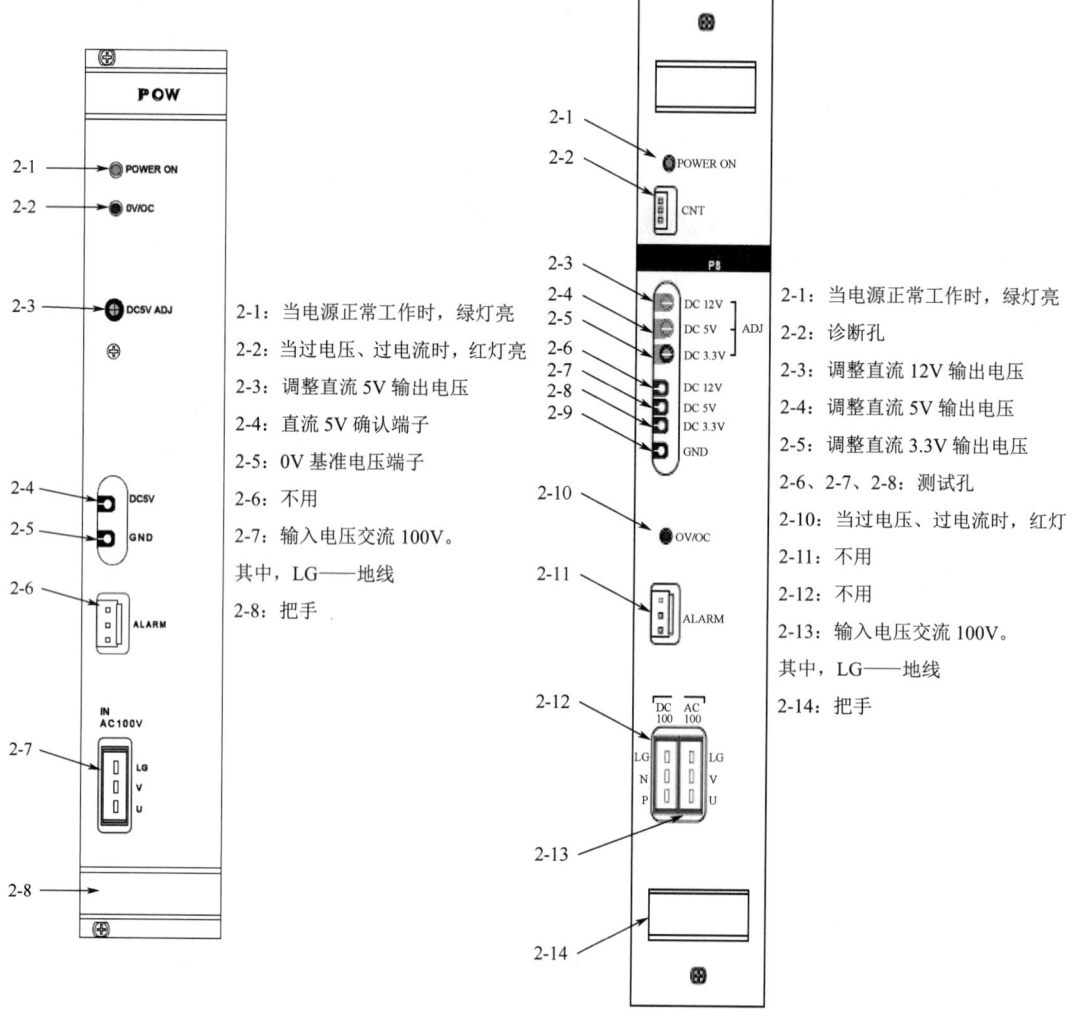

2-1：当电源正常工作时，绿灯亮

2-2：诊断孔

2-3：调整直流 12V 输出电压

2-4：调整直流 5V 输出电压

2-5：调整直流 3.3V 输出电压

2-6、2-7、2-8：测试孔

2-10：当过电压、过电流时，红灯

2-11：不用

2-12：不用

2-13：输入电压交流 100V。

其中，LG——地线

2-14：把手

图 4-79　APW000 电源面板图　　　图 4-80　LPJ001 电源面板图

9．I/O 总线控制器 FFC 说明

FFC 为 F 总线控制器，具有双处理器，它的作用是控制 I/O 板。其面板图如图 4-81 所示。

（四）电务维修机

1．简述

电务维修机（简称维修机）的主要功能是记录操作信息、错误信息、站场显示信息和输入输出信息，以及将铅封计数器清零。维修机必须与监控机通信才能完成上述功能。

联锁系统中，维修机是不可缺少的重要组成部分，它的主要功能如下。

（1）车务操作的记录。

（2）站场状态信息的记录。

（3）报警信息的记录。

（4）所有的记录以文件的形式存储 1 个月。

（5）提供分类查询的手段检索所有的记录，并可定向查找某些记录。

（6）记录打印的功能。

（7）远程诊断功能（通过远程拨号将上述功能体现在远程计算机上）。

（8）修改维修机的时钟，同时将监控机 A、B 的时钟修改。

（9）修改监控机 A、B 的清除严重报警的密码。

维修机的电源采用系统电源中的 UPS 提供的 220V 电源，维修机的配套设备中有打印机、调制解调器，因此维修机的电源又分为维修机 220V、显示器 220V、打印机 220V、插座 220V（供调制解调器用）。

维修机是一种维修设备，因此与它有关的连线比较多。打印机、远程诊断、监测及调监设备等都可与它连接。

① 显示器：显示站场平面图，通过视频电缆与视频接口连接。

② 鼠标：操作设备，通过鼠标线与串口相连。

③ 键盘：操作设备，通过键盘线与键盘接口相连。

④ 打印机：打印设备，通过打印电缆与并口 1 相连。打印机的主要作用是打印设备运行记录，电务人员在需要的时候，可以把记录打印下来进行保存。

⑤ 调制解调器：远程诊断设备，通过 RS232 串口电缆与串口相连，远端通过电话线与调制解调器连接，在需要时通过它可以实现远程诊断。

⑥ 网线：与监控机通信，通过以太网通信板（又称以太网卡）与综合柜上的光交换机相连。

⑦ 监测、调监等设备：通过串口卡与它们相连。

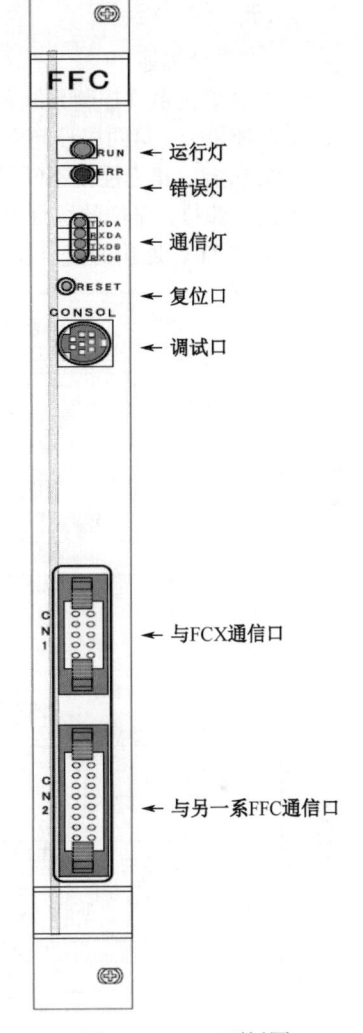

图 4-81　FFC 面板图

2. 硬件配置

程序设计上为了规范，将维修机 IP 统一设置为 192.0.0.50（双网卡）。表 4-10 所示为维修机硬件标准配置。

表 4-10　维修机硬件标准配置

名称	型号	数量
主板	PCA-6008	1
内存	SDRAM	1
显卡	板载 AGP/VGA	1
以太网卡	INTER	1
扩展卡	MOXA	1
电子盘	APPO	2

为了增加维修机的稳定性，减少故障处理时间，维修机采用双电子盘，平时运行一个电子盘（主电子盘），主电子盘故障时通过修改主板 BIOS 设置运行备用电子盘，提高了维修机的可靠性和可用性。

（五）综合柜

1．系统描述

综合柜由监视控制系统和电源系统构成。机柜第一层为预留层，第二层设监控机 A，第三层设监控机 B，第四层设光交换机，第五层设 24V 电源和 TB1 线排，第六层设配电箱控制开关和 TB2 线排，第七层设不间断电源 UPS-A，第八层设不间断电源 UPS-B，第九层设隔离变压器和地线汇流排。早期的综合柜的前视图和后视图如图 4-82 所示。由于适用于客运专线的综合柜增加了与 TCC 连接的接口设备，因此与其他综合柜略有不同。

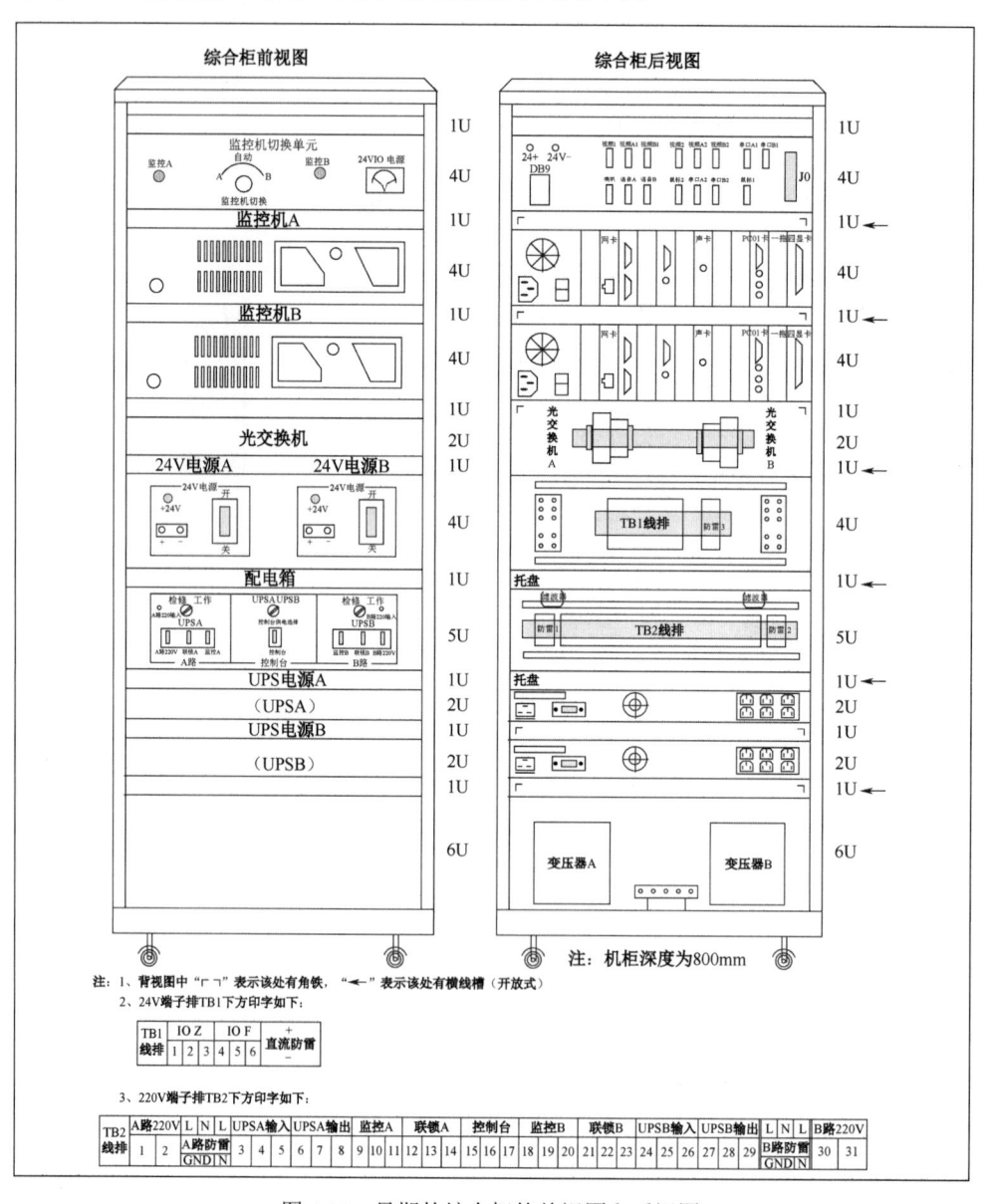

图 4-82 早期的综合柜的前视图和后视图

2. 配电部分

为了使整个系统的电源布置有序和设计合理，设置配电箱。

配电箱由不间断电源 UPS、变压器和配电箱控制开关三部分构成。配电原理图有两种，图 4-83 所示为早期部分配电原理图，图 4-84 所示为后期部分配电原理图。

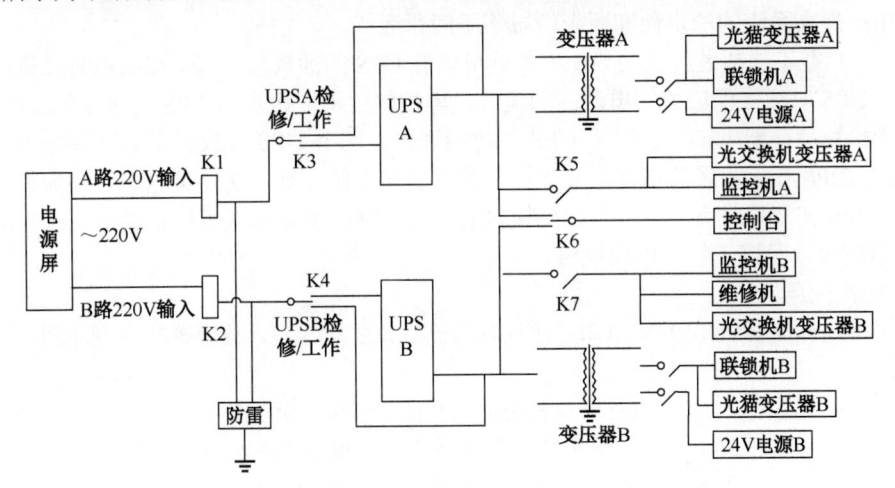

图 4-83　早期部分配电原理图

K1：I 路电源输入开关。
K2：II 路电源输入开关。
K3：UPSA 检修/工作选择开关。
K4：UPSB 检修/工作选择开关。
K5：监控机 A 开关。
K6：控制台电源选择开关。
K7：监控机 B 开关。

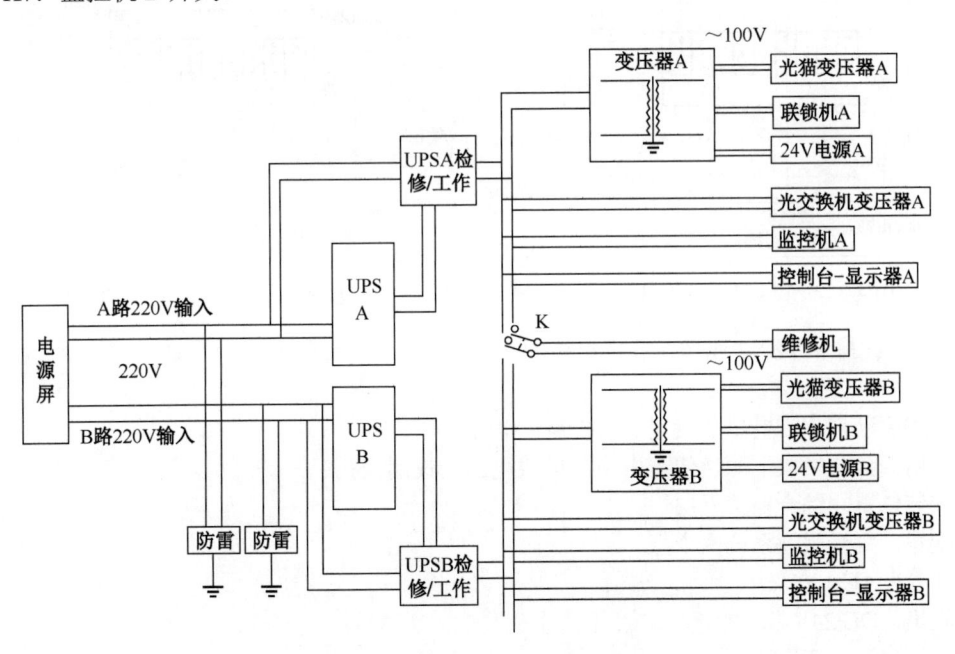

图 4-84　后期部分配电原理图

1）不间断电源

不间断电源（UPS）：每站配置两个，分别给Ⅰ系、Ⅱ系供电。

容量：中等站一般配置为 2000W。根据具体扩展柜的数量考虑，如果正常运行超过 UPS 负载的 50%，就可以更换较大容量的 UPS。

作用：提高系统的稳定性和断电情况下不间断运行。

使用：负载不能超过容量的 60%。负载可以看 UPS 的面板指示灯。在上电时须按压开机按钮。要关 UPS 时须先保证关闭电源屏的输入，再按住关机按钮直到 UPS 的风扇停止转动。

故障检修：在配电箱上设置了 UPS 的控制开关，两个 UPS 各设开关。开关分工作和检修两个位置。UPS 在无故障的情况下要求把开关设置在工作位置，这样可以起到整流和断电保护的作用。UPS 在故障时需要人工扳动到检修的位置，这样电源屏就可以直接给系统供电。故障的 UPS 这时可以脱离工作，以便检修。

2）隔离变压器

联锁机运行需要 AC 100V 电源，并且联锁机机笼要求浮空，故设置隔离变压器（以下简称变压器）。

位置：变压器在综合柜的底部，从机柜后面看，左侧的为变压器 A，右侧的为变压器 B。

配置：每套联锁系统两个，变压器 A 给Ⅰ系供电，变压器 B 给Ⅱ系供电。

电源来源：变压器 A 由 UPSA 供电，变压器 B 由 UPSB 供电。

电压：输入 AC 220V，输出 AC 100V。

作用：① 调压，把 220V 转换成联锁机需要的 100V。

② 隔离，减少综合柜对联锁柜的干扰。

连接：输入由对应的联锁机空气开关接入，输出两根线到联锁机，不接地线。

图 4-85 所示为变压器 A 的接线图，图 4-86 所示为变压器 B 的接线图。

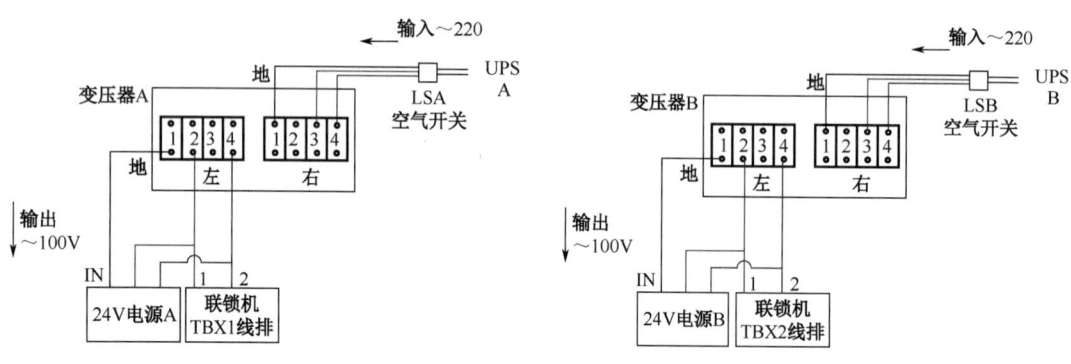

图 4-85　变压器 A 的接线图　　　　图 4-86　变压器 B 的接线图

TBX1 线排和 TBX2 线排在联锁机柜的底层。

3）24V 电源

采集驱动部分需要单独设置的 DC 24V 电源。

采用插接式模块电源，便于更换。模块电源上设测试孔。

安装位置：综合柜第五层。

配置：每套联锁系统两个。

输入：AC 100V。

输出：DC 24V。

电源来源：变压器。

24V 电源同时给 I/O 板供电。两个 24V 电源的输出在 TB1 线排处合并为 IO+、IO-，所以一个 24V 电源故障不影响工作。

每个 24V 电源设有一个状态继电器，状态继电器的在联锁机有固定的采集位置。当电源故障时，控制台上给出报警提示。

3．系统上电

检查设备状态良好并满足使用要求，接通电源屏电源。确认联锁机每个机笼上的电源板上的 Power On 指示灯点亮。

注意：所有板卡均不能带电插拔，请勿带电操作。

（六）微机桌

微机桌摆放在设备房内，桌上有一个维修机的显示屏及维修机的鼠标、用于远程诊断的 Modem，同时装有两个上位机的键盘、一个维修机键盘、打印机及配线。

上位机的键盘请在有人指导的前提下操作，以免误操作影响控制台的使用。

（七）光纤通信

1．简述

为了保证联锁机 FCX 机笼对大地悬空，监控机与联锁机通信时采用光纤通信方式。

2．以太网光交换机

早期的交换机多采用科洛里斯公司的 4005 系列交换机，其外观图如图 4-87 所示，面板前视图如图 4-88 所示。

配置：每站设两个光交换机，每个光交换机有 4 个电口、1 个光口。

图 4-87　4005 系列交换机外观图

安装位置：综合柜监控机 B 下方。

供电来源：专用变压器。

输入电压：DC 24V，有专用变压器。

交换机变压器：每个光交换机有两个电源输入接口，所以每个光交换机可以由两个光交换机变压器中的任何一个供电。变压器电源（AC 220V）由相应的监控机空气开关输出。

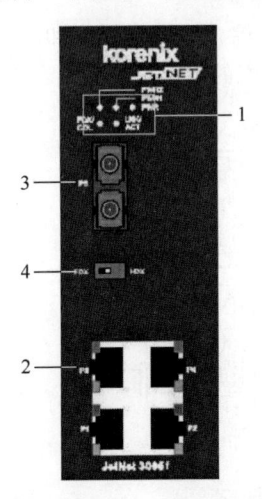

1　LED indicators：指示灯
2　RJ45 Ethernet ports：RJ45 以太网通信口
3　Fiber Port：光纤通信口
4　DIP Switch：模式选择开关

图 4-88　4005 系列交换机面板前视图

说明：模式选择开关要求放在 FDX 位置上。

FDX：全双工。
HDX：半双工。
后期将 4005 系列交换机更换为 4008 系列交换机，主要区别如下。
（1）4008 系列交换机带网络管理功能，而 4005 系列交换机无此功能。
（2）4008 系列交换机有 6 个电口、2 个光口，而 4005 系列交换机有 4 个电口、1 个光口。
（3）4008 系列交换机有网络风暴抑制功能。

3．光电转换器

光电转换器，又称光猫，如图 4-89 所示。

型号：JetCon1301。

配置：每套联锁系统需要两个光电转换器，每个 JetCon1301 有 1 个 10/100Base-TX 口转 1 个 100Base-FX Fast 口的工业级光电转换器。

供电来源：专用变压器。

输入电压：DC 24V。

光猫变压器：对应变压器输出的 AC 100V。光猫 A 对应变压器 A。

布置：联锁机下部，在机柜后面从右向左依次是 A、B。

图 4-90 所示为变压器的配线图。

图 4-89　光电转换器

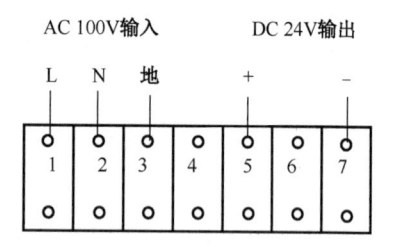

图 4-90　变压器的配线图

4．连接方式

监控机、维修机连接到综合柜光交换机以太网口，综合柜光交换机和联锁机光电转换器通过两芯光缆连接，光缆连接时要交叉，即一个光交换机的 Tx 对应另一个光交换机的 Rx，如图 4-91 所示。

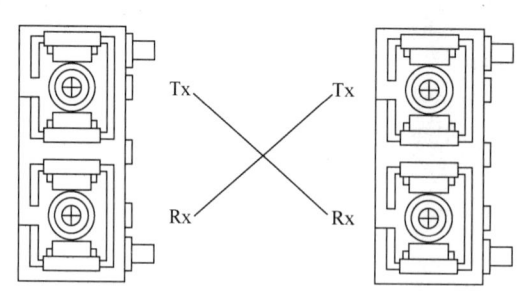

图 4-91　光纤连接图

光交换机与光电转换器间光纤连接示意图如图 4-92 所示。

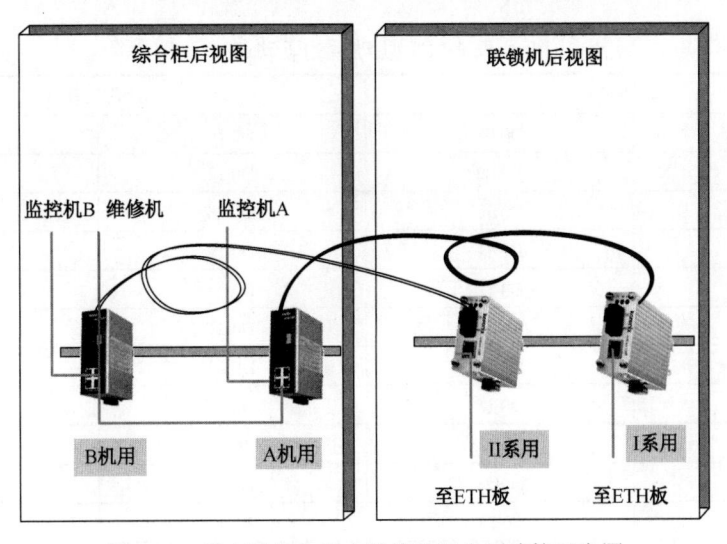

图 4-92 光交换机与光电转换器间光纤连接示意图

注意:
(1) 图中单条粗线为多模光纤,双条细线为以太网线。
(2) 光交换机的光口不能进入灰尘,光纤拔出时要用橡胶塞塞住,不用的光口也要用橡胶塞塞住。光纤通过地板下方时要做好防护措施,以免弯曲过度或损伤。
(3) 对于可接入安全网的联锁系统,两个光交换机之间没有级联线。

(八) I/O 接口描述

1. 机柜插座

联锁机柜接口板上每块采集板或驱动板对应两个 32 芯插座,分别是插座 A 和插座 B。

如表 4-11 所示,DI 00~47 为每块采集板的 48 个采集点;如表 4-12 所示,DO 00~31 为每块驱动板的 32 个驱动点。

表 4-11 采集板的采集点

32 芯插座 A		32 芯插座 B	
DI 00	DI 12	DI 24	DI 36
DI 01	DI 13	DI 25	DI 37
DI 02	DI 14	DI 26	DI 38
DI 03	DI 15	DI 27	DI 39
DI 04 /	DI 16	DI 28	DI 40
DI 05 /	DI 17	DI 29	DI 41
DI 06	DI 18	DI 30	DI 42
DI 07	DI 19	DI 31	DI 43
DI 08	DI 20	DI 32	DI 44
DI 09	DI 21	DI 33	DI 45
DI 10	DI 22	DI 34	DI 46
DI 11	DI 23	DI 35	DI 47
N0		N1	N2

表 4-12 驱动板的驱动点

32 芯插座 A		32 芯插座 B	
D0 00	D0 08	D0 16	D0 24
D0 01	D0 09	D0 17	D0 25
D0 02	D0 10	D0 18	D0 26
D0 03	D0 11	D0 19	D0 27
D0 04	D0 12	D0 20	D0 28
D0 05	D0 13	D0 21	D0 29
D0 06	D0 14	D0 22	D0 30
D0 07	D0 15	D0 23	D0 31
COM0(1)	COM0(2)	COM1(1)	COM1(2)
N0(1)	N0(2)	N1(1)	N1(2)
P0(1)	P0(2)	P1(1)	P1(2)

在早期机柜中，以下为电源配线：

（1）N0/N1/N2：采集地，0V。

（2）P0(1)/P0(2)、P1(1)/P1(2)：驱动板的+24V 电源。

（3）N0(0)/N0(1)、N1(0)/N1(1)：驱动板的 0V 电源。

（4）COM0(1)/COM0(2)/COM1(1)/COM1(2)：驱动回线，0V。

在后期生产的机柜中，上述电源配线没有从 32 芯座引道接口架实现环接，而是引到机柜内部安装 32 芯插座的装置板上实现柜内直接环接。若 FFC1 第一块驱动板驱动有 SGJ，则驱动回线经过 SGJ 前接点后通过综合柜端子送到机械室。无论有无 SGJ，驱动回线都由综合柜端子送到机械室。

2．接口架零层

图 4-93 所示为接口架实物图。

TYJL-ADX 系统的接口架设有零层，零层上有 3 个端子 D1、D2、D3。

D1_1——IO+
D1_2——IO+
D1_3——IO+
D1_4——IO+

D2_1——IO-GND
D2_2——IO-GND
D2_3——IO-GND
D2_4——IO-GND

D3_1——IO+
D3_2——采集回线
D3_3——驱动回线
D3_4——驱动回线

图 4-93 接口架实物图

接口架零层配线图如图 4-94 所示。

接口架零层

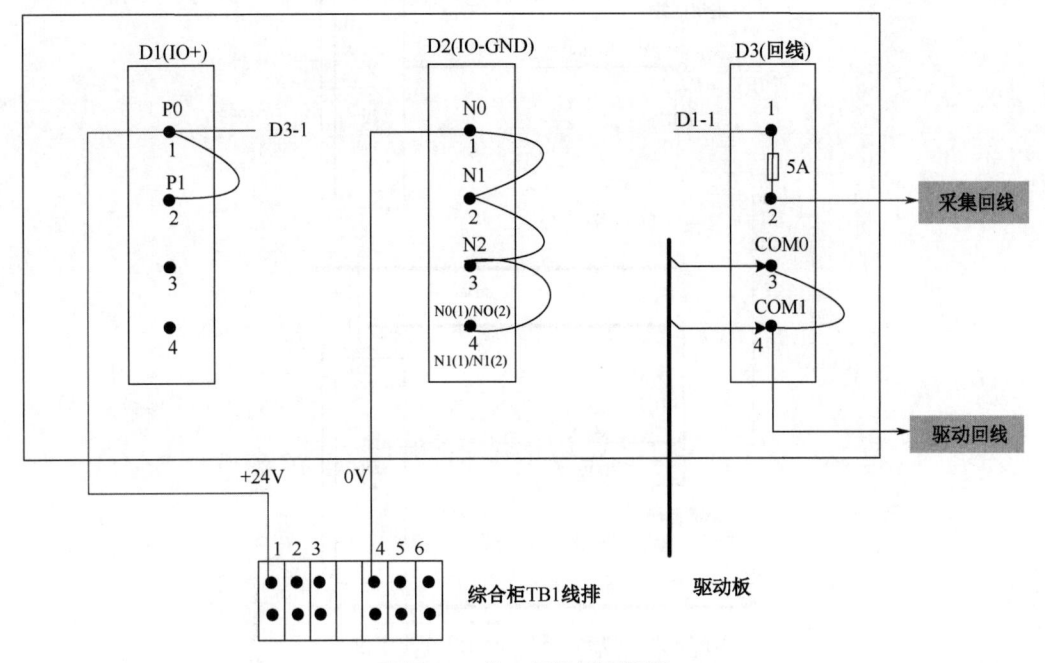

图 4-94　接口架零层配线图

说明：
（1）D1、D2 由综合柜 I/O 电源输出。
（2）D3_1 连接到 D1，D3_1 经过断路器（5A）后形成采集回线。
（3）驱动回线由驱动板 COM 位输出。

1）采集板（FDI）的 N0、N1、N2 闭环配线

所有采集板上的 N0 在接口架侧环接，从第一个和最后一个插头双线至接口架零层 D2-1。所有采集板上的 N1 在接口架侧环接，从第一个和最后一个插头双线至接口架零层 D2-2。所有采集板上的 N3 在接口架侧环接，从第一个和最后一个插头双线至接口架零层 D2-3。D2-1、D2-2、D2-3 之间短接。

2）驱动板（FDO）的 COM 闭环配线

COM0 与 COM1 在接口架零层 D3 短接，每个 32 芯端子的 COM 通过接口架软线环接。
P0/P1、N0/N1 也采用上述的方法闭环配线。
图 4-95 所示为零层和采集驱动部分的电位图。

1：N0/N1/N2，采集回线。
2：N0(0)/N0(1)、N1(0)/N1(1)，驱动板的 0V 电源。
3：COM0/COM1，驱动回线。
4：P0(1)/P0(2)、P1(1)/P1(2)，驱动板的 +24V 电源。

3．采集回线/驱动回线

1）采集回线

定义：由机柜电源层送出的采集电源在机械室各继电器架之间环接，称为采集回线。采集回线送出采集电源至各个继电器的接点，当接点闭合时电流经其至相应采集板的输入端。
位置：接口架零层 D3-2。
配置：全站共用采集回线。

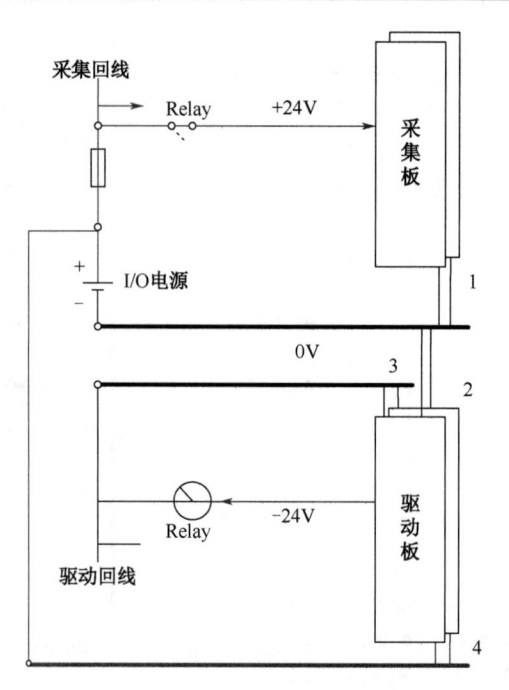

图 4-95 零层和采集驱动部分的电位图

电压：+24V。

组合架零层配线：由接口架 D3-2 连接到各组合架的零层。

图 4-96 所示为采集回路图，可以采用下面的方法测量采集点的电势。

对现场设备的控制是由联锁系统通过驱动板输出直流-24V 电压控制相关继电器的动作来完成的。

2）驱动回线

定义：由综合柜送出的驱动电源的地在机械室各继电器架之间环接，称之为驱动回线。

位置：接口架零层 D3-3、D3-4。

配置：全站共用驱动回线。

电压：0V。

组合架零层配线：由接口架 D3-3、D3-4 连接到各组合架的零层。

图 4-97 所示为驱动回路图。

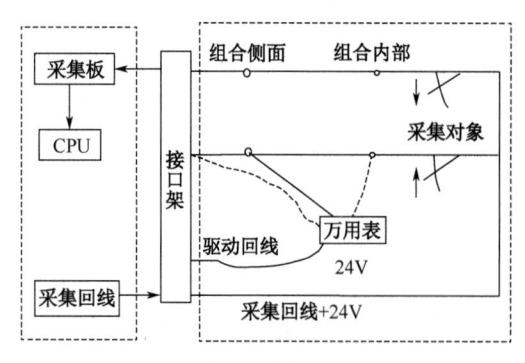

图 4-96 采集回路图

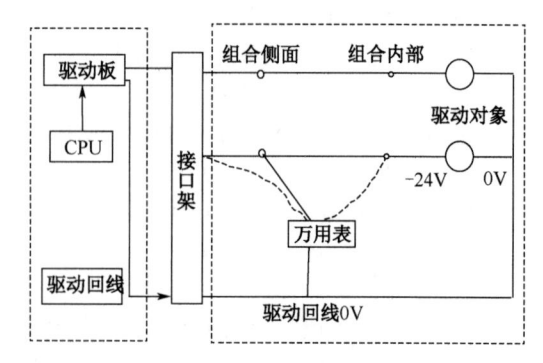

图 4-97 驱动回路图

（九）系统的四条信息通道

对整个计算机联锁系统来说，联锁机的 CPU 板是控制核心，所有信息都要汇集在这里，所有信息都要从这里送出。综合前面学过的知识，我们按照信息的流向来厘清设备之间的硬件连接关系。

1．操作命令输入通道

鼠标信息→专用屏蔽电缆→监控机→L2SW 带双光口的交换机→光纤→O/E 光电转换器→以太网→ETH-2 板→FCX 机笼→FCX 板。

2．采集信息输入通道

组合架上继电器的接点条件→组合架侧面端子板→接口架→电缆→FFC 机笼母板→FDI 板（联锁柜或扩展柜）→FFC 板→10 芯电缆→SIO-D 板→FCX 机笼→FCX 板。

3．控制命令输出通道

FCX 板→FCX 机笼→SIO-D 板→10 芯电缆→FFC 板→FDO 板（联锁柜或扩展柜）→FFC 机笼母板→电缆→接口架→组合架侧面端子板→继电器。

4．表示信息输出通道

FCX 板→FCX 机笼→ETH-2 板→以太网→O/E 光电转换器→光纤→L2SW 带双光口的交换机→监控机→专用屏蔽电缆→控制台显示器、音响。

计算机联锁系统的工作原理可用四条信息通道，以及轨道电路、道岔控制电路、信号机点灯电路来进行阐述。例如，当车站值班员用鼠标办理行车作业时，鼠标信息通过操作命令输入通道进入 FCX 板，同时 FCX 板通过采集信息输入通道采集现场设备（道岔、轨道电路、信号机）的状态信息，进行联锁逻辑运算，通过控制命令输出通道输出动作道岔和开放信号的控制命令，动作相应的继电器，由相应继电器来接通道岔控制电路和信号点灯电路，最终控制信号机开放。

三、TYJL-ADX 系统与其他系统的接口

在客运专线，为了使各个厂家的各种信号控制系统可以互通互联，中国国家铁路集团有限公司制定了《客运专线信号系统安全数据网技术规范》。必须接入安全网的信号系统包括联锁系统 CBI、列控中心 TCC、无线闭塞中心 RBC、临时限速服务器 TSRS。

（一）信号安全网结构图

信号安全网是由冗余的双环网（左环网和右环网）组成的，任何一个环网发生故障，都不影响整个系统的正常运行。信号安全网有多种不同的组网结构，如基本的组网结构、具有子网的组网结构、不同信号安全网互联的组网结构等。图 4-98 所示为具有子网的信号安全网结构图。

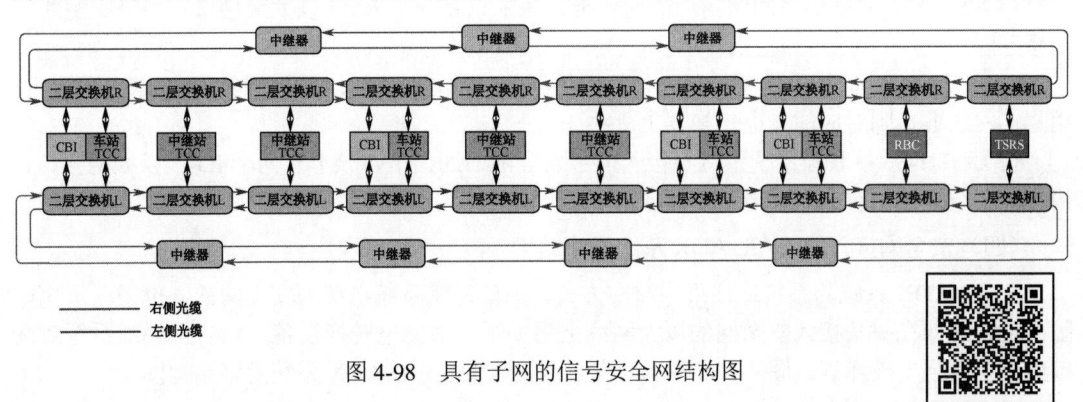

图 4-98 具有子网的信号安全网结构图

（二）联锁系统接入安全网的方式

信号安全网的重要构成部件是工业级交换机，根据需求不同，主要使用二层交换机和三层交换机。因此，接入安全网的各种信号系统都是通过以太网线连接到左右环网的交换机，从而实现各个系统之间互联互通的。CBI 接入安全网的方式如图 4-99 所示。

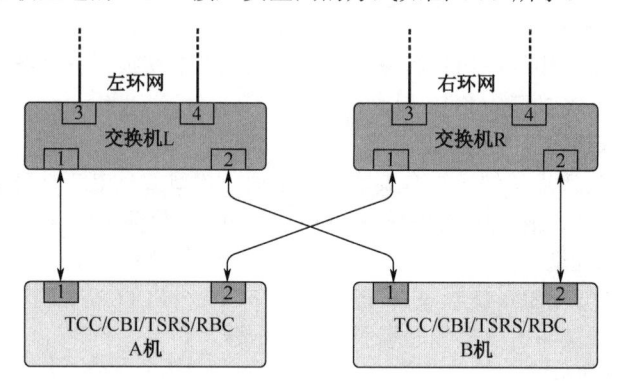

图 4-99　CBI 接入安全网的方式

（三）接入安全网的联锁系统主机构成

用来接入安全网的联锁系统主机使用的是客专版专用平台，其与其他版平台的主要区别表现在以下两个方面。

（1）硬件不同，主要表现在以太网通信卡不同，使用三种新网卡，即 ETH-SC、ETH-NX、ETH-SN。

（2）软件不同，主要表现在与安全网中其他信号系统的通信处理、相关逻辑功能处理等。

图 4-100 所示接入安全网的联锁系统主机构成图（图中未画出安装在左侧的电源板）。

1	2	3	4	5	6	7	8
F C X (CPU)		E T H - S C	E T H - S C	E T H - N X	E T H - S N	S I O - D 2	S I O - D 2

图 4-100　接入安全网的联锁系统主机构成图（单系）

新增加的三种以太网通信卡的说明如下。

（1）ETH-SC：联锁系间通信用的通信卡，该卡只有一个 RJ45 以太网接口，用交叉网线将两系互联。

（2）ETH-NX：联锁系统主机与上位机网络通信用的通信卡，该卡有两个 RJ45 以太网接口，用直连网线连接到对应的光电转换器上。

（3）ETH-SN：联锁系统主机与接入信号安全网的通信卡，该卡有两个 RJ45 以太网接口，用直连网线连接到对应的光电转换器上。

（四）安全网接入的 TYJL-ADX 系统网络结构

TYJL-ADX 系统的系统地线采用浮空方式，因此联锁系统在接入安全网前，也采取了光电隔离措施，即在每条接入安全网的以太网线上增加了一对光电转换设备，以防止外部系统对联锁的干扰和强电破坏等。图 4-101 所示为安全网接入的 TYJL-ADX 系统网络结构图。

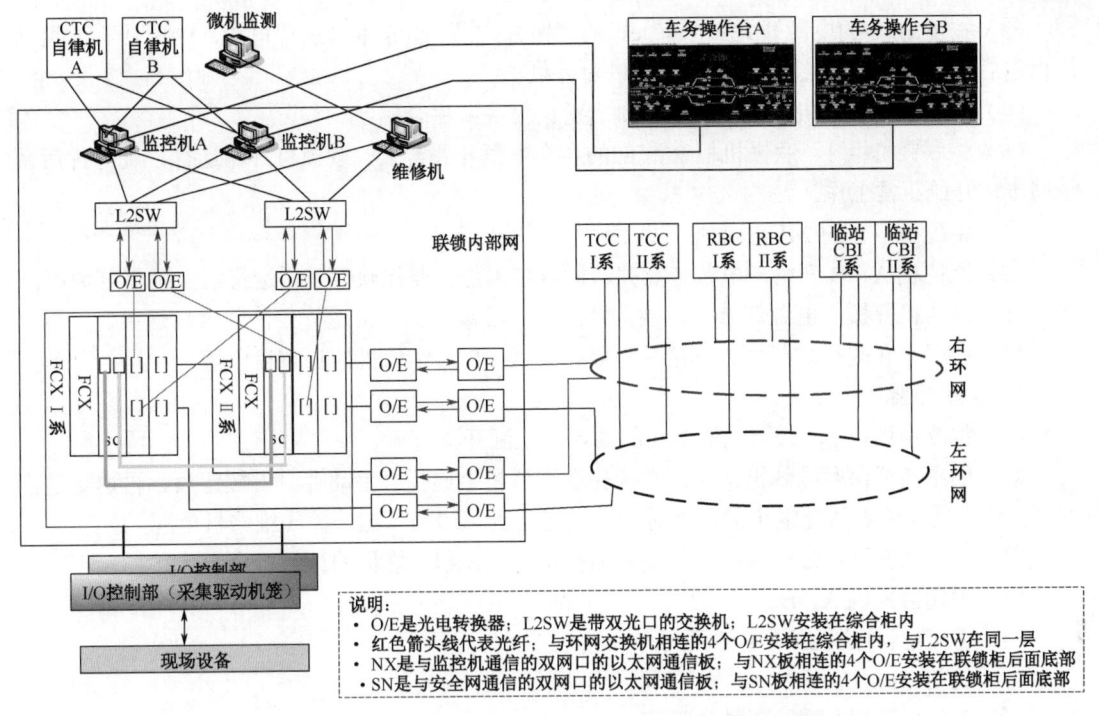

图 4-101　安全网接入的 TYJL-ADX 系统网络结构图

接入安全网的 TYJL-ADX 系统可以与多个 TCC、多个临站 CBI、多个 RBC 同时进行通信。
（1）TYJL-ADX 系统与 TCC、临站 CBI 的通信满足下列要求。
① TYJL-ADX 系统与 TCC、临站 CBI 间应采用 RSSP-I 安全通信协议。
② 物理层采用以太网协议中的 UDP 单播通信方式，避免广播风暴。
③ TYJL-ADX 系统与 TCC、临站 CBI 间按 200～500ms 固定周期交互数据。
④ 每系每个端口与外部设备两系的对应端口（本系 A 口与对方两系的 A 口，本系 B 口与对方两系的 B 口）均建立通信连接。
⑤ 双系同步时，主备系设备向外部设备的主备系发送相同的应用数据，备系数据仅用于通道检查。
⑥ 设备的两系间应同步校时信息，避免两系切换时，触发重新校时。
⑦ 当中继站列控中心控制无配线车站时，TYJL-ADX 系统应与该站列控中心直接建立通信。
（2）TYJL-ADX 系统与 RBC 的通信满足下列要求。
① TYJL-ADX 系统与 RBC 间应采用 RSSP-II 安全通信协议。
② 物理层采用以太网协议的 TCP/IP，RBC 是服务器，CBI 是客户端。
③ TYJL-ADX 系统在应用层实现了两种应用层协议，即应用层协议一和应用层协议二，可以满足与不同厂家的 RBC 进行互联。

四、TYJL-ADX 系统维护

（一）开机与关机步骤

1. 开机步骤
（1）电源屏向 TYJL-ADX 系统供电合闸。
（2）配电柜 220V 开关合闸。

（3）按下 UPS 的电源开关（标有 test 的按钮），首先 UPS 本身进行自检，UPS 所有的指示灯稳定后，表明 UPS 已经准备就绪，可以对外供电。

（4）配电柜给联锁机、维修机、控制台等的开关顺序合闸。

（5）将联锁机柜 1、联锁机柜 2 底部的各个电源开关合上，联锁机开始运行，几分钟后系统同步，开始正常工作。

（6）将配电柜上的 24V 电源打开。

（7）监控机 A、B 开机，电源灯点亮，硬盘灯闪烁，监控软件正常运行后，硬盘灯熄灭。

（8）维修机开机，电源灯点亮，硬盘灯闪烁，维修软件正常运行后，硬盘灯熄灭。

警告：严禁在硬盘灯闪烁时直接关闭监控机 A、B 和维修机的计算机电源。

2．关机步骤

（1）将联锁机柜 1，联锁机柜 2 底部的各个电源开关拉下。

（2）如果需要保存维修机记录，则须先在维修机上选择"手动存盘"按钮后，再选择退出程序按钮，待维修机程序退出后，同时按压键盘上的 ALT+F4 键，关闭维修机电源。

警告：严禁在硬盘灯闪烁时直接关闭监控机 A、B 和维修机的计算机电源。

（3）关闭监控机 A、B。

（4）将配电柜上的 24V 电源关闭。

（5）关闭 UPS。

（6）关闭电源屏至联锁系统的闸刀。

3．设备报警

当设备发生故障时，在车务监视器上会有相应的报警提示，电务维护人员必须及时处理故障，防止故障积累，影响设备的正常运行与安全。

24V 电源 A 或 24V 电源 B：两个 I/O 电源并行向系统提供+I/O 电源、–I/O 电源，若单一电源发生故障，另一电源仍能提供电源保证系统正常运行。

常见的故障包括联锁机中断（相应监控机与联锁机的通信中断）、维修机中断（相应监控机与维修机的网络通信中断）、监控机 A 及监控机 B 的网络通信中断、联锁机报警（联锁机有模块发生故障或当联锁机模块受到瞬间干扰时，都会点亮故障灯并报警）及 SFJ 失效（每组道岔的驱动是由 DCJ、FCJ 和 SFJ 三点来驱动的，当操纵道岔时，DCJ 或 FCJ 先吸起，500ms 后 SFJ 吸起，道岔才能动作，当 DCJ 或 FCJ 吸起而 SFJ 还没吸起时，道岔若动作则表明 SFJ 失去了应有的防护作用，必须立刻检查，否则有安全隐患）。

4．系统复位

当联锁机发生死机或其他特殊故障需要复位时，可先将联锁机柜 1 底部的对应的 FCX 电源关闭，再打开。

（二）系统的日常监测维护

每日应至少两次巡视主备机的工作状态，首先观察联锁机的面板指示灯。

（1）检查 UPS-A/B 工作正常。

（2）检查监控机 A、B 工作正常。

（3）检查联锁机各板工作指示灯正常，无故障显示。

（4）检查 I/O 电源工作灯正常。

（5）检查车务监视器上有无与联锁系统有关的设备故障。

每天查看一次维修机的故障记录，包括机柜自检错误、灯丝转换、熔丝熔断报警等记录，并做相应的记录。

定期检查备品备件的完好性,在雨季,备用的 CRT 显示器、电源等应接通 220V 电源并保持一个星期左右。

在雷雨季节来临之前,要检查防雷器件、综合地线的完好性。

(三)配电柜部分

1. 主要功能

(1)从电源屏输入联锁系统所需全部电源。

(2)对输入电源进行电源防雷。

(3)对联锁系统提供不间断电源。

(4)分别对联锁系统各部分提供电源。

2. 常见故障分析

1)全联锁系统无电

可能原因:

(1)电源屏没供电。

(2)电源屏至配电柜电线断线。

(3)配电柜没合闸。

(4)UPS 切换器故障。

2)联锁系统部分有电,部分无电

可能原因:

(1)配电柜相应开关没合闸。

(2)相应从配电柜至设备的电源连线断线。

(3)联锁机柜上的电源模块开关没开。

3)联锁系统 24V 直流电源不供电

可能原因:

(1)配电柜相应开关没合闸。

(2)配电柜内 24V 电源故障。

(3)配电柜内电源切换板故障。

(四)监控机部分

该部分主要包括监控机 A、监控机 B 和光交换机等设备。

1. 主要功能

监控机 A、B 通过通信实时地从联锁机中取得站场的状态信息并显示给车务操作人员,同时采集车务操作人员的操作命令,并将命令下传给联锁主机。

2. 主要设备与常见故障分析

1)主要接口

(1)网络接口。

(2)音频口。

(3)通信口。

(4)鼠标口。

(5)视频口。

(6)电源口。

2）常见故障

（1）电源灯不亮。

可能原因：

① 配电柜没合闸。

② 配电柜内至监控机的电源电缆断线，或者接触不好。

③ 监控机故障。

④ 监控机本身的电源开关没开。

（2）电源灯点亮，但系统不能正常启动。

可能原因：

① 操作系统损坏。

② 主板或其他硬件损坏。

（3）显示器黑屏。

可能原因：

① 显示器本身的电源开关没开。

② 显示器坏了。

③ 视频电缆断线或者接触不好。

④ 主机没有视频信号输出。

⑤ 显示器处于节能模式，移动鼠标片刻后会恢复正常。

（4）音响始终无声音。

可能原因：

① 音响的电源开关没开。

② 音响的音量调节开关没有打开。

③ 断线，或者接触不好。

④ 主机没有声音信号输出。

（五）联锁机部分

该部分主要包括 FCX、FFC、监控机 A、监控机 B、光交换机和光转换器等设备。

1. 主要功能

联锁机根据采集到的信息和监控机 A、B 传来的按钮命令，进行联锁运算，并驱动相应的动作继电器，以达到对现场道岔及信号机等设备的控制。

如果某个信号未经联锁机驱动，但是由于混线或节点粘连导致其相应的继电器错误吸起或前节点错误闭合，联锁机检测到后就会报"某某信号无驱开放，联锁机停止全部输出"。清除故障后，3min 后联锁机自动恢复输出。

2. 主要设备与常见故障分析

1）电源

每个 FCX、FFC 都有各自独立的电源模块，它们分别给本组相应的设备供电。

（1）正常状态。

绿色"POWER ON"灯亮。由本电源模块供电的各个模块的"RUN"灯亮。

（2）常见故障。

绿色"POWER ON"灯灭。

可能原因：

① 100V 电源无电。
② 模块故障。
③ 灯坏了。

2) CPU 板

（1）正常状态。

绿色或黄色"RUN"灯亮。

（2）常见故障。

红色"ERR"灯亮，由于某种原因（如初始化失败、驱动命令不一致等）本 CPU 板所在的 FCX 或者 FFC 停止工作。

RUN 灯绿闪，这为系统的待机状态。如果 FCX 检测硬件配置不通过时，进入待机状态。原因可能是系统有板卡故障，或通信线通信状态不好。

3) 通信板

每个总线层主机笼上都有一块以太网卡（通信板），用来与监控机 A、监控机 B 通信。

（1）以太网卡的正常状态。

与监控机连接的通信的端口的收发灯在监控机运行时应该闪烁；没有与任何设备连接的端口，其对应的收发灯都不亮。

（2）常见故障。

① 若与监控机通信的端口的收发灯不闪，但通信正常，则是该绿灯坏了。

② 若与监控机通信的端口的收发灯不闪，则可能是监控机电源没开，或者通信线断线、接触不良。

③ 通信电缆断线：更换通信电缆。

4) 采集/驱动板

采集/驱动板采用的是二取二安全智能 I/O 模块，主要负责联锁命令的执行和联锁运算所需的信息采集，包括安全智能采集模块和安全智能驱动模块。每块采集板为 48 路采集模块，每块驱动板为 32 路驱动模块。采集板和驱动板具有完善的自诊断功能，系统周期性检测采集/驱动回路正确与否，任意一路采集或驱动回路故障均可及时检出。

通过面板指示灯判断其工作是否正常。在正常运行时，对于采集板，其前面板上的 RUN 灯、IN1 灯、IN2 灯、IN3 灯，这 4 个灯应该点亮绿灯。对于驱动板，其前面板上的 RUN 灯点亮绿灯，主控板的 OUT 灯点亮绿灯，备板的 OUT 灯点亮黄灯。灯故障时，采集/驱动板的前面板上的 ERR 灯点亮红灯。

（1）正常工作状态。

绿色"RUN"灯亮。

红色的"ERR"灯不亮。

有输入的采集点相应黄色指示灯亮。

有输出的驱动点相应绿色指示灯亮。

（2）常见故障。

红色的"ERR"灯亮。发生此种情况时可首先对故障板所在的 FFC 进行复位，待 FFC 工作后该板故障仍不能消除则需要更换此板。

被采集的继电器吸起，而相应采集点不亮灯。

可能原因：

① 继电器至采集板之间的连线断线。

② 采集回线至继电器之间的连线断线。
③ 采集板相应这一位发光二极管损坏（尚未发现过，仅有此可能）。
驱动板的驱动点表示灯绿灯亮，但被驱动的继电器不吸起。
可能原因：
① 继电器至驱动板之间的连线断线。
② 驱动回线至继电器之间的连线断线。
③ 被驱动的继电器本身故障。
3．更换模板方法
为了安全起见，必须先将本系所有电源关闭，再更换，更换完毕并确认无误后开启电源即可。关闭电源前，必须先查看本机是否处于工作状态，如果处于工作状态，则必须在站场没有作业的前提下，并且与运输部门协调好的条件下进行。严禁带电插拔！

（六）维修机部分

1．功能
（1）维修机实时再现站场状态。
（2）维修机记录站场的状态变化、系统运行情况。
（3）维修机对记录可进行查询，图形再现，打印。

2．主要设备
（1）维修台。
（2）维修机。
（3）维修机监视器。
（4）维修机鼠标。
（5）打印机。

3．常见故障分析
1) 维修台全部设备没电
可能原因：
（1）配电柜相应开关没合闸。
（2）配电柜至维修台电源输入电缆断线。
2) 维修机电源灯不亮
可能原因：
（1）相应维修台电源输出没电。
（2）电源电缆断线。
（3）维修机故障。
3) 维修机电源灯点亮，但系统不能正常启动
可能原因：
（1）硬盘或操作系统损坏。
（2）主板或其他硬件损坏。
4) 打印机电源灯不亮
可能原因：
（1）相应维修台电源没电。
（2）电源电缆断线。

（3）打印机故障。
5）打印机电源灯点亮，但不能打印
可能原因：
（1）打印机电缆断线（注意：打印机电缆严禁带电拔插）。
（2）维修机打印口故障。
（3）打印机故障。
6）维修机监视器信号指示灯不亮
可能原因：
（1）相应维修台电源没电。
（2）电源电缆断线。
（3）电源开关没开。
（4）维修机监视器故障。
7）维修机监视器信号指示灯亮黄灯：无视频信号
可能原因：
（1）视频电缆断线。
（2）维修机视频口故障。
（3）维修机监视器故障。

（七）控制台部分

1．主要功能
（1）实时显示站场状态并给予必要的语音报警。
（2）采集车务人员的操作。
（3）显示道岔动作电流大小。
（4）复示站场状态。
（5）显示两系联锁机的状态。

2．主要设备
（1）车务显示屏 A、B。
（2）鼠标 A、B。
（3）音响 A、B。

3．常见故障分析
1）控制台全部无电
可能原因：
（1）配电柜相应开关没供电。
（2）配电柜至控制台电源输入电缆断线。
2）车务显示屏不显示
（1）显示屏电源指示灯不亮：电源故障。
可能原因：
① 显示屏电源开关没接通。
② 控制台电源出无电。
③ 控制台电源输出至车务监视器电源电缆断线。
④ 监视器故障。

（2）显示屏信号指示灯亮黄灯：无视频输入信号。

可能原因：

① 相应视频复示器至监视器的视频电缆断线。

② 相应视频复示器故障：直接将车务视频电缆与相应监控机视频电缆对接可越过视频复示器。

③ 相应监控机至控制台的视频电缆断线。

④ 相应监控机的视频卡故障。

⑤ 显示屏故障。

3）若颜色显示不正常和图像滚动

这是由监视器的电缆连接线（共6线——红、绿、蓝、水平同步、垂直同步、地线）有断线故障造成的。

4）鼠标不动作

可能原因：

（1）鼠标故障。

（2）相应监控机至控制台的鼠标电缆断线。

（3）相应监控机的鼠标口故障。

5）音响不报警

可能原因：

（1）相应监控机至控制台的音频电缆断线。

（2）相应监控机的声卡故障。

6）屏幕上时钟不变

屏幕上时钟不变，表明机器工作异常，须由电务值班员处理。

可能原因：

（1）有人误动键盘上某些键。

（2）死机，此时须重新启动机器，以保证系统正常工作。

上述情况值班员室的监视器屏幕显示将不变化，不能真实反映情况，但此时联锁机仍工作正常，不会影响已排通的进路和开放的信号及其联锁关系。

根据监控机监视器上的状态显示窗口的显示判断系统机的各种故障，若一台监控机有问题，则另一台可以维持系统正常工作。

项目小结

本项目重点介绍了 TYJL-Ⅱ型、DS6-K5B 型、EI32-JD 型和 TYJL-ADX 型计算机联锁系统的设备认知、工作原理及设备维护。通过对该项目的学习，大家能够进行计算机联锁系统设备的检修及故障处理。

复习思考题

1. TYJL-Ⅱ型计算机系统由哪几部分组成？各部分的主要作用是什么？
2. 监控机由哪些功能模板组成？各种模板的作用是什么？

3. 联锁机由哪些功能模板组成？各种模板的作用是什么？
4. 普通的联锁机柜有哪几层？每一层的作用是什么？
5. 分别说明信息采集板和输出驱动板的结构特点及工作原理。
6. 画图说明双输入动态继电器各端子的作用，其局部电源是怎样获得的？
7. 画图说明动态继电器的工作原理。
8. 至少写出 10 个用于采集的继电器名称。
9. 至少写出 8 个用于驱动的继电器名称。
10. 联锁机双机切换有哪几种控制方式？自动切换的条件是什么？
11. 试述联锁机双机自动切换的过程。
12. TYJL-Ⅱ型计算机系统有哪 4 条信息通道？
13. 如何查找采集故障与驱动故障？
14. DS6-K5B 型计算机联锁系统由哪几部分组成？
15. 联锁机有哪几块电路板组成？各部分的作用是？
16. F486-4 板面板上各指示灯代表什么意义？
17. IF486 板面板上各指示灯代表什么意义？
18. FSD486 板面板上各指示灯代表什么意义？
19. 电子终端（ET）的作用？由哪几部分组成？各自的作用？
20. ET-PIO 板面板上各指示灯代表什么意义？
21. ET-PIO 板背面的插座各有什么作用？
22. 联锁机与监控机之间如何进行连接？
23. 联锁机与监测机之间如何进行连接？
24. 联锁机与电子终端之间如何进行连接？
25. 控显转换箱的作用是什么？
26. 如何区别联锁机与控显机的主备机？
27. 画出 DS6-K5B 型计算机联锁系统的开机、关机流程图。
28. 描述 DS6-K5B 型计算机联锁系统的工作环境要求。
29. 如何进行控制台的日常养护、二级保养、小修及中修？
29. 分线盘、组合架的日常养护、二级保养、小修及中修？
30. 如何进行联锁机柜的日常保养和二级保养？
31. 如何进行联锁机柜的小修？
32. DS6-K5B 型计算机联锁系统的故障处理有哪些注意事项？
33. EI32-JD 计算机联锁系统的特点是什么？
34. EI32-JD 计算机联锁系统采集电路工作原理是什么？
35. EI32-JD 计算机联锁系统驱动电路工作原理是什么？
36. EI32-JD 计算机联锁系统联锁机的功能是什么？
37. EI32-JD 计算机联锁系统联锁机的工作状态有哪些？
38. EI32-JD 计算机联锁系统操作表示机的功能是什么？
39. 简述 EI32-JD 计算机联锁系统操作表示机倒机电路面板指示灯的含义。
40. EI32-JD 计算机联锁系统维修机的功能是什么？
41. EI32-JD 计算机联锁系统与 CTC 通信的内容是什么？
42. EI32-JD 计算机联锁系统与列控中心通信的内容是什么？

43. TY 简述 JL-ADX 计算机联锁系统的特点是什么？
44. 简述 TYJL-ADX 计算机联锁系统的组成。
45. 简述 TYJL-ADX 计算机联锁系统联锁机的硬件组成。
46. 简述 TYJL-ADX 计算机联锁系统 FCX 面板指示灯含义。
47. 简述 TYJL-ADX 计算机联锁系统 ETH 面板指示灯含义。
48. 简述 TYJL-ADX 计算机联锁系统联锁机的工作状态。
49. TYJL-ADX 计算机联锁系统维修机的功能是什么？

项目五　城市轨道交通正线 ATC 系统中的联锁设备维护

项目描述

目前，城轨正线的 ATC 系统基本上都采用基于通信的 CBTC 系统。在 CBTC 系统中，计算机联锁设备只是其核心设备之一，它有双机热备、三取二及二乘二取二这三种制式。这里，我们选取几种典型的 CBTC 系统，进行计算机联锁设备维护内容的学习。

教学目标

1. 素质目标

（1）具有深厚的爱国情感、家国情怀，树立中华民族自豪感、科技强国的中国梦；
（2）具有自觉学法、懂法、守法意识；
（3）具备"安全高于一切，责任重于泰山，服从统一指挥"职业操守。

2. 知识目标

（1）掌握计算机联锁设备的工作原理；
（2）掌握计算机联锁设备的维护内容；

3. 能力目标

（1）能正确识读某一种计算机联锁设备的电路图、配线图；
（2）能进行计算机联锁设备的日常养护与集中整修。

教学安排

项目总学时（2）= 理论学时（2）+ 实践学时（0）

任务一　SelTrac MB S40 型 CBTC 系统中的 STC 设备维护

上海自仪泰雷兹交通自动化系统有限公司有基于感应环线通信的移动闭塞制式 CBTC 系统和基于无线通信的移动闭塞制式 CBTC 系统。下面介绍的 SelTrac MB S40 型 CBTC 系统是基于感应环线通信的移动闭塞制式 CBTC 系统。

一、SelTrac MB S40 型 CBTC 系统中的 STC 设备基本认知

（一）SelTrac MB S40 型 CBTC 系统

SelTrac MB S40 型 CBTC 系统如图 5-1 所示，该系统主要由以下几个子系统设备构成。

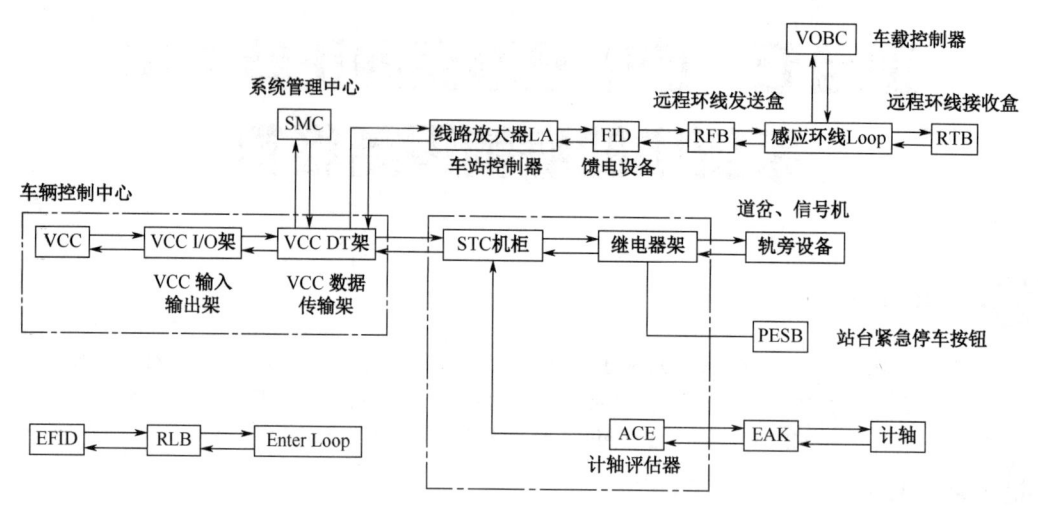

图 5-1　SelTrac MB S40 型 CBTC 系统

1. 系统内管理中心

系统管理中心（System Management Center，SMC）由位于运行控制中心（Operation Control Center，OCC）的所有设备（不包括车辆控制中心和车辆控制中心中央调度员终端）和位于各个车站的现场 SMC 工作站构成。SMC 既可以通过 OCC 的主工作站，又可以通过现场 SMC 工作站来提供受时刻表驱动的可调整的自动列车服务功能。调度员通过工作站和大屏幕系统提供的基于图形的人机界面（Human Machine Interface，HMI）来调用这些功能。HMI 将显示中文字符。为了进行测试，当工作站启动时也可以选择英文显示。

系统状态连续地得到监视并进行显示，且生成适当的报警信息。SMC 还向站台旅客向导系统提供列车服务信息，以便通知车站上的乘客。调度员可以通过工作站上所提供的功能来发起无线呼叫。由其他厂商提供的无线设备建立和管理这些呼叫。SMC 从其他厂商提供的主时钟系统读取时间，并把它发布给需要的 ATC 子系统。

SMC 发给车辆控制中心（Vehicle Control Center，VCC）的命令有所要的进路办理请求、计划速率、临时限速请求、车站开放/关闭等。而 SMC 从 VCC 接收的运行状态有列车位置、设备状态等。

现场 SMC 工作站允许车站值班员控制服务，如扣车、在故障期间运营服务、现场模式时操作道岔。现场 SMC 工作站还向站台发车指示器提供距离发车还有多少时间的信息。

首先 SMC 向站台旅客向导系统 PPG 提供列车移动信息报文，然后站台旅客向导系统 PPG 对报文进行解码并在站台告示板上显示以引导乘客。

SMC 的功能是非安全的。

2. VCC

在移动闭塞运行时，负责计算列车的安全间隔和移动限制。列车移动与列车办理进路所要求的安全道岔转换进行联锁。这些功能通过发给车载控制器（Vehicle on Board Controller，VOBC）和车站控制器（Station Controller，STC）的命令来完成。VCC 先从 SMC 接收排路和服务运营命令，再向 SMC 提供服务和设备的状态。

VCC 计算每列车的目标点并相应地向 VOBC 发送指令。目标点是指列车经授权后，在沿 VCC 已经设定的线路运行方向且已经确认空闲安全可以通过的线路上所能到达的位置点。列车运行过程中会不断有新的目标点发送给 VOBC。VCC 向 STC 发送道岔转动命令来为列车办理进路。VCC 还定期从 VOBC 和 STC 取得状态报告（主要是列车位置和道岔位置）。

VCC 与 VOBC 的通信连接也为 SMC 提供了向车载旅客向导系统发送报文的途径。

与 VCC 连接的车辆控制中心调度员终端用于向 VCC 输入安全命令（如取消限速）。如果 SMC 或其与 VCC 的连接出现故障，就可以利用该终端以有限的方式提供运营服务。

3．STC

STC 采集轨旁状态信息并把它们转发给 VCC 及现场工作站（LSMC）。它还根据 VCC 或 LSMC 的命令来转动道岔。

STC 的具体功能如下。

（1）处理来自 VCC 的报文，并检查是否有传输错误。

（2）向转辙机发出解锁、向左或向右扳动命令。

（3）处理转辙机的状态信息并发送给 VCC。

（4）将任何传输故障/错误告知 VCC。

（5）监控站台紧急停车按钮的状态。

（6）按预定的路线控制轨旁信号机（4 种显示）。

（7）执行每个道岔扳动之前的接近、条件和死锁操作。

（8）处理区间状态信息并将相关的状态码发送给 VCC。

（9）与车场东/西口和国家铁路接口。

（10）监控熔丝报警的状态。

4．VOBC

VOBC 安装在列车上并与各种列车单元接口，这样列车才能自动运行。VOBC 通过控制列车的牵引和制动系统来控制其运行。当停车到站时，它还控制列车门。

VOBC 翻译发自 VCC 的命令并根据所命令的速度曲线和目标点来控制列车。VOBC 还把列车位置、速度、运行方向和设备状态数据传送给 VCC。在大部分运行模式下，如果 VOBC 与 VCC 的通信中断，VOBC 就会让列车停车。VOBC 通过安装在车架下的天线与 VCC 通信。

VOBC 通过转速计和加速度计来测量列车速度。它利用环线号和环线电缆上的交叉来对列车在线路上的位置进行粗略定位，并通过安装在车轴上的转速计进行精确定位。

VOBC 从 VCC 接收旅客向导信息并将其转发给由其他厂商提供的车载旅客向导系统。VOBC 在列车司机显示单元 TOD 上显示列车运营状态（如实际速度）及报警信息来指导司机。

VOBC 与车载列车管理系统 TMS 交换健康状态和性能数据信息。

5．感应环线

感应环线敷设于整个正线线路上。它允许车载 VOBC 和 VCC 进行双向通信。每个环线都有一个由 VCC 传输的"识别"号，允许 VOBC 初始化其计数系统。每个环线还有 VOBC 进行定位所用的交叉（一般每 25m 交叉一次）。

6．计轴磁头和计轴评估器

计轴磁头是一个传感器，用于检测在每个运行方向上所通过的列车轴数。

计轴评估器（ACE）对一组计轴磁头的信号进行处理，以确定计轴闭塞（ACB）的占用情况并用于后退模式运营。每个 ACB 的占用情况通过比较 ACB 两端计轴磁头的轴数来确定。注意：由两个相邻信号机所形成的一个（固定）闭塞内可能包括一个或多个 ACB。闭塞的占用情况不向 VCC 报告，但由 STC 直接向 SMC 报告。

（二）设备集中站主要设备组成及功能

设备集中站配有数据电缆分线盘、车站 LSMC 设备、车站控制器 STC 设备、环线控制单元、计轴评估器、接口架、继电器架、FID 设备等。设备集中站的设备配置如图 5-2 所示。

1．数据电缆分线盘

数据电缆分线盘（CTF）是位于 SER 内用于终止进入和导出电缆，安装于墙上的箱子。所有的连接都必须通过位于标准 DIN 金属安装杆上的终端块。

CTF 具备以下功能：

（1）CTF 是所有进入和导出 SER 电缆的中央接口点。

（2）CTF 能够独立地从设备上断开和隔离某条电线而不需要移动电线本身。

（3）CTF 保护设备不受外部过压的损坏。

（4）CTF 是所有电缆的接地保护点。

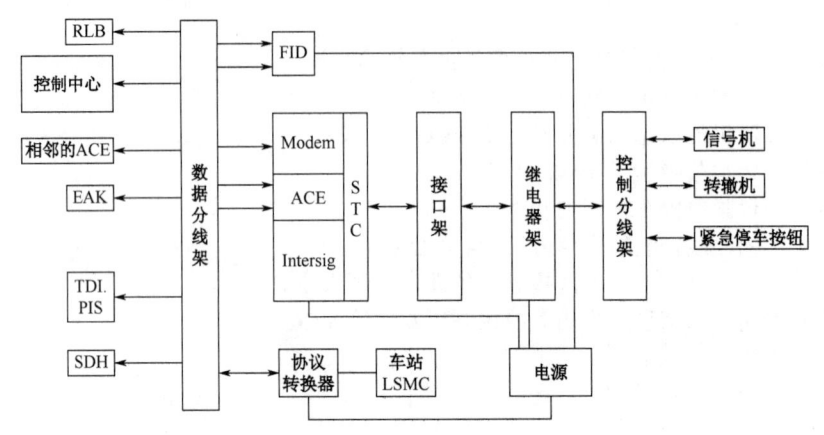

图 5-2 设备集中站的设备配置

CTF 分为两类：数据 CTF 和控制 CTF。数据 CTF 用于连接 OCC 和 SER 之间的电缆。控制 CTF 用于连接继电器架和轨旁设备的电缆。

2．车站 LSMC 设备

LSMC（本地 SMC 工作站）位于信号设备室中，是一台带彩色显示器的台式计算机。它与电子架上其中一个 Intersig CPU 的串口相连。它允许维护人员人工控制道岔的扳动并监视道岔和 ESD 的状态。每个 STC 和车站都配有一个 LSMC。

3．STC 电子架

STC 电子架如图 5-3 所示。

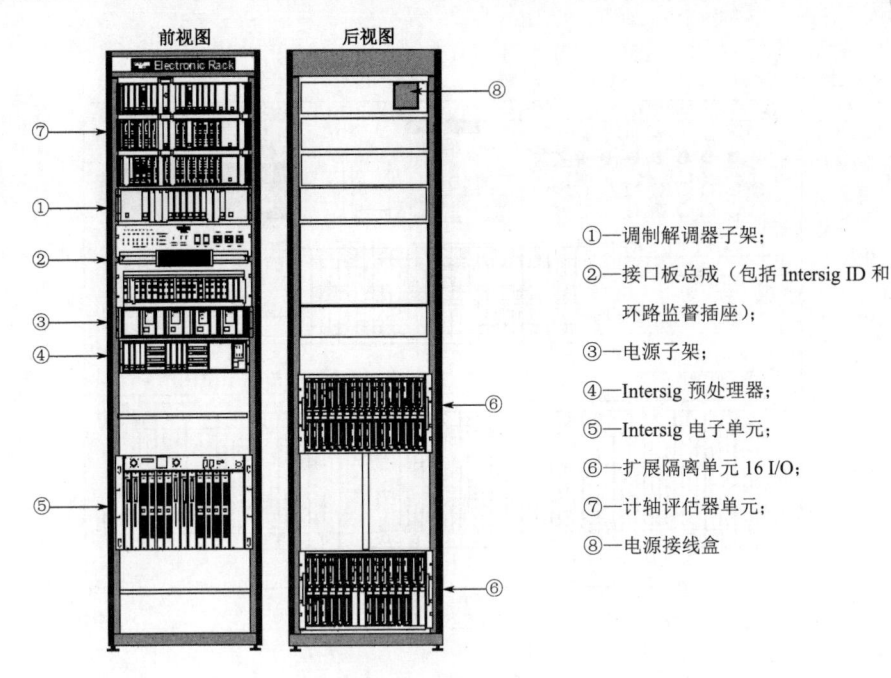

图 5-3　STC 电子架

①—调制解调器子架；
②—接口板总成（包括 Intersig ID 和环路监督插座）；
③—电源子架；
④—Intersig 预处理器；
⑤—Intersig 电子单元；
⑥—扩展隔离单元 16 I/O；
⑦—计轴评估器单元；
⑧—电源接线盒

1）调制解调器子架

调制解调器子架如图 5-4 所示。它的作用是将 Intersig 和 VCC 串行连接，它包括以下模块：24V DC 供电单元、适配卡（Adpt）和调制解调卡（Mod）。

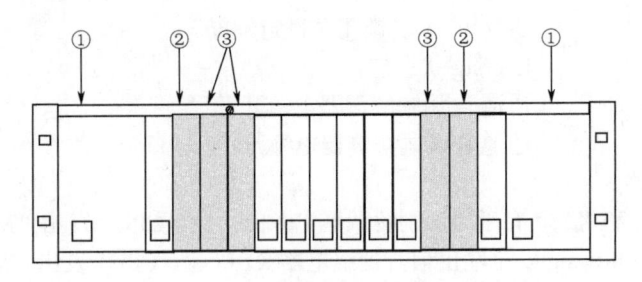

图 5-4　调制解调器子架

①—24V DC 供电单元；②—适配卡（Adpt）；③—调制解调卡（Mod）

（1）供电单元

此供电单元是一个 DC/DC 转换器，输入范围为 17V DC 到 72V DC。此项目中，电源子架供给它的电压为 24V DC。此模块有双套 12V DC 输出，它们一起将 24V DC 供给调制解调器。

（2）适配卡

适配卡是一个 48 针的连接器板，它将后方的总线与子架的前面相连接。

（3）调制解调卡

调制解调卡为 Intersig 和 VCC 提供串行数据传输。调制解调卡必须配置为 CCITT V.23（1200 Baud）、-10 dBm（默认设置）。子架母板为调制解调卡 Tx 激活线提供了+15V DC。调制解调卡将在内部生成±10V DC 电压。

2）接口板总成（IPA）

IPA 是 STC 电子架和继电器架之间的物理连接点。除此之外，它还有各种 LED 显示器，控制继电器和断路器。IPA 如图 5-5 所示。

299

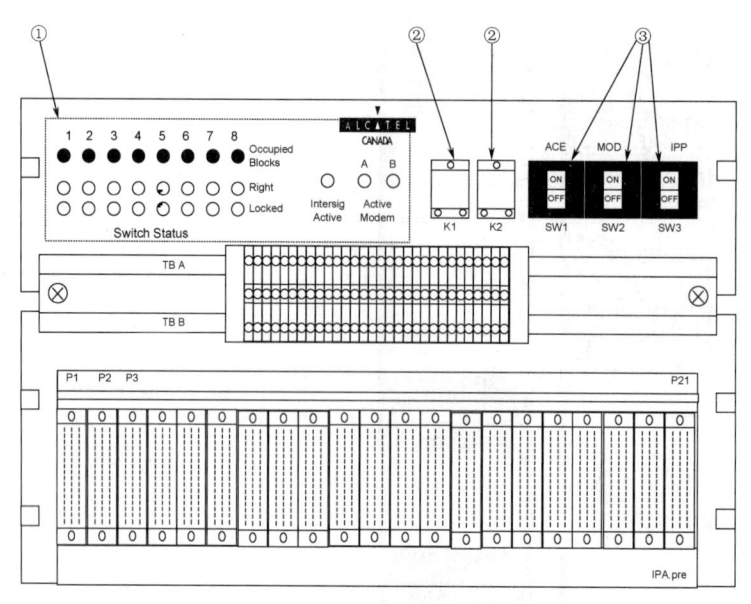

图 5-5　IPA

①—LED 印制板总成；②—继电器，类型 K；③—断路器

（1）发光二极管 PBA

IPA 共有 19 个 LED 指示灯，分别指示正线和车场内的设备状态。

LED 编号	显示
右 1~8	道岔 1~8 在右位（若不亮，则表示在左位）
锁闭 1~8	道岔 1~8 已锁闭在设定位置
Intersig 激活	Intersig 状态佳
Modem A 激活	通道 A 调制解调器电源开
Modem B 激活	通道 B 调制解调器电源开

（2）控制继电器

控制继电器 K1 和 K2 具有激活调制解调器电源的功能。CPU1 发出"MODA/1"和 CPU2 发出"MODA/2"的 Intersig 安全输出信号使继电器 K1 吸起。CPU1 发出"MODB/1"和 CPU2 发出"MODB/2"的 Intersig 安全输出信号使继电器 K2 吸起。调制解调器电源使回采信号，即 K1 的 MODA-CB 和 K2 的 MODB-CB，通过继电器并以状态信号的形式返回 CPU，以验证继电器的功能是否正确。

VCC 决定并选择与 STC 进行通信的通道（调制解调器 A 或 B）。

正常操作时，两个"激活的调制解调器"的 LED 都点亮，表示调制解调器能被 VCC 选择使用。

（3）断路器

断路器 SW1 为 ACE 单元提供 60V DC 电源，SW2 为调制解调器子架提供 24V DC 电源，SW3 为 IPP 单元提供 24V DC 电源。

（4）插件

STC 根据它的 Intersig 的唯一特定 ID 进行识别，这个 ID 由与接口板 P3 相连的 Intersig ID 插件决定。

车站插件部件编号如下。

ZOG：300-2-00172-BAA。

QKL：300-2-00172-BAB。
DZL：300-2-00172-BAC。
HPL：300-2-00172-BAD。

（5）环路监督插件

位于 IPA P2 处的环路监督插件用于当内置于 ACE 内的道岔死锁的硬件功能失去时允许 ACE 重启。

（6）连接

安装在 IPA 前部的接线端子排 A 和 B 为调制解调器及为调制解调器和 IPP 提供的来自电源子架的 12V DC、15V DC 和 24V DC 电源提供连接点。每个终端块安装有闸刀，便于维护和诊断故障时断开来自继电器架的各种电压。

电子架和继电器架之间的联络通过 48 针 Harting 连接器，安装在 IPA 前部的 P1～P21 和 AMP 连接器与继电器架连接。

电子架上的每个端口都通过一根电缆与继电器架上的相应端口连接。这两个不同的连接器配置也不同。

电缆总成以向后绕线的方式将 IPA 与电子架背面 EISO 单元的前部连接器进行连接。EISO 的背板与 Intersig 的前部离散输入/输出（DIO）模块连接。

3）电源子架

电源子架如图 5-6 所示。STC 电子架的电源安装在一个单独的子架上，包括 3 个独立的切换式电源单元：供电单元-AC/DC +12V DC、供电单元-AC/DC +24V DC（12V DC/12V DC 双重的）和供电单元-AC/DC +15V DC/15V DC（双重的）。

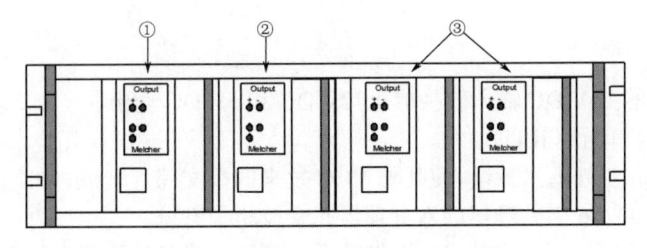

图 5-6 电源子架

①—供电单元-AC/DC +12V DC；②—供电单元-AC/DC +24V DC（12V DC/12V DC 双重的）；
③—供电单元-AC/DC +15V DC/15V DC（双重的）

（1）12V DC 供电单元（AC/DC，12V DC）

12V DC 供电单元（AC/DC，12V DC）是一个将 240V AC 输入电压转换为+12V DC 输出电压的整流器。前面板上的 LED 表示输出电压的状态。此电压将供给 Intersig 的供电单元。

（2）24V DC 供电单元（AC/DC，12V DC/12V DC）

24V DC 供电单元（AC/DC，12V DC/12V DC）是一个将 240V AC 输入电压转换为双 12V DC 来提供+24V DC 输出电压的整流器。前面板上的 LED 指示输出电压的状态。此电压将供给 Intersig 预处理器子架和调制解调器子架。

（3）30V DC 供电单元（AC/DC，15V DC/15V DC）

30V DC 供电单元（AC/DC，15V DC/15V DC）是将 240V AC 输入电压转换为双 15V DC 电压来提供一个 30V DC 的输出的整流器。两个这样的模块一起提供一个+60V DC 的输出电压。前面板上的 LED 表示输出电压的状态。这些供电单元将给 ACE 供电。

4）Intersig 预处理器

Intersig 预处理器（IPP）如图 5-7 所示。它是 Intersig 单元和 VCC 之间的通信接口。IPP

单元包括的模块有中央处理单元 A（CPU A）、中央处理单元 B（CPU B）、RS232 组件 1、RS232 组件 2 和变压器。

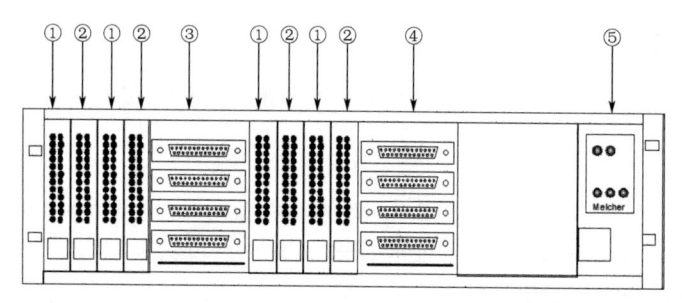

图 5-7　Intersig 预处理器

①—中央处理单元 A（CPU A）；②—中央处理单元 B（CPU B）③—RS-232 组件 1；④—RS-232 组件 2；⑤—变压器

（1）中央处理单元 A

中央处理单元 A 采用 Intel 8032 微处理器，将 VCC 报文（位形式）转化为 Intersig 所需要的标准的 SELCOM 1 格式（字节形式）。

（2）中央处理单元 B

中央处理单元 B 采用 Intel 8032 微处理器，将来自 Intersig 的 SELCOM 格式报文（字节形式）转化成 VCC 格式（位形式）。

（3）RS232 组件

RS232 组件在 CPU 模块和调制解调器子架之间及 CPU 模块和 IEU 模块之间提供 TTL 到 RS232 的电平转换。

（4）变压器

变压器将额定的 24V DC 输入转换成±12V DC 和 5V DC 输出。

5）Intersig 电子单元（IEU）

IEU 安全控制并监视道岔扳动，使其与 VCC 发来的报文保持一致，并监视道岔位置的状态。此单元是采用 Intel 80286 微处理器的双处理器冗余校验子系统。

IEU 只有一个子架，上面安装有加深型欧洲卡模块。子架分为两个子系统，子系统 1 位于安全监督模块的左边，子系统 2 位于它的右边。两个子系统共享一个安全监督模块。

IEU 如图 5-8 所示。它包括的模块有中央处理单元 1、串行 I/O 模块、DIO 模块、安全监督模块、中央处理单元 2、供电单元和隔离板。

图 5-8 IEU

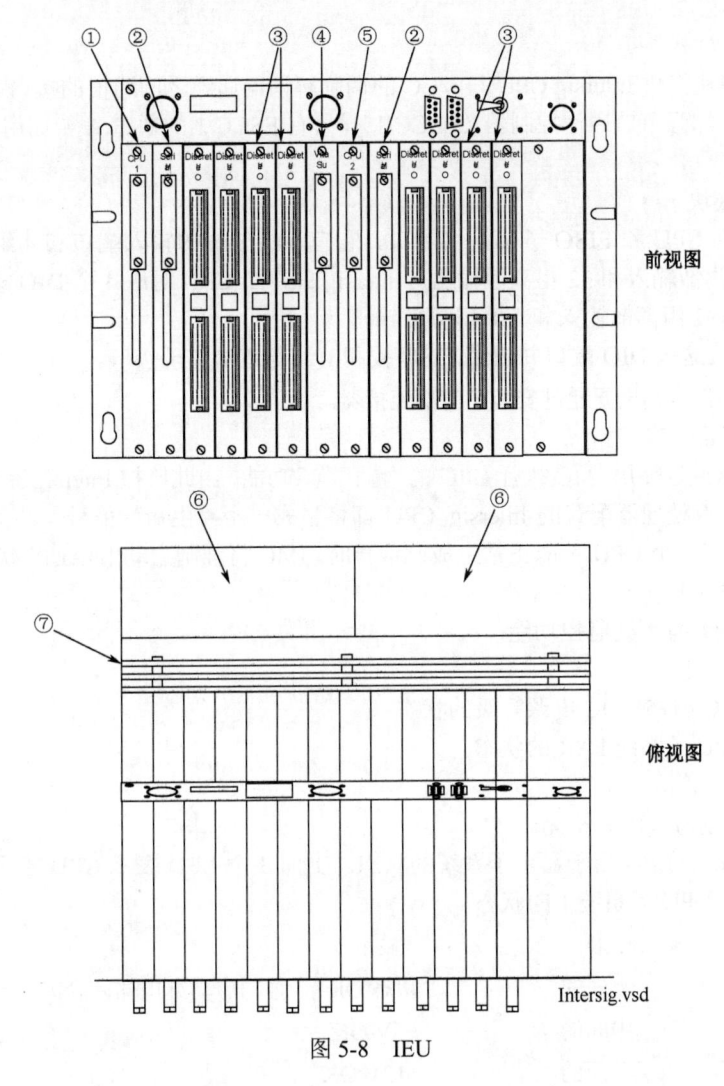

①—中央处理单元 1；②—串行 I/O 模块；③—DIO 模块；④—安全监督模块；
⑤—中央处理单元 2；⑥—供电单元；⑦—隔离板

（1）中央处理单元 1 和 2

每个 CPU 模块均采用 80C286 微处理器，以 10MHz 的频率运行。支持硬件包括一个 82284 时钟生成器、一个 82288 总线控制器和 1MB RAM。

注意：微处理器编号部分的字母 C 表示它是一个补偿式金属氧化物半导体（CMOS）设备。

每个 CPU 模块有两个串行的 I/O 端口，其中一个端口用于与另一个 CPU 进行通信，另一个端口则与 Intersig 前面板上的 J6 和 J7 相连的终端进行通信以提供 IEU 诊断，或者与 LSMC 通信使维护人员能够人工扳动道岔。

CPU 模块的前部有两个离散的 LED 显示。较低的 LED 表示微处理器处于死机或关闭状态（ON 亮）。上面那个 LED 没有使用。两个包括文字和数字的显示用于表示微处理器死机情况下的故障代码。

CPU 模块包括下列可擦除编程只读存储器芯片（EPROM）：U53-3CU 10079 FJAA 和 U45-3CU 10079 FHAA。

（2）串行 I/O 模块

串行 I/O 模块提供 Intersig CPU 与 VCC 的调制解调器通道之间通信的接口。每个卡均使用双通道的 85230 加强串口通信控制器（ESCC/1）。只有 ESCC/1 的通道 A 专门用于与 VCC 之间的通信。

（3）DIO 模块

DIO 模块为 CPU 和 EISO 子架提供接口。它有 6 组 8 位的输入端口和 4 组 8 位的输出端口，总共 48 组离散输入和 32 组离散输出。Intersig 的每个 CPU 对应 4 个 DIO 模块，因此每个 CPU 子系统有 192 组离散输入和 128 组离散输出。

Intersig 通过这些 DIO 端口并由经 EISO 板和 IPA 与道岔实现接口。

DIO 模块的信号输出要通过安装在前部连接器。

（4）安全监督卡

安全监督卡通过使用 IMC 执行 CPU 的"看门狗"功能，由此监控 Intersig 系统的运行状态。每个校验冗余、双处理器配置的 Intersig CPU 都将生成一个"生命"信号。此信号具有固定的循环周期，当任何一个 CPU 不能正常生成此信号时，IMC 将强制启动"HALT"状态并将 Intersig 从安全控制电路断开。

安全监督卡具有下列监控功能：

① IMC 的状态。

② +24V DC 和+5V DC 电源等级的状态。

③ 两个 CPU 子系统 FAR 的状态。

④ 丢失卡的检测。

⑤ CPU 识别号（ID）检测。

VSC 上的 6 个 LED 用于显示子系统的状态。上面 3 个 LED 表示 CPU 子系统 2 的状态，下面 3 个则表示 CPU 子系统 1 的状态。

LED	显示
上面的	"状态 OK"（强制启动继电器闭合）
中间的	+5V OK
下面的	+12V OK

（5）Intersig 电源单元

Intersig 电源单元（Intersig PSU）含有能将输入电压（额定 12V DC）转化为 Intersig 所需电压等级（5V DC，15V DC、24V DC）的 DC/DC 逆变器。每个 Intersig 有两个 PSU，各用于一个 CPU 子系统。

（6）隔离板

隔离板为串行 I/O 信号提供过压保护。它也包含 Intersig 输出失效强制启动继电器（FAR）。FAR 受 VSC 的控制。

（7）连接器

IEU 上的 5 个连接器（见图 5-9）的功能如下：

① J1——将 FAR 与 IPA 连接。

② J4——将 IEU 与 IPP 连接。

③ J6——诊断接口 CPU1（BITE）。

④ J7——诊断接口 CPU2（BITE）。

⑤ J8——PSU 子架的电源输入。

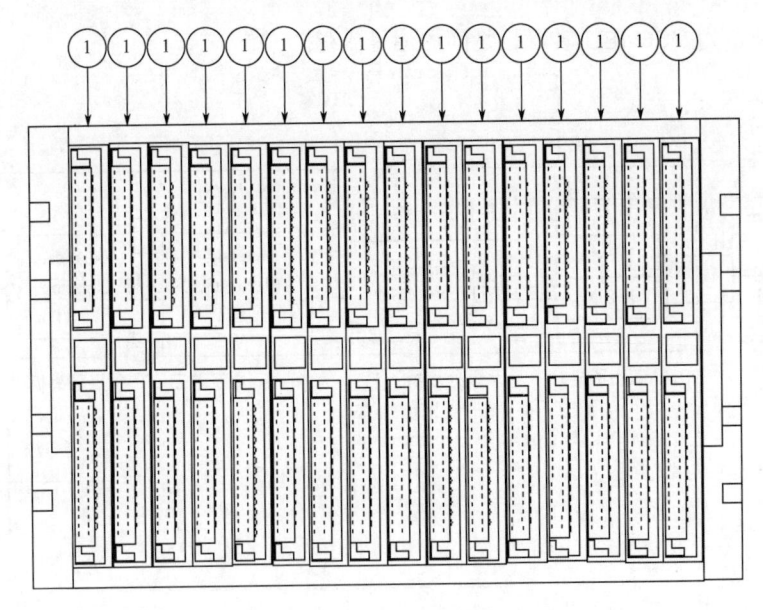

图 5-9　扩展隔离单元子架

6）扩展隔离单元

扩展隔离（EISO）单元为 Intersig 内的 DIO 模块的 48V 输入和输出信号提供噪音保护和电介质隔离功能。图 5-9 中所示的 EISO 子架包括 16 个一样的 EISO 模块。

（1）EISO 模块

每个 EISO 模块包括 8 个隔离的离散输出电路和 14 个隔离的离散输入电路。每个输出电路包括一个输入驱动、隔离变压器、AC/DC 整流器、输出晶体管及保护电路。每个输入电路则包括一个带反电压保护的光电耦合器、限流二极管和一个用于设定输入限值的稳压二极管。

输出至道岔的信号通过 IPA 的前部连接器传送到继电器架上。

（2）间隔测量电路继电器

当 IEU 发生故障时，继电器架上的两个 IMC 继电器将切除继电器架提供的 DC 电源，使 Intersig 对道岔的输出断开，由此实现安全道岔控制功能。

7）连接

（1）DIO 到 EISO

DIO 和 EISO 模块之间的连接通过 DIO/EISO 电缆总成实现。

（2）IEU 到电源

12V DC PSU 到 IEU 的 J8 通过到 IEU 的电源电缆连接。

（3）IEU 到 IPP

IPP RS232 模块到 IEU 的 J4 通过从 IPP 到 IEU 的电缆连接。

（4）IPP 到 IEU

FAR 到 IEU 的电缆连接 IPA 的 P4 到 IEU 的 J1。

（5）IPP 到调制解调适配模块

IPP RS232 模块到调制解调器子机架的调制解调适配模块是通过从 IPP 到调制解调适配器的电缆连接的。

（6）EISO 到 IPA

所有的 EISO 通过电缆总成与 IPA 连接器的 P2 到 P12、IPA 后背的 P15 到 P17 连接。连接 EISO 与 IPA 的电缆共 16 条。

图 5-10 所示为 VCC-IEU-转辙机之间的信号流程。

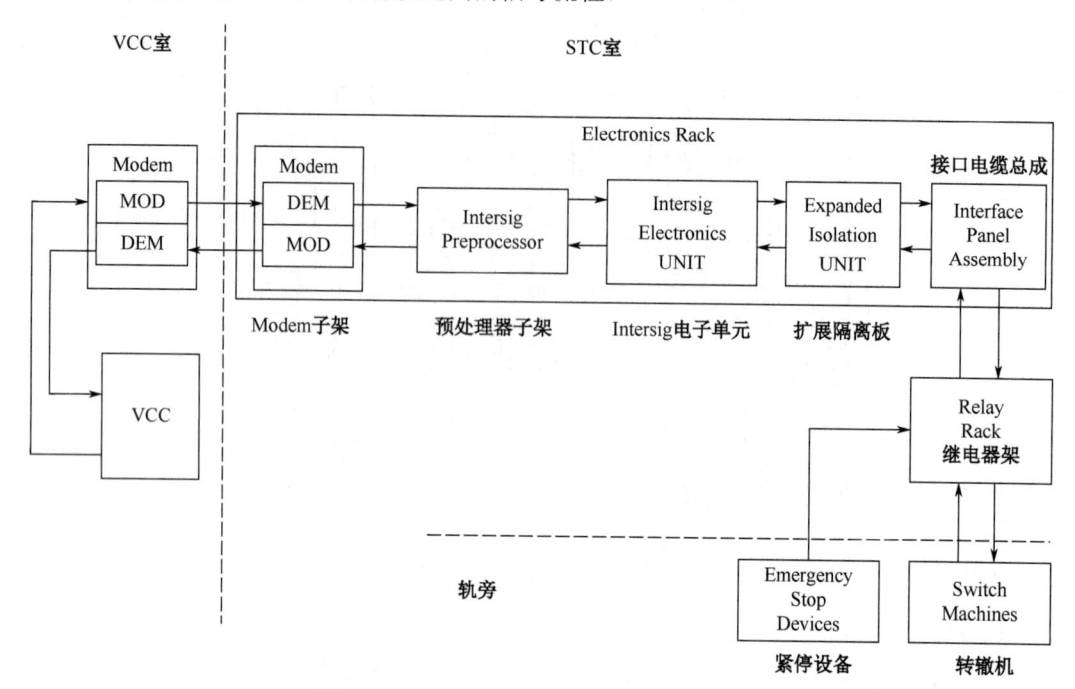

图 5-10　VCC-IEU-转辙机之间的信号流程

二、车站控制器 STC 设备工作原理

（一）车站控制器 STC 设备的接口电路

1．采集电路

1）道岔采集电路

道岔采集电路如图 5-11 所示。

2）信号机采集电路

信号机采集电路如图 5-12 所示。

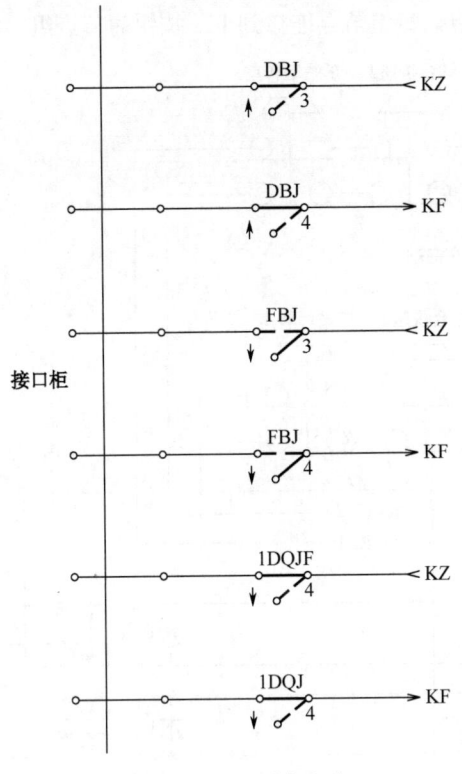

图 5-11　道岔采集电路

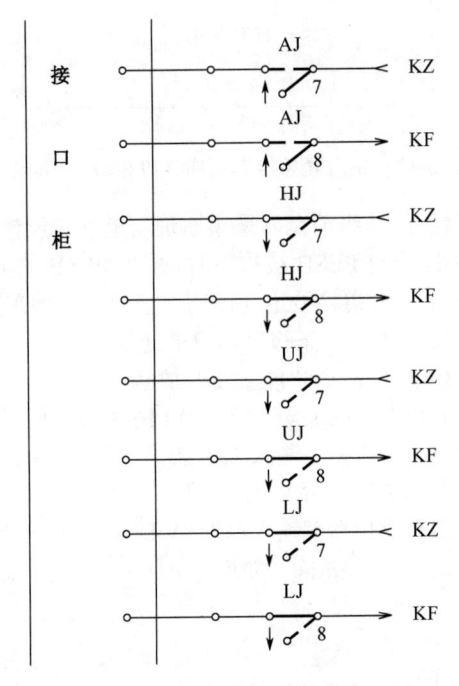

图 5-12　信号机采集电路

3）站台紧急停车按钮采集电路

站台紧急停车按钮（PESB）采集电路如图 5-13 所示。

每个车站有 6 个 PESB：每个轨道站台有 2 个；2 个（每个轨道 1 个）在车站控制室。每个按钮包括 2 组定位闭合节点，每组节点连接到下一按钮的节点组，如图 5-13 所示。

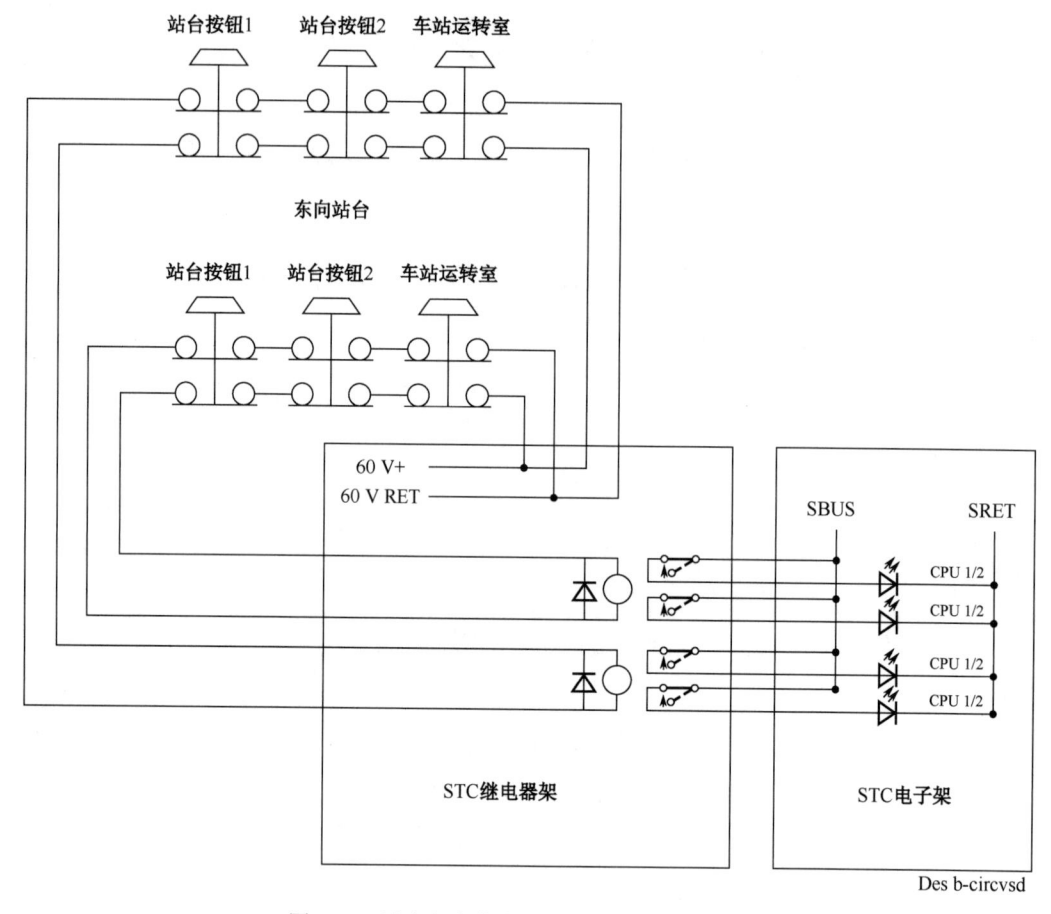

图 5-13　站台紧急停车按钮（PESB）采集电路

STC 采集 PESB 继电器上的一组节点，采集原理与道岔定反位表示类似；PESB 继电器常态吸起，沟通继电器采集电路。当有 PESB 被按下时，采集 PESB 的电路中断，STC 采集到 PESB 激活，与 PESB 设备相关的站台轨道将被迅速锁闭。任何自动列车控制（ATO）列车将被制动停止，中心控制操作员（CCO）收到一条报警信息的通知。

只有重置 PESB，通过 CCO 的命令才能重新开放轨道。

PESB 通过光-隔离的 EISO 与 Intersig 接口。当 PESB 被启用时，一组常闭独立接点断开，这样就断开了到两个 Intersig CPU 的独立输入。PESB 状态线经由电缆分线盘（CTF）到电子架。

Intersig 会将每个 PESB 的状态发回给 VCC 处理。

正确按下按钮后，两个 STC 继电器架输入都为 0V DC。如果一个输入降为 0V DC，而另一个没有，那么将被认为出现故障。由于该故障，轨道将关闭，并且该故障将显示在 VCC CO 终端上。

2．驱动电路

1）道岔驱动电路

道岔驱动电路如图 5-14 所示。

2）信号机驱动电路

信号机驱动电路如图 5-15 所示。

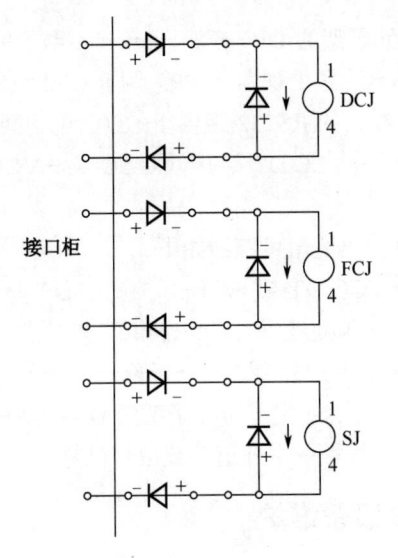

图 5-14 道岔驱动电路

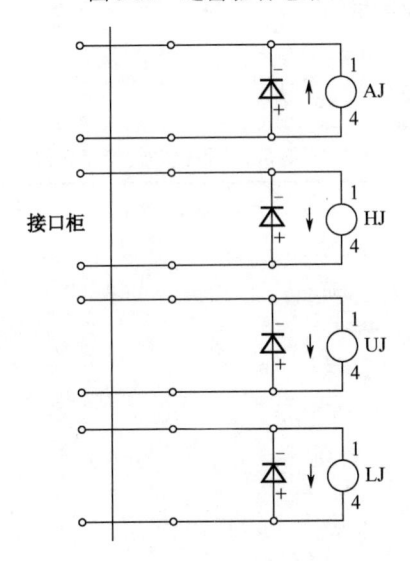

图 5-15 信号机驱动电路

3．STC 与 VCC D/T 机架之间交换的信息

STC 机柜负责控制道岔的扳动、信号机的点灯及 PESB 状态的监督，因此它与 VCC DT 机架相互交换的信息有 VCC 给 STC 的命令报文，包括对道岔的扳动命令、对信号机的点灯命令、对 PESB 状态和道岔状态的需要。而 STC 反馈给 VCC 的状态报文包括对道岔状态的反馈、信号机状态的反馈、急停设备状态的反馈和其他 STC 工作时产生的健康码及其参数。若有屏蔽门信号，则 STC 与 VCC DT 架之间还有屏蔽门的动作和状态的报文反馈。

（二）车站控制器 STC 设备工作的信息通道

在 SelTrac MB S40 型 CBTC 系统里，车站联锁关系在 VCC 控制中心实现，STC 相当于管理现场设备状态采集与信息驱动的接口微机。

1．采集信息输入通道

STC 设备工作的采集信息输入通道可归纳如下。

道岔、信号机或 PESB 的状态信息转换成继电器的接点信息→接口架→STC 电子架的 IPA

→EISO 子架→Intersig 电子单元子架的 DIO 模块→Intersig 电子单元子架的 CPU→Intersig 电子单元子架的串行 I/O 模块→Intersig 预处理器（IPP）的 RS232 组件 2→Intersig 预处理器（IPP）的 CPU→Intersig 预处理器（IPP）的 RS232 组件 1→STC 电子架的调制解调器子架→CTF（设备集中站）→CTF（控制中心）→VCC DT 架→VCC I/O 架→VCC。

2．驱动信息输出通道

STC 设备工作的驱动信息输出通道可归纳如下。

VCC 信息→VCC I/O 架→VCC DT 架→CTF（控制中心）→CTF（设备集中站）→STC 电子架的调制解调器子架→Intersig 预处理器（IPP）的 RS232 组件 1→Intersig 预处理器（IPP）的 CPU→Intersig 预处理器（IPP）的 RS232 组件 2→Intersig 电子单元子架的串行输入/输出模块→Intersig 电子单元子架的 CPU→Intersig 电子单元子架的 DIO 模块→EISO 子架→IPA→电缆→接口架→组合架上继电器→防雷分线柜→室外道岔或信号机等。

三、车站控制器 STC 设备维护

（一）车站控制器 STC 设备检修

1．STC 设备预防性维修

STC 设备预防性维修记录如表 5-1 所示。

表 5-1　STC 设备预防性检修记录

STC 设备预防性维修记录		
时间：_____　天气：_____　开始时间：_____　完成时间：_____		
车站：_____　测试员：_____　监督员：_____		
设备测试表		
示波器、数字电压表、吸尘器、软毛刷、防静电手环		
检查步骤		
1．一般检查		
（1）确保所有子架稳固地安装在设备机架中		□
（2）确保设备指示灯正常		□
（3）确保所有的模块插接牢固		□
（4）确保所有电缆引入引出口防护到位，电缆无弯折，绝缘无损伤		□
（5）确保设备卫生达标		□
2．电源检查		
测试点（+，-）	绿灯亮	测量
PSU 子机架 PSU 12V（10.8～13.2V）		
PSU 子机架 PSU 24V（21.6～26.4V）		
PSU 子机架 PSU 15V（13.5～16.5V）		
Modem 子机架 PSU 15V（13.5～16.5V）		
3．Intersig Modem 通道检查		
（1）检查 VCC- STC 在 CH_____ 通信_____		

续表

(2）测得的 VCC 和 STC 之间的信号

Modem	TB 测试点	最小值	测量值
Modem A Tx	11，12	250 mV p-p	
Modem A Rx	13，14	200 mV p-p	
Modem B Tx	15，16	250 mV p-p	
Modem B Rx	17，18	200 mV p-p	

备注	

2. STC 设备检修规程

STC 设备检修规程如表 5-2 所示。

表 5-2 STC 设备检修规程

修程	周期	维修内容	维修方法	维修标准
日常保养	日检	检查设备运行状态	检查模块指示灯	各模块的指示灯应和《STC 设备维护培训手册》所描述的各模块指示灯的正常显示一致，应特别注意闪烁状态的指示灯的显示
		检查设备外表	检查设备外表	检查设备外表是否有裂纹、刮花或破损等现象，如果有，那么应根据损坏程度做出适当的处理
	周检	清洁外表卫生	检查外表卫生	设备外表干净、清洁、无灰尘、无污渍
二级保养	季检	同日常保养内容		
		内部检查	电缆入口密封性检查	电缆入口密封性良好
			机柜检查	机柜门开关灵活，锁闭灵活 机柜密封性良好
			检查各插卡板插接是否松动	各插卡板插接牢固且密贴性良好
			各接口接头（包括屏蔽线、地线、接线端子）是否松动	各接口的螺钉应紧固，连接线应连接牢固、无断线、无接触不良、表皮无破损
		电气特性检查	检查电源模块输出	电源电压输出应稳定并在允许范围内
		清洁卫生	清洁设备表面卫生	设备表面卫生干净、清洁、无灰尘、无污渍
		设备运行检查、冗余试验	排列跨联锁区进路，单关 A 机和 B 机	系统运行正常，进路信号仍处于开放状态，LSMC 显示正常，无异常故障报警
			只启动 A 机和 B 机	系统运行正常，LSMC 显示正常，无异常故障报警。能排列跨联锁区进路
小修	年检	同二级保养内容		
		清洁内部部件	彻底清除内部积尘，电源模块需分解清洁	对设备进行彻底的清洁、吸尘 电路板外观无变形、无烧黑等不良现象 电容外观完整、无发胀、无爆裂、无漏液现象 磁性元件外观完整，无发黑 各类保险安装牢固，接触良好 各接线接触良好，无破损，无虚焊 各接点接触良好，无虚焊、无锈蚀和无接触不良现象

续表

修程	周期	维修内容	维修方法	维修标准
中修	5 年	模块老化测试	电源模块后台老化测试	有条件情况下进行
大修	15 年	更换系统		根据采购合同系统生命周期而定 性能不低于原设计标准

（二）车站控制器 STC 设备常见故障处理

1. 故障现象

SMC 上显示 STC 控制区范围内所有的轨道同时关闭，所有的道岔失去表示，信号机转为后退模式，且 SMC 报警窗口上显示"VCC 与××STC 失去通信"。

2. 处理方法

1）判断 STC 故障类型

STC 故障可以分为 VCC-STC 通信通道故障、STC I/O 单元故障、STC 死机三类故障。

VCC-STC 通信通道故障涉及的内容包括 Intersig 本身板卡、IPP、Modem 子架、CTF 通道电缆。

STC I/O 单元故障涉及的内容包括 Intersig 本身板卡、IMC 继电器及其相关的 24V 电源、继电器架的道岔采集电路、PESB 采集电路及其相关的电源设备（包括输入的 220V 电源和交流接触器工作情况）。

STC 死机涉及的内容包括 Intersig 板卡、J6/J7 的外部输入串口线。

2）处理流程

处理流程如图 5-16 所示。

思政主题：地铁"大脑"升级，还得看中国制造

案例要点：

2018 年 4 月 25 日，上海地铁二号线发生的一起持续 5h 的故障，给上海市人民造成了生活上极大的不便。故障无法得到及时恢复的原因有以下几点。

一是二号线为全进口信号系统，至故障发生时已使用 21 年，国外厂家已暂停对该设备的技术支持，而且备件已停止供应。

二是信号系统设计较早，不但没有自动侦测故障点、自动报告故障发生位置等功能，而且走线凌乱，工作人员只能逐条核实业务。

在中国铁道部科学研究院、中国通号公司研究设计院、北京交通大学等的带领下，我国科研人员不断努力与创新，已经将地铁信号系统设备国产率从 2010 年的 50%，提升到如今的100%，再也不会出现被国外科技公司"卡脖子"的现象了。

22 地铁"大脑"升级，还得看中国制造

任务二 Urbalis 888 信号系统中计算机的联锁设备维护

Urbalis 888 信号系统由卡斯柯信号有限公司和其母公司 Alstom 联合开发，是一套基于无线通信的 CBTC 系统。

一、Urbalis 888 信号系统中计算机联锁设备认知

（一）Urbalis 888 信号系统结构、组成及功能

Urbalis 888 信号系统的结构如图 5-17 所示。

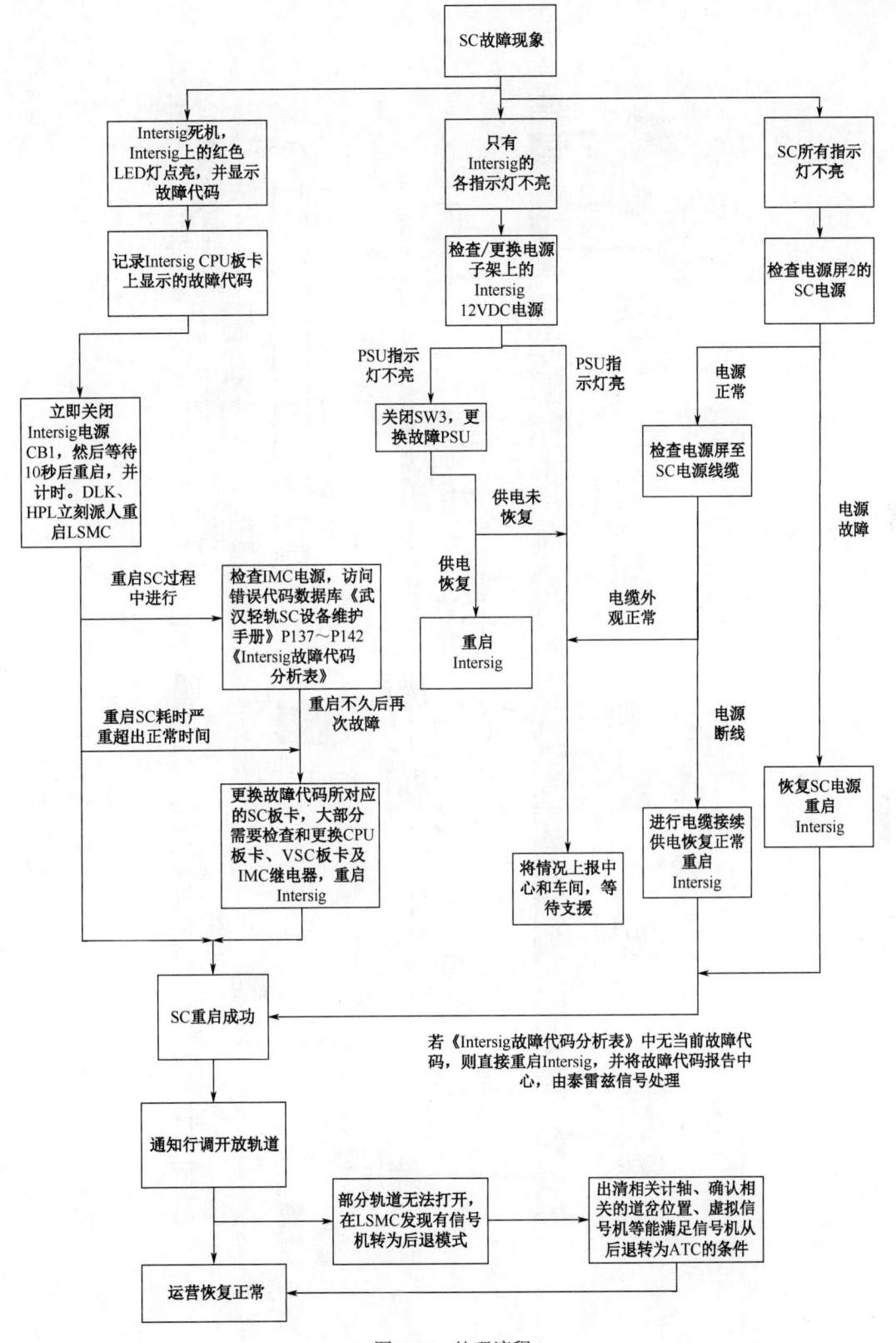

图 5-16 处理流程

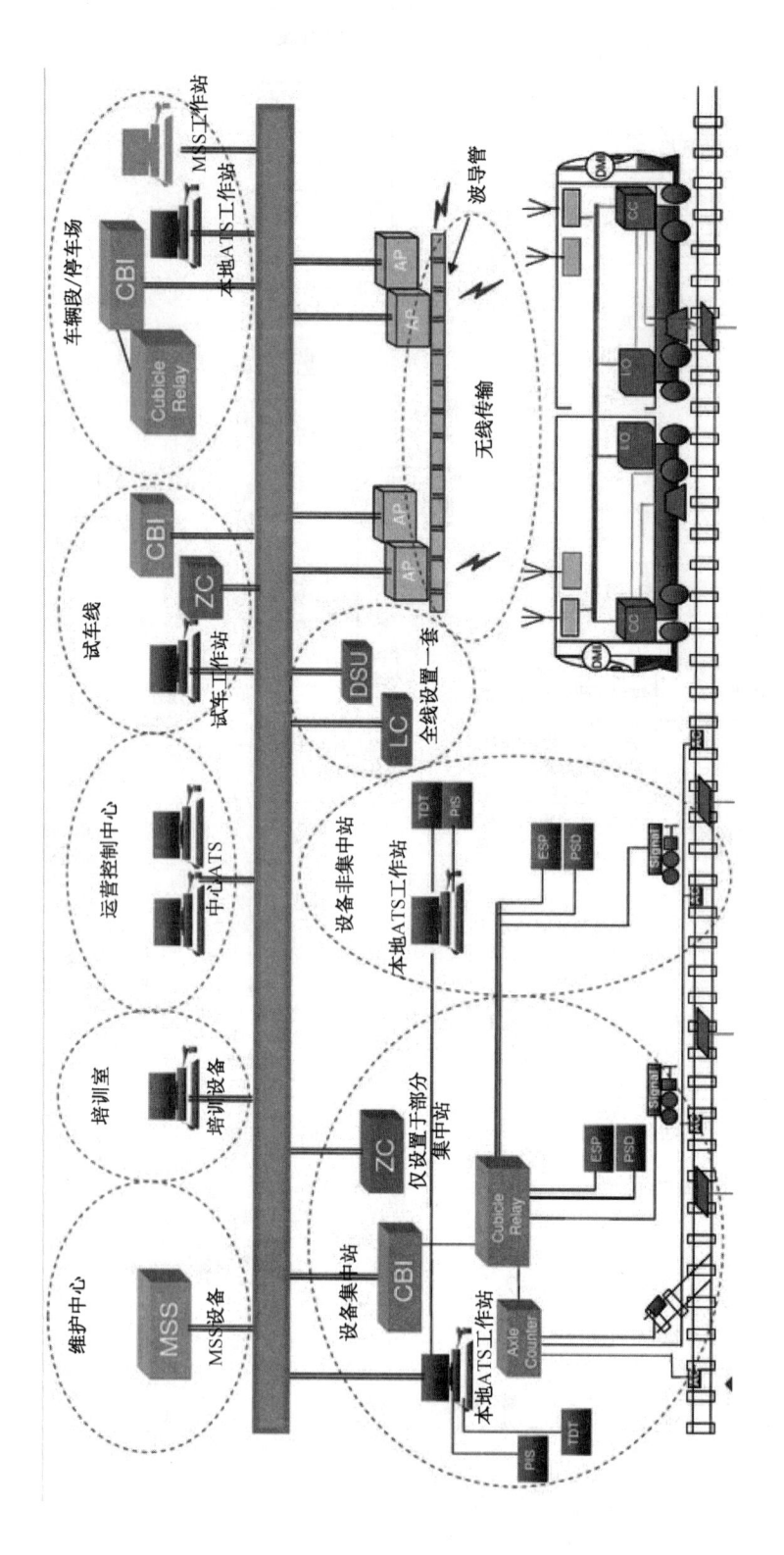

图 5-17 Urbalis 888 信号系统的结构

Urbalis 888 信号系统的组成如图 5-18 所示。

该系统主要由 5 个子系统构成：自动列车控制子系统（ATC）、联锁计算机子系统（CBI）、自动列车监控子系统（ATS）、维护支持子系统（MSS）、通信子系统（DCS）。

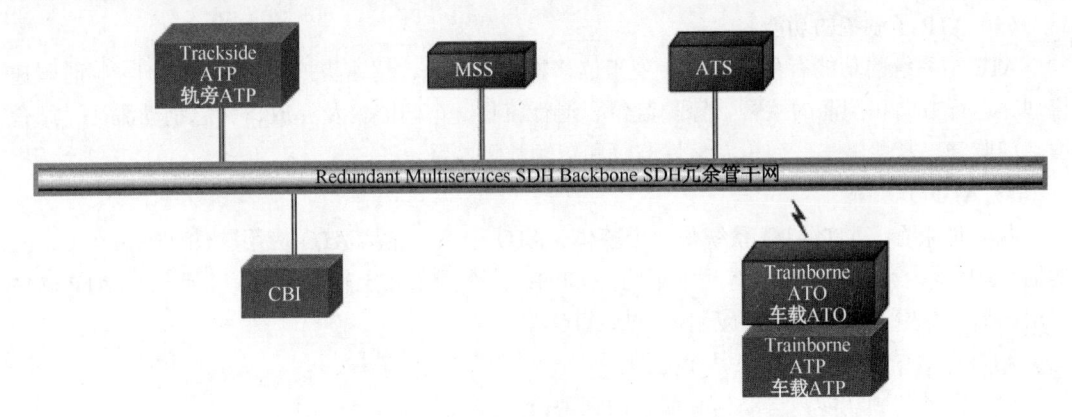

图 5-18　Urbalis 888 信号系统的组成

1. 自动列车监控子系统（ATS）

1）ATS 子系统的构成

ATS 子系统的构成：控制中心 ATS、集中站 ATS、非集中站 ATS、车场及车辆段 ATS。

2）ATS 子系统的功能

ATS 子系统的功能有信号设备状态监控、列车监控、离线计划管理、线路列车运行管理、模拟培训、维护支持和外部接口。

2. 自动列车控制子系统（ATC）

1）ATP 子系统

ATP 子系统包括轨旁 ATP 和车载 ATP 子系统。

（1）轨旁 ATP 子系统。

安装在轨旁的 ATP 子系统有轨旁线路控制器（LC）、数据存储单元（DSU）、轨旁区域控制器（ZC）和信标。

LC 管理整个线路的临时限速，负责存储、更新 ATS 发送的 TSR（临时限速）请求。LC 还控制 ZC 和车载控制器（CC）的应用软件和配置数据版本的校核。同时，在通信过程中，LC 向 ZC 和 CC 提供内部时钟同步。

DSU 管理以下内容：用户访问 DSU 软件、列车配置、线路上每列列车的静态配置、各种类型列车适用文件的版本、车载数据的升级、DSU 和 CC 之间的通信、CC 模式的改变、DSU 到 CC 的 CC 数据文件的传输、处理 CC 的重启、核查当前安装于 CC 的版本及处理一组列车的升级。

ZC 处理线路占用信息、自动防护和进路等信息。根据 CC 设备发送的列车精确位置信息，ZC 设备主要为每列列车计算保护区域，即自动防护（AP），并通过无线传输向每列车发送其授权终点（EOA）。ZC 设备通过 DCS 子系统与其他子系统（内部和外部）设备连接。

当列车越过信标时，信标子系统允许 CC 子系统读取轨旁信息。轨道上安装了一种信标，称为 RB（重定位信标）。

（2）车载 ATP 子系统。

安装在列车上的车载 ATP 设备主要包括 CC、司机显示单元（DMI）、编码里程计、信标天线。

（3）ATP 子系统的功能。

ATP 子系统的功能有列车定位、列车位移和速度测量、超速防护和防护点防护、临时限速管理、运行方向和倒溜的监督、停稳监督、退行监督、车门监督及释放、紧急制动激活、站台屏蔽门监督、紧急停车、列车完整性监督和车辆故障监督。

2）ATO 子系统

从硬件来看，ATP/ATO 系统是一个整体。ATO 子系统包括 ATO 应用软件（安装在 CC 机架的 CMP 板内），CMP 板上有两个不同的 CPU：一个用于安全软件应用，主要用于 ATP 软件应用；另一个用于非安全软件应用，包括 ATO。

ATO 子系统的功能有以下几个方面。

（1）自动驾驶功能：自动驾驶和车门管理。

（2）ATO 精确停车。

（3）调整功能：发车、区间运行时间、提前发车、扣车和跳停。

3．计算机联锁子系统（CBI）

CBI 有设备集中站 CBI、非集中站 CBI、停车场 CBI 和试车线 CBI，它具有联锁功能、接口功能、故障诊断、信号设备监督、报警功能和操作防护功能。

4．通信子系统（DCS）

1）DCS 子系统的组成

DCS 数据通信系统为信号系统提供一个可靠的冗余的通信网络，主要由以下几部分组成。

（1）DCS 有线传输系统。

① 核心骨干层：SDH 传输节点所组成的环状网络。

② 接入网层：接入网络交换机。

（2）DCS 无线通信系统。

该系统包括车载无线设备和轨旁无线设备。DCS 采用波导管方式建立车载和轨旁设备间可靠的通信连接。轨旁设备通过光电转换器与 DCS 有线传输系统相连。

（3）DCS 网络管理系统。

该系统包括 SDH 网管系统和 IP 设备网管系统。其可实现对所有 DCS 设备的管理、维护和配置。

（4）DCS 接入网。

DCS 的接入网设备包括网络交换机、光电转换器等。

2）DCS 子系统的功能

（1）DCS 有线传输系统。

DCS 有线系统为信号系统提供一个信息交互所需的传输通道，保证地面应用间可靠的通信连接，同时为轨旁无线设备和车载无线设备的通信提供一个接口。

（2）DCS 骨干网。

DCS 骨干网在每个设置有 SDH 的车站、车辆段和停车场为 ATP（ATO）、CBI、ATS 和 MSS（维护支持系统）提供以太网接口，并在 SDH 网络上设置专用局域网（EPLAN）。

（3）DCS 无线系统。

DCS 无线系统为轨旁和车载 CBTC 系统提供可靠、持续、双向的通信服务。

5. 维护支持子系统（MSS）

维护支持子系统作为信号系统项目的一个子系统，是整个信号系统的设备状态监测和维护辅助工具，主要用于维护信息的采集，帮助维修调度人员对故障设备进行定位，管理维修作业。维修调度人员可借助远程维修诊断系统制订计划与安排维修工作，比传统人工方式更加高效。

其主要承担的功能包括以下几方面。

（1）对整个信号系统的设备（包括电源设备）的工作状态和基础信号设备的模拟量电气性能指标进行在线监测和集中报警。

（2）收集、显示包括 ATS、ATP/ATO、联锁、DCS 等子系统设备在内的状态和报警信息。

（3）辅助用户进行设备台账管理。

（4）辅助用户方便计划和制定预防性及纠正性维护作业。

（5）辅助用户分析数据，自动生成文本和图形格式的标准定制维修报表。

（6）提供功能性操作员的管理操作。

（二）设备集中站计算机联锁子系统的组成及功能

1. 设备集中站的结构

设备集中站的结构如图 5-19 所示。

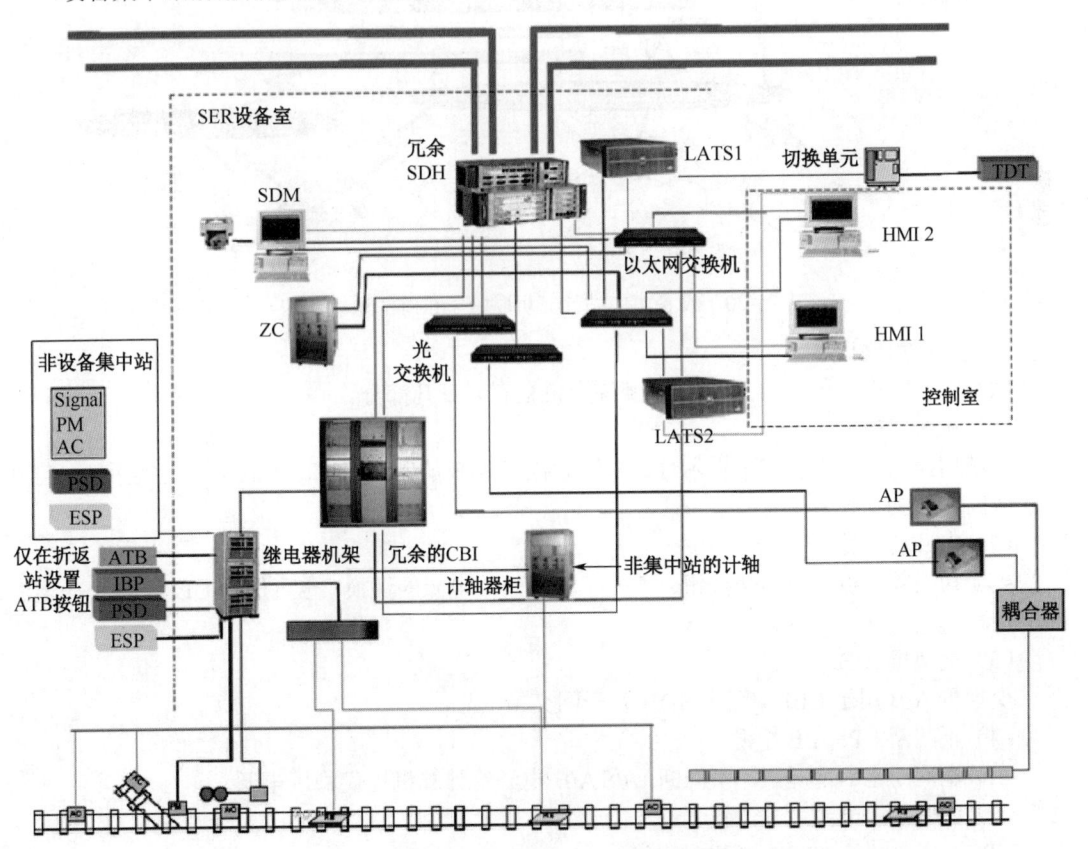

图 5-19 设备集中站的结构

2. 设备集中站计算机联锁子系统的主要设备组成及功能

设备集中站计算机联锁子系统采用卡斯柯信号有限公司的 iLock 型计算机联锁系统,它是二乘二取二结构的系统,如图 5-20 所示。

iLock 联锁处理子系统主要由联锁综合机柜、联锁 I/O 机柜（A/B）、接口架、继电器机架、分线盘及室外设备等组成。

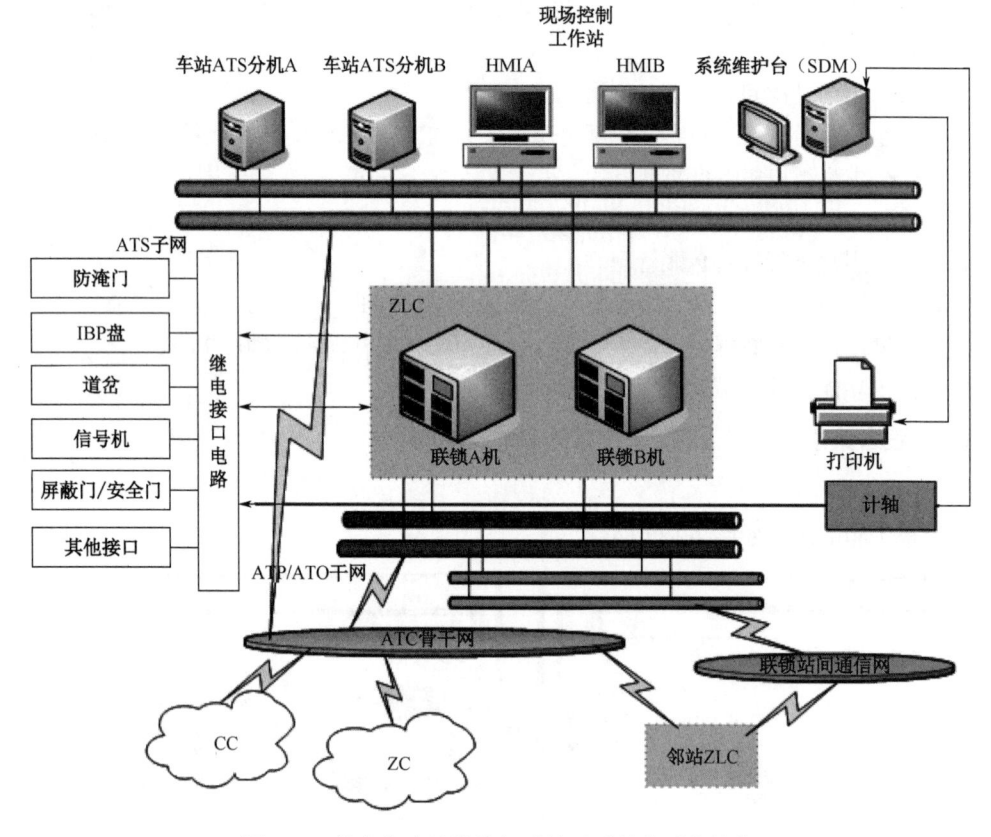

图 5-20 设备集中站计算机联锁子系统的系统结构

1）联锁综合机柜

联锁综合机柜如图 5-21 所示。联锁综合机柜有以下几部分。

（1）系统切换箱。

系统切换箱面板上有多个指示灯,指示联锁机 A/B 的工作情况。有联锁机切换手柄,可进行联锁机 A/B 的切换。

（2）电源切换箱。

电源切换箱面板上有多个按钮,可进行 A/B 两路电源的切换,也可进行 UPS A/B 两个电源的切换。

（3）交换机 A/B。

交换机 A/B 用于 CBI 与冗余 SDH 骨干网交换信息。

（4）不间断 UPS A/B 电源。

在外电网断电的情况下,不间断 UPS A/B 电源给计算机提供稳压电源。

（5）UPS A/B 电池。

UPS A/B 电池给 UPS A/B 提供电源。

（6）操作台主机（A/B）。

操作台主机（A/B）与 HMI A/B 连接，进行人机界面信息处理。

2）联锁 I/O 机柜（A/B）

联锁 I/O 机柜（A/B）如图 5-22 所示。

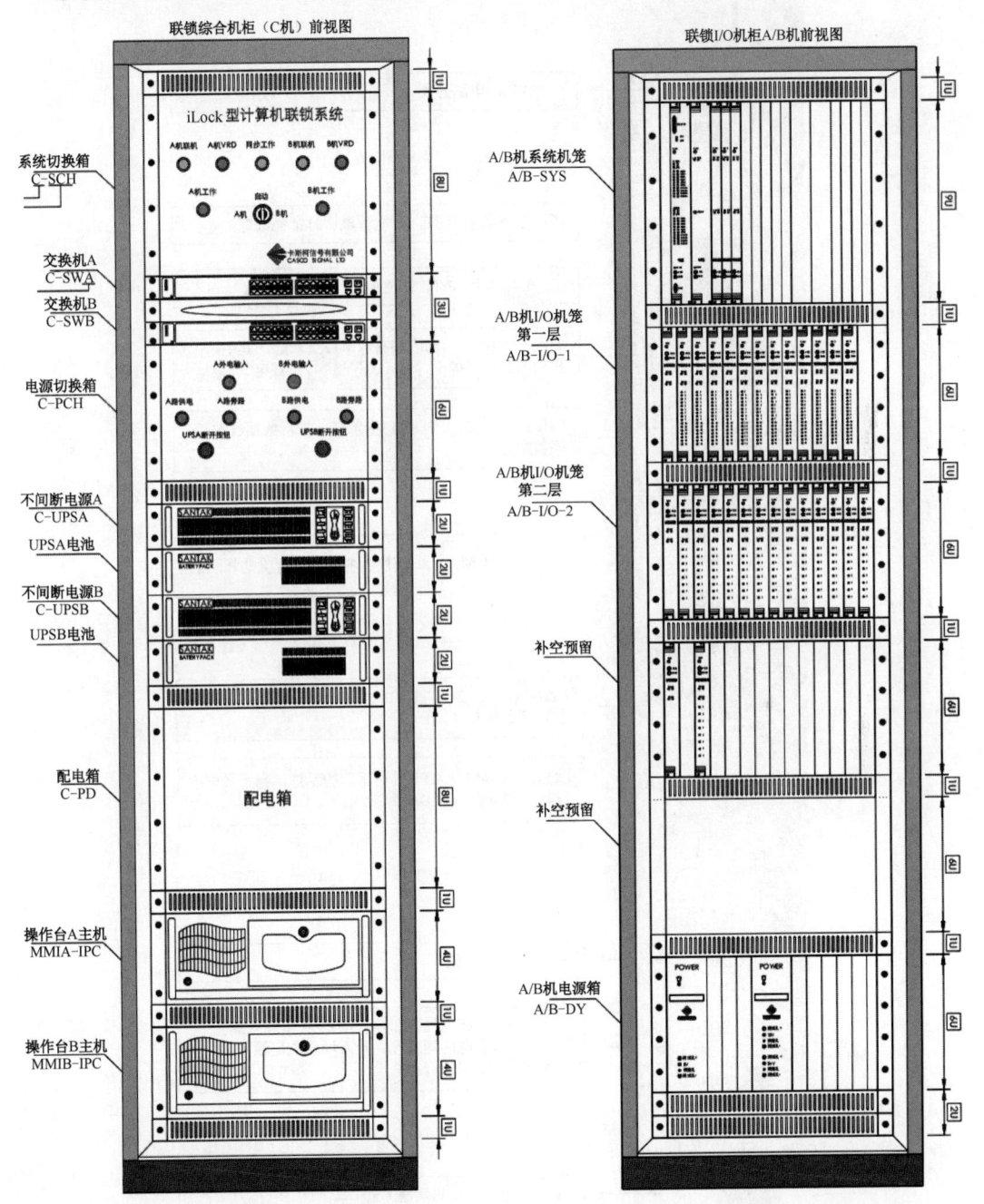

图 5-21　联锁综合机柜

图 5-22　联锁 I/O 机柜（A/B）

（1）A/B 机系统机笼。

① 安全逻辑运算板（VLE）。

VLE 板是整个联锁处理子系统的核心，包括通过 I/O 选址读取 I/O 信息、进行联锁运算，以及与 MMI、SDM 和其他 iLock 系统安全通信等。VLE 板指示灯的含义如图 5-23 所示。

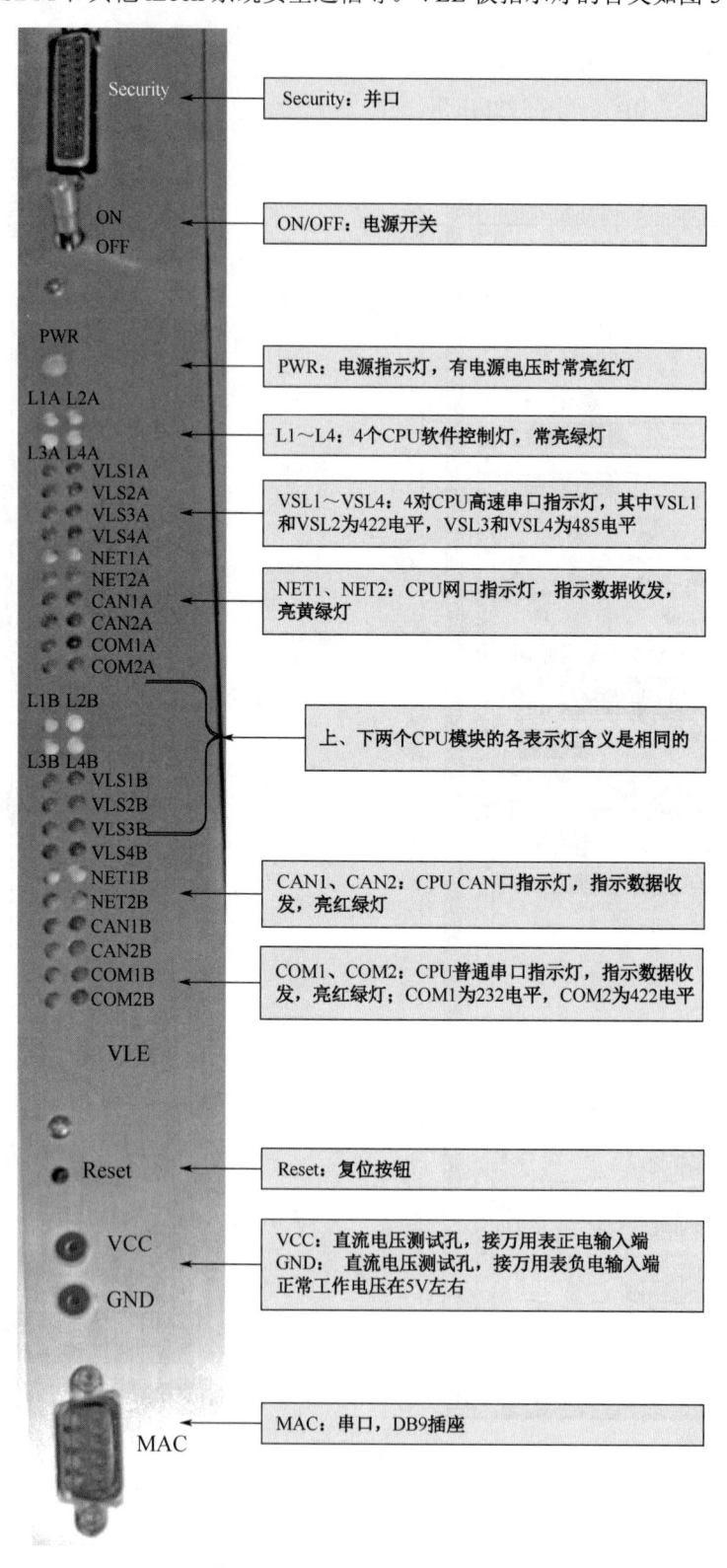

Security：并口

ON/OFF：电源开关

PWR：电源指示灯，有电源电压时常亮红灯

L1~L4：4个CPU软件控制灯，常亮绿灯

VSL1~VSL4：4对CPU高速串口指示灯，其中VSL1和VSL2为422电平，VSL3和VSL4为485电平

NET1、NET2：CPU网口指示灯，指示数据收发，亮黄绿灯

上、下两个CPU模块的各表示灯含义是相同的

CAN1、CAN2：CPU CAN口指示灯，指示数据收发，亮红绿灯

COM1、COM2：CPU普通串口指示灯，指示数据收发，亮红绿灯；COM1为232电平，COM2为422电平

Reset：复位按钮

VCC：直流电压测试孔，接万用表正电输入端
GND：直流电压测试孔，接万用表负电输入端
正常工作电压在5V左右

MAC：串口，DB9插座

图 5-23　VLE 板指示灯的含义

② 安全校验板（VPS）。

VPS 板是 iLock 系统的安全型监视机构，独立于 VLE 板对系统进行全面的安全检查。它以一定的间隔接收到一组编码检查信息，如果经过检查，这组信息正确，就输出一个安全型数字信号，这个信号通过一个安全型滤波器滤波并用于励磁一个安全型继电器 VRD，用以证明系统自检正常。所有通向 iLock 系统的安全型输出的电源都经过该继电器 VRD 的前接点。当发现系统有错误时，继电器 VRD 立即失磁，此时这个安全型继电器将会切断 iLock 所有的安全型输出的电源。继电器 VRD 在 VPS 经过 7 个周期连续检查后，证明系统是正常的才能再度激励，以确保系统安全。VPS 板指示灯表示的含义如图 5-24 所示。

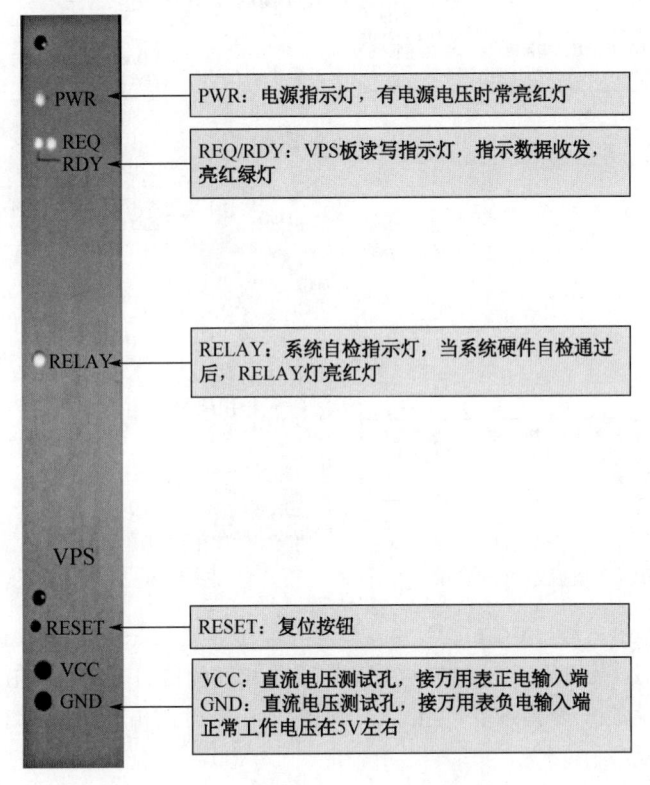

PWR：电源指示灯，有电源电压时常亮红灯

REQ/RDY：VPS板读写指示灯，指示数据收发，亮红绿灯

RELAY：系统自检指示灯，当系统硬件自检通过后，RELAY灯亮红灯

RESET：复位按钮

VCC：直流电压测试孔，接万用表正电输入端
GND：直流电压测试孔，接万用表负电输入端
正常工作电压在5V左右

图 5-24 VPS 板指示灯表示的含义

③ 输入/输出总线接口板（I/O BUS2）。

I/O BUS2 板是 VLE 板和 I/O 板交换信息的通道，I/O BUS2 板为输入板的测试数据和输出板的端口校验数据提供存储空间。同时，它包含逻辑和时序电路，以控制输出端口的连续校验。I/O BUS2 板能与 I/O BE2 板交换信息，通过 I/O BE2 板实现差分驱动，驱动双断输出板。I/O BUS2 板指示灯的含义如图 5-25 所示。

（2）A/B 机 I/O 机笼（第一层）。

① 输入/输出总线扩展板（I/O BE2）。

I/O BUS2 板与 I/O BE2 板交换信息，通过 I/O BE2 板实现差分驱动，驱动双断输出板。I/O BE2 板指示灯的含义如图 5-26 所示。

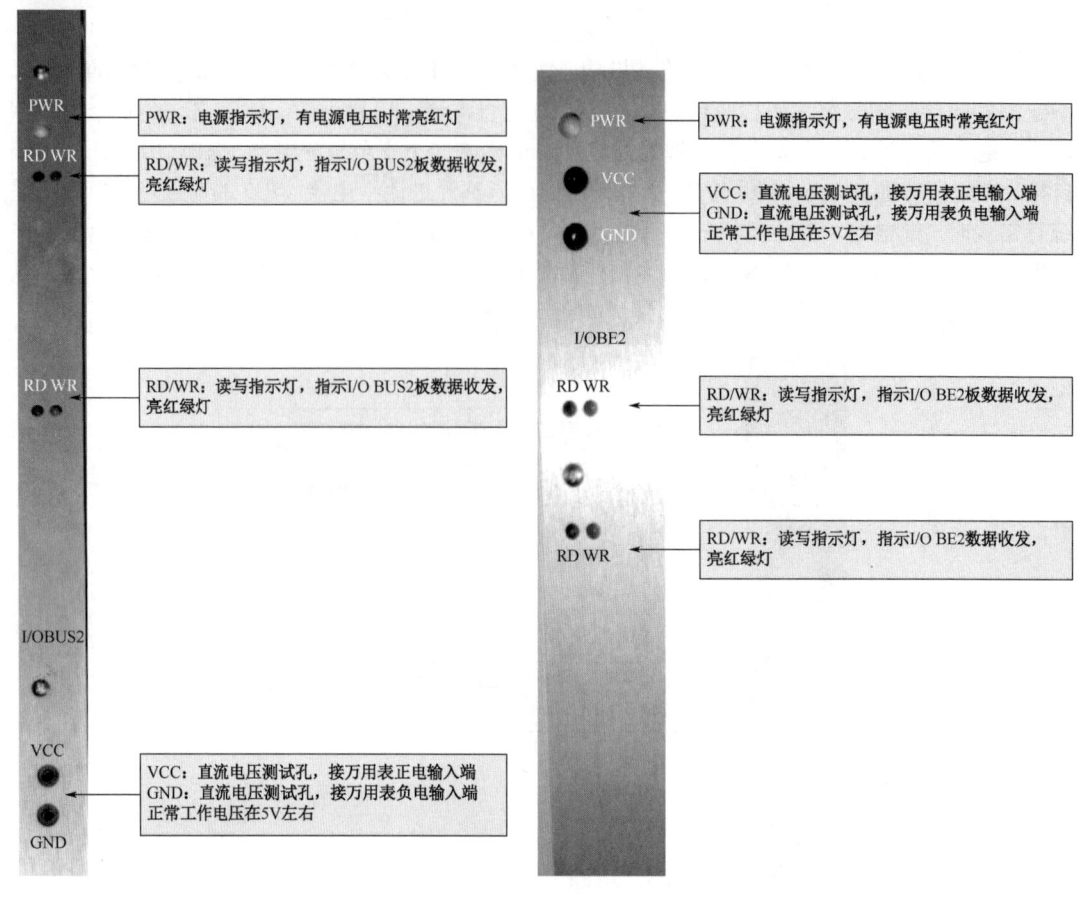

图 5-25　I/O BUS2 板表示灯的含义　　　　　图 5-26　I/O BE2 板表示灯的含义

② 双采安全型输入板（VIIB）。

VIIB 板为 iLock 系统的两个 CPU 分别采集提供相同的接口。每块 VIIB 板有 16 个输入端口，每个输入端口对应一个指示灯。当某端口有输入信号时，相应的指示灯点亮。该板指示灯表示的含义如图 5-27 所示。

（3）A/B 机 I/O 机笼（第二层）。

安全型双断输出板（VOOB）。VLE 板通过 VOOB 板产生输出信号，驱动接口设备，并且系统能时时检测 VOOB 板输出的正确性、输出与实际驱动的一致性。作为双断输出板，VOOB 板为"二取二"系统的两个 CPU 分别提供正、负电控制对象。每块 VOOB 板有 8 对输出，每对输出设一个正电输出和一个负电输出对应一个有效输出。每对输出端口设一个指示灯，当正电和负电输出同时有效时，相应的指示灯点亮。VOOB 板指示灯表示的含义如图 5-28 所示。

（4）母板（MB）。

母板是 iLock 联锁处理子系统中各印制电路板之间连接的桥梁，通过母板 VLE 板可以进行 I/O 选址，可以与 VPS 板交换信息，对于配置安全通信板的联锁车站还可以与 CPU/PD1 板交换信息，通过母板、I/O B 板可以与 I/O 板交换数据，从而达到整个联锁处理子系统之间的信息互通。

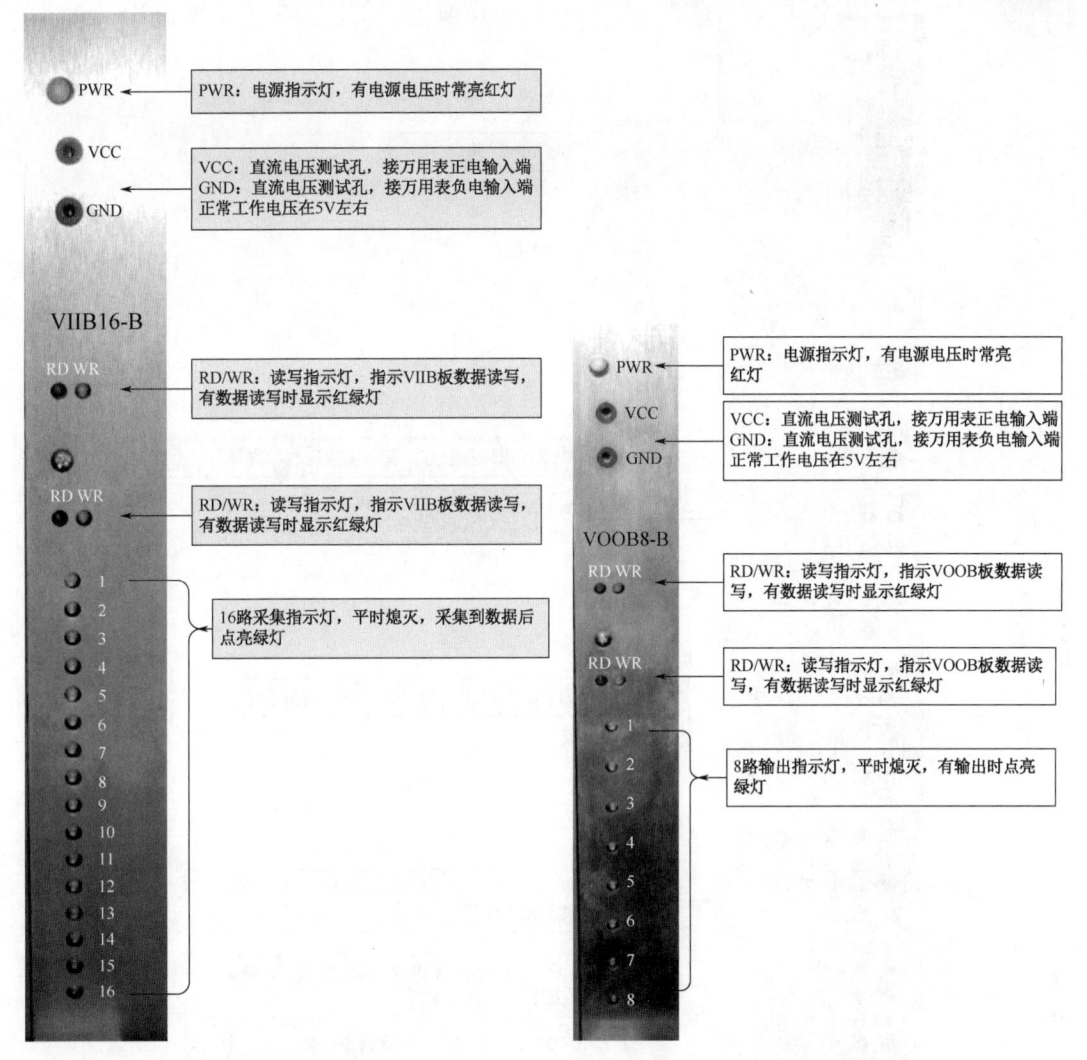

图 5-27　VIIB 板表示灯　　　　　　　图 5-28　VOOB 板表示灯的含义

（5）DVCOM 板。

DVCOM 板为双通道安全通信板，主要负责相邻两站 ZLC 之间的安全通信。DVCOM 板指示灯的含义如图 5-29 所示。

3．冗余网络子系统

CBI 配置三层通信传输通道，一层用于冗余 ATS 子网，一层用于冗余信号子网。另外，还设一层独立的站间传输通道，适用于联锁站间传输。CBI 网络子系统如图 5-30 所示。

（1）联锁机 A、联锁机 B、车站操作员工作站和系统维护台各提供两个网络接口，接入冗余的基于 TCP/IP 协议的 ATS 子网，实现相互之间的信息交换。同时，通过 SDH 节点接入骨干网，实现和中心 ATS 之间的信息交换。

（2）联锁机 A、联锁机 B 通过另外独立的两个网口接入冗余的基于 FSFB2 协议的信号子网（ATP/ATO），通过 SDH 节点接入骨干网，实现和中心轨旁 ATP/ATO、车载 ATP/ATO 之间的信息交换。

DVCOM 面板标注说明：

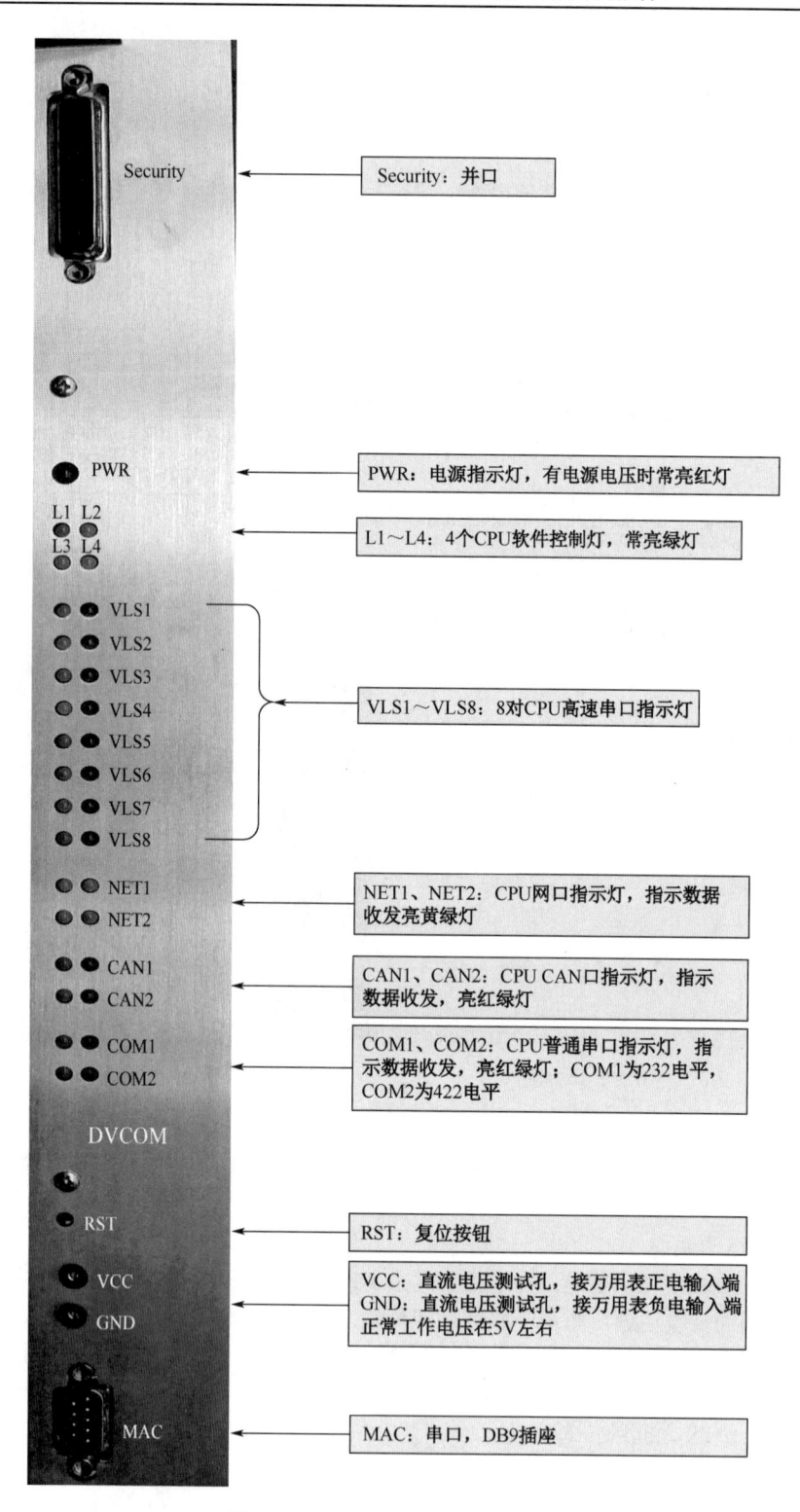

- Security：并口
- PWR：电源指示灯，有电源电压时常亮红灯
- L1～L4：4个CPU软件控制灯，常亮绿灯
- VLS1～VLS8：8对CPU高速串口指示灯
- NET1、NET2：CPU网口指示灯，指示数据收发亮黄绿灯
- CAN1、CAN2：CPU CAN口指示灯，指示数据收发，亮红绿灯
- COM1、COM2：CPU普通串口指示灯，指示数据收发，亮红绿灯；COM1为232电平，COM2为422电平
- RST：复位按钮
- VCC：直流电压测试孔，接万用表正电输入端
- GND：直流电压测试孔，接万用表负电输入端
- 正常工作电压在5V左右
- MAC：串口，DB9插座

图 5-29　DVCOM 板指示灯的含义

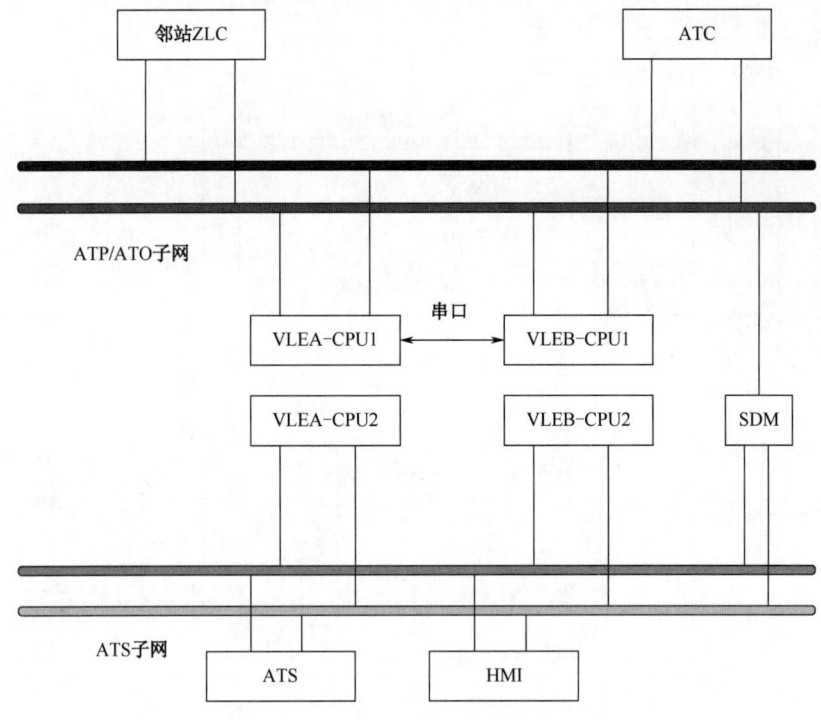

```
        邻站ZLC                              ATC
          │                                  │
━━━━━━━━━━┷━━━━━━━━━━━━━━━━━━━━━━━━━━━━━━━━━━┷━━━━━━━━
━━━━━━━━━━━━━━━━━━━━━━━━━━━━━━━━━━━━━━━━━━━━━━━━━━━━━
ATP/ATO子网  │                               │
             │      串口                     │
        ┌────┴────┐  ←→  ┌────┴────┐
        │VLEA-CPU1│      │VLEB-CPU1│
        └─────────┘      └─────────┘
        ┌─────────┐      ┌─────────┐    ┌─────┐
        │VLEA-CPU2│      │VLEB-CPU2│    │ SDM │
        └────┬────┘      └────┬────┘    └──┬──┘
             │                │            │
━━━━━━━━━━━━━┷━━━━━━━━━━━━━━━━┷━━━━━━━━━━━━┷━━━━━━━━━━
━━━━━━━━━━━━━━━━━━━━━━━━━━━━━━━━━━━━━━━━━━━━━━━━━━━━━
ATS子网      │                │
        ┌────┴────┐      ┌────┴────┐
        │  ATS    │      │  HMI    │
        └─────────┘      └─────────┘
```

图 5-30　CBI 网络子系统

（3）联锁机 A、联锁机 B 通过独立物理通道的站间安全通信子网，实现站间独立的信息的安全交换，并不受其他两个子网工作状态的影响。

这三层通信传输通道均采用冗余的方式，因此一旦冗余网络中的一条网络发生故障，各子系统仍可以通过另一条网络进行通信。

二、计算机联锁设备的工作原理

（一）联锁机的硬件原理

计算机联锁设备硬件方框图如图 5-31 所示。

（二）CBI 的接口

1）CBI 与 ZC 之间的数据交换

（1）计算机联锁子系统与 ZC 的连接。

CBI 与 ZC 的连接如图 5-32 所示。ZLC 通过信号子网接入骨干网，通过骨干网的安全通信与其他相关的子系统交换信息。

ZLC 采集现场信号设备的状态（信号机、道岔、车站紧急停车按钮、屏蔽门/安全门、计轴信息等），接受 ZC 的列车位置、列车停稳等信息，经过联锁处理后，把处理结果一方面通过安全型双断输出板控制现场的相关设备（信号机、道岔等），另一方面通过骨干网传递给 ZC。

（2）ATC 系统是基于 CBTC 的移动闭塞系统，联锁子系统所需的轨道信息由轨旁 ZC 通过骨干网传来。辅助计轴系统的轨道信息则由 ZLC 通过安全型采集板采集。

2）CBI 与 ATS 之间的数据交换

（1）CBI 向 ATS 发送的数据。

① 现场信号设备状态。

计轴器、道岔位置、信号机显示、紧急停车按钮状态等。

② 内部设备状态。

进路、子进路、运行方向等。

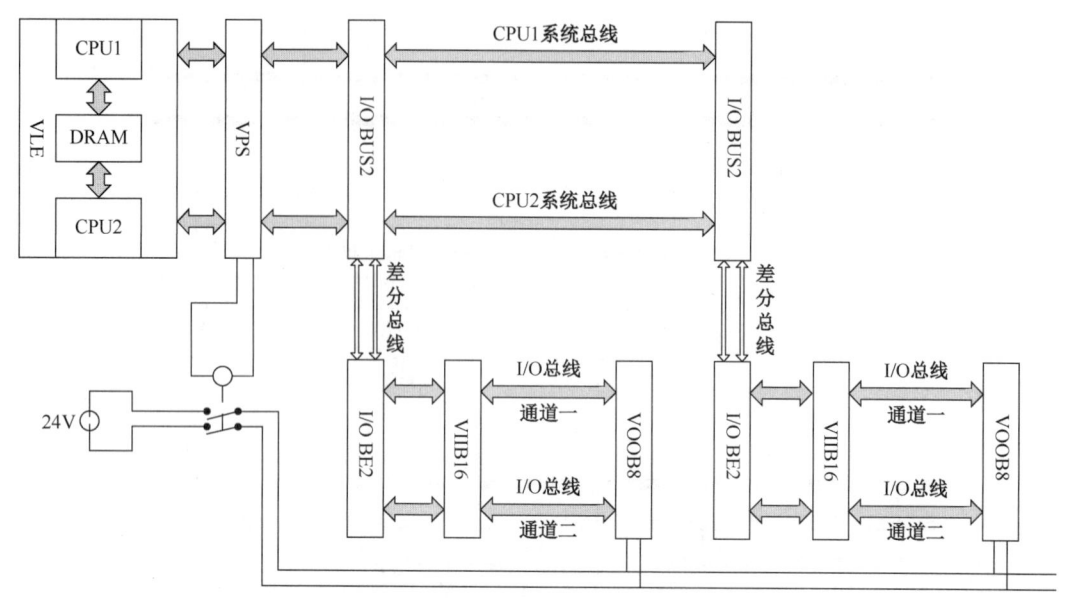

图 5-31　计算机连锁设备硬件方框图

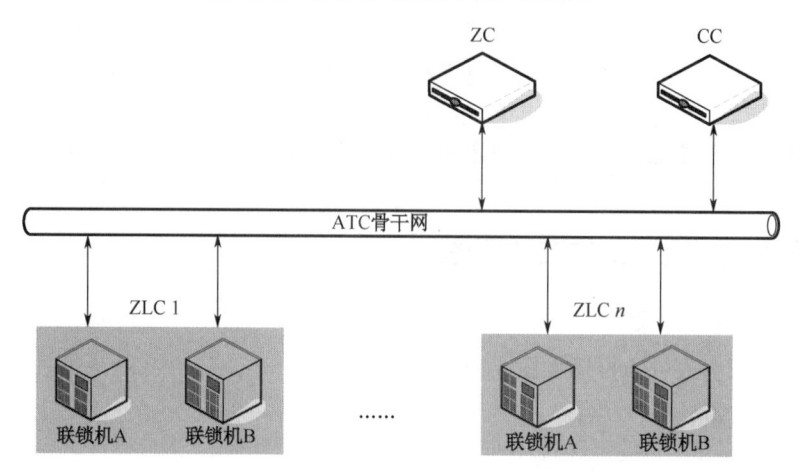

图 5-32　CBI 与 ZC 的连接

（2）ATS 向 CBI 发送的数据。

信号设备控制：进路、道岔、信号机、紧急停车按钮复位等。

3）CBI 与相邻联锁设备站的接口

所有联锁站之间的 ZLC 通过信号子网接入骨干网。

在骨干网故障的情况下，相邻联锁站之间还可以通过独立物理通道的站间安全通信后备网，实现站间独立的信息的安全交换。

4）CBI 与道岔转辙机、信号机的接口

（1）与信号机的接口。

通过安全型继电器控制信号机的每个灯位，这些继电器由 CBI 的安全型输出板控制。通过一个安全型继电器监测信号机的工作情况，CBI 通过安全型输入板采集该信息。

LED 信号机报警总机通过串口向 SDM 传送信号机每个灯位的灯丝断丝信息。

（2）与转辙机的接口。

通过安全型继电器控制转辙机，继电器由 CBI 的安全型输出板控制。通过安全型继电器监测转辙机的位置，CBI 通过安全型输入板采集转辙机的位置信息。

与道岔转辙机、信号机的接口分界点在室外电缆终端架外线端。

5）CBI 与 CC 的接口

CBI 向 CC 发送屏蔽门关闭并锁闭信息、屏蔽门旁路信息，CC 向 CBI 发送屏蔽门开/关的信息。

6）CBI 与站台屏蔽门/安全门的接口

在确定列车停在规定的停车窗内，车载 ATP 才允许 ATO 开车门和屏蔽门。开门、关门命令由安全继电器接点经室内信号设备传送至屏蔽门。某站联锁区与屏蔽门接口电路如图 5-33 所示。图 5-33 中，GMJ 为关门继电器，KMJ 为开门继电器，PDKJ 为屏蔽门关门且锁闭继电器，PDQCJ 为屏蔽门切除继电器。

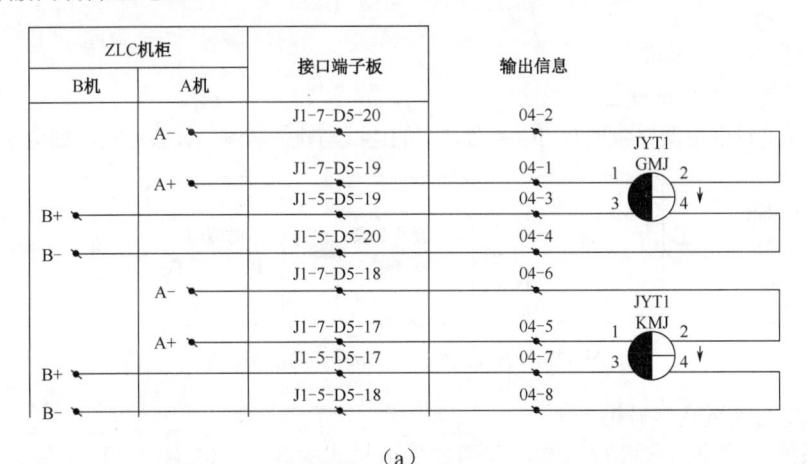

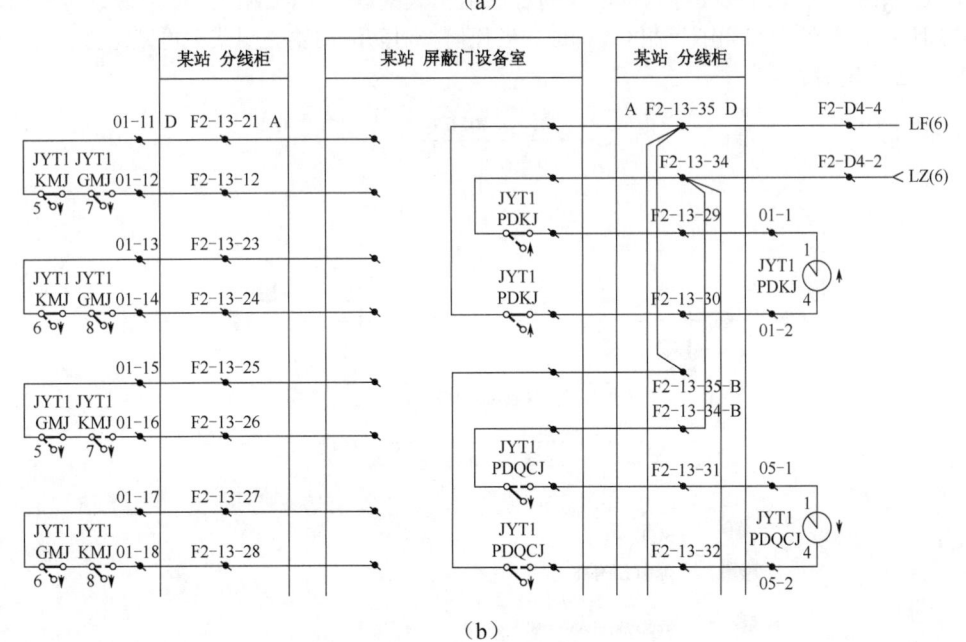

图 5-33　某站联锁区与屏蔽门接口电路

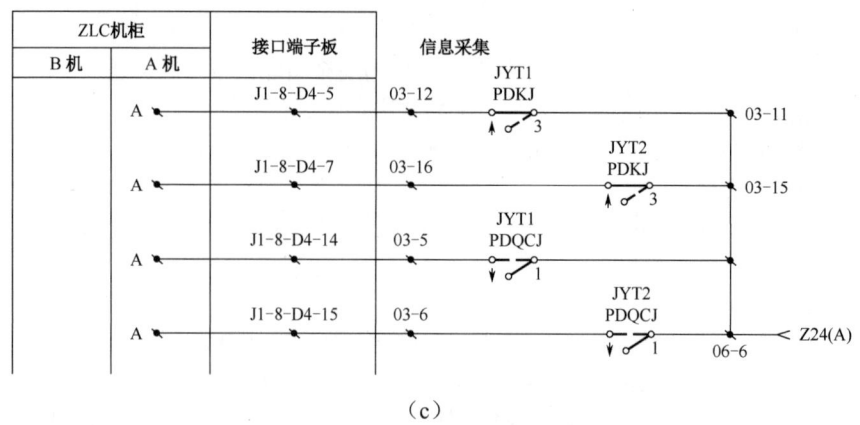

ZLC机柜 B机 / A机	接口端子板	信息采集			
A	J1-8-D4-5	03-12	JYT1 PDKJ 3	03-11	
A	J1-8-D4-7	03-16	JYT2 PDKJ 3	03-15	
A	J1-8-D4-14	03-5	JYT1 PDQCJ 1		
A	J1-8-D4-15	03-6	JYT2 PDQCJ 1	06-6	Z24(A)

(c)

图 5-33 某站联锁区与屏蔽门接口电路（续）

7）CBI 与防淹门的接口

（1）与防淹门的物理连接。

ATC 系统通过继电器架和防淹门电缆盒之间的连线与轨旁防淹门设备连接，如图 5-34 所示。

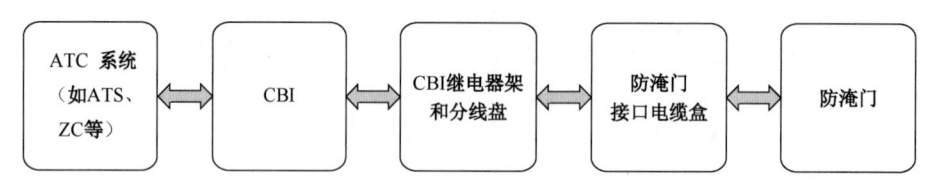

图 5-34 ATC 系统与防淹门的物理连接

（2）防淹门区域及信号机显示。

ATC 系统对防淹门按成对对待，并通过后退模式关联一个防淹门区域到每对防淹门，如图 5-35 所示。防淹门区域由计轴区段构成，当任何一对防淹门要关闭或不再锁定打开时，这些计轴区段必须出清。

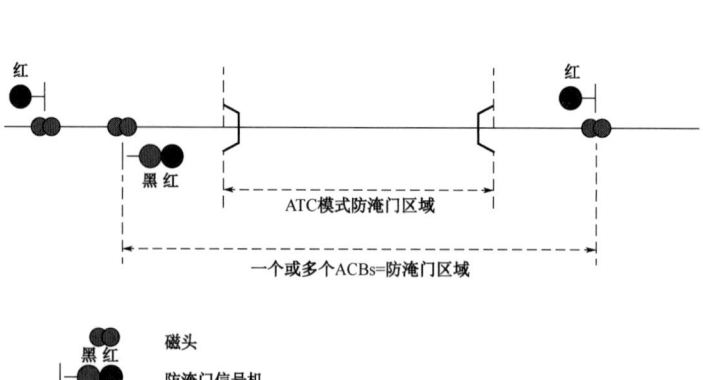

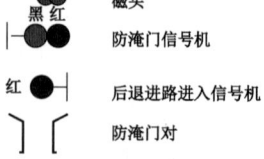

图 5-35 防淹门区域

为了自动列车行驶的需要，ATC 系统将确保在防淹门指示不再是锁定打开时，自动列车不会进入或占用防淹门之间的轨道。

对于后退模式运行，ATC 系统在每个防淹门处提供了一个进路进入信号机和一个非进路（防淹门）信号机。防淹门信号机位于退出防淹门处。按列车行驶的正常方向，对每个防淹门命名为"进入防淹门"或"退出防淹门"。

在 ATC 模式，防淹门信号机和后退进路信号机在正常情况下都显示蓝色信号。当从"进入防淹门"或"退出防淹门"收到"关闭请求"指示或"未开启且锁定"指示时，两架信号机都显示红色信号。

在后退模式中，防淹门信号机通常显示红色，而后退进路进入信号机按照当时铁路情况（如信号颜色控制表）显示红色、绿色或黄色。当从"进入防淹门"或"退出防淹门"收到"关闭请求"指示或"未开启且锁定"指示时，这些信号机都显示红色。

CBI 持续地监视每个防淹门的指示。这些指示状态会报告给 ATC 系统，并连同相关的报警显示给中心操作员并显示在信号图上。中心操作员将在防淹门不处于锁定打开状态或正在要关闭时，提示列车司机，以便他们能准备下一步的操作。例如，不要进入防淹门区域，并离开防淹门区域。

通常地，只要监视的指示不正常，ATC 系统都会控制信号机和自动列车，让其他列车不要进入防淹门区域，一旦防淹门被关闭，所有列车就会出清防淹门区域。

（3）CBI 与防淹门设备的接口信号。

CBI 通过继电器架接收每个防淹门设备的指示，并通过继电器架向该设备发送命令，如图 5-36 所示，接口信号的含义如表 5-3 所示。

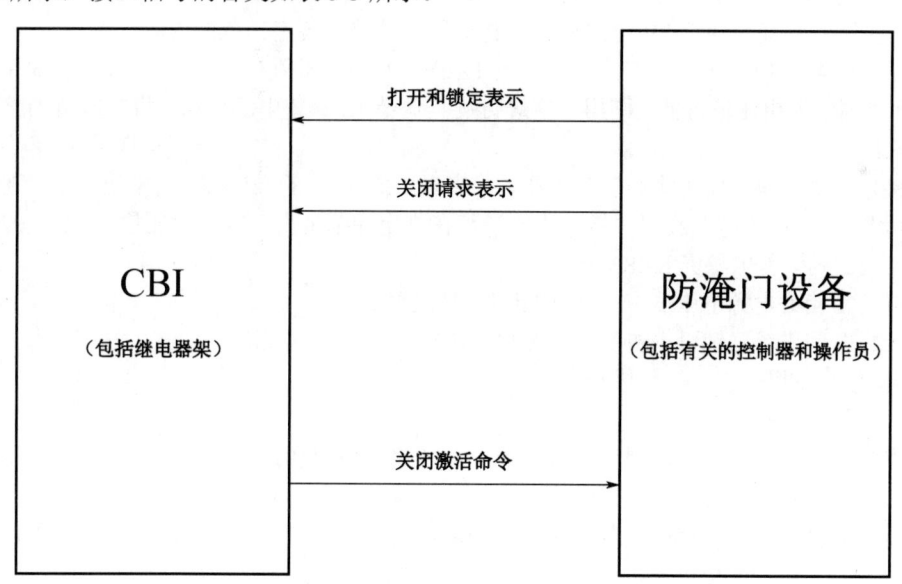

图 5-36　CBI 与防淹门设备的接口信号

表 5-3　接口信号的含义

信号	发起设备	信号继电器名称	含义
锁定打开	防淹门设备	安全型继电器 1 安全型继电器 2	发出时，表示防淹门锁定打开
关闭请求	防淹门设备	安全型继电器 3 安全型继电器 4	发出时，表示外部操作员正请求允许关闭防淹门

续表

信号	发起设备	信号继电器名称	含义
关闭激活	ATC 系统	安全型继电器 5 安全型继电器 6	发出时，表示 ATC 系统已允许外部操作员关闭防淹门，并且在防淹门区域没有列车

三、计算机联锁子系统维护

计算机联锁子系统（CBI）采用 iLock 型计算机联锁系统，它的日常维护工作如下。

（一）系统检修

1．联锁机维护

1）每日巡视内容

查看系统维护台网络连接状态，若网线颜色变为红色，则重启工业控制计算机（简称工控机）。重启后故障仍未解除，可将相应网线重新拔插，看到网卡绿灯闪烁后再次查看网络状态。若还不正常，则基本判断为网卡故障，请联系卡斯柯公司售后。

查看系统维护台记录信息，是否存在故障信息。在正常情况下，报系统维护台奇偶周期正常。若有其他故障信息，则请参照《计算机联锁子系统维护手册》进行应急处理，并及时联系卡斯柯公司售后。

2）每月巡视内容

在 VLE 板上的测试口测量一下板子上面的电压，电压值在 5.1～5.15V。若电压值不满足需求，则用一字螺钉旋具调节 5V 电源旋钮，将电压值调整在规定的范围内。

测量 12/24V 电源，12V 电压值在 11.4～12.6V；24V 电压值在 22.8～25.2V，请确保电压值满足使用要求。若电压值过低，则用一字螺钉旋具调节 12/24V 电源旋钮，将电压值调整在规定的范围内。

在接口架处测量系统采集和驱动电压，采集电压值在 22.8～25.2V。若电压过低，则用一字螺钉旋具调节 12/24V 电源旋钮，将电压值调整在规定的范围内。驱动电压值在 22.8～25.2V。若电压过低，则调整电源屏 KZKF 电压。

测量防雷箱处电源电压值应在 220(1±5%)V 之间。

在天窗时间进行联锁机倒机测试，A 机、B 机之间互倒两三次。

2．操作台主机（工控机）维护

1）每日巡视内容

查看显示器状态，是否出现黑屏或者花屏的现象。检查视频长线看是否松动，将视频头重新拔插。若无法解决，则重启工控机。

查看鼠标是否可正常使用。若无法正常使用，则重启工控机。若无法解决，则更换鼠标后重启再试。

查看所有的操作机运行状态，如果有程序报错现象，就重启工控机。若无法解决，则关机更换备盘重启。

2）每月巡视内容

在天窗点内将工控机逐个重新启动，必须一台操作机重启进入系统后再重启另一台操作机。

检查所有的工控机电源和网线是否接触牢固。

注意：每一年更换一次所有的备盘，确保备盘可以完整使用。

3．UPS 维护

每隔三个月，UPS 电池需要充放电一次，以保证正常使用。

操作步骤如下。

（1）将系统电源切换机笼背部的 K1（JZ220 输入）空气开关断开。空气开关如图 5-37 所示。

（2）待电池指示灯只剩下一格时，合上空气开关。上述操作需要在天窗时间内完成。

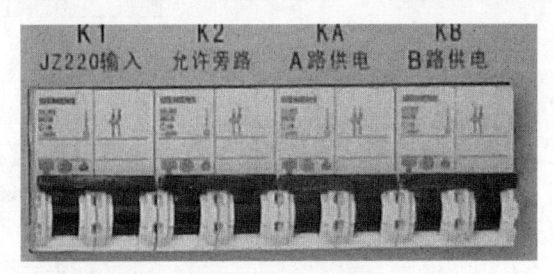

图 5-37　空气开关

（二）系统故障处理

1．故障处理流程

故障处理流程如图 5-38 所示。

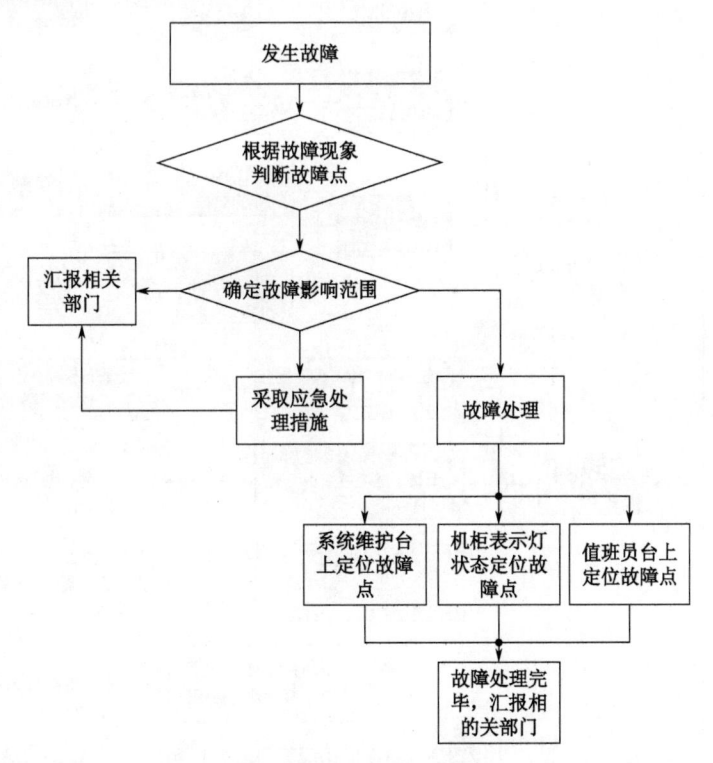

图 5-38　故障处理流程

2．常见故障判断及处理流程

常见故障判断及处理流程如图 5-39 所示。故障处理人员务必清楚系统各部分的功能及设备分布、电源开关才可进行处理。

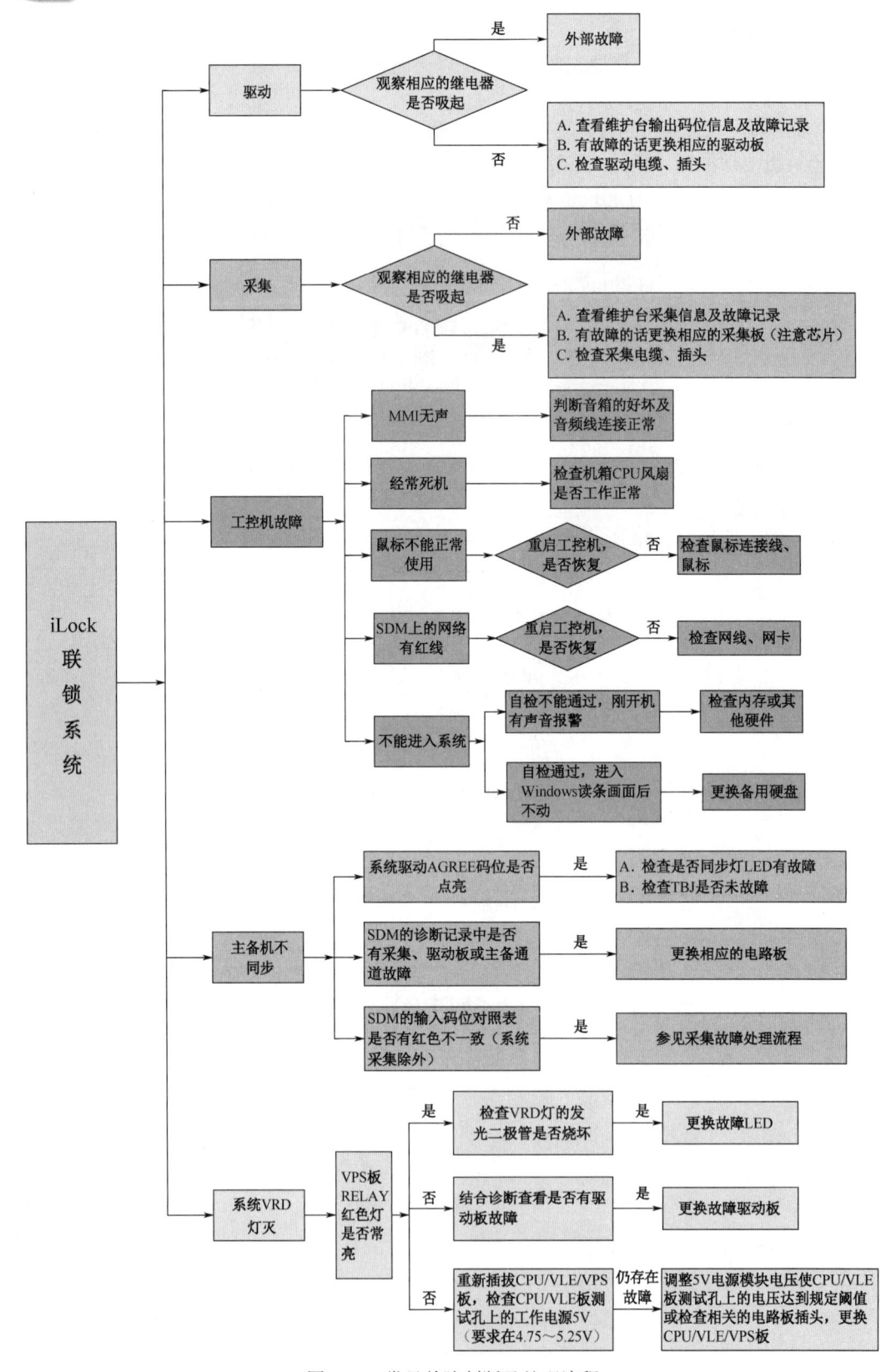

```
                                              ┌──是──→ 外部故障
                          观察相应的继电器
                ┌─ 驱动 ─→  是否吸起                    A. 查看维护台输出码位信息及故障记录
                │                             └──否──→ B. 有故障的话更换相应的驱动板
                │                                      C. 检查驱动电缆、插头
                │
                │                             ┌──否──→ 外部故障
                │         观察相应的继电器
                ├─ 采集 ─→  是否吸起                    A. 查看维护台采集信息及故障记录
                │                             └──是──→ B. 有故障的话更换相应的采集板（注意芯片）
                │                                      C. 检查采集电缆、插头
                │
                │           ┌ MMI无声 ─────→ 判断音箱的好坏及音频线连接正常
                │           │
                │           ├ 经常死机 ─────→ 检查机箱CPU风扇是否工作正常
                │           │
                │           │                重启工控机， ──否──→ 检查鼠标连接线、鼠标
                ├ 工控机故障┼ 鼠标不能正常使用 →是否恢复
                │           │
                │           │ SDM上的网络     重启工控机， ──否──→ 检查网线、网卡
 iLock          │           ├ 有红线 ──────→ 是否恢复
 联             │           │
 锁             │           │                自检不能通过，刚开机
 系 ────────────┤           │                有声音报警 ──────→ 检查内存或其他硬件
 统             │           └ 不能进入系统 ─→
                │                            自检通过，进入
                │                            Windows读条画面后不动 → 更换备用硬盘
                │
                │           ┌ 系统驱动AGREE码位是否 ──是──→ A. 检查是否同步灯LED有故障
                │           │ 点亮                          B. 检查TBJ是否未故障
                │           │
                ├ 主备机不  │ SDM的诊断记录中是否
                │ 同步     ─┼ 有采集、驱动板或主备通 ─────→ 更换相应的电路板
                │           │ 道故障
                │           │
                │           │ SDM的输入码位对照表
                │           └ 是否有红色不一致（系统 ─────→ 参见采集故障处理流程
                │             采集除外）
                │
                │                                    ┌─是─→ 检查VRD灯的发 ─是─→ 更换故障LED
                │                                    │      光二极管是否烧坏
                │           VPS板
                └ 系统VRD ─→ RELAY ──否──→  ─────────┼─是─→ 结合诊断查看是有驱 ─是─→ 更换故障驱动板
                  灯灭      红色灯                   │      动板故障
                            是否常亮                 │
                                                     │      重新插拔CPU/VLE/VPS    仍存在   调整5V电源模块电压使CPU/VLE
                                                     └────→ 板，检查CPU/VLE板测 ─故障─→ 板测试孔上的电压达到规定阈值
                                                            试孔上的工作电源5V           或检查相关的电路板插头，更换
                                                            （要求在4.75~5.25V）          CPU/VLE/VPS板
```

图 5-39 常见故障判断及处理流程

(三) 故障排除方法

1. 如何区分是室外故障还是室内故障

1) 采集

主要查看相应的继电器状态是否与意图一致。如果一致，那么故障点在室外。如果不一致，那么故障点在室内。

若故障点在室内，则对照联锁机采集码位表，查看相应的印制板灯位。如果灯确实与继电器状态一致，就说明是 IPS 故障。若灯位与继电器状态不一致，则说明故障发生在采集板与接口继电器电路之间。此时在联锁机接口架处相应的位置测量电压，判断哪一根线的连接有故障。

例如，在 MMI 上有道岔挤岔表示，首先查看道岔表示继电器是否吸起。如果未吸起就为室外故障。如果吸起就为室内故障。

2) 驱动

查看相应的继电器位置是否与要求的一致。如果一致，那么故障点为室外。如果不一致，那么故障点在室内。

对照联锁机驱动码位表，查看相应的印制板灯位。如果灯已点亮，而继电器无驱动，就说明驱动的条件电源没有，查看联锁机机架后 24V 电源处的保险状态。

2. MMI 上出现回采报警

（1）若相应驱动的继电器没有吸起，则测量接口架上该码位驱动是否由 KZ 条件电源供电。若有，则说明是接口架至继电器励磁电路之间的问题。若没有，则检查输出插头配线。

（2）若相应继电器已吸起，则说明是板子没回采到，需要更换该输出板。

（3）若整块板子的所有码位输出都出现回采报警，则说明整块板没有由 KZ 条件电源供电，在接口架上检测这块板是否有电源供电。若没有，则查接口架配线；若有，则检查这块板的输出插头配线。

3. 在遇到下列故障时，重新启动相应的工控机

（1）硬件连线都正确，鼠标却不能动作。

（2）界面显示程序异常关闭。

（3）鼠标单击界面无任何反应。

（4）界面显示不再变化。

任务三　西门子 CBTC 系统中的 SICAS+DSTT 型计算机联锁设备维护

一、CBTC 系统中的 SICAS+DSTT 型计算机联锁设备基本认知

(一) 西门子 CBTC 系统结构

基于通信的列车控制系统（CBTC）包含两种类型，一种是基于感应环线的 CBTC，另一种是基于无线的 CBTC。西门子公司 CBTC 系统是基于无线通信的列车运行控制系统，由 SICAS 型计算机联锁系统、TrainGuard MT 移动闭塞列控系统（ATP/ATO）、VICOS OC 系统（ATS）组成。西门子 CBTC 系统与西门子准移动闭塞 ATC 系统的区别在于通信方式，前者采用无线通信构成移动闭塞，而后者采用数字编码轨道电路构成准移动闭塞，它们的计算机联锁系统及 ATS 是基本相同的。西门子 CBTC 系统分为中央层、轨旁层、车载层、通信层四个层级，分级实现

ATC 的功能。西门子 CBTC 系统结构如图 5-40 所示。

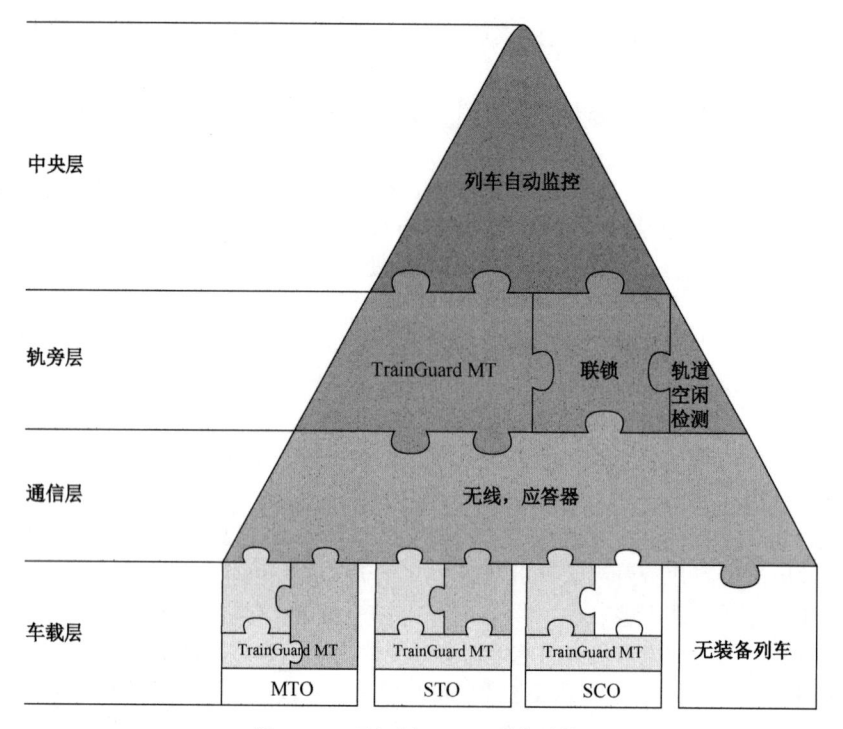

图 5-40　西门子 CBTC 系统结构

1. ATS 系统的集中控制层

ATS 系统的集中控制层位于综合控制中心。VICOS OC 501 实现线路集中控制功能及其备用功能。在车站级，为车站控制和后备模式的功能提供操作员工作站和列车进路计算机（TRC）。

2. 沿着线路分布的轨旁层

轨旁层包括 SICAS 型计算机联锁系统，TrainGuard MT 系统及信号部件、计轴和应答器部件等，共同执行联锁和轨旁 ATP 功能。

3. 通信层

通信层在轨旁和车载设备之间提供连续式通信，包括局域网络、无线通信系统及环线、应答器等地-车通信设备。

4. 车载层

车载层包括 TrainGuard MT 的车载 ATP 和 ATO 功能，以及连续式/点式通信功能。按照地面轨旁信号系统运营的站间闭塞备用模式基于固定闭塞原理实现，其列车定位功能通过计轴系统实现。

西门子 CBTC 系统结构如图 5-41 所示。

（二）SICAS 型计算机联锁系统组成和功能

1. SICAS 计算机联锁系统的层次结构

SICAS 型计算机联锁系统结构分为三层：操作显示层、联锁运算层、控制监督层。SICAS 型计算机联锁系统结构如图 5-42 所示。

1）操作显示层

操作显示层的功能是传送和生成操作命令与表示信息。操作显示层一方面接收来自控制台、键盘或鼠标等的操作输入，判明操作输入能否构成有效的操作命令，并将操作命令转换成约定的格式输送给联锁计算机，还可以集中控制功能和服务诊断功能。另一方面，接收来自联锁计算机的表示信息，将它们转换成显示器或控制台能够接收的格式。

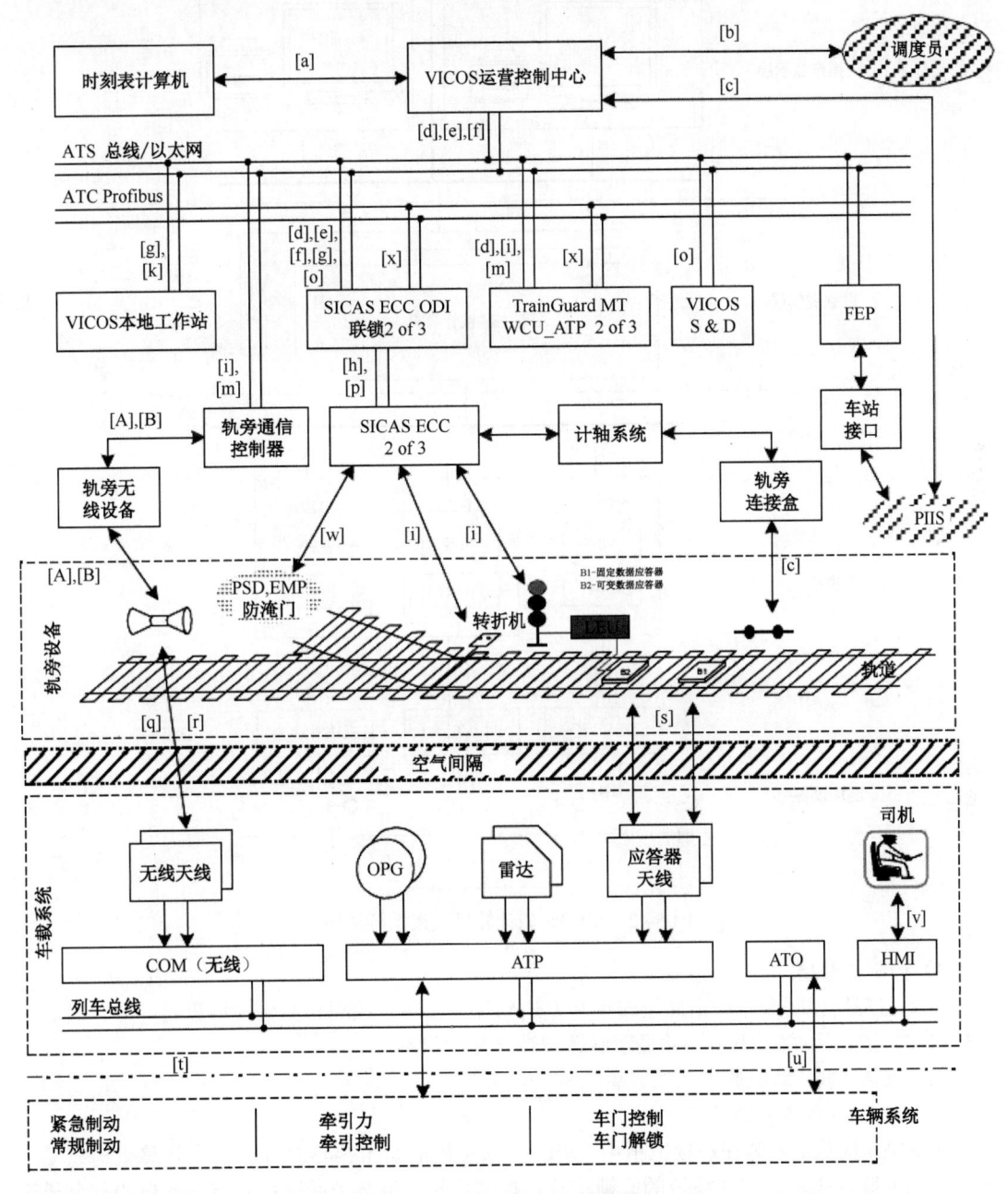

图 5-41 西门子 CBTC 系统结构

2）联锁运算层

联锁运算层主要负责联锁逻辑的运算及和其他系统间的数据交换。通过它完成操作员具体的命令，实现进路的排列、锁闭、监督、解锁，防止同时排列敌对进路。从控制监督层发出的命令通过数据处理接口传到联锁逻辑层，并由其完成处理，所产生的结果状态和故障信息发回到操作显示层。

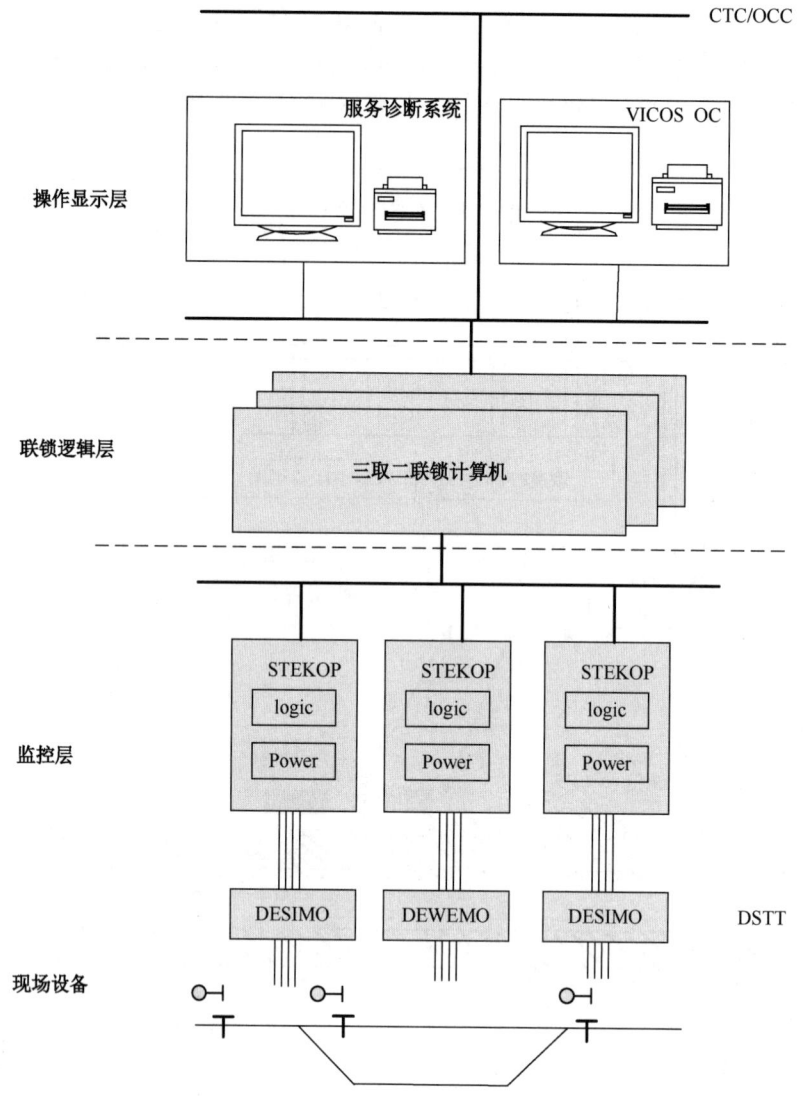

图 5-42 SICAS 型计算机联锁系统结构

3）控制监督层

控制监督层控制命令经由此层转换和发送到现场设备，控制和监督现场设备，如转辙机、信号机和轨道占用/空闲表示，并显示联锁逻辑单元的状态。

2. SICAS 型计算机联锁系统设备组成

1）SMC-86 联锁机柜

SMC-86 计算机安装在联锁机柜中。SICAS 联锁机框如图 5-43 所示，三台计算机构成了三取二冗余的联锁主机，完成系统的联锁运算和控制功能。每一个通道均安装在各自的一个子架中，三取二联锁计算机则由三个子架组成，各计算机通道上下叠放，每一个子架由若干插板组成。SICAS 型计算机联锁系统的每一个安装机架上的板件主要有同步比较板 VESUV3、处理器板 VENUS2、中断请求板 VESIN、总线控制板 BUMA、数字输入板 MELDE2、命令输出板 KOMDA2。

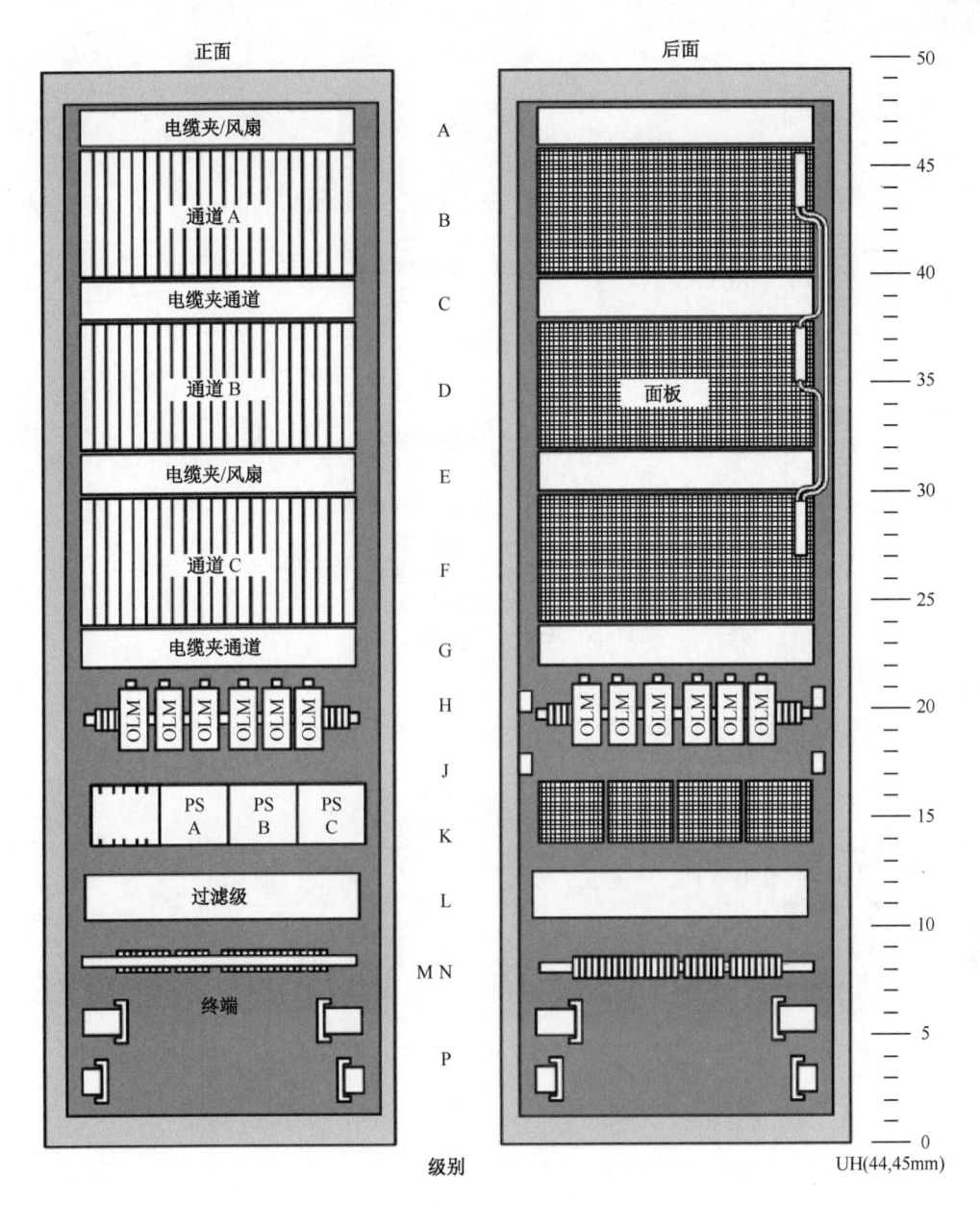

图 5-43 SICAS 联锁机柜

（1）同步比较板 VESUV3。

该模块是故障-安全计算机系统的硬件操作系统的组成部分。它可同步双计算机通道或三计算机通道的程序流。通过输入分配器和中断分配器来使输入请求相互配合。另外，该模块包括了所有必需的监控功能。它包括硬件比较器，可自动比较所有的各自计算机通道的输出数据和邻近通道的输出数据、过压/欠压继电器，按照允许的范围监督电源电压、定时器监督单元，检查计算机的同步。发现故障后，该模块通过切断与安全有关的外部设备的电源来安全地关闭相应的计算机通道。同步比较板采用 5V 电源供电。VESUV3 单元的前面板如图 5-44 所示。三个计算机的 VESUV3 单元程序运行是通过同步器硬件协助完成的，输入数据和中断请求是通过一个输入分配器和一个中断分配器实现的。在正常运行状态下，亮灯情

337

况如图 5-44 所示。

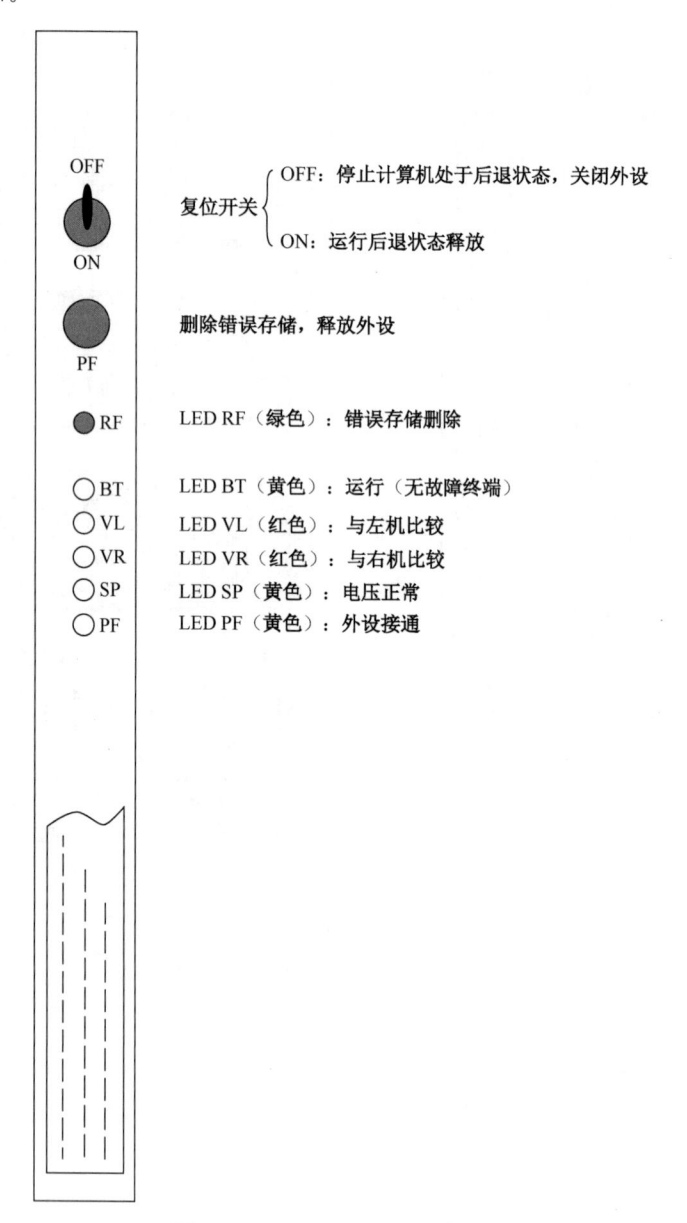

```
复位开关 ┤ OFF：停止计算机处于后退状态，关闭外设
         └ ON：运行后退状态释放

PF        删除错误存储，释放外设

LED RF（绿色）：错误存储删除

LED BT（黄色）：运行（无故障终端）
LED VL（红色）：与左机比较
LED VR（红色）：与右机比较
LED SP（黄色）：电压正常
LED PF（黄色）：外设接通
```

图 5-44　VESUV3 单元的前面板

（2）处理器板 VENUS2。

VENUS2 是中央逻辑处理计算机的核心功能部分，负责数据的读入、数据的处理、发出控制命令并指示状态显示。该模块包括了集中联锁计算机的中心功能部分。它由 CPU、EPROM 和 RAM 组成，通过外围设备的读入，在系统中进行数据处理，再通过外围设备把控制命令输出。此外，此模块上还有支持过程功能的单元，如中断控制器和定时器。处理器板采用 5V 电源供电。图 5-45 所示为 VENUS2 单元的前面板。

（3）中断请求板 VESIN。

VESIN 用作中断控制。VESIN 可以对最多 32 个中断请求产生中断，这些中断通过 VESUV3 模块在计算机中被同步。同时该模块可以进行各模块的地址检查，发现各模块寻址错误。中断请求板采用 5V 电源。VESIN 单元面板如图 5-46 所示，在正常工作状态下 LED ADR 闪烁。

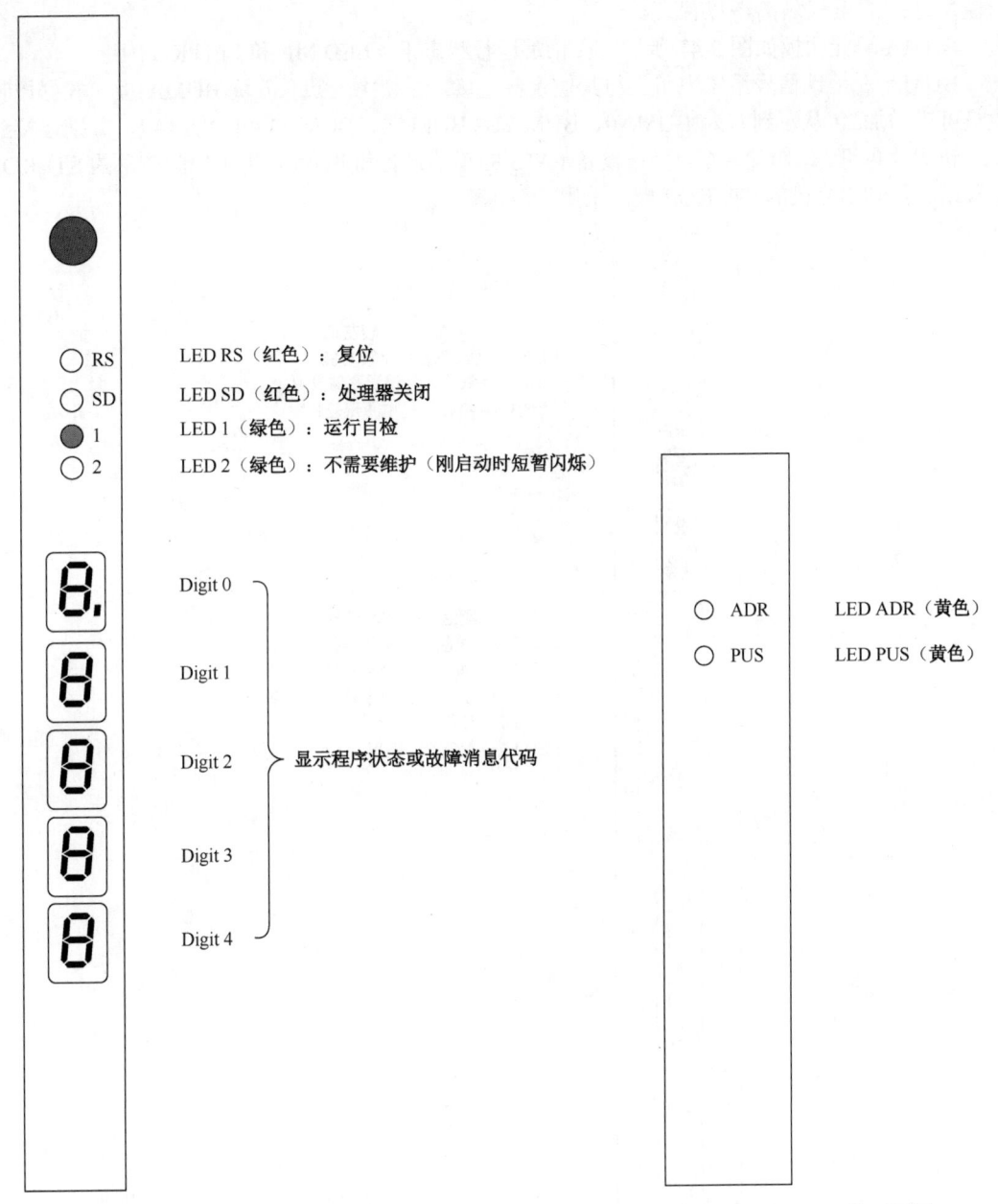

LED RS（红色）：复位
LED SD（红色）：处理器关闭
LED 1（绿色）：运行自检
LED 2（绿色）：不需要维护（刚启动时短暂闪烁）

Digit 0
Digit 1
Digit 2 显示程序状态或故障消息代码
Digit 3
Digit 4

ADR　　LED ADR（黄色）
PUS　　LED PUS（黄色）

图 5-45　VENUS2 单元的前面板　　　　图 5-46　VESIN 单元面板

（4）总线控制板 BUMA。

该模块有一个与光缆连接的传输速率为 0.5Mbps 的 Profibus 接口。其具有独立的微处理器和 Profibus 专用集成电路，控制整个总线上联锁计算机与其他总线用户之间的应用数据传输。通过这种总线系统，联锁计算机从安全信号和维护负担中解脱出来。同时为了实现安全任务，每两个（二取二联锁计算机中）或三个（三取二联锁计算机中）BUMA 模块构成一个故障-安全微机系统，也就是说，在微机联锁中的 BUMA 系统本身构成一个独立的故障-安全计算机，可以是二取二计算机或三取二计算机，通过 BUMA 单元面板的两个电接口与相邻的 BUMA 板连接。该模块利用光缆作为传输的媒介，使集中联锁计算机和电子单元接口模块之间的电气隔离得以保证。

BUMA 单元面板如图 5-47 所示。在正常运行状态下，LED ME 和 LED KO 闪烁。

BUMA 在地铁信号系统中用于与其他设备连接，系统中一共有五块 BUMA 板（根据控制数量可以增加），从左到右为 BUMA0、BUMA1、BUMA2、BUMA3 和 BUMA4，分别连接到 ATP 轨旁计算机、诊断计算机、操作设备（ATS 的车站设备和 LOW）、用于控制道岔的 STEKOP 板和用于控制信号机的 STEKOP 板，采用 5V 电源。

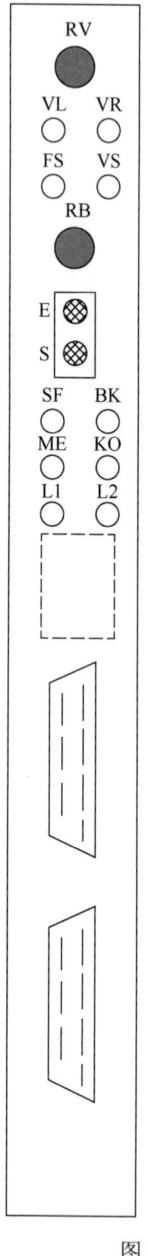

RV 后退开关

LED VL（红色）：比较左机
LED VR（红色）：比较右机
LED FS（红色）：错误存储设置
LED VS（红色）：电源误差超限

BUMA 后退

LED SF（绿色）：SIMIS 释放
LED BK（绿色）：单元准备好
LED MF（黄色）：消息缓存有消息
LED KO（黄色）：命令缓存有命令
LED L1（黄色）：不用
LED L2（黄色）：不用

图 5-47 BUMA 单元面板

（5）数字输入板 MELDE2（开关量输入板）。

元件接口模块的信息和轨道空闲检查单元信息通过该输入板传输到联锁计算机，传输的最大距离为 30m。该模块通过前端插头能连接 64 个数字量输入。模块上的输入通过光耦隔离和 2kV 的绝缘线与计算机分开。外部信号源通过光电耦合器采用直流方式输入。采集的电源电压为 24V。通过联锁计算机的读入，可将 64 个输入状态存储于该模块中，面板上的 LED 显示读入数据的过程。采用 5V 和 24V 电源。MELDE2 单元面板如图 5-48 所示。在正常运行状态下，LED LD 是闪烁的（正在读取信息）。MELDE2 信息输入单元的任务是接收当前转换器或接点的状态信息，通过计算机读入已准备好的信息。MELDE2 单元通过两种面板插座可以接收 64 位信息。

在系统中用于采集轨道电路的状态，一共有 4 块板，其中两块用于采集轨道继电器的前接点，另外两块用于采集轨道继电器的后接点。只有当前接点闭合且后接点断开时，系统才认为轨道区段是空闲的，其他情况则认为是占用的。

（6）命令输出板 KOMDA2（开关量输出板）。

联锁机通过该板把输出命令输出到接口模块。该模块驱动有 32 位数字输出，从两个前端接头上向外引出。联锁计算机通过光耦写 32 位数据到与计算机隔离的输出寄存器。输出晶体管由外部 24V 供电。晶体管的导通和寄存器的输出通过光电耦合器由联锁计算机的软件来检查。面板上的 LED 显示写和回读过程。开关量 KOMDA2 采用 5V 和 24V 电源。KOMDA2 单元面板如图 5-49 所示。KOMDA2 命令输出单元的任务是存储计算机输出到外部的信息和通过光电耦合放大输出。光电耦合通过 0V 负载转换，并接在 24V 上。

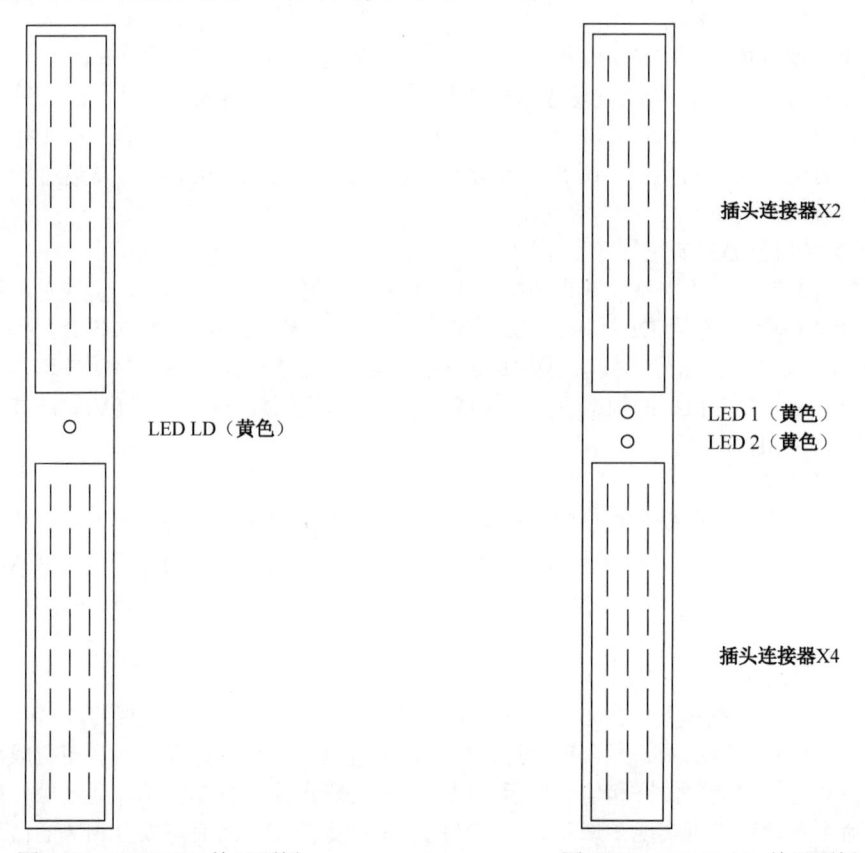

图 5-48　MELDE2 单元面板　　　　图 5-49　KOMDA2 单元面板

所有插板均不能带电插拔，必须将相应通道的 5V 电源模块关闭，切断电源。各个插板之间通过母板上的 MES80-16 的并行总线连接。

2）计算机接口柜 STEKOP

STEKOP 为现场接口计算机，主要负责 SICAS 主机与现场设备控制模块之间的通信管理和接口。设备单独设置机柜并安装在集中站或非集中站中。

（1）机柜构成。

STEKOP 机柜由 STEKOP 机架、电源及滤波器组成。供电单元如图 5-50 所示，它能把 60V 电压变为 8V 电压。机柜内任一个 STEKOP 板均由二路供电单元供电。所有安全计算机系统通道电压为 DC2×8V，功率为 120W。

STEKOP 板架如图 5-51 所示，每个单元架按水平方向分为两个相同高度的插板层。在单元架的上面一层有可以容纳 8 个接口模块的插口槽。没有用上的槽用专用板件盖起来。

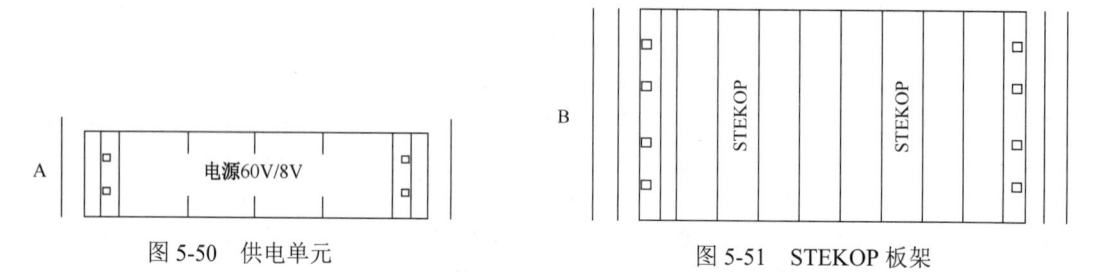

图 5-50　供电单元　　　　　　图 5-51　STEKOP 板架

（2）接口模块 STEKOP。

接口模块耦合单元 STEKOP 板由 STEKOP 基板和用于计算机耦合的 FEMES 附板组成。STEKOP 板通过 Profibus 总线实现接口模块与联锁计算机之间的耦合。每块板的每一个通道有 12 个输入和 12 个输出。通常 FEMES 具有处理并执行串行总线数据传输的功能和控制并监视与之相连的接口模块的功能。图 5-52 所示为 STEKOP 板的前面板。在正常运行状态下，亮灯情况如图 5-52 所示。

3）现场接口柜 DSTT

DSTT 机柜安装在集中站或非集中站，机柜内主要放置现场控制模块，实现对现场设备的驱动控制和状态采集，包含 DESIMO-ACE 交流信号机接口模块、DEWEMO-G 道岔模块和滤波器。DESIMO-ACE 交流信号机接口模块实现对室外信号机的控制，DEWEMO-G 道岔模块控制道岔的转动。在 DSTT 机柜的架框后，在接线端子排 X30 下面，有一个 400V 的滤波器，把三相交流电输出到 SITOP。

4）数据传输设备

在整个系统中，所有安全通信的通道全部采用了双通道热备冗余的 Profibus 总线，包括相邻联锁计算机 SICAS 之间、联锁计算机 SICAS 与 STEKOP 之间和联锁计算机 SICAS 与 ATP 之间的通信，而且联锁计算机 SICAS 与 LOW 工作站、RTU 之间的非安全通信也采用了 Profibus 总线。

5）LOW 工作站

SICAS 型计算机联锁系统的本地操作和表示是通过 LOW 工作站来实现的。LOW 工作站由一台主机、一台彩色显示器、一台记录打印机、一个键盘、一个鼠标和一对音箱组成。设备和行车状况（轨道占用道岔位置和信号显示、锁闭等）在彩色显示器上显示，通过操作鼠标和键盘，以及命令对话窗口可实现常规和安全相关的联锁命令操作。所有与安全相关的命令操作、操作员登录/退出操作、设备故障报警将被记录存档。

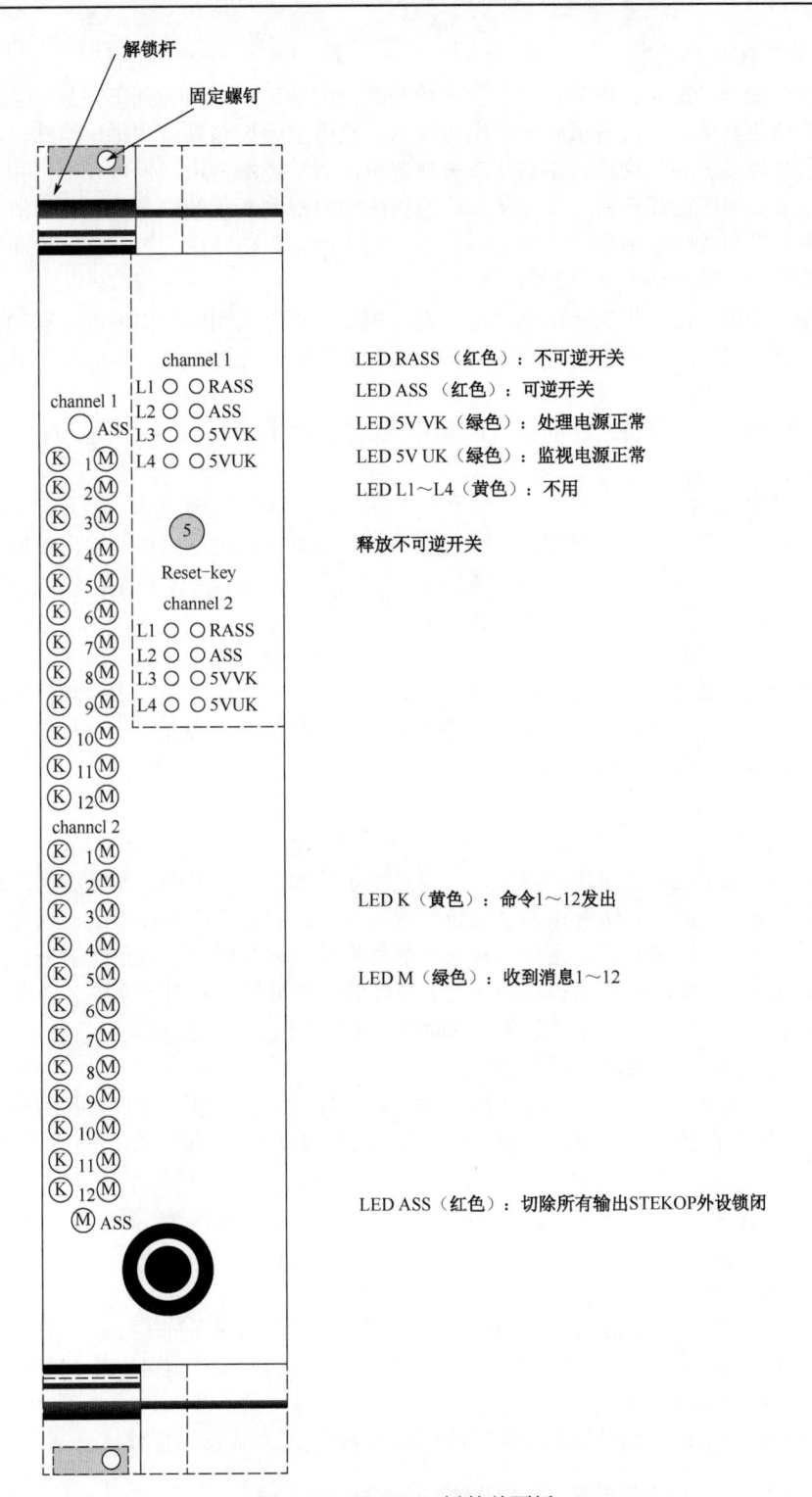

LED RASS（红色）：不可逆开关
LED ASS（红色）：可逆开关
LED 5V VK（绿色）：处理电源正常
LED 5V UK（绿色）：监视电源正常
LED L1~L4（黄色）：不用

释放不可逆开关

LED K（黄色）：命令1~12发出

LED M（绿色）：收到消息1~12

LED ASS（红色）：切除所有输出STEKOP外设锁闭

图 5-52 STEKOP 板的前面板

3. SICAS 型计算机联锁功能

SICAS 型计算机联锁系统具有轨道空闲处理功能、进路控制、道岔控制、信号控制、联锁屏蔽与发送点式移动授权等功能。

1）轨道空闲处理功能

轨道空闲处理功能是指能处理轨道空闲检测系统的输出，以改善列车完整性信息的检查。轨道空闲处理功能从计轴设备接收物理出清指示。轨道空闲检测具有逻辑出清功能。逻辑出清功能可以根据物理出清和物理占用的状态解释逻辑出清和逻辑占用，也可以根据相邻轨道区段的出清和占用的次序进行判断。即使从相应的轨道空闲检测系统的输入是物理出清，不符合要求的次序也将引起某些输出保持逻辑占用状态。当使用轨道电路作为物理空闲检测设备时，这个功能可以避免车轮分路不良引起的风险。

在计轴系统中，没有逻辑出清的功能。通过配置，可以关闭逻辑出清的处理功能。在计轴系统中，轨道空闲检测处理功能的逻辑出清和逻辑占用输出与物理出清和物理占用是一致的。

2）进路控制功能

进路控制功能负责全部进路的排列、锁闭、保持和解锁。进路控制功能是对来自 ATS 系统所排列进路命令的执行。

3）道岔控制功能

道岔控制功能负责道岔的解锁、转换和锁闭。联锁系统通过接口模块输出单操道岔或进路排列命令来完成道岔的控制。在车站级现场控制方式下，这些命令来自车站信号员的操作，在 ATS 中央级控制方式下，命令来自 ATS 系统。

4）信号控制功能

信号控制功能负责监督轨旁信号机状态，并根据进路、轨道区段、道岔和其他轨旁信号机的状态来控制信号机。它根据来自 ATS 的命令设置信号机为停车显示。它产生命令输出，ATC 系统以此来授权列车从一条进路行驶到另一条进路。

信号机的显示如下。

红灯显示：表示所有列车必须在信号机前停车，因为进路没有排列，或进路没有被完全监督。

绿灯显示：表示已确认进路被排列，所有进路条件和保护距离的条件已满足。此外，所有的轨道区段已出清，进路的所有道岔已经设于直向位置。对于点式列控系统，绿灯信号（或黄灯信号）是列车可以前进的前提条件。只有当信号机显示绿灯信号（或黄灯信号）时，信号机的应答器才向列车发送点式移动授权。此外，绿灯信号和黄灯信号用于系统后备模式。

黄灯显示：除了至少有一组道岔开向侧向这个条件不同，黄灯信号与绿灯信号的条件相同。此信号向司机指示，列车要通过侧向道岔。

蓝灯显示：该信号只是指示列车工作中的车载 ATP 设备与轨旁 ATP 设备的通信已建立。另外，列车由轨旁设备控制，列车必须工作在 SCO 或 STO 驾驶模式。SICAS 要对轨旁 ATP 设备的信息进行判断，才能给出蓝灯显示，这个信息被称为"有装备的列车接近"。只有当这样的列车接近时，ATP 才向 SICAS 发送这个信息。当列车运行在点式列控等级或运行在 RM 或切除模式时，不向司机显示蓝灯信号。

5）联锁屏蔽功能

SICAS 型计算机联锁设备从轨旁 ATP 设备接收信息："有信号设备列车接近"信息，使列车可以在不同的后备模式下运行。如果进路必须被操作员取消，列车停稳确认就可以减少操作的延时。

6）发送点式移动授权功能

SICAS 型计算机联锁系统控制 LEU 控制器向列车发送点式移动授权。

二、SICAS+DSTT 型计算机联锁设备维护

（一）SICAS+DSTT 型计算机联锁设备接口

1. 与现场设备的接口

DSTT 根据 SICAS 的命令控制现场设备，如道岔、信号机或轨道空闲检测系统。DSTT 为

分散式元件接口模块，不含任何微机系统，经由并行连接线与联锁计算机相连。DSTT 与 ESTT 的最大区别是每个轨旁元件的接口模块均与联锁主机相连，而 ESTT 则是通过总线与联锁主机相连。从联锁计算机到 DSTT 的最大距离是 30m，DSTT 与轨旁设备的最大距离是 1km。DSTT 的模块包括道岔元件接口模块 DEWEMO 和信号机元件接口模块 DESIMO。

1）信号机元件接口模块 DESIMO-ACE

每个信号机元件接口模块 DESIMO-ACE（见图 5-53）包括两个灯位电路的控制继电器电路和检测灯光电流的监控电路。模块上下各有一个 WAGO 插座，连接室外的信号机，每个 WAGO 插座对应室外信号机的一个灯位。面板上有两个 9 针插头，连接到 STEKOP 板。

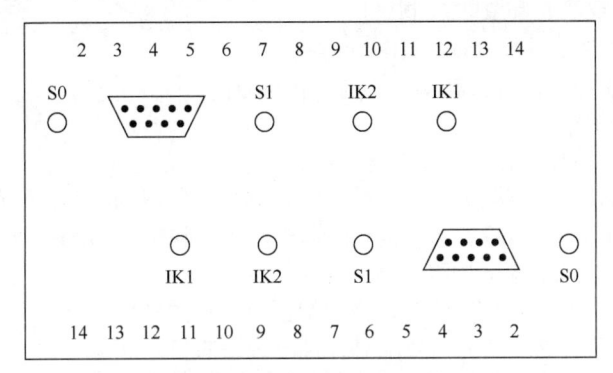

图 5-53　DESIMO-ACE 模块

S0：通道 0 控制线有效。
S1：通道 1 控制线有效。
IK1：通道 1 工作。
IK2：通道 2 工作。

STEKOP 在启动时或者自检时将对信号机模块进行检查，检查模块内是否有继电器接点粘连、室外线路混线等故障。一旦发现故障将导向安全侧，就立即切断 STEKOP 的输出，DSTT 的信号机模块点亮室外信号机的红灯。

图 5-53 所示的面板 LED 显示含义：信号机模块的工作电压为 DC 24V，是通过面板上的两个 9 针插头由 STEKOP 提供的，信号机的点灯电压为 AC 220V。

2）DEWEMO-G 直流道岔模块

道岔模块实现道岔的驱动和道岔位置状态的采集，根据 STEKOP 板的输出，转换道岔位置，当道岔转换到位后，给出道岔的位置信息，并将这些信息传给 STEKOP 板。图 5-54 所示为 DEWEMO-G 直流道岔模块前面板。

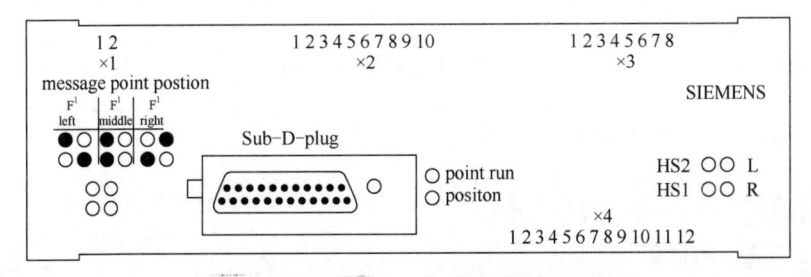

图 5-54　DEWEMO-G 直流道岔模块前面板

DEWEMO-G 直流道岔模块触发启动道岔转撤机的直流电压，并用四线制电路监视道岔的位置，同时给出"道岔右位"或"道岔左位"表示信息。其中，X1、X2、X3 和 X4 含义如下。

插头 X1：24V 电源。

插头 X2：连接动作电压。
插头 X3：接到转辙机。
插头 X4：连接监视电压。
D 型插头：与计算机之间的接口。
模块面板中有 10 个指示灯，其中控制命令显示用绿灯，信息显示用黄灯，具体显示的含义如下。

12：信号装置 1 和信号装置 2 的输出。
message point position：当前道岔位置监测信息。
L 和 R：方向控制器 L 和 R 的控制。
HS1 和 HS2：磁性控制器 HS1 和 HS2 的控制。
point run 和 position：位置控制器的控制（转换方向）。

2．与有关设备的接口
1）与车辆段联锁的接口

正线车站与车辆段的信号接口设有互相照查的电路，操作人员只有确认设置于控制台或计算机屏幕的照查表示灯显示后才能开放信号。主要联锁关系包括以下几方面。

（1）不能同时向对方联锁区排路。

（2）当进路中包含对方轨道电路时，必须根据对方相关轨道电路空闲信息进行检查，进路排出后必须将排列信息传送至对方并要求对方排出进路的另一部分。

（3）当列车入段时，车辆段必须先排列接车进路，正线车站才能排列入段进路，以减少对咽喉区的影响，否则不能排列进路。

2）与防淹门接口

在特别情况发生时，SICAS 型计算机联锁设备通过与防淹门的接口保证列车运行安全。联锁设备与防淹门之间传递的信息包括防淹门"开门状态"信息、"非开状态"信息、"请求关门"信号及信号设备给出的"关门允许"信号。基本联锁关系表现为以下几方面。

（1）只有检测到防淹门的"开门状态"信息而且未收到"请求关门"信号时才能排列进路。

（2）当信号机开放后，收到防淹门"非开状态"信息时，立即关闭并封锁信号机。

（3）当信号机开放后，收到防淹门"请求关门"信号时，关闭并封锁始端信号机及取消进路（接近区段有车时延时 30s 取消进路），通过轨道电路确认隧道内没有列车后立即发出"关门允许"信号，否则需要防淹门操作人员人工确认列车运行情况并根据有关规定人工关门。

3）与洗车机接口

只有得到洗车机给出的同意洗车信号时，才能排列进入洗车线的进路，否则不能排列进路。

4）与 ATC 接口

SICAS 联锁与 ATC 的连接通过逻辑的连接实现，响应来自 ATS 的命令，进行联锁逻辑运算，在满足安全的前提下，控制进路、道岔和信号机，并将进路、轨道电路、道岔、信号的状态信息提供给 ATS、ATP、ATO，主要信息包括以下几方面。

进路状态——进路的锁闭、占用、空闲。
信号机的状态——信号机的开放、关闭。
道岔位置——道岔的定位、反位、四开、挤岔。
轨道电路状态——占用、锁闭、空闲。

5）与相邻联锁的接口

城市轨道交通正线车站被划分为无数个联锁区，各联锁区的相互连接经由联锁总线通过连接中央逻辑层实现，联锁边界处的每个设备均以其进路特征反映至相邻的联锁系统。

当一条进路始端信号机和终端信号机位于不同的联锁区时，进路由始端信号机所在的联锁区来设定，进路包括带有自身联锁区内进路部分和相邻联锁区内进路部分的连接点，两部分相互作用实现 SICAS 联锁的连接。

（二）日常养护与集中整修

SICAS 型计算机联锁的修程分为日常保养、二级保养、小修、中修、大修。SICAS 型计算机联锁维修工艺标准如表 5-4 所示。

表 5-4　SICAS 型计算机联锁维修工艺标准

修程	周期	维修内容	维修方法	维修标准
日常保养	日检	检查设备运行状态	检查散热风扇	风扇转动时没有噪音，保持一定的风量以起到散热作用，并且没有积尘
			检查模块指示灯	各模块的指示灯应和《SICAS 型计算机联锁维护培训手册》所描述的各模块指示灯的正常显示一致，应特别注意闪烁状态的指示灯的显示
		检查设备外表	检查设备外表	检查设备外表是否有裂纹、刮花或破损等现象，如果有，就应根据损坏程度做出适当的处理
	周检	清洁外表卫生	检查外表卫生	设备外表干净、清洁、无灰尘、无污渍
			清洁防尘网、过滤组件	防尘过滤组件应无积尘，通气良好。每月至少清洗一次
二级保养	季检	同日常保养内容		
		内部检查	电缆入口密封性检查	电缆入口密封性良好
			机柜检查	机柜门开关灵活，锁闭灵活 机柜密封性良好
			检查各插卡板插接是否松动	各插卡板插接牢固且密贴性良好
			各接口接头（包括屏蔽线、地线、接线端子）是否松动	各接口的螺钉应紧固，连接线应连接牢固、无断线、无接触不良、表皮无破损
		电气特性检查	检查电源模块输出	电源电压输出应稳定并在允许范围内。（增加标准）
		清洁卫生	拆卸并清扫散热风扇模块	风扇无积尘
			清洁设备表面卫生	设备表面卫生干净、清洁、无灰尘、无污渍
		冗余试验（运行状态）	排列跨联锁区进路，依次关 A、B、C 通道中的一个，检查系统工作是否正常（关一个通道后需恢复三取二后，再关另一通道）	系统运行正常，进路信号机仍处于开放状态，LOW 显示正常，无异常故障报警，OLM 显示正常。能排列跨联锁区进路
			依次只启动 AB、AC、BC 通道，检查系统工作是否正常	系统运行正常，LOW 显示正常，无异常故障报警，OLM 显示正常。能排列跨联锁区进路
		冗余试验（电源模块）（只适用于 STEKOP）	电源 1、3 通道是主、备作用。设备运行时把 3 通道打下	系统运行正常
			把电源 3 通道合上，再把 1 通道打下	系统运行正常
			按上述操作检查 2、4 通道	系统运行正常

续表

修程	周期	维修内容	维修方法	维修标准
小修	年检	同二级保养内容		
		清洁内部部件	彻底清除内部积尘	对设备进行彻底的清洁、吸尘。注意：尽量少卸光纤
		部件检查	全面检查各板卡、模块（电源模块需分解清洁）	电路板外观无变形、无烧黑等不良现象。 电容外观完整，无发胀、爆裂、漏液 磁性元件外观完整，无发黑 各类保险安装牢固，接触良好 各接点接触良好，无虚焊、锈蚀和接触不良现象
中修	2年	更换不良部件	更换防尘网	
			OLM 后台老化测试	有条件情况下进行
大修	15年	更换系统		根据采购合同系统生命周期而定。性能不低于原设计标准

（三）常见故障处理

1. LOW 的常见故障及处理方法

1）死机的处理

当 LOW 发生死机故障时，必须复位 LOW 的主机。复位 LOW 的主机的步骤如下。

（1）同时按下 Ctrl（控制键）+Alt+Del 键，在弹出"Windows NT Security 任务管理"对话框后，先用 Tab 键（或鼠标）选择 logoff 按钮，然后按 Enter 键确认，系统自动复位。若同时按下 Ctrl+Alt+Del 键后主机无反应，则关闭主机电源，10s 后重新打开主机电源，系统自动复位。

（2）在系统自动复位过程中，根据界面提示同时按下 Ctrl+Alt+Del 键后立刻弹出 Windows NT 登录窗口，在用户名区域输入 Operator（操作员）后，按 Enter 确认，系统将自动装载中文之星和 LOW 软件。

（3）当界面出现联锁区域的轨道图像及其功能软键时，即重启完毕。

2）LOW 全灰的处理

（1）检查主机背面的双通道光纤接头是否松动或脱落，确认后进行紧固处理，否则应判断 SICAS 计算机是否正常。

（2）若确认 SICAS 计算机正常，则判断出 LOW 发生故障，需要重启 LOW 主机。

（3）若确认 SICAS 计算机故障，在故障恢复后，LOW 显示全区粉红光带。此时必须执行"全区逻空"和"重启令解"命令。若操作权限无"全区逻空"功能，则只能执行"轨区逻空"或"岔区逻空"命令来逻空每个区段。

3）轨道电路故障处理

（1）LOW 显示全区粉红光带故障。

在确认线路空闲及安全的前提下，执行"全区逻空"命令。若操作权限无"全区逻空"功能，则只能对每个轨道区段执行"轨区逻空"或"岔区逻空"命令。

（2）LOW 显示全区红光带故障。

在确认线路空闲及安全的前提下，可对某个道岔执行"强行转岔"命令和对某个信号机执行"开放引导"命令。

（3）进路的监控区段出现红光带故障。

在确认线路空闲及安全的前提下，可执行"开放引导"命令。

（4）在 LOW 上显示轨道区段红光带故障。

列车在有 ATP 保护下以 SM、ATO 或 AR 模式驾驶时能在故障区段前自动停稳。当列车停下来后，列车只能用 RM 或 URM 模式起动。当选用了 RM 模式起动后，列车必须通过三个轨道区段（含故障区段），占用了第四个区段后才可以转换成 SM 或 ATO 模式驾驶。因此，当在确认线路空闲及安全的前提下，且此区间距离较短时，为了提高行车效率，建议驾驶员提前使用 RM 或 URM 模式驾驶。

（5）在 LOW 上显示轨道区段粉红光带故障。

在确认线路空闲的前提下，对本区段执行"轨区逻空"或"岔区逻空"命令。

（6）进路的监控区段（含道岔区段）出现不能正常解锁故障。

对故障区段执行"强解区段"或"强解道岔"命令。当与即将排列进路方向相同的非监控区段出现不能正常解锁故障时，进路依然可以排列。

4）轨旁 ATP 故障处理

当 LOW 出现全部轨道区段编码灰色闪烁时，说明轨旁 ATP 功能已失效。此时，驾驶员只能使用 RM 或 URM 模式驾驶列车。

5）道岔故障处理

（1）道岔区段左/右位长闪（即道岔挤岔故障）。

在无进路状态下，发生道岔区段左/右位长闪。处理方法是，判断有无列车变更进路，如果有就办理变更进路。在确认道岔区段空闲及安全的前提下，执行"挤岔恢复"命令。若故障仍存在，则通知维修人员。当执行"转换道岔"命令对道岔进行左/右位转动操作两次后故障仍不能恢复时，只能人工办理进路。

在进路建立后，发生道岔区段左/右位长闪（道岔挤岔故障）。同样按照上面的步骤处理。但要注意的是，此时信号立刻降为非监控层，故障道岔仍被电子锁定，要执行取消进路或强解道岔区段操作（一般执行取消进路命令）之后，才能执行"挤岔恢复"命令和转换道岔的操作。

（2）道岔左位或右位短闪（道岔无表示故障）。

在无进路状态下，发生道岔左位或右位短闪（道岔无表示故障）。处理方法是，判断有无列车变更进路，如果有就办理变更进路。在确认道岔区段空闲及安全的前提下，当执行"转换道岔"命令对道岔进行左/右位转动操作两次后故障仍不能恢复时，只能人工办理进路。

在排列进路过程中，发生道岔左位或右位短闪（道岔无表示故障）。信号处在非监控层，故障道岔没有被锁闭，可以执行转换道岔命令。若此故障是因为室外道岔机械问题造成的，则有可能人工操作道岔几个来回后能使道岔恢复正常。当遇到这种情况时的处理方法是，直接对故障道岔操作几个来回确认。

进路建立后，发生道岔左位或右位短闪（即道岔无表示故障）。同样按照（1）的步骤处理。但要注意，此时信号立刻降为非监控层，故障道岔仍被电子锁定，要执行取消进路或强解道岔区段操作（一般执行取消进路命令）之后才能转换道岔。

（3）道岔连接中断故障。

当道岔连接中断时，在 LOW 显示相应的道岔区段灰色。通常是两副道岔同时故障。处理方法是，判断有无列车变更进路，如果有就办理变更进路。若在允许时间内，故障不能恢复，则只能人工办理进路。

（4）道岔标号闪烁。

此时如果通过此道岔排列进路，信号处在引导层，对道岔执行"岔区逻空"命令后，方可正常开放信号。

6）信号机故障处理

（1）信号机连接中断故障。

现象：在 LOW 显示相应的信号机灰色，通常是两个信号机同时故障。若其中一个故障信号机作为始端信号机，另一个故障信号机不属于要排列进路的侧防信号机，则进路可建立，信号不能开放，当始端信号机故障恢复后才能开放信号。若其中一个故障信号机作为终端信号机，则信号只能达到引导层。只要始端信号机正常，就可开放引导信号。

始端信号机编号闪：始端信号机编号闪可能是红灯主灯丝故障、绿灯或黄灯灭灯，应仔细查看报警信息内容确定故障类型。红灯主灯丝故障，不会影响信号的正常开放。绿灯灭灯时，能正常开放通过弯股线路的黄灯信号，列车要通过直股线路，只能凭引导信号通过。

黄灯灭灯时，能正常开放通过直股线路的绿灯信号，但列车要通过弯股线路时，信号不能开放。

（2）信号机红灯灭灯。

现象是信号机机柱和灯头红闪。作为始端信号机，进路可建立。信号机显示绿红（闪）红（闪），信号可达到主信号层。只要故障恢复，就能开放信号。作为终端信号机，进路可建立。信号只能达到引导层。只要始端信号机正常，就可开放引导信号。

2. SICAS 常见故障处理

1）VENUS2 模块系统故障

系统故障信息在 VENUS2 单元上以十六进制数显示。故障信息通过前面板 5 个的七段位 LED 显示器。其用户/来源号、进程号、故障号均只有一个显示内容，故障代码以几秒的周期循环闪亮。第零位 LED 显示的"F"表示故障类型为"系统故障信息"。第零位 LED 的右下角同时显示"."表示故障信息的开始。故障信息代码通过第一位到第四位 LED 记录。

若故障信息的第一个字（此为用户/来源的识别）已经是"F.0000"，则这是硬件故障。联锁计算机的某个模块因故障必须更换。VENUS2 模块的显示无法识别故障模块。当硬件故障时，进程号和故障号显示可以被忽略。硬件故障可以由维护人员排除。

所有用户/来源识别号不是"F.0000"的故障一般不会在正常工作时出现。在这种故障出现的时候，必须记录下完整的故障信息并立即通知厂家。

2）VENUS2 模块连接故障

在 VENUS2 模块上，连接故障信息通过前面板上的 5 个七段显示管以十六进制数显示。故障代码以几秒的周期循环闪亮。第零位 LED 显示的"A"表示故障类型为"系统故障信息"。第零位 LED 的右下角同时显示"."表示故障信息的开始。故障信息代码通过第一位到第四位 LED 记录。它可以显示与 STEKOP、ATP、LOW、相邻的 SICAS 之间的连接情况。

3. STEKOP 板常见故障处理

STEKOP 板的故障分为系统故障和连接故障。

1）STEKOP 板系统故障

STEKOP 板上的系统故障信息以十进制数显示在通道 1 的 LED "L1""L2""L3""L4"上。LED "L1""L2""L3""L4"仅用于诊断功能。此显示以大约 1s 的周期循环闪亮。故障信息开始于所有二极管的同时闪亮。

2）STEKOP 板连接故障

STEKOP 板的连接故障信息通过通道 1 的 LED L4 的持续闪亮表示。STEKOP 与 SICAS 的物理连接只有一路，但是逻辑上的连接故障有两种，分别为 STEKOP 与联锁计算机、STEKOP 与操作和显示接口之间的连接故障。逻辑连接错误代码通过 LED L1 表示。图 5-55（a）所示为 STEKOP 与联锁计算机的连接故障显示，图 5-55（b）所示为 STEKOP 与操作和显示接口之间的连接故障显示。

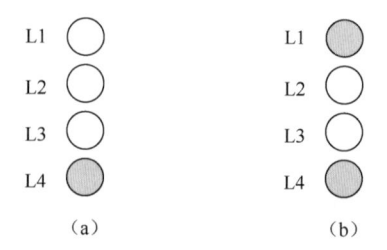

图 5-55 STEKOP 板的连接故障信息

若在 STEKOP 机柜内第一排的所有 STEKOP 和第二排、第三排的所有 STEKOP 都显示了连接故障，那么原因的查找主要在 STEKOP 机柜和 BUMA 的连接上。例如，OLM 的连接电缆需要检查或者有更换的可能。

如果只有一个 STEKOP 板显示连接中断，就应相应重启该 STEKOP 板或 SICAS 内某个通道与之相连的 BUMA 板。

三、知识拓展

（一）启动操作规程

当 SICAS 计算机故障或检修，需要重新启动时，应按以下操作规程执行。

（1）检查所有板块及连线的安装连接是否正常。

（2）检查三个通道同步比较板（VESUV3）开关位置，开关必须打在 EIN 位置上。

（3）同时打开 M 层 3 个 SVK2102 的 5V 电源开关，使 SICAS 计算机的三个通道同时上电（在关闭电源单元 IC 开关后，必须在 UE 灯熄灭后才能再次打开电源开关）。

（4）检查三个通道的同步比较板的 RF 灯是否打开绿灯，如果 RF 灯灭灯，就按 VESUV3-PF 按钮删除错误存储（最好的方法是，在开机时，在 3s 内按完三个通道 VESUV3-PF 按钮删除错误存储）。

（5）检查三个通道的同步比较板的 VR（红）、VL（红）灯是否亮红灯，若不在二取二情况下亮红灯，则关闭 M 层 3 个 SVK2102 的 5V 电源开关，在 UE 灯熄灭后再同时打开 3 个电源开关，计算机自动重启，并重新检查同步比较板 RF 灯是否显示正常。

（6）检查 BAMA 板的 VL、VR、FS、VS 灯是否亮红灯，如果不在二取二情况下，有一个灯亮红灯，就必须对 BUMA 板进行复位操作。首先按有故障显示的通道的 BUMA 板的复位键（RV、RB 应同时按下，RV 使比较和剩余存储器复位，RB 使 BUMA 复位），然后循环按完另外两通道的 BUMA 板的复位键。

（7）如果 SICAS 计算机能够成功启动，那么三个通道各板块的显示灯应有以下显示。

同步比较板（VESUV3）：VESUV3 BG 通道 A-C LED 的 VL（红）关和 VR（红）关（当二取二时，正常工作的两通道其中一个 VL 亮，另一个 VR 亮），RF（绿）开、BT（黄）开、SP（黄）开和 PF（黄）开。

处理器板（VENUS2）：VENUS2 BG 通道 A-C LED 的 1（绿）开、LED 的 2（绿）关、RS（红）关和 SD（红）关。

中断板（VESIN）：VESIN BG 通道 A-C LED 的 ADR（黄）闪光和 PUS（黄）闪光。

通信板（BUMA 0~4）：BUMA BG 通道 A-C LED 的 VL（红）关、VR（红）关、FS（红）关和 VS（红）关（当二取二时，正常工作的两通道其中一个 VL 亮，另一个 VR 亮），SF（绿）开、BK（绿）关、ME（黄，闪光）、KO（黄，闪光）、L1（黄）开和 L2（黄）开。

信号输入组件（MELDA2）：MELDA2 BG 通道 A-C LED 的 LD（黄）闪光。

指令输出组件（KOMDA2）：KOMDA2 BG 通道 A-C LED 的 LD1（黄）闪光和 LD2（黄）闪光。

（二）关闭操作规程

当 SICAS 计算机故障或检修，需要关闭时，应按以下操作规程执行。

（1）记录各板块的故障信息。

（2）关闭 M 层 3 个 SVK2102 的 5V 电源开关，待 UE 灯熄灭后再进行检修或更换板块操作。

（三）STEKOP 计算机故障或检修而需要重新启动时的操作规程

（1）同时打开电源单元 IC 的 4 个开关，使 STEKOP 计算机恢复控制（在关闭电源单元 IC 开关后，必须在 UE 灯熄灭后才能再次打开电源开关）。

（2）按压每块 STEKOP 板的复位键。

（3）如果 STEKOP 计算机能够成功启动，那么 STEKOP 板显示灯应有以下显示。

通道 1：L1、L2、L3、L4（黄）关，RASS、ASS（红）关，5VVK、5VUK（绿）开。

通道 2：L1（黄）开，L2、L3、L4（黄）关，RASS、ASS（红）关，5VVK、5VUK（绿）开。

（4）如果 STEKOP 启动后，出现 RASS、ASS（红）开，就须按压该 STEKOP 板的复位键，对该 STEKOP 板进行重新复位启动。

（5）如果 STEKOP 启动后，出现通道 1 的 L4 黄灯亮，就说明 STEKOP 与 SICAS 通信连接中断，此时需要记录故障信息并检查 SICAS 计算机。

（6）如果在 STEKOP 正常运行后，出现 RASS、ASS 红开，则需要记录相关的故障信息，并按压 STEKOP 的复位键，对 STEKOP 进行重新复位启动。

（四）DSTT 故障或检修而需要重新启动时的操作规程

（1）检查所有供电是否正常。

（2）检查所有连线是否正确。

（3）插上供电插头 X1，观察 DSTT 模块的面板指示灯的显示。

（4）如果是道岔模块，面板显示如下：现场位置显示灯亮，继电器 HS1、HS2 指示灯关，命令指示灯 L、R 其中一个为（绿）开。

（5）如果是信号机模块，因为每个 DSTT 信号机模块可以管理两个点灯单元，所以当只有一个点灯单元点灯时，显示如下：点灯的一组，S0（绿）关、S1（绿）关、IK1（黄）开和 IK2（黄）开。没点灯的一组，S0、S1、IK1、IK2 均为关。

（五）STEKOP 计算机故障或检修而需要关闭时的操作规程

（1）记录各板块故障信息。

（2）关闭电源单元 IC 的 4 个电源开关，待 UE 灯熄灭后再进行检修或更换板块操作。

任务四　CBTC 系统中的 DS6-60 型计算机联锁设备维护

一、DS6-60 型计算机联锁设备基本认知

（一）CBTC 系统概述

中国铁路通信信号集团公司研究设计院在引进、消化和吸收国际先进 CBTC 系统的基础上，继承和发扬自身技术优势，自主创新研发了符合欧洲铁路安全标准的具有自主知识产权的 CBTC 系统。它通常包含 ATS、ATP、ATO、CBI、DCS 和 MSS 子系统，其系统组成如图 5-56 所示。

1. ATS 子系统

ATS 子系统是一个分布式的计算机监控系统，按地域划分，由控制中心设备、车站设备、车辆段、培训中心设备组成。其主要设备设置在控制中心，关键设备采用热备冗余的方式，保证系统有高度的可靠性和可用性。在一级设备集中站、二级设备集中站各设置一套冗余的车站 ATS 设备，通过冗余以太网与中心 ATS 设备相连。

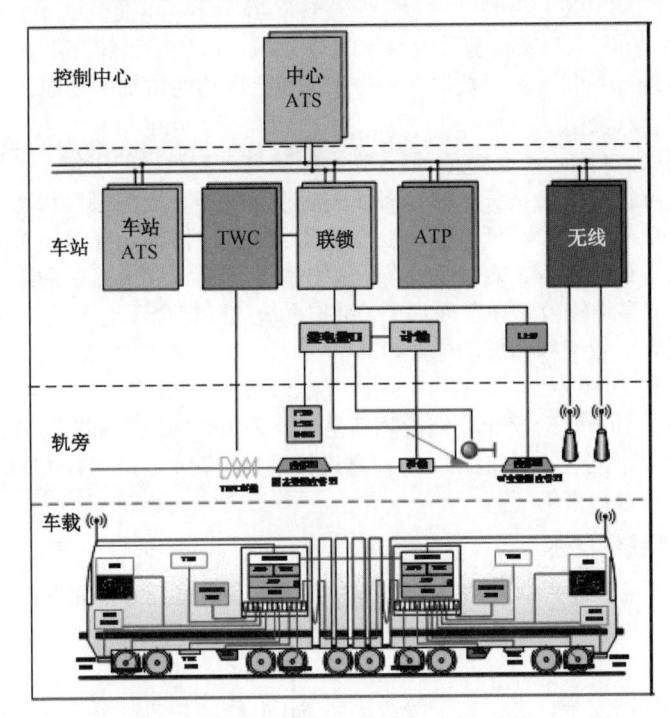

图 5-56 中国铁路通信信号集团公司研究设计院 CBTC 系统组成

正线各站行车控制室内分别设置 ATS 分机及显示终端（与联锁合用），设备集中站设置 ATS 显示终端。

在车辆段设置一套车辆段 ATS 分机和 ATS 终端设备，用以监督进出车辆段的人工驾驶列车的运行情况，管理车辆段的车辆派班。在车辆段的司机派班室设置司机派班 ATS 工作站。

2. 联锁子系统

城市轨道交通信号控制系统通常在车辆段独立设置一套计算机区域联锁设备，以满足车辆段的进路控制功能。在正线上每个一级设备集中站设置一套计算机区域联锁设备，在二级设备集中站设置一套联锁目标控制器设备，用以实现管辖区内的联锁控制。在设备集中站设置现场控制工作站（与 ATS 分机和显示终端合用）。

根据行车安全的需要，计算机联锁系统必须在规定的联锁条件和规定的时序下对进路、信号和道岔实行控制，满足联锁的技术条件和功能。

3. ATP/ATO 子系统

一级设备集中站设置一套区域控制器设备（ZC），用以实现管辖区域的列车控制，进行列车移动授权的计算，并与 ATS、联锁等子系统接口。

轨旁 ATP 设备还包括应答器及 LEU。LEU 设备接收来自联锁的信号机显示信息，实时发送给有源应答器。每个设备集中站设置室内 LEU 设备。

TWC 感应环线电缆铺设在站台区及折返轨轨道中间，安装于站台及折返轨停车点一定的范围内，在列车上安装 TWC 天线，建立降级车地通信链路，实现 CTC 等级下的精确定位功能，实现 ITC 降级运行时在站台区的精确定位、屏蔽门联动、停准停稳、红灯防护、ATO 运行等级、扣车等功能。

在每列车首尾各安装一套车载设备，包括 ATP 计算机、ATO 计算机、无线设备、操作和显示单元、测速装置和应答器天线等。

4. DCS 子系统

DCS 子系统由有线网络和无线网络两部分构成，两个网络之间通过接入交换设备互相连接，共同构成 DCS 子系统。DCS 子系统与 ATS 子系统、联锁子系统、ATP 子系统、ATO 子系统等通过专用接口进行互联，实现数据在各个子系统之间透明传输的功能。

5．MSS 维护子系统

MSS 维护子系统为非安全子系统，其工作不影响被维护对象的工作。用于 CBTC 系统设备状态的监测和系统维护，主要负责 CBTC 各子系统设备状态、通信接口状态、操作日志、故障报警、交互数据等信息的采集、处理和本地显示及远程集中监视，提供设备亚健康预警，帮助维修人员对故障设备进行分析、定位，指导维修作业管理。调度员可借助维护系统制定、计划与安排维修工作，提高维修效率和管理水平。维护系统故障定位深度至最小可替换单元。此外，维护系统还提供报表、查询和回放功能。

维护系统的结构分为中心、本地和车载，中心为 ATS 中心维护机对 ATS 中心服务器信息进行采集，DCS 网管计算机对整个网络故障信息进行采集。本地为微机监测计算机、联锁维护计算机、ZC 维护计算机分别对本地相关的信息进行采集。车载是由车载维护计算机通过车载记录板对全线车载数据进行采集。

（二）联锁子系统的概述

DS6-60 型计算机联锁是中国铁路通信信号集团公司研究设计院研发的二乘二取二计算机联锁系统，它可用于城市轨道交通的车辆基地和正线。

1．系统特点

（1）符合欧洲铁路安全标准，安全等级达到 SIL4 级，并通过第三方国际知名认证机构评估的安全控制系统。

（2）系统基于双套专用安全硬件和相异性软件构成二乘二取二冗余结构，实现系统双系冗余管理、I/O 管理及系统故障实时诊断。

（3）系统通过专业化、科学化的系统可靠性、可用性、可维护性、安全性设计、分析和计算，使系统 RAMS 的综合性能达到原铁道部发布的《铁路车站计算机联锁技术条件》的要求。

（4）系统可以通过不同标准接口的扩展，建立通用化的安全控制平台，支持通用的接口连接，可应用于多种信号控制系统。

2．系统的层次结构

DS6-60 型计算机联锁系统体系结构分为三个层次，分别为人机对话层（MMI 层）、联锁安全运算层（CIL 层）和执行表示层（I/O 层），如图 5-57 所示。每个层次的设备分别完成各自相对独立的功能，并通过通信将各层次设备相互连接，共同完成联锁系统功能。

（1）MMI 层

人机对话层通过可视化的人机界面，提供操作及维护人员向系统输入控制命令并获得行车作业及设备工作状态信息，完成操作界面的显示、系统状态显示、系统运行状态和故障记录。MMI 层由控显机、监测机组成。

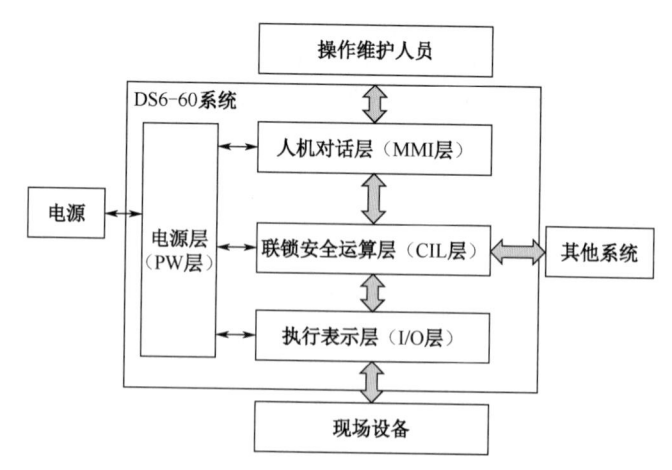

图 5-57　DS6-60 计算机联锁系统的层次结构

（2）CIL 层

联锁安全运算层接收来自 MMI 层的操作信息和 I/O 层的信号，以及道岔、轨道等设备状态信息。根据以上信息通过安全计算机进行安全逻辑运算，产生相应的控制输出，通过 I/O 层对信号设备进行实际控制。CIL 层由中央逻辑控制单元及相关的接口组成，是联锁系统的核心。

（3）I/O 层

I/O 层直接或通过现场设备的继电器结合电路，按联锁安全运算得出的结果以安全的方式转变成可使现场信号设备动作的电压（或电流），并以安全的方式获得现场信号设备的状态。I/O 层由现场信号设备的采集驱动设备组成。

三层之间通过可靠的通信传递各子系统的信息以支持整体系统的信息处理。MMI 层和 CIL 层之间采用 ARCNET 通信，通信线路采用光纤连接。I/O 层与 CIL 层之间采用高速串行总线通信，通信线路采用光纤连接。

电源层（PW 层）为以上三个层面所有子系统的设备提供所需的电源。

3．系统的冗余设计

在 DS6-60 系统中完成系统每个主要功能（除维护、记录功能外的所有功能）的子系统均由两套完全相同的部件构成，两个系统的部件同时工作，互为热备。当任何一个系统部件故障时，另一个系统可继续完成所需功能，系统功能不受任何影响。

（1）双系冗余

单系即独立的一套联锁系统，包括联锁中央逻辑控制单元及对应配置的 I/O 控制单元。双系即配置两套完全相同的联锁系统。DS6-60 系统采用双系设计，即两套联锁系统同时在线运行，并保持同步，保证系统在任何一个系统出现故障的情况下能够继续正常工作，提高系统的可靠性。

双系的状态是由两系根据当时的情况协调决定的，取得优先控制状态的一方为主系，另一方为从系，从系控制服从主系。

（2）双系数据交换

为了实现双系输入、输出的同步，达到互为热备的目的，必须实现双系的数据交换，为此提供双系之间的数据交叉通信通道。这种数据交换存在于双系中央逻辑控制单元之间及一个系的中央逻辑控制单元与另一个系的 I/O 控制单元之间。

（3）系统网络双网冗余

为了保证上位的 MMI 层与 CIL 层之间的网络通信的可靠性，系统网络采用双网结构，互为冗余备份，保证当一个网络失效时，另一个网络能够继续承担上位系统之间的通信任务。

（4）系统数据冗余

根据具体的可靠性设计的要求，一些重要的系统数据进行冗余设计。

4．系统安全

DS6-60 系统的 CIL 层负责联锁数据处理、逻辑运算，是整个系统的核心，其错误会导致事故发生，作为故障-安全系统处理，要求其所有功能均为安全功能。

系统的 I/O 层为站场状态的采集和设备控制，其错误会导致联锁运算的错误，或直接控制信息的错发，所以作为故障-安全系统处理，其所有功能均为安全功能。

联锁系统的安全由 CIL 层和 I/O 层保证，系统的 MMI 层作为人机界面，其错误不应直接导致联锁逻辑类的错误而引发事故，但可能间接导致运行事件。MMI 层暂作为非故障-安全系统处理。

5．系统故障-安全设计

DS6-60 系统作为联锁系统必须满足故障-安全原则。系统输出和通信的安全侧定义为与系统未加电时状态相同，系统输出直接控制非智能设备，所以其输出安全侧应定义为"零"/零电平/非驱动/非有效状态。系统外部通信输出对象为智能设备，应具有 CPU 控制和编解码功能，所以其安全侧为停止通信。

DS6-60 系统的每个子系统设计要求相互独立，任何一个子系统故障都不应该导致其他子系统故障，子系统之间通过内部通信通道交换数据和指令。当联锁 CIL 层和 I/O 层发生故障时，系统的输出应导向安全侧。为了满足以上故障-安全要求，DS6-60 系统的每个子系统在发生故障时，都应该导向安全侧，即停止和其他子系统通信，对于输出子系统还应该保证其输出导向安全侧。

6. 基本技术性能

系统具有二乘二取二的冗余结构。I/O 以继电器为控制对象，本地最大输入处理量为 1 280 个点，最大输出处理量为 960 个点。输入支持双采集、输出双断控制。系统最多可处理 16 个遥控点，遥控点之间的距离在没有中继时为 40km。系统控制周期为 200～400ms。系统内部子系统之间全部通过光纤通信。输入和输出通道速率为 2Mbit/s。系统和 I/O 电压要求为 AC 220V 和 DC 5V，I/O 接口电压要求为 DC 24V。系统和 I/O 的工作温度范围为 0～40℃，最适宜的工作温度为 18～25℃。系统符合《铁路车站计算机联锁技术条件》所规定的技术要求；电磁兼容性能符合《铁道信号电气设备电磁兼容性试验及其限值》和《铁道信号设备雷电电磁脉冲防护技术条件》的规定。

7. 特殊功能

应用于 CBTC 系统的联锁系统除了具备传统的联锁功能，为了与 ATS、ATP 协同工作，共同控制列车安全运行，还具备某些特殊功能，例如紧急关闭、屏蔽门控制、建立自动进路、自动折返进路、自动触发进路、停稳控制功能、站控与 ATS 控转换、扣车作业等功能。

8. 安全与防护

系统的机柜、机笼、面板等人可能接触的地方全部安全接地。系统的 I/O 具有防雷电感应措施。

（三）DS6-60 型计算机联锁系统的结构组成

DS6-60 型计算机联锁系统由六部分组成，分别为电源子系统、控显子系统、联锁子系统、I/O 子系统、目标控制器（OC）和电务维护子系统（监测系统），如图 5-58 所示。

双系互联通信是为两个系之间提供一个独立的通信通道，用于完成两系之间的数据交换功能。

输入单元互联通信为 DS6-60 系统的中央逻辑控制单元与输入控制单元之间提供通信通道，用于完成两者之间的数据和命令传送。

输出单元互联通信为 DS6-60 系统的中央逻辑控制单元与输出控制单元之间提供通信通道，用于完成两者之间的数据和命令传送。

远程通信单元为主站的中央逻辑控制单元与目标控制站（OC 站）的 I/O 单元之间提供通信通道，完成主站对目标控制站的数据和命令的传送。

DS6-60 系统硬件设备基本配置为三个 19 英寸标准机柜，分别为电源柜、联锁柜、I/O 机柜。根据站场规模不同，如果需要增加 I/O 机笼就要单独配置 I/O 机柜。机柜规格：2250mm（高）×600mm（宽）×800mm（深）。

在一级设备集中站（又称为主站），DS6-60 型计算机联锁系统硬件设备标准配置为三个 19 英寸标准机柜，分别为电源柜、联锁柜、输入输出机柜。

在二级设备集中站（又称为目标控制站），DS6-60 型计算机联锁系统硬件设备配置一个 19 英寸机柜，机柜内主要配置 OC 机笼、I/O 防雷单元、远程通信单元、DC 24V 电源、LEU 接口适配器等。另外，须设维护台用于放置联锁维护机，联锁两台用于 LEU 接口适配器通信的交换机安装在 ATS 机柜内。

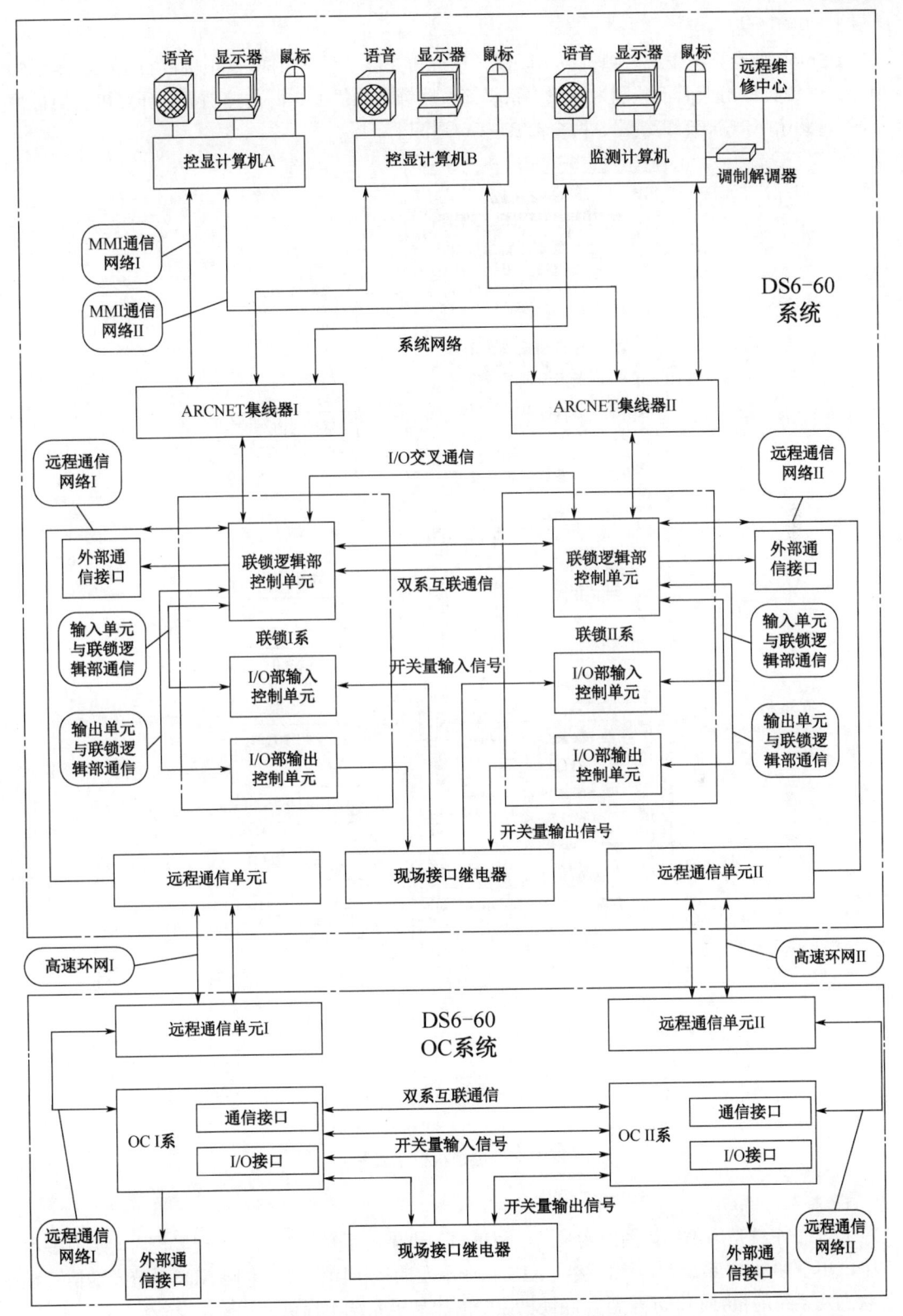

图 5-58 DS6-60 型计算机联锁系统组成

1. 联锁机柜

DS6-60 型计算机系统联锁机柜由联锁子系统和控显子系统组成。联锁机柜布置图如图 5-59 所示。联锁机柜由上而下分别为联锁Ⅰ系机笼、联锁Ⅱ系机笼、两台控制显示计算机（简称控显机）、两个 ARCNET 集线器、两个 LEU 接口适配器。

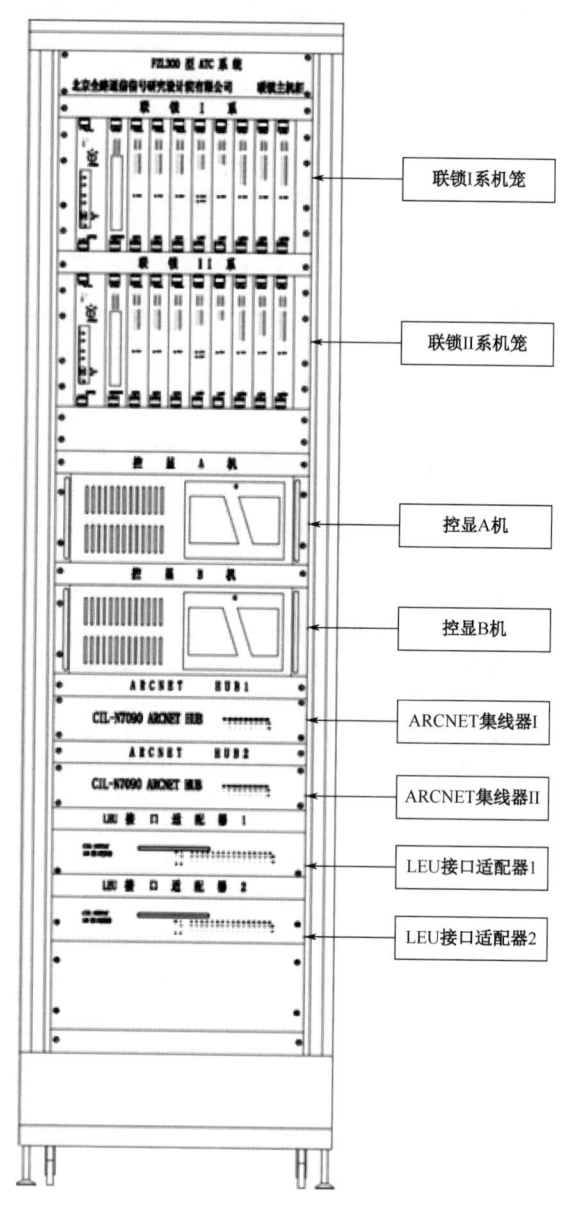

图 5-59 联锁机柜布置图

1）控显子系统

控显子系统是用于站场图形实时显示和车站值班员进行操作的设备。控显机内安装有多串口卡，用于和 ATS 系统的通信，接收 ATS 系统下发的按钮操作命令，向 ATS 系统发送信号设备状态及系统的报警和提示信息。联锁机柜中的控显子系统不提供显示操作设备。

系统设置两台控显机，两台控显机采用相同的硬件设备和相同的软件，双机采用主备工作方式，平时同时在线运行。

控显机内安装两块 ARCNET 通信网卡，通过光纤分别与联锁Ⅰ系和Ⅱ系连接。控显机内安装有声卡，用于语音提示和报警。

控显机向 ATS 系统传送联锁Ⅰ系和Ⅱ系的工作状态，ATS 显示界面上相应的显示来表示联锁Ⅰ系和Ⅱ系的工作状态为主系、从系、待机还是停机、故障状态。

2）联锁子系统（联锁逻辑部）

联锁子系统通过光纤与输入子系统实时通信，获得输入子系统采集的现场信号设备状态信息。通过网络（ARCNET）接收控显机发来的控制台操作命令，根据按钮命令进行联锁逻辑运算，生成控制命令，通过光纤与输出子系统实时通信，发送控制命令到输出子系统，由输出子系统驱动继电器动作，实现对道岔、信号机的控制。

联锁逻辑部为二乘二取二结构，联锁逻辑部由两系构成，分为Ⅰ系和Ⅱ系。联锁逻辑部的结构如图 5-60 所示。每系中有两个相同的、独立的处理器，各自通过不同的通信控制板与其他子系统通信，运行联锁逻辑运算生成的控制命令。主、从系之间通过系间串行高速总线实现双系的数据信息交换和系同步切换，处理器与各功能电路之间采用 VME 总线通信。

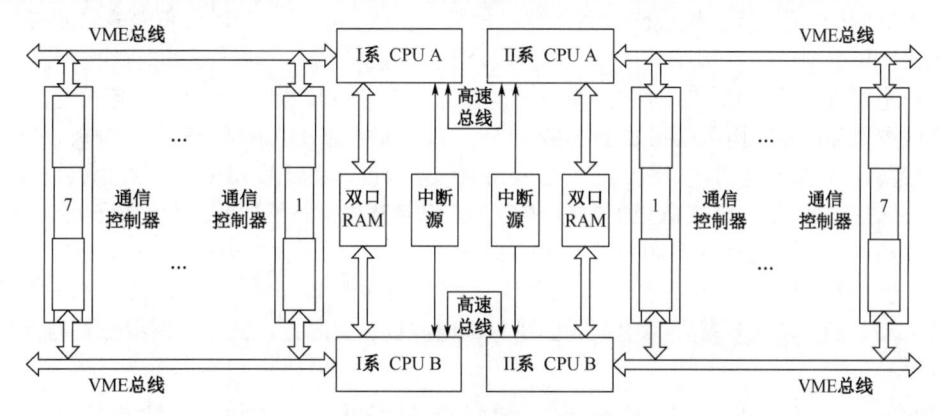

图 5-60 联锁逻辑部的结构

联锁单系内的两个处理器采用相同的输入数据进行独立运算，运算结果通过双口 RAM 交换后进行比较，当比较一致时各自给出有效的输出，比较不一致时系统退出控制，使输出导向安全侧，以保证系统的高安全性。联锁逻辑部安全比较原理如图 5-61 所示。

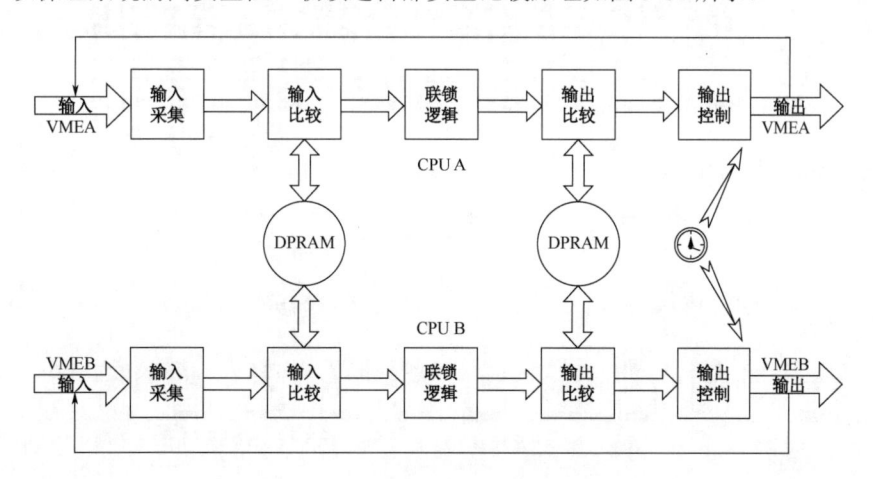

图 5-61 联锁逻辑部安全比较原理

任一系采取二取二运算和输出比较，双系采用并行主从运行方式。根据开机顺序，首先投入运行的为主系，后投入的为从系。在每个运行周期双系进行同步数据交换和比较，当主系发生故障时，完成主、从系转换。例如，当主系故障时，主系主动降级，从系升为主系；当从系故障时，从系主动降级，不影响主系控制。从系在取得主系同步数据后与主系同步数据进行比较，当比较不一致时，从系主动降级，重新与主系取得同步。从系每个运算周期接收主系发送的周期开始同步信号作为自系周期开始信号，达到从系与主系周期同步。这就构成可靠的二乘二冗余系统。

联锁双系中每系两个 CPU 单元的软件分别采用不同的编译器编译，可以有效地防止编译器产生的共模错误。

DS6-60 联锁逻辑部机笼为标准 6U 高，与 19 英寸机柜配装。每块模板分别集成在同一块 6U 标准印制电路底板上，并通过底板总线连接通信，联锁逻辑部总线底板是联锁子系统的总线背板，联锁逻辑部所有可插拔控制板都通过联锁逻辑部总线底板连接起来，为联锁机主板及各功能从板提供 VME 总线接口（其他子系统底板相同）和电源接口。底板垂直固定于机笼内，底板正反面焊装插座。联锁逻辑部子系统的各个模板可以从机笼的前面、后面插接在底板上，前插为主，后插接线。联锁 I 系机笼、联锁 II 系机笼中硬件设备完全相同，但两个系机笼底板拨码和 ARCNET 通信接口板拨码设置不同。底板上的拨码开关，可以设置逻辑部机笼所在站号、区域号和系别。

联锁逻辑部子系统包括 3 种主要模板：逻辑部主板（CPU 板）、电源板和各种通信板。

联锁逻辑部机笼结构示意图如图 5-62 所示。机笼前插部分由前插逻辑部电源板、逻辑部主板、3 块逻辑部以太网通信接口板、逻辑部双系通信接口板、逻辑部 ARCNET 通信接口板、逻辑部 CAN 通信接口板和逻辑部 I/O 通信接口板组成。联锁逻辑部机笼的前视图如图 5-62（a）所示。

联锁逻辑部机笼的后视图如图 5-62（b）所示，包括后插逻辑部电源板、3 块逻辑部以太网通信端子板、逻辑部双系通信端子板、逻辑部 ARCNET 通信端子板、逻辑部 I/O 通信端子板和逻辑部 CAN 通信端子板等。其中，后插逻辑部电源板位置固定，其余线路板位置与前插接口板相对应。

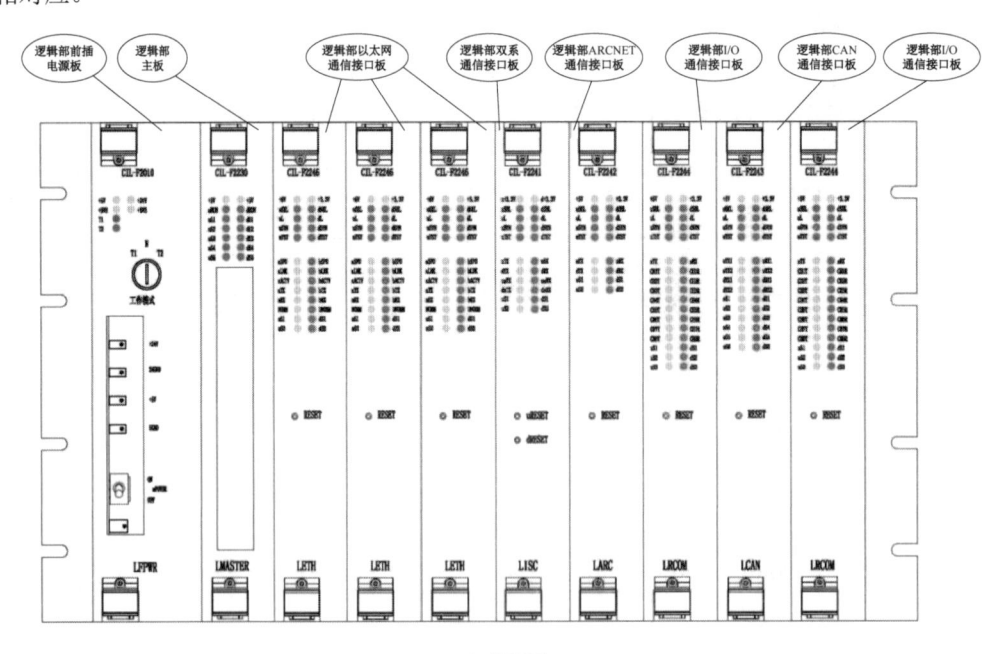

（a）前视图

图 5-62 联锁逻辑部机笼结构示意图

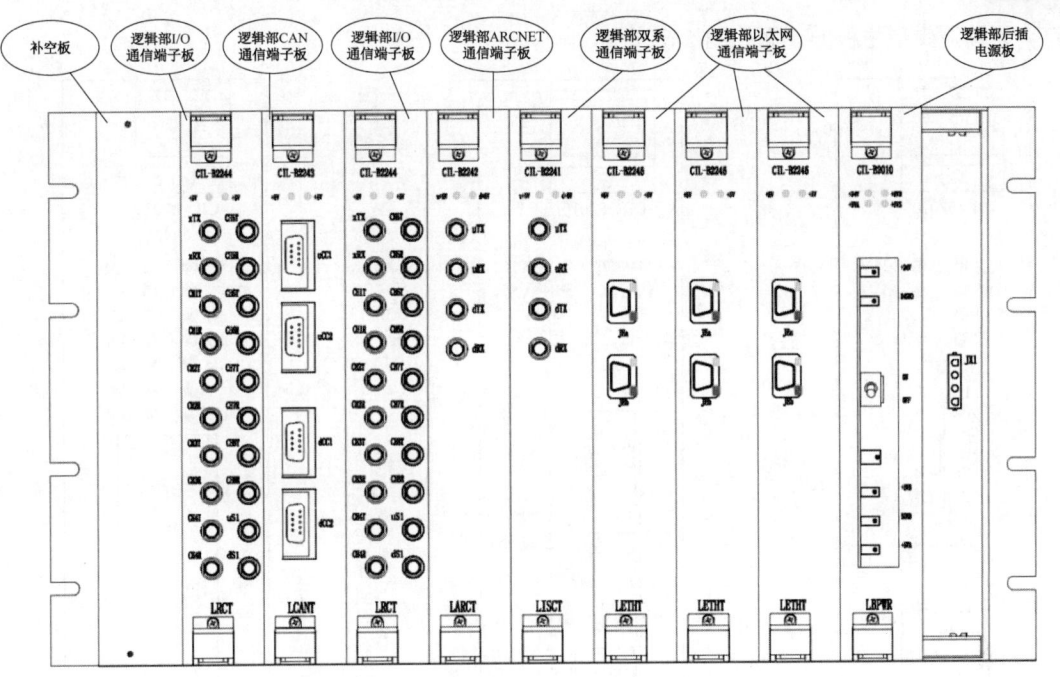

(b）后视图

图 5-62　联锁逻辑部机笼结构（续）

（1）逻辑部电源板。

联锁逻辑部前插电源板的主要功能是为联锁逻辑部的主板、双系通信板和 ARCNET 通信板提供+5V 电源。其内部设置了 DC 24V/DC 5V 转换电路，将系统提供的+24V 电源转换成+5V。

联锁逻辑部前插电源面板如图 5-63（a）所示。面板上对应电源的 LED 指示灯亮，说明其逻辑电源工作正常，否则为对应电源掉电。前插电源面板上有 4 个测试柱，分别是+24V 逻辑电源输入、+5V 逻辑电源输出、24GND 和 5GND，这两种逻辑电源的地端。面板上设置"工作模式"钥匙开关，当系统正常工作时，钥匙开关应置于中间位"N"位。当系统为联锁软件脱机测试模式时，钥匙开关置于"T1"位，对应 LED 指示灯亮，否则灯灭。"T2"位为预留位。

联锁逻辑部后插电源面板如图 5-63（b）所示。联锁逻辑部后插电源板的主要功能是为联锁逻辑部的 I/O 通信接口板和 I/O 通信端子板提供+5V 电源。其内部也设置了 DC 24V/DC 5V 转换电路，通过电压比较电路，选取前插电源板的+5V 输出和自身产生的+5V 输出中较稳定的一路，最终输出。

后插电源板共有 5 个测试柱，其中+24V 是逻辑+24V 输入，+5VB 是背板上产生的+5V 输出，+5VA 是前插板上的+5V 输出，24GND、5GND 是+24V 和+5V 的地。

对应电源的 LED 指示灯亮，说明其逻辑电源工作正常，否则为对应逻辑电源掉电。

（2）联锁逻辑部主板。

联锁逻辑部主板是一个具有二取二结构的故障-安全处理单元，主要实现联锁运算功能、二取二比较功能、与外围板卡通信功能。联锁逻辑部主板包含两个独立的 CPU 单元，分别是 UP CPU 和 DOWN CPU。两个 CPU 单元同时运行联锁程序，通过设在两个 CPU 单元之间的 DPRAM 实现两个 CPU 单元的数据交换和比较。

联锁逻辑部主板的正面为每个联锁 CPU 单元设置了电源指示灯、运行指示灯和状态指示灯。联锁逻辑部主板的正面如图 5-64 所示。

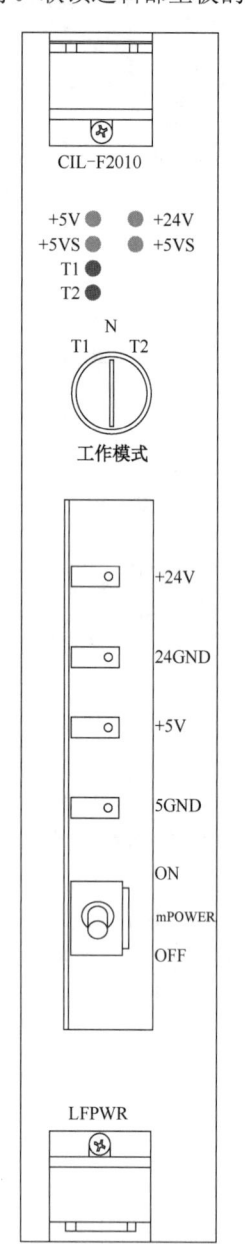

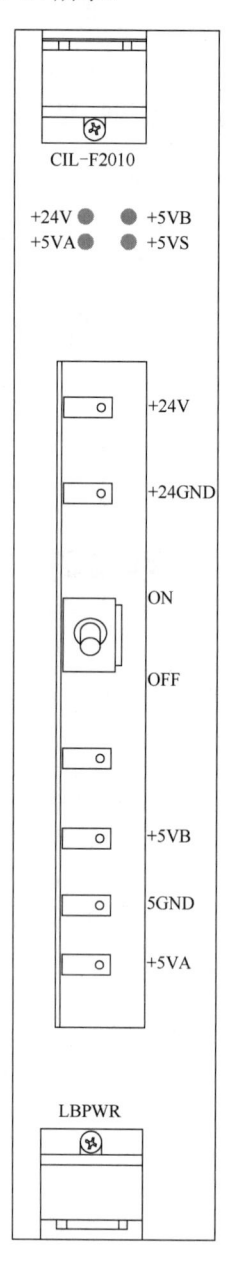

（a）联锁逻辑部前插电源面板　　（b）联锁逻辑部后插电源面板

图 5-63　联锁逻辑部电源面板　　　　　　　　图 5-64　联锁逻辑部主板的正面

电源指示灯亮表示给 UP CPU 和 DOWN CPU 供电的 5V 电源正常。如果电源指示灯灭，就表示对应电源掉电或者 LED 失效。uRUN 和 dRUN 两个指示灯分别用来表示上、下两个 CPU 是否在正常运行。如果 uRUN 和 dRUN 正常闪烁，就表示 CPU 程序运行正常。如果处于长灭状态，就表示对应的 CPU 程序运行异常。如果处于长亮，就表示对应 CPU 处于初始化状态（uRUN 长亮，uS1~uS5 均熄灭；dRUN 长亮，dS1~dS5 均熄灭）或者 CPU 处于初始化故障状态（此时 uS1~uS5 或 dS1~dS5 处于对应故障类型指示灯点亮状态）。

uS1、dS1 两个指示灯为主从系指示灯，指示灯常亮为主系，灯灭为从系或待机。

uS2、dS2 两个指示灯为控制态与待机态指示灯，指示灯常亮为控制态，灯灭为待机态。

uS3、dS3 两个指示灯用来表示主从系是否同步，如果主从系同步，灯就常亮。

uS4、dS4 两个指示灯用来表示 CPU 处于脱机或运行状态，指示灯常亮为脱机检测状态，灯灭为正常运行状态。

uS5、dS5 两个指示灯用来表示主从系是否故障，灯亮存在故障，灯灭无故障。

（3）联锁逻辑部通信板。

如前所述，联锁逻辑部需要不同的通信接口板完成不同的通信功能，例如双系之间通信、与本地 I/O 层通信、与控显子系统通信及与外部系统或设备的通信。联锁逻辑部的通信板包括双系通信接口板、ARCNET 通信接口板、I/O 通信接口板、CAN 通信接口板、以太网通信接口板。

① 联锁逻辑部双系通信接口板。

联锁逻辑部双系通信接口板完成联锁双系之间数据通信的功能，它将一个系的 CPU 模块通信数据转发给另一个系的 CPU 模块。该板采用前、后插板设计，前插板完成 VME 总线接口及逻辑功能，后插板完成光纤收发驱动电路及光纤连接功能。

联锁逻辑部前插双系通信接口板的前面板上设置电源指示灯、信号指示灯、复位开关，如图 5-65 所示。手动复位开关用于双系通信接口板全局复位。

电源指示灯亮表示对应的电源正常。如果电源指示灯灭，就表示对应的电源掉电或者 LED 失效。uSEL 和 dSEL 两个指示灯的闪烁分别用来表示对应的两个 CPU 是否正在访问本板的 DPRAM 读取数据。uTX 指示灯闪烁表示本系 UP CPU 有数据发往他系 UP CPU，uRX 指示灯闪烁表示本系 UP CPU 接收到他系 UP CPU 发来的数据，dTX 和 dRX 指示灯的含义同 uTX 和 uRX 指示灯。其他指示灯为预留。

② 联锁逻辑部 ARCNET 通信接口板。

联锁逻辑部 ARCNET 通信接口板完成联锁子系统与控显子系统、监测系统的通信。联锁逻辑部 ARCNET 通信接口板也采用前、后插设计，前插板完成 VME 总线接口及本板核心逻辑功能，后插板完成光纤收发驱动电路及光纤连接功能。

联锁逻辑部 ARCNET 通信接口板的前面板上设置电源指示灯、信号指示灯、复位开关，如图 5-66 所示。手动复位开关用于 ARCNET 通信接口板全局复位。

电源指示灯亮表示对应的电源正常。如果电源指示灯灭，就表示对应的电源掉电或者 LED 失效。uSEL 和 dSEL 两个指示灯的闪烁分别用来表示对应两个 CPU 是否正在访问本板的 DPRAM 读取数据。uTX 指示灯闪烁表示联锁逻辑部向 ARCNET 网络发送数据，uRX 指示灯闪烁表示联锁逻辑部接收到 ARCNET 网络发来的数据。其他指示灯为预留。

控显 A 机、控显 B 机、监测机中均插接两块 ARCNET 通信接口板，分别用于和联锁 I 系和 II 系通信。

③ 联锁逻辑部 I/O 通信接口板。

联锁逻辑部 I/O 通信接口板实现联锁逻辑部与本系 I/O 机笼的通信和他系 I/O 数据的交叉传输，完成应用数据包的发送和接收，减轻 CPU 的工作负担。前插板是 I/O 通信接口板，完成 VME 总线接口、本板核心逻辑功能和状态指示灯。后插板是 I/O 通信端子板，完成光纤通信收发驱动电路及端子引线功能。由于联锁逻辑部 I/O 通信接口板由联锁逻辑部后插电源板供电，因此在联锁前插电源板电源关闭时，只要后插电源板在正常工作状态，联锁逻辑部 I/O 通信接口板就可以正常工作。

该模板与 I/O 子系统通过光纤连接，通过 DPRAM 与 CPU 运算单元接口。为了提高系统的可靠性，在联锁双系本地 I/O 通信接口板之间增加光通信通道，实现双系 I/O 数据的交叉传输，联锁单系可以接收到双系的输入机笼的采集数据和向双系的输出机笼发送输出数据。

联锁逻辑部 I/O 通信接口板的前面板上设置电源指示灯、信号指示灯、状态指示灯、手动复位开关，如图 5-67 所示。手动复位开关用于 I/O 通信接口板全局复位。

图 5-65　联锁逻辑部双系通信接口板的前面板

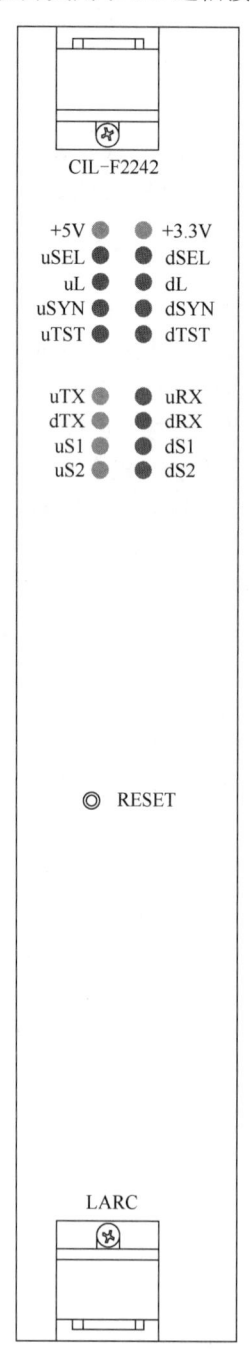

图 5-66　联锁逻辑部 ARCNET 通信接口板的前面板

图 5-67　联锁逻辑部 I/O 通信接口板的前面板

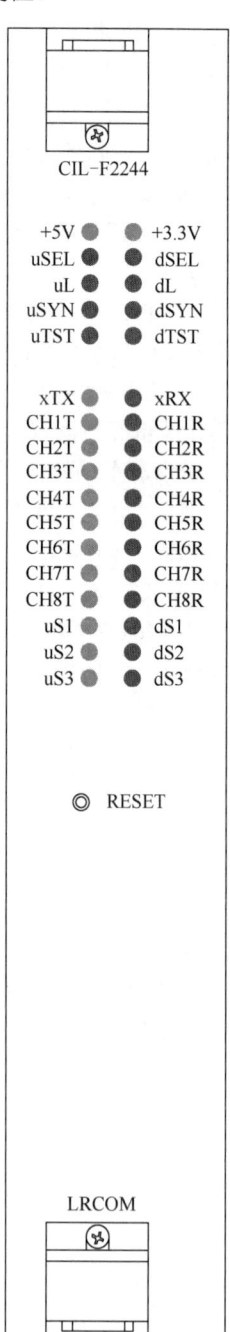

电源指示灯亮表示对应的电源正常。如果电源指示灯灭，就表示对应的电源掉电或者 LED

失效。uSEL 和 dSEL 两个指示灯的闪烁分别用来表示对应的两个 CPU 是否正在访问本板的 DPRAM 读取数据。

uL 和 dL 状态指示灯灭灯表示对应的 VME 槽位校验正常，指示灯闪烁表示对应的 VME 槽位校验失败或者前插电源板掉电。

xTX 和 xRX 两个指示灯表示本系联锁逻辑部与他系 I/O 通信接口板之间有无交叉数据交换。xTX 指示灯闪烁表示有数据发往他系的 I/O 通信接口板，xRX 指示灯闪烁表示接收到他系 I/O 通信接口板发来的数据，否则表明无数据交换。

16 个数据收发状态指示灯分别用来对应低速 UART 收发通道是否有数据发送与接收，若有数据收发，则灯闪烁。其中，CH1T 对应通道 1 发送，CH1R 对应通道 1 接收。CH2T 对应通道 2 发送，CH2R 对应通道 2 接收，以此类推。其他指示灯为预留。

I/O 通信接口板 I 用于本地 I/O 机笼的控制，I/O 通信接口板 II 用于远程通信控制（含区域联锁、站间通信）。

④ 联锁逻辑部 CAN 通信接口板。

CAN 通信接口板是联锁系统对外的一个接口，使系统能够和其他具有 CAN 接口的智能设备进行数据交换。该板采用前、后插板设计，前插板完成所有的逻辑功能，后插板仅作为 CAN 通信收发端子板，完成收发接口电路。

联锁逻辑部 CAN 通信接口板的前面板上设置电源指示灯、信号指示灯、复位开关，如图 5-68 所示。手动复位开关用于 CAN 通信接口板全局复位。

电源指示灯亮表示对应的电源正常。如果电源指示灯灭，就表示对应的电源掉电或者 LED 失效。uSEL 和 dSEL 两个指示灯的闪烁分别用来表示对应的两个 CPU 是否正在访问本板的 DPRAM 读取数据。

8 个数据收发状态指示灯分别用来对应 CAN 总线接口是否有数据发送与接收，若有数据收发，则灯闪烁。其中，uTXn 表明有数据从 uCCn 总线接口发送，uRXn 表明对应 uCCn 接口接收到总线数据。dTXn 表明有数据从 dCCn 总线接口发送，dRXn 表明对应 dCCn 接口接收到总线数据。其他指示灯为预留。

⑤ 联锁逻辑部以太网通信接口板。

联锁逻辑部以太网通信接口板的功能是完成联锁逻辑部与 ZC 和 LEU 的通信。该板采用前、后插板设计，前插板完成所有的逻辑功能，后插板仅作为以太网通信收发端子板，通过两路 10/100Base-T 以太网双绞线与外部设备进行连接。每个系最多可配置两块以太网通信接口板。

联锁逻辑部以太网通信接口板的前面板上设置电源指示灯、信号指示灯、复位开关，如图 5-69 所示。手动复位开关用于以太网通信接口板全局复位。

电源指示灯亮表示对应的电源正常。如果电源指示灯灭，就表示对应的电源掉电或者 LED 失效。uSEL 和 dSEL 两个指示灯的闪烁分别用来表示对应的两个 CPU 是否正在访问本板的 DPRAM 读取数据。uL 和 dL 状态指示灯灭灯表示对应的 VME 槽位校验正常。指示灯闪烁表示对应的 VME 槽位校验失败。

aSPD、bSPD 两个指示灯闪烁表示通道 A 或者通道 B 连接到了 100/10M 网络上，常灭为未连接上。aLNK、bLNK 两个指示灯闪烁表示通道 A 或者通道 B 以太网已建立，常灭表明未建立以太网连接，可能是交换机故障或网线有问题。aACTV、bACTV 两个指示灯闪烁表示通道 A 或者通道 B 正在发送/接收数据，常灭为无数据收发。aTX、bTX 两个指示灯闪烁表示通道 A 或者通道 B 正在发送数据，否则为没有发送数据。aRX、bRX 两个指示灯闪烁表示通道 A 或者通道 B 正在接收数据，否则为没有接收数据。NORM 指示灯闪烁表示与联锁软件通信正常，否则为通信不正常。UNORM 表示灯常灭表示通信接口板有故障，表示灯闪烁表示通信接口板工作正常。其他指示灯为预留。

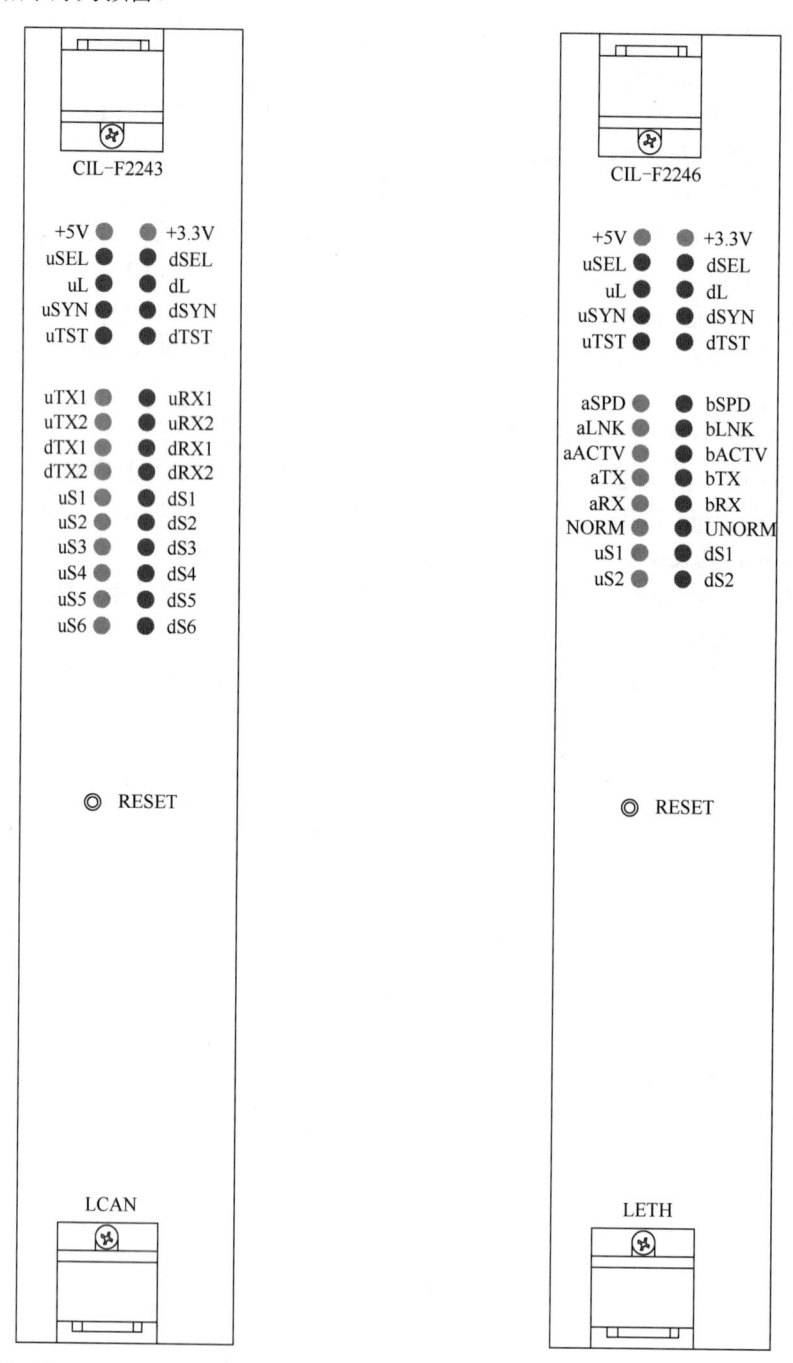

图 5-68　联锁逻辑部 CAN 通信接口板的前面板　　图 5-69　联锁逻辑部以太网通信接口板的前面板

3）联锁系统软件

联锁系统软件运行在 DS6-60 的联锁机上，由系统管理软件和联锁应用软件组成。系统管理软件主要完成系统的周期任务管理、I/O 管理、双系冗余管理。联锁应用软件主要完成联锁逻辑运算。

系统管理软件的输入程序模块将从输入子系统、控显机取得输入信息以约定的数据格式放入联锁输入数据区。系统管理软件的输出程序模块从输出数据区取得输出数据发送到相应的外部设备。

联锁应用软件从该区取得输入数据进行联锁运算。联锁程序将运算结果生成的输出命令、控制台显示信息和监测信息以约定的数据格式放入联锁的输出数据区。

4）ARCNET 集线器

ARCNET 集线器用于系统内 ARCNET 网络通信连接。联锁双系、控显双机和监测机通信光纤都直接与 ARCNET 集线器连接，通过 ARCNET 集线器实现各个子系统之间通信信息的交互。ARCNET 集线器如图 5-70 所示。

ARCNET 集线器的前面板有两排上下对称的数据收发状态指示灯，从左到右分别代表 8 个通道的数据收发状态。黄灯闪烁代表此通道有数据发送，绿灯闪烁代表此通道有数据接收。在数据收发状态指示灯左侧有一个黄色的指示灯，指示内部的 5V 逻辑电源正常。

在 ARCNET 集线器的背面有两排光收发器，第一排的 4 对光收发器从左到右依次对应端口 5～8，第二排的 4 对光收发器从左到右依次对应端口 1～4。在每一对光收发器中，左侧的是光发送器，右侧的是光接收器。8 对端口的功能完全一样，任何一对端口都可以用于连接网络终端设备或用于 ARCNET 集线器的级联。

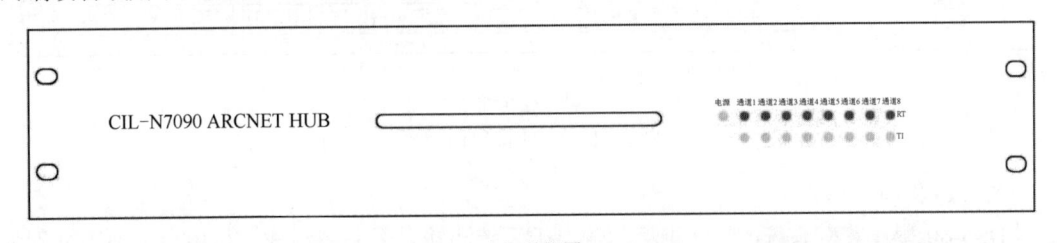

（a）前视图

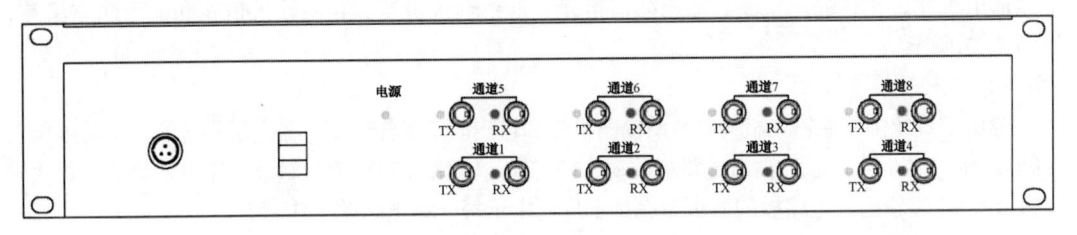

（b）后视图

图 5-70 ARCNET 集线器

在 ARCNET 集线器的后面板的左侧有一个黄色的指示灯，指示内部的 5V 逻辑电源。每一个光发送器的左侧为黄色指示灯，若黄灯闪烁，则指示该端口的信号发送状态。每一个光接收器左侧为绿色的指示灯，若绿灯闪烁，则指示该端口的信号接收状态。

5）LEU 接口适配器

LEU 接口适配器是 DS6-60 联锁子系统的一个外部通信接口扩展设备，主要负责联锁逻辑部和 LEU 之间的数据转发任务。

在联锁主站和 OC 子站都配置了 LEU 接口适配器，其中联锁主站 LEU 接口适配器通过五类双绞线连接到联锁主站以太网交换机，OC 站 LEU 接口适配器通过以太网交换机（带光纤口）转接后由站间光纤直接连接至联锁主站交换机，该网络连接采用星形网络拓扑结构，其目的是提供网络传输实时性。

前面板有两个拨码开关用于设置 LEU 接口适配器的地址信息。另外，面板上还有若干个 LED 灯用于指示适配器的当前工作状态，如电源状态、系统运行状态、故障指示、数据收发状态等，如图 5-71（a）所示。

LEU 接口适配器的所有电气接口均从后面板引出，通过 RS-422 接口挂载 LEU，最多可以挂载 16 个，LEU 接口适配器的后视图如图 5-71（b）所示。

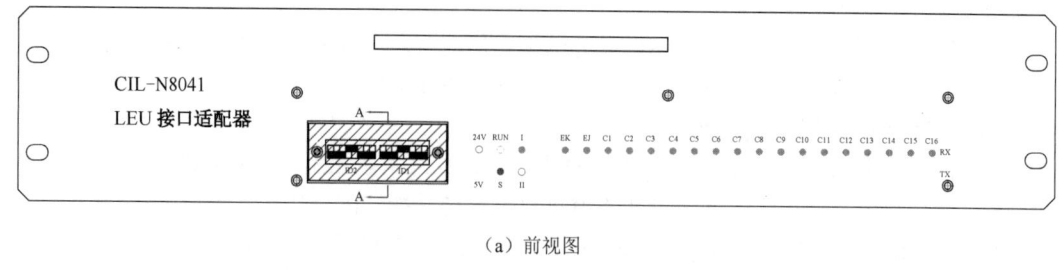

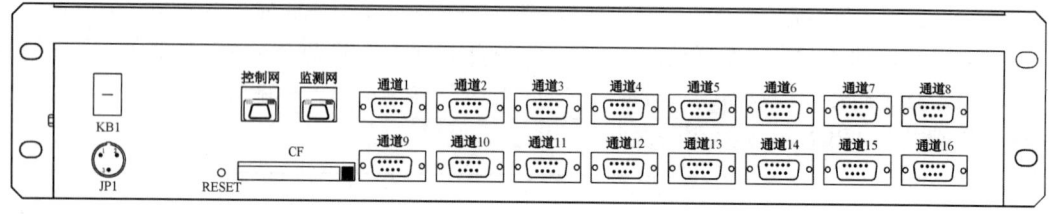

（a）前视图

（b）后视图

图 5-71　LEU 接口适配器

2．I/O 机柜

DS6-60 型计算机系统的 I/O 机柜由输出子系统和输入子系统组成，机柜自上而下分别为Ⅰ系输出机笼、Ⅱ系输出机笼、输出防雷机笼、Ⅰ系输入机笼、Ⅱ系输入机笼和输入防雷机笼，如图 5-72 所示。

1）输出子系统

输出子系统由Ⅰ系输出机笼、Ⅱ系输出机笼和输出防雷机笼组成。输出子系统的作用将继电器控制命令的 5V 信号，通过输出电路板的动、静转换，转变为 24V 信号输出到继电器线圈，每块输出板上有 16 路输出，电路板的面板上有指示灯，指示每一路电路的工作状态。

输出单元采用双断控制，动态和静态两路驱动串联输出，静态和动态输出分别由输出机笼内的两个独立的 CPU 单元控制。当一路输出无效时，总输出则为无效，构成硬件相异的二取二故障-安全输出。

输出机笼正面由 CPU 主板、数字量输出接口板和电源板组成，如图 5-73（a）所示。背面由输出底板、输出端子板和 I/O 通信接口板组成，如图 5-73（b）所示。其中，输出接口板和输出端子板的数量相同，由站场规模决定，单机笼最多可插入 10 块输出板。所有模板集中装配到 6U 高标准机笼内，并通过机笼后端无源底板连接通信。输出总线底板是输出子系统的总线背板，其所有可插拔控制板，都通过输出总线底板连接起来，为输出主板及各功能从板提供总线接口和电源接口。输出子系统的各个模板可以从机笼的前、后面插接在底板上，前插为主，后插接线。输出底板上设计拨码开关，可以决定机笼 ID 和机笼类型。

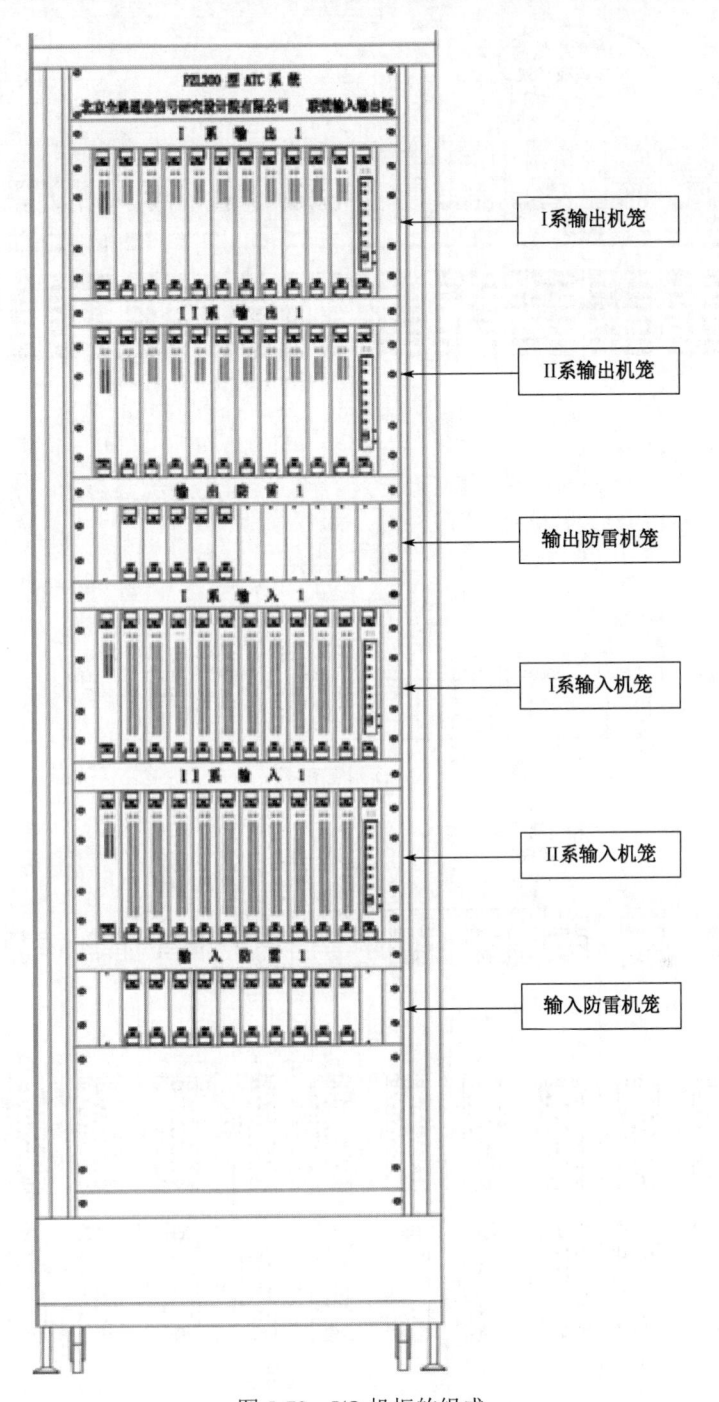

图 5-72 I/O 机柜的组成

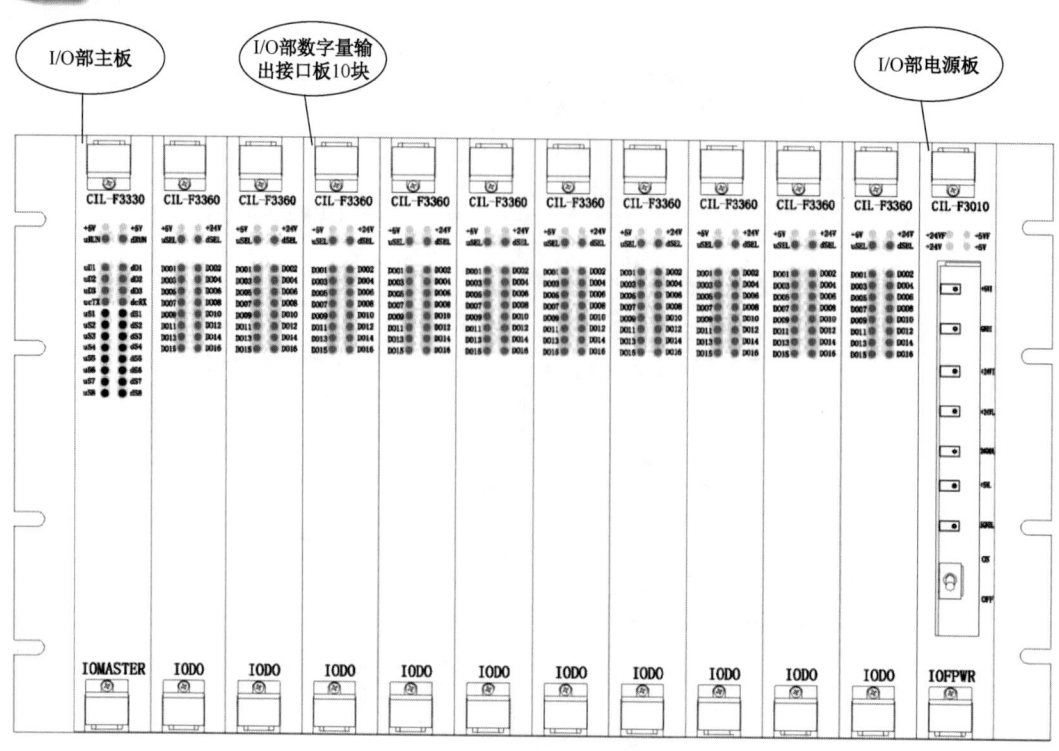

（a）前视图

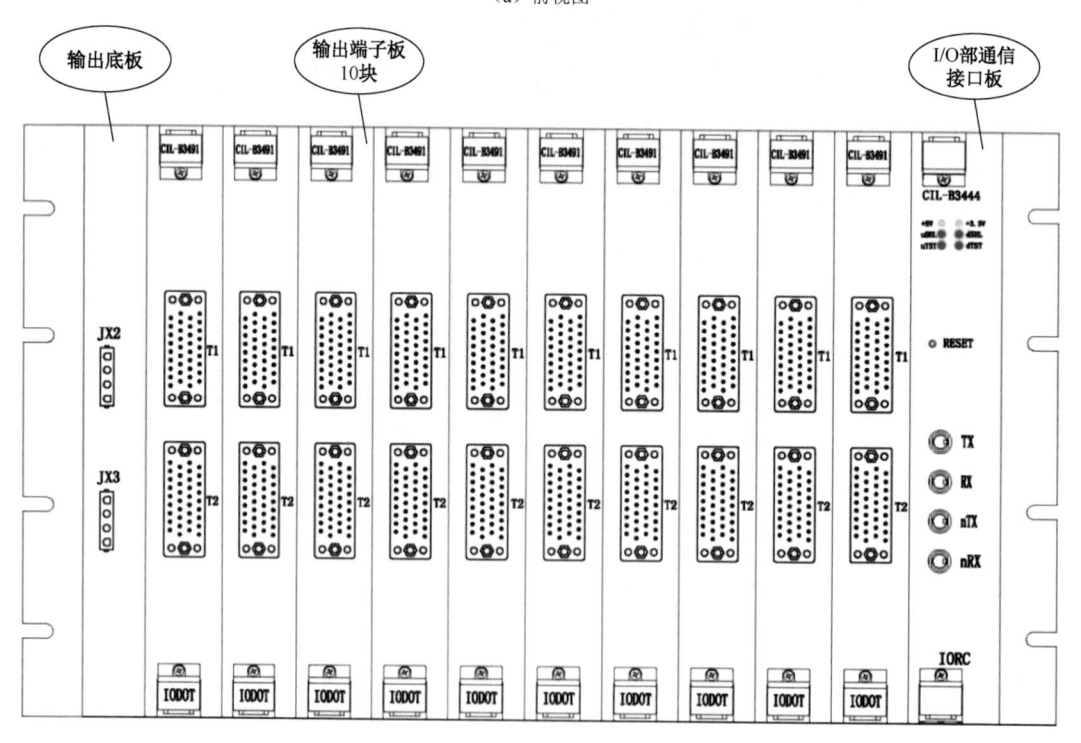

（b）后视图

图 5-73 输出机笼

（1）I/O 部电源板。

I/O 部电源板设置了 DC 24V/DC 5V 转换电路，将系统统一提供的 24V 电源转换成+5V 接口电源，提供给 I/O 部的各个电路插板。对输出子系统而言，还需提供+5V 逻辑电源以满足现场逻辑控制需要。I/O 部电源面板如图 5-74 所示。

图 5-74 中的指示灯分别对应接口电源（+5VF、+24VF）和逻辑电源（+5V、+24V）的工作状态，亮灯表示电源正常，灭灯表示电源掉电。指示灯下方有 7 个测试柱，其中+5VI、+24VI 是接口+5V 电源和接口+24V 电源，GNDI 是接口+5V 电源和接口+24V 电源的公共地；+5VL、+24VL 是逻辑+5V 电源和逻辑+24V 电源，5GNDL 是逻辑+5V 电源的地；24GNDL 是逻辑+24V 电源的地。

（2）I/O 部 CPU 板。

I/O 部 CPU 板用于实现 I/O 控制的核心运算，该模块通过 VME 总线底板实现对本机笼内其他电路板的访问和控制。其主要功能包括输出板各通道输出信号的控制、各输出板故障实时检测和输出子系统与联锁系的数据通信。I/O 部 CPU 面板如图 5-75 所示。

电源指示灯亮表示+5V 电源供电正常，如果电源指示灯灭，就表示供电失效或者 LED 失效。uRUN 和 dRUN 两个指示灯分别用来表示两个 MCU 是否在正常运行。如果 uRUN 和 dRUN 正常闪烁，就表示 MCU 程序运行正常。如果处于常亮或者常灭状态，就表示对应的 MCU 程序运行异常。

uD1、dD1 两个指示灯闪烁表示 I/O 部通信接口板将本系联锁逻辑部下发的数据填充到 DPRAMA/DPRAMB 中。uD2、dD2 两个指示灯表示 I/O 部通信接口板将他系联锁逻辑部下发的数据填充到 DPRAMA/DPRAMB 中。uD3 指示灯闪烁表示 I/O 部通信接口板开始将本机笼的上行数据发送至联锁逻辑部。dD3 指示灯闪烁表示 I/O 部通信接口板开始将级联机笼的上行数据转发至联锁逻辑部。ucTX 指示灯闪烁表示发往级联机笼 I/O 部通信接口板的下行数据位流，dcRX 指示灯闪烁表示接收到来自级联机笼 I/O 部通信接口板的上行数据位流。

uS1、dS1～uS8、dS8 为 16 个 MCU 的故障类型指示灯。

（3）I/O 部数字量输出接口板。

I/O 部数字量输出接口板用于实现继电器的安全驱动，每一块 I/O 部数字量输出接口板可以驱动 16 路输出。I/O 部数字量输出接口板如图 5-76 所示。

+5V 电源指示灯亮表示对应的电源正常。+24V 电源指示灯亮表示 I/O MCU 允许本板正常输出且接口+24V 电源正常。uSEL 和 dSEL 两个指示灯的闪烁分别用来表示 UP I/O MCU 或者 DOWN I/O MCU 正在访问本板。DO01～DO16 灯亮，表示对应驱动板向继电器线圈输出 24V 电压。

（4）I/O 部通信接口板。

I/O 部通信接口板后插在输出部底板上，TX 和 RX 分别是本机笼光通道的光发送器接口和光接收器接口。nTX 和 nRX 分别是级联光通道的光发送器接口和光接收器接口。手动复位开关用于 I/O 通信部接口板全局复位。I/O 部通信输出接口板如图 5-77 所示。

电源指示灯亮表示对应的电源正常。如果电源指示灯灭，就表示对应的电源掉电或者 LED 失效。uSEL 和 dSEL 两个指示灯的闪烁分别用来表示 UP MCU 或者 DOWN MCU 正在访问本板的 DPRAM 读取数据。uTST 和 dTST 为预留指示灯。

输出子系统双系采用并线输出模式，即 I 系和 II 系输出接口在柜内完成并线，后插输出端子板上的 T1 端子对应接口架输出信号，T2 端子对应输出防雷机笼的防雷板或另一系对应输出端子板的 T1 端子。系统输出信号线（正线和负线）加载在继电器的 1/4 线圈，任何一系有输出信号，继电器都会吸起，如图 5-78 所示。

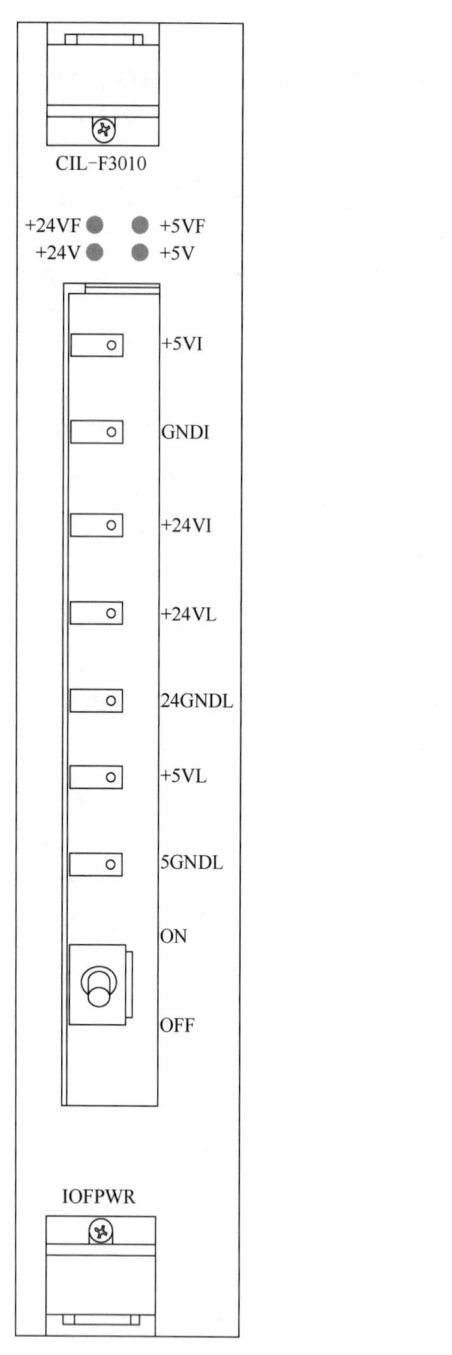

图 5-74　I/O 部电源面板　　　　　图 5-75　I/O 部 CPU 面板

2）输入子系统

输入子系统由输入 I 系机笼、输入 II 系机笼和输入防雷机笼组成。输入接口从对应继电器的前接点或后接点上采集信号，通过光电隔离将继电器接点输入的 24V 信号转变为 5V 信号输入计算机。

输入采集单元采用静态采集方式，由输入采集机笼内的两个独立 CPU 单元分别进行采集，由联锁逻辑部对采集结果进行比较，比较一致认为采集数据有效，否则采集数据无效，构成二取二故障-安全采集系统。

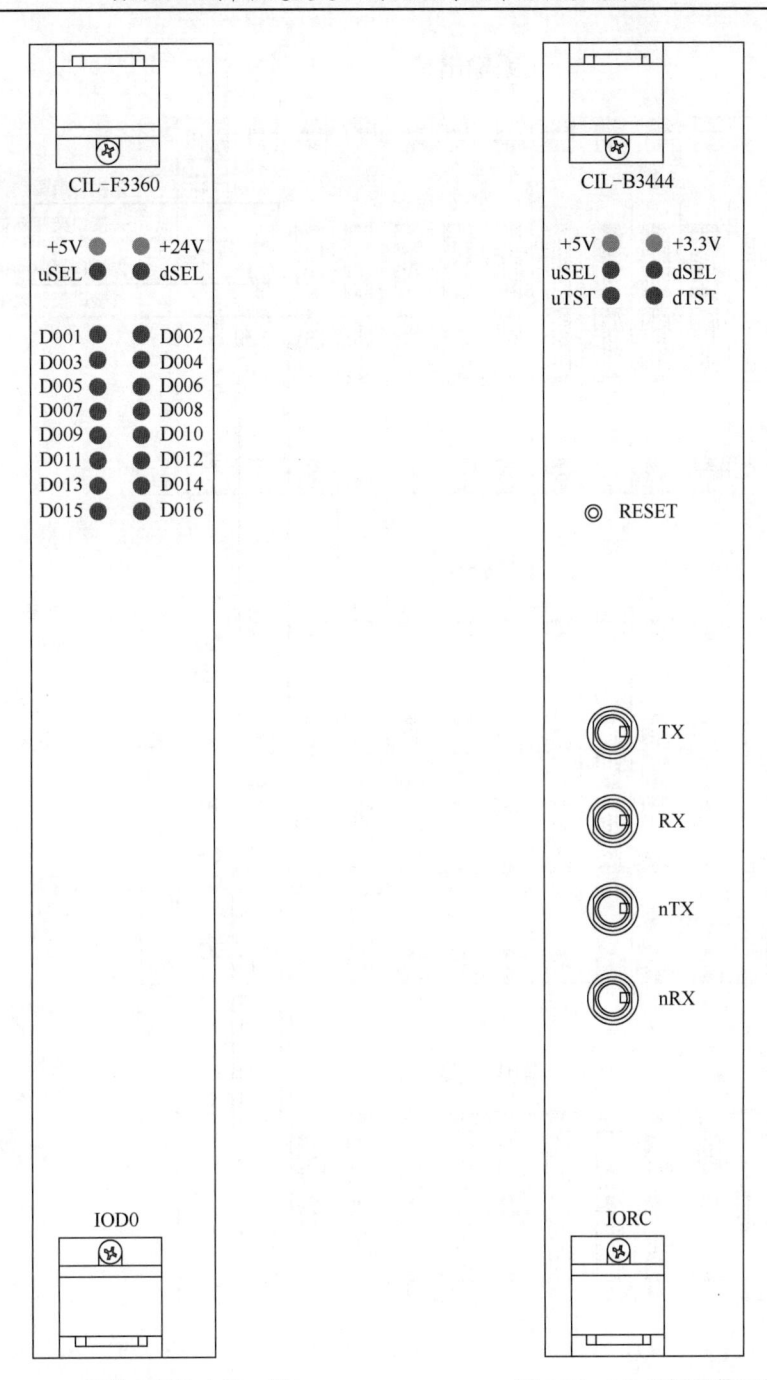

图 5-76　I/O 部数字量输出接口板　　　　图 5-77　I/O 部通信接口板

输入机笼正面由 CPU 主板、数字量输入接口板和电源板组成，如图 5-79（a）所示。背面由输入底板、输入端子板和 I/O 通信接口板组成，如图 5-79（b）所示。其中，输入板和输入端子板的数量相同，由站场规模所决定，单机笼最多可插入 10 块输入板。所有模板集中装配到 6U 高标准机笼内，并通过机笼后端无源底板连接而成。输入总线底板是输入子系统的总线背板，其所有可插拔控制板都通过输入总线底板连接起来，为输入主板及各功能从板提供总线接口和电源接口。输入子系统的各个模板可以从机笼的前、后面插接在底板上，前插为主，后插接线。输入底板上的设计拨码开关，可以决定机笼 ID 号和机笼类型。

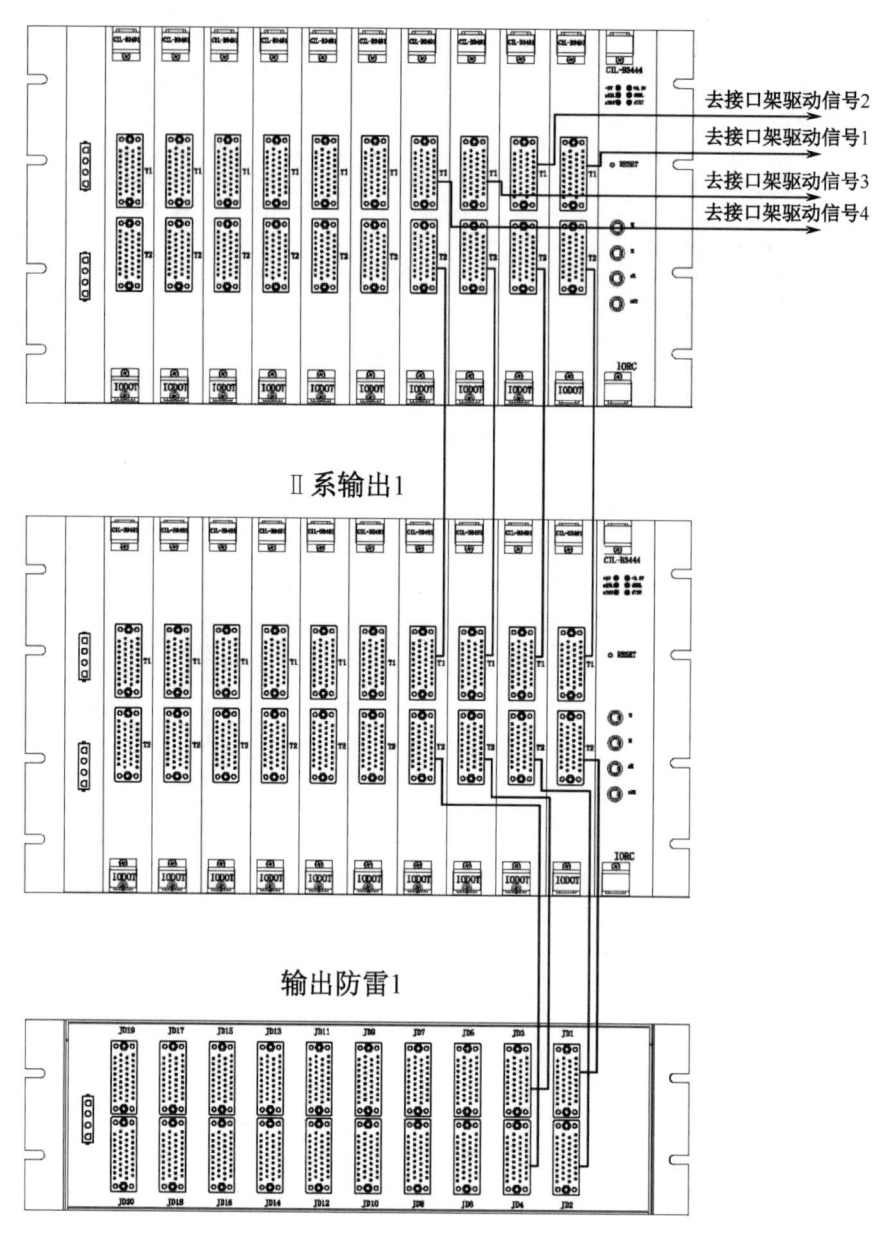

图 5-78　输出接口连接

  输入机笼和输出机笼使用相同的 I/O 部电源板、I/O 部通信接口板和 I/O 部 CPU 板，各模板的面板布置、指示灯含义与输出机笼的 I/O 部模板相同。

  I/O 部数字量输入接口板与输出接口板不同，它可实现继电器接点的状态采集，采用光电隔离输入板。输入板将继电器接点输入的 24V 信号转变为 5V 信号输入计算机。每块输入板上有 64 路输入，电路板的面板设有指示灯，指示每一路电路的工作状态。I/O 部数字量输入接口板如图 5-80 所示。

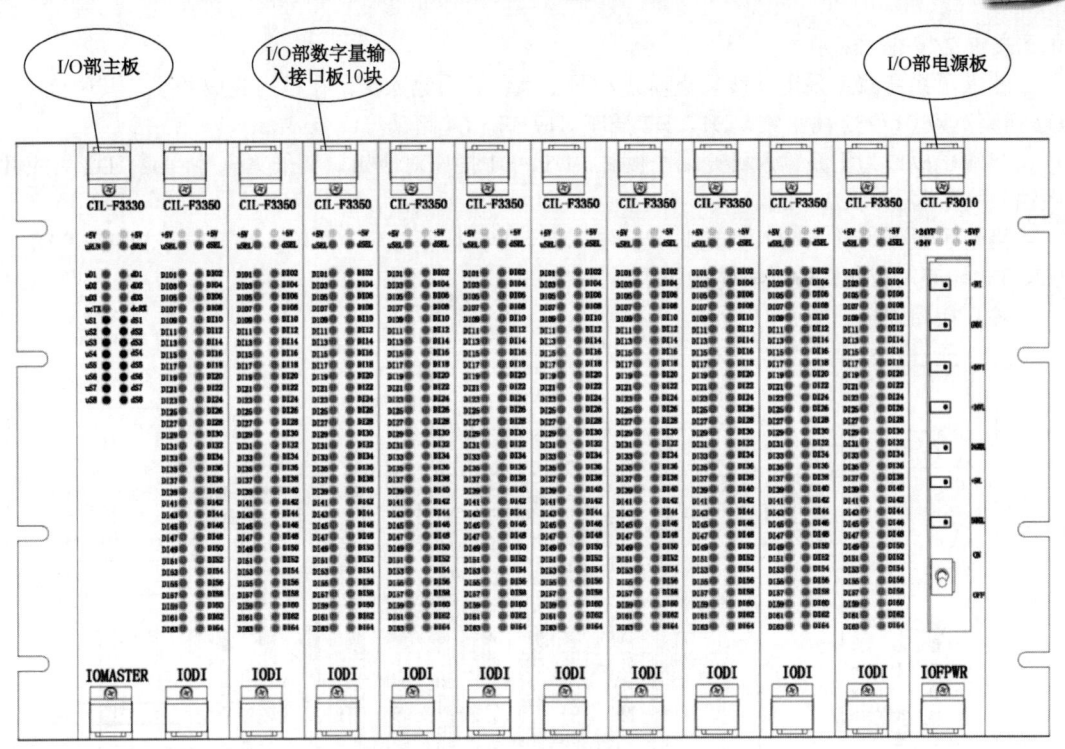

（a）前视图

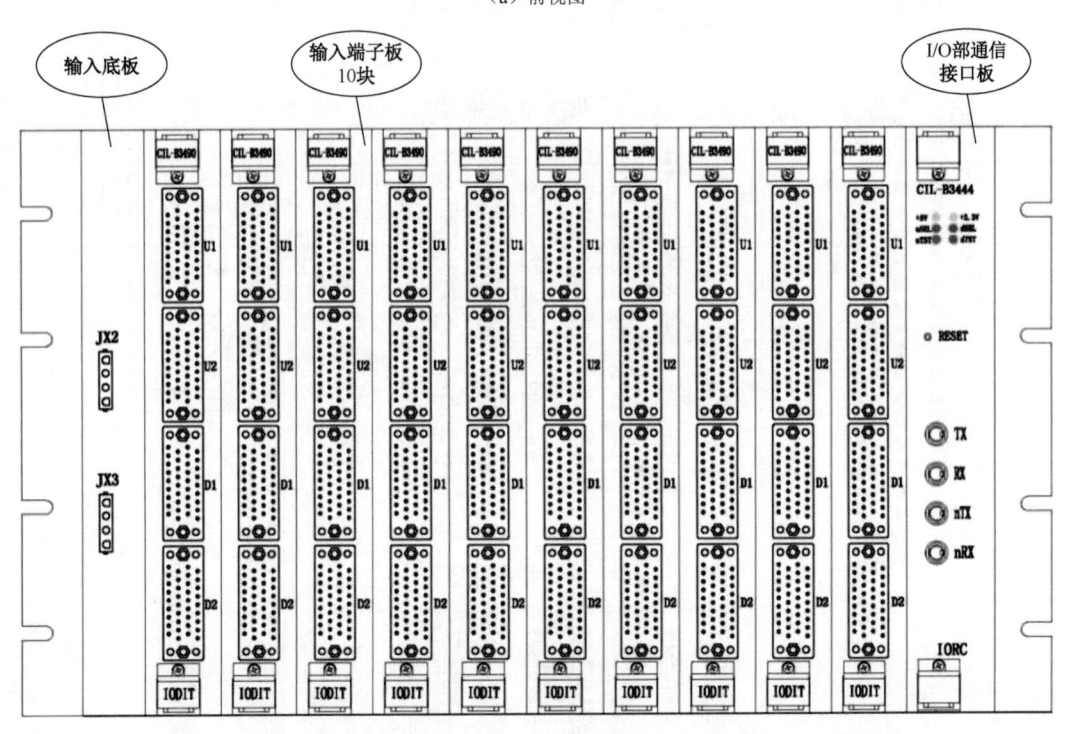

（b）后视图

图 5-79 输入机笼

+5V 电源指示灯亮表示其电源正常。uSEL 和 dSEL 两个指示灯的闪烁分别用来表示 UP I/O MCU 或者 DOWN I/O MCU 正在访问本板。DI01～DI64 闪烁表示第 1 路～第 64 路采集继电器接点 24V 信号存在。

输入子系统双系采用并线采集模式，即Ⅰ系和Ⅱ系输入接口在柜内完成并线，其中 U1、U2 插座对应 01～32 路采集，D1、D2 插座对应 33～64 路采集。

当端子板作为Ⅰ系输入机笼端子板时，U1、D1 插座对应接口架采集信号，U2、D2 对应Ⅱ系输入机笼端子板 U1、D1。

当端子板作为Ⅱ系输入机笼端子板时，U1、D1 插座对应Ⅰ系输入机笼端子板 U2、D2，U2、D2 插座对应防雷输入机笼的防雷板。

输入接口连接如图 5-81 所示。

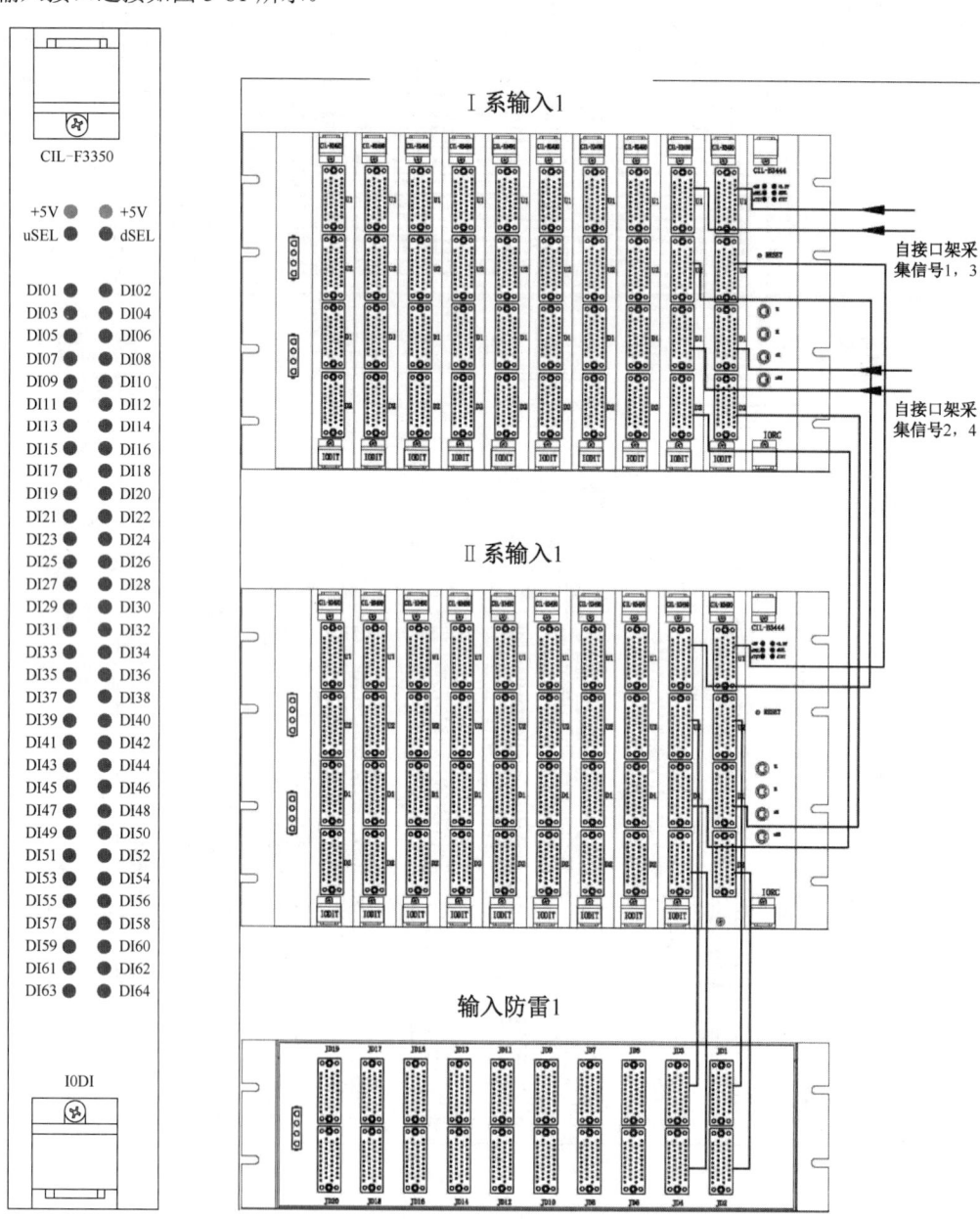

图 5-80　I/O 部数字量输入板　　　　图 5-81　输入接口连接

3）I/O 防雷机笼

DS6-60 型计算机联锁系统防雷采用独立防雷单元。信号电源屏接入系统的 AC 220V 电源经防雷单元进入系统电源。I/O 接口都设置防雷接口板连接。图 5-82 所示为 I/O 防雷机笼。

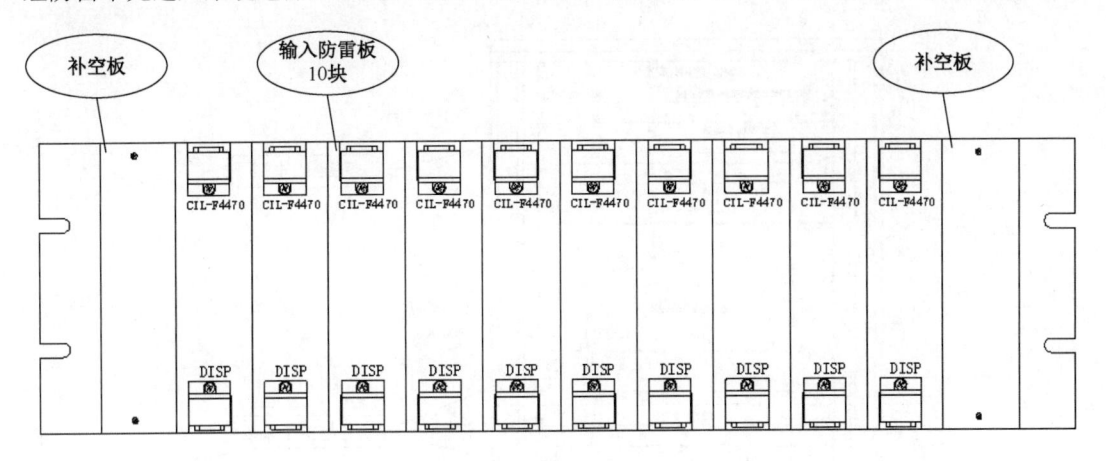

(a) 前视图

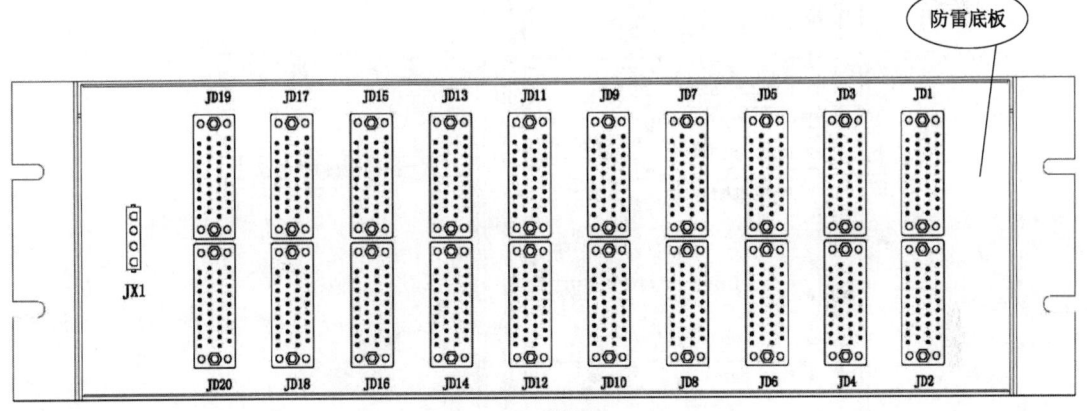

(b) 后视图

图 5-82　I/O 防雷机笼

I/O 防雷机笼分别由输入防雷板、输出防雷板和底板组成，为每一路的输入或输出提供防雷保护，一个防雷机笼最多可插入 10 块防雷板。每一块输入防雷板与输入Ⅱ系机笼的对应的一块输入端子板连接。每一块输出防雷板对应Ⅱ系输出机笼的一块输出板。

3．电源机柜

DS6-60 型计算机系统电源机柜自上而下分别是逻辑 24V 电源、电务维护子系统、接口 24V 电源和远程通信单元，如图 5-83 所示。

1）电源子系统

DS6-60 型计算机联锁系统要求信号电源屏经隔离变压器单独提供 2 路单相交流 220V 电源。从电源屏接入的 220V 电源送到 DS6-60 型计算机联锁系统的电源柜，向系统设备供电。

四台 24V 直流稳压电源，按照其承担负载性质的不同，分为逻辑电源和接口电源，这两类电源分别由两台直流稳压电源并联供电，保证每一类电源在有一台发生故障时不影响该类电源所带负载的供电。

逻辑 24V 电源（L24）为联锁机笼和 I/O 机笼使用，经 DS6-60 型计算机联锁系统内部电源板的 DC/DC 变换，产生逻辑电路工作所需的 5V 电源。同时，ARCNET 集线器等设备使用逻辑 24V 电源。接口 24V 电源（I24）供输出接口驱动继电器和输入接口采集继电器状态使用。每一路电源均设两台并联工作。

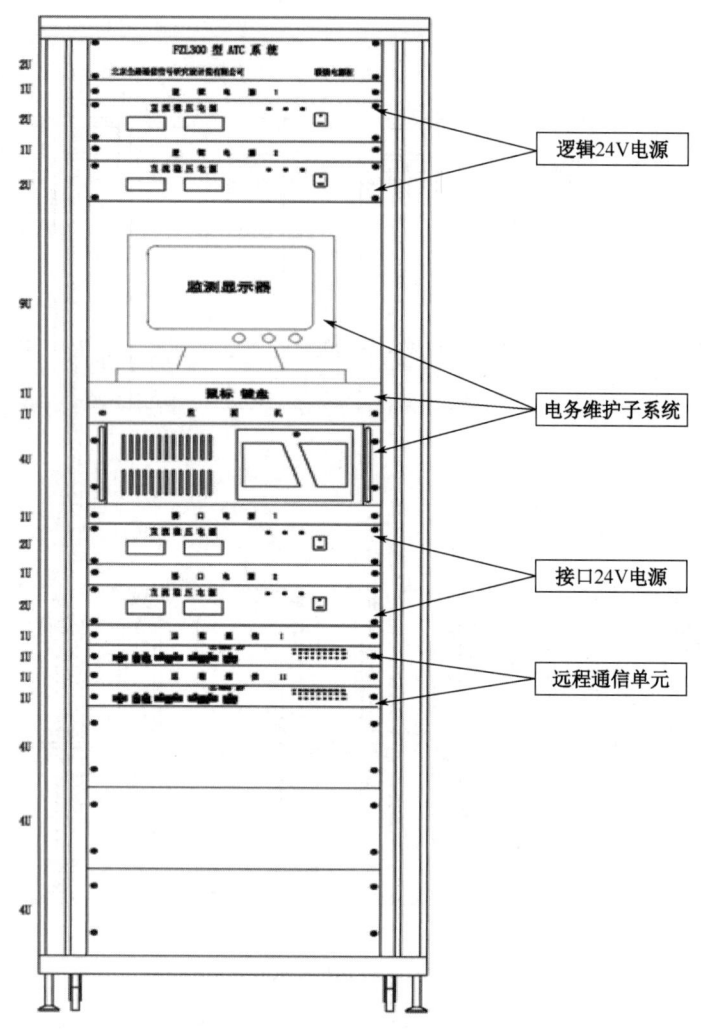

图 5-83　电源柜布置

控显机、监测机使用 AC 220V 电源。图 5-84 所示为系统供电配置结构框图。

2）远程通信单元

远程通信单元用于实现远程通信网上各通信节点，如联锁逻辑部、远程 I/O 机笼、区域控显机之间远距离的数据通信。

远程通信单元具有 8 路 UART 低速光通道和 2 路高速光通道，在远程通信网上每一个通信节点都配有一个远程通信单元，各个节点的远程通信单元相互连接组成一个环形远程通信网络。该单元只完成数据的甄别、转发功能，不计算 CRC，不附加校验信息，不修改原始数据，实现透明传输。目标控制器系统当中远程通信单元完成通信环网上的数据中继，为联锁逻辑部和目标控制器单元提供数据通路，高速光通道接入远程通信网，实现站间通信，低速光通道与目标控制器远程通信接口板连接。

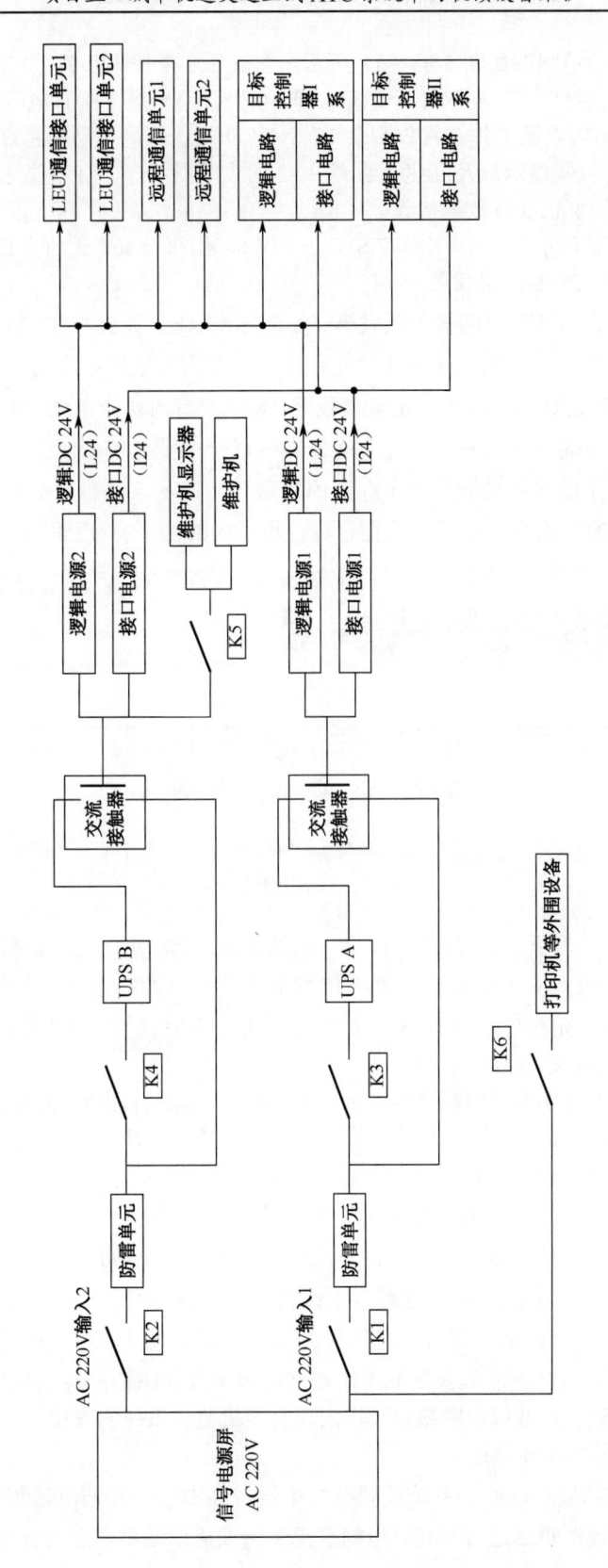

图 5-84 系统供电配置结构框图

远程通信单元的前视图如图 5-85（a）所示，左侧为 8 个拨码开关，右侧为 LED 指示灯。右侧的两排 LED 指示灯，第一排 11 个，第二排 10 个。第一排左侧有电源指示灯，黄色 LED 指示灯指示内部+3.3V 电源工作正常。剩余 10 个 LED 指示灯为信号指示灯，从左到右依次为低速光通道 1～8 的收发指示灯及高速光通道 1、2 的收发指示灯。LED 指示灯为黄色闪烁代表有数据发送，绿色闪烁代表有数据接收。

拨码开关从左至右分别是 SW1,SW2,SW3,…,SW8，用来设置本远程通信单元所在的站 ID、区域 ID 和本地或跨域数据传输权限。

在远程通信单元的背面有两排光收发器，如图 5-85（b）所示。第一排的 4 对光收发器从左到右依次对应端口 5～8，第二排的 4 对光收发器从左到右依次对应端口 1～4。在每对光收发器中，左侧的是光发送器，右侧的是光接收器。8 对端口的功能完全一样，任何一对端口都可以用于连接网络终端设备。每一个光发送器右侧有一个黄色的指示灯，指示该端口的信号发送状态。每一个光接收器右侧有一个绿色的指示灯，指示该端口的信号接收状态。在远程通信单元的后面板的左侧有一个黄色的指示灯，指示内部的 3.3V 逻辑电源。

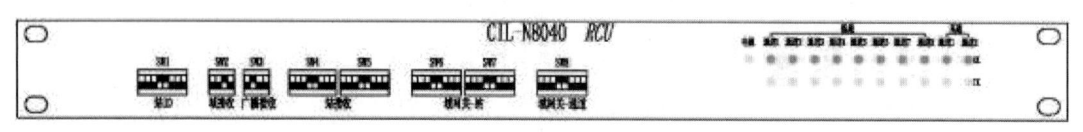

（a）前视图

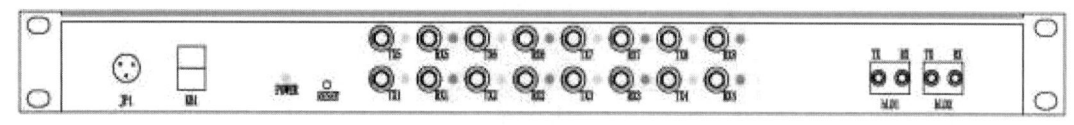

（b）后视图

图 5-85 远程通信单元

在远程通信单元的后面板的右侧有两个高速光收发器，用于实现站间通信。任意一个高速光收发器的左侧为发送部分，右侧为接收部分。左侧的高速光收发器，用于同一个域内的各个远程通信单元构建高速环网，右侧的高速光收发器用于不同域之间的连接。

3）电务维护子系统（监测系统）

电务维护子系统硬件设备包括监测主机、显示器、鼠标和打印机，主要功能包括系统硬件、软件运行状态监视，以及现场操作和信号设备动作的记忆、查询、再现、打印等，为维护人员提供良好的操作界面，是整个系统维护的重要设备。

监测主机为单机设置，采用高可靠性工业控制计算机，机内安装两块 ARCNET 通信接口板，通过光纤分别与联锁Ⅰ系和Ⅱ系连接。监测机软件是在 Windows 操作平台上开发的，通过 ARCNET 网络通信，监测主机从联锁双系接收值班员操作信息、现场设备状态、系统输出命令、I/O 端口状态、系统故障报警信息等，并实时记录在数据库中，所有记录信息可保存 1 个月以上。维护人员可以通过屏幕菜单操作查询、显示或打印输出各类信息。

监测子系统通过串口或以太网接口可以实现与微机监测系统的连接。

4．DS6-60 目标控制器系统

DS6-60 目标控制器（OC）系统设置在二级设备集中站。它通过远程通信接口与高速环网其他节点上的联锁逻辑部进行通信。根据联锁逻辑部通信数据和目标控制器应用软件运算，完成逻辑运算、I/O 接口采集、现场设备驱动（全部为继电器接口）等功能。通过外部通信接口（如 CAN、RS-422/485、以太网等）与其他外部设备进行通信。通过模拟输入接口测量目标控制器电源、转辙机供电电源屏等，并可将这些信息上传至联锁系统供远程监测。

DS6-60 目标控制器系统采用二乘二取二冗余结构设计，系统中所有涉及安全信息处理和传输的部件均按照故障-安全原则采取了双重系结构设计，互为冗余。目标控制器系统与输出子系统一样采用双断控制，动态和静态两路驱动串联输出，静态和动态输出分别由两个独立的 CPU 单元控制，当一路输出无效时，总输出也无效，构成硬件相异的二取二故障-安全输出。

图 5-86 所示为 DS6-60 目标控制器系统连接框图，虚框内是远程通信节点上的联锁逻辑部通过高速环网与位于此环网另一个节点上的目标控制器进行通信并对其进行监控。目标控制器 I 系的远程通信接口接入 I 号高速环网，并只与 I 系联锁逻辑部进行通信；目标控制器 II 系的远程通信接口则接入 II 号高速环网，并只与 II 系联锁逻辑部进行通信。目标控制器二取二故障-安全处理器通过系间通信接口完成二乘二逻辑。目标控制器通过数字量 I/O 接口对通用继电器接口进行采集及驱动，同时支持 CAN、485/422、以太网等通信接口。它还可以通过模拟量输入接口测量外部电压、电流信号。

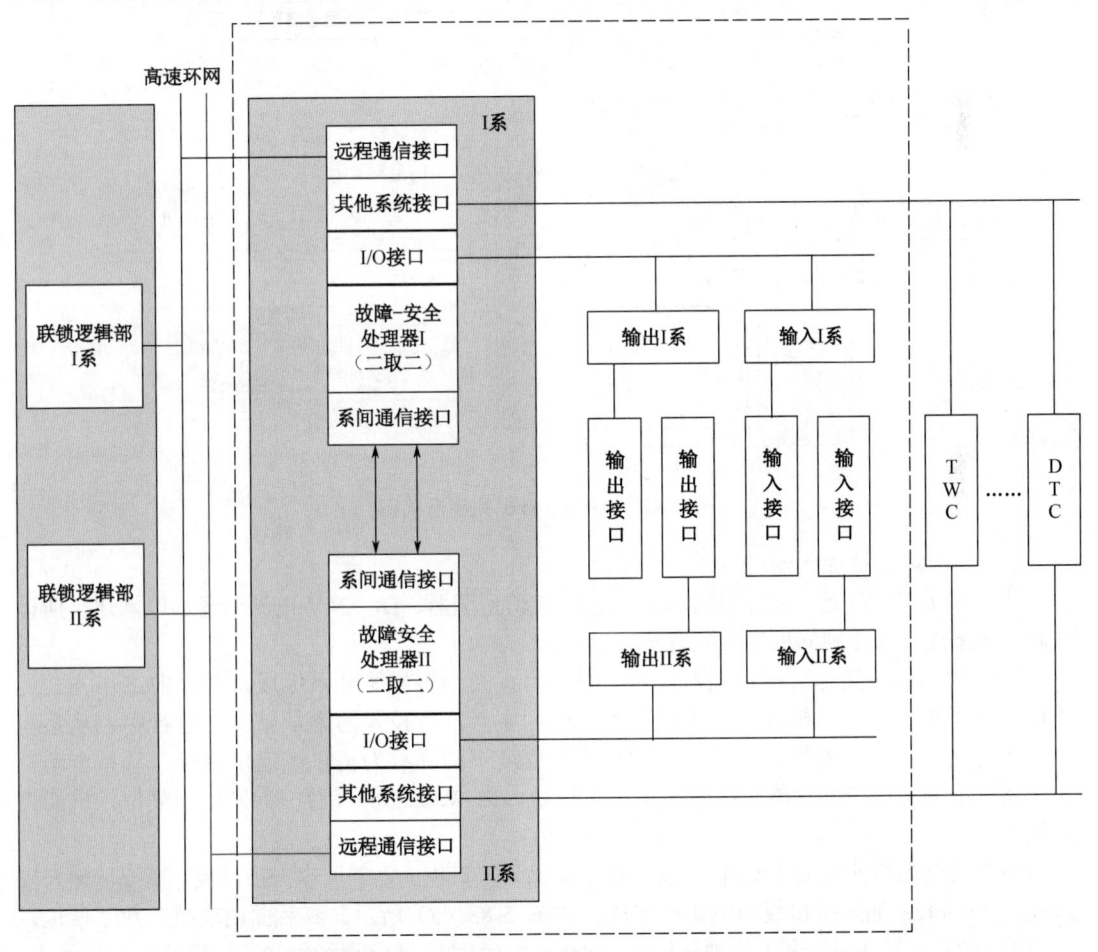

图 5-86　DS6-60 目标控制器系统连接框图

DS6-60 目标控制器机柜如图 5-87 所示，机柜高为 2250mm，宽为 600mm，深为 800mm，机柜从上到下为目标控制器机笼 I 系、目标控制器机笼 II 系、I/O 防雷单元、远程通信单元 I 系、远程通信单元 II 系、DC 24V 电源、LEU 接口适配器 1、LEU 接口适配器 2。

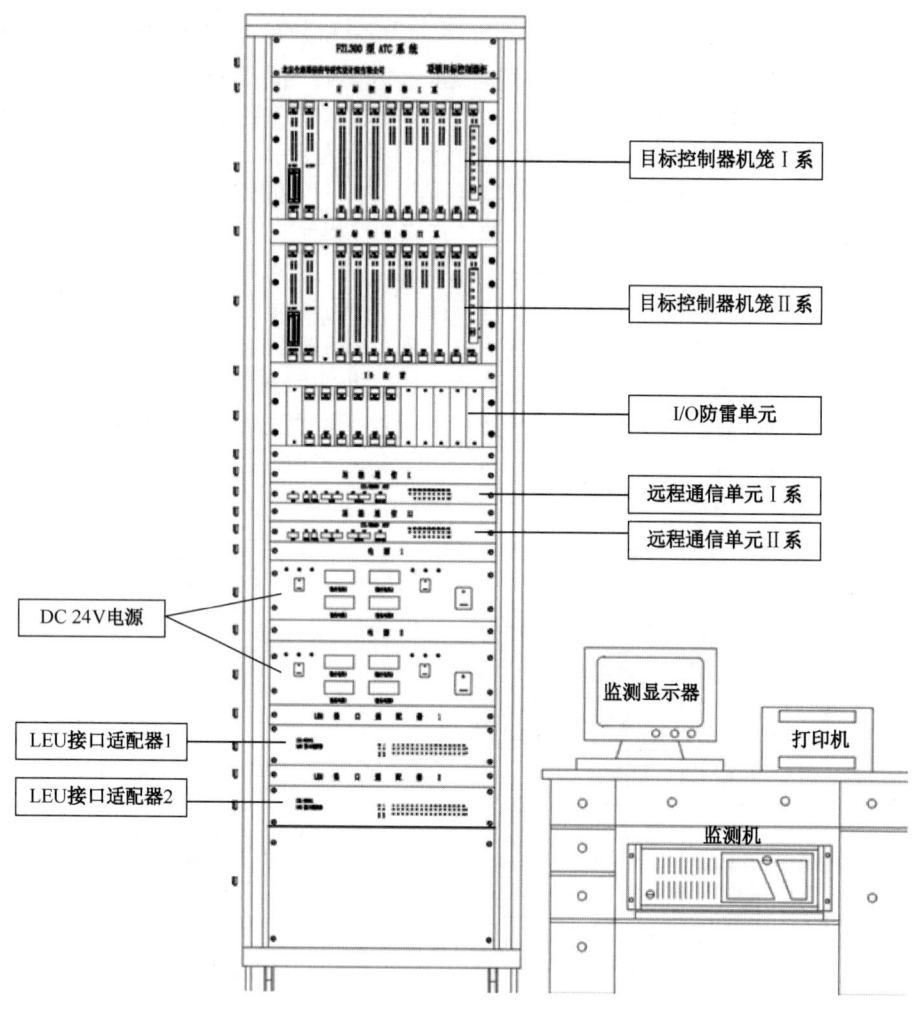

图 5-87　DS6-60 目标控制器机柜

1）DS6-60 目标控制器机柜

由于 I/O 防雷单元、远程通信单元、LEU 接口适配器、DC 24V 电源已经加以阐述，所以在此主要阐述目标控制器机笼的配置及其功能。

目标控制器机笼由目标控制器机笼Ⅰ系、目标控制器机笼Ⅱ系组成，双系的工作方式为并行主从系统，根据开机顺序，先投入运行的为主系，后投入的为从系。在运行中，从系与主系保持同步，如果主系发生故障，就按故障程度不同降级为待机或退出运行，从系自动升为主系，维持系统控制功能。故障系退出运行后，由 WatchDog（看门狗）自动复位，重新投入使用。

目标控制器机笼前面由 CPU 主板、数字量输入接口板、数字量输出接口板、模拟量输入接口板、CAN/422 通信接口板和电源板组成，如图 5-88（a）所示。其后面由底板、数字量输入端子板、数字量输出端子板、模拟量输入端子板、CAN/422 通信端子板和远程通信接口板组成，如图 5-88（b）所示。两系机笼中硬件设备完全相同，但两个系机笼底板拨码设置不同。其中，数字量输入接口板、数字量输出接口板、电源板与 I/O 子系统所使用的模板相同。

(a) 前视图

(b) 后视图

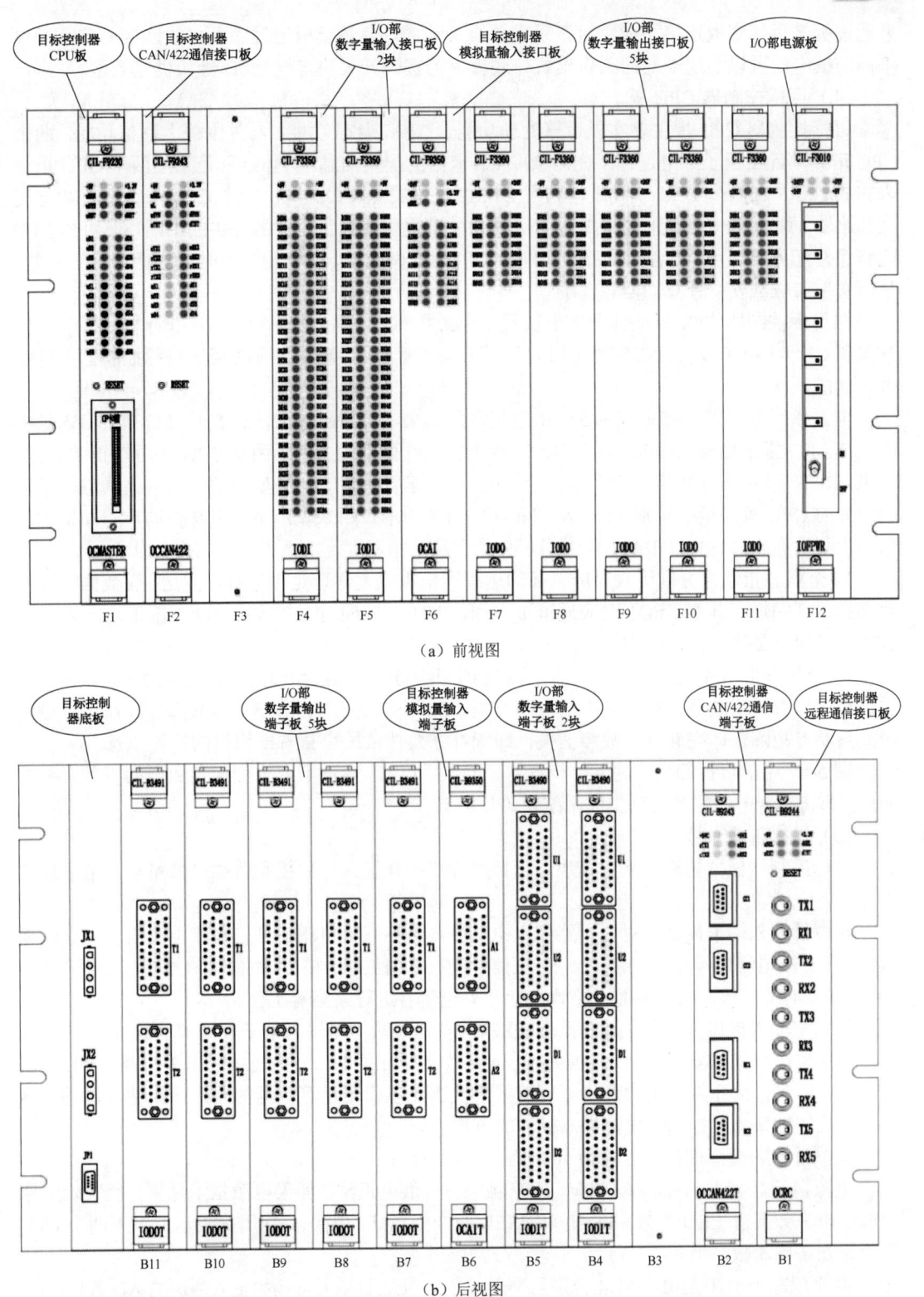

图 5-88 目标控制器机笼

目标控制器机笼所有前插和后插线路板集中装配到 6U 高标准机笼内,与 19 英寸机柜配装,并通过机笼后端底板连接而成。机笼采用总线式结构，各种模板通过底板总线连接通信，通过不同的板卡配置以实现不同的工作模式。底板上的拨码开关决定机笼 ID 号和机笼类型。

（1）目标控制器 CPU 板。

目标控制器 CPU 板主要实现运算处理功能、二取二比较功能、与外围板卡通信功能。两个 CPU 运算单元在板子上电过程中先后读取 CF 卡内的配置信息。具体过程是采用两个 CPU 单元来完成运算，在两个 CPU 单元之间利用 DPRAM 提供公共数据区供两个 CPU 单元进行数据交换和比较。两个 CPU 单元同时运行程序，利用外部提供的同步时钟源提供的中断，使两个 CPU 能够保持任务级同步。两者的运算结果通过 DPRAM 做比较，当比较一致时认为运算结果有效，从而实现二取二安全计算功能。

在目标控制器 CPU 板的前面板上设置了电源指示灯、信号指示灯、状态指示灯、手动复位开关和 CF 卡插卡口。目标控制器 CPU 板如图 5-89 所示。手动复位开关用于目标控制器主板的全局复位。

电源指示灯亮表示+5V 或+3.3V 供电正常，如果电源指示灯灭，就表示+5V 或+3.3V 供电失效或 LED 指示灯失效。uRUN 和 dRUN 两个指示灯分别用来表示两个 CPU 是否在正常运行。如果 uRUN 和 dRUN 正常闪烁，就表示 CPU 程序运行正常。如果处于常亮或常灭状态，就表示对应的 CPU 程序运行异常。uSYN 和 dSYN 两个指示灯用来表示主从系是否同步，如果主从系同步则常亮。uMST 和 dMST 两个指示灯为主从系指示灯，主系指示灯常亮，从系灯灭。

10 个状态指示灯分别用来对应背插的远程通信板收发通道是否有数据发送，有数据收发则状态指示灯闪烁。其中，uD1 对应通道 1 发送，dD1 对应通道 1 接收；uD2 对应通道 2 发送，dD2 对应通道 2 接收，以此类推。

16 个状态指示灯 xSx 分别用来表示两个 CPU 处于何种运行状态。S1~S5 为 5 组故障灯，通过相互组合，反映系统初始化中的故障类型。S6~S7 为预留灯。S8 为故障灯，在运行过程中，只要有故障，即亮此灯，故障消失，即灭灯。具体故障可查看维修机的报警信息。

图 5-89 中的可拆卸挡片为 CF 卡插座，用于插拔 CF 存储卡，方便配置数据的下载。系统通过读取 CF 卡中的配置信息完成系统初始化配置。

（2）模拟量输入接口板。

目标控制器模拟量输入采集模块，包括前插模拟量输入接口板和背插模拟量输入端子板两部分。

模拟量输入端子板完成对 14 路模拟电信号（包括直流电压信号、直流电流信号、交流电压信号、交流电流信号）的采集放大，交流信号的有效值转换，将 14 路模拟信号统一处理为 0~3V 的直流电压信号，同时能对 4 路数字量开关电信号进行采集等工作。

模拟量输入接口板，在上述基础上完成对 14 路经模拟量输入端子板处理后的 0~3V 的直流电压信号进行光电隔离、AD 转换处理、4 路数字量开关电信号的光电隔离采集及 VME 译码等工作。同时，为主控板提供两份相同的采集数据，以保证运算数据的输入一致性并以动态脉冲的方式控制采集数据的输出，提高板卡的可靠性。

模拟量输入接口板如图 5-90 所示。

电源指示灯亮表示+24V、+12V、+5V 或+3.3V 供电正常，如果电源指示灯灭，就表示对应电源供电失效或者 LED 失效。uSEL 和 dSEL 两个指示灯的闪烁分别用来表示上、下两个 CPU 是否正在访问本板。

14 个状态指示灯 AI01~AI14 分别用来表示 CPU 正在读取对应模拟输入通道的 AD 数据。

4 个状态指示灯 DI01~DI04 分别用来表示对应数字输入通道的状态。例如，DI01 指示灯闪烁表示数字输入通道 1 的输入为"高"，且 CPU 正在访问该通道，指示灯常灭表示数字输入通道 1 的输入为"低"，或者 UP CPU 未访问该通道，其他同此。

（3）远程通信接口板。

目标控制器远程通信板完成远程通信和系间通信数据包的发送和接收。远程通信板可同时通过两种连线方式完成四种数据的收发。

① 通过连接他系目标控制器远程通信板，完成系间同步数据和通信数据的传输。

② 通过连接本系远程通信单元，实现目标控制器 CPU 与联锁逻辑部 CPU 之间的站间通信数据和 I/O 数据（统称远程数据）传输。

远程通信板的前面板上设置电源指示灯、信号指示灯，如图 5-91 所示。TXn 和 RXn 分别是光通道的光发送器接口和光接收器接口。各个指示灯的状态及含义如下。

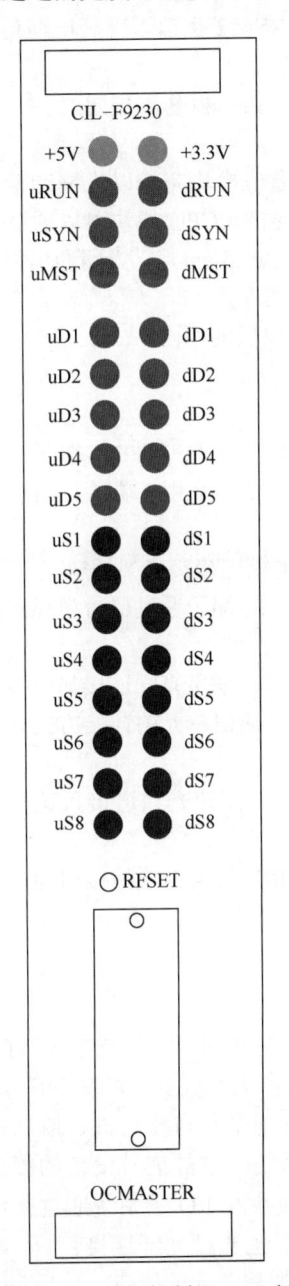

图 5-89　目标控制器 CPU 板 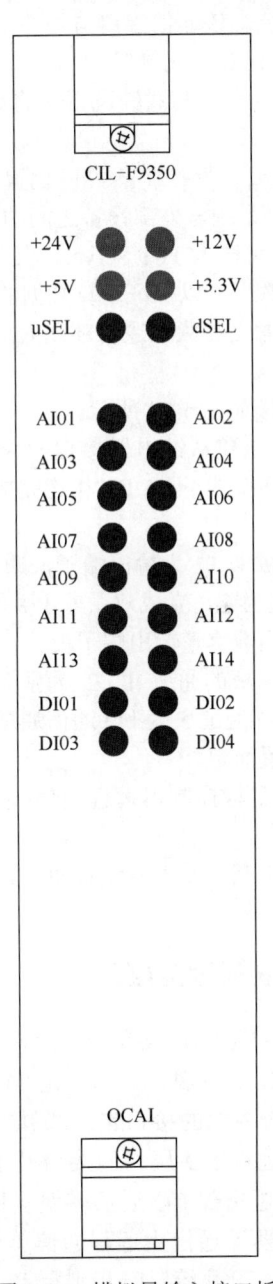　　图 5-90　模拟量输入接口板 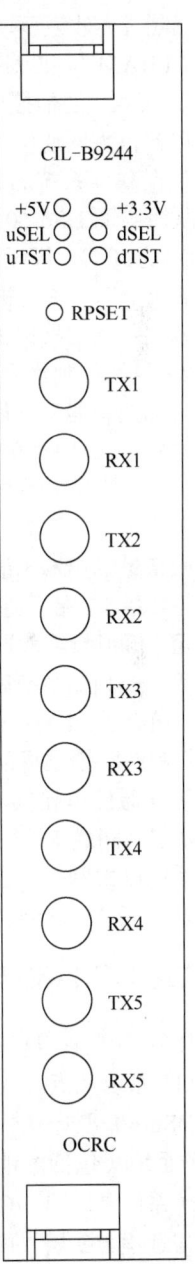　　图 5-91　远程通信板的前面板

电源指示灯亮表示+5V 或+3.3V 供电正常，如果电源指示灯灭，就表示+5V 或+3.3V 供电失效，又或者 LED 指示灯失效。

uSEL 和 dSEL 两个指示灯的闪烁方式用来表示两个 CPU 是否正在访问本板的 DPRAM。uTST 和 dTST 两个指示灯为预留灯。

（4）CAN/422 通信接口板。

目标控制器与外部 CAN 或 RS422/485 模块之间的通信由 CAN/422 通信模块实现，完成应用数据包的透明传输。CAN/422 通信接口采用前、后插板设计，前插板是 CAN/422 通信接口板，完成 VME 总线接口、数据交换逻辑功能和状态指示。后插板是 CAN/422 通信接口板，完成端口电气隔离和收发驱动电路等功能。该通信接口与外部 CAN 或 RS422 接口以屏蔽电缆连接，通过 DPRAM 与目标控制器 CPU 运算单元接口。

CAN/422 通信接口板指示灯的含义和联锁逻辑部的 CAN 通信接口板基本相同。

（5）以太网通信接口板。

根据联锁系统的通信功能需要目标控制器可以配置以太网通信模块完成以太网通信的功能，从而实现 DS6-60 目标控制器系统与外部设备之间的以太网连接。CPU 模块可以通过 TCP 或 UDP 方式与外部设备连接，既可作为 TCP Server，又可作为 TCP Client。以太网通信板向主控板的两个运算单元提供相同的数据，以保证运算数据的输入一致性。

以太网通信接口板指示灯的含义和联锁逻辑部以太网通信接口板的相同。

2）目标控制器系统连接

目标控制器系统信号线缆连接如图 5-92 所示。

数字量输入端子板采用信号电缆从继电器接口架采集数据接入Ⅰ系 U1/D1 端子，Ⅰ系 U2/D2 端子信号电缆与Ⅱ系机笼连接端子 U1/D1 相连完成双系输入并线，Ⅱ系端子 U2/D2 通过信号电缆连接防雷单元。

数字量输出端子板Ⅰ系输出板卡 T1 为输出端子，通过信号电缆连接接口架插座，Ⅰ系 T2 端子与Ⅱ系 T1 端子通过信号电缆相连，完成双系输出并线，Ⅱ系 T2 端子通过信号电缆连接防雷单元。模拟量输入端子板连接同数字量输出端子板。

目标控制器系统后插远程通信板的通道 1、2 为系间通信通道，采用光纤连接另一系对应通道。通道 3、4 为站间通信通道，通道 5 为 I/O 通信通道，与远程通信单元的连接方式要根据中央控制站联锁逻辑部的具体配置而定。

远程通信单元低速光通道与目标控制器远程通信接口板连接，高速光通道接入远程通信网，实现站间通信。

系统以太网接口通过双绞线与其他以太网设备通信。CAN、RS422/485 通信接口通过双绞线与其他 CAN、RS422/485 设备通信。

二、DS6-60 型计算机联锁设备接口

DS6-60 型计算机联锁子系统是 CBTC 系统中底层设备配置，它的运算数据支撑了 ATS 系统、ATP 系统及点式 ATP 下的 LEU 的正常运行，因此其接口数量和类型较多，如图 5-93 所示。

DS6-60 型计算机联锁子系统内部的接口包括联锁逻辑部控制单元与控显机、监测机、I/O 子系统（包括本地 I/O 层和远程 I/O 层）的接口及 I/O 子系统与室外信号设备的接口。联锁子系统与本地 I/O 层通信由逻辑部 I/O 通信模块实现，该模块与 I/O 子系统通过光纤连接。与远程 I/O 层（即目标控制器）通信由远程通信单元实现，也通过光纤连接。

外部接口包括与 ATS 系统、ATP 系统、LEU 适配器、TWC 通信单元的接口。

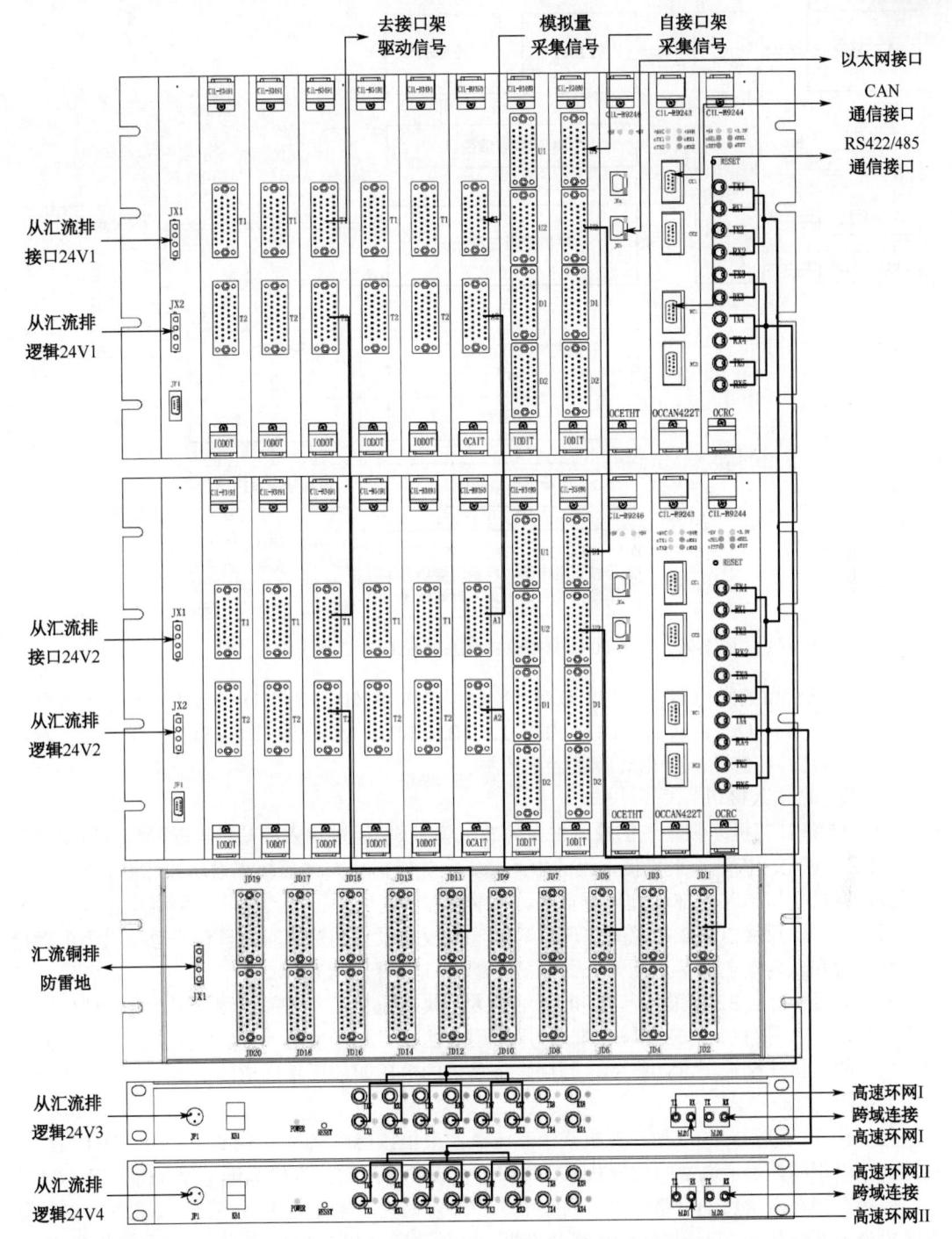

图 5-92　目标控制器系统信号线缆连接

（一）联锁系统内部接口

1. DS6-60 型计算机联锁系统继电器接口

DS6-60 型计算机联锁系统与室外信号设备之间的结合，采用继电接口电路，主要有信号点灯电路、道岔控制电路、轨道电路、紧停按钮电路、屏蔽门控制电路、防淹门控制电路及其他结合电路。

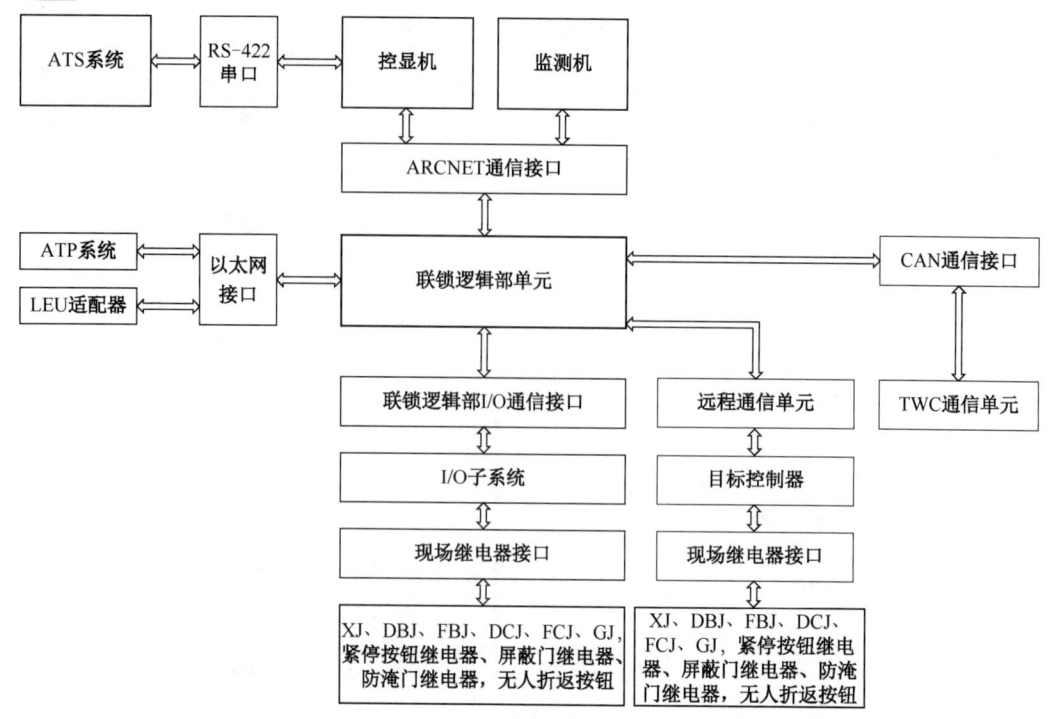

图 5-93　DS6-60 计算机联锁子系统在 CBTC 系统中的接口

信号电路保留的继电器有 LXJ、DXJ、YXJ、TXJ、ZXJ、FXJ、DJ、2DJ 等。道岔控制电路保留的继电器有 DCJ、FCJ、1DQJ、2DQJ、DBJ、FBJ、YCJ。轨道电路保留 GJ。以上继电器中，XJ、DCJ、FCJ、YCJ 由计算机输出控制。

1) 继电器输入接口

DS6-60 型计算机联锁系统的输入采用静态采集方式，通过输入板从继电器的接点取得输入信息。KZ24V 电压接到被采集接点组的中间接点，先经前接点或后接点返回计算机的输入口，再经过计算机接口电路内部回到电源负极。当继电器吸起时，前接点采集电路有电压信号。当继电器落下时，后接点采集电路有电压信号。输入板当采集到接点有电压信号时认为继电器接点闭合，否则认为继电器接点断开。继电器采集接口如图 5-94 所示。

1~32 端子对应 32 路采集，33 和 34 端子为采集电压负极。当需要测量某个通道的输入采集电压时，在接口架找到对应的输入端子，用万用表的正极连接插座上对应的采集通道（1~32），用万用表的负极连接端子 33 或 34，万用表上显示的电压即该采集通道的采集电压，采集电压的有效范围为 18~24V。

图 5-95 所示为 DS6-60 型计算机联锁系统道岔采集接口电路。图 5-95 中 DBJ、FBJ 与继电联锁的作用相同，表示道岔的位置状态，每组道岔设一个道岔允许操纵继电器 YCJ。用 YCJ 的一组前接点接在道岔启动电路的 KZ 回路中。YCJ 平时处于落下状态。当转换道岔时，若该道岔区段处于解锁状态，则计算机输出道岔操纵命令的同时输出 YCJ 吸起命令。道岔转换到位后，计算机停止输出 YCJ 吸起命令，YCJ 落下。当道岔因故在规定的转换时间内不能转换到位时，计算机在停止定操或反操输出命令输出的同时，停止输出 YCJ 吸起命令，YCJ 落下。

当区段因电气故障出现红光带时，在采取相应的安全措施后，可操纵事故继电器励磁（SGJ↑），联锁系统采集到 SGJ 的前接点信息后，就可以对道岔进行扳动操纵。

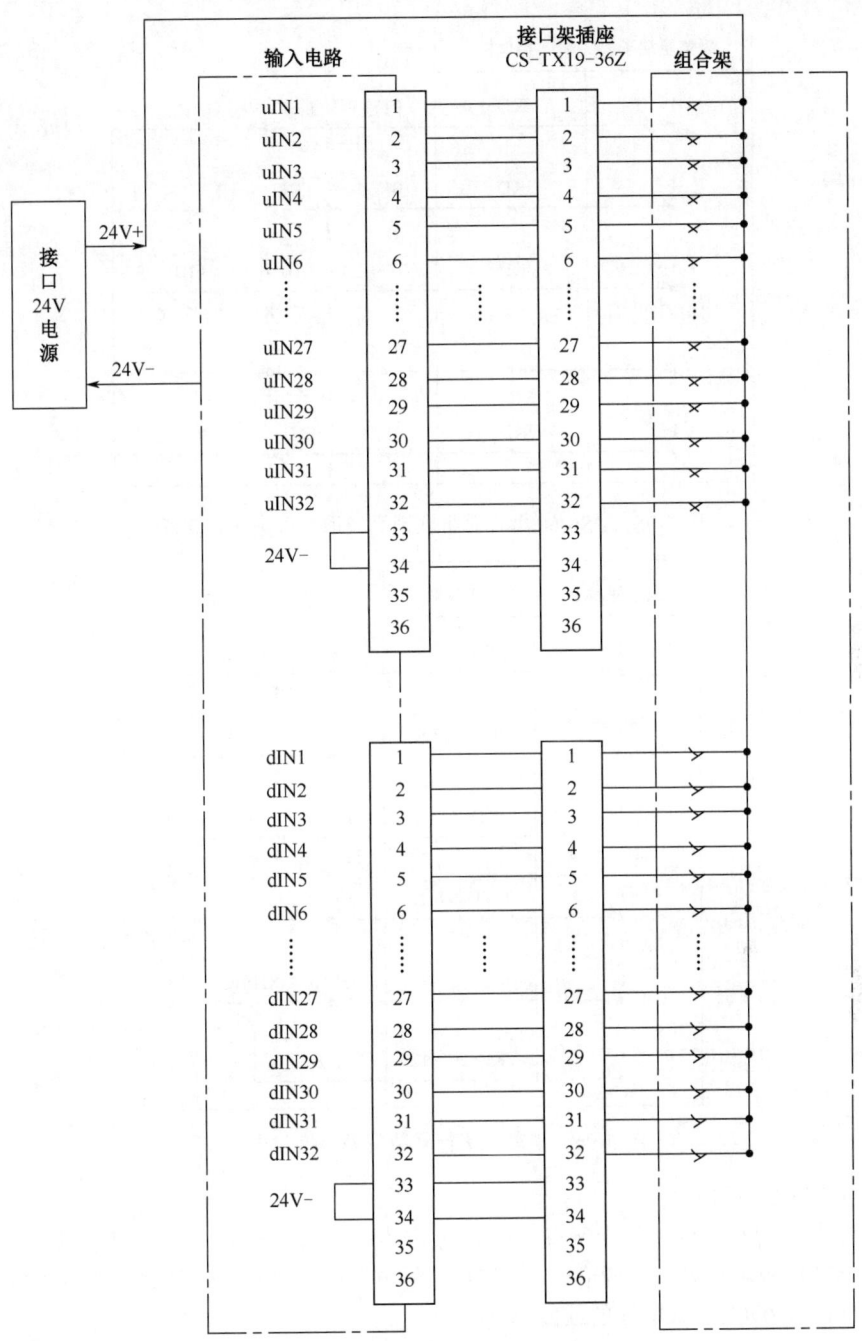

图 5-94 继电器采集接口

图 5-96 所示为某车站下行站台门采集接口电路（上行采集电路相同），其中 XKMJ、XGMJ 分别为下行开门继电器和下行关门继电器，XMGJ 为下行门关继电器，XHSJCJ 为下行互锁解除继电器。在一般情况下，DS6-60 型计算机联锁系统通过采集 XKMJ 或 XGMJ 的前接点来判断对 XKMJ 或 XGMJ 的操作是否成功，而通过采集 XMGJ 的接点判断屏蔽门的状态，为 ATC 控制列车提供屏蔽门状态条件。有时因运营需求需要将联锁系统与屏蔽门的互锁关系切除（当屏蔽门故障，无法关门时，列车还需要继续运行），这时联锁系统在采集到 XHSJCJ 的前接点信息才可操作，通常采集 XHSJCJ 的后接点信息。

采集匣端子	接口柜		
I-	JKD-	01-1	DBJ 1
I-	JKD-	01-2	FBJ 1
I-	JKD-	02-17	DBJ 8 　FBJ 8
I-	JKD-	01-3	YCJ 1
I-	JKD-	01-9	SGJ 1

图 5-95　DS6-60 型计算机联锁系统道岔采集接口电路

采集匣端子	接口柜		
I-	JKD-707-7	04-4	XKMJ 1
I-	JKD-707-8	04-3	XGMJ 1
I-	JKD-707-9	01-3	XMGJ 1
I-	JKD-707-10	01-7	
I-	JKD-707-11	01-4	XHSJCJ 1
I-	JKD-707-12	01-8	

图 5-96　某车站下行屏蔽门采集接口电路

2）继电器输出接口

DS6-60 型计算机联锁系统中所有受计算机驱动的继电器全部采用安全型继电器。继电器工作所需的 24V 电源由计算机系统给出，不使用信号电源屏的 KZ24V。计算机输出接口同时送出 +24V 和-24V，驱动对应继电器的线圈。

DS6-60 型计算机联锁系统通过输出板驱动外部继电器动作，输出电压为直流电压，输出板的每一路输出均采用双断输出方式，当输出板输出 KZ24V 和负极电压时，继电器才可以吸起。继电器输出接口如图 5-97 所示。

端子 1 和端子 2 对应第一路驱动的正电压和负电压，以此类推 32 个端子共对应 16 路驱动输出。当需要测量某个通道的输出电压时，在接口架找到对应的插座，用万用表的正极连接插座上对应输出通道的奇数端子，用万用表的负极连接对应输出通道的偶数端子，万用表上显示的电压即该输出通道的输出电压，输出电压的有效范围为 24～28V。

图 5-98 所示为屏蔽门驱动接口电路，图 5-99 所示为道岔驱动接口电路。

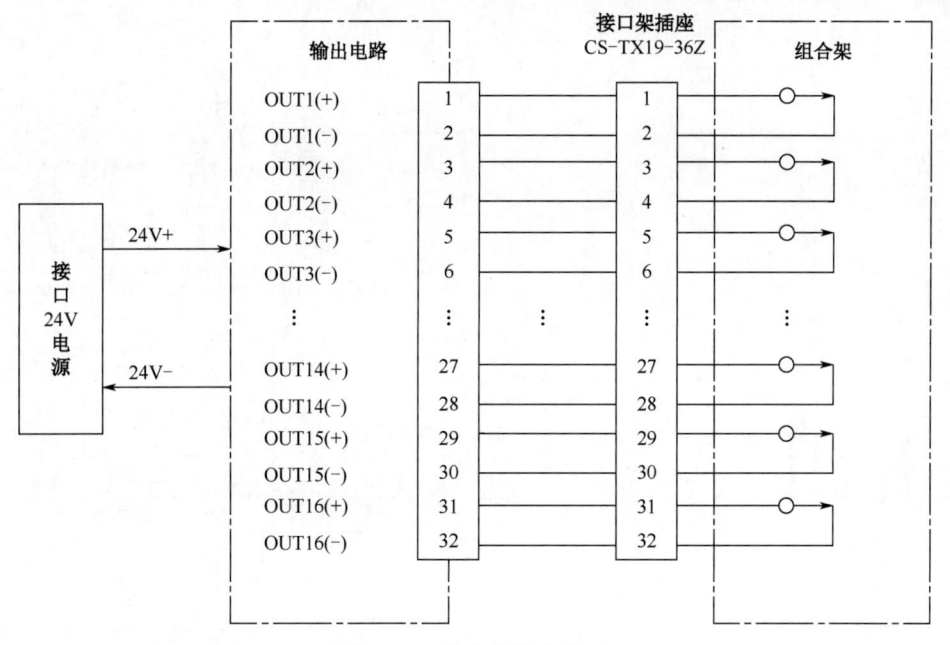

图 5-97 继电器输出接口

图 5-98 屏蔽门驱动接口电路

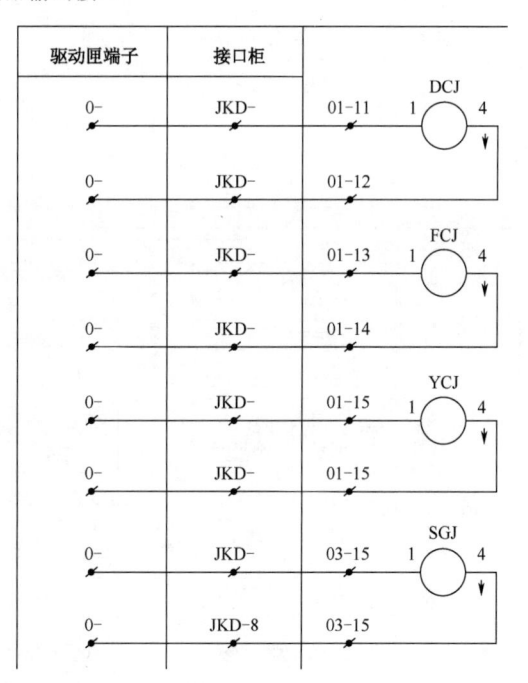

图 5-99 道岔驱动接口电路

2. ARCNET 通信接口

联锁子系统与控显子系统、监测子系统通信通过 ARCNET 通信接口板实现。以控显机为例，控显机接口线缆包括音频线、视频线和鼠标线。监测机的接口包括鼠标接口、显示器接口和打印机接口。由于控显显示屏和操作位于运转室，因此控显机与鼠标、显示器和音箱分别通过鼠标长线、视频长线及音频长线连接，线缆长度根据现场实际长度进行选择。ARCNET 通信接口连接如图 5-100 所示。

图 5-100 ARCNET 通信接口连接

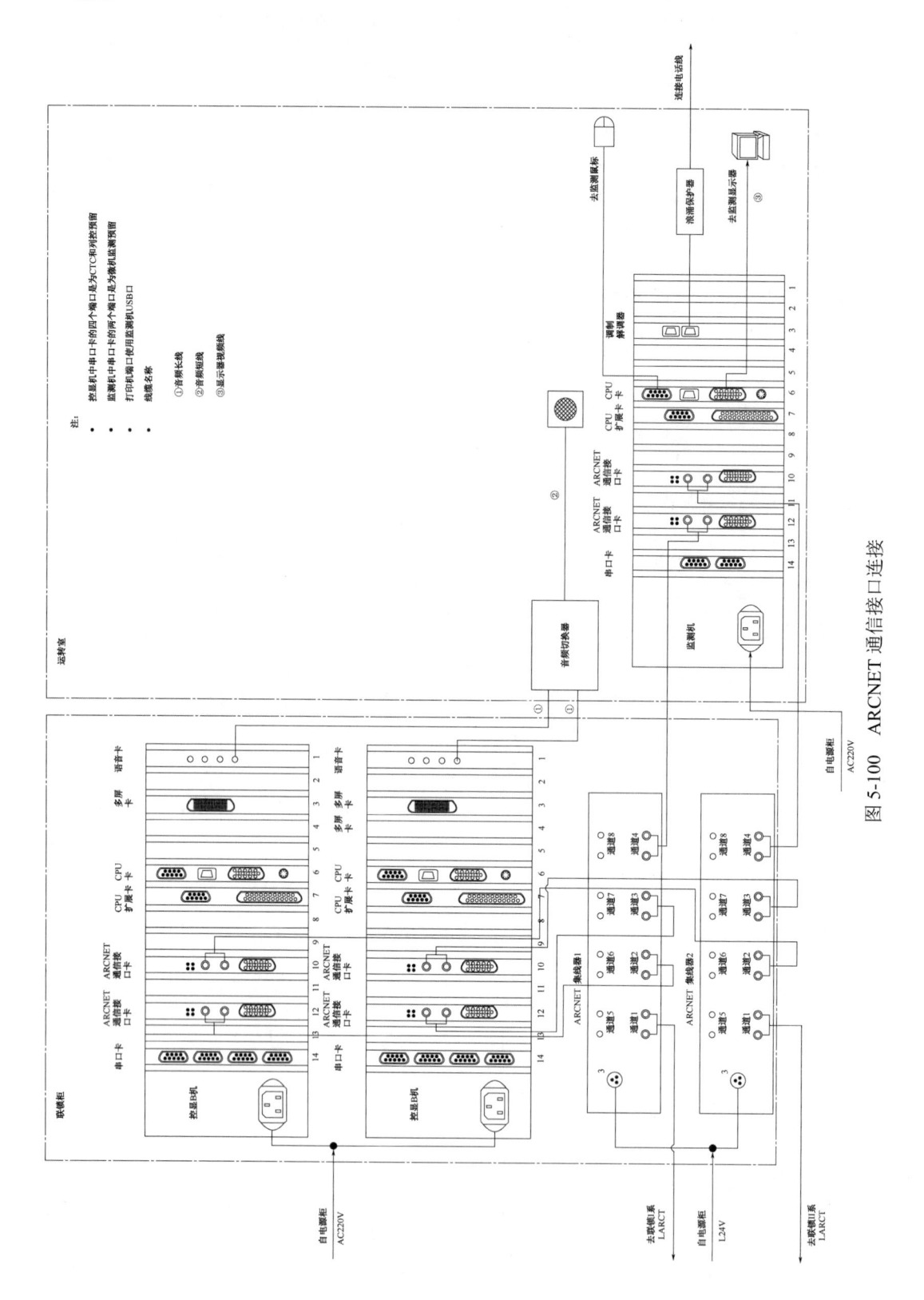

（二）联锁系统外部接口

外部接口包括与 ATS 系统、ATP 系统、LEU 适配器、TWC 的接口，类型包括串口、以太网通信接口、CAN 通信接口等。

1．以太网通信接口

以太网通信接口实现 DS6-60 型计算机联锁系统与外部设备之间的连接，通常设计为双网冗余，提高以太网通信的可靠性与可用性。联锁系统采用以太网通信在实际工程中有以下应用。

1）联锁系统与 ATP 系统的通信

DS6-60 型计算机联锁设备的每个系均通过以太网实现与轨旁 ATP 子系统（区域控制器 ZC）的通信。DS6-60 型计算机联锁设备与 ZC 接口的连接如图 5-101 所示。

联锁系统向 ZC 发送进路信息、屏蔽门开关门状态信息、紧急关闭信息、无人折返按钮信息等，同时联锁接收 ZC 发送的区段状态、信号机关联信息等。

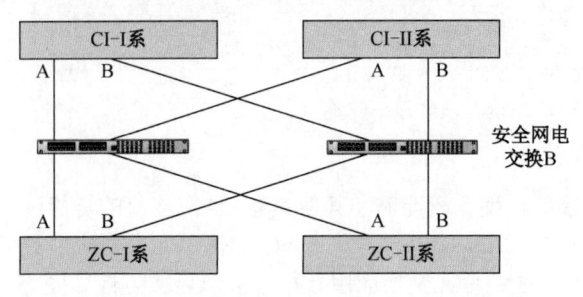

图 5-101　DS6-60 型计算机联锁设备与 ZC 接口的连接

2）联锁系统与 LEU 的通信

一级设备集中站（主站）联锁逻辑部由以太网通信板通过联锁交换机与联锁区内各站 LEU 接口适配器连接。一级设备集中站的 LEU 接口适配器通过网线与以太网交换机相连，接收联锁逻辑部发送的应答器报文。目标控制器站的 LEU 接口适配器与设置在各目标控制器站的联锁交换机连接，通过光传输模块与主站联锁交换机进行通信，从而接收主站联锁逻辑部发送的应答器报文。冗余的接口适配器与每一个 LEU 之间通过 RS-422 串行异步的双通道冗余方式连接。DS6-60 型计算机联锁设备与 LEU 接口的连接如图 5-102 所示。

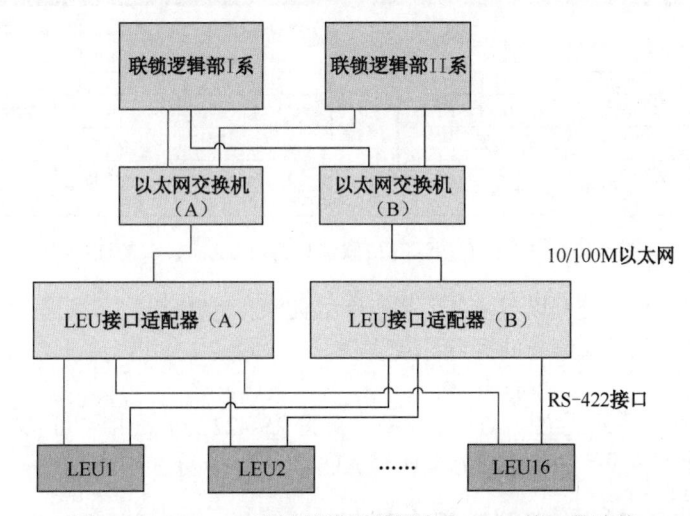

图 5-102　DS6-60 型计算机联锁设备与 LEU 接口的连接

每套联锁设备最多可连接 8 套 LEU 接口适配器，每套 LEU 接口适配器最多可连接 16 套 LEU 设备。

3）联锁系统的站联通信

相邻联锁区间是通过各联锁站的以太网通信板实现与邻站通信的。CBTC 系统联锁站接口

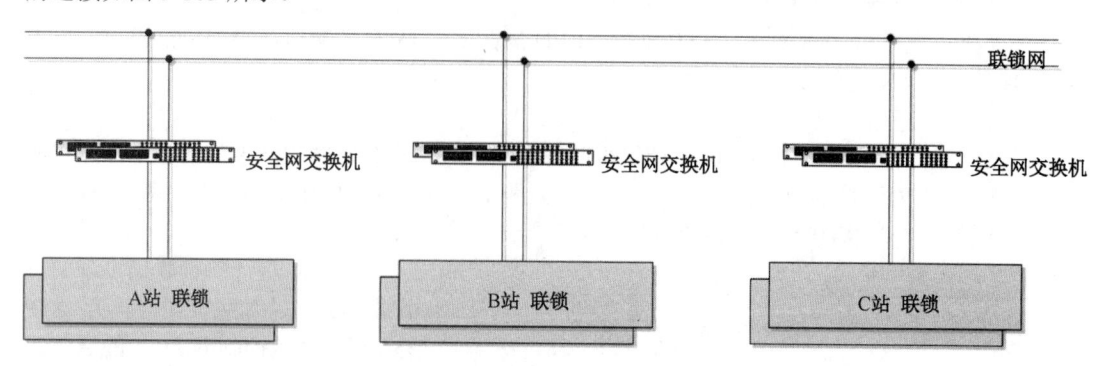

的连接如图 5-103 所示。

图 5-103　CBTC 系统联锁站接口的连接

2．CAN 接口通信

CAN 通信板是联锁系统对外的一个接口，使系统能够和其他具有 CAN 接口的智能设备进行数据交换。DS6-60 型计算机联锁系统通过 CAN 接口与本地 TWC 通信单元交换应用数据，通过站间光通道接口与目标控制器站 TWC 通信单元交换应用数据，接口连接方式如图 5-104 所示。

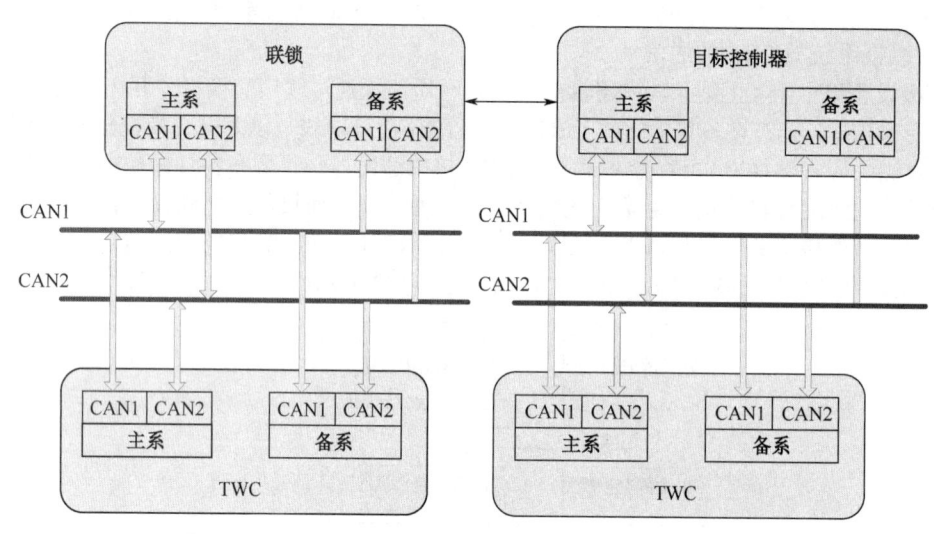

图 5-104　DS6-60 型计算机联锁设备与 CAN 接口的连接

联锁系统通过 TWC 交互以下信息：列车停稳且停准信息，开、关门指令，全门关闭且锁闭信息及安全门旁路、出站信号机状态等信息。

3．RS-422 接口

DS6-60 型计算机联锁系统与 ATS 分机采用交叉 RS-422 方式连接，可以将进路锁闭信息、道岔、信号机、计轴区段等的状态信息发送给 ATS。

三、DS6-60 型计算机联锁设备维护

CBTC 系统中的计算机联锁系统通常由正线作业班组按照地铁公司维护规程制定的周期、流程、内容和标准对设备进行养护，以保证设备良好的运行状态。下面以某地铁公司的日常保养、二级保养、小修为例，阐述 DS6-60 型计算机联锁设备的维护作业内容与标准。

项目五 城市轨道交通正线 ATC 系统中的联锁设备维护

（一）维护流程

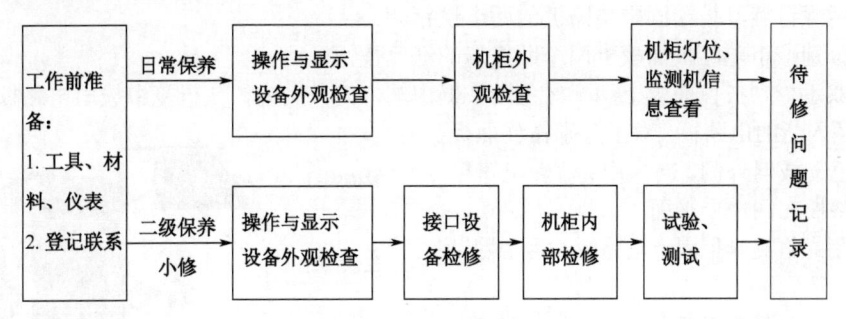

维护流程如图 5-105 所示。

图 5-105 维护流程

（二）维护要点

系统加电前要检查系统设备构成是否完整，系统电源连接是否正确，系统光纤连接是否正确，I/O 接口插头是否连接正确，各连接部件是否牢固。

1．系统加电操作

系统加电应按照以下步骤进行。

（1）开启电源柜背面下方电源控制板上的空气开关。

（2）开启两台 UPS，按下 UPS 面板上的"TEST"按钮，在 UPS 启动完成自检后，确认 UPS 工作状态正常。

（3）开启两台接口电源和两台逻辑电源，确认它们的电压在 24.5～25.5V。

（4）开启联锁 Ⅰ 系和 Ⅱ 系的前插、后插电源板的电源开关，电源板的 24V 和 5V 指示灯应正常点亮，联锁机笼中各控制板的 5V 电源指示灯应点亮，否则电源板可能存在故障。

（5）开启各 I/O 机笼电源板的电源开关，电源板的 24V（24VF）和 5V（5VF）指示灯应正常点亮，各 I/O 板和 I/O CPU 板的 5V 电源指示灯应点亮，否则电源板可能存在故障。

（6）开启控显机 A 和控显机 B 的电源，开启后控显机前面板的 5V、12V 电源指示灯应点亮。

（7）开启监测机电源，开启后监测机前面板的 5V、12V 电源指示灯应点亮。

（8）开启 ARCNET 集线器电源，开启后其前端指示灯应点亮。

（9）开启远程通信单元电源，开启后其前端指示灯应点亮。

（10）开启 LEU 接口适配器电源，开启后其前端指示灯应点亮。

2．系统停机操作的步骤

（1）关闭监测机，用鼠标单击监测机菜单"关闭系统"中的"关闭计算机"按钮，输入密码后，单击"确定"按钮，监测机会自动关闭。关闭监测机显示器电源。

（2）分别关闭控显机 A、控显机 B 的电源和显示器电源，用鼠标单击控显机 A（或控显机 B）菜单"系统操作"中的"关机"按钮，输入密码后，单击"确定"按钮，控显机 A（或控显机 B）会自动关闭。关闭控显机 A（或控显机 B）显示器电源。

（3）按顺序关闭联锁机前插、后插电源板电源及 I/O 机笼电源。

（4）关闭 ARCNET 集线器电源、LEU 接口适配器电源。

（5）关闭 4 台 DC 24V 电源。

（6）关闭两台 UPS，按下 UOS 面板上的"○"按钮。

（7）关闭电源柜中电源控制板的总电源开关。

3．电路板更换操作

系统内所有电路板都不允许带电插拔，对备用板做必要的设置，标有*的电路板需要参照对应板设置说明设置 ID。当现场维修或检修需要插拔电路板时应按照以下顺序操作。

（1）用螺钉旋具打开电源板的防护盖，按下电源开关，关闭故障电路板所在机笼的电源板开关。

（2）用螺钉旋具拧松固定电路板的两个螺钉。

（3）分别按下电路板面板上两个助拔器的红色按钮。

（4）双手分别按住面板上两个黑色助拔器内侧，向外用力，从机笼中拔出电路板。

（5）插入新的电路板，双手分别按住面板上两个黑色助拔器外侧，向内用力，使电路板与其他电路板在同一个平面。

（6）用螺钉旋具把固定电路板的两个螺钉拧紧。

（7）开启机笼电源板的电源开关。

（8）电路板的 5V 电源指示灯正常点亮，说明电路板更换成功，用螺钉旋具关闭电源板的防护盖。

电路板如图 5-106 所示。

4．各子系统维护要点

（1）控显子系统维护要点

观察鼠标操作是否正常，鼠标线两端连接是否紧固，显示器图形显示是否正常，视频线两端连接是否紧固。

控显子系统工作状态还可以在监测机系统图形上观察。

（2）联锁子系统维护要点

观察监测机系统图形上联锁双系的工作状态和与各子系统的连线是否正常，故障设备会以红色或蓝色标识。联锁双系机笼中各通信接口板的状态指示灯是否正常。

图 5-106　电路板

（3）I/O 子系统维护要点

观察监测机系统图形上 I/O 机笼和各控制板的工作状态是否正常，若出现异常，则故障设备以红色标识。观察监测机系统图形上 I/O 机笼与联锁系的连接是否正常。I/O 机笼中各控制板的状态指示灯是否正常。

（4）电源子系统维护要点

观察电源柜中两台接口 24V 电源和两台逻辑 24V 电源电压和电流显示是否正常，是否存在声音报警。正常电压在 24.5～25.5V。

（5）接口电路维护要点

定期检查接口架插头固定螺钉是否紧固；I/O 机笼内电缆插头固定螺钉是否紧固；逻辑 24V 电源电压是否正常，电源线是否紧固；接口 24V 电源电压是否正常，电源线是否紧固；系统接地电阻阻值是否正常。

（三）修程保养

1．日常保养

日常保养内容与标准如下。

（1）每日检查设备运行状态

各指示灯应闪烁，完整无损，显示正确。接口电源和逻辑电源的电压范围在 24～25.5V。

当发现电压低于工作范围时及时上报、登记和更换，观察 CPU 板使用情况。

(2) 每日检查设备外表

检查设备外表是否有裂纹、刮花或破损等现象，如果有，就应根据损坏程度做出适当的处理，使设备稳固，机柜门开关灵活，锁闭灵活，机柜密封性良好。

(3) 每周清洁机柜外表卫生

设备外表干净、清洁、无灰尘、无污渍，防尘过滤组件应无积尘，通气良好。

2．二级保养

二级保养每月进行一次，保养内容与标准如下。

(1) 二级保养内容

二级保养内容同日常保养内容。

(2) 机柜内部检查

各接线端子安装紧固，板卡插接固定良好，配线整齐，无断线，无接触不良，表皮无破损，风扇转动时没有异常。空气开关安装牢固，容量符合图样标准，标签清晰。

(3) 设备运行检查、冗余试验

关闭联锁Ⅰ系或联锁Ⅱ系中的任意一系，检查系统工作是否正常。（恢复双系热备后，再关闭另一个联锁机）系统运行正常，LOW 显示正常，无异常故障报警。

(4) 卫生清洁

设备表面无积尘、无污点、无水渍、无杂物。指示面板干净清晰，总线机笼、电源、各配线整齐、无灰尘。

3．小修

小修每年进行一次，作业内容与标准如下。

(1) 作业内容

小修作业内容同二级保养内容。

(2) 清洁内部部件

对设备进行彻底的清洁、吸尘，设备内部及风扇过滤网干净、清洁、无灰尘，插接板插接牢固良好。各接口的螺钉紧固，连接线连接牢固，无断线，无接触不良，表皮无破损。注意：尽量少卸光纤。

(3) 线缆检查

压线螺钉紧固，无断股，无锈点。各防雷元件外观良好。

(4) 功能测试

手动排列进路试验，进路可成功排列。

（四）常见故障处理

DS6-60 型计算机联锁系统各关键部件均采用双重冗余设计，在系统运行、单一设备故障时不会影响系统正常使用，但需要维护人员根据系统故障提示，能够及时发现并恢复故障，以保证系统的可用性。DS6-60 型计算机联锁系统故障可通过以下三个途径反映。

(1) 监测机系统图形和悬浮报警框：若监测机系统图形出现红色或蓝色线条或模块，则说明系统存在故障，根据故障现象及时更换故障板。

(2) 各电路板工作状态指示灯：当各电路板运行或电源指示灯灭灯时，说明电路板工作异常，要及时更换。

(3) 系统控显机"系统报警"闪烁提示，说明系统存在故障，请及时观察监测机系统图形和悬浮报警框内的文字，根据报警内容定位故障，及时维修。

系统维护人员应定时对设备状态进行巡检，根据监测机上显示的系统报警信息及设备工行状态指示灯及早发现故障，确定故障点，更换备件，保证系统稳定运行。

1. 控显机常见故障和处理方法

（1）控显机停机，控显机面板 5V 和 12V 电源指示灯灭的处理方法

① 用万用表测量接入控显机 AC 220V 电源是否正常，如果异常就检查电源线是否松动。

② 重新开机查看控显机面板 5V 和 12V 电源指示灯是否正常点亮，电源风扇是否转动，如果异常就需要更换控显机电源。

（2）电源正常，但控显机无法启动，显示器蓝屏的处理方法

① 外接显示器、键盘、鼠标，用键盘修复系统，在开机时始终按下键盘的 F11 键，选择还原系统。

② 如果无法还原，就可能是固态盘故障，需要更换系统盘。

③ 如果固态盘无故障就可能是 CPU 板故障，需要更换控显机 CPU 板。

（3）与联锁 I 系或联锁 II 系通信故障的处理方法

① 查看 ARCNET 集线器电源指示灯和各通道接收与发送指示灯是否点亮，如果处于灭灯状态，就需要重新开启 ARCNET 集线器电源。如果不能恢复，就需要更换 ARCNET 集线器。

② 查看控显机内 ARCNET 通信接口板 5V 和 3.3V 电源指示灯是否正常点亮，如果异常，就需要更换 ARCNET 通信接口板。

③ 查看联锁双系是否在工作。

④ 查看光纤是否连接正常。

⑤ 重新启动控显机。

（4）显示器黑屏的处理方法

观察电源指示灯，若灯灭，则用万用表测量显示器接入电源 AC 220V 是否有电。若电源正常，则检查电源连接是否松动。如果电源连接正常就需要更换显示器。

若电源指示灯正常，则检查控显机是否在工作。如果控显机处于停机状态，就需要重新启动控显机。检查视频连接线各连接处是否松动。如果连接线松动，就紧固连接后检查。若是控显机视频卡故障，则需要更换视频卡。

2. 联锁机常见故障和处理方法

当联锁单系发生故障时，若故障系为主系，则系统自动切换到从系工作，原主系转为待机状态或退出控制。当故障系为从系时，从系转为待机状态或退出控制。系统将由双机工作状态自动降级为单机工作状态。故障板可停机更换，更换完毕后加电将自动进入同步状态。

（1）联锁系电源故障的处理方法

① 查看联锁系电源板 5V 指示灯是否点亮，如果处于在灭灯状态就需要更换电源板。

② 用万用表测量联锁系机笼背面的逻辑 24V 电源是否正常，如果异常就需要检查电源连接线是否松动。

（2）电源正常，但联锁停机故障的处理方法

重新加电启动看能否恢复，如果不能恢复就需要更换联锁逻辑部主板。

（3）系间通信板故障的处理方法

① 查看系间通信板 5V 电源指示灯是否正常点亮，如果在灭灯状态就需要更换对应的通信板。

② 查看系间通信板的接收和发送灯是否闪烁，如果停止闪烁，就需要更换系间通信板。

③ 确认光纤连接是否正常，如果异常就更换连接光纤。

（4）ARCNET 通信接口板故障的处理方法

① 查看 ARCNET 通信接口板 5V 电源指示灯是否正常点亮，如果其处于灭灯状态就需要更换 ARCNET 通信接口板。

② 查看 ARCNET 通信接口板和 ARCNET 集线器的接收发送灯是否闪烁，如果指示灯灭灯或稳定点亮，就重新加电启动 ARCNET 光集线器。

③ 确认光纤连接是否正常，如果异常就更换连接光纤。

（5）I/O 部通信接口板故障的处理方法

① 查看 I/O 部通信接口板 5V 电源指示灯是否正常点亮，如果其处于灭灯状态就需要更换对应的通信接口板或后插电源板。

② 确认光纤连接是否正常，如果异常就需要更换光纤。

3．输入采集故障和处理方法

（1）输入机笼故障，所有输入板指示灯灭灯，CPU 板电源指示灯灭灯。其处理方法如下。

开启输入机笼电源板电源开关，查看输入机笼电源板的 24V 和 5V 电源指示灯是否点亮，如果其处于灭灯状态就用万用表测量机笼背面逻辑电源是否为 24V。如果逻辑 24V 电源正常，就需要更换电源板。如果逻辑 24V 电源异常，就需要检查电源配线是否连接正确。

（2）机笼电源正常，所有输入板指示灯灭灯。其处理方法如下。

检查机笼 I/O CPU 板 5V 电源指示灯是否点亮，观察 I/O CPU 板各指示灯是否正常点亮或闪烁。如果指示灯正常就需要用万用表检查接口 24V 电源线是否连接正确。如果指示灯异常就需要更换 I/O CPU 板。

（3）输入板单板故障，板内所有采集指示灯灭灯。其处理方法如下。

① 检查输入板安装是否紧固，板上 5V 电源指示灯是否点亮。如果 5V 电源指示灯没有点亮就更换输入板。

② 如果电源灯点亮就检查对应后插输入端子板安装是否紧固，检查连接电缆插头是否紧固，检查对应的接口架电缆插头是否紧固。

（4）输入板通道故障的处理方法

当继电器吸起时，输入板通道指示灯灭灯，控显机或监测机对应的采集状态为继电器落下。处理方法如下。

查看继电器的状态，用万用表测量接口架故障通道采集电压。如果继电器处于吸起状态，那么前接点采集电压应为 20～24V。如果继电器状态和测量采集电压一致就说明输入板故障，需要更换输入板。如果采集电压不正确就说明继电器端的配线存在故障。

4．输出驱动故障和处理方法

（1）输出机笼故障，所有输出板指示灯灭灯，CPU 板电源指示灯灭灯。其处理方法如下。

开启输出机笼电源板电源开关，查看输出机笼电源板的 24V 和 5V 电源指示灯是否点亮。如果指示灯处于灭灯状态就用万用表测量机笼背面逻辑电源是否为 24V。如果逻辑 24V 电源正常，就需要更换电源板。如果逻辑 24V 异常，就需要检查电源配线是否连接正确。

（2）机笼电源正常，联锁系统有输出信号但所有输出板指示灯灭灯。其处理方法如下。

检查机笼 I/O CPU 板 5V 电源指示灯是否点亮，观察 I/O CPU 板各指示灯是否正常点亮或闪烁，如果指示灯正常就需要用万用表检查接口 24V 电源线是否连接正确。如果指示灯异常就需要更换 I/O CPU 板。

（3）输出板单板故障，板内所有驱动指示灯灭灯，所有驱动无输出电压。其处理方法如下。

① 检查输出板安装是否紧固，板上 5V 电源指示灯是否点亮。如果 5V 电源指示灯没有点亮就需更换输出板，机笼重新加电。

② 如果电源指示灯点亮就检查对应后插输出端子板安装是否紧固，检查连接电缆插头是否紧固，检查对应的接口架电缆插头是否紧固。

5．输出板单路没有输出的处理方法

查看双系对应的输出通道是否都没有输出，如果另一个系的对应输出板通道有输出，而本板无输出就更换输出板。

6．监测机常见故障和处理方法

（1）监测机停机，面板 5V 和 12V 电源指示灯灭灯的处理方法

① 用万用表测量接入监测机 220V 电源是否正常，如果异常就检查电源线是否松动。

② 重新开机查看监测机面板 5V 和 12V 电源指示灯是否正常点亮，电源风扇是否转动。如果指示灯异常就需要更换监测机电源。

（2）监测机无法启动，显示器蓝屏的处理方法

① 用键盘修复系统，在开机时始终按下键盘的 F11 键，选择还原系统。

② 更换系统硬盘。

③ 更换监测机主板。

（3）显示器无显示的处理方法

① 检查显示器电源。

② 检查电源连线是否松动。

③ 更换监测机主板。

（4）通信中断的处理方法

① 检查光纤连接是否正确。

② 检查 ARCNET 集线器是否正常。

③ 更换 ARCNET 通信板。

（5）打印机不工作的处理方法

检查打印机电源和联机电缆，以及打印纸安装情况。如果一切正常，就可能是主机板上的打印机接口电路故障，需要更换监测机主板。

7．目标控制器常见故障和处理办法

（1）电源正常，但目标控制器停机故障的处理方法

重新加电启动看能否恢复，如果不能恢复就需要更换目标控制器主板。

（2）目标控制器单系机笼所有指示灯灭灯的处理方法

开启电源板开关，查看机笼电源板的 24V 和 5V 电源指示灯是否点亮。如果指示灯处于灭灯状态就用万用表测量机柜背面逻辑电源是否为 24V。如果逻辑 24V 电源正常就需要更换电源板。如果逻辑 24V 电源异常就需要检查电源配线是否连接正确。

（3）远程通信单元电源指示灯灭灯的处理方法

开启远程通信单元电源开关，查看 3.3V 电源指示灯是否点亮。如果 3.3V 电源指示灯处于灭灯状态就用万用表测输入 24V 是否正常。如果逻辑 24V 电源正常，就需要更换远程通信单元。如果逻辑 24V 电源异常，就需要检查电源配线是否连接正确。

（4）远程通信单向或双向断路，但远程通信单元电源指示正常

① 检查光纤连接是否紧固，更换对应的光纤。

② 更换远程通信单元。

③ 检查断路对应的对端设备。

（5）以太网通信接口板故障的处理方法

① 查看以太网通信接口板 5V 和 3.3V 电源指示灯是否正常点亮，如果其处于灭灯状态就需要更换对应的以太网通信接口板。

② 查看面板连接状态指示，根据指示灯状态更换以太网通信接口板或更换以太网线。

（6）CAN/422 通信接口板故障的处理方法

① 查看 CAN/422 通信接口板 5V 和 3.3V 电源指示灯是否正常点亮，如果其处于灭灯状态就需要更换对应的接口板。

② 查看面板接收发送指示灯，如果其常亮或在有通信数据时仍常灭就重启系统。若无效则更换接口板。

③ 更换连接电缆。

任务五　西门子 CBTC 系统中的 SICAS IC/ECC 联锁设备维护

　　SICAS IC/ECC 系统是西门子公司研制的一款全电子计算机联锁系统，该系统已被广泛应用，如阿尔及尔、重庆、南京、苏州、圣保罗、广州、北京、哥本哈根、巴黎、巴塞罗那、伊斯坦布尔、布达佩斯、纽约等城市的部分地铁线路，其可靠性、安全性得到了充分肯定。该系统的重要特点是基于工业现场总线的分布式全电子联锁系统，与信号机、转辙机等室外设备之间无须继电器接口电路。此外，还采用非故障-安全性计算机设计了联锁计算机（Interlocking Computer, IC），采用故障-安全计算机设计了执行表示设备——元件控制计算机（Element Control Computer, ECC）。近年来，SICAS ECC 系统的高安全性、高可靠性、接口的灵活性得到了充分展示，在西门子 SICAS S7 新一代的计算机联锁中（采用 PLC S7-300F、PLC S7-400F 设计联锁主机）仍然延续了 SICAS ECC 的软硬件结构。

一、西门子 CBTC 系统中的 SICAS IC/ECC 联锁设备基本认知

（一）SICAS 在 CBTC 系统中的应用

　　SICAS 的全称是 SIEMENS Computer Aided Signaling，中文翻译为西门子计算机辅助信号，目前 SICAS 系统在全球市场中得到工程应用已近 20 年。图 5-107（见本书后面插页图）所示为 SICAS 在移动闭塞系统中的应用情况。

　　OCC（控制中心）的计算机服务器先通过交换机将指令下达给前端处理机（Front End Processor, FEP），然后由 FEP 将指令下达给 SICAS IC，再由 SICAS IC 下达给 SICAS ECC，最终控制转辙机、屏蔽门、信号机等。FEP 一般是小型或微型计算机，在 CBTC 系统中专门负责处理 OCC 服务器的数据通信控制功能。这大大减轻了 OCC 服务器的负担，使其能够同时处理其他的信息处理任务。在西门子的 CBTC 系统中，一般轨道的占用情况采用双侧计轴器（磁路方向改变的原理）或单侧计轴器（电磁谐振原理）检测列车占用情况，计轴器（图 5-106 中的 AzS）先将开关量信号送给 SICAS ECC 上的 INOM2 板采集，再通过 Profibus 总线送给 SICAS IC，然后经过 FEP 和交换机送给 OCC 服务器运算。

　　西门子的 CBTC 系统采用的是 Trainguard MT 系统，该系统提供多重、可靠的后备控制模式：CBTC 连续式 ATP/ATO 模式、点式 ATP/ATO 模式和联锁级控制模式。

　　在 CBTC 模式下轨旁 ATP 控制列车按照移动授权以移动闭塞形式运行，联锁设备与 ATP 结合共同确保联锁相关功能的实现，包括进路控制、道岔控制等。在故障情况下，非 CBTC 模式下联锁设备按照固定闭塞方式控制列车运行。

　　对于非 CBTC 模式下，Trainguard MT 系统提供的后备控制模式包括点式 ATP/ATO 模式和联锁级控制模式。对于点式 ATP/ATO 模式的列车，联锁设备独立于轨旁 ATP 为其排列基于固定闭塞的进路，列车按照轨旁信号机显示以 ATP/ATO 运行。

　　联锁级控制模式是指连续式 ATP 功能和点式 ATP 功能均丧失，仅以联锁设备保证列车进路安全。在联锁控制模式下，可以通过人机界面将某个信号机或全部信号机设置为自动模式或人工模式，以完成进路的自动或人工设置。在该模式下，以联锁进路闭塞方式完成列车的安全

间隔运行控制。

西门子 CBTC 系统的轨旁通信通道从物理结构上划分为计算机联锁总线、ECC 总线、TGMT 轨旁总线、ATS 总线和无线总线，这些总线都是冗余配置，并且各自独立。如果某个通信通道故障，其影响只局限在和此通道相关的功能，其他功能不受影响，这样对运营的干扰最小。

计算机联锁总线用于各设备集中站计算机联锁逻辑运算计算机之间的互连，采用总线拓扑结构和双网冗余配置，它使用标准的工业以太网交换机作为网络节点。SICAS 系统计算机联锁总线如图 5-108 所示。

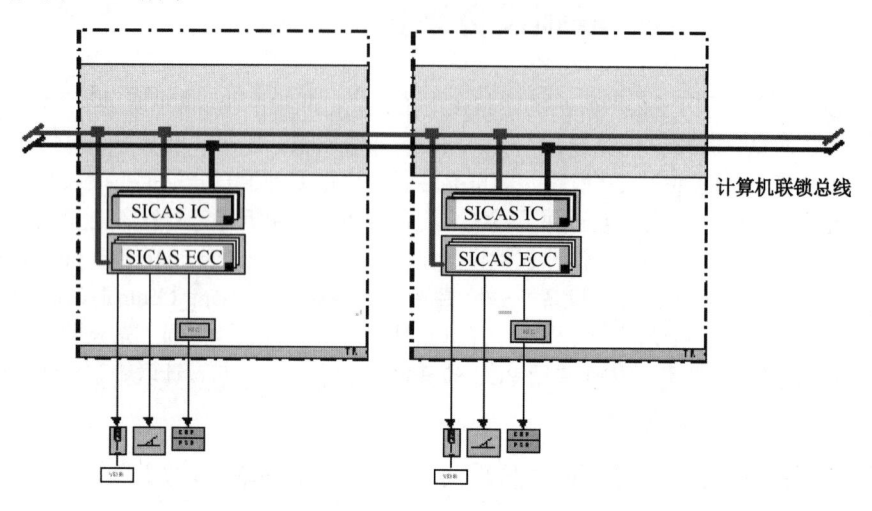

图 5-108　SICAS 系统计算机联锁总线

ECC 总线用于各设备集中站计算机联锁逻辑运算计算机和各计算机联锁电子元件控制计算机（ECC）之间的互连，采用总线拓扑结构和双网冗余配置，它使用标准的工业以太网交换机作为网络节点。SICAS 系统 ECC 总线如图 5-109 所示。

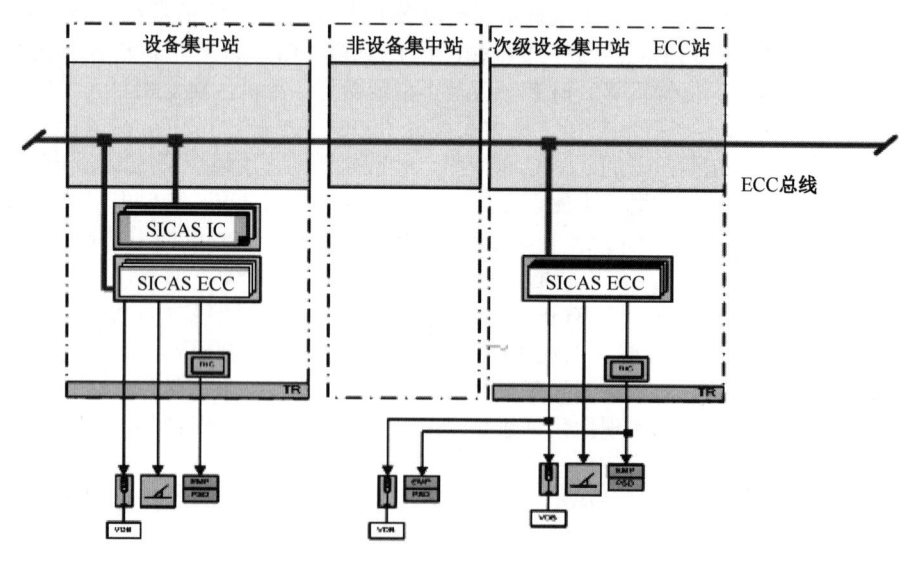

图 5-109　SICAS 系统 ECC 总线

SICAS 是西门子公司基于 SIMIS 原理而设计的模块化全电子联锁系统，该系统具有很好的扩展性和开放性，能适应未来技术的不断发展。整个联锁系统采用安全数字总线通信，可大幅度降低联锁机的使用数量,同时可将几台联锁计算机便捷地连接起来。各个联锁计算机既可以采用中央配置,又可以采取分散模式安装在相隔遥远的地方。

一种典型的 SICAS IC/ECC 系统如图 5-110 所示,SICAS 联锁机柜如图 5-111 所示。对于 SICAS IC + SICAS ECC 架构系统而言,一般包含一个工作站、一台 IC、数个元件接口模块(Element Interface Module,EIM)和相关的信号设备,如转撤机、信号机、轨道电路、计轴器、屏蔽门等。联锁计算机用于计算当前的联锁功能,如进路排列、进路锁闭和进路监督。元件接口模块用于直接控制和监督室外设备,而无须通过复杂的继电器电路控制信号机或转辙机等。根据电缆参数和连接的室外设备,元件接口模块和室外元件之间的控制距离可达 6.5km。

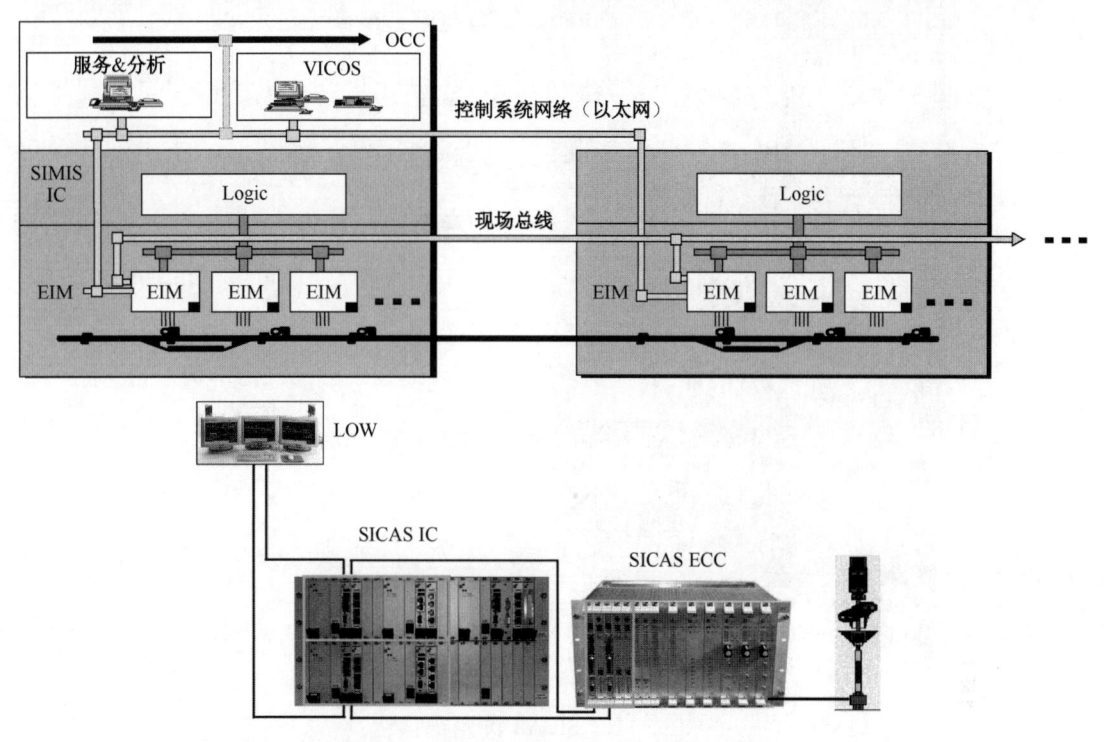

图 5-110 一种典型的 SICAS IC/ECC 系统

(二)SIMIS 简介

SIMIS 的中文含义是西门子故障-安全微机系统,是西门子公司开发的一种容错计算机。容错计算机的特点是高可靠性、高安全性。从本质上讲,SIMIS 与其他公司的容错计算机并无太大区别。SIMIS 主要有两种实现方法。

(1)使用相同的硬件,这种方法在全世界数千个系统中应用,并被证明是安全可靠的,如 SICAS ECC 中的三取二系统就是用这种方法,该方法至少包括两台独立的、命令和时钟同步的微型计算机。这两台微型计算机的硬件结构和程序均相同。过程数据同时被读入每个通道,且同时被 CPU 处理。处理步骤序列后的状态及处理步骤期间所产生的输出数据得到了检查,以确保它们是相同的。该容错系统定时执行检验程序,持续不断地检查各个计算机 I/O 通道,检查过程是独立于处理器的,这样就确保它们正确地发挥功能,从而保证了快速的故障检测和必需的安全反应。但是,这种架构限制了所使用的硬件只能是经过充分验证的型号,且这些硬件平台需要经过漫长的工作时间和许多工程应用才能被证明是安全可靠的,因此给新型 CPU 和新技术的应用带来挑战,新开发的系统需要极其漫长的安全认证和工程应用过程。

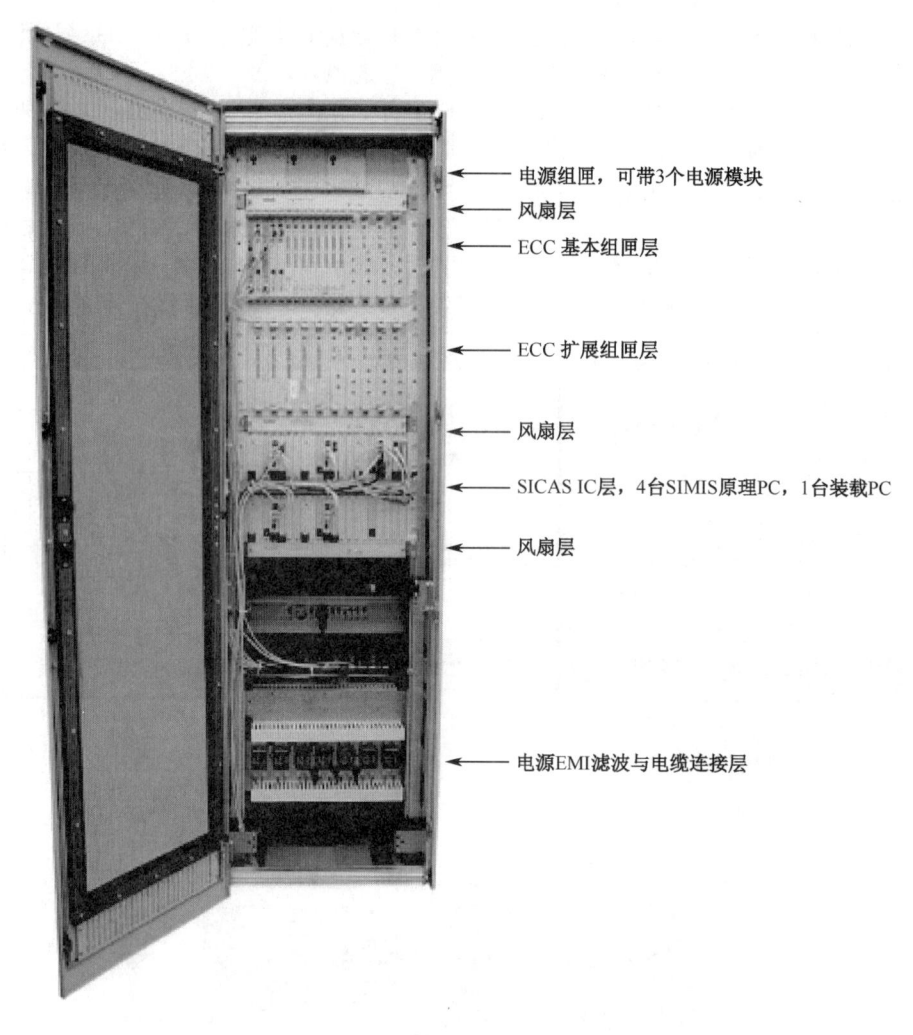

图 5-111　SICAS 联锁机柜

（2）使用不同的硬件和软件，通过这种方法可以使用新的硬件，这是因为一部分可能出现的问题可以用故障-安全方法判断并排除。由于 CPU 等技术发展迅猛，因此这种方法为应用新技术提供了很好的解决方案。不同软件的应用改善了揭露软件中的系统问题的可能性。为了使不同 CPU 的两个软件部分一起工作，在软件里按照预先设定的步骤进行了同步，以确保根据 SIMIS 原理对结果进行计算。SIMIS 二取二架构如图 5-112（a）所示。

总之，SIMIS 系统可以是双机热备（如应用于西门子计轴器主机）、三取二（如应用于 SICAS ECC）、二乘二取二（如应用于 SICAS IC）等架构，其中三取二系统的三个结构相同，同步命令的微型计算机一起工作。其中两台微型计算机构成一套 SIMIS 系统确保安全，而第三台微型计算机用作冗余，以备在一个通道产生故障时发挥作用，同时不影响安全性。SIMIS 双机热备的基本原理本节不做详细论述，可参考与容错计算机相关的资料。SIMIS 三取二架构如图 5-112（b）所示。

在西门子计算机联锁系统中，SICAS ECC 采用的是三取二的 SIMIS 架构，SICAS IC 采用的是二乘二取二的 SIMIS 架构。

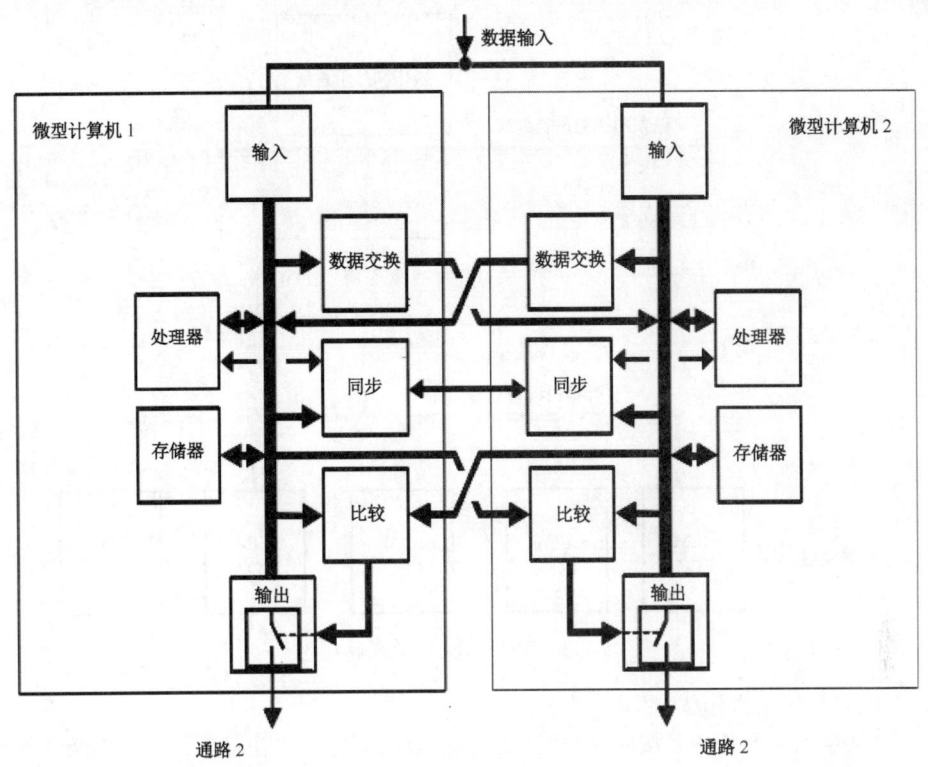

（a）SIMIS 二取二架构

（b）SIMIS 三取二架构

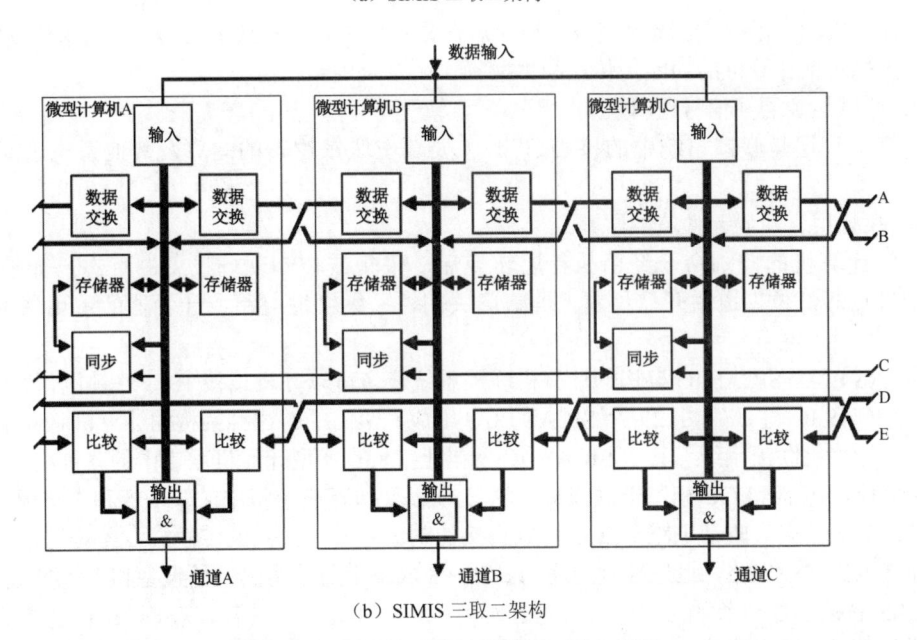

图 5-112　SIMIS 二取二架构及三取二架构

（三）初识 SICAS ECC 硬件架构

SICAS 联锁可以分为人机对话层、联锁运算层和执行层。SICAS ECC 的逻辑层次如图 5-113 所示。

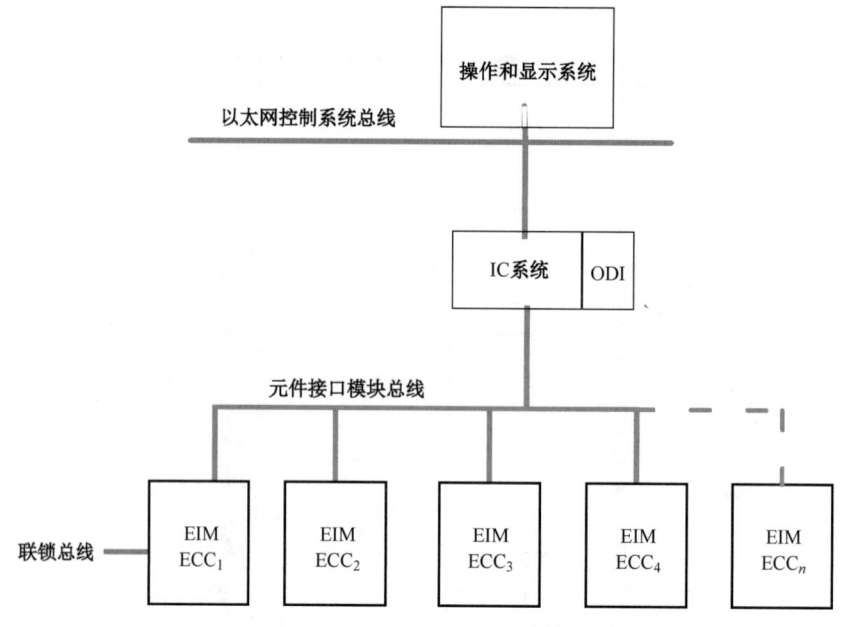

图 5-113 SICAS ECC 的逻辑层次

1. 人机对话层（操作/显示层）

人机对话层的主要任务是接收来自控制台、键盘或鼠标等操作输入信息，判断这些操作是否能构成有效的操作命令，并将操作命令转换成相应的报文发送给联锁计算机。此外，接收来自联锁计算机的表示报文，将这些报文转换后在显示器上显示相应的信号机、道岔位置等信息。总之，人机对话计算机的功能是传送和生成操作命令及表示信息。

2. 联锁运算层（信号逻辑层）

联锁运算层是联锁系统中的核心部分，主要负责联锁逻辑的运算及其他系统之间的数据交换。

3. 执行层（现场元件监控层）

联锁计算机的控制命令经由执行层转换后，采集或控制现场设备的状态，如控制和反馈信号机点灯灯位、道岔开口位置、屏蔽门关闭，采集轨道电路或计轴器的占用/空闲状态，等等。

SICAS ECC+SICAS IC 架构的计算机联锁系统最多可以互相连接 10 个联锁区，每个联锁区由一台 SICAS IC 与 n（$n \leqslant 12$）个 SICAS ECC 组成。西门子的这种架构的计算机联锁系统是一种全电子计算机联锁系统，其中 SICAS IC 相当于 TYJL-II 型计算机联锁中的联锁机 CPU 板和同步通信板，SICAS ECC 相当于联锁机中的 DIO 板及执行表示机中的驱动板和采集板，以及继电器接口架上的采集驱动电路。ECC 可以直接控制信号机、交直流转辙机、屏蔽门等，无须任何其他继电器接口电路，最远控制距离为 6.5km（取决于所使用的室外设备和电缆参数）。相邻的 SICAS 联锁通过一个独立的以太网通道连接，既可以用光纤通信，又可以用铜缆通信，且一般配置为双通道冗余通信。这种 SICAS 联锁也可以与其他类型联锁（电子联锁或继电联锁）配合使用，可以通过继电器接口和铜缆连接。

该类型 SICAS 联锁硬件配置如图 5-114 所示。

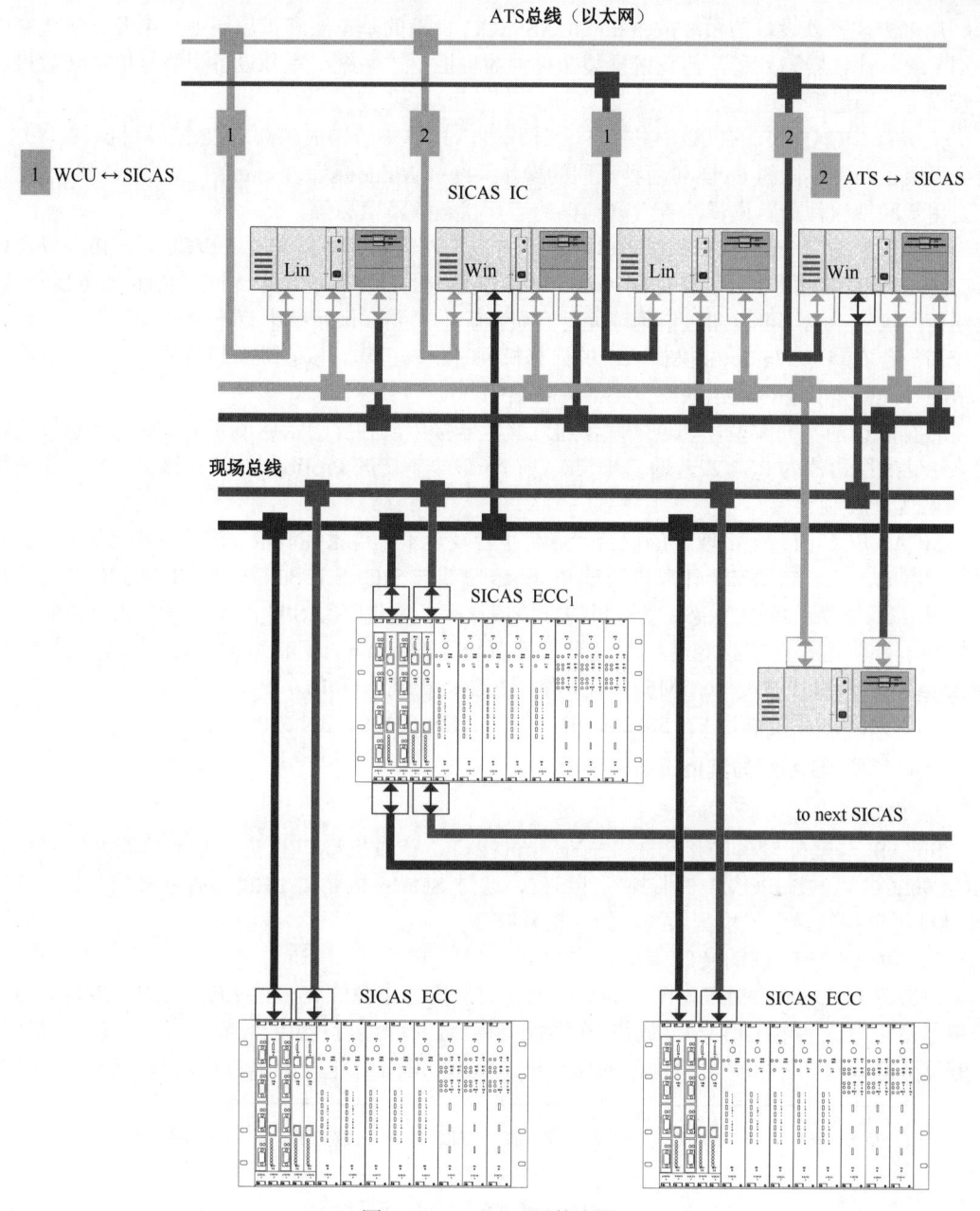

图 5-114 SICAS 硬件配置

SICAS IC 系统是二取二微机系统，为了增加可靠性，这个系统由两种不同型号的 CPU 设计为二乘二取二的结构，且 SICAS IC 中的软件通过了故障-安全测试。这种类型的计算机联锁机与传统计算机联锁相比，其中一个主要特点就是用通用计算机平台实现了联锁机，而无须专门设计的容错计算机，这就大大节约了硬件开发成本，压缩了开发周期。联锁计算机在西门子的实时操作系统下运行，该操作系统与应用无关。这些应用程序在结构上是模块化的，用 PASCAL 86 和 C 语言编写，并且其故障-安全操作得到了第三方安全认证公司的认证。相关的编译程序被第三方安全认证公司一一检查，以确保它的无故障操作，同时整个系统获得了 SIL4 安全认证证书。

用来监控室外设备的模块放置在 SICAS ECC 机柜的基本层和扩展层中，电源、轨道空闲检测系统（计轴器等）和其他系统安装在单独的机柜中，系统与室外设备（信号机、转辙机、屏蔽门等）通过铜缆连接。

安装有 SICAS IC 的机笼中共有 5 台计算机，其中 4 台构成二乘二取二计算机联锁，这 4 台中采用了两种不同的 CPU 和两种不同的操作系统（Windows 和 Linux），另一台装载计算机，主要用于联锁软件更新调试，查看联锁机的运行状态故障信息等。

两台安装有 Linux 操作系统的计算机通过以太网与轨旁控制单元（WCU）连接，以实现 SICAS 与 ATP 的通信。两台安装有 Windows 操作系统的计算机通过以太网与 ATS 服务器连接。其通信协议为 PDI，可以通过铜缆或光纤介质传输。只要联锁系统中有一台安装有 Linux 操作系统和一台安装有 Windows 操作系统的计算机同时正确工作，该联锁系统就能工作，否则将进入故障导向安全状态，输出状态全部导向安全侧。

根据联锁的不同类型，邻近的联锁通过继电器接口或独立的双通道冗余 Profibus 总线连接起来，其底层通信为 RS-422，通信协议是西门子最早制定的 Profibus 协议，该协议被广泛应用于 PLC 工业控制领域。

SICAS ECC 由一个三取二的安全计算机平台及若干个道岔控制板、信号机控制板、开关量控制板组成。三取二的安全计算机通过 Profibus 总线与 SICAS IC 通信，向 SICAS IC 发送计轴器占用信息、屏蔽门开关状态、信号机的灯位信息等，接收 SICAS IC 发来的信号机及屏蔽门控制指令，并将这些控制指令转换后通过机笼背板上的 Compact PCI 总线控制转辙机控制板（POM4）、信号机控制板（SOM6）、开关量采集驱动板（INOM2）。

整个 SICAS 系统满足 EN 50124、EN 50126、EN 50129、EN 61000-6-2 标准。

（四）SICAS 系统与其他设备的接口

1．SICAS 与室外设备的接口

SICAS 与室外设备的接口主要有信号机接口、转辙机接口和轨道空闲检测系统接口。SICAS ECC 可通过 POM4 板监控室外道岔，通过 SOM6 板连接 LEU 监控室外信号机，通过 INOM2 板监控轨道空闲检测系统，如计轴系统。

2．SICAS 与 LEU 的接口

SICAS 与 LEU 的接口如图 5-115 所示。信号机的电源线先通过 LEU 上的非接触式电流传感器检测电流和电压信号，然后转换为报文存储到有源应答器中。当列车经过该信号机时，应答器传输模块（BTM）可将地面的信号色灯状态、电压、电流等信息传送到车载计算机中。

| SOM6 | → | 报警仪 | → | 接口架（CTR）| → | 轨旁电子单元（LEU）| → | 信号机 |

图 5-115　SICAS 与 LEU 的接口

3．SICAS 与操作控制系统的接口

SICAS 与操作控制系统的接口（即 SICAS 的操作及显示接口）通过通信板连接，采用的通信协议为 PDI 协议。服务与诊断控制单元（S&DCU）是 SICAS ECC 的一个专用工具，它能提供系统状态的信息，记录联锁中任何错误或故障的出现，并处理用于运算的数据。

4．SICAS 与轨旁 ATP 系统的接口

SICAS 和轨旁 ATP 系统之间的接口状态可在 SICAS 的操作及显示接口（ODI）模块中看到，如果与 ATP 的接口故障，ODI 就会用红色闪光线条提示出来。SICAS 将诸如道岔和信号状态的联锁元件的状态指示发送至轨旁 ATP。与此同时，SICAS 联锁接收来自轨旁 ATP 的联锁强制信息。

5. SICAS 与临近的 SICAS ECC 和其他联锁的接口

通过 Profibus 总线的串行数据通信能用于各种 SICAS ECC 联锁之间的数据交换,或者通过继电器电路与其他联锁接口进行连接。

6. 主信号设备之间的接口

SICAS 联锁、ATS、轨旁 ATP/ATO 这三者之间的关系如图 5-116、图 5-117 所示。

图 5-116 SICAS 联锁、ATS、轨旁 ATP/ATO 这三者之间的关系

7. SICAS 与车站设备的接口

SICAS 与三个主要的非信号设备之间有联系:站台屏蔽门(PSD)、站台安全门(PSG)及紧急按钮。信号系统与 PSD 和 PSG 相互作用,PSD 或 PSG 使用相同的继电器接口。站台紧急按钮为每个轨道提供紧急停车按钮的状态信息。如果按压了一个紧急按钮,这个信息就会在联锁逻辑中产生一个报警信息。联锁利用 ATC 车-地通信将一个停车指示发送至列车。这就会启动车辆的紧急制动模式。中央控制工作站也会得到一个报警信息。此外,该轨道区段所有有关的信号机会给出一个停车指示。对于一辆没有装备的列车或不带 ATC 而运行的列车,紧急制动的启动由司机负责,这是因为在每个固定闭塞区段的信号机的能见度范围外,没有信号通信。

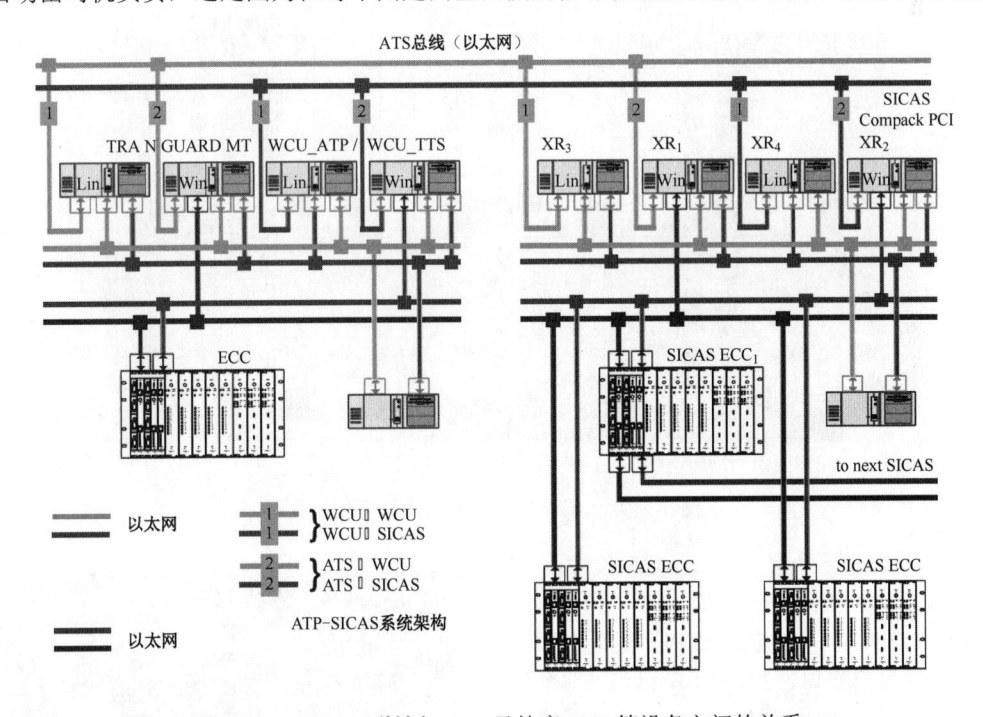

图 5-117 SICAS 联锁与 ATS 及轨旁 ATP 等设备之间的关系

二、SICAS IC/ECC 硬件

(一)SICAS IC 硬件组成及功能

SICAS IC 硬件设备如图 5-118 所示。SICAS IC 是 SICAS 联锁系统的核心,是专门用来处理联锁逻辑、收发 ATS 操作指令的。SICAS IC 共由 4 台计算机构成,即 XR_1、XR_2、XR_3 和 XR_4,是一种采用通用单板机平台设计的二乘二取二系统。这种系统是由非安全计算机硬件平台设计的联锁系统,但是得益于其先进的软件容错技术,该联锁系统的安全性和可靠性完全可

以满足现场需求。此外，为了便于为联锁计算机升级程序，查看系统运行状态，还专门设置了一台装载计算机，装载计算机上保存了不同 SICAS IC 的镜像程序。XR$_1$ 和 XR$_2$ 安装有 Windows 操作系统，XR$_3$ 和 XR$_4$ 安装有 Linux 操作系统。SICAS IC 和装载计算机的正面如图 5-119 所示。

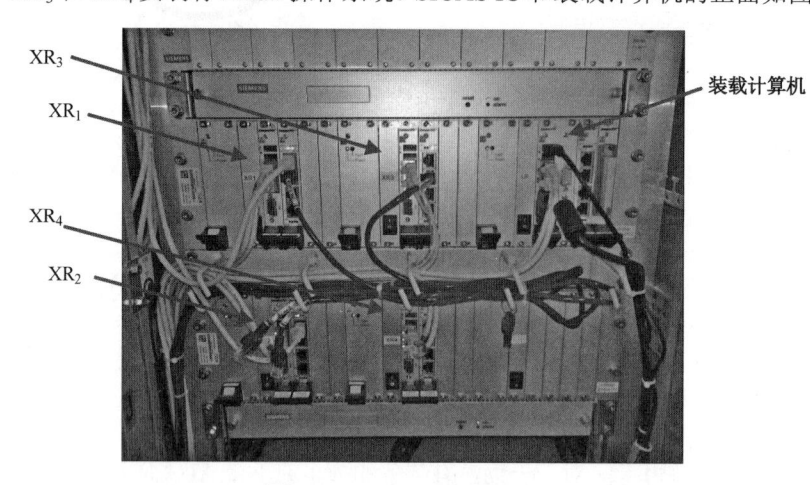

图 5-118　SICAS IC 硬件设备

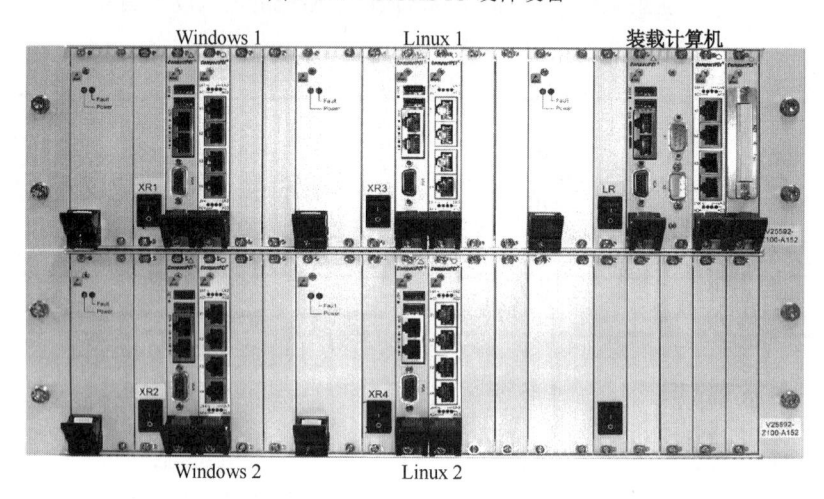

图 5-119　SICAS IC 和装载计算机的正面

图 5-120 所示为西门子故障-安全型计算机，从左往右依次是电源板、带电源开关的槽板、CPU 板、通信板。CPU 板上有 1 个 VGA 显示器接口、2 个 USB 接口、1 个安装在内部的 CPU 扩展板，该板上装有紧凑型闪存卡，并可通过 Modem 远程更新。

（二）SICAS ECC 硬件组成及原理

SICAS ECC 分为基本层、扩展层和电源层。SICAS ECC 基本组匣的正面如图 5-121 所示，它为计算机核心板卡提供插槽，也为 8 块 POM4 和 SOM 或 16 块 INOM 外围设备板提供插槽，也可以混合插入。SICAS ECC

图 5-120　西门子故障-安全微型计算机

的扩展组匣的正面如图 5-122 所示，它通过背板上的 Compact PCI 总线与基本层连接，扩展层可以安装 10 块外围设备板。电源层包括电源模块，该电源模块为计算机核心板件和外围设备板提供 5V 电压，并为每个计算机通道提供一个单独的电源板。

图 5-121　SICAS ECC 基本组匣的正面

图 5-122　SICAS ECC 扩展组匣的正面

　　硬件核心的槽位于基本组匣的左边。核心由 3 个 SICAS ECC 运算单元和 2 个通信模块母板组成。除了硬件核心，剩下空间可以容纳 8 个宽度为 8WUs（宽度单位）的宽元件接口模块，或者 16 个宽度为 4WUs 的窄元件接口模块。这些模块可以按需要组合在一起。

　　扩展层可以容纳多达 10 个外围模块。在扩展层，只有宽度为 8WUs 的槽。如果在其中的一个槽里安装一个 INOM2（宽为 4WUs），那么剩余的空间将用空面板盖住。

　　基本组匣和扩展组匣是分成 84WUs 的双高度 19 英寸组匣。所需的基本组匣和扩展组匣的数量取决于所要安装的外围模块的类型和数量。基本组匣和扩展组匣是经由后面的连接电缆来连接的。基本组匣在机柜中安装在扩展组匣的正上方。SICAS ECC 和外围模块是经由位于 SICAS ECC 后面的内部三通道总线来通信的。用于外围模块及用于读取过程信号的电源也是由 SICAS ECC 安装组匣的后部来供应的。

1. SICAS ECC CU 运算单元

　　SICAS ECC 是三取二架构的容错计算机系统，由 3 台硬件和软件相同的 CPU 板组成，板载 CPU 为 Intel 486 芯片，该 CPU 板简称 CU 运算单元，图 5-123 所示为 SICAS ECC CU 板的侧面图，图 5-124 所示为 SICAS ECC CU 板的正面图。该板上有 1 个 RS-422 串口和 1 个 Unilink 接口，用来连接一台诊断计算机。SICAS ECC 根据 SIMIS 原理运行，需要对处理器和存储器进行实时校验，并设置有 bit 级的并行总线硬件比较器，诊断数据均存储到一个非易失性存储器中（8MB EPROM）。

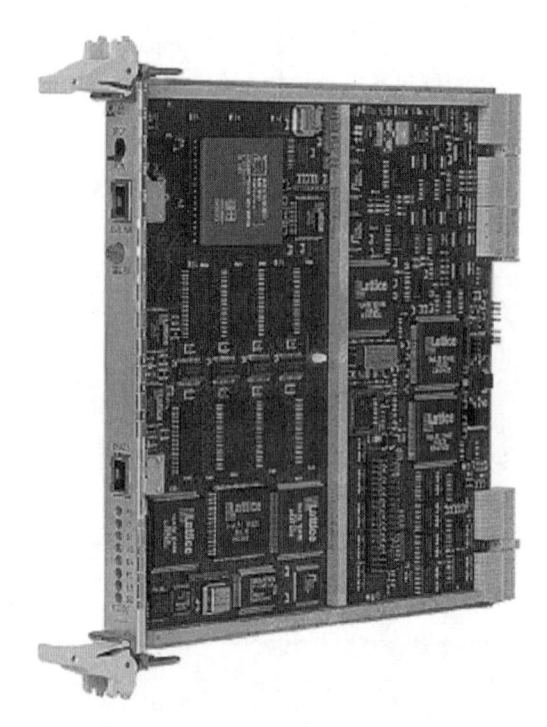

图 5-123　SICAS ECC CU 板的侧面图

开关：
STOP（停止）表示计算机处于复位状态
RUN（运行）表示复位状态被取消
插座：
UNILINK（单链路）表示单链路（Unilink）接口
按钮：
DEL PB 表示清空故障内存

车站名或简码、数据标签和系统版本的粘贴标签
板代号和设备版本等级的粘贴标签

RS422 插座：RS422 串行接口
PB：
绿色 LED 表示故障存储器复位
ID：
绿色 LED 表示外围设备被激活
SY：
黄色 LED 表示计算机通道被同步化
VO：
黄色 LED 表示允许容差范围内的 5V 计算机电压
EA：
黄色 LED 表示计算机通道被激活
EL：
红色 LED 表示左侧计算机通道故障
ER：
红色 LED 表示右侧计算机通道故障
SD：
红色 LED 表示处理器停止

图 5-124　SICAS ECC CU 板的正面图

2. SICAS ECC 通信板

西门子的通信板是一个中介承载板（Mezzanine Module），每块板子上有 4 个插槽，可以任意插入不同类型的通信板。其工作温度为-40～+85℃。SICAS ECC 通信板如图 5-125 所示。

这些中介承载模块是针对 Compact PCI 和 VME 而设计的。SICAS ECC 属于 Compact PCI 系统，其 I/O 扩展如果采用 Compact PCI 类型的板卡来实现这个简单功能显得大材小用且得不偿失，简单的 I/O 功能需要一种成本更低和规格更小的板卡标准。在 2001 年夏天，IEEE 颁布了 Mezzanine 的 P1386 和 P1386.1 标准。这两种标准定义了一种接口，不仅可以用在 Compact PCI 上，还可以被用在任何规格的板卡上，前提是提供标准的机械、电气、信号要求。

P1386 标准规范了通用中介承载板（CMC）的结构，P1386 标准规范了 CMC 的物理和外围层。P1386 标准定义了规格尺寸、连接头和电气互联，P1386.1 把 PCI 总线信号映像到 P1386 板卡上。CMC 板规范定义了两种模块尺寸：单宽度（74mm×149mm）和双宽度（149mm×149mm），CMC 板前突起部分用来接通 I/O，通过标有 P1、P2、P3、P4 的 4 个连接头与 CMC 板进行互联。图 5-126 所示为一个单宽度 CMC 板的侧面图。

图 5-125　SICAS ECC 通信板　　　　图 5-126　一个单宽度 CMC 板的侧面图

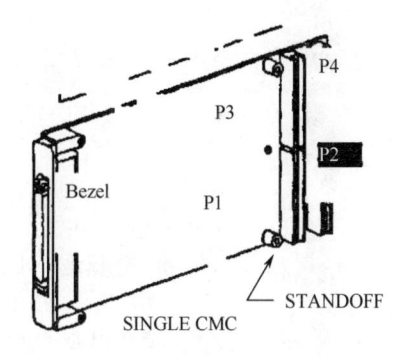

图 5-127 所示为一种采用 Mezzanine 标准的以太网通信板。该通信模块用于联锁计算机与上位机连接，如与操作员控制台（LOW 机）或控制中心服务器连接。这个模块可被插入采用 Mezzanine 标准的通信模块母板中。该板安装在通信模块母板上，连接 ECC 到以太网发送并接收通用数据协议（Universal Data Protocol，UDP）或互联网协议（Internet Protocol，IP）报文，通信速率兼容 10 Mbit/s 和 100 Mbit/s。

3. SICAS ECC 外围设备 INOM2 板（数字 I/O 模块）

INOM2 板通过 Compact PCI 背板接收 ECC CU 板的指令，用于开关量 I/O 信号采集与驱动，一般用于轨道空闲检查（计轴系统）、电源指示、站台屏蔽门、紧急停车按钮、车辆段联锁等。该板既可以安装在基本层，又可以安装在扩展层中。INOM2 板可通过 500V 电绝缘电缆连接室外设备，该板可以进行 8 路故障-安全输出控制或 16 路非故障-安全 I/O 控制。所谓故障-安全输出控制是指输出是一个闭环控制，信号在输出的同时把控制对象的状态采集回来，所以该板工作在故障-安全状态时只有 8 路，而在非故障-安全工作状态时可以有 16 路。图 5-128 所示为 INOM2 板的侧面图。图 5-129 所示为 INOM2 板的正面图。电路板通过哈丁连接器与背板连接，前面板安装有 PCB 助拔器，便于板件的插拔，模块可在工作时热插拔。

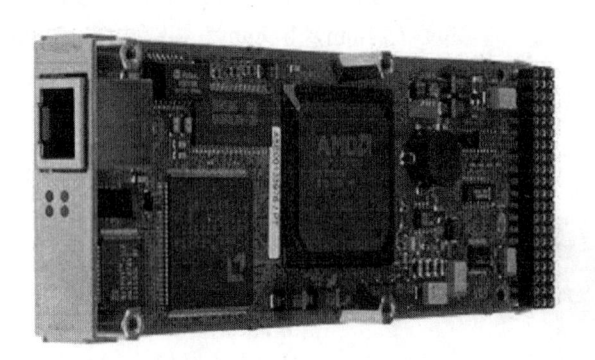

图 5-127　Mezzanine 标准以太网通信模块 　　　　图 5-128　INOM2 板的侧面图

STOP（关闭）按钮：该按钮用于操作期间板件的插入和拔除
PSS：指示该板是否处于工作状态
ERR：错误 LED，用于指示该板不处于工作状态，并且故障存储器已得到了设置

通道 1 $\begin{cases} 黄色LED：命令(C) \\ 绿色LED：指示(M) \end{cases}$

通道 2 $\begin{cases} 黄色LED：命令(C) \\ 绿色LED：指示(M) \end{cases}$

LED（红色）：自动断路器已经断开

图 5-129　INOM2 板的正面图

4. SICAS ECC 外围设备 POM4 板

POM4 板用于控制四线制、六线制或七线制电动转辙机，如 S700K、ZYJ7、S700V 等。该板可安装在基本层或扩展层上。其功能为控制一台单相交流或三相交流电动转辙机正反转，并实时检测道岔的转换位置和挤岔状态、内部芯线是否短路。该板支持工作时热插拔。图 5-130 所示为 POM4 板的侧面图，图 5-131 所示为 POM4 板的正面图。

转辙机的转换位置被 POM4 板实时监测，前面板上的位置指示器（M1 和 M2）指示着转辙机的当前位置。

在转换过程中，控制电流被连续地监控，并被指示到计算机上。当转辙机到达终端位置时，转辙机中的节点控制关闭控制电流。运行电流的这种中断得到了检测，开关被关闭，并且指示器显示出道岔的位置。道岔位置指示器状态如表 5-5 所示。

POM4 板卡有 3 种工作状态：正常运行、临时转换和模拟转辙机。这 3 种工作状态可通过前面板上的 9 针的 D-SUB 连接器（模式选择连接器）进行设置，不同的模式选择连接器其内部的跳线引脚不同，共有黑、黄、红三种颜色。

图 5-130　POM4 板的侧面图

STOP（停止）："关闭"按钮，该按钮用于操作期间板件的插入和拔除
PSS：外围设备选择信号机 LED，用于指示该板是否处于工作状态
ERR：错误 LED，用于指示该板不处于工作状态，并且故障存储器已得到了设置
SHIFT：如果位置继电器的继电器线圈被触发，那么该黄色 LED 开启
HS：如果控制电流继电器 1/2 被触发，那么该黄色 LED 开启
L：如果"左位"方向继电器被触发，那么该黄色 LED 开启
R：如果"右位"方向继电器被触发，那么该黄色 LED 开启
POWER（电源）：如果存在用于转辙机的工作电压，那么该绿色 LED 开启
RUN：当道岔正处于转换时，该绿色 LED 开启

L1 相电路断路器

L2 相电路断路器

L3 相电路断路器

图 5-131　POM4 板的正面图

模式选择连接器如图 5-132 所示。黑色表示正常工作模式。黄色表示临时工作模式，此时软件阻止道岔移动，道岔位置连续性被检测。在该模式下，可以在没有实际存在的道岔控制系统下设置进路。红色表示虚拟转辙机模式，该模式应只被用于联锁区域的调试。在此模式下，转辙机能够通过软件被完全地模拟。在故障-安全基础上的控制电压被切断，如该模式能够对进路和信号机显示

进行测试，尤其是在没有转辙机或道岔控制系统存在的首次调试期间。每个测试和每个转换操作被肯定地确认。每个转换操作导致一个检测的位置。位置指示器被完全忽略。

表 5-5 道岔位置指示器状态

M2-	M2+	M1-	M1+	道岔状态
1	0	0	1	道岔在最右位
0	1	1	0	道岔在最左位
0	1	0	1	中途位置（如挤岔）
0	0	0	0	道岔正被转换或转辙机被断开连接。如果道岔未被转换，那么此显示类型被认定为故障
x	x	x	x	所有其他非正常情况都被认定为故障。当道岔正在转换时，由继电器节点跳动所引起的临时状态是例外

（a）黑色　　（b）黄色　　（c）红色

图 5-132　模式选择连接器

对于 S700K 等四线制电动转辙机，可以通过图 5-133 所示的接线端子将 POM4 板与电动转辙机连接起来。POM4 板与转辙机的接口如图 5-133 所示。

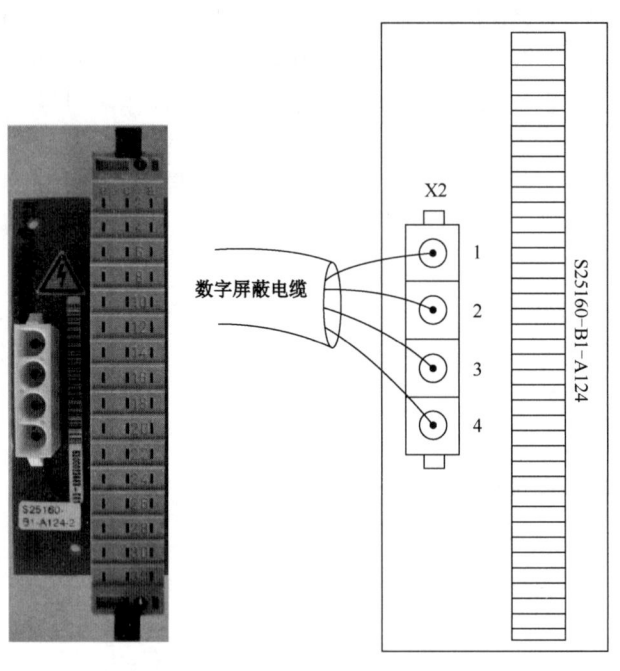

图 5-133　POM4 与转辙机的接口

转辙机由道岔操作模块 POM4 监控。顶端单元的配线底板，即通常所说的连接器，安装在 POM4 组匣的背板上。转辙机芯线直接连接到此连接器上，这样可以监控 6 线和 7 线连接中的单相交流转辙机和三相交流转辙机。多种连接器是可用的。图 5-134 所示为 POM4 板电路原理。

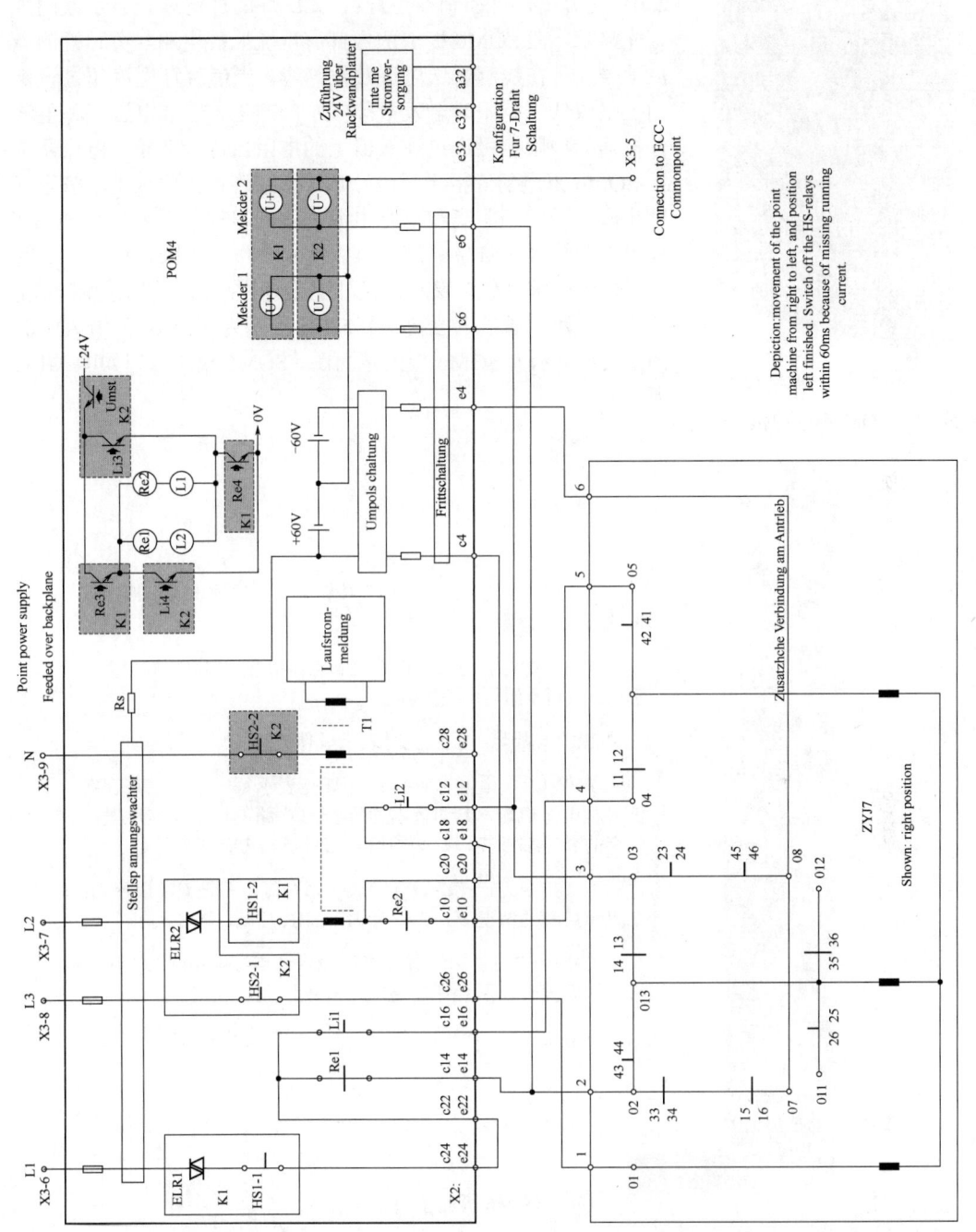

图 5-134　POM4 板电路原理

5. SICAS ECC 外围设备 SOM6 板

SOM6 板通过非屏蔽电缆向室外信号机点灯装置馈送 220V 交流电，可控制双色灯或 LED 灯的稳定灯光显示或闪烁灯光显示，在 SOM6 板卡的内部有电流监控电路，实时检测电流信号，且在线测试送电端芯线绝缘。当信号灯电流超过设定的上限或低于下限时触发故障指示的产生。信号电压值和电流分析器的极限值可通过连接器上的电阻器进行调整。连接器位于 SOM6 组匣的底板上，信号芯线直接连接到底板上。信号灯电流取决于控制距离和信号电源电压的容差范围。每个 SOM6 板可以监控 8 个灯位。灯 1 可以被永久作为受限灯位。灯 2 既可以作为受限灯位，又可以是非受限灯位。信号灯由故障-安全计算机在两个通道上控制。图 5-135 所示为 SOM6 板的侧面图。图 5-136 所示为 SOM6 板的正面图。SOM6 板的原理如图 5-137 所示。

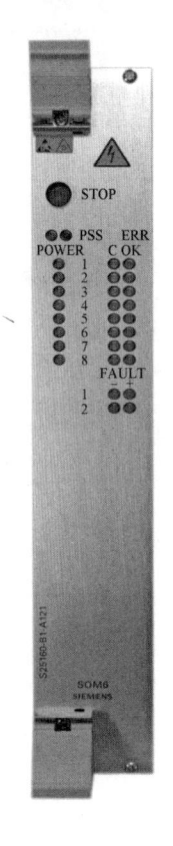

图 5-135 SOM6 板的侧面图

STOP（停止）："关闭"按钮，该按钮用于操作期间板件的插入和拔除

PSS：绿灯亮时表示板件处于工作状态，如果绿灯熄灭，那么该板可从组匣中被拔除

ERR（故障）：红色时表示板件故障

POWER（电源）1~8：绿灯亮表示每一个灯电路存在信号机电源电压；绿灯不亮表示此灯电路的保险丝被触发；所有的绿灯都不亮，则必须检查信号机是否存在电源电压

C（指令）1~8：黄灯亮表示每个灯电路被 CU 板控制；在电源切断的情况下，C 灯全灭，ERR 灯亮，PSS 灯灭。

OK（正常）1~8：绿灯亮时表示该点灯电路回路工作正常；绿灯灭时表示点灯电路回路故障。

FAULT（故障）1~2（-/+）：4 个故障指示灯

图 5-136 SOM6 板的正面图

6. SICAS ECC 外围设备 SV230/5 模块（电源模块）

SV230/5 模块专门为 ECC 提供工作电源，可将 230V 交流电转换为 5V 直流电。电源可靠工作的温度范围是-40℃~+85℃。图 5-138 所示为 SV230/5 模块的侧面图，图 5-139 所示为 SV230/5 模块的正面图。

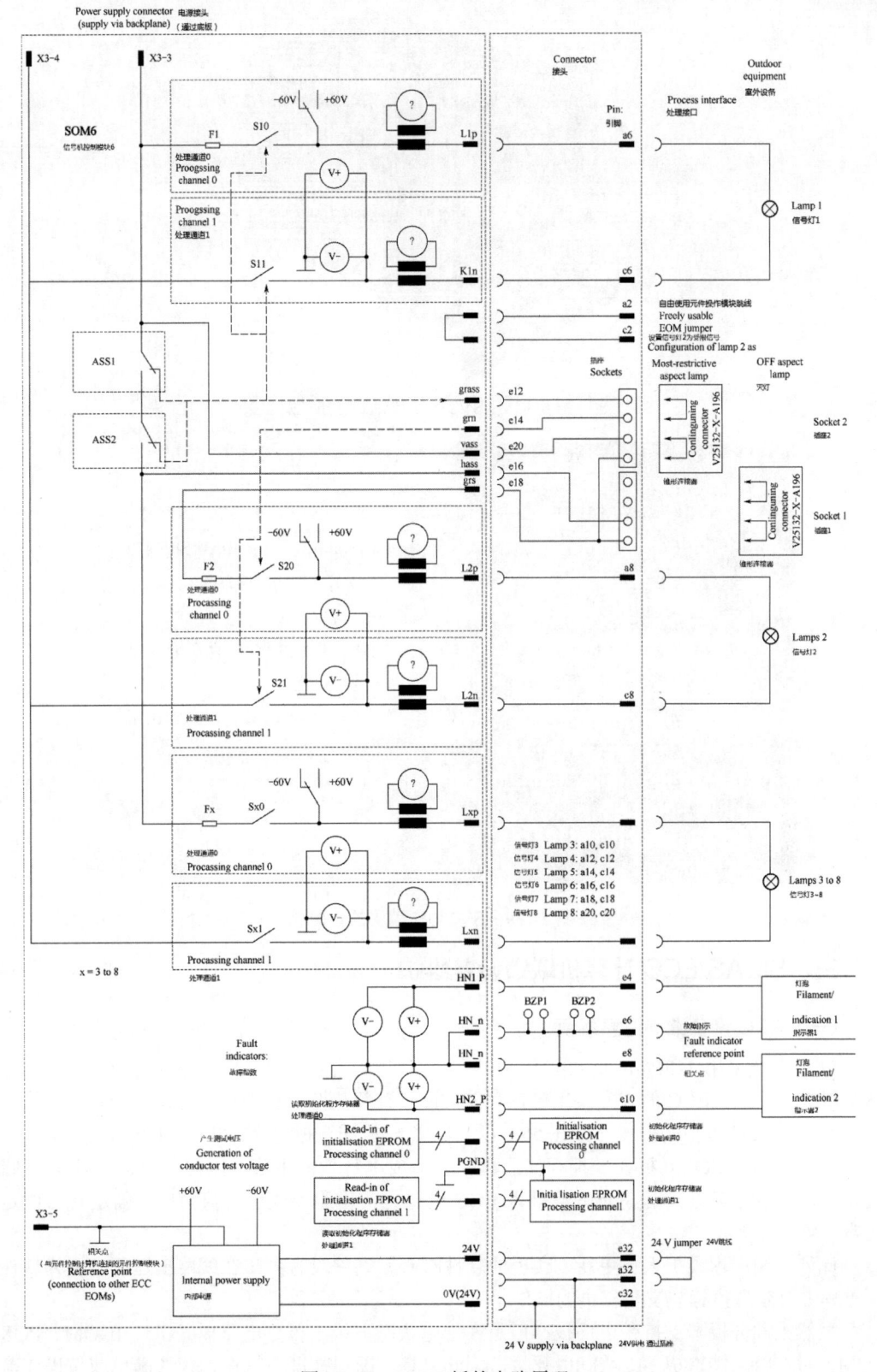

图 5-137　SOM6 板的电路原理

图 5-138　SV230/5 模块的侧面图

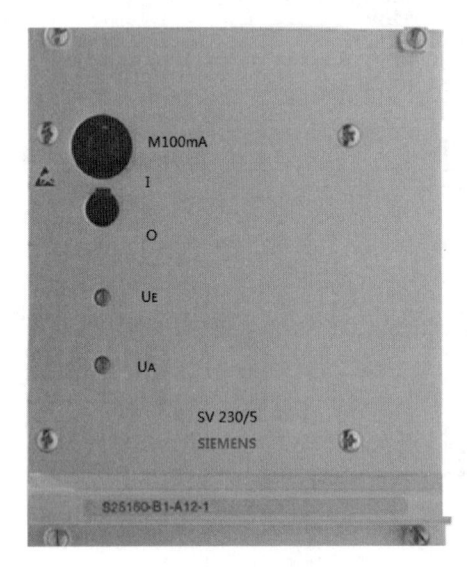

M100 mA：100 mA 微型保险丝
I/O 开关：板件开关（开启/关闭）

UE：黄色 LED，存在输入电压

UA：黄色 LED，存在输出电压

图 5-139　SV230/5 模块的正面图

三、SICAS/ECC 计算机联锁设备维护

（一）ECC 设备维护注意事项

ECC 系统采用了 FPGA 及大量电力电子器件、电容元件设计，电子器件符合工业级要求而非军用级。因此，ECC 的许多备用板在存储方面较计算机联锁板有更严格的要求。

首先，ECC 机柜的温度必须在 55℃以下，IC 机笼和机柜温度在 35℃以下。

其次，备用 SOM6 板在长期存储过程中会造成电容效能下降，因此 SOM6 板不能存储超过 1 年，应该每年将备用 SOM6 板插入 ECC 机笼正常使用一天或一段时间，确定其工作是否正常。

此外，当厂家维护人员更新 CU 板的软件时必须确保没有列车在线路上运营，因为软件更新过程中会延迟执行与安全相关的操作。

虽然大部分板卡支持带电插拔，但是在带电状态下拔出核心电路板（CU、INOM、POM、SOM）时，将可能造成 SICAS IC 死机，因此只有在断电情况下（电源模块断电或按操作流程使当前模块电源关闭），才能拔出或插入核心电路板，如 CU 板和通信板。

由于 ECC 是故障-安全计算机系统，是根据 SIMIS 原理运行的，采用的是三取二架构，因此 3 块 CU 板之间存在非常复杂的比较和同步关系。所以，在更换 CU 板时务必先关闭该板所在通道的电源，再进行插拔操作。此外，CU 板、通信板重新插入前，其所在通道的电源也必须处于关闭状态，防止在插入过程中反复上电、断电对三取二系统造成干扰。重新上电且同步后，必须按压相应 CU 板上的 DEL PB 按钮，保证"EL"或"ER"由红灯变为灭灯。

当维护人员需要拔 INOM2 板时必须先按压 INOM2 板上的 STOP 按钮，再按下任何一块正常工作的 CU 板上的 DEL PB 按钮，然后松开 INOM2 板上的 STOP 按钮，最后松开 CU 板上的 DEL PB 按钮。等待 INOM2 板上的"PSS"变为绿灯闪烁，并且当"ERR"亮红灯时，就可以拔下该 INOM2 板。当维护人员需要重新将 INOM2 板插入机笼时，先将 INOM2 板插入，再同时按下任意两个 CU 板上的 DEL PB 按钮。CU 板经过自检后，该新插入的 INOM2 板即可正常工作。此时，"PSS"绿灯常亮，"ERR"红灯灭灯。拔下 INOM2 板的操作流程如图 5-140 所示。

（二）ECC 各板卡故障指示灯的含义

维护人员可以根据 ECC 各板卡上的故障指示灯来判断系统是否正常工作。

1. CU 板的状态

在标准的三取二状态下，所有的绿灯（PB、ID）及黄灯（SY、VO、EA）必须点亮，所有的红灯（EL、ER、SD）必须熄灭。CU 板的指示灯如图 5-141 所示。

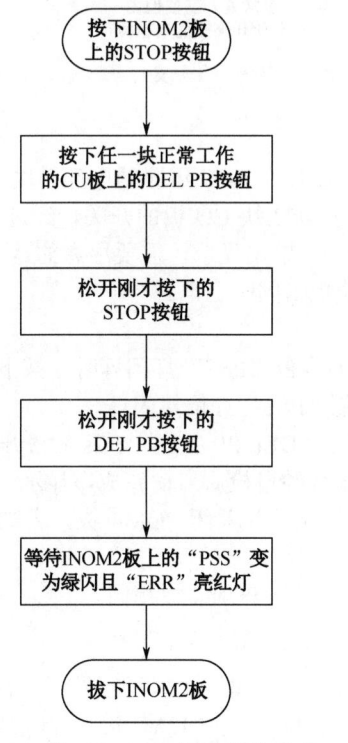

图 5-140　拔下 INOM2 板的操作流程　　　图 5-141　CU 板的指示灯

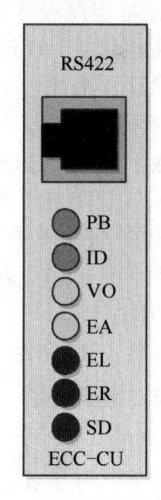

2. POM 板的状态

POM 前面板上有红灯（ERR）及绿灯（PSS），这两个灯总是会同时看到。在板卡被系统断开后，面板上的"ERR"灯亮，在板卡被微机系统以正常操作状态定位时，面板上的"PSS"灯亮，道岔在被操作过程中，该灯处于熄灭状态。POM4 板部分指示灯的含义如图 5-142 所示。

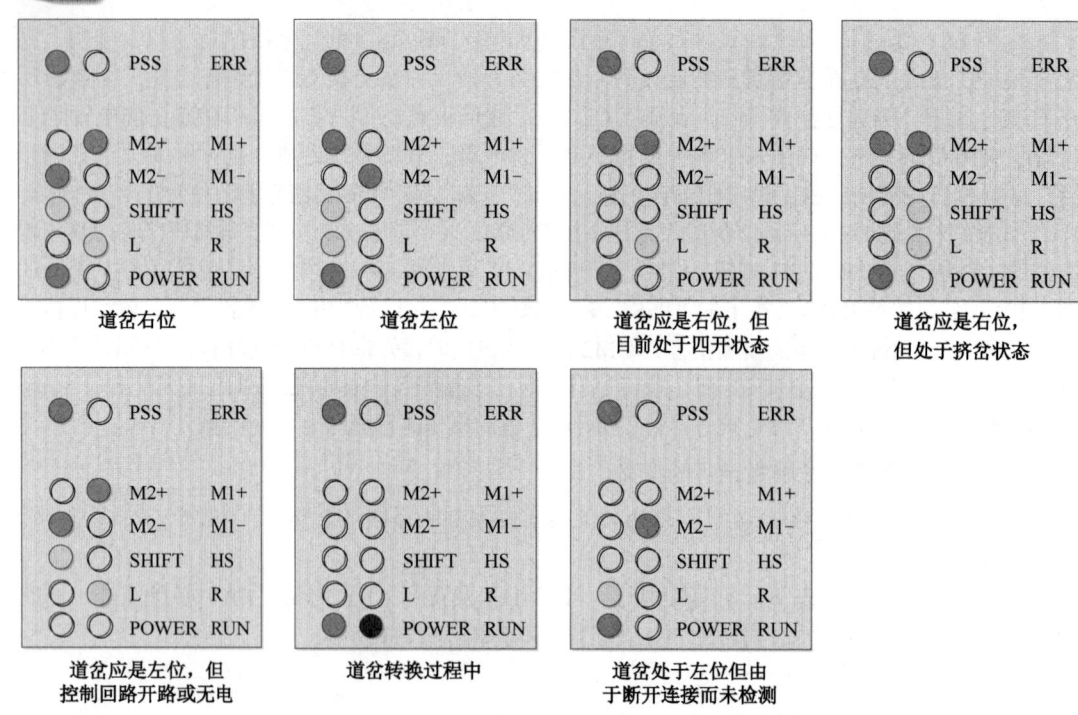

图 5-142　POM4 板部分指示灯的含义

（三）ECC 启动与关闭

ECC 关闭时，先要关闭 3 块 CU 板，然后关闭每个 ECC 组匣的电源模块。当 ECC 启动时，先要打开每个 ECC 组匣的电源模块开关，然后打开 3 块 CU 板的开关，经过 3～5 分钟的系统自检后，ECC 组匣各电路板才能得到正常的输入、输出显示。需要注意的是，由于 ECC 是三取二系统结构，因此需要对 3 块 CU 板中的两块板卡同时上电。

POM4 板的启动要遵循以下流程。

（1）当 POM4 板的红色"ERR"灯常亮，而绿色"PSS"灯闪烁时，按下 STOP 按钮。

（2）POM4 板的红色"ERR"灯灭，而绿色"PSS"灯依然闪烁。

（3）同时按压任意两块正常工作的 CU 板上的 DEL PB 按钮 1～2s 后松开。

（4）POM4 板的"PSS"灯稳定点亮，3～5 分钟自检后启动完成，显示正常工作状态。

POM4 板关闭流程：当更新 POM4 板时，一定要先关闭 POM4 板，否则会造成整个 ECC 组匣所有板子关闭。

此外，SOM6 板、INOM2 板的关闭和启动步骤与 POM4 板相同。

（四）ECC 常见故障分析

1. 电源模块故障

当保险管故障时，输入指示灯"UE"亮，输出指示灯"UA"灭，此时需要更换保险管。

2. CU 板故障

故障指示灯"EL"或"ER"点亮表示此块 CU 板与其他两块 CU 板之间的通信故障，可能是供电电源故障或板子自身的故障。"EL"表示自身左边的模块故障，"ER"表示自身右边的模块故障。

如果"EL"和"ER"同时亮，而相邻的 CU 板上只有"EL"或"ER"亮，就表示供电电源故障，可查看电源模块是否打开，或者更换故障电源模块，或者更换电源模块保险管。

如果 CU 板自身故障，就会造成"EL"和"ER"灯同时亮，而相邻 CU 板只有"EL"或"ER"

灯亮。当确定非电源模块引起的故障，且通过按压自身 DEL PB 按钮也无法消除时，可以关/开一次"EL"和"ER"灯同时亮的 CU 模块对应的电源模块，经 3~5 分钟的自检后便可启动。有些故障是由于 CU 板记忆产生死循环，只能通过断电来消除故障，这一点与 PC 的某些故障有相似之处。

3. 通信板故障

当某个指示灯亮度明显比其他暗，同时闪烁的频率明显慢于其他灯位时，可能是该模块通信故障，但具体情况需要通过联锁机的 GIVIS 程序来判断。当 GIVIS 相应连接显示红色时，则说明连接有故障，需要更换该板件。

4. SOM6 板故障

SOM6 板的灯位配置信息如图 5-143 所示。当某个灯位的 POWER 灯灭时，可判断出 SOM6 板中的 1.6A 保险管故障，需要更换保险管。如果 OK 指示灯灭，就要检查对应的灯位回路是否连接正常，是否虚接或短路。如果 C 灯不亮，就可能是车辆在 CTC 级别下运行，无输出，也可能是其他原因造成点灯电流没有送出去。如果第一列故障灯亮，那么对应的信号机的灯丝报警仪有报警。如果 4 个故障灯全亮，就可能是 SOM6 板故障，或者对应的插槽没有配置。

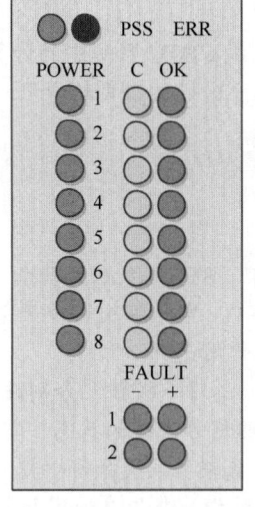

灯位对应关系：
1 表示第 1 个信号机的红灯灯位
2 表示第 2 个信号机的红灯灯位
3 表示第 1 个信号机的黄灯灯位
4 表示第 1 个信号机的绿灯灯位
5 表示未配置
6 表示第 2 个信号机的黄灯灯位
7 表示第 2 个信号机的绿灯灯位
8 表示未配置

图 5-143　SOM6 板的灯位配置信息

5. POM4 板故障

常见的故障有 LOW 机道岔图标短闪或长闪、道岔无法转动、电源开关合不上。短闪的表现是在 LOW 机上道岔的两个股道一边黄闪，一边灰闪。当遇到此类故障时，首先在 LOW 上操纵道岔转换。如果一侧显示正常，另一侧位置岔心闪烁，就可排除 POM4 板故障。如果 POM4 板显示道岔表示灯不亮，就应该以 CTR（分线架）为界，判断是室内故障还是室外故障，一般是线路连接不可靠造成的道岔转换不到位，或者转辙机进水或受潮。常闪表现为 LOW 上道岔的两个岔股都是黄闪，即挤岔状态。此时，需要在 LOW 机上执行挤岔恢复操作，执行挤岔操作恢复后，如果 LOW 机上道岔有时变为岔心在闪烁，一般是室内外位置表示信息不一致，再转换一次道岔即可。如果挤岔了，POM4 的两个指示灯平行显示。如果挤岔恢复无法执行就需要查看控制该道岔的 POM 板是否故障。如果故障，那么 ERR 灯亮红灯，此时可以通过复位该板件来快速处理故障。道岔无法转动可能的原因是 LOW 机上"道岔电源"报警信息为绿色显示，所有道岔的电源开关都要关闭，包括备用电源开关。当 POM4 板使用黄色插头时，道岔也不允许，也无法转动。当 POM4 板确实故障时，更换一块新的 POM4 板，旧板报备后送德国总部维修。同时，道岔被进路锁定后无法转换道岔，在 LOW 机上显示道岔名字并用方框框住，这时必须首先解锁进路（直接通过该道岔的进路或者该道岔起侧面防护作用的进路，交叉渡线应同时要解锁岔心），然后转换道岔。

6. POM4 板故障

当 SOM6 板的故障指示灯亮时，必须注意报警仪相应的信号机灯位有报警，报警仪相应位与 SOM6 板一一对应。

当报警仪相应灯位报警时，可按压报警仪器仪表控制板的白色按钮 2~3 秒。如果报警仪不再报警，就恢复正常。如果采集板恢复后报警不排除，就需要在运营结束后检查相应灯位的 LED 灯状态。

如果室外 LED 灯正常，按压复位无效或整个控制板所有灯位报警且复位无效，就可能是 POM4 板本身故障。

7. INOM2 板故障

当车站屏蔽门故障时，LOW 机上屏蔽门标志（中间的两个方块）闪红。当车站屏蔽门故障恢复后，屏蔽门标志（中间两个方块）会恢复为稳定的白光。如果 INOM2 上的屏蔽门信息不正确，而 LOW 机上的屏蔽门标志仍闪红，就需要重新开/关屏蔽门一次。如果开/关屏蔽门无效，就需要人员确认屏蔽门和车门在无危险隐患的情况下，执行站台互锁解除。

项目小结

本项目介绍了城轨正线 CBTC 系统中的计算机联锁设备，从设备认知、工作原理及设备维护这三个方面进行了介绍。通过该项目的学习，大家能够进行城轨正线 CBTC 系统中计算机联锁设备的检修及故障处理。

复习思考题

1. SeLTrac MB S40 型 CBTC 系统由哪几个子系统构成？其中 STC 的具体功能有哪些？
2. 设备集中站中，STC 电子架由哪些子架构成？每个子架的作用是什么？每个子架由哪些模块构成？每个模块的作用是什么？
3. 每个车站设几个紧急停车按钮？分别设置在哪里？
4. STC 需要采集哪些信号设备的状态？需要驱动哪些信号设备动作？
5. STC 与 VCC D/T 机架之间交换哪些信息？
6. 说明 STC 设备工作的采集信息通道与驱动信息通道。
7. 卡斯柯 Urbalis 888 信号系统由哪几个子系统构成？其中联锁子系统有哪些功能？
8. 设备集中站 iLock 计算机联锁系统由哪几部分组成？
9. 联锁综合柜有哪些设备？各自的作用是什么？
10. 联锁 I/O 机柜有哪些设备？各自的作用是什么？
11. A/B 机系统机笼由哪些功能模板组成？每块模板的作用是什么？每块模板上各指示灯的含义是什么？
12. A/B I/O 机笼由哪些功能模板组成？每块模板的作用是什么？每块模板上各指示灯的含义是什么？
13. 计算机联锁子系统配置了哪三层信息传输通道？
14. 计算机联锁子系统与 ZC 之间交换哪些信息？
15. 计算机联锁子系统与 ATC 之间交换哪些信息？
16. 计算机联锁子系统与相邻联锁设备站如何联系？
17. 某站联锁区与屏蔽门接口电路中，GMJ、KMJ、PDKJ、PDQCJ 的名称及作用是什么？
18. ATC 系统如何与防淹门联系？
19. 画图说明防淹门区域。
20. 联锁机的维护内容有哪些？
21. 操作台主机（工控机）的维护内容有哪些？
22. 如何进行 UPS 维护？
23. 如何区分故障在室内还是在室外？
24. SICAS 计算机联锁系统由哪些部分组成？

25. 简述 SICAS 计算机联锁系统的功能。
26. 举例说明轨道电路故障在 LOW 机上的现象及处理方法。
27. 简述中国铁路通信信号集团公司研究院设计研发的 CBTC 系统的组成。
28. DS6-60 型计算机联锁系统的体系结构是什么？简述每一层结构的作用。
29. 简述 DS6-60 型计算机联锁系统冗余设计采取了哪些措施。
30. 简述在地铁一级设备集中站和二级设备集中站，DS6-60 型计算机联锁系统的硬件设备标准配置。
31. 简述联锁机柜、I/O 柜、电源机柜的配置。
32. 每一系的联锁机笼有哪些通信板？
33. 联锁逻辑部如何与 I/O 子系统通信？
34. 联锁逻辑部的双系之间采用哪块电路板通信？
35. 远程控制单元的高速通道用在哪里？低速通道用在哪里？
36. 联锁逻辑部什么时候与 LEU 通信？一般传送什么数据？
37. ARCNET 集线器的作用是什么？
38. 简述联锁逻辑部的冗余结构。
39. 简述联锁逻辑部主板、电源板面板指示灯的含义。
40. 简述输出机笼电路板组成，输出子系统 I 系、II 系机笼之间如何接线。
41. 简述输入机笼电路板组成，输入子系统 I 系、II 系机笼之间如何接线。
42. 简述 DS6-60 型计算机联锁系统供电配置，并画出系统供电配置图。
43. 目标控制器的作用是什么？一般配置在哪里？与主站的联锁逻辑部怎样通信？
44. 简述目标控制器机柜的配置。
45. 简述目标控制器机柜内各单元是如何连接的。
46. CBTC 系统中 DS6-60 型计算机联锁系统外部接口有哪些？
47. 控显子系统有哪些接口？
48. CBTC 系统中 DS6-60 型计算机联锁系统的继电器接口有哪些？
49. DS6-60 型计算机联锁系统如何采集继电器信息？以屏蔽门采集接口电路为例说明。
50. DS6-60 型计算机联锁系统如何驱动继电器？以屏蔽门驱动接口电路为例说明。
51. DS6-60 型计算机联锁系统如何与 ZC 通信？
52. 简述 DS6-60 型计算机联锁系统的日常保养内容与标准。
53. 故障电路板可以带电更换吗？
54. 如果需要更换故障电路板，简述更换过程。
55. SICAS 的英文全称是什么？中文名称是什么？
56. SIMIS 的中文名称是什么？
57. ECC 的英文全称是什么？中文名称是什么？
58. SICAS 硬件由哪几部分组成？
59. 请问图 5-118 中，XR3、XR1、XR4、XR2 是什么？该系统是故障导向安全型系统还是非故障导向安全型系统？其功能是什么？SICAS ECC 又是什么设备？其功能是什么？
60. SICAS IC（SICAS 联锁机）中有二乘二取二的 4 套计算机系统，除此以外，还有一台装载计算机，该装载计算机的作用是什么？
61. SICAS IC 的硬件结构是什么样的？是何种计算机冗余系统（双机热备、二乘二取二、三取二）？各配置何种操作系统？是不是故障导向安全型联锁系统？
62. SICAS ECC 分为基本层、扩展层和电源层，其中基本层用来安装哪些板件？扩展层用来安装哪些板件？电源层有几个电源模块？作用是什么？输出电压多高？

参 考 文 献

[1] 林瑜筠．城市轨道交通联锁系统[M]．北京：中国铁道出版社，2013．
[2] 刘伯鸿，李国宁．城市轨道交通信号[M]．成都：西南交通大学出版社，2011．
[3] 林瑜筠，吕永昌．计算机联锁[M]．北京：中国铁道出版社，2013．
[4] 王永信．车站信号自动控制[M]．北京：中国铁道出版社，2007．
[5] 杨扬．车站信号控制系统[M]．成都：西南交通大学出版社，2012．
[6] 钱艺，翟红兵．车站信号自动控制系统维护[M]．北京：中国铁道出版社，2014．
[7] 赵志熙．计算机联锁系统技术[M]．北京：中国铁道出版社，1999．
[8] 张福祥．车站计算机联锁[M]．北京：中国铁道出版社，2001．
[9] 张玮．城市轨道交通列车运行控制系统维护[M]．成都：西南交通大学出版社，2012．
[10] 上海申通地铁集团有限公司轨道交通培训中心．城市轨道交通信号技术[M]．北京：中国铁道出版社，2012．
[11] 林瑜筠．铁路信号基础[M]．北京：中国铁道出版社，2014．
[12] 张德昕，喻喜平．城市轨道交通联锁设备维护[M]．成都：西南交通大学出版社，2012．
[13] 何文卿．6502电气集中电路[M]．北京：中国铁道出版社，1997．
[14] 林瑜筠．6502电气集中学习指导[M]．北京：中国铁道出版社，1999．
[15] 林引清．车站信号[M]．北京：中国铁道出版社，1990．
[16] 贾毓杰．城市轨道交通通信信号[M]．北京：机械工业出版社，2014．
[17] 刘湘国．城市轨道自动控制设备维护[M]．成都：西南交通大学出版社，2015．
[18] 王恩东，胡雷钧，张东．高端容错计算机设计与实现[M]．北京：清华大学出版社，2015．
[19] 杨孟飞．航天器控制计算机容错技术[M]．北京：国防工业出版社，2014．
[20] 杨志，唐宏，王海龙，等．容错系统[M]．北京：国防工业出版社，2015．
[21] 胡谋．计算机容错技术[M]．北京：中国铁道出版社，1995．
[22] 林瑜筠，吕永昌．计算机联锁[M]．4版．北京：中国铁道出版社，2018．
[23] 段武．高速铁路列车运行控制技术——计算机联锁系统[M]．北京：中国铁道出版社，2017．
[24] 中国铁路总公司．计算机联锁系统[M]．北京：中国铁道出版社，2015．

反侵权盗版声明

电子工业出版社依法对本作品享有专有出版权。任何未经权利人书面许可，复制、销售或通过信息网络传播本作品的行为；歪曲、篡改、剽窃本作品的行为，均违反《中华人民共和国著作权法》，其行为人应承担相应的民事责任和行政责任，构成犯罪的，将被依法追究刑事责任。

为了维护市场秩序，保护权利人的合法权益，我社将依法查处和打击侵权盗版的单位和个人。欢迎社会各界人士积极举报侵权盗版行为，本社将奖励举报有功人员，并保证举报人的信息不被泄露。

举报电话：（010）88254396；（010）88258888

传　　真：（010）88254397

E-mail： dbqq@phei.com.cn

通信地址：北京市万寿路173信箱
　　　　　电子工业出版社总编办公室

邮　　编：100036